U0936653

珍藏本·增订本
纪念版

汉译世界学术名著丛书

英格兰宪政史

〔英〕梅特兰 著

李红海 译

商务印书馆
SINCE 1897
The Commercial Press

THE CONSTITUTIONAL HISTORY OF ENGLAND
A Course of Lectures Delivered by F. W. Maitland

本书根据英国剑桥大学出版社 1946 年版译出

汉译世界学术名著丛书
（120年纪念版·珍藏本）
增订本出版说明

2017年10月，为纪念商务印书馆创立120周年，本馆推出“汉译世界学术名著丛书”（120年纪念版·珍藏本），计七百种。近五六年来，仰赖学界同人倾力支持，订正旧译，增补新译，拓展新著，积累日多。为满足读者需要，本馆在七百种的基础上，继续推出“汉译世界学术名著丛书”（120年纪念版·珍藏本·增订本）三百种。至此，“汉译世界学术名著丛书”累计出版已达千种。

今后，本馆将继续推进丛书的翻译出版工作，在积累单本名著的基础上陆续分辑刊行，汇印出版。为促进中外文明互鉴、推动我国学术发展，使“汉译世界学术名著丛书”这项对我国学术文化有基本建设意义的重大工程发挥更大作用，诚望海内外学术界、翻译界继续给予支持，帮助我们把这套丛书出得更好。

商务印书馆编辑部

2024年2月

汉译世界学术名著丛书
（120 年纪念版·珍藏本）
出 版 说 明

2017 年 2 月 11 日，商务印书馆迎来 120 岁的生日。120 年前，商务印书馆前贤怀揣文化救国的理想，抱持“昌明教育，开启民智”的使命，立足本土，放眼寰宇，以出版为津梁，沟通中西，为中国、为世界提供最富智慧的思想文化成果。无论世事白云苍狗，潮流左右激荡，甚至战火硝烟弥漫，始终践行学术报国之志，无改初心。

迻译世界各国学术名著，即其一端。早在 20 世纪初年便出版《原富》《天演论》等影响至今的代表性著作，1950 年代后更致力于外国哲学和社会科学经典的译介，及至 1980 年代，辑为“汉译世界学术名著丛书”，汇涓为流，蔚为大观。丛书自 1981 年开始出版，历时三十余年，迄今已推出七百种，是我国现代出版史上规模最大、最为重要的学术翻译工程。

丛书所选之书，立场观点不囿于一派，学科领域不限于一门，皆为文明开启以来，各时代、各国家、各民族的思想与文化精粹，代表着人类已经到达过的精神境界。丛书系统译介世界学术经典，引领时代思想，为本土原创学术的发展提供丰富的文化滋养，为推动中国现代学术和现代化进程做出了突出的贡献。

为纪念商务印书馆成立120周年，我们整体推出“汉译世界学术名著丛书”120年纪念版的珍藏本，寄望既利于文化积累，又便于研读查考，同时向长期支持丛书出版的译者、编者和读者致以敬意。

两甲子后的今天，商务印书馆又站在了一个新的历史时间节点上。我们不仅要铭记先辈的身影和足迹，更须让我们的步伐充满新的时代精神。这是商务人代代相传的事业，更是与国家和民族的命运始终紧密相连的事业。我们责无旁贷，必须做好我们这代人的传承与创造，让我们的努力和成果不仅凝聚成民族文化的记忆，还能成为后来人可以接续的事业。唯此，才能不负前贤，无愧来者。

商务印书馆编辑部

2017年10月

翻译说明

1. 本书为梅特兰当年在剑桥大学法律系上课的讲义，因此某些地方在表述上多少有些口语化，请读者明鉴。

2. 全书存在三种注释，均在当页下部标出：一是梅特兰自己所作的注释，其后标注为“梅特兰注”；二是译者为使读者更好理解文义而添加的注释，标注为“译者注”；三是原书编者即菲舍尔教授的注释，没作特别标记。

3. 全书注释、索引及其他地方提到的页码，均指英文原著的页码，即本书边码所示之页码。

4. 本书涉及的实际上只是“英格兰”的宪政史，而非我们今天所说的“英国”。前者指的是作为不列颠岛之一部分的英格兰，而后者今天则指包括英格兰、威尔士、苏格兰和北爱尔兰等在内的联合王国（the UK），因此二者实际上并不是一回事。但国内的实际情况是并不严格在这二者之间进行区分，因此本书在翻译过程中也没有对之进行严格的界定。但读者在阅读过程中需要时刻谨记，本书很多时候所谓的“英国法”实际上仅指“英格兰法”（English Law）而非“联合王国之法”（the Law of the UK）。没有处处都使用“英格兰法”这一表述还有一个原因，即如梅特兰在书中所示，“English Law”一词实际上后来指英格兰和威尔士的法律，这一点甚至在英国的制定法中也得到了认可。

5. 专有、具体的司法机构会译为“法庭”，如“王座法庭”；有分庭或类型化的则译为了“法院”，如“郡法院”“教会法院”等。

译者

2010年7月1日

目　　录

序言 …………………………………………………………H. A. L. 菲舍尔　1

第一阶段　爱德华一世驾崩时的英格兰公法 ………………………… 5

一、英格兰法的总体特征和对立法的评价 ……………………… 5

二、土地法 ……………………………………………………………… 32

三、王国的行政区划与地方政府 ……………………………………… 52

四、中央政府 …………………………………………………………… 70

五、司法 ………………………………………………………………… 128

六、回顾封建主义 ……………………………………………………… 169

第二阶段　亨利七世驾崩时的公法 ………………………………… 196

一、议会 ………………………………………………………………… 197

二、国王及其咨议会 …………………………………………………… 223

三、司法 ………………………………………………………………… 238

四、英格兰法的总体特征 ……………………………………………… 263

第三阶段　詹姆士一世驾崩时的公法概述 ………………………… 275

一、议会 ………………………………………………………………… 276

二、国王与议会的关系 ………………………………………………… 291

三、军队的历史 …… 318

第四阶段　威廉三世驾崩时的公法概述 …… 325

一、王权的组成 …… 325

二、议会的组成 …… 333

三、议会召开的频率和任期 …… 338

四、主权问题 …… 344

五、立法 …… 349

六、征税及对财政的控制 …… 355

七、司法 …… 360

八、议会的特权 …… 371

第五阶段　当今公法概述(1887—1888) …… 382

前言 …… 382

一、主权机构 …… 396

二、“国王”与“政府” …… 446

三、国王权力的分类 …… 485

四、财政制度 …… 495

五、军事制度 …… 513

六、司法 …… 530

七、警察制度 …… 555

八、社会事务与地方治理 …… 564

九、教会 …… 579

十、宪法的定义 …… 604

附录 ······ 619
索引 ······ 621

译后记 ······ 638

序　言 V

“我在6个月之内完成了一系列有关宪政史的讲义，要出版吗？不。”梅特兰教授告诉剑桥法律俱乐部(Cambridge Law Club)，他不准备出版这些在6个月内完成的讲义。这是他在1887年秋季学期和1888年冬季学期的讲课内容，本课程是专为剑桥大学参加法学学位考试的本科生开设的。其最后一个讲义的最后一个字写于1888年4月7日。

请注意这个日期。早在1883年，梅特兰就已被召回剑桥任英国法讲师(Reader in English Law)。这是他在1888年夏当选唐宁英国法讲席教授之前所开设的一系列学术性课程中的一个。本讲义的写作比他的《英国法律史》早了7年，比《末日审判书及其前史》早9年，比《镇区与自治市》早10年，比他为基尔克的《中世纪政治理论》写的序言早了12年。从其中的材料来看，某些早期的讲义还写作于1887年他的《布拉克顿札记》完成之前。本讲义所涵盖的许多背景后来又有了更为精细的审视和详尽的探讨，而有些部分梅特兰则再无暇回头顾及。然而，参加了其课程的学生
将会在其早期的这些论述中发现许多后来得以在《英国法律史》 VI
及其他地方被展开的原创性观点，并为其高度的想象力与精准全面的知识的完美结合而折服。因此，本书并非梅特兰精雕细琢之

成熟作品的典范，它并未声称建立于原初的研究基础之上，因为这位英国法讲师坦白地承认，自己此时满足于从哈兰(Hallam)、斯塔布斯(Stubbs)、戴雪(Dicey)、安森(Anson)——他经常向其听众对这些大家的研究予以褒奖——的经典教科书中汲取很多东西。然而尽管手稿被放在了一边，尽管这一更大的主题因他对中世纪法更为专门的研究而被放弃了，但有时作者仍承认，如果时间允许，这一系列有关宪政史的讲义有可能会被雕琢成一件值得出版的作品。

关于反对本书出版(并非作者有意出版)的理由有太多要说，但如果没有以下三个令人信服的理由，我也不会冒险推荐出版这些讲稿。第一个理由是，这些讲稿并不会减损梅特兰的声誉，相反，如果可能的话，它必定是提高了梅特兰的声誉。因为正如其所实际产生的效果一样，它们显示了梅特兰不仅是一位思想精深的法律大家，而且还能极其高明地使知识大众化。其次，这些讲义包含了一些梅特兰在其后来的作品中没有机会表述但却不能为我们所舍弃的、新的、原创性观点。最后，就我所知，还没有别的书能够像本书这样为我们学习英格兰宪政史提供这么好的一个引领，或者被牛津、剑桥两所大学讲授这一课程的老师如此高度地评价。我可以请出一些善良和守法的人(good and lawful men)来作担保*：戴雪教授、考特尼·伊尔伯特爵士(Sir Courtenay Ilbert)、弗莱彻(C. R. L. Fletcher)先生都看过了书稿，

* 这是英国法中邀请邻人为自己作证或使用陪审裁断时的格式化表达，为作序者的幽默。——译者注

并热情地支持本书出版。

编者的贡献并不明显。这些讲义是按照授课当时的原文予以出版的，在手稿清晰写出之处，编者无意予以重作、扩展或压缩。不过有一些地方原稿采取了简短标注的形式，编者对这些地方进行了扩展，但严格限制了字数并保持了语法上的一致。令编者高兴的是，其中所遗失之一页的实质内容从唐宁学院的皮尔斯·希金斯博士（Dr. Pearce Higgins）和克莱尔学院（Clare College）的蔡特（A. H. Chaytor）先生所慷慨借阅的笔记中得到了复原。除作者用首字母缩写标明的地方外，编者对脚注中提到的参考文献和评论负责。书中所参考到的制定法也经过了核实确认。 VII

在本书编辑过程中，许多朋友都给予了热忱的帮助。特别是考特尼·伊尔伯特爵士，他对本书的最后一部分提出了许多极富价值的建议。如果读者在阅读过程中能够提出进一步的意见和建议，编者将不胜感激，因为如果要再版的话，我们就可以借此使本书更进一步，也好与原作者及其主题的影响力更加匹配。

H. A. L. 菲舍尔

牛津大学新学院，1908 年 5 月

第一阶段 1

爱德华一世驾崩时的英格兰公法

一、英格兰法的总体特征和对立法的评价

(一) 1066年之前

流传至今最早的英国法律来自于肯特国王埃塞尔伯特(Ethelbert),我们有充分的理由相信,它们是第一批以文字形式表述的英国法。埃塞尔伯特于560年登基为王,驾崩于616年。我们今天所见到的他的这些法律一定是在他皈依基督教之后颁布的,这大约是在公元600年前后。因此,英国法的历史可以说正好是在罗马法发展到一个重要阶段(不能说停止,因为从某种意义上来说,迄今为止罗马法的发展从未停止过)之后才开始的——埃塞尔伯特的统治时期与优士丁尼有重叠。埃塞尔伯特的法律不仅是最早的英国法,而且在以条顿语进行书面表述的法律中它可能也是最早的。的确,在欧洲大陆,横扫罗马帝国的日耳曼诸王国早已感受到了将其法律付诸文字表述的激情和冲动,如萨利克法兰克人的《萨利克法典》(*Lex Salica*)就当然比我们英国

人所能拿出的任何东西都要早，但它是用拉丁文写成的；而且数世纪以来，拉丁语都一直是这些新的王国的法律语言。但我们最早的法律却是用英语或盎格鲁－撒克逊语写成的，而且直到诺曼征服之前，所有的法律都是用英文书写的——尽管拉丁文广泛运
2 用于许多法律文书（legal documents）、地产转让证书（conveyances of land）及其他类似的文件中。看来是在通过基督教与罗马文化的沟通过程中，产生了对法律成文化的需求。卒于735年的比德（Beda）* 说，埃塞尔伯特是“仿照罗马法的形式”（juxta exempla Romanorum）将其法律付诸文字的。在此过程中很可能参考了某些教规的汇集。不过我们最好不要忘记，不管看起来如何粗鄙，我们最早的法律还是基督教世界的法律。“上帝和教会的财产为12倍（fold），主教的财产11倍，教士的财产9倍，执事的财产6倍，普通神职人员的财产3倍”——这是英国法的第一次表述。因为应该避免任何将某一制度轻率地说成原始制度的做法，所以我们最好记住以下事实：当第一次付诸文字表述之时，条顿法（大陆和英格兰的情况一样）的原始性已然不再；它已带有了基督教的色彩，法律与宗教之间的联系是如此紧密，以致我们完全可以相信它已经历了一场巨大的变化。

我们还有另外两套肯特的法律：一套来自霍瑟尔（Hlothar）和伊德里克（Eadric），他们可能是肯特王国的联合国王，时间大约是公元680年前后；另外一套来自公元700年左右的威特里德（Wihtræd）。韦塞克斯（Wessex）王国承继了这一使命（tale）：大约

* 但通常也写作Bede。——译者注

公元690年前后，国王伊尼(Ine)在征询其贤人的意见并征得他们同意后，颁布了一套法律。接下来，我们有了一个为期两个世纪之久的断裂，这也是我们法律史上间隔最大的断裂。随后登上历史舞台的，是大约可归于公元890年前后的阿尔弗雷德(Alfred)的法律。该法律显示，在过去的两个世纪中，法律的特征或社会的法律结构并没有发生很大的变化。阿尔弗雷德放弃了作为革新者的所有抱负，而只是将他在历代国王们的法律中所发现的最好的原则记录了下来。这些国王包括埃塞尔伯特、伊尼和麦西亚(Mercia)国王奥法(Offa)；奥法驾崩于公元796年，而其法律也并未流传下来。

我们现在有了一个从阿尔弗雷德开始涵盖整个10世纪，并延伸到11世纪的连续的法律系列，这些法律分别来自长者爱德华(Edward the Elder)、艾塞尔斯坦(Æthelstan)、爱德蒙(Edmund)、爱德加(Edgar)和艾塞尔雷德(Ethelred)。这一系列为我们伟 3
大的丹麦王克努特(Canute)的一套很长的、综合性的法律所终止。今天，并没有哪一部法律能够归于忏悔者爱德华(Edward the Confessor)国王，然而在后来的日子里，他却获得了伟大立法者的称号。

这些盎格鲁-撒克逊法律(laws，它们自称为dooms)在以手稿的形式隐藏了很多世纪之后，于16世纪被作为稀奇的古董挖掘了出来。1568年，朗巴德(Lambard)以《撒克逊法律汇编》(*Archaionomia*)为题出版了其中的一些。1840年，法律文献委员会委员(Record Commissioners)以《英格兰的古代法律和制度》(*Ancient Laws and Institutes of England*)为题以现代英文翻译出版了它们。1865年,它们又被赖因霍尔德·施密德博士(Dr. Reinhold Schmid)以德文翻译出版。[①]除上述法律(dooms[*])外,这些出版物还包括许多对于习惯法的简短陈述、各种形式的宣誓誓词及类似内容。全部文献以八开纸印刷大约需要160页左右。一方面,这一时期还没有什么可被称为法律论著(treatise on law)之类的东西,也几乎没有对法律诉讼的记述。另一方面,我们却拥有大量的私人法律文书、地产转让契据或者他们所谓的地权利证书(land books)、租约、遗嘱等等,这些都由肯布尔(J. M. Kemble)收集并以《历代撒克逊法典》(*Codex Diplomaticus Ævi Saxonici*)为题予以了出版。

我已谈到过"好几套法律"(sets of laws),但却一直避免使用法典(code)一词。就在这一时期,有一两次好像曾经力图对现有的法律进行总结、陈述,但从总体上来说,这些法律看来都是新的,是对既有生效法律的补充。我们可以把它们比作今天的制定法,同后者一样,它们以现行法律的存在为前提。我不是说它们以"普通法"的存在为前提,因为我觉得"普通法"意味着某种适用于整个王国的共同的法律,而诺曼征服之前究竟有多少法律共同适用于整个王国则很难说。12世纪或诺曼征服之后的一段时间里,认为英格兰是或曾经被划分为西撒克逊、麦西亚和丹麦三个法律区域的理论被人们广为接受。那些古老的法律在不经意间注意到了

① 现在的最好版本是 F. Liebermann, *Die Gesetze der Angelsachsen*, 2 vols., Halle, 1903 and 1906。

* 据后文的意思,这里的"dooms"应该是国王在贤人会议上进行的立法。——译者注

这一区别，但我们几乎没有什么办法来说明它们注意到了什么程度。然而非常有可能的是，当纷繁复杂的地方习惯正在英格兰不 4
断成长之时，诺曼征服的发生制约了它们的成长。起初，入侵不列颠的盎格鲁、撒克逊和裘特各族的法律之间可能差别迥异，而丹麦人所带来的也必定是一套崭新的习惯。不过这还不够，正如我们今天所看到的，法院全是地方性的——郡法院、百户区法院，诉诸任何中央法院、国王及其贤人的做法非常罕见，这种司法的地方化也必定加剧了地方法律的多样化。法律通过口耳得以传承，而一郡的民众对另外一郡的传统可能一无所知，而且也无须关心。

国王及其贤人所颁布的成文法仅占据全部法律领域的一小部分，且主要涉及那些具有国族重要性的问题，尤其是维持社会秩序的问题。维持治安是立法者的首要目标，但却并非易事。家族纽带的联系依然强大，暴力行为经常会引起血亲复仇和私人之间的战争，迫使受伤者或苦主接受和解金而不诉诸复仇就成为了立法者们的主要目标。于是这些法律经常采用赔率表（tariffs）的形式——杀死一名伯爵或上层大户（eorl）需要赔偿多少，杀死下层自由民（ceorl）赔偿多少，伤害一根手指赔偿多少，打断一条腿又赔偿多少。立法的另一个目的是使人们意识到他们对维护社会治安所承担的义务，组织他们追捕抢劫、杀人的凶犯，并在他们疏于履行这些义务时课以罚金。但有关财产、合同等私法方面的规定，我们则很少甚至完全没有听说过。我们很容易会问起一些有关继承等方面的简单问题，但对这些问题没有人能给出一个确定的答案，极有可能的是，在这些方面也存在着许多不同的地方习

惯。此时还没有一个职业的法律家团体，法律还不是一个可供理性思考的主题，出席其所在的百户区和郡的法院并在那里做出判决是自由民的权利和义务。然而我们千万不可由此误以为，法律只是一种简单的事务或仅仅包括那些在我们看来属于自然正义的主要规则；相反，它多半非常复杂而且相当正式，精当的语词必须得到准确的使用，所需的仪式也必须进行得恰到好处。适用传统法律的古代民众法院并不是衡平法院，形式、仪式以及庄严的、诗意般的法庭用语贮留在民众的记忆中，并一代一代得以传承。

在重构盎格鲁－撒克逊法律制度的过程中，当代的学者已经做了大量工作，但还有更大量的工作尚待完成。除了我已经提到过的那些主要的资料来源外，恺撒和塔西佗（Tacitus）的作品、其他日耳曼部族的同源的法律以及诺曼征服之后英格兰的许多著述，都可以被谨慎地拿来使用。但由于某些我已指出的原因，新手不可能对这一问题做出富有成效的研究。我们必须向后转，从已知推出未知，从确定走向不确定，而当碰到有关盎格鲁－撒克逊法律之细节颇为自负的结论时，我们最好持一种怀疑的态度。例如，这其中有一点相当重要并且看起来已经非常清楚：在英格兰的习惯法中几乎没有感受到罗马法学的影响。前面提到过的法律中没有哪一个段落显示出了对罗马法文献的任何了解。德国学者习惯于将这些盎格鲁－撒克逊法律作为纯正日耳曼法中最纯正的丰碑，他们已无法在大陆上找到这么纯正的东西。但我们绝不能夸大这一事实。罗马法学的确在不列颠未得留存，但罗马的文化传统却极具重要性。促成法律进步的主要动因在教会，而教会如果是天主教的那它同时也是罗马的。因此，比如，在很早的时期我们就发现盎格鲁－撒克逊人在制作遗嘱。我们可以很放心地说这一做法源于教会，因为教会是通过遗嘱处分之遗产的最大接收者。我们还可以进一步说遗嘱是一种罗马人的制度，如果没有罗马，没有征服世界的罗马帝国，这些盎格鲁－撒克逊人是不会立遗嘱的。但就罗马法中与遗嘱相关的法律而言，甚至是包含在《法学阶梯》中的那些内容，我们则有十足的把握说当时的盎格鲁－撒克逊人并不了解。假如一群英国传教士外出向异教徒
传教，他们将不可避免地传播很多英国法的内容，尽管他们可能 6
完全回答不出与此有关的最简单的试题。比如，他们可能会知道可以制作书面遗嘱，他们也可能会知道书面遗嘱将会产生效力，但他们可能并不知道制作遗嘱时我们的法律要求有多少证人，或者遗嘱是否可因婚姻而撤销。正是通过这些方式，罗马和天主教的教会将古老的文化传统连同罗马的制度（如遗嘱制度）带到了它所光顾的每一个角落，只不过其形式多少有些大众化和粗俗化而已。

我虽然将盎格鲁－撒克逊法律称之为这位或那位国王的法律，但我们必须注意（哪怕是顺便，尽管这一问题还必定会再次提及），没有哪一位英国国王是在没有征询其智者的意见并征得他们同意的情况下独自立法的。立法的套语非常重要，因为我们需要追溯今天女王和议会立法时所用套语的演变历程。下面是威特里德法律的序言：“在肯特人最仁慈的国王威特里德统治期间，王国的要人们召开了庄严的大会。出席者有不列颠大主教博思沃德（Birhtwald），前述国王本人，罗切斯特主教吉布门德（Gybmund）；该教省教会之各个阶层与全体恭顺之民众异口同声。在此大会

上，经过所有人的同意(suffrages)，要人们颁布了这些法律，并将其附于肯特人的习惯法之后。”如此一直延续到这一世纪结束，延续到克努特的法律。克努特的法律还这样写道：“这是我们全体英格兰人、丹麦人、挪威人之王克努特，在征得其贤人们的意见后，为了其荣誉和利益而制定的法令。”

（二）1066—1154 年

诺曼征服是英国法历史上最为重要的事件；尽管如此，我们仍然不能认为 1066 年之后英国法就被诺曼法涤荡殆尽或是已被其所取代。此外，我们也绝不能认为诺曼人当时已有了一整套法
7 律可供他们带到英格兰。如果他们有什么自己的成文法的话，那也只是微乎其微；在这方面，诺曼人远远落后于英国人。

自 912 年以来，这些斯堪的纳维亚人*就占据了过去曾为法兰克王国领土一部分的那个角落，不过其首领诺曼底公爵实际上却保持了相当大的独立性，仅在名义上对法王效忠。他们接受了被征服者的宗教和语言，而且我们还必须相信，在诺曼底所确立的法律是法兰克而非斯堪的纳维亚的。这些征服者是斯堪的纳维亚贵族，而他们却统治着一群操罗曼语的凯尔特人(Romance speaking Kelts)。他们的公爵中没有哪一位曾经是伟大的立法者，而当时存在的成文法一定已经非常古老，如来自于《萨利克法》和法兰克国王们的习惯法汇编；至于这些法律实际上有多少效力就很难说了。公爵对其附庸(vassals)的把持曾很不牢靠，但某些强有力的、

* Norsemen，1066 年征服英格兰的诺曼人来自于斯堪的纳维亚半岛。——译者注

稳固的政府管理传统也很可能从加洛林王朝(Carlovings)时期幸存了下来。比如,诺曼征服之后马上就在英格兰出现,并作为后来陪审制萌芽的、召集邻人宣誓证明王室之权利或其他权利的做法,就可以清晰地追溯到法兰克国王们的宫廷。

没有什么诺曼法律文献能够追溯到早于12世纪末的那些年代,更不可能早于我们格兰维尔的著述[*]。实际上,我们对于10世纪中期诺曼法的了解非常之少,不过它不大可能与当时的英国法差别很大——法兰克的习惯法汇编(capitularies)就与我们英国的法律汇编(dooms)非常相似,而英格兰东部的民众很多也都是挪威血统。因此我们千万不能认为威廉给英格兰带来了什么全新的法律制度。

现在我们就来简单总结一下诺曼征服之后英国法得以幸存下来的证据。首先,在我们现在所能确定为征服者威廉所制定的、为数极少的立法中,有一条就是他对于英国法的肯认。“我在此决定并命令,所有人都将拥有并遵守爱德华国王时期关于土地和所有其他事务的法律;此外,为了英国人民的福祉,我还在这些法律之上增加了一些条款,它们也将一并得到遵守。”接下来,在鲁弗斯(Rufus)[**]的苛政(misrule)之后,亨利一世即位时(1100年)
又重新肯认了英国法:“我将过去爱德华国王时期的法律返还给 8
你们,同时还有我父王在其贵族的建议下对它们做出的修订和改

* 指格兰维尔的《论英格兰王国的法律和习惯》,这是对于英国法系统化描述的第一次尝试,大约完成于1187—1189年之间。——译者注

** 即征服者威廉之子威廉二世,系亨利一世之兄,1088—1100年在位,统治期间施暴政、压制教会,后遭暗箭身亡。——译者注

进。”其次，这些对于爱德华时期法律的肯认看来已促使许多人力图对之进行重述。我们有三部与此相关的法律汇编，它们分别是：《忏悔者爱德华之法》(*Leges Edwardi Confessoris*)、《威廉一世之法》(*Leges Willelmi Primi*)和《亨利一世之法》(*Leges Henrici Primi*)。它们显然出自私人之手，但我们并不能非常确定其中任何一部的准确时间。这三者中最有价值的是《亨利一世之法》，过去曾有人认为它最晚出现于亨利二世统治时期，但最新的研究却认为它应该是在亨利一世时。本汇编规模相当宏大，但内容却模糊不清，编排无序。作者随意地从《萨利克法》、法兰克国王们的习惯法汇编及教规汇集这些外来的渊源中进行了借鉴——有一小段甚至已追溯到了《狄奥多西法典》(*Theodosian Code*)*；不过其主体部分还是来自于盎格鲁-撒克逊法律汇编的拉丁文译本，显然作者认为这些是或者应该还被认为是这个国家的法律。《亨利一世之法》给我们描绘的是一幅古代制度经受了严重冲击后的图景。《忏悔者爱德华之法》的编纂者大量采纳了古代法律汇编中的材料，并竭力使忏悔者爱德华国王是一位伟大的立法者的观念大众化。后来，忏悔者爱德华成为了许多法律神话中的英雄；但正如已经谈到过的那样，并没有哪一部法律可以真正归结到他的名下。对于忏悔者爱德华之法律(为威廉一世和亨利一世所肯认)的需求，其实并不是因为它们是爱德华制定的才产生了这样的需求，而仅仅是对于一种过去之良法的需求，对于在英格兰落入征

---

* 帝国时期由官方将罗马法进行汇集而成的第一部法典，时间大约为公元438年。——译者注

服者手中之前在此通行之法律的需求。[①]最后，作为1085—1086
年间进行的财产大清查的记录，《末日审判书》(*Domesday Book*，
这也是征服者威廉统治期间最伟大的法律丰碑)告诉我们，诺曼
贵族是在英国土地所有者的土地被剥夺之后取代其原来的位置
而成为新的土地所有者的，他们代表了先前的英国的土地所有 9
人，同时也承继了他们的权利和义务。诺曼国王们授予其追随者
土地的权利证书也让我们得出了同样的结论。转让司法管辖权和
特权时使用的是英语：诺曼贵族将拥有*sac and soc*(领地司法权)、
thol and theam(贱农管辖权)、*infangthief and outfangthief*(内盗
管辖权和外盗管辖权)——这些都是英国人曾经享有的，而且只
能用英语来描述的权利。

同时我们必须承认，又有很多诺曼观念融入了英格兰。偶尔(尽管很少)我们面对某一制度或规则时能够确切地指认说，“这不是英国的”。决斗断讼(trial by battle)就是这样一个例子，后来演变为陪审制的召集邻人进行宣誓调查的做法(sworn inquest)同样如此。我们也经常可以说某一新观念、新理论已经从国外引入了英格兰，后面我们马上要谈的封建主义就属于这种情况。但更多见的是，我们只能说过去的某一旧制度被赋予了一种新的含义、新的重要性。诺曼征服所带给我们最有价值的东西，是那种促成王国统一的强大的王权。

诺曼国王中(包括斯蒂芬)没有谁是伟大的立法者。真正属

---

① 有关诺曼时期法律文献的全面论述，参见Pollock and Maitland, *History of English Law*, 2nd ed., vol. Ⅰ, pp. 97—110; Stubbs, *Lectures on Early English History*, pp. 37—133。

于征服者威廉的法律非常少，其中的大部分我们一会儿将谈到。这其中有两项非常重要，一项是他将教会的司法管辖权从世俗管辖权中分离出来，另一项是他坚持任何人不管从谁那里保有领地，都是国王的人，都应该向国王效忠。鲁弗斯无法无天的时代没有留下来任何法律。亨利一世在其即位之初通过一部重要的宪章换得了民众的支持——这种重要性不仅体现在它本身是宪政史上的一个里程碑，而且还体现在它为《大宪章》(*Magna Carta*)树立了榜样。斯蒂芬也不得不签署了一部宪章，但价值甚微，因为其用语流于宽泛。威廉一世和亨利一世是作为管理者而非立法者活跃在历史舞台上的。作为王国境内重要的税收文献，《末日审判书》的制作是一项辉煌的成就，是一项在欧洲史上无可比肩的成就，也是一项只有在一个被征服的国家才能完成的成就。国家的财税制度在亨利一世时成为了一项有序运作的制度，该制度

10 保留下来一套有序的书面档案。1132年英格兰各郡郡长上报的账目依然存留于财政署卷筒卷宗(Pipe Roll of 31 Hen. Ⅰ)中，这是我们最有价值的资料来源之一。它一直被随意地保存着，直到亨利二世统治初期，这一系列档案的保存才得以常规化和例行化。我们还有许多非正式的诉讼案卷也能够说明诺曼统治时的一些情况，这些都由比奇洛先生(Mr. Bigelow)在其《盎格鲁－诺曼讼案录》(*Placita Anglo-Normannica*)中予以出版。而真正属于威廉一世的法律和亨利一世的宪章则可以在斯塔布斯的《宪章选编》(*Select Charters*)中找到。上述《忏悔者爱德华之法》《威廉一世之法》和《亨利一世之法》，则包含在法律文献委员会出版

的古代法律文献部分中。[①]

（三）亨利二世（1154—1189）、理查（1189—1199）和约翰（1199—1216）

亨利二世的统治在法律史上有着极为重要的意义，他是一位伟大的立法者，同时也是一位伟大的行政管理者。因为编年史学家们不经意的保存，他的一些法律和条例流传到了今天，而其他则遗失了；此时，所有法律被正式和精心记录并存档的年代还没有到来。在其即位之初或稍后，他发布特许状笼统地肯认了其外祖父亨利一世授予民众的特权。我们所拥有的其在立法方面的下一座丰碑是1164年签署的《克拉伦登宪章》（*Constitutions of Clarendon*），而其起因则是他和贝克特之间的争执。它们涉及的是世俗和宗教法院司法管辖权的边界问题，并力图确立教会法院管辖权的界限。在斯蒂芬统治的混乱时代，世俗的社会组织（相对于教会）已几乎瓦解，教会赢得了极大的权力，而世俗的政权则日趋衰微。亨利力图恢复他所认为的过去的边界，并针对教士缺乏根据的要求坚持旧有的界线。这一宪章便是其结果。在一定意 11
义上说亨利失败了：对大主教的谋杀震惊了世界，也震惊了他自己，他被迫在自己曾经据理力争的几个要点上做出让步。然而在主要的方面他取得了胜利。王室法院现在已经变得稳定和活跃，

① 《忏悔者爱德华之法》和《亨利一世之法》，现在可参见 Liebermann's *Gesetze der Angelsachsen*。对于后者完整而有价值的评论，可参见 Stubbs, *Lectures on Early English History*, pp. 143—165。有关《威廉一世之法》的情况，可参见 Stubbs, *Select Charters*, p. 84。

通过它的行动，教俗两界拥有了一条边界——尽管这条边界并不完全符合亨利的初衷，尽管在他驾崩之后的一个世纪甚至更久这条边界仍存在争议。作为规范教会事务且共同适用于整个欧洲的教会法正在形成，其中《格拉提安教令集》(*Decretum Gratiani*)见证了其发展过程中的一个重要阶段。据信，它是由一位来自博洛尼亚的教士格拉提安于1139—1142年间完成，此时，英格兰正处于斯蒂芬国王统治之下。来自宗教会议上的决议，古代的、现代的，真实的、虚假的，现在都被精心融入了一个庞大的法律体系中；一段时间以来已经成为严肃研习对象的古典罗马法为这一新体系确立了样板。我们还必须记住，在接下来的数世纪中，教会法院实施的教会法规范了所有英国人日常生活中一些最为重要的事务。它所规定的不仅仅是教士们的清规戒律，所有与婚姻和遗嘱继承有关的事务都构成了它的管辖范围。只有记住了这一点，今天通常归入私法中的许多东西才能得到理解。比如，我们今天对于动产和不动产的基本分类，就是将法律领域分为世俗法和宗教法两大部门之后所产生的持久后果。为什么今天遗嘱检验仍然和离婚联系在一起？——仅仅因为婚姻和遗嘱继承诉讼均属于教会法院管辖。

我们刚才提到了对于罗马法的重新研究。其实在南欧，罗马法从来就没有消失过：它以一种野蛮和粗俗的形式度过了那些黑暗的年代。接下来在11世纪，人们开始重新转向那些经典的文本，这些新的研习迅速传播开来。1143年，西奥博尔德(Theobald)大主教在其随行人员中带来了一位叫瓦卡里乌斯(Vacarius)的伦巴第(Lombard)法律家，后者在英格兰讲授罗马法。看起来斯蒂芬国王曾压制过他，并与他发生过争吵。但瓦卡里乌斯的努力没有白费，亨利二世的某些改革中明显带有罗马法的痕迹；有人甚至猜测，亨利年轻的时候可能曾拜读于瓦卡里乌斯的门下。[①] 他统治初期出台了一些非常重要的措施，当然体现这些措施的法令(ordinances or assizes)的文本我们已经遗失了。“assize”(*assisa*)一词看起来首先是指一次集会、会议、开庭(sitting)，如国王及其贵族召开的会议(session)。然后，该词被用来转指在这些会议上所制定的法令，如《克拉伦登法》(*Assize of Clarendon*)、《北安普顿法》(*Assize of Northampton*)，以及域外的《耶路撒冷法》(*Assize of Jerusalem*)等。另外，它又被用来转指由这些法令所创设的各种制度。通过某些今天已经为我们所遗失的法令，亨利将所有自由土地保有人对土地的占有(possession，或它所称的seisin)纳入了王权的保护之下。这一举措的极端重要性稍后将会得到更好的理解。他在自己的法院为那些土地占有受到侵扰的人提供了救济，这些救济包括新近侵占和收回继承地两则占有诉讼令(possessory assizes of novel disseisin and mort d'ancestor)；作为这一系列中的第三则，圣职推荐诉讼令(assize of darrein presentment)涉及的是向教会推荐圣职就任者的权利。毫无疑问，这些占有之诉尽管不是抄袭自罗马的禁令制度(*interdicta*)，却也受到了后者的启发。亨利紧紧把握住了占有之诉和权利诉讼(proprietary action)之间的区别：后者还需要前往封建法院进行， 12

① 有关详情请参见 Pollock and Maitland, *History of English Law*, vol. I, pp. 118—119。

而国王则着手保护占有。所有这一切日后将会更加彰显出其睿智。但如果保护占有或其他不同于所有权(property)之东西的观念起源于罗马，那么为此目的所采用的机制则完全不为罗马人所知，它就是我们所说的陪审制。这一新的程序逐渐从占有之诉扩展适用于其他所有的诉讼，亨利自己也把它以大陪审诉讼(grand assize)的形式扩展到了关于土地的权利诉讼(proprietary acitons for land)中。被告可以拒绝决斗断讼，并将“谁对这一土地拥有更好的权利”之问题提交由其邻人组成的团体经宣誓(要说真话)后来解决。此时我们距离陪审制的历史就越来越近了，不过现在
13 的关键是：通过在其法院提供这些新的救济措施，亨利使英格兰的司法得以中央化。从此以后，地方法院的重要性开始下降，国王的法院越来越成为了一个面向所有自由人和所有案件开放的一审法院。其结果是一种适用于整个王国的共同法律得以迅速发展，地方上纷繁复杂的习惯法逐渐被压制，我们逐渐开始有了一套共同的普通法。这一普通法由巡回法官在全国范围内加以实施，他们都是专业的法律施行者，都在同一所学校接受训练。而在亨利统治的后半期，由这些法官巡视整个王国的做法已经变得经常化了。

通过1166年的《克拉伦登法》(1176年在北安普顿修订后又予以重新签发)，亨利开始对刑事诉讼程序进行重大改革。实际上，我们可以说他是引入了陪审制的萌芽：旧有的裁判模式——神明裁判和决斗断讼开始让位于一个由证人组成之团体的宣誓裁断。1181年的《武装法》(*Assize of Arms*)重组了过去的军事力量，这对封建主义是一个制约。1184年的《伍德斯托克法》(*Assize* *of Woodstock*）首次明确了国王在其狩猎林地中的权利。1159年首次免服兵役税（scutage，人身性兵役可以转化为经济负担）和1188年首次萨拉丁什一税（Saladin tithe，这是针对动产的首次征税）[*]的征收，标志着正式税收途径的确立和封建主义作为一种政治力量的衰落。

有两本重要的著作描绘了亨利统治时期的法律活动。一本是《财政署对话录》（*Dialogus de Scaccario*），它细致地描述了王室财政署的工作流程，由时任伦敦主教和财政署财政大臣的理查·菲茨·尼尔（Richard Fitz Neal, Bishop of London and Treasurer of the Exchequer）完成。另一本是《论英格兰王国的法律和习惯》（*Treatise on the Laws of England*），我们一般把它归于1180年出任首席政法官或摄政官（可以说是首相和首席法官）的拉努尔夫·格兰维尔（Ranulf Glanvill）。这本一般被法律家们称为“Glanvill”的著作完成于亨利统治的最后几年（1187—1189），它是我们法律史上的第一本经典教科书。该书为我们精细地描绘了一幅王室法院的工作图景，其中所包含的法律主要是土地方面的：当时王室法院主要关注的还是土地问题。可以看出，罗马法 14
在其中产生了一些细微的影响，作者对于《法学阶梯》有所了解并偶尔从中抄录了一些语句，但更主要的还是王室法院一直在致力于为自己发展出一套法律；作者所顾及的只是王室法院。作者称，盛行于地方法院的习惯不仅繁杂而且混乱，将其成文化是不

* 1188年，为支持十字军东征和进攻当时的穆斯林苏丹萨拉丁，首次由亨利二世征收，数目为每人拥有动产的1/10。（摘自《元照英美法词典》，法律出版社2003年版，第1219页）——译者注

可能的。不过，经过王室法院的努力，地方习惯中的一个特定领域——即土地保有——被普通法开发了出来，而这一领域当时实际上已经形成了许多统一的规则。因此，该书实际上标示了普通法发展过程中一个非常重要的阶段。[①]

亨利的统治结束了，我们现在来到了《大宪章》面前。在理查王统治时期，有序的行政管理和王室法院统一司法的传统得以维持。理查自己是一位经常在外的国王，他只是偶尔到过英格兰两次，也仅仅待了几个月；整个王国由摄政官和在亨利二世的学院里接受过训练的人管理着。有关法律史方面的文献资料现在开始迅速积聚，倒不是说有了多少可以被称作立法的东西，而是把在王室法院经办之事务保存为正式的记录现在已成为惯例。最早的司法档案来自于1194年，从此我们就有了了解案件是如何提交到王室法官们面前以及它们又是如何被裁判的特定途径。约翰王统治的前半期，尽管其父王时期的立法和改革活动已然停止，然而整个国家还是治理得相当得体。但后来他抛弃了对他的一切限制，陷入了与教会和贵族的巨大争执当中，从而走向整个国家的对立面，最终不得不于1215年签署了《大宪章》。

（四）亨利三世（1216—1272）

无论从什么角度来看，《大宪章》理所当然都是一份具有极端重要性的文献。[②] 第一眼看上去令人震惊的就是它的长度——

① Pollock and Maitland, *History of English Law*, vol. Ⅰ, pp. 161—167.

② 关于对《大宪章》令人叹服的评论，请参见 W. S. McKechnie 于1905年出版的著述。

其重要性很大一部分就在于此，在于其细致入微。它还具有很强 15
的实践性，它不是对于英国人权利的泛泛而谈——更不用说普遍的人权了，它历数了当时英国人所遭受的各种苦难，并允诺给予相应的救助。它针对许多具体问题并就相关法律进行了明确的表述。就我们现在所能做出的判断而言，在许多方面，它所表述的并不是什么新的法律，而是反映了亨利二世时期的做法。民众的呼声不是要求改变法律，而是要求法律应该得到遵守，尤其是得到国王的遵守。从此，含糊其辞的承诺不再管用，国王的权力及其所受的限制被白纸黑字地确定了下来。抛开宪章的实际内容不说（这些我们还会在后面不时提到），我们必须注意，这样一份冗长、琐细和务实的文件之签署本身，就意味着将会有法治的产生。

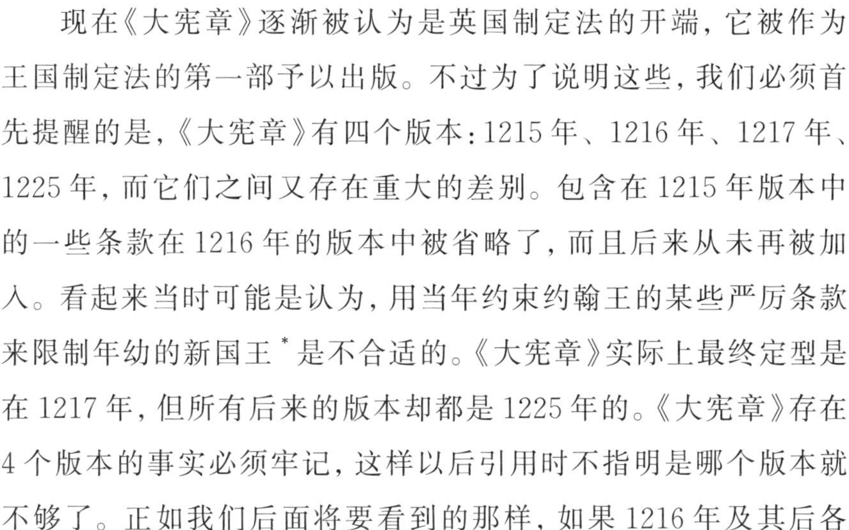

现在《大宪章》逐渐被认为是英国制定法的开端，它被作为王国制定法的第一部予以出版。不过为了说明这些，我们必须首先提醒的是，《大宪章》有四个版本：1215 年、1216 年、1217 年、1225 年，而它们之间又存在重大的差别。包含在 1215 年版本中的一些条款在 1216 年的版本中被省略了，而且后来从未再被加入。看起来当时可能是认为，用当年约束约翰王的某些严厉条款来限制年幼的新国王*是不合适的。《大宪章》实际上最终定型是在 1217 年，但所有后来的版本却都是 1225 年的。《大宪章》存在 4 个版本的事实必须牢记，这样以后引用时不指明是哪个版本就不够了。正如我们后面将要看到的那样，如果 1216 年及其后各

* 指亨利三世。——译者注

版《大宪章》中的某一特定条款（明确王国民众大会的条款）没被省略的话，我们议会的全部历史将可能会非常地不同。

16 现在，1225年的《大宪章》逐渐被认为是我们制定法的源头。这部分是出于意外。中世纪后期的法律家们没有机会追溯到这一文献的背后，更早时期的法令只要未遭废弃就已经融入了普通法，但《大宪章》的每一个字仍然极具重要性。于是，当公开印刷出版的时刻到来时，1225年的《大宪章》就位居制定法文献之首了。它经常得到国王们的确认，亨利三世在1237年、爱德华一世在1297年，直到亨利四世，它都在不断地被历代国王反复确认——据柯克统计这种确认竟达32次之多。但有这一宪章是一回事，而使之得到遵守则是另外一回事。宪章对于国王来说是一个羁绊，是一条只要可能国王随时都准备打破的锁链，于是整个王国不得不一次又一次地通过支付金钱来获取国王的确认——国王受其先王之承诺的约束之原则是慢慢建立起来的。

不过，无论使其得到遵守有多难，《大宪章》仍然是当时一部内容相当可观且明确颁布的法律。亨利三世在其漫长的统治期内并没有太多其他立法，立法当时还不是什么普遍的现象。这一时期的兴趣点不在法律，而在为议会所进行的斗争。正如我们后面将要看到的，有关王国民众大会应当是什么样之观念正在发生变化，它不再是一个封建贵族的会议，而开始变成整个王国三个等级（教士、贵族和平民）共同参与的大会——1254年对于郡骑士、1264年对于自治市代表的召集是这一进程中伟大的里程碑。不过亨利统治期间仍然有两次重要的立法。第一次是1236年的《默顿法》（*Statute of Merton*），它所包含的某些条款甚至直到现

在还在生效。在其他一些值得注意的内容中，我们遇到了贵族们
表示他们将永不改变英国法律的著名声明。当时教士请求他们
同意，随着婚姻的缔结，婚前子女应被视为婚生；他们的回答是：
“我们不会改变英国的法律”（*Nolumus leges Angliae mutare*）。在 17
该法律和下一部重要的法律之间，发生了那场我们称之为贵族战
争的严重危机。1258 年的时候，整个王国对于亨利背信弃义和
昏庸奢华的不满达到了顶点；经过长时间的激烈争吵，德·孟福
尔（De Montfort）成了这次斗争的领袖。暴动在刘易斯（Lewes）
（1264 年 5 月 14 日）取得了胜利，随即又在伊夫舍姆（Evesham）失
败（1265 年 8 月 4 日）。但他们想要的大部分都得到了。1267 年在
马尔伯勒（Marlborough）颁布的《马桥法》（*Statute of Marlborough
or Marlbridge*），主要包括了对国王在革命时期曾做出之让步的
重新确认，这一让步我们称之为 1259 年的《威斯敏斯特条例》
（*Provisions of Westminster*）。[①] 这一次得到好处的主要是小土地所
有人。

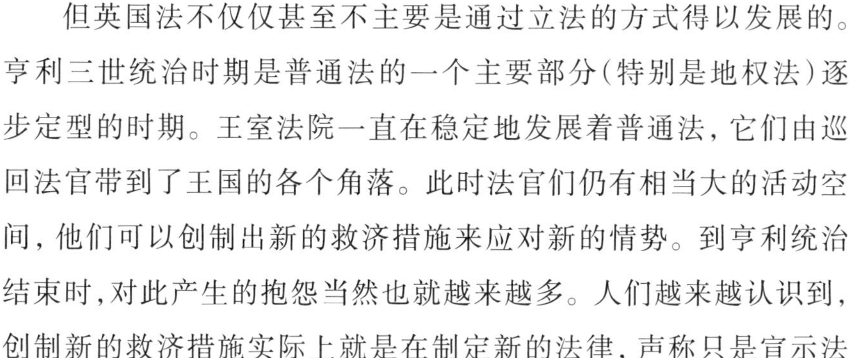

但英国法不仅仅甚至不主要是通过立法的方式得以发展的。亨利三世统治时期是普通法的一个主要部分（特别是地权法）逐步定型的时期。王室法院一直在稳定地发展着普通法，它们由巡回法官带到了王国的各个角落。此时法官们仍有相当大的活动空间，他们可以创制出新的救济措施来应对新的情势。到亨利统治结束时，对此产生的抱怨当然也就越来越多。人们越来越认识到，创制新的救济措施实际上就是在制定新的法律，声称只是宣示法

① 斯塔布斯的《宪章选编》第 400—405 页中有录。

律的法官实际上是在制定法律。人们也越来越多地感觉到，对于新的法律，王国各阶层民众的同意（不管怎么说至少是贵族的同意）总是必要的。但法官法（如果我们愿意这样称呼的话）却一直都是在飞速发展。法官们都是饱学之士，主要出身于教士，他们不可能不了解教会法和罗马法。这一时期的一本伟大著述就是其证明。[①] 布拉顿的亨利（Henry of Bratton），或者我们通常称之为布拉克顿（Bracton），卒于1268年。20年来他一直担任法官，1250—1260年间，他写出了自己有关英国法的著述。他从意大利博洛尼亚的法律家阿佐的著述中汲取了很多营养，我们可以从中明显看出罗马法研究对于英国法的成长产生了巨大影响：它使人
18 们开始将英国法作为一个整体进行严肃和理性的思考，并力图使之条理化，将之作为一个由各种相互关联之规则构成的有机整体加以表述。[②] 但布拉克顿著述的实质却是英国的，他所引用的王室法官们的判决不少于500个。我们发现，英国法已经开始在变成现在所称的“判例法”了—— 一个既决案件就是后来同类案件判决时应当遵循的“权威”。我们还看到，英国法，尤其是土地法（地权法）的发展，一直都非常迅速。与布拉克顿全面而具有综合性的著述相比，格兰维尔的作品就显得篇幅狭小而且内容贫乏。我们当然可以把亨利三世的时代看作是法官法的黄金时代：王室法院正迅速成为所有重要案件（属教会法院管辖的除外）的常规管辖法院，而且此时法官们还没有受到众多制定法或那个妒火中

① Pollock and Maitland, *History of English Law*, vol. I, pp. 206—210.

② *Select Passages from the Works of Bracton and Azo* (ed. F. W. Maitland, Selden Society, 1895) 中有一个精彩简介。

烧之议会的阻碍——后者既不愿修改法律，也不能容忍别人对法律的修改。我们现在也几乎没有听说什么地方习惯法偏离了普通法发展的方向，因为古老的地方法院早已让位于迅速崛起的王室法院，地方习惯也随之让位于普通法。王室法院之所以能够赢得管辖权、增强影响，都在于与地方法院相比其程序更加简化、更加理性，也更为现代。后者的诉讼程序从未有过什么改进，并一直保留了陈旧的色彩；而王室法院则引进了陪审制，所有其他的裁断方式在这一新的模式面前都纷纷让位。1215 年的拉特兰宗教公会（Lateran Council）禁止教士继续参与神明裁判，神明裁判在英格兰随即被取消，于是整个刑事法律领域便向陪审制敞开了大门。

（五）爱德华一世（1272—1307）

爱德华一世一直被称为“英国的优士丁尼”（the English Justinian）。这一拟议的比较并不十分恰当，它有点像一个童年和另一个童年的比较。可以说，优士丁尼尽其所能赋予了罗马法以最终、不可变更的形式，但此时罗马法已见证了其最辉煌灿烂的
时刻，而且对于生活在其中的人们来说它已非常精细和完备了。 19
而将王国全体民众作为其征集意见对象的爱德华，只是在为一个刚刚开始拥有其自身伟大法律体系的国家立法。不过我们仍要自然而然地去寻找某些说法，以表明爱德华统治时期的确是我们法律史上一个独一无二的阶段。马修·黑尔爵士（Sir M. Hale）在 17 世纪晚期说，在解决和建立王国的司法分配机制方面，爱德华一世统治头 13 年所做的工作要比后来所有年代加起来做得还要

多。[①]话当然不能说这么满，但我们还是可以说，直到威廉四世统治时期，爱德华这13年的立法活动是独一无二的。如果有什么可以拿来和爱德华的法律相比的话，我们就必须从他那时起向后看到《选举法修正案》(*Reform Bill*)[*]的时代。从这一点看，我认为黑尔的上述说法触及到了问题的实质。爱德华的制定法的主要特点是，它们在无数的要点上干预了民众间的普通法律事务。不仅如此，许多极具重要性的条款涉及的是我们应称之为公法的问题，而其独特性却在于它们涉足了私法领域，并为之带来了巨大的变化。在爱德华之后的许多世纪里，国王和议会将发展私法和民事诉讼程序、刑法和刑事诉讼程序这一任务的大部分都留给了它们自己。卷帙浩繁的制定法堆积如山，议会力图规范所有的商业行为和职业活动，决定人们应该吃什么、穿什么——甚至还下令安葬时必须着羊毛衣物！但当我们逐页翻阅14世纪到18世纪(包括这两个世纪)任何一个时代的制定法时，在财产法、合同法、有关盗窃和谋杀的法律，或是有关财产该当如何返还、合同该当如何履行，窃贼或杀人犯该当如何予以惩罚的法律中，却找不到任何变革的标记。结果是，在黑尔和布莱克斯通的时代，处理日
20 常普通事务的律师却不得不经常记起爱德华一世时期的那些制定法。或许他也不得不记住亨利八世、伊丽莎白[**]、查理二世时期的许多制定法，但在此期间的确有很长一段时间的历史没有为他所操持的日常业务提供哪怕是只具有一点点重要性的法律。从

① *The History of the Common Law of England*, 4th ed., 1779, p. 152.

* 指1832年、1867年、1884年，尤指1832年的议会选举法修正案。——译者注

** 指伊丽莎白一世。——译者注

某种程度上来说，今天仍然是这样——哪怕是在过去立法活动非常活跃的六十年之后。爱德华时期至少有两项法律你们必须记清楚——《附条件赠与法》(*De donis conditionalibus*)和《封地买卖法》(*Quia emptores terrarum*)，它们依然是我们地权法的支柱。如果将它们去掉而不找什么来替代的话，我们的整个地权法体系将会陷入混乱。我们最好记住这些重要制定法的时间。

1275年，《威斯敏斯特法Ⅰ》(*Stat. Westminster, Ⅰ*)。

1278年，《格洛斯特法》(*Stat. Gloucester*)。

1284年，《威尔士法》(*Stat. of Wales*)。

1285年，《威斯敏斯特法Ⅱ》(*Stat. Westminster, Ⅱ*)。

《温切斯特法》(*Stat. Winchester*)。

1290年，《威斯敏斯特法Ⅲ》(*Stat. Westminster, Ⅲ*)。

1297年，《恩准宪章法》(*Confirmatio Cartarum*)，附新的条款。

但爱德华不仅是一位伟大的立法者，同时还是一位伟大的行政管理者、组织者。就拿任何存在于中世纪末期、存在于1800年的机构来说，无论是议会、枢密院，还是普通法的各个法庭，沿着它们所发生过的一系列明确的变化，我们都可以一直将其追溯到爱德华统治的时代。但如果再往前，我们的目标就会在视野中消失，其轮廓也开始变得模糊起来，就好像从明媚的阳光下突然进入了朦胧的月光里，我们不能肯定此时所看到的就是我们一直苦苦追寻的。我们应该把现在正在召开会议的那个机构称作王座法庭、御前会议，还是议会呢？看起来这三者都可以，但又可能哪个都不行。到爱德华时代，一切都得以确定，有由王国三个阶层所组成的议会，有国王的御前会议，还有那几个著名的普通法法庭。

用语也得以规范化，国王加议会（king in parliament）可以颁布法律（制定法〔statute〕），而国王加御前会议（king in council）就只能制
21 定条例（ordinance）；法律是一回事，而条例则是另一回事。正因此，研究古代宪法的人首先应该确定他了解爱德华一世时期的宪法。

立法在这一时期的活跃产生了一个重要后果，那就是对不成文法的发展构成了制约。从此，普通法的发展速度远落后于亨利三世时期；在每一个重要关头，其发展都受到了制定法的阻碍——法官们为当时所普遍接受的如下原则所制约：未经议会同意，不得变更法律。普通法还在发展，但却相当缓慢，法官们被迫诉诸拟制和规避的方法，因为法官造法的道路上荆棘遍布。爱德华统治时期流传下来两本法律著述：《布利顿》（*Britton*）和《弗莱塔》（*Fleta*）。二者大约都完成于1290年左右，前者使用的是法语，后者则是拉丁语。它们都不过是布拉克顿著述的简编本，但却注意到了前述重要立法所带来的法律上的变化。从中我们可以看出如下重要事实：显然英国的法律家们不再研习罗马法了。毫无疑问，亨利三世时期罗马法在英国慢慢站住了一些脚跟，但爱德华的立法则阻止了英国法的进一步罗马化。整个法律领域都为制定法所涵盖，以致对罗马法的研习失去了意义。大约同一时期，我们在王室法院也不再发现有教士坐堂问案了。布拉克顿就是教士，担任执事长（archdeacon）一职，他所引用的判决都来自那些伟大的、出身于教士的法官——马丁·佩特舒（Martin Pateshull）后来成为了圣保罗教堂的教长（Dean of St Paul's），威廉·罗利（William Raleigh）则是温切斯特的主教（Bishop of Winchester）。但教士不应坐堂于世俗法庭的观念正在教士圈内不断扩展。其结果是，从爱德华的统治开始，英国法变得越

来越孤立，英国的法律家们对于本土法之外的其他法律则变得越来越全然不知了。于是，英国法避免了被罗马化的结果；因此，我们丧失了很多，但另一方面，我们也获得了很多。我们丧失的是法律方面的：如果我们的法律家懂得更多的罗马法，那我们的法律（尤其是地权法）可能将永远不会像今天这样变成一座令人无法捉摸的迷宫。而我们所获得的则是宪政、政治方面的：罗马法迟 22
早会给各地带去专制主义。需要补充的是，亨利三世时期普通法的迅速发展与此时一个庞大的英国法律家阶层的成长互为因果。从爱德华统治初期开始，它已形成了一个庞大而强有力的阶层，国王也正是从这一阶层中遴选其王室法官。此时，一种新的法律文献出现了。自 1292 年始，我们第一次有了法律报告——这就是最初的年鉴（Year Books）。年鉴是对法庭辩论（包括律师的争辩和法官的意见）的记录，并构成一个——从爱德华时期一直延续到亨利八世的系列。它连同格兰维尔、布拉克顿及《布利顿》《弗莱塔》这些著作，共同构成了我们关于普通法资料的主要来源。不仅如此，其中所包含的判例还被视为了权威，甚至今天也是这样（如果它们有合适的机会可以被引用的话）——当然这样的事情很少发生，因为普通法的全部领域如今已被许多更现代的权威判例所涵盖。还需要说明的是，从 13 世纪中期以来，我们的普通法就已经是判例法了，1292 年之后我们有了判例报告，1194 年开始我们则有了关于法庭的卷宗档案（plea-rolls）。[①]

① 卷档系列（英国一个专门整理过去法庭卷档的机构出版的文献）中包含了爱德华一世时期的年鉴 5 卷、爱德华三世时期的年鉴 13 卷，塞尔登协会（Selden Society）则承担了爱德华二世时期年鉴的出版工作，由梅特兰所编辑的头三卷早已面世，并附有一则极具重要性的导言。

我们需要对前面一直在使用的“普通法”一词加以说明。我认为它可能于爱德华一世统治时期或稍后就开始被使用。“common”一词当然不是与“uncommon”（不普通）相对，它更主要是指“general”（一般的、普遍的），与普通法相对的是特别法。首先，普通法不是经过制定或颁布的法律，因此它区别于制定法和条例；其次，普通法适用于整个王国，于是它区别于地方习惯法；最后，普
23 通法是世俗法庭的法律，因此它区别于教会法——这是基督教教会法院所适用的法律，在整个中世纪它都对许多我们认为应该属于世俗事务（尤其是婚姻和遗嘱继承）的问题行使着管辖权。从理论上来说，普通法属于传统法——过去一直是、到今天仍然是法律，只要不曾为制定法或条例所取代。在地方法院势力曾经强大的过去，法律只能通过出席这些法院的自由民口耳相传。12、13世纪，随着王室法院向越来越多的案件敞开大门，法律知识越来越为一个职业的法律家阶层（尤其是王室法官）所把握。早在约翰王统治时代，他们就宣称是“juris periti”（有法学素养的）。随着新案例的不断出现，越来越多的普通法规则被逐渐发展出来；但没有人认为法官是在创造新的法律（他们没有权力这样做），人们更多地认为：法官只是在宣布法律，宣布那些一直以来早已是法律的东西。

二、土地法

通过考察土地法来开始我们对于公法的探讨看起来有些奇怪，因为财产性的权利显然属于私法的范畴。这在今天当然没错；但即使是今天，除非对财产法有所了解，否则仍然不可能完全理

解我们现代的公法。比如，选举议会议员的权利显然来自公法的授予，但如果要问谁有这样的选举权，就不得不谈及那些自由地产保有人（freeholders）、公簿地产保有人（copyholders）、租约地权人（leaseholders）等，也不得不使用那些对于我们地权法一无所知者毫无意义的术语。如果这在今天是事实，那在中世纪就更是这样了。“feudalism”（封建主义）一词的含义是什么？我们将在后面进行全面讨论，但这里可以把它描述为一种社会状态，在其中，大部分或所有属于“公”范畴的权利和义务与土地保有不可分割地纠缠在一起，而全部的公共管理制度（财政的、军事的、司法的）都只是私有财产权法律的一部分。我不是说如此完美的封 24
建主义曾在哪里被发现过（更不用说在英格兰了，我们将会看到在这个国家封建化的进程在很早就受到了制约），但如果不采用我们中世纪的地权法律术语，讨论中世纪的政治架构依然是完全不可能的。因此，还是让我们简短地考察一下爱德华一世时期的地权法律，只是简短地，仅仅顾及到其涉及公法方面的意义。当你准备研习不动产法时，你将不得不仔细考察这同一个法律体系，但却是从另外一个角度。[①]

我们必须从这里开始：所有土地都自国王处保有，有权依靠这片土地而生存并对它加以开垦的人叫封臣（tenant），他所保有的土地来自于他的领主（lord）。如果该领主是国王，那么这个封臣就被称为直属封臣（tenants in chief，或者 tenants in capite）。但在一般封臣和国王之间可能还会有许多人，A 可能从 B 处保有的

① 有关这一主题的详细展开，请参见 *History of English Law*, vol. Ⅰ, pp. 229—406。

土地，B则从C处保有，C又来自于D，如此直到Z，Z直接从国王那里保有的土地，是直属封臣。位于A和国王之间的人被称为中层领主（mesne, 也即 intermediate, lord）；对这些中层领主来说，相对于其下的人他是领主，而对其上他则是封臣。截取一段简短的链条，A自B处保有土地，B从国王处获得土地，那么，这里B就是A的领主，但却是国王的封臣。

这就是实际上的架构。与之相联系的是在过去一切土地属于国王的理论，他可以随心所欲。他把土地授予Z（他的一个大贵族）及其子嗣，作为回报他可以获得或享受后者所提供的某些服务；然后Z又将其土地的一部分授予Y，Y授予X，如此直到最低一级的封臣A，A有权直接使用土地并获取其上的成果。这一创设新的土地保有的过程被称为次级分封（subinfeudation）。就在我们所讨论的这个时期，即爱德华驾崩的1307年左右，一项新的举措刚刚终结了这种向下分封的做法——这就是1290年通过
25 的《封地买卖法》（*Quia emptores terrarum*）：该法后文将会详细谈到。附带需要提醒的是，我们千万不要认为上述法律理论（即曾几何时“普天之下，莫非王土”，国王可凭此随心所欲）是在描述某种历史真实，但现在它却的的确确变成了这种理论本身。因此，除了国王，不会有人能够保有土地却没有任何领主——每个人都有自己的领主：其通常的表述是“*tenet terram illam de B*”（从B处保有土地）。

现在，无论什么情况，保有土地的封臣都要向其领主尽某种义务——这在理论上是因保有土地而向领主付出的回报——他通过某种特定的方式保有土地。逐渐地，这些保有方式被分为六种：

自由教役保有（frankalmoign）、骑士役保有（knight service）*、大侍君役保有（grand serjeanty）、小侍君役保有（petty serjeanty）、自由农役保有（free socage）和农奴保有（villeinage）。

1. 首先说自由教役保有。它可能会被一笔带过，但在说明保有理论在多大程度上被强制推行方面却颇有启发性。有时，宗教组织或宗教人士，如隐修院的修士、教堂的主教、教士，在保有土地的同时却并不向领主尽世俗的义务，据说他们是通过提供施舍、进行慈善活动等来回报其领主的。保有理论也因如下理由而能够在这里自圆其说：他们承担的是宗教方面的义务，他们应该为其恩主（向其提供土地者）的灵魂进行祈祷，而且这一义务可以通过教会法院的宗教处罚得以实现。不要认为修士或主教只能以这种轻巧的方式保有土地，相反，尽管英格兰的许多土地都由教会保有，自由教役保有在某种程度上只是例外，教会也经常以骑士役的方式保有土地。

2. 英格兰的绝大部分土地都是以骑士役的方式从国王处保有的；从某种意义上说，整个王国的土地都是通过骑士役保有逐渐规划起来的。我们不能说一块骑士役封地由多大面积或多少价值构成，但过去好像有一种不太确切的理论认为，一份骑士役封地通常每年应该提供20英镑左右的产值。但在爱德华时期则可以说，不管是基于某种普遍的规则还是某一具体交易中的讨价还价，以下做法逐渐被确定下来：该土地承担的是提供一名骑士的义务，这被称为一份骑士役封地（*feodum militis*）；而另一块未经 26

* 又称军事役保有（military service）。——译者注

分割成单份骑士役封地的土地，则总共承担的是提供5或10名骑士的义务。

单份骑士役封地所应承担的义务，是在战时为国王的军队提供1名可以作战40天的、全副武装的骑兵，然而我们注意到国王及其贵族经常就这一义务的内涵发生争执。封臣可以被强迫在境外服役吗？事实上他们已经这样做了，但1213年他们拒绝随约翰王出征法国，并因此迫使国王签署了《大宪章》；晚至1297年，他们又拒绝随爱德华出征法国，并迫使后者重新肯认了《大宪章》。但他们被迫出征苏格兰和威尔士则是不争之事实。

无论其领主是国王还是其他中层领主，保有骑士役封地的封臣都必须向领主行臣服礼，并宣誓效忠。行臣服礼仪式如下：封臣跪于其领主面前，紧握双手并置于领主手中，说："从今往后，我将怀着无比崇敬的心情终我一生完全臣服于您，蒙您恩典保有土地，故将对您忠贞不渝。"——接下来，如果该领主不是国王，他还要作如下重要补充："但保留我对国王的忠诚。"然后，领主亲吻其封臣。宣誓效忠时则以手按《圣经》，说："我将因保有之土地而忠于我的领主，永不背叛，并保证完成应尽的义务和责任。上帝保佑！"臣服礼在领主和封臣之间建立起了一条非常神圣的纽带，而效忠义务则不尽然，需要进行宣誓效忠的场合很多都无须行臣服礼。这些约束关系的性质我们还会逐步详细探讨，所幸的是，在英格兰，它们变得越来越道德化而不是法律化了。

因为保有骑士役封地，封臣通常要履行许多我们称之为军役保有附随义务(incidents)的义务：通常是7项，而每一项都有自己的历史。

(1)协助金。长期以来一直有一种颇为模糊的理论认为，当 27
需要金钱时，领主可以合法地向其封臣要求提供协助金(aid, *auxilium*)。协助金一直都被认为是一种自愿的供奉，但若要求合理则不应被拒绝。逐渐地，这一要求受到了法律的限制。约翰王在1215年的《大宪章》中被迫同意，除三种情况外，如果没有王国大会的授权，他将不能征收任何协助金。这三种情况是：国王的长子受封为骑士、长女出嫁和国王自己身陷囹圄需要回赎之时；而且协助金的数额还必须合理。同样的限制也适用于中层领主。然而这些条款却被1216年的一部宪章遗漏了。1297年爱德华一世也被迫同意，未经王国大会的一致授权，除了传统的项目外，他将不再征收任何其他协助金。1275年的《威斯敏斯特法Ⅰ》(*St. West. I.* c. 36)规定，领主武装其长子为骑士或出嫁其长女的协助金固定为20先令，单份骑士役封地和年产值为20英镑的农役保有地都是这个价。

(2)如果保有可继承骑士役封地的封臣去世时留有已成年之继承人，那么该继承人为了获得该封地就需要向领主支付继承金(relief)——该费用必须在接收土地时支付。长期以来，这一直都是国王和其贵族、贵族与其附庸之间争论的焦点；领主习惯于在这类场合大捞一笔，有时甚至会强迫继承人近乎足价来购回土地。逐渐地，这方面的法律变得更为确定了。骑士役封地的继承金是100先令，但男爵领地(barony，该术语稍后再作解释)的继承人则需要支付100英镑，农役地的继承人支付的是一年的地租(rent)。这已是格兰维尔时期的法律了，1215年的《大宪章》(1215, c. 2)又对之予以了重新确认。

(3)但领主们却在为一种确定或不甚确定的权利争论，说在封臣死后、在其继承人行臣服礼和支付继承金之前，他们*可以持有这一继承地。这是一种在其封臣死后首先占有封地的权利，即初次占有权（primer seisin）。在这个问题上，法律则与领主的意志背道而驰。1267年的《马桥法》（c.16）规定，领主不能占有该土地，而只能做出进占土地的正式表示，以保留其享有领主权的
28 证据。然而法律并没有对国王做出同样的限制，国王可以享有初次占有权，他可以将其直属封臣的继承人排除在土地之外达1年之久，或者还是一回事，在继承金之外又多索取土地1年的收益。

（4）另一方面，领主的某些权利却一直在稳定发展，而且也得到了法律的首肯。如果骑士役封臣的继承人男低于21岁、女低于14岁，领主则可以对其享有监护权——对其人身和土地都进行监护。这意味着领主可以经营这片土地并获取收益，直至继承人成年。他的义务是维持继承人的基本生计，不允许抛荒土地；但在这一限度之内，领主对该土地可以随心所欲，并获取收益为己所用。而且这一可以获益的权利同时也是一件可以出售的商品：监护权可以自由地买卖。这里我们再次发现国王有着某些特殊的权利——它们被称为君主特权（prerogative rights）。通常，如果继承人有两个领主，则每一个领主就其相应的土地享有相应的监护权；但如果其中一个领主是国王，那么他就可以对所有的土地都行使监护权，而不管另一片土地的领主是谁。

（5）与领主监护权相关联的是婚姻指定权。当我们沿着亨利一世的特许状来到约翰王、亨利三世的宪章和1236年的《默顿法》

* 指领主。——译者注

时就会发现，婚姻指定权一直在持续发展着。它发展到了这样的地步，领主可以决定被监护人的婚姻，还可以出卖他的这一婚姻指定权。唯一的限制是，这桩婚姻必须门当户对。被监护人的地位不能被贬低，不为其同侪者不能作其配偶。起初，领主所能主张的显然只是其女性被监护人未经其同意不得结婚。这一要求在军役保有还具有现实意义时就显得非常合理了：我的女性封臣无论如何不能把她从我这里保有的土地带给一个是我敌人的丈夫。但婚姻指定权的发展却已远远超出了这一理由，现在已经从女性扩展到了男性，每一个被监护人的婚姻指定权都是一件可供买卖的商品。

(6)封地易主费(fines on alienation)。在这个问题上法律完 29
全站在了封臣这一边。我们无法提供任何文本来证明英国存在这样的法律，说封臣转让自己所保有的土地需要征得其领主的同意。封臣当然不能强迫领主接受一个新人来取代自己，但他可以创设一级新的土地保有。乙从甲处保有土地，乙可以把土地再封给丙并让后者成为自己的封臣；我们没有发现有法律规定在这一过程中甲的同意是必要的。同所有的律师一样，王室法官看起来也是赞同这种自由转让的：但我们又的确发现通常还是要征求领主同意的，我们的确也发现领主们的立场是他们的同意是必要的。这一领域是13世纪双方角斗的战场；大领主一般都反对自由转让，而封臣则对此求之若渴。王室法官则站在了封臣一边——但国王作为领主的情况除外。1290年著名的《封地买卖法》对此给出了一个最终的解决方案。该制定法日后你一定会把它作为我们现存不动产法的一部分来加以研习。它只是粗略地宣称，除国王的直属封臣外，法律承认所有人都可以自由地进行封地转

让；另一方面，它终止了次级分封的进程。乙从甲处保有土地，乙想把土地卖给丙，即他想把土地转让给丙及其子嗣，他现在不经甲的同意就可以这样做，但丙不是从乙而是从甲那里保有的这块土地。一个封臣可以取代另一个从原来的领主处保有土地——但新的土地保有不能再创设了；或者我力图表述精确但用语可能并不恰当：新的非限嗣继承保有地产（fee simple）的创设已经不可能了！国王直属封臣对封地的自由转让还尚未得到认可，法律对国王和其他领主采取了双重标准！如果某直属封臣未经国王同意转让了其封地，这将会导致封地被没收（forfeiture of the land）；爱德华三世时，这一做法有所放松，取代没收的是征收土地每年收益的 1/3 作为对该封臣的处罚。

（7）土地复归（escheat）。如果封臣去世时没有留下继承人，那么其土地就会复归领主，重新变成领主随意处置的东西。鉴于迄今为止你们了解的罗马法知识要比英国法多，我最好说，英国的继承人从过去到今天一直都与罗马法中的“*haeres*”（继承人）
30 非常不同。诺曼征服以前，教会引入了遗嘱继承，土地或者不管怎么说至少是某些土地，连同动产一样，都可以通过遗嘱继承。但诺曼征服时，处分地产的遗嘱消失了。格兰维尔书中记录的格言是，只有上帝才可以创设继承人，而人不可以。因此英国的继承人从未通过遗嘱进行过土地继承，甚至今天依然如此——尽管自 1660 年复辟以来，土地已经可以通过遗嘱自由移转了。今天，继承人（heir）是指在被继承人无遗嘱死亡后进行继承的人——通过遗嘱获得土地的人被称为依遗嘱而继承的人（devisee）。但就在我们所讨论的爱德华一世时期，通过遗嘱处分地产还是很遥远的事情。不过，继承人的缺失并不是导致土地复归的唯一理由，如果封臣犯下某些可被称为重罪（felony）的严重罪行，也会导致土地复归其领主：他丧失了土地，也就不会发生土地继承了，领主将土地一劳永逸地收回了。

这是对于骑士役保有之附随义务的简单描述。

3. 大侍君役与此相差无几。封臣不是要提供能够作战40天的骑士，而是要为国王尽某些特殊的义务——举旗或是捧剑，出任先锋或是断后，担当军队的军事总长或司令及其他类似官职。在几乎所有的方面，这种保有体制也有骑士役保有所带有的全部附随义务。

4. 小侍君役保有后来逐渐被认为是农役保有的变种。其特征是保有人的义务是为国王提供剑、矛或其他战争器械。它之所以能够在保有体系中占有立足之地，只是因为后来慢慢地在它和大侍君役保有之间划出了界线。鉴于其义务尽管带有战争的性质但仍只限于提供装备而不是参加战斗（因此监护权和婚姻指定权便不再必要），《大宪章》就在所有重要方面都类似于骑士役保有的大侍君役保有和（几乎等同于农役保有的）小侍君役保有之间划出了界线。[①]

5. 将“socage”（农役保有）一词的词源学含义推迟到一个更 31
合适的时机来探究，我们发现自由农役保有是一种附带确定义务

① 关于梅特兰后来在侍君役问题上的观点，请参见 *History of English Law*, vol. I, pp. 282—290。“核心的问题看起来可能是我们称之为仆人的身份……侍君役保有的封臣是管家、高级军务官、军事总长、财务司库、侍卫、御厨、猎场巡查官、猎鹰驯师、猎狗驯师、信使、持盾扈从；他或多或少是一个卑恭的仆从。”

的保有形式，而且其义务是非军事性质的。这一解释显然并不完整，但已足以应付时下的需要。农役保有人的义务通常包括用金钱或粮食向领主支付固定的地租；他还需要为领主完成一定量的农活——比如一年之内耕作3天或其他类似的事情。这种情况如此普遍，以致法律家们早已相信（也许并非历史事实），“socage”一词与“sock”密切相连，而后者指的是犁铧。农役保有包含一些但并非所有我们刚才谈到过的义务：农役保有人需要宣誓效忠，尽管他通常并不行臣服礼；他也必须支付三种协助金：武装领主的长子为骑士、出嫁领主的长女和回赎身陷囹圄的领主——头两项费用是按每年产值20英镑的土地支付20先令的比例予以计算；继承金则是土地1年的地租；如果他从国王处直接保有，则国王享有初次占有权，而且未经国王同意不得转让其土地；如果死后无嗣或犯重罪，则土地复归其领主。另一方面，农役保有却不包含监护权和婚姻指定权这两项封建制度中最糟糕的负担，这两项权利不属于领主。如果封臣死时其继承人未满14岁，则由其近亲属（不能继承其土地）出任监护人；但当继承人年满14岁时（对于农役保有来说这已是成年），该监护人必须就土地的收益向他负责。

我们千万不能被误导而认为，好像不同保有形式之间的差别就是不同土地之间的差别一样。实际上，同一块土地本身可能同时被以骑士役和农役两种形式保有。比如，甲从国王处以骑士役形式保有了土地，但他又将土地以农役保有的形式分封给了乙。甲向国王所承担的军事义务就是这一土地上的一种负担；如果甲不履行其义务，就会发生财产扣押，乙在该土地上的动产就可能

被扣留。但就甲和乙而言，是甲而不是乙应该承担此项军事义务，
或者支付免服兵役税；如果国王强迫乙支付免服兵役税，那么甲
必须对乙做出补偿。还是就甲和乙而言，乙仅须支付固定的地租、 32
完成固定量的农务就可以了。我认为，显然，英格兰的绝大部分土地都是以骑士役的形式从国王处直接保有的，以农役保有的方式从国王处直接保有土地的情况相对较少，但看起来还是有相当部分的土地是以自由教役保有的方式从国王处保有的。因此，英格兰的大部分土地是军事役保有的，但在这大部分中的绝大部分又是通过农役保有的形式再次分封下去的——直属封臣以骑士役形式保有，但其众多的次级封臣则是以农役的形式保有土地。这就是爱德华时期的状况，但正如我们后来所看到的那样，1290 年时次级分封的进程被终止——新的非限嗣继承保有地产不可能再被创设——封建的金字塔体系中也就不可能再加上新的台阶了。很难说这一封建的金字塔体系实际上有多少级，但我认为领主和封臣经常会构成三四个台阶——我们经常发现丁从丙处保有，丙又从乙处保有，乙又来自于甲，而甲则从国王处保有。通过次级分封，自由农役保有变得比在 12 世纪更为普遍；领主们发现将其土地分封出去以获取固定的地租更有利可图。

在此还有一点非常重要的评论：军事义务仅面向国王而不是任何其他人，这是英格兰封建主义和法国封建主义的重大区别。假设一个大领主甲从国王那里保有了 10 份骑士役封地，他可以把其中的 1 份封给乙，并规定由乙来承担该份封地所应承担的义务：此时，乙就是以军事役保有的方式从甲处保有的土地；如果乙疏于履行义务，甲就会采取法律上的补救措施，因为乙应该向

甲履行其义务；但该义务又不是面向甲，而是面向国王的，需要在国王的军队中向国王尽义务，而不是在甲和别人的争斗中为甲作战。这一点使得英国的封建主义与欧洲大陆非常不同：在后者我们发现，封臣应该在其领主的争斗中为领主而战，甚至是为了自己的领主而与自己领主的领主开战；而在英格兰，不管这种封臣应为其领主而战的情感多么强烈，它都没有反映在法律中，相
33 反，还受到了法律的压制：人们只能参与国王进行的战争，唯一应于服役的军队就是国王的军队；而且我们国王的实力足够强大，也能够实现这一可欲的目的。

6. 农奴保有。不管是以什么方式从国王处保有，英格兰大部分土地最终的保有形式都是农奴保有。“*villenagium*”一词以一种非常迷惑的方式包含了两方面的含义：一是表示一种个人的地位、状况；二是指一种土地保有形式。这是一个人数众多的阶层，他们在人身上并不自由；专门用来表达这一阶层的术语是“*nativus*”*，“*nativi*”**，含义是天生的农奴(born serfs or bondsmen)。因此我们可以说，甲是乙的 *nativus*，但并非不经常的情况是，他们也会被称为“*servi*”和“*villani*”。他们在人身上不自由，但我们绝不能把他们称为奴隶(slaves)；他们并非没有权利，法律也没有视之为“物”，而仍然把他们视作人，只不过是不自由而已。他们不得离开其领主的土地：如果逃跑，领主可将其捕获并带回，法律在这方面还给领主提供了救济，这就是逃奴拘捕

* 单数。——译者注

** 复数。——译者注

之诉（action *de nativo habendo*），用以追回其逃奴。农奴一般（但并不总是）也保有土地，条件是尽某些比较卑贱或不很体面的义务。他持有土地，但在多大程度上说他对土地享有权利则是一个困难的问题。有一点很清楚，王室法院并不站在其领主的对立面上保护农奴对其保有土地的权利。如果这位喜怒无常的领主想将其农奴逐出庄园，后者在王室法院是无法得到针对其领主的救济的。然而我们发现，农奴因保有土地而应承担的义务却被认为是非常确定的，[*]这不仅是农奴的看法，领主也是这么认为的。这一点我们可以从教会对其庄园的调查看得清楚。在这些调查中我们发现了数千条这样的记录：张三保有了1威格[**]土地，为此他应尽如下义务，比如，每周在领主的土地上耕作3天，秋季时每周5天；而每天的劳动量通常也得到了详细地界定，如若被派前往打谷，就必须完成多少数量，若前去挖渠，就得挖够多深多远。总的来说，每一项工作都有明确的表述。如果不首先讨论庄园法院 34
的问题，就无法讨论农奴在完成自己应尽义务的条件下能够在多大程度上保护自己的土地保有权；但正如刚才所谈到的那样，王室法院没有给予他任何针对其领主的保护。我们发现，一般来说未经领主同意，农奴被禁止出卖其牛马，也不得擅自出嫁其女儿，或者无论如何不得将女儿嫁出庄外。在许多场合下，为征得领主对此的同意所需交纳的费用都是固定的。王室法院并不针对领主保护农奴的动产，更不用说保护其土地了。领主随时都可以扣押

* 在这个问题梅特兰后来的观点有改变，即认为农奴的义务是不确定的。参见 *History of English Law*, vol. I, pp. 412—432。——译者注

** virgate，土地面积单位。——译者注

其农奴的动产；领主还可以囚禁农奴的人身，王室法院对此都不提供任何救济。但如果领主可能造成农奴伤残或死亡，王室法院则要提供保护；因为不管自由与否，每一个人的生命和健康都受国王的保护，杀害和伤残农奴属于重罪。而且无论是理论还是现实都越来越认为，除了针对领主之外，王室法院要针对任何其他人的侵害保护农奴的人身、动产和土地。农奴身份也越来越被认为是一种仅仅存在于农奴和其领主之间的关系，全然与第三人无关。人们逐渐认为，这不再是公法所赋予农奴的一种地位，他们也不再是一群权利存在瑕疵的人。

但另外我们又发现，一个不是农奴的人也可以以农奴保有的方式持有土地。他是自由民，他可以随心所欲地离开其土地且不被捕获和追回，他的动产也完全是他自己的，领主不能扣押它们。对此布拉克顿经常作这样的表述：“*tenementum non mutat statum*”——农奴保有不同于农奴的身份——此人以农奴保有的方式保有土地，但他在身份上却不是农奴。不过，这种农奴土地的保有人对其土地的权利迄今还没有受到王室法院的保护（针对领主而言）。其理论是，土地是领主的土地，该保有人仅仅依据领主的意志保有土地，领主随时可将其驱逐。另一方面，正如我们已经谈到过的，甚至是领主自己也认为，农奴土地保有人（甚至
35 包括农奴）的义务是确定的：一周就是这么多天的劳动，耕地、耙地、收割等等，都在领主的自留份地（demesne lands）中完成。我们还发现，这些农奴土地保有人实际上也在转让土地，但同时需征得领主的同意：他们先将土地交还领主，然后再由领主将土地封给新的保有人。我们还发现，至少在某些情况下，农奴土地保

有人的权利被认为是可以继承的；于是我们在对庄园的调查材料中发现，为求得被允许进入他们祖先的土地，这些保有人的继承人必须向领主支付这样或那样的费用。我们现在还不能确定，究竟在多大程度上这些保有人可以说对土地享有任何针对其领主的法定权利；看起来他的确被认为享有一种我们称之为道义上的权利，但首先需要明白的是，他在土地上不享有任何受王室法院保护的、相对于其领主的权利。这在爱德华一世时如此，在此后的很长时间里依然如此。①

现在可以来确定我们将必须经常用到的一个术语“freeholder”的含义了。自亨利二世即位以来，王室法院已经为人们在自由保有地产（*liberum tenementum*）上所享有的占有权（possession）和财产权（property）提供保护了。* 逐渐地，围绕这一术语的含义发展出了一大批法律。首先，它排除了农奴土地保有人——“*liberum tenementum*”（自由保有地产）与“*villanum tenementum*”（农奴保

① 关于对农奴地位问题的详细讨论，请参看 *History of English Law*, vol. Ⅰ, pp. 412—432。

* 在此时英国的地权法中，占有因得到了王室法院的保护已经成为一种独立于所有权的权利——这不仅是王室法院与封建法院争夺不动产诉讼管辖权的结果，更重要的是一种争夺的技巧。但在英国法中经常使用“possession”表示前者——尽管你无法从中看出权利的含义，且让我们觉得占有只是一种事实；而对于土地的、类似于罗马法中的所有权那样的权利，则使用“right”“property”等来表示。对于前者的救济采用的是一系列的土地占有诉讼令（possessory assize）或称小陪审诉讼令（petty assize），对后者则采用地产权利诉讼（action in the right）或大陪审诉讼令（grand assize）。详细情况请参见 *History of English Law*, vol. Ⅱ，§1、§2; S. F. C. Milsom, *Historical Foundations of the Common Law*, London: Butterworths (1981), chapter 6 and 7；李红海：《普通法的历史解读》，清华大学出版社 2003 年，第 138—142 页、第 169—223 页。——译者注

有地产）是相对的。如果某人以自由教役、骑士役、大侍君役、小侍君役或自由农役的形式保有土地，那么他拥有的就是自由保有地产，他本人就是自由地产保有人（freeholder）；如果以农奴保有方式保有地产，他就不是自由地产保有人。起初将自由农役保有和农奴保有区分开来的精确标准，现在已经很难弄清了。在农务方面的任何不确定性看起来都足以使自由农役保有打上农奴保有的烙印。[①]农役地产保有人通常也应在领主的自留份地上完成一定的农务工作量，但一般不是每周都干活，不像农奴那样需要每周都劳累那么多天。一旦界线划定，其意义就非常重
36 大。因为一旦确定其为自由保有，就会受到王室法院的充分保护；一旦被定为农奴保有，王室法院就会视之为仅仅是依据领主的意志而保有的土地。因此，农奴保有地的第一个对立物是自由保有地。

但新的土地保有形式的发展提供了一种新的对立物。自诺曼征服以降，实践中出现了一种将土地出租一段时间的做法，通常是一个较短的期限。签有租约的承租人（lessee，“termor”）起初并不被认为对土地享有什么不动产性权利（real right），或者说物权（right *in rem*）。他仅仅享有一种针对出租人（lessor）的动产性权利（personal right）——出租人已经规定，承租人在支付地租的条件下可以在一段时间内使用土地。依此租约，承租人可以提起针对出租人的诉讼；如果第三人将其驱逐出土地，他不能对该第三人提起诉讼，出租人则可以以非法进占其（出租人的）土地为由

① 关于农奴的判断标准，请参见 Vinogradoff, *Economic Journal*, vol. X (1901), p. 308ff.。

对该第三人提起诉讼，而承租人仅能对出租人提起租约之诉。鉴于此，承租人并不被认为保有自由保有地产，他根本就没有任何地产；他只有一种对人的动产性权利，因而并非自由地产保有人。于是，“freeholder”一词不仅将农奴土地保有人排除在外，而且也排除了仅在限定期限内享有土地使用权的承租人。爱德华一世以前，这种形势已经发生了很大变化，王室法院已逐步采取措施在很大程度上（尽管还不彻底）给予了承租人以对世性的保护：事实上已经将原来的动产性权利转化为了不动产性权利。然而旧术语及其带来的重要政治影响却依然存在——承租人不是自由地产保有人，因此不得出席郡民众大会（即郡法院〔county court〕），也无权参与推选郡骑士，这种情况一直延续到1832年。自由地产保有人必须至少终自己或他人之一生而保有土地。正如其名称所显示的那样，他还可以享有比这更大的地权。比如，他享有的可能是可继承的地权，该地权可以由其继承人继承，或者限定一个序列的继承人继承——如从其己身所出的继承人（前提是他至少必须有所出）。而租约地持有者无论其租约期限多长，1000年甚或更久，都不是自由地产保有人。

这一区别通过另一种方式得到了强化。无论诺曼征服之前通行的有关继承方面的法律或地方习惯曾是什么，当时的人对于长子继承制肯定一无所知。如果一个人临终时留下了几个儿子，那么一般的规则是，其所有的财产，包括土地和动产，都要在这几个儿子中分割——尽管非常有可能的是，土地，尤其是农役保有地，经常会归其最年幼的儿子。长子继承制随着诺曼征服潜入了英格兰；逐渐地，无论有多少儿子，其全部土地都将归于长子 37

的继承规则形成了。后来这一规则又从骑士役封地扩展到了其他类型的土地，而骑士役封地不能被分割的做法是非常明智的*。爱德华一世统治结束以前，长子继承制已经扩展到了农役保有地——这是一个缓慢的过程，但已逐渐确立了以下规则：主张遗产应在所有同序列男性继承人中分割者应证明其规则的存在。其他继承制度也仅仅是作为地方习惯得以留存：在肯特郡，遗产还是在众儿子中分割，非常普遍的是农奴保有地要归其最年幼的儿子。[①]但长子继承制的逐渐引进，连同土地不能遗嘱继承的原则和教会法院的活动，逐渐在被称为不动产和动产的两种财产之间设置了一道鸿沟。对这两个术语进行解释将会严重偏离我们的主题，但一定要抓住这一原则，对于自由保有地产和动产来说，逐渐形成了两套不同的继承制度。自由保有地产（教会法院不能干涉）传给其法定继承人，只在某些地方依据其特殊的地方习惯土地才能成为遗嘱处分的对象。动产可以通过遗嘱得以承继，而教会法院对所有涉及遗嘱的事务都有管辖权。如果被继承人无遗嘱而终，其继承人不能直接得到动产，而需要由教会法院进行分配。但进一步来说，土地的定期租赁权（term of years），即承租人在一定期限内对土地所享有的权利，基于此目的就是一项动产性权益，从而与动产无二。这是一个新的创造，教会法院已经成
38 功地宣称它可以通过遗嘱进行处分——土地的定期租赁权是一项动产性权利。所有这些当然你们以后还会更为彻底地研习，但

* 这便于领主落实究竟由谁来承担提供骑士的义务。——译者注

① 关于幼子继承制，请参见 *History of English Law*, vol. Ⅰ, p. 647, and vol. Ⅱ, pp. 279—280。

动产和不动产性权利之间的基本差别直到今天仍然具有深远的重要性，因此仍有必要在此略作叙述，因为我们必定会经常谈到“freeholder”一词。

在中世纪，地权法是一切公法的基础。你可能已经注意到了土地保有体制是如何为国王提供军队和财政收入的——民众因为保有土地而向国王提供军事义务，他们因为保有土地而向国王支付协助金、土地继承金和免服兵役税，国王也因土地保有而获得了财源丰厚的监护权、婚姻监护权和土地复归权——他是全国最高和最终极的领主。但土地保有的影响并不止于此，司法制度和议会制度也受到土地保有制的深刻影响。每一位领主都主张享有为其封臣主持法院或主持由其封臣参加之法院的权利。这是一项非常重要的原则，但如果不事先了解那些比封建主义更早的法院——即那些一直存续到封建时代的郡或百户区的法院，就几乎不能谈论封建法院的运作。

如果我们设想一个完美的封建体制，那么所有的法院，所有的司法和行政组织，都将由土地保有制来决定。作为最高的领主，国王应该拥有一个由其直属封臣参加的法院，后者在其中出任法官，并且还是国王的智囊团，正是在他们的建议和同意下国王才可以征税和制定法律。同样，每一位直属封臣又会有由其附庸组成的封建法院，而后者各自也会有自己的法院。再进一步说，国王和这些低级别封臣之间的唯一联系将会是一种间接的联系，他只有通过后者的领主才能够控制他们。作为直属封臣甲的封臣的乙，其封臣丙将不会是国王自己的人，丙也不会在国王所主持的任何法院或会议上拥有一席之地；他甚至不会是甲的人，也永远不会与甲的封臣以同等的法律地位比肩而坐；除他的直接领主乙

39 外，他不会向任何人行臣服礼或宣誓效忠。这一完美封建化的社会理想已经在法国完全实现了：诺曼底公爵的附庸不直接受法国国王的任何约束，他们受制于诺曼底公爵，而后者才向法国国王负责。幸运的是，这一理想在英格兰实现得并不完美，这一点我们必须经常注意。但我们也必须把这一理想牢记于心，因为一直有一种强大的力量力图实现它，而它的实现不仅需要依靠法律，还需要依靠武力。

三、王国的行政区划与地方政府

（一）英格兰被划分为许多郡（shires or counties）

对这些行政单位中的大部分来说，它们都有着非常古老的历史——尽管北部的某些郡，尤其是兰开夏郡（Lancashire），是自诺曼征服以来才形成的。早在爱德华时期，当时的组织区划就已经与今天大体上一致了。这些区划中的许多（也许是大部分）在起源上并不是今天英格兰被划分成的各个组成部分，而是以前的一些独立的王国，它们在后来逐步合并形成了一个英格兰王国。肯特（Kent）、苏塞克斯（Sussex）、埃塞克斯（Essex）、米德尔塞克斯（Middlesex）和萨里（Surrey）都曾有过自己的国王；诺福克（Norfolk）和萨福克（Suffolk）也都是北福克人（North Folk）和南福克人（South Folk）的居留地（settlements）。鉴于这些古老的王国因征服而组合成了一个较大的王国，其原有的一些组织机构也得以保留。用一个现代的术语来表达就是，它们被中间化了(mediatized)[*]。在某些场合，那些古老的王朝此时“沦为”了次一级的王朝(dynasty of under-kings，*sub-reguli*)；在其他一些场合，郡可能会是从一个大的整体切割出来的一部分，并依照这些中间王国的模式进行了制度上的组织规划。无论如何，诺曼征服之前每郡都有自己的郡法院——这是一个司法机构，在一定意义上也是为处理郡行政事务而召开的民众集会。郡法院曾由方伯(ealdorman)主持，他过去一直是由国王和王国大会任命的国家官员，然而后来这一头衔逐步改称伯爵[**]，遂开始成为一个可以继
承的职位。并不是每郡都必然会有自己的方伯或伯爵；克努特将 40
整个王国分成了4个方伯领地；但降至诺曼征服时期，这一职位在其境内一直都是每郡的首领，是法院的主持者和武装力量的领导者。他从郡法院的收益中提取1/3，这在后来被称为“郡第三便士”(the third penny of the county)。主教也同方伯一道出席郡法院，因为直到诺曼征服之后才在世俗案件和教会案件之间划出了明确界线，而这之前，这两类案件都一起在古郡法院中被听审。但从非常久远的时代起，郡还有另外一个官员，即郡执行官(shire reeve)，或者如我们所说——郡长(sheriff)。他起初好像也一直都是王室官员，由国王任命，代表国王的权威。方伯看起来被认为是国家的官员，而郡长作为王室的管家或执达官主要关心的则是

---

* 指因一个更大的政治组织的形成，导致了原来各自独立的最大的政治组织现在变成了第二级、中间一级的政治单位。比如，这里的意思就是说诺曼征服导致原来英格兰各王国被中间化。——译者注

** eorl，盎格鲁-撒克逊社会的上层大户，实际上是方伯后来的称谓，后为郡长所取代。——译者注

对王室利益的保护。郡法院过去好像每年只开庭两次，看起来几乎毋庸置疑的是，起初郡的每一位自由民都有权出席郡法院，而且这也是他的义务；但诺曼征服之前很久，这一权利和义务就好像仅限于自由地产的保有者了。土地保有取代人身自由成为享有政治权利之前提的进程我们不久就会讨论，但如果要理解中世纪的历史的话，我们最好还是马上对此做一个必要的评论。出席法院和郡民众大会的权利并不为人所垂涎，相反我们最好视之为一项可逃即逃的负担。我们看到，没有土地的自由民逐渐被排除在公共事务之外；但在我们看来很容易被认为是一个特权被剥夺（这是对他们公共权利的剥夺）的过程，而在他们眼中却只是从公共负担中的解脱——从此可以不出席法院，也不会因此而被处罚款。

诺曼征服并没有摧毁郡或郡法院，只是使之在称谓上有了一些变化。看起来与英国的郡（shire）最相类似的法国地方单位称为“*comitatus*〔the county〕”（郡、县），其名称大概源于这些地区
41 受伯爵（*comes*, count）管理和统治的事实。于是，英国的“shire”变成了“county”，而“earl”（方伯、伯爵）在拉丁文献中则成了“*comes*”。但威廉及其儿子们却很少授予这一职位或头衔，诺曼时期的伯爵也很少带有公共官员或地区统治者的色彩。这一头衔可以继承，尽管只有经过国王亲自封授并被授予郡宝剑之后，继承人才能完全获得这一职位。同它的英国前辈一样，他也有权获得郡法院收入的1/3。但就其他方面而言，自诺曼征服以来，他通常主要还是一个在郡内拥有大片土地的大贵族，而不是一个公共官员。相对于此，巴拉丁伯爵领地（palatine earldoms）是一个

例外。切斯特伯爵(earl of Chester)几乎变成了一个拥有主权的国王，达勒姆主教(bishop of Durham)也差不多。但总体上说，诺曼诸王看来已经看到了允许公共权力或司法管辖权在大的封建家族中传承所可能带来的危险：他们不是要通过伯爵而是郡长来实现对郡的统治。诺曼征服之后，“sheriff’”(郡长)这一古老的官职在拉丁文献中变成了“*vicecomes*〔the vice-count〕”(副伯爵)——这看起来是欧洲大陆最适合它的头衔了。但这无论如何不能诱使我们去认为他的权力来源于伯爵，或者在某种意义上代表了伯爵：从始至终郡长断然是王室的官员，是国王权力的代表；随着诺曼征服对国王权力的大大提升，郡长的权力也因此得到了大幅度提升。即使这种每一个官职都将变得可继承、都将成为财产的趋势(这一趋势在中世纪非常明显)能被感觉到，也只有极少数郡长职位转变为了可继承的。总体上，国王成功地控制了郡长，仅将之视为自己的官员或代表。郡长依国王的意志而保有其职位。1170年，亨利二世罢免了英格兰所有的郡长，并由他人取而代之。事实上，郡长转变为了一个在地方上代表国王行使权力的总督，郡内所有事务(财政的、军事的、行政的、司法的和治安的)都在其掌控之下，他还是郡法院的主持者。

因为诺曼征服没有摧毁“shire moot”，它变成了“county cout”(郡法院、郡民众大会)，诺曼国王们看来是看到了它在制约封建主义方面的价值。在一定程度上，所有公共性的权利义务都与土地保有相联系(甚至是在诺曼征服之前)的封建原则，改变了古代民众大会的组织结构，它已经变成了一个由自由土地保有人参加的会议。诺曼征服之后，出席民众大会的这种资格变得更

为确定；自由地产保有人有权利也有义务出席郡民众大会。但你
42 会发现，由郡全体自由地产保有人出席的郡民众大会并不是沿着封建序列组织起来的。在这样一个会议上，国王的直属封臣不得不以同等法律地位面对自己的附庸，一个普通的封臣会发现他居然与自己的领主平起平坐。这一古老的民众大会的延续在议会史上具有非常重要的意义。在亨利一世时代，如同在忏悔者爱德华时期一样，郡民众大会每年召开2次。看起来有必要增加召开的次数。依据1217年的宪章，郡民众大会的召开不得超过每月1次；每月1次的大会看来已经比较普遍。

诺曼征服之后很久，郡法院还维持了这之前它作为郡内所有民众纠纷解决之一般场所的性质。封建法院的成长(后文有述)在一定程度上从它这里移走了一部分业务；另一方面，国王也拿它来制约封建法院。如果当事人提出申请说他无法在其领主的法院获得公正，国王就会指示郡长介入，并将该诉讼转移至郡法院。然而，郡法院逐渐开始丧失了它作为司法机构的重要性，这倒并不是因为封建法院的竞争，而是因为国王自己的法院在不断增强，后者已经开始向所有的当事人敞开了大门！有关这种司法统一的问题我们已经谈到过一些，而且下文还要谈得更多。但到爱德华一世统治结束以前，国王自己的法院实际上已经变成了所有
43 重要案件的一审法院。郡法院只是对40先令以下的对人诉讼(即不涉及土地及与土地相关之权利问题的诉讼)和在封建法院得不到公正救济的不动产诉讼(但当事人通过各种办法一般都可以将其争讼转移到王室法院)享有管辖权。

但一方面随着郡法院丧失了其在司法方面的重要地位，另一方面它又逐渐演变成了政治架构方面的真正基石。13世纪中期，我们发现为了参加王国全体民众大会（national assembly, or a common council of the realm）或者是议会（parliament）而选出了一些代表，他们就是郡民众大会的代表。他们不是一群未予组织的乌合之众的代表，而是一个法团组织（corporation）的代表。从理论上来说，整个郡就是由其郡民众大会来代表的。这就是当时的情况，以至于当时的用语并没有在这二者之间做出区别——同一个单词“*comitatus*”既用来指作为地理区划意义上的郡，也用来指郡的民众大会。出于财政上的需求，在郡被要求选送骑士代表出席议会之前很久，国王就已将郡作为法团组织来进行谈判了。但郡的法团性质和郡及郡民众大会的身份，在司法卷宗的条目中得到了最好的展现，这些条目可以帮助我们了解理查和约翰王时期的郡。国王的巡回法官时不时地到各郡巡视；而整个郡（the whole county〔*totus comitatus*〕），即由全体自由地产保有人组成的团体，都要来到法官面前；它会向法官汇报自上次巡视以来本郡有哪些举动；它还能做出判决，提供证词，在犯错误时还会被处以罚款或罚金；如果做出了错误的判决，郡还会被召集到威斯敏斯特——必须有4个骑士作为代表前往；遭受错误判决的当事人还可以与郡决斗；而郡方参加决斗的则是由郡之决斗替手（county champion）组成的团队。即使是选举的原则，在郡开始被要求选举代表出席议会之前很久就一直在发展。比如，1194年验尸官（coroners）首度设立；要求选举3名骑士和1名文员以

44 主持国王之诉[*]。这些掌管验尸事务的官员或验尸官(*custodes placitorum coronae*, or coroners)[①],起初是为了制约郡长的,他们就是由郡民众大会选举产生的。使郡长成为一个经由选举产生的官职经历了很长时期的斗争,到爱德华驾崩时这一斗争有时还会颇为成功;1300 年时国王认可了选举郡长的要求,不过他死后不久这一让步就被收回了。我们后文将会讨论郡民众大会在议会中的代表权和它作为法院的司法管辖权,但我们现在必须认识到,郡是作为一个有组织的单位而出现的,长期以来它一直过着一种共同的生活,享有共同的权利,承担共同的义务。法人的观念还没有进入英国法,为此我们必须等到 15 世纪;否则,13 世纪的郡将非常有可能已被认为构成了法人,一个由出席郡民众大会的自由地产保有人组成的团体进行治理的法人。

(二)郡又被划分为许多百户区

每郡百户区的数量差别很大,在英格兰的不同地方百户区的面积也非常不同。例如,莱斯特郡(Leicestershire)有 5 个百户区,贝德福德郡(Bedfordshire) 9 个,剑桥郡 17 个,而肯特郡则多达 63 个。将土地划分成百户区这样的做法历史悠久——很可能自日耳曼诸部落在英格兰定居之后就已经存在了。类似的地区划分

---

* pleas of the crown,亦译刑事诉讼,但实际上刑事诉讼只是国王之诉的一部分。——译者注

① The *Forma procedendi in placitis coronae regis* (*Select Charters*, p. 260)通常被认为是验尸官官职的起源。格罗思医生(Dr. Gross, *History of the Office of Coroner*, 1892, and *Select Cases from Coroners' Rolls*, 1896)称找到了更早的参考资料,对此梅特兰并未信服。参见 *Eng. Hist. Rev.* Ⅷ, p. 758, and *History of English Law*, vol. Ⅰ, p. 519。

在欧洲大陆许多地方也随处可见。看起来非常有可能的是，日耳
曼各部落出于军事或司法的目的而划分为小的组织，每组 100 名
战士，我们英国的百户区就代表了这些组织的居所。在英格兰的
东北部某些地区，如约克和林肯两郡，这一级行政组织不被称为
“hundred”（百户区），而称为“wapentake”。它既是这一级行政区
划的名称，也是其法院或民众大会的名称，这一名称表明，他们
好像仍处于由备有武器的战士出席民众大会并通过击打武器来 45
表示其赞同的时代。盎格鲁-撒克逊时期的百户区法院看起来对
区内民众的诉讼享有一般的管辖权；如同郡法院一样，它享有民
事和刑事两方面的司法管辖权；这两级法院之间的确切关系我们
并不知晓，但可能只有当百户区法院不能做到司法公正时，当事
人才有权前往郡法院。百户区法院每年开庭 12 次。

诺曼征服没有摧毁百户区法院，区内的自由地产保有人仍需出席百户区法院并出任法官。但在 12、13 世纪，由于司法权集中于王室法院（前文已有论述），百户区法院逐渐失去了案源。在爱德华统治结束之前，如同郡法院一样，它在对人诉讼方面的管辖权已经被限制在争讼标的不超过 40 先令的案件上。而且，即使是在诺曼征服之前，许多百户区法院都已经落入了私人之手；一切司法权都来源于国王的观念早已形成，国王也已在随意馈赠或出卖举办法院的权利。对于大土地所有者来说，这是一项极富收益的权利，它可以帮助领主控制手下的封臣。我们还必须记住，贯穿整个中世纪，司法权都是一项重要的收入来源——法院领主对因司法而产生的罚金或没收来的财产享有权利。13 世纪时，大部分百户区法院很可能已经落入了私人手中。1278 年，爱德华采

取了强有力的措施以恢复那些已经成为私人财产权的司法管辖权；他建立了一种名为权利开示（*quo warranto*）的调查询问制度：领主是依据什么专门授权、以什么名义，就擅自行使这一从表面上看（prima facie）属于国王的司法管辖权的？国王认为，只有依据书面文件或长期的时效，领主所要求的任何司法管辖权才可以略大于普通庄园法庭的管辖权；通过主张这一点，王室法官成功地收回了大量司法管辖权。我们必须明白，普通的庄园法庭是在
46 封建主义观念的影响下成长起来的，并与那些更为古老的郡或百户区法院同时并存。同时我们也必须注意，即使百户区法院落入了私人之手，作为王室官员的郡长至少也有权为了刑事案件而每年主持开庭两次。每年有两次要轮到郡长主持这些法庭，因此他主持的这些法庭逐渐获得了“sheriff’s tourn”（郡长治安巡视法庭）的称谓。当这样的法庭落入了私人之手，那它一般就被称为“courts leet”（采邑治安法庭）。庄园自由民法庭（court baron）和庄园农奴法庭（customary court）都是土地保有制度的结果；另一方面，采邑治安法庭还有一定的刑事管辖权，主要是针对轻微犯罪的，但这并不是保有制的结果——它一定是起源于国王的授权，不管这种授权是切实还是虚拟的。爱德华通过权利开示调查制已成功地将这一理论付诸了实施。①

在通常的法律执行方面，百户区是一个重要的组织，这一重要性尤其体现在亨利二世引进的陪审制度中。每一个百户区都有义务检举其境内的犯罪嫌疑人（malefactors），这一般由 12 个人

① 有关领主管辖权的主题，请参见 *History of English Law*, vol. I, pp. 571—594。

组成的控诉陪审团来完成。在治安警务体系中，百户区也是一个承担相应责任的组织；从很早的时候起，百户区就有追捕罪犯的义务。依据征服者威廉的法律，如果某地发现死尸而杀人者未被检举出来，那么整个百户区都将遭受罚金，除非他们能够证明被杀者是英国人。换言之，除非证明被杀者是英国人，否则百户区必须缴纳杀人惩罚金。因此又是在爱德华时期，百户区刚刚被置于了警务总长（constables）的监管之下，后者负责保证百户区民众装备足够精良，以追捕罪犯和抵御外敌。从很早的时候起，我们就听说过百户区首领（ealdor）的一些情况，他很可能是由百户区通过民选产生的。但诺曼征服之后，也许是这之前，他就消失了。郡长为每一个百户区指派了一名执达官（serjeant or bailiff, *serviens*, *ballivus*），由他来主持百户区法院（除非该法院落入了私人之手），并照看国王在区内的所有事务，如征收税金、罚金，没收土地，等等。

（三）行政管理体制中的最低一级组织是镇区（township）或村邑（vill） 47

拉丁文中用来表达这一地域范围的词是“*villa*”，而“*villata*”则是指被视为一个整体的、居住于“*villa*”中的居民。这种镇区并没有自己的法庭，但却承担了许多治安方面的责任。它有抓捕罪犯的义务，并可能因疏于履行此职而被处罚金。当国王的法官前来巡视其所在郡时，每个镇区都必须派人前往面见法官。为此，镇区通常由其执达官（reeve, *praepositus*）和4名贤人（best men, *quatuor meliores homines*）作为代表，在被控者是否有罪的问题上他们的意见经常会被采纳。在文献中我们经常会读到，如图宾顿镇区（township of Trumpington）说，在乙之死这一问题上，甲是有罪的，诸如此类。如果其所述非实，该镇区是会被处以罚金的。有关镇区在地方法院中的代表问题我们可以追溯到亨利一世时期，但实际上很可能要比这更为久远。[①]

这里有必要考虑在谈及封建保有时我们曾花大气力注意过的一项封建原则。如果在古老的郡和百户区法院旁边没有兴起一套体现新原则（每一位领主都有权为其封臣举办一所由其封臣组成的法庭）的新法院的话，那么我们英格兰的司法管辖权架构问题将会更容易表述。出席领主法庭并在其中出任法官的义务，是封建保有的一项附属义务。这一原则一直在缓慢发展，但看起来在12、13世纪时它已经成了广为接受的事实。

我们发现这些封建法院一般都是庄园法庭；当然，后来的法律理论主张，只有作为庄园的一部分时它才叫庄园法庭——尽管我认为这缺乏依据。我们现在不得不就庄园的问题说两句。我们发现庄园遍布了整个英格兰（我说的是爱德华一世时期）。我们
48 当然不能说全部土地都被划分成了庄园，我们的法律理论也没有说所有土地都必须是某个庄园的一部分。但庄园的数量还是相当多。庄园的名称“manerium”好像首先仅仅意味着一个居住的场所（manerium a manendo）；它与“mansio”（建筑物）密切相关；它多少有些模糊地被用于表示一块地产（landed estate）；慢慢地，它

① 从手稿当中的一个注释看，梅特兰好像接着将镇区描述为一个财政组织。他在这一问题上的观点可能来自于 *Domesday Book and Beyond*, p. 147; and the *History of English Law*, vol. I, pp. 560—567。

获得了法律含义，逐渐被用来指法庭的存在。如果拿当时一个典型的庄园来看，我们通常会发现，它首先有一大片自留份地——这是庄园领主自己的（无论从哪个意义上来说）土地。然后又有自由地产保有人从领主那里保有来的土地，这些封臣向领主尽各种义务：有些人是为领主尽他向国王所承担的军事义务，其他人则是支付地租或缴纳实物，也可能是协助他耕作——这些是自由农役保有人。另外还有一些农奴，他们承担着每周繁重的劳动及其他类似义务，领主的自留份地也由他们耕种。所有这些土地都连在一起，而且通常庄园都和镇区搭界。

领主为庄园内的自由土地保有人设立了法庭，通常他们依据各自保有土地的条件有义务定期（如每3周）出席法庭，而且有义务出任集体法官（*debent sectam ad curiam manerii*; owe suit to this court）。这一观念看起来的确根源于“socage”一词，其含义 63
是寻求和跟随；农役土地保有人应该寻找、跟随并出席其领主的法庭。如果某领主手下有自由土地保有人，他就可以为他们设立法庭；他还可以因土地保有而要求他们出席法庭——这一普遍原则好像在过去的某个时候就已经被纳入了英国法中。于是，这一法庭变成了对从该庄园保有之自由保有土地提出任何诉讼请求的正当法庭——如果我向你提出土地方面的权利主张，而我们都承认这一土地是自甲处保有的，那么我必须在甲的法庭提起诉讼（如果甲有法庭的话）。但这一封建司法原则却已遭到了极大的侵蚀，在此我们感觉到了亨利二世那只强有力的手。上述原则并没有被取消，但其重要性却大大地被削减了。通过这种或那种 49
方法，领主法庭的司法管辖权被规避已经变得极为可能了：当事人可以直接诉诸王室法院，或者只是在庄园法庭开始诉讼然后再通过王室令状将案件移至王室法院。不过，这些法庭依然存在，并且在爱德华时期还没有停止司法活动。其时，这样的法庭由领主及其封臣组成——他们是法官；有出庭义务的人应当前来出任法官——与自由保有地相关的问题由保有人的同侪来裁决——自由保有人在这里获得的是与其地位同等者的判决（judgment of his peers, *judicium parium suorum*）。后来这样的法庭被称为“the court baron of the manor”（庄园内的自由民法庭），这一术语起初看起来只是指领主的法庭（lord’s court, *curia baronis*）。

但另一方面，领主（至少在后来）又为农奴土地保有人设立了一所与上述法庭显然不同的法庭，这被称为农奴习惯法庭（customary court）。其原则是，与自由民法庭不同，在这里，领主的管家是唯一的法官。我非常怀疑13世纪时这一原则是否已经确立。许多重要问题的解决都有赖于此，尤其是农奴的土地保有在多大程度上能够得到保护的问题。如果真的只有领主的管家才是唯一的法官，那么农奴的权利只能在领主司法的意义上得到保护；如果他们可以得到其同侪们的判决，那情况就不是这样。不过你必须知道，正统的理论认为，领主的管家就是其中唯一的法官。正是在这一被称为农奴习惯法庭的地方，所有农奴保有地的流转都在此进行和完成：甲想让乙取代自己的位置，他只能先将土地交还给领主，然后再由领主接受乙为新的农奴土地保有人；甲去世之后，领主接受乙为甲的继承人。后来形成了将这些程序登记在册的做法，从亨利三世那里我们获得了一些这样的庄园登记簿，而爱德华一世时期它们的数量则相当惊人。与其土地相关之登录条目的副本，则交给保有人自己。逐渐地，但这要直到后来，农奴土地保有人（tenant in villeinage）的称谓让位于法庭登录副本保有人（tenant by copy of court roll），或公簿土地保有人（copyholder），法庭登录卷宗的副本就成了他们对土地享有权利的证据。为了结束这一话题，我们不妨再看看后来的情况：大约 50
15 世纪中期王室法院开始保护公簿土地保有人的权利，甚至是针对其领主；他所承担的义务也可以转化为货币地租；墨西哥被发现之后，货币迅速贬值，这些费用的支付变得微不足道起来；最后，和自由地产保有人一样，公簿地产保有人也几乎变成了土地的完全所有人。当然这二者在政治意义上的差别在很久以后才得以消失：直到 1832 年，公簿地产保有人才可以参与郡骑士的选举。这一保有形式依然存在，以后你们还会详细学习这一可怕的、令人讨厌的东西。

必须指出的是，依照 16、17 世纪的正统法律理论，不足两个自由地产保有人、没有足够的土地保有人是不能称为庄园的，也是不能设立庄园自由民法庭的。这是否过去的理论值得怀疑，因为事实上，在 13 世纪，就有许多没有自由地产保有人而只有农奴土地保有人的庄园，它们在法律文献中使用的是“*maneria*”一词。

我们的国王成功地主张并维持了如下原则：封建司法管辖权属于纯粹的民事管辖权，保有土地的事实并未授予领主针对其封臣（至少是自由人）的任何刑事或惩罚管教方面的管辖权。但事实上，无论是通过从缺钱花的国王那里购得王室的授权，还是通过从老早以前就开始冒用以致现在其权利已不能再被质疑的方法，许多领主都在行使某些依照规则本应属于郡或百户区法院的刑事和治安管辖权。用一个后来法学文献中的词语（其起源已是罕见的模糊）来表述，他们已经建立了领主刑事或治安法庭——该法庭对轻微的犯罪拥有管辖权。不过，依据爱德华时期的法律理论，这类法庭与庄园自由民法庭和农奴习惯法庭不同，并不是土地保有的自然结果，而必须依据授权或时效来主张其合法性。[①]

实际上，庄园和镇区之间通常存在密切联系。非常常见的是，同一片土地，从一个角度来看构成一个镇区，从另外一个角度看
51 就是一个庄园。晚近的历史学家们在镇区中看到了一个比在庄园中更为古老的社区或共同体（community）——就英国的历史而言，我们可以称之为原始的共同体：一群人或一个家庭群落，很可能是依据血缘关系结合在一起，依照集体农业制度耕作土地；他们是或一直是这些土地的主人，并在很大程度上规制自己的事务，决定土地该如何耕作、是否接受新的成员；这些事务都通过一个被称为镇区法庭（township-moot）的机构得到处理，尽管它并没有一个我们称之为司法机构的法庭。随着时间的流逝，有人认为，这一原始的共同体或社区总体上落入了领主的掌控之中，从而变成了其封臣（通常是其农奴土地保有人）的社区，镇区也就成为了一个庄园。但仍是出于公法的目的，或者我们所说的治安的目的，国家还是把它作为镇区而不是庄园来看待；当村邑、镇区并不与庄园重叠时（如有时会发生的那样），是镇区而不是庄园要就逮捕罪犯及其他事务而向国家负责。这二者并肩存在，旧的组织并未

① “领主也可以在其领地上为其所有直属封臣设立一个法庭，……拉姆齐修道院院长可以从 7 个郡将其自由地产保有人封臣召到其设在布劳顿（Broughton）的法庭来。”参见 Pollock and Maitland, *History of English Law*, vol. Ⅰ, pp. 585—586。

完全为新的所吸收。

不过，所有有关庄园和镇区早期历史的理论都困难重重，在当下无法得到解释。我们现在所讨论的是，在确定负责社会治安的基本单位时，国家选择的是镇区而不是庄园。我想，13世纪和后来的理论是，整个英格兰被划分成了众多镇区，每一片土地都必然位于某一个村邑，而不是每一片土地都必然属于某一庄园。再者，这也可以帮助我们解释镇区和庄园的并存，直到后来，直到1290年，土地保有人还可以创设新的庄园，但他们却不被允许通过创设新镇区的方式来改变整个王国的治安体系。另一方面，事实上我们也很难发现有哪一个镇区处于庄园的体系之外。前面已经说过，镇区的代表是其执达官（reeve）和4名贤人（best men）；但该执达官通常至少也是一位庄园的官员，一位由其同侪
选举出来的农奴，他的任务是照看庄园并向领主负责，保证其他 52
农奴履行应尽的义务。出任庄园执达官当然可以被推定为个人保有农奴土地的证据。①

（四）自治市

如果冠以自治市（boroughs）的名号，则意味着这些一定数量的社区已经达到了比一般镇区更高的组织程度——当然这也只是一个程度问题。1835年之前，我们还不能说英格兰各地自治市的组织架构都是一样的，甚至也不能说这种架构遵循了任何某一种

① 这一观点后来并无实质改变，参见Pollock and Maitland, *History of English Law*, vol. I, pp. 594—634。

模式。几乎不存在一部英格兰自治市的历史，因为每一个自治市都有其自己的历史。其历史很大程度上依赖于它能从国王或其他领主那里获得的特许状，特许状的大方程度则有赖于其市民准备为此支付多少钱，城市特权只有在支付了相应的对价后才能获得。不过，在我们所正在谈论的13世纪末，自治市的特权，以及使之区别于一个单纯的镇区的机构设置，可以从以下几个方面加以归纳：

(1)豁免于普通地方法院的司法管辖。自治市力求使自己成为一个百户区，并因此豁免于任何一个百户区法院的管辖之外。当王室法官前来郡内巡视时，自治市不是由执达官和4名贤人代表出庭，而是由一个12人陪审团出庭，就像该郡每一个百户区由12人陪审团代表出庭一样。自治市偶尔也会被授予更为宽泛的豁免权，如豁免于郡法院的司法管辖。一些更大和更富有的自治市还要走得更远，它们会被授予以下权利：其市民只能在它们自己的法庭提起和被提起诉讼；这样，甚至是在王室法院，其他人也不能对该市市民提起诉讼。

(2)与这种豁免权相伴随而来的，是自治市享有拥有其自己法庭的特权。其司法管辖权通常与百户区法院相当，但其组成和
53 架构则差别迥异。在有些情况下，自治市已经使自己脱离了庄园的管理系统，其法庭便由选举出来的官员主持；在其他情况下，自治市仍只是一个庄园，其法庭也是领主的法庭，由领主的管家负责主持。

(3)当然，到此时为止，自治市通常已购得了自己选举官员的权利——即执达官(bailiffs, or reeves)，这一官员在一定意义上与郡长为百户区委任的执达官属同一层次。自治市的市民们也经常会有他们自己的验尸官(coroners)，这就意味着它在这方面脱离了郡的组织。在有些情况下，市民们已经有了一位民选市长，后者比执达官拥有更多的权利和权力。

(4)市民们已经相当普遍地获得了在本市范围内收税的权利，为此目的便要将郡长排除在外。对于过去那些税收，它们与财政署达成协议，同意支付一笔总数，因此市民们被认为是以包税的形式保有自治市(hold the borough in farm)。

(5)同样非常普遍的是，自治市的组织架构与商人行会交织在一起；后者是一种商人之间的联合体，他们通过特许状获得了对贸易进行规制的权利。在一些较大的自治市，除商人行会外还有贸易行会、手工业行会(裁缝行业、理发师行会等)。这种由商人行会在整个城市中占据统治地位的组织形式，逐渐(并在不同阶段)取代了那种仅仅是特权镇区或特权庄园的古代体制。

伦敦市更类似于一个郡而不是镇区，早在亨利一世时期它就拥有了自己的郡长，并以包税的方式保有米德尔塞克斯郡，其选任的郡长任米德尔塞克斯的郡长。[①]完全脱离于郡组织之外、自己独立成郡并拥有自己的郡长，是那些野心勃勃的自治市力图达到的目标之一，尽管在爱德华一世时期只有伦敦才做到了这一点。

同时也是主教辖区的自治市不同于一般自治市而被称为“城 54
市”(cities, *civitates*)，其居民称“市民”(citizens)。“city”一词

① 有关亨利一世授予伦敦的特许状，请参见斯塔布斯：《宪章选编》，第108页。

并没有告诉我们更多东西，也不比“borough”一词意指组织程度更高或独立性更强。

到后来15世纪及之后，我们有了一个关于自治市的法律定义；此时法人的观念已经形成，它是一个虚拟的人格、一个法律上的人，其权利和义务区别于其成员的权利和义务。尽管这一观念早已在教会法中得到了发展，但进入英国法的过程却相当缓慢。[①]不过，爱德华一世统治时期，那些较大的自治市已经在实质上达到或几乎达到了后世法律家们所认为的对于一个法人实体来说必要的显著特征。这些特征包括五个：永久承续权；作为整体以法人名义起诉和被诉；保有土地的权力；使用公共印章的权利；制定附属规章的权力。从实质上说，这些特征此时已经存在了，但它们还没有被整合成一个有关法人概念的理论，这一概念就包括上述五项特征。该法人的组织结构如何？它如何由自然人组建而成？这些问题尚未出现。到此时为止，自治市并不比镇区、百户区或郡更接近于（当然也并非更不接近）法人；如果说自治市可以享有权利承担义务、可以违法并受到惩罚，郡、百户区和镇区又何尝不是这样？

四、中央政府

现在我们要转向作为中央政府的国王及其御前会议。我们习惯于把这一点视为宪法的主题。不过在此还是耽搁了一下，因为

① 有关这一观点，请参见 Maitland, *Township and Borough*, Cambridge, 1897 年。

如果不预先了解一些有关地产法和地方组织机构方面的知识，本 55
主题就几乎无法理解。在爱德华一世统治末期，我们发现存在着好几个不同的中央机构。首先是国王，这是核心中的核心。然后是由王国三个等级组成的王国民众大会（教士、贵族和平民），“议会”（*parliamentum*）将会逐渐成为专门分配给它的称谓。接下来国王又拥有一个自己的咨议会（council），它截然区别于议会；国王还拥有王国的高级官员，御前大臣、财政大臣、警务总长和军事总长等。此外国王还拥有法庭，在一种特别的意义上这些都是他自己的法庭：王座法庭、皇家民事法庭、财税法庭。此时所有这些机构已清晰可辨，并履行着不同的职能；但稍微向前看一下我们就会发现，那时它们尚未分立。比如，国王御前会议和王室法院之间的区别只是慢慢建立的（*concilium Regis*, *curia Regis*）。因此我们要将这里的中央机构作为一个整体，简单回顾一下它的历史。

（一）1066年之前

在塔西佗描述的日耳曼部落中，国王并不普遍。在有些地方，部落会在其民众大会上选出自己的最高官员：头领（*principes*）；另一些部落则已经有了“王”（*rex*），他也是由选举产生的，而他的当选可能只是因为他血统高贵，其权力看来则相当有限。我们的祖先首次进攻不列颠行省时看来还没有国王，他们的首领是方伯（*ealdormen*），我们可以把他视为塔西佗笔下的头领。但国王很快就出现了，征服一个新国家的历程将非常有利于它的发展。后来联合形成英格兰王国的那些小邦，从其他方面来看也类似于塔西佗所描述的小国。每一个小邦都有自己的民众大会，由全体自由民参加，其头领、方伯及国王都在此选出。方伯控制着一个郡（*pagus*）或地区，他们在国王的主持下聚在一起决定着王国56 的琐细事务，更为重大的问题则要在民众大会上讨论：头领处理日常小事，大事则由全体民众决定（*de minoribus rebus principes consultant, de majoribus omnes*）。

逐渐地，通过征服形成了更大的王国，直至最后形成英吉利王国。这条道路是通过接受基督教教义和组建英国的教会而铺就的。因此而被纳入更大王国的、过去的那些小邦并未失去其统一性，它现在作为新王国的一个郡而存在；有时，昔日小邦的王室成员现在还继续出任方伯；其民众会议依然存在，但现在成了郡大会，后来则成为郡法院。王国大会并非普通民众或全体民众的会议，而是贤者、智者的会议，是贤人大会。回顾其历史，贤人会议看起来很不稳定，而且其组成也不确定。它包括主教，到这一时期末，我们还经常发现许多修道院院长也出席其中。它还包括各郡的方伯，其数目随郡是个人管理还是集体管理而变化。除此之外，还有许多一般被称为王室臣僚（*ministri Regis*）或国王塞恩（King's thanes）的人也出席贤人会议，且其数目随时间而不断增长。贤人会议可能从来没有成为一个非常大型的议会，“公元931 年 11 月在卢顿召开的贤人会议上，出席者包括 2 名大主教、2 位威尔士国王、17 名主教、15 名方伯、5 名修道院院长和 59 名王室臣僚。在 934 年于温切斯特召开的另一次贤人会议上，有 2 名大主教、4 位威尔士国王、17 名主教、4 名修道院院长、12 名方伯和 52 名王室臣僚出席。这些可能就是现存最完整的会议

名单了。”[1]那么现在的问题是，这些王室臣僚或国王塞恩究竟是什么人？

塔西佗所描述的头领在其身边有一队作战随从。对外作战是所有部落成员的义务；如通常所说，这支部队就是整个部落全副武装的结果。但作战和为其头领而战则更特别地是这些随从的义务，也是他们的荣耀，并为他们在整个部落群体中赢得了极大的敬重。在我们的国王那里，这些随从被称为“*gesith*”，这一名称逐渐让位于塞恩（thane）或仆从（servant），其拉丁文是“*minister*”。这样便形成了一个为国王提供某种义务的贵族群体，塞恩身份开始与土地保有相联系，并可继承。那些未经分拨的公有地、部落的 57
土地和公社民众保有土（folk-land），构成了国王奖赏这些忠实随从的巨大资源，但前提是经过贤人会议的同意。[2]塞恩开始有点类似于后来的骑士役土地保有人，国王的塞恩（因为方伯也可以有塞恩）开始类似于直属封臣。军役保有的观念（通过为国王提供军事义务而保有土地〔*A tenet de Rege per servicium unius militis*〕）在诺曼征服之前并未形成，但按照某种现在不为我们所知的方式，军事义务的多少在一定程度上逐渐与土地保有相关联，并由它来衡量。[3]我们会很容易看到，这种初生的封建主义能扎下根是有着强大的经济原因的。随着农业产量的提高，随着财富分配

① Stubbs, *Constitutional History*, vol. Ⅰ, § 52.

② “folk-land”一词现在不被认为指公有土地，而是指“依据习惯法且没有书面权利证书而保有的土地”。参见 *History of English Law*, vol. Ⅰ, p. 62。这一点由保罗·维诺格拉多夫（Mr. Paul Vinogradoff）于1893年证实，参见 *Eng. Hist. Rev.* Ⅷ, pp. 1—17。这并不意味着就不存在未经分拨的土地，只是它不叫“folk-land”而已。

③ 梅特兰在《末日审判书及其前史》（*Domesday Book and Beyond*）第307—309页中对这一问题有所阐述。

变得越来越不均，也随着战争艺术的发展，有人专门负责打仗而别人负责耕种土地变得越来越合乎时宜：这就出现了劳动分工和事务的专业化。封建主义在社会最底层的运行和在最高层一样。当国王在其身边聚集了一批全副武装的附庸（他们因为是附庸而拥有了大片土地）时，地位更低的人则将他们自己置于了领主的保护之下，并同意由其领主负责参加那些必不可少的战争，而他们自己则负责耕种领主的土地。尽管庄园的早期历史不甚清晰，但我们还是能看出，在诺曼征服之前，英格兰已由许多符合实质要件的庄园所覆盖——尽管庄园（manor）一词是由诺曼人带来的。再者，出于治安和司法的考虑，王国要求每一个无地的人都要有自己的领主，并在遭控诉时由后者将其带到法庭。慢慢地，普通民众与其领主之间的关系得以扩展，在各地都是与土地联系在一起的。于是国王的塞恩逐渐成为了国王的直属军役封臣。

58 这样，我们就无法得出有关贤人会议之组成的任何严密的理论。它是一些大人物的集会；当王权强大时，这一会议如何组成、召谁来出席，很大程度上是国王说了算；当国王暗弱之时，又很容易陷入无政府主义。弗里曼先生甚至争辩说，在理论上，每位自由民都有权参加贤人会议；[①] 但很难相信这样一个显然与事实不符的理论会站得住脚。无论如何，这一会议实际上显然只是一个小范围的贵族团体，并且总是倾向于变得更为贵族化；而主教在其中构成了最为持久，有时还是最强有力的力量。

于是，这就是王国的议会，至少从理论上来看其权力相当大。

① *Essays*, 4th series, pp. 444—447.

它可以选举和废黜国王；国王和这些智者行使立法权；在征询这些智者的意见和由其认可之后国王可以公布法律；方伯和主教也由国王及智者提名，他们还可以分拨共有土地、征税、决定战争与和平问题，以及组建作为民刑案件最后救济场所的法庭。总之，它是最高的立法、行政和司法会议组织。

不过这些术语很容易给现代人带来误解。中央官署的全部业务迄今为止仍为数甚少。立法并非普通的事件；如前所述，现存由国王及其智者所颁布的法令只能汇成薄薄一本。征税尚未普及，而且能被冠以征税之名的行动我们只是在这一时期很晚才听说过。公有土地上的收益和地租及法庭的收入，足以支付这类中央官署的运作费用。艾塞尔雷德时期的丹麦金很可能是第一项税金，在991年、994年、1002年、1007年和1011年，为了摆脱丹麦入侵者的骚扰而征收了这种税金。最后，尽管我们有清晰证据表明贤人会议曾扮演过法庭的角色，但它并非针对普通民众的一般性法庭；诉诸该法庭并不受到鼓励；地方法院才是通常应去的法庭，除非百户区或郡法院无法主持公道，否则当事人不得寻求王室法院的救济。

同时，国王的光环也在随着王国版图的增长而增长。曾经只 59
是一个部落的首领，国王现在成为了所有人的主人，或者几乎可以说所有土地和一切正义之主。此时，在几乎所有的犯罪都可以用金钱抵赎的情况下，叛逆成了不折不扣的不可抵赎的犯罪。王国的土地越来越成为国王的土地，国王的恩惠遂成为荣耀和财富的源泉。更有甚者，司法也被认为属于国王，他可以将司法权授予他愿意授予的人；当然，授予土地现在通常也包括对司法权的

授予。于是，百户区法院逐渐落入私人手中，庄园法庭开始兴起。在我们描述的这一时期快要结束时，这一最为危险的封建主义因素得以迅速发展；尤其是忏悔者爱德华国王，他在授予司法权方面看来是过于慷慨了。[①]

不过我们已经说过，国王的光环在增长，却不必然意味着他的权力也在增长。国王是否有权，现在很大程度上取决于他的个人气质。我们刚才谈到的作为土地和正义之主的领主身份，可能（会像成为力量之源一样）同样很容易成为王权暗弱的原因。国王所做出的每一份有关土地或司法权的授予都会培植起一个新的附庸，除非国王施以铁腕控制，否则他们就会成为国王强大的对手；我们的国王也可能像法国国王那样，落得个同等地位者中的长者（*primus inter pares*），一个动荡的贵族阶层中的名义上的头目。大片领地和私人司法管辖权的增长，使得众多的土地保有人和扈从聚集在了大的塞恩周围，他们之间建立起了紧密的忠诚关系。的确，每个人都能被召来向国王宣誓效忠；但国王远在天边，领主却近在咫尺。

即使到这一时期快要结束时，王位也并非通过严格意义上的继承而得以传承，而是通过选举产生的（忏悔者爱德华辞世时贤人们选举了哈罗德）；再者，晚至无备者艾塞尔雷德时期，废黜国王的权力还曾被行使过——事实上，这些更像是宪政暗弱、封建
60 主义危险而非民众自由的标志：王位本身可能还会成为那些乱臣贼子们的战利品。诺曼征服前夜宪政中真正积极的因素在于，迄

① 《末日审判书及其前史》，第 87 页以下。

今为止还没有哪位国王未经王国大会(贤人会议)同意就自行立法或征税——这是最重要的。这构成了对纯粹专制主义极具价值的阻碍,尽管强大的国王可以自己决定王国大会会成为什么东西。

(二)1066—1154年

诺曼底的威廉以自己是忏悔者爱德华国王生前指定的继承人为由,对英格兰的王位提出了主张。但英国人并不接受这一说法,他们没有哪项法律说国王可以指定其继任者。哈罗德是经选举产生的国王,于是爆发了黑斯廷斯之战。威廉继续着手获取那些已四分五裂且陷入绝望的贤人们的认可,他顺利当选并成功加冕,他宣誓将严格执行那些良好的法律,并完全禁止那些强盗式的、不公正的判决。有必要记住的是,威廉的两个儿子没有哪个是以我们认为甚或当时已被认为正当的继承权登上王位的;之所以有必要,是因为很可能正是它保留了自由政府的某种形式和假象。鲁弗斯赶走了罗伯特,他也愿意做出(尽管也在打破)最为慷慨的许诺。亨利重又排挤了罗伯特;很快他由一小拨贵族选为国王,重复了艾塞尔雷德做出过的宣誓,并通过一份相当重要(因为它成了1215年大宪章的模本)的宪章换取了贵族们的支持。该宪章开篇称:“汝等皆知,蒙上帝恩宠,并经全英格兰王国贵族一致同意,我已被加冕为本王国之国王。”亨利死后,王位落入布鲁日(Blois)的斯蒂芬之手,应该说,他排挤了玛蒂尔达公主。于是,斯蒂芬在加冕时被迫做出大量承诺,并在1136年签署了一份重要的宪章(其重要性主要体现在作为一个先例而非其他任何方

面)。因为公主背后的势力强大，整个王国即将陷入松散的封建无政府状态。实际上，我们可以将诺曼国王视为专制君主；当专
61 制主义不存时，无政府主义便开始盛行；不过，另一种管理模式的表象依然得以维持，这就是国王在其贵族的建议和同意下进行统治。

现在，如果我们可以这样想象的话，一位典型的国王应该有一个由其直属封臣组成的法院。无论封臣们完全无权抑或国王只是其同等地位者中的长者，国王受其封臣影响的大小都是另外一个不同的问题，但这种对国王的控制则是因此而形成的法院所施以的控制。如此看来，依据这一观点，英国国王的法院应由其直属封臣组成。但英格兰的直属封臣为数众多，这是诺曼征服及随后对被没收土地重新封授的结果。这些直属封臣不仅包括那些大片土地的所有者和统治者，还包括更为大量的直接从国王处保有单一的骑士役封地及庄园的人。这一点我们必须记住，因为它影响到了后世上议院和下议院的组成。军事役的直属封臣团体从一开始成分就非常复杂。如果其中包括拥有大片土地和大量扈从的大封建主(他们可能渴望扮演主权者的角色)，那么它同时也包括了众多并不富有也无权无势的普通人。这样，王室法院要成为一个严格按照封建序列组建的强有力的明确组织，就必定在实践上变得不可能了。我们发现征服者威廉每年在三个大的节日主持其常规法庭并开庭三次。撒克逊编年史中记载，“在他待在英格兰的那些年份里，国王威廉每年都要加冕 3 次，复活节是在温切斯特，五旬节是在威斯敏斯特，圣诞节是在格洛斯特。每逢这些时候，英格兰所有的大人物都会伴随在国王身旁：大主教、主教、修

道院院长、贵族、塞恩和骑士”。其后继者延续了类似的做法，尽管上述轮次并未被严格遵循。然而，当我们询问究竟谁实际出席，更有甚者如果我们要问谁有权出席这样的场合时，我们得到的答案却非常不确定。刚才我所提到的那份编年史材料中的段落，便是这种模糊表述（而这又是我们能够得到的全部）的一个例子：英 62
格兰所有的大人物都陪伴着他——大主教、主教、修道院院长、贵族、塞恩或骑士。我还经常会拿类似于“proceres”（贵族）这样一个读音很不确定的词来敷衍。大主教、主教和修道院院长出席是因为他们那种官方和公职方面的智慧；但通常的理论则会认为，他们之所以出席是因为他们从国王那里保有了领地，不管怎么说，他们成为了直属封臣。因此法庭的确应该有他们的一个位置。对于其他的出席者来说，如果说有什么法律理论的话，那也一定是因为他们是直属封臣。人们可能完全认识到了，国王可以合法地要求每一位直属封臣出席——可能当时的普遍观念是，每一位负军士役的直属封臣都有出席国王法庭的权利。但我们应该记住，出席法庭并不是让人垂涎的特权，千万不要拿现代的观念去衡量过去，从而把议会中的席位视为抢手货，这将会犯很多历史错误。对于小人物来说，出席法庭是一件苦差事，他们时刻都想摆脱这一义务或希望有人能使其解脱。无论对于百户区法院、郡法院，还是国王的法庭，都是如此。

依现代观点在我们看来极具价值的政治权利，在过去曾享有过它们的人那里则是一个沉重的负担。大贵族们对于出席国王的法庭也没有什么特别的兴趣。如果他不是很忠于他的领主（这是很常见的事情），领主法庭则是他最不愿意去的地方。事实上，在

诺曼王朝时期，我们并没有听说过有谁曾主张自己出席法庭的权利。国王则坚持要那些最有权势的直属封臣前来陪王伴驾，这种会议成为了他力量的源泉。正如戴雪(Dicey)先生在其讨论枢密院的文章中所指出的，往往是那些强有力的国王热衷于将其臣僚召至身边。这样他就能够监督他们的言行；在对付那些桀骜不驯者时，由于他的措施征得了其臣僚的意见和同意，这也使其力量得到了增强。

在诺曼国王统治时期，臣下的意见和同意可能只是一种形式。国王可能只召集了那些他愿意召集的直属封臣——不过我们所拥有的这一时期为数不多的立法，仍然都是在大臣们的建议和同意
63 下制定的。因此，将主教“逐出”世俗法庭并认可其宗教司法管辖权的条例，是经过大主教、主教、修道院院长和国王所有贵族的同意后制定的。但当时任何能被称之为立法的东西看来相当稀少。御前会议参与决定征税的权利可能也只是在理论上得到承认。亨利一世提到过一项由其贵族授予他的协助金；但没有证据表明丹麦金的屡次征收也经过了同样的征询同意之程序，而且国王在其自领地上征税也完全是自行决定的。同样，对于重大案件和这些大人物而言，这种性质的法庭也是最高的司法机构。* 国王也正是在这种法庭上提名主教人选，直至主教由宗教会议选举的权利为亨利一世所认可；即使这样，这一选举也需在王室法院进行。授予贵族和骑士身份、接受臣服等仪式也在此举行；有关一

* “court”一词本身也有会议之意，此处“royal court”显然是指国王主持下的王国大会，但在译文行文中为表述方便而将之直译为了法庭。——译者注

般大政方针、宣战与媾和、王室婚姻等诸多事宜，看来也在此讨论。

但国王身边却围绕着一个更小的团体，他们是从贵族和教士阶层中挑选出来负责执行各种具体事务的。其首领是摄政官，他是国王的得力助手，并在国王外出（事实上国王经常在境外）时代表国王行使权力。此外还有国王的御前大臣，他带领一群文书人员负责所有的文秘工作。当然还有王室内廷的重要官员及国王挑选的其他官员。亨利一世时代，这个机构变成了一个有机的组织，有序且常规的管理活动甚至开始构成了对国王权力的制约；斯蒂芬在与其行政机构争吵时发现了这一点。当因财政目的而聚在一起时，这个机构就是财政署（*Scaccarium*），这一称谓来源于那块为便于数钱而铺在办公桌上的方格子布。同样，它还会为国王组成一个委员会或法庭，即御前会议（*curia Regis*），此时其成员即为王室法官。亨利一世时，他们被派往地方各郡收税和主持审判，这样他们就成了巡回法官。在整个这一时期，“*curia* 64
Regis”一词看来是被松散地指称以下两个东西：这一固定机构的会议和所有直属封臣的集会，而且前者可能被视为后者的常务委员会。

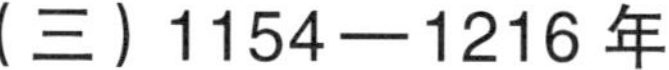

（三）1154—1216年

在王国民众大会的历史上，安茹家族头三位国王当政的时期形成了另外一个同时也是一个相当明确的时期，它以1215年的《大宪章》为结束。从《大宪章》第14条，我们首次得到了某种可被称为该机构之明确定义的东西。其第12条宣称，除三项常规的封建协助金（为赎回被囚禁的国王、为国王长子授爵、为国王长女备嫁妆）外，未经王国大会一致同意，不得再征收任何免服兵役税或协助金。接下来的条文是，“基于为评定除上述三项常规税金之外其他协助金而征求王国民众一致同意之目的，我们要求必须通过专门信函挨个召集大主教、主教、修道院院长、伯爵及大的直属封臣（*majores barones*），此外还要通过郡长和执达官召集所有直接从国王处保有土地的人，于某一确定的日期（即至少留出40天的期限）前来某一确定的地点参加大会。在所有这些召集函中，都要表明召集出席会议的事由”。暂时将这一团体中的文职人员除外，我们发现王国大会是一个国王直属封臣们的大会。但我们还发现一个更重要的区别：大主教、主教、修道院院长、伯爵和大的直属封臣是通过直接发送公函个别召集的，而其他直属封臣则不是指名道姓个别地，而是通过向郡长发出概括性的令状而召集的。这一差别一直都是众多争论的焦点。《大宪章》中提到的这一区别早已广为人知，并已在实践中得到了认可；而其困难则是寻找这一差别的基础——什么才能使一个人成为大的直属封臣？这其中的原则无法在封建理论中找到；从封建主
65 义的角度看，所有这些人都属于同一阶层，他们都是国王的直属封臣，无论他保有的是整个郡，还是只保有一份骑士役封地。一个小的阶层能被明确地划分出来，即伯爵。诺曼王朝时期的伯爵无疑是不列颠被征服前的伯爵的继承者，而后者又是更为古老的方伯的继承者。从一定程度上来说，在威廉及其后继者那里，方伯仍是一个公职，这意味着他仍可以行使郡内某些尽管不甚清楚但却很大的权力，这种权力也赋予了他伯爵这一称号，但它已经变得越来越不是一个公职而更多只是一种单纯的封号。王室的

政策一贯是防止权力落入有权势的大贵族之手，因而实际上一直是在通过郡长（严格向国王负责并可随时撤换）来管理各郡。不过，伯爵是一个非常明确且较小的阶层，因为一直以来这一封号都不是随意授予的。至于“baron”（男爵）的封号，如果没有其他证据，眼前的这个条款就足以表明它并不限于那些享受个别召集特权的人，因为这里只是分出了大男爵而非男爵。看来男爵这一封号此时涵盖了国王的所有军役直属封臣。这与该词语最初的含义是一致的。“*baro*”就是指普通人（man），在我们的法律法语中，这一含义一直得到了维持：丈夫与妻子即“*baron and feme*”。但“man”与“lord”（领主、主人）相对应，一般人要向其领主行臣服礼（homage），“man”一词即来源于“homo”（臣服〔hominium or homagium〕）。看来以下情况多少属于一个例外：当我们说一个庄园法庭的人（*homage* of a manorial court）——它的意思是指负有出席法庭及其他相关义务的一群土地保有人——时，我们说的也是王室法院的人（*baronage* of the king’s court）。国王的直属封臣是他的homines，但同时也是他的barones。因此我们便可以在这些人之间划出一条界线从而将之分为两个阶层——这很可能是通过一个世纪的实践而逐渐实现的。那些大的直属封臣直接将其赋税交到国王的财政署，而一般的直属封臣则通过郡长代交；行军作战时，大的直属封臣自带扈从于自己麾下，而小的直属封臣则跟随郡长出征；出席王室法院时，大的直属封臣是直接召集，而小的直属封臣则通过郡长召集。但当我们要问这里大小的具体标准时，却无法给出精确答案。我们尤其不能说，一定数量或价值的土地便足以使某人获得被个别召集的特权，或这些土地 66

对此来说是必要的。接下来，还是在同一份《大宪章》中我们发现了继承金方面的差别：为获得全部男爵领地，男爵的继承人要支付 100 英镑（或依某些文献副本为 100 马克）；而直接从国王处保有土地之骑士，他的继承人为获得其骑士役领地所要交纳的继承金则是 100 先令。看来在这一条款中所提到的保有男爵领地（*baronia*）的男爵（*baro*），就是指在前述条款中拥有被个别召集之特权的大的直属封臣（*baro major*）。将该词（*baro*）的含义限制在那些享有被个别召集之特权者的进程，一直延续到了下一个世纪。直属封臣的地位并不足以赋予其男爵的封号；他可能从国王处直接保有土地，但却只是一个骑士（*miles*）。男爵所保有的土地被称为男爵领地，但尽管有一种流传的理认为男爵领地的确（或应该）和骑士役领地相联系，就像马克与先令相联系一样——即男爵领地应由 $13\frac{1}{3}$ 份骑士役领地构成，看来仍然可以肯定的是，这一价值的地产并非必要也非足以赋予保有人这种被个别召集的特权。某些特定的地产逐渐被视为男爵领地并不得不为之支付沉重的继承金，但对此我们无法再谈更多。

在《大宪章》之前的时代里，我们几乎没有关于王国大会组成方面的证据。现存最早的召集令状是一则 1205 年发给索尔兹伯里主教的召集令，而通过郡长发出的一般召集令却并未流传下来。但非常有可能的是，在亨利二世统治的整个时期，王国大会曾依照后来《大宪章》所确立的模式组建过。在这一时期，御前会议的召开相当频繁。亨利是一位强有力的国王，他并不惧怕见到他的臣下，他有自己的一套政策，这些政策还需要得臣下们的支持。我需要提醒诸位，一些重要的法律就是在他统治期间制定的，尽管其文本通常已经湮灭：《克拉伦登宪章》《地产权利巡回审令》《克拉伦登法》和《北安普顿法》。他公开声称，他的立法是经过了大主教、主教、男爵、伯爵和英格兰贵族们的建议和同意后颁布的——由其主教及所有男爵提议并听取了他们的建议，等等。这种建议 67
和同意可能仍然只是一个形式——立法权掌握在国王手中，他可以废除或暂缓执行已颁布的法令。亨利的克制之后是约翰王的暴虐，而正是这一点成为了将其臣下参与立法之权利转变为现实的必要因素。在形式上，《大宪章》只是一份特许状，一份由国王自愿授予的东西，但实质上它却是一部由全体主教和贵族通过的、将原先法律予以修订后强加给这位不情愿的国王的法典。

我们并不清楚，从理论上来说，征税时王国大会的同意是否确曾必要或者实际上已经被征求过了。亨利二世收取了免服兵役税、协助金或犁头税，但编年史作者并未说他曾征得过王国大会的同意。臣下自愿供奉以缓减领主之急需的封建理论看来是存在的；理论中所要求的同意与其说是王国大会的同意，还不如说只是纳税者个人的同意。大会多数人的意见对少数顽固分子或未出席者具有约束力的观念几乎尚未形成，而且同国王可以随意攫取的观念一样不受欢迎。我们开始听到反对征税的声音：1163 年贝克特提出了抗议，1198 年提出抗议的则是林肯主教休。但圣托马斯和圣休的这些抗议，与其说是对征税权应赋予王国大会的一种主张，还不如说是那些不想支付未经自己同意之税收的个人的抗议。然而，将税收从土地扩至动产的必要性导致了一个新的组织和一种新的观念次序。1188 年的萨拉丁什一税可能是对动产征

68 税的第一次尝试。[①]亨利从王国大会那里得到了可以为十字军东征而征税的承诺。在此情况下，财产评估便不能当作单个纳税人和王室官员之间的交易；于是又动用了亨利最喜欢的制度：邻人陪审团。1198年，这一方案又用于了对犁头税的评估——这是一种已取代丹麦金而针对土地收取的土地税。[②]这样，税收便与代表权建立了联系：个人的税金由其邻人、由代表其所在教区（因而在某种意义上也是代表他）的陪审团来估定。随着动产也被纳入征税的范围，征税应与代表权相联系的观念也获得了合理性。1207年，约翰王力图对动产征收1/13的税。主教们代表教士对此予以反对，约翰不得不放弃了对他们征收此税的计划。接下来出现了那场大的危机，《大宪章》随之出炉。除了三项基本协助金外，未经王国民众的一致同意，不得征收任何免服兵役税或协助金。其他形式的税金（如针对动产征税）并未被提及，王国大会（就像第14条所限定的那样）也不能被认为就足以代表所有的阶层：它只是高级教士和国王直属封臣们的集会。不过这只是其中的一个阶段，征税应与代表权相连的原则早已超越了当时它所限定的条件。早在《大宪章》颁布两年之前，即1213年，为讨论国王暴政而在圣安尔班召开了一次大会，被召出席者不仅包括贵族和主教，还包括一个代表团——王室自领地每个镇区都派出了自己的执达官和4名代表。早几个月之前，即1213年11月7日，约翰已在牛津召集开会，每郡由4名守法的臣民作为代表出席（*ad*

① *Select Charters*, p. 160.

② *Select Charters*, pp. 256, 257.

loquendum nobiscum de negotiis regni nostri)。这是有关地方代表出席王国大会的首次记录。不过8年后，王国各个地方社区或普通民众的代表才成为了王国大会的永久组成部分；其间，王国大会已获得了“Parliamentum”（议会）的称谓。

在此期间，王室的行政和司法机构（更为狭义的御前会议）已经变得更为确定，并已分裂为履行不同职能的多个机构，但都处于首席政法官和国王的控制之下。其中包括财政署——这是一个财务机构，同时也是处理所有涉及财税问题的法庭，其法官仍然保留了财务男爵（barones Scaccarii）的头衔，尽管他们通常并不 69
从男爵这一阶层中挑选。还有御前大臣，他负责保管国玺，并出任文秘署（王室文秘机构）的头领。此时已有一小队紧凑的王室法官，他们拥有法律方面的专业知识。亨利二世的法律改革极大地刺激了王室法庭业务的增长，这一司法团体又分裂为不同的部分。一部分法官陪王伴驾，由此我们看到了王座法庭的开始；另一部分法官则一个开庭期一个开庭期地在威斯敏斯特坐堂问案，这就是未来的皇家民事法庭——因为《大宪章》确认，臣民之间的一般民事纠纷将不随国王个人的移动而改变审判地点，而是要在某一确定的地点听审。但国王自己还保留了司法权，并通过王国大会或更小一些的御前会议来行使。向地方各郡派出巡回法官已变得相当常见——对于大多数案件来说，王室法院正在成为第一审法院；但古老的地方法院也通过这些巡回审判而与王室法院建立了联系。当巡回法官来到某郡时，整个郡必须前来报到：每一位自由地产保有人必须出席法庭，或提供缺席出庭的理由；每一百户区和自治市必须由其12人陪审团代表出庭；每一个镇区

则由其执达官和4位居民作为代表。[①]

（四）1216—1295年

1215年之后，王国大会历史的下一个驿站是1295年。到1295年时，可以确定地说我们已经有了一个议会，大的轮廓已一劳永逸地划定了。在这80年的风雨飘摇中，一条新的原则得以涌现并占了主导。第一版《大宪章》所设计的议会是一个封建会议，对此我们可以问这样的问题：大主教、主教和修道院院长是依据什么权利出席这一会议的？是作为王国教会的首领，还是国王的重臣？这
70 二者都是，但这一会议是国王直属封臣们的集会。现在我们几乎不能说，《大宪章》中要求征税时需征得这类会议同意的条款已变成了王国法律的一部分。这一点在后来各个版本的《大宪章》中都未被重复。当亨利三世登基时，他还只是一个孩子，由彭布鲁克伯爵威廉·马歇尔辅政。后者是英国贵族的首领，国王的监护人和大臣们可能认为，在外敌入侵的紧要关头他们的双手不能被这样的条款束缚，这种束缚看来也是不必要的。这无须遗憾，如果这些条款成为了永久的法律，我们的议会将会严格地按照封建序列加以发展，我们所拥有的也许将是苏格兰的议会而不是英格兰的议会。如过去一样，搜刮钱财的必要性迫使国王不得不与王国所有的阶层进行谈判。亨利是一个不知勤俭又得过且过的国王，经常穷奢极欲，同时又常常一贫如洗。在他统治期间，王国大会的召集相当

① 有关对亨利二世统治结束时司法体系的详尽考察，请参见梅特兰的*Select Pleas of the Crown* (Selden Society), Intr.。

频繁。召集方法很可能是贯彻了1215年《大宪章》中所确定的原则：大的直属封臣个别召集，小一些的直属封臣便通过签发给郡长的一般令状来召集。我们把《默顿法》就归于1236年国王大婚时召集的这种王国大会。这些会议都很现实，臣下的建议和同意不再被视为可有可无；在约翰王统治时期，贵族们已经学会了联合行动。国王对金钱的需要被臣下们应对以改革的要求——这些要求有时甚至在我们看来也是相当惊人的。自1234年以后，亨利力图将包括摄政官、御前大臣和财政大臣在内的大臣排除在外而独掌统治权。不时能够让贵族们感到宽慰的是，王国的民众大会委任了一些大臣或议政官员，他们同时要向王国大会负责。亨利在许诺时很慷慨，但违背这些许诺也是常事。

这一时期，代议制原则也在不断发展。社区由其某些成员加以代表的观念一定相当古老。早在《亨利一世之法》中我们就发 71
现，在地方法院上，镇区是由教士、执达官和4位贤人予以代表的。[①] 这一惯例可能已相当古老，可以肯定的是，在稍后的年代里，当王室巡回法官前来某郡时，该郡郡法院全体成员都要出席并面见巡回法官；此时郡法院不仅包括郡内的所有自由地产保有人，还包括来自自治市和镇区的代表：其中每个镇区由其执达官和4名贤人来代表，自治市的代表则是由本市12位守法市民组成的陪审团。[②] 整个陪审制度最早的形式就意味着代表制：一个人由其国民、由其邻人来审判，陪审团的声音便是国家的裁断。

① *Select Charters*, p. 105, Ⅶ, 7.

② *Select Charters*, p. 358.

当我们查看这一时期的巡回审卷宗时(从亨利三世执政的头些年便有大量卷宗材料留存下来),就会为这一观念在民众中扎根之深所震惊:全郡民众都要到场并表达其想法,每个百户区、镇区也要到场,伯克利百户区这么说,斯多镇区那么说;郡、百户区和镇区也会因疏于履行其治安义务或说谎而遭罚金。但代表制或代议制却不必然意味着这些代表是由被代表者选举产生的,实际上他们可能是由公共官员挑选或由抽签决定。不过在1194年,我们发现各百户区的陪审团则是这样产生的:先由郡选出4名适格的骑士,再由他们从每个百户区中选出2名适格骑士,最后再由各百户区的这2名骑士从该百户区挑选10名适格的骑士,一道组成本区的12人陪审团。再者,验尸官在其于1194年首次创设时就是由郡选举产生的。我们已经看到,这种地方组织已经被用于财政目的;对动产甚至是土地征税所进行的评估一直是由地方陪审团完成的。在1213年的一次特别危机中,王室自领地上各村邑的执达官和4位适格的代表被召集前去与主教及贵族们会面;同一年,每郡又被要求选出4位审慎的代表连同贵族与国王
72 进行谈判。[1]通过利用地方代表机构来估定和征收由贵族和高级教士组成之会议所许可的税收,在亨利统治时期变得越来越常见,也越来越重要,并在1225年、1232年和1237年取得了显著进展。我们可以在《宪章精选》(*Select Charters*)中找到这些文

① 参见*Select Charters*, pp. 276, 287, and *Constitutional History*, vol. I, §154。戴维斯先生(Mr. Davis, *Engl. Hist. Rev.* April 1905, pp. 289—290)争辩说,在前者中陪审团不是被召集到了圣安尔班,而是到各自的郡法院。

献。[①]1254年又取得了大的进展。国王去了加斯科涅，急需钱用；于是由王后及王弟组成的摄政团在威斯敏斯特召集了一次大会：为此，每位郡长都要从其郡选派4名骑士，“值此燃眉之际，你所在之郡要专门为此选出4名适格且审慎之骑士以代表你郡全体民众，与我们所召集其他各郡骑士一道，于同一天前来决定（代表所在之郡）他们能为我们提供什么帮助”。于是各郡的代表，各郡选出的代表，被召来不只是评定而且要批准给国王提供的协助金。这里不存在国王与各郡的单独交易，所有郡都聚集在一起，共同商定如何为国王提供帮助。

开始于1258年并以1265年8月4日的伊夫舍姆战役结束的激烈斗争，并未对议会历史的发展推进多少。就我们所知，1254—1265年间的议会并不包含任何郡和自治市的代表；正是这一期间，“parliamentum”逐渐开始使用，并取代了“colloquium”和其他术语，从约翰王那里强行获得《大宪章》的那个议会此时也被回溯性地称为兰尼米德议会（parliamentum Runimedae）[*]。但王国的抗争却盘算着另一个目标：由贵族选出一个小型委员会控制国王，政府官员也由贵族选举产生并向它负责，对于各种层出不穷的职权滥用进行改革。从1258年在牛津召开的议会（疯狂议会）开始，我们拥有了相当复杂的、带有寡头政体性质的成文宪 73
法，但有一些寿命很短，只要一有可能，国王就想从其中挣脱。在1259年的《牛津条例》中，为救济一个更小团体的直属封臣所受

① *Select Charters*, pp. 355—356, 360—362, 366—368.

* 兰尼米德是约翰王被迫在《大宪章》上签字的地点。——译者注

到的压迫而进行了一系列重要改革，但战争最终还是发生了。当1261年各方已全副武装之时，临时政府的首脑们在圣安尔班召集会议，要求每郡选出3名骑士；国王则下令这些骑士不能被送往圣安尔班，而是要送到温莎。前者赢得了1264年5月14日的刘易斯之战。几乎是同时，掌握国王的西门·德·孟福尔下令每郡选出4名骑士在6月22日的会议上觐见国王。这一年年底，他又召集了著名的1265年议会。至于主教、修道院院长和贵族，只有对掌权者友好的人才得到了召集令，因此只有5名伯爵、18名男爵。但郡长都被下令要求在其郡为议会选出两名审慎的骑士，城市与自治市也得到了类似的命令。本次议会的创新在于有城市和自治市的代表出席。很快又爆发了伊夫舍姆战役。没有证据表明在亨利统治的最后6年中议会包括了郡或自治市的代表，我们对此亦无法确证；在国王胜利后马上于温切斯特召开的议会上，还有主教参事会代表出席。这些议会中有一次，即1267年的议会，还通过了伟大的《马尔伯勒法》或《马桥法》(*Statute of Marlborough* or *Marlbridge*)，该法认可了民众所一直要求的多项改革，它宣称是在国王审慎的议会上由多数压倒少数通过的。

同样的疑点也存在于爱德华一世统治早期的议会中，许多著名的制定法就是由这些议会通过的。1273年召开了向新国王宣誓效忠的大会，与会者包括大主教、主教、伯爵、男爵、修道院院长、小隐修院院长，每郡派出4名骑士，每个城市也选出4位市民。1275年的《威斯敏斯法Ⅰ》宣称是经过了大主教、主教、修道院院长，小隐修院院长、伯爵、男爵和王国全体民众的同意。1278年
74 的《格洛斯特法》是下一部重要的立法，它自称是在征得了最为

审慎的人士（无论地位高低）之同意后制定的。1282 年，作为权宜之策又进行了一次奇异的尝试：当时国王正在威尔士作战，他召集了两次地区性议会，一次是在约克，为北方诸省；另一次是在北安普顿，为南方各省。教俗两界的人士都被召集参加这两次会议，每郡有 4 名骑士，每个城镇出 2 名代表。这纯属例外，并且也没有成为先例。另一次非常态议会于 1283 年在什鲁斯伯里召开，除每郡两名骑士外，还有专门指定的 21 个城镇所选出的代表。《威斯敏斯特法Ⅱ》这部重要的制定法是由 1285 年的议会颁行的，但我们不能确定是否有任何代表出席了本次议会。同年还制定了另一部非常重要的制定法《温切斯特法》，从表面上看它只是国王的命令，我们并不知道它在制定时是不是由任何普通民众代表出席。1290 年的《威斯敏斯特法Ⅲ》（包括著名的《封地买卖法》）又是国王在贵族在场的情况下颁布的。郡骑士的确出席了那次议会，但该制定法是在他们被召集前一周通过的。1294 年，每郡又召集了 2 名骑士。

接下来的一年为我们提供了未来所有议会的样本。大主教和主教接到指令，要召集其教堂的头头、副主教，每一教堂教职人员选出 1 名代表，每个教区教职人员选出代表 2 名。每位郡长要为每郡召集 2 名骑士，每个城市选出 2 位市民，每一自治市也选出 2 位市民。7 位伯爵和 41 位男爵得到专门召集。教士和贵族被召来讨论、制定和实施法令，平民代表则全权代表他们所代表的人来赋予由王国大会所制定之法令以权威。由此组成的机构便是议会，国王经此机构同意颁布的法令便是制定法。当然，很快这两个词就变得分开使用了；在一段很短的时间内，它们可能被不

75 严谨地使用着:“parliament”当然仅指会议,一场有着发言、争论和慎重讨论的会议。这一名称偶尔也被用来指国王的咨议会,或者后来被称为magna concilia(大咨议会),并区别于parliamenta(议会)——这是由高级教士和贵族参加而将平民代表排除在外的会议,或者也指那些间或召集的非常会议。但很快惯例得以确定:“parliamentum”就指以1295年的议会为模板组建的议会;它例行召开会议,国王在其同意之下颁布制定法。[①]

因此,在13世纪末之前,王国大会逐渐不再是一个封建法院,它正在转变为一个王国各阶层的大会——根据当时的理论,也就是所有各种类、各等级人的大会。针对以前曾将国王视为王国一个阶层的一般性错误,我几乎不需要再做说明,这一观点已完全被抛弃。王国的三个阶层分别是:负责祈祷的教士、负责打仗的贵族和负责劳作的平民。看来这已经穷尽了对不同阶层民众的分类。类似观念好像在西方基督教世界也相当盛行,并导致了各阶层民众大会的兴起,但由此产生的议会制度却随各国历史和国情的不同而不同。比如,尤其值得注意的是,在英国的议会中自治市市民并非一个独立的阶层。可能存在这样的制度安排倾向,要在这些市民与郡骑士之间划出界线;因此我们也就可以认为存在这样的危险:国王通过与商人谈判而获得征收关税的权力,但这种间接税所导致的负担却最终落到了消费者头上。爱德华一世时确有这类谈判,但这种危险却被制止了。全体代表共出席、同选

① 斯塔布斯追溯了爱德华一世时期英国议会的成长,参见Stubbs, *Const. Hist.*, vol. Ⅱ, c.15。

举，他们共同代表王国的一个阶层：普通民众。

当然，1295年的这种议会很可能只是一个孤立的事件并可能 76
因此而被历史学家当作例外一笔带过。从1307年爱德华一世驾崩时的情形来看，我们还不能说以前由国王行使或由国王及其贵族共同行使的统治权，已经确定无疑地转给了由王国各阶层所组成的议会。[①] 只有借助在当时看来尚属将来的历史，爱德华一世晚年的议会才具有了极为重要的意义。不过我们知道，事实上它们的确为后世形成了先例；在未来的世纪里，以1295年之模板组建的议会经常召开；最后，人们明确认识到，王国的统治权赋予了国王和基于此模板而组建的议会。正是本着这样一种知识背景，我们将审视这一议会的性质。

三个阶层中的第一级是教士。首先，主教与许多修道院院长都是被专门召集的；可以说，他们的地位有些模糊不清。主教是教士之首，是教堂的管理者；但他们同时也是国王的直属封臣，并保有领地。因此对于出席议会的权利，他们可以提出双重主张。抛开所有有关领地保有的问题不说，他们以教堂高级教士身份来主张出席议会的权利也会被完全接受，这一点几乎毋庸置疑。首先，发给俗界贵族和主教的召集函中所使用的语词有所不同。通常，俗界贵族之所以被要求前来出席议会，是因为他们“向国王

① 这一观点在梅特兰的 *Memoranda de Parliamento* (Rolls Series, 1893)（这是一份有关1305年议会的档案）中得到了扩展。“国王咨议会是每届议会的核心和精要，通常被称为议会请愿书之类的文件实际上是向国王及其咨议会的请愿，负责听取这类请愿的实际上是咨议会的专门委员会，议会的档案实际上是对咨议会所处理事务的记录，有时会附有（但通常是没有）王国大会的同意。”参见 Intr. p. lxxxviii。

臣服和效忠”的义务；而在发给主教的召集函中却并不提及臣服之事——尽管他们也因其世俗保有地而不得不臣服于国王，国王所诉诸的是他们的信与爱(faith and love)。其次，当主教职位空缺时，不是原主教而是该神职的监管人被召出席议会；有时该监
77 管人是大主教，其他情况下则是主教参事会；但空缺之主教职位的领地却并不在他手。不过，主教出席议会之权利的双重依据为后世提供了可供争论的丰富材料。

至于修道院院长，无论其起初出席议会的依据如何，很快逐渐被认为是因为他们拥有领地。这是他们自己提出来的，他们对于王国的政治几乎没有兴趣，出席议会纯粹是一种负担。因此他们坚持认为自己无须出席议会，除非拥有军事役领地。其被召集的人数也很快下降了：爱德华一世时还高达 72 人，爱德华三世时就跌至 27 人，这一数字一直维持到修道院被解散之时。

但高级教士的出席并未完全代表教士阶层，下级神职人员也需要得到代表。逐渐地，选举教士代表的原则进入了纯粹的宗教大会。鉴于坎特伯雷和约克之间的对立，在英格兰从未出现过任何全国性的宗教大会。只有在很偶然的情况下，基于教廷代表的权威，才会出现一个代表全英格兰教士的会议机构，但这类机构却从未成为教会事务管理中的一个永久性因素。慢慢地，坎特伯雷和约克各自形成了属于自己的教牧人员代表大会。教牧人员中的代表制度与俗界人士中的代表制并行发展起来。下级神职人员被指示向宗教大会选送他们的代表。坎特伯雷教省 13 世纪末所采纳的方案是，每个教区的堂区教士应选出两名代表，每个主教教堂的教士可选出一名代表。这些选出的代表连同大主教、主

教、修道院院长、小隐修院院长(priors)、教长(deans)和副主教(archdeacons)一道,共同组成教牧人员代表大会。在北方教省,盛行的规则略有不同。

我们必须区分这些教省的教牧人员代表大会与议会中的教士代表。前者是由大主教召集的两大宗教会议。爱德华试图将教士 78
召入议会。主教们要向王国大会带来其主教参事会的头头、副主教、每一教堂选出的一名教士代表和每一教区教士选出的两名代表。指示主教如此行事的条款被称为"praemunientes"(禁投外)条款(依该条款中的第一个单词得名)。从那时起它就一直在沿用,甚至直到今天,尽管自14世纪末以来它基本上已不被遵循了。教士们不喜欢这一与俗界人士混杂在一起的做法。他们拥有大量的财富,因此也必须承担一大部分税收的重负,但他们更愿意与国王单独交涉,并在自己的教省和纯粹的宗教大会上决定该税收事务。因此,在议会这一即将成为王国统治权行使者的机构中,他们失去了成为其中一大主要因素的机会。英国的议会没有成为三个阶层的大会,而成了教俗两界贵族与普通民众的大会。但教士的这种拒绝不是在爱德华一世时而是在后世;爱德华是力图让他们与俗界人士一起集会,以便他能将全国各阶层集中在一起进行交涉。

第二个阶层即贵族的历史是一个很困难的问题:围绕这一主题产生了许多争论,它也成了许多著述讨论的主题。这种困难至少部分是由如下事实引起的:这一阶层一直持续存在到了我们今天这个时代,以及人们已逐渐将上议院中的席位赋予了很高的价值。人们还会不时地依据某些权利来主张贵族爵位,而这些权利

则能揭开那些模糊的宪政古董的全部情况。上议院的一个特权委员会被要求引入远古时代某种明确的有关贵族的理论，这种明确性超出了当时人们的想象。并无有关时效方面的制定法来阻却人们对于贵族爵位的主张，偶尔也有依据非常古老的事实来提出这种主张的，这就需要在讨论之后再行决定。

这些主张如何被处理我们还需要作简单描述。上议院看来被
79 认为拥有决定所创设之新贵族是否有效的权利。比如，1856年时它们行使了这样的权利，决定授予帕克法官终身贵族（温斯利戴尔勋爵）的授权状并未赋予他在上议院拥有席位的权利。另一方面，看来可以确定的是，对于旧贵族爵位的主张，上议院并无决定权；国王保留了自己决定此类请求的权力。事实上，在一个颇有疑点的案例中，该问题提交到了上议院，上议院又将它转给一个特权委员会——该委员会向上议院报告，上议院再拿出解决方案与国王沟通，国王依此方案行事——申请人或者被召至上议院，或者未被召集。但这只是宪法性惯例，并非法律，这一点最近已为贵族们所明确接受。[①] 即使今天也应如此，我认为这一点是非常有启发意义的。并无法庭可供贵族爵位的申请人前往提出他们的权利主张。今天这意味着你在法庭无可作为；如果你认为依据

① 这一点已为坎贝尔勋爵（Lord Campbell）在温斯利戴尔案（Anson, *The Law and Custom of the Constitution*, Part Ⅰ: Parliament, 3rd ed., p. 208）中所明确承认，后又为切姆斯福德勋爵（Lord Chelmsford）在维尔特斯（Wiltes）案（1869, L. R. 4, H. L. 126）中承认。切姆斯福德勋爵走得如此之远，以致他认为听审这类权利请求的特权委员会在这方面完全不像行使司法权的法院，它不受前一个委员会之决定的约束，它在一个案件中所给出的建议可以和先前在另一个案件中所给出的建议完全相反；它并不做出判决，而只是提供建议。——梅特兰注

世袭的权利自己有权作为王国的贵族被召至上议院，毫无疑问，你会得到这样的权利。但它指向的是至关重要的东西，即国王决定贵族身份的权力。

法律学家和古代问题的研究者们不得不为贵族爵位寻找一种严格的理论，但却从未成功过。不过毫无疑问，土地保有是我们必须关注的地方：贵族血统的观念并非其基础。如果我们向前追溯得足够远，就会发现这种血统观念确曾出现在整个欧洲与我们同属一个种族的各个民族中。贵族(eorl)和自由民(ceorl)之间的区别就是一种出身上的差别：一个出身贵族，另一个虽完全自由但并不是贵族。早期法律文献中有对这种区别的充分表述，它可以从数字上加以衡量：贵族受伤害时所获的赔偿金是自由民的很多倍，一个贵族的宣誓要比许多自由民的宣誓更有分量。但 80
在诺曼征服之前很久，通过出身取得贵族爵位的做法逐渐为通过保有土地和保有职位所取代。塞恩之所以是贵族，是因为他与国王之间的关系，一种与土地保有直接相连的关系。这样，直属封臣、国王的附庸成为贵族就是自然而然的结果了。但正如我们已经指出的那样，在贵族形成的这一方式中，诺曼征服又为我们制造了困难。直属封臣从总体上来说是一个五花八门、成分复杂的群体，其中包括很重要的人物，也包括相对而言较小的人物；有人作战时需要带20名或50名骑士，有的自己一个人亲临战场就足以完成所有的封建义务。其等级之多、差别之细，以致无法划出一条明确的界线。也许无法划界正适合了国王的需要：他不应为一个紧密的贵族团体所束缚，他还要依靠那些较小的直属封臣来对付权高位重的大封臣。但王室财政署和军队的实践则及时

地划出了这样的界线：一边是大的直属封臣，他们直接向财政署负责，对于出征或出席议会他们需要个别地专门通知，他们所保有的土地已被认为形成了领地，在交纳封建捐税时会被视为一个整体来对待，继承金也是交总的一笔钱；另一边则是小的直属封臣，无论是交税、出征还是出席议会，都由郡长召集，所保有之土地一般未形成领地，因此也是单独按每份骑士役封地交税。最终，“baro”一词变得适合于描述前一个阶层的直属封臣，后者则直接称直属封臣（tenentes in capite）；但“baro”一词长期以来在使用上也相当模糊，《大宪章》中这个条款中的“barones”好像就是指另一个条款中的“barones majores”。

有人曾争辩说，贵族领地保有（tenure by barony）是一种不同于骑士役保有的特定的保有形式。然而真正的困难在于找出这些保有类型究竟在哪些方面不同。说前者意味着被个别召集的权利而后者没有并不能说明任何问题，这只能将我们带回到起点，即贵族领地保有是一种享有专门召集权的人的保有。当保有
81 法达到其最完备的形式并被人予以系统化地表述时，我们并没有发现贵族领地保有是保有的形式之一，利特尔顿也没有视之为一种保有形式（约 1480 年）。一个人可能拥有一片贵族领地（hold a barony），某些土地长久以来已被认为构成了一片领地，但他并非以贵族领地的形式保有土地（hold by barony），他可能是通过骑士役或大侍君役的方式保有的这片领地（by knight service or by grand serjeanty）。在所有的私法中都不存在这种区别，它完全不同于骑士役保有和农役保有（tenure by socage）之间的区别。这一问题已有塞尔登、曼多克斯及其他一些博学的学者们争论过。我

将引用的是斯塔布斯博士所提出的审慎结论:“非常有可能的是,我们无法确定贵族的爵位或资格究竟是由起初授予封地时的条款还是后来的认可所创设的。鉴于我们并没有任何早期贵族领地分封方面的材料,限于如下说法将会是比较稳妥的:无论土地是以何种方式获得或授予的,被个别召集的权利都会说明这一保有形式会有贵族的特点;换言之,这一地产的贵族领地性质授予了其保有人这种被个别召集的权利。”[①] 于是我们好像陷入了一个怪圈:谁被授予了被个别召集的权利?那些拥有贵族领地的人。但什么地产才属于贵族领地呢?那些授予其保有人被个别召集权的地产。

下一个要点是:在13世纪,代表郡的骑士被召集出席议会。随着这一做法的引进,约翰王大宪章中通过向郡长签发一般性令状而召集下级直属封臣出席议会的做法就被废弃了——这一做法在亨利三世时期还曾或多或少被认真遵循过。现在,下级直属封臣将由郡内选出的骑士代表出席议会。他们很可能对此非常满意,因为自己掏钱参加这样一个本人在其中无足轻重的会议完全是一项负担。于是,他们完全“沦为”了普通的民众:在那些没有得到个别召集权的直属封臣(他们现在总体上失去了贵族的名号) 82
和作为中层领主(mesne lords)的普通封臣之间,便不再有任何政治意义上的区别了。

于是,贵族便成为了一个由被专门召集至议会者构成的群体——之所以被召集是因为他们保有贵族领地,这片领地因这种

① *Constitutional History*, vol. Ⅱ, § 189.

专门召集和领地继承金而已被认为是贵族领地。在这一点上又产生了几个很难解决的问题。第一，国王在签发召集函时是否必须限于那些确实拥有已被认可为贵族领地的人？答案好像是，长久以来理论上一直都是这样的，但它又是一个国王并未严格遵循的模糊理论。如前文所述，在14世纪时，许多修道院院长都以未保有贵族领地为由而被免除了出席议会的义务。但我们并不清楚是否也曾有俗界领主因同样的原因而得到了同样的豁免。另一方面，我们也不知道贵族们是否曾拒绝过将未保有贵族领地者吸纳入其中，很长时间里我们也没有听到有人仅因保有贵族领地就主张自己享有专门召集权。情况很可能是，上述理论一直在盛行并或多或少也被照常遵循着（在多大程度上照常遵循是一个很难说的话题，需要对这种程度进行艰难的调查），直到亨利六世时通过开封特许状（letters patent）创设贵族的做法慢慢渗入进来。这之后不久，通过召集令（writ of summons）再加上随后实际在上议院的就座出席会议而创设贵族（无论有无贵族领地）的做法，变成了一种确定的理论。不过这又提出了如下问题：拥有贵族领地是否并不赋予被召集的权利？直至今天，这一问题也几乎没有解决。在中世纪，土地不能通过遗嘱得到传承，未经国王允许国王的直属封臣不得转让土地；这样，被召集之权不能随土地而转让的理论也不会导致太大的荒谬。的确，在15世纪身份和封号可能已经成为了家族继承的对象，封号也可以随土地一起被限嗣继承。但在1669年针对菲茨沃尔特贵族领地一案中，国王在咨议会上
83 明确制定了相反的规则。贵族领地保有被宣布为已中断许久，现在也未实行，因此不适宜“接受或认可由此产生的任何继承权”。

在 1861 年的伯克利贵族身份案中这一问题又被重新提出，此时*被一般认可为法律的东西在本案中被采纳并适用了。现在没有人能因保有贵族领地而主张在上议院拥有席位。随着现代社会中土地可以自由转让，一个相反的判决可能会产生太多古怪的结果。现在，他必须依召集令或开封特许状来主张贵族身份及在上议院拥有席位。

关于通过召集令获得贵族身份，这其中仍然存在许多尚待解决的问题。我们可以提出这样的问题：在召集一名贵族时，爱德华一世是否有意限制自己及自己的子嗣要召集这个人及他的子孙，直至永远。但至少很快，召集那些已被召集过的人及其子孙成了一条规则。关于召集令是否授予一种可继承之权利的问题，17 世纪时在柯克和普洛尼（Prynne）之间得到了热烈的讨论。普洛尼举出了一张长长的案例列表，其中清楚地表明，一个被召集过一次或不止一次的人再没被召集过，还有被召集者的子孙也未被召集。斯塔布斯博士说，经过仔细审查，普洛尼的列表要大大缩水；其中大部分可由案件的具体情况加以解释，如属未成年人等。[①] 无论如何，国王不能扣押发给曾被召集过且已在上议院拥有席位者的子孙的召集令，已变成了正统的理论。这在 1673 年的克利夫顿伯克莱贵族爵位案中得到明确认可。[②] 看来早在柯克时代这已被视为了法律。[③]1677 年的弗莱西维尔案判定，仅表明其祖上曾被

* 1669 年。——译者注

① *Constitutional History*, vol. Ⅲ, § 751 note.

② Anson, *Parliament*, p. 196.

③ Abergavenny's Case, 12 Rep. f. 70.

召集过还不够，他一定还要证明他曾在上议院就座出席过会议。在就座出席上议院之前，他还不是贵族。在这一点上，通过召集令和通过开封特许状创设贵族不同。特许状本身就可以使一个人
84 成为贵族。[①]你要明白，从表面来看，召集令并没有提及任何有关贵族身份、将来被召集及对其子孙的召集（子孙并未被提及）等内容，而只是简单说某某被召集出席下一次议会。在这个问题上，一种明确的有关继承权的理论逐渐得以发展，并取代了那种不明确的有关保有权的理论。

但除高级教士和贵族外，还有其他一些人也被专门召集来出席议会，如国王御前会议的成员，尤其是那些法官。他们显然并不拥有贵族领地，也不是贵族。在爱德华时期的议会中，王室御前会议要和王国的各个阶层一起开会。爱德华很可能无意限制自己去征求那些值得征求者的意见。只是随着贵族身份可被继承之观念的发展，这些御前会议的成员才逐渐被认为在议会的审议过程中并不拥有实际的位置。他们继续被召集，即使在今天，法官与王室的法务官员还被专门召集出席议会。但在中世纪结束之前，这样的理论逐渐确定下来：他们没有投票权，除非被问及，否

① 在这个问题上，其祖上有国王的召集令并且也曾出席过上议院（无论多么久远）的事实是否足以支持其对贵族身份的权利主张，看来仍存在争论。在最近的一个案例中（de L'Isle Peerage），里兹代尔勋爵（Lord Redesdale）好像是认为，上述召集和出席之事实必须发生在1382年之后。之所以选择这一年看来是因为本年度的一项制定法：5 Ric. 2, stat. 2, cap. 4。该法称，“从今往后所有获得议会召集令的人，都将以他们应该遵循的方式前来出席议会，这一方式已在古英格兰王国境内被熟知”。我很怀疑该法意在使贵族身份变得比过去更为可继承：看来它好像另有他意。斯塔布斯博士将愿意追溯晚至1295年或者更早——如果早期的令状能被发现的话。这是一个小问题，但却很有启发意义。——梅特兰注

则他们甚至没有发言权。从此之后，他们的出席变得流于形式（但正如刚才所说，其痕迹一直保留至今）：法官被召至议会，上议院也为他们留有位置，上议院有权强制其出席并在法律事务方面征求其意见——这是一种即使在今天也只是在上议院作为法庭开庭时才偶尔行使的权利。

接下来我们要说一说王国的第三个阶层，即平民。首先是 85
“commons”（平民）一词。在我看来这其中糅合了两种观念：那些不享有任何特权，也不像贵族或教士那样拥有任何特殊身份或地位的人是普通人。但我并不相信这就是呈现于那些首次使用“the commons”一词，并把它与贵族和教士相对而言的人头脑中的观念。我不认为与“a peer”（贵族）相对立之“a commoner”（平民）一词很古老。斯塔布斯说：“平民是一个共同体（communities or *universitates*），是郡或城镇自由民的有机整体，平民阶层是一个共同组成的团体（*communitas communitatum*），是为了出席议会而将这些共同体联合在一起形成的一个整体。”[①] 我可以提醒诸位的是法国的居民社区（commune），而且在议会形成之时我们法律所使用的语言正是法语。无论如何，出席议会的代表所代表的并非单个个人之间的随意组合，他们代表的是郡和自治市。这种说法略显绝对以至于还不能说他们代表的是一个法人团体——我们的法律还没有形成集体法人（corporation aggregate）的观念，英国的郡也从未形成一个法人。而且这一词语也过于特性鲜明。郡早已是一个高度组织化的实体。郡与郡法院属于一体，当时的用语并

① *Constitutional History*, vol. Ⅱ, § 185.

不在这二者间进行区别——郡法院是“*comitatus*”（大会），在我们的文献中并无“*curia comitatus*”“*curia de comitatu*”（郡法院、郡民众大会）这样的术语。在当时的司法卷宗中，对于郡之所作所为的抱怨并非不常见。郡做出了一项错误判决，于是便由四名骑士代表郡前往王室法院否认其做出了错误的判决。郡甚至还通过其决斗替手参加决斗；如果郡未出庭，则要被处罚金。我们最好记住，在郡骑士被召集出席议会的做法产生之前很久，都一直如此。在召集郡选派代表出席议会方面，亨利、德·孟福尔和爱
86 德华只是将过去的东西重新投入使用而已。这有助于我们面对这样一个被经常讨论的问题，即是谁选出了这些出席早期议会的郡骑士。长期以来一直有一个答案是国王的直属封臣，那些未被专门召集的小的直属封臣。对此需要作一些说明。国王的封建法院应由直属封臣组成，而不应包括次一级的附庸。约翰王《大宪章》中所认可或设计的也正是这种会议。但召集所有的直属封臣前来开会逐渐变得不可行或没有实际意义，因此那些未被个别召集的普通直属封臣便被允许或被强迫选派代表出席。于是郡骑士的选举者便不是所有的自由民，而是直属封臣：只是随着封建保有制逐渐变得越来越不重要，随着《封地买卖法》（*Quia Emptores*）的运作使直属封臣人数大增，原属中层领主之封臣的一些土地保有人也被吸纳了进来。但这一理论已从总体上遭到了如哈兰（Hallam）和斯塔布斯等近代历史学家们的拒绝。从一开始，用于描述郡骑士之选举的语言就是他们是由全体民众出席的郡大会或经全郡同意而选举产生的（*in pleno comitatu*, *per assensum totius comitatus*），等等。这些表述早有明确的含义，且

已经常被用于其他目的，它指的就是郡法院、郡民众大会，而郡法院不是按封建序列组建的大会，它包括全体保有自由地产的自由民，而无论是直接还是间接从国王处保有。那些持相反观点的人必须设想另一个郡法院，一个只有直属封臣参加的郡法院；但却没有任何文献记录证明曾存在这样的法庭，况且它也无法和“*plenus comitatus, totus comitatus*”（全郡）这样广为人知的短语之字面含义保持一致。如果有人坚持郡法院包含次级封臣有悖于封建精神的话，那么我的回答则是，爱德华时期的立法为反封建的精神所浸淫，它在努力降低保有制在公法和政治上的意义，并力图将所有阶层都与国王和议会直接建立联系。我想这是今天普遍的观念，但它仍有一些困难需要解决，因为从 14 世纪的一
系列请愿中可以清楚地看出存在如下问题：谁来支付郡骑士的薪 87
水？中层领主之封臣争辩说他们不应出钱，但我相信他们为此提出的理由并非他们未被代表。看来实践与法律理论间存在相当大的差距，下级土地保有人（如农役地保有人等）并不经常出席郡法院，议会代表的职位也绝非令人垂涎，其选举事实上也是由当地的大人物控制的。但单从现有文献的表面上来看，好像很难相信选举团从一开始就不是郡的全体自由地产保有人。1430 年通过了一项立法（8 Hen. Ⅵ, c. 7）——该法规范郡选举权问题达 4 个世纪之久，其目的（如其序言所显示）就是要防止暴力和无序的选举。它规定，选举人须为居住在本郡的居民，且当年还需拥有至少价值 40 先令以上的自由地产（扣除各项负担）。选举人必须是拥有价值 40 先令以上自由地产的保有人，他必须拥有自由地产，但却并未提及该地产是直接从国王处保有还是从中层领主处

保有，是军役保有还是农役保有。的确，这一立法与前两位国王时期的其他一些立法并不支持这样的观念：上述区别（即地产是直接从国王处保有还是从中层领主处保有，是军役保有还是农役保有）曾意义重大。

就出席郡法院并选举骑士代表的选举人问题，我已阐述了两种观点：这些选举人是（1）国王的直属封臣，（2）所有的自由地产保有人；我也说过后者是现在通行的观点。不过就我个人而言，我怀疑这二者是否告诉了我们事实的真相。怀疑的原因，如果你们愿意，可以去参看1888年7月份的《英国历史评论》（*English Historical Review*）。也许我应在此阐述一下我认为是真实的结论。在我看来，出席郡法院并在那里出任法官总体上来说是所有自由地产保有人的义务，但它已转变为一种与特定土地相关联的负担，结果是当次级分封导致自由地产保有人之人数不断增加
88 时，出席郡法院的义务却并未因此而增加。这个庄园、这个镇区或这片土地属于甲，其上包含了一项派一个人出席郡法院的义务。现在甲将部分土地封授于乙、丙和丁，但整个庄园、镇区或土地仍只承担一个出庭的义务，必须派一个人出庭，而不是更多。谁来承担这项出席郡法院的义务，甲乙丙丁可自行协商解决，他们也确实通过分封条款解决了这一问题。对国王或郡长，他们要全部共同或各自为有一人出席法庭负责；至于他们之间，则可自行协商谁免于此义务。于是，再比如在有关继承的例子中，甲拥有一块包含派一人出席郡法院之义务的土地，他去世之后该土地由其三个女儿乙、丙、丁继承，这三人中必须有一人承担此义务，一般来说该义务会落到其长女头上。

作为每月开庭之司法机构的郡法院就是通过这种方式组建的。那些有义务出庭者不必然是直属封臣，也不是所有的自由地产保有人都有义务前来——有义务出庭者是那些在领主和封臣之间通过讨价还价最终确定应承担此义务的人。有关这方面的证据存在于13世纪的大量文献条目中，如百户区卷档(Hundred Rolls)，其中记载了甲或乙代表整个庄园或镇区承担出席郡法院的义务。当然，当郡法院作为民众大会为选举郡骑士开庭时，可以想见，除例行的承担每月出庭义务者外，其他人也出席或也有权出席，并且很可能所有的自由地产保有人都会来——但我并未找到相关证据——“*plenus comitatus, totus comitatus*”(全郡)之类的短语也经常用于作为每月开庭之司法机构的郡法院；我的观点是，此时绝非每一位自由地产保有人都有出席该法庭的义务。

类似的问题也发生在自治市身上，被要求向议会派出代表的只是国王的亲领自治市还是郡内所有的自治市？哈兰和斯塔布斯都赞同后一种观点。选举自治市代表以代表城镇出席议会，并非 89
截然区别于郡骑士的选举。各郡郡长都会收到一份令状，要求他主持从本郡选举两名骑士，每一城市选出两位市民，每一自治市选出两位自治市市民代表。这类选举可能是在自治市内完成，然后再向郡法院汇报；但在15世纪之前，所有这一切都在郡长的指导下完成，直至后来有一些城镇成功地转变为了郡并拥有了自己的郡长为止。当然，晚至1872年，并无令状会发给自治市的任何官员；还是原来的郡长会被要求从其郡派送2名骑士，从郡内的每个城市派送两名市民、每一自治市派送两名自治市市民。参看威廉·安森爵士(Sir William Anson)出版的令状会发现，米德尔

塞克斯郡的郡长不仅要从米郡派送2名骑士，还要从威斯敏斯特市派出2位市民；3个自治市陶尔哈姆莱茨（Tower Hamlets）、芬斯堡（Finsburg）和玛丽伯恩（Marylebone）也要各出2位自治市市民代表。[①]但在中世纪，城市和自治市却并非如此称呼的。在这方面郡长看来拥有相当大的权力。哪个是自治市哪个不是在一定程度上要通过常规的司法途径来确认。有一些自治市（但绝非所有）拥有特许状；但当巡回法官来到郡法院时，每个自治市的代表是其12位市民，而一般郡村落和镇区的代表则是其执达官和4位最好的居民。因此在告知郡长从各自治市选派市民代表时，所用术语是有着确定含义的。我们的确发现封建保有的观念不时地会冒出头来，好像只有国王的亲领自治市才有权选送代表或有义务选送代表。但事实很难与任何理论匹配一致，可以确定的是，自治市总是借这样或那样的理由来尽可能逃避选送代表并为其支付费用的义务。有这样一个例子，托灵顿（Torrington）自治市通过获得一纸特许状而免除了此项义务。

90 那么这些自治市的市民代表是由谁选举的呢？爱德华时代（当然也包括很晚的时代）能够用来回答此问题的材料非常稀少。有一点比较有把握，那就是选举资格因市而异。当最终我们获得一些准确的材料后，结果发现其差异相当之大。在这一自治市，选举权可能非常民主，每一个拥有独立家庭生活的人都可以参加选举；在另一市，交纳地方税收和贡赋的人才有选举权；而在另外其他城市，则需要保有自由地产。还有一些地方，选举权则限

① Anson, *Parliament*, pp. 57—58.

于一个小范围的市政寡头集团的成员。我们还可以较有把握地说，选举资格越民主，该自治市就越古老。在爱德华时代，分担地方赋税通常会赋予一个人选举权；在其他场合，保有土地非常重要，选举人必须是该自治市所属庄园的土地保有人；在有些情况下，商业行会的成员资格可能是选举权的必要条件；但小的、紧密的法人组织则属于后世。值得注意而且也很重要的一点是，这类事务不是由一般性的法律所规定的；每一个自治市都不得不通过自己的方式来勾勒自己的历史，并从国王处购买它所能购得的特权。

封建保有的观念在议会组建过程中有着相当大（尽管也是有限的）的影响，这一点可以从巴拉丁郡的历史中得到证实。切斯特郡直至1543年才开始向议会派出代表，达勒姆郡则晚至1672年。

在我们所谈论的这个时期（1307年），由王国三个阶层组成的议会并非唯一的政府机构，实际上，正如我们所看到的，它只是正处于形成过程中。爱德华时期大部分重要的制定法都是在旧式的会议上制定的，在这些会议上并无平民和下级教士的代表。这种由高级教士和贵族组成的会议也得以在后世举行，并获得了“大咨议会”（*Magna Concilia*）的名称，以区别于真正的议会，而这二者职能上的差别是慢慢确定的。

但除这种大咨议会外，国王还有一个经常召集开会的长期委 91
员会。这个长期或例行的委员会是从早期的“*curia Regis*”（御前会议）中发展而来的；“*curia*”一词越来越明确地用于指称一个被称为王室法院的司法组织，这个司法组织逐渐区别于那个供国王在处理日常政务过程中征询意见或获得帮助的、行政兼具议事性的组织。咨议会独立于王室法院首次在亨利三世幼年时代突显出来——它是作为摄政委员会出现的。它只是泛泛地简称“*Concilium Regis*”（国王咨议会），与“*commune concilium regni*”（国王大咨议会）相对；其成员是大咨议会中的重要成员（*magnates de concilio, conciliatores*）。看来它可能包括了王国的重要官员，如首席政法官、御前大臣、财政大臣、王室法院的一些或全部法官，以及许多主教和贵族，还有一些没有其他头衔而只被称为咨议会成员的人。编年史的著述者们不时地告诉我们，这个人成了咨议会成员，另一个被解职了，但从一开始其组成就带有非正式因素（这一点值得注意）——吸纳某人为咨议会成员无须正式文件，国王可以在他认为合适的任何地方征询意见，所谓的咨议会成员则无权要求必须被征询。随着议会的成长，咨议会也在成长。政府的工作总是变得越来越复杂，因此需要持久的关注，如果没有经常召集之王国大会的帮助或涉足，国王是无法完成这些事务的。在亨利统治时期，贵族们经常提出的改革方案就是，咨议会应由他们选举组建，亨利的咨议会成员也经常是他所仇恨的外族亲信。这一体制后来崩溃了。在爱德华统治时期，咨议会成了一个固定的组织，其成员要宣誓，并作为咨议会整体宣誓：宣誓提供好的建议，保护国王的利益，忠于司法，不接受贿赂。在这一时期，国王咨议会与王国大咨议会的关系仍不确定，但一切运转顺利，没有争执，于是也无须限定什么。国王不仅在议会也在其咨议会上制定法律、征税和司法——当然，通常很难说一件事务是否已经得到了王国大咨议会（或议会）的允准。下面我们将分别讨论

这三点：立法、征税和司法。 92

(1)国王不能自己或仅依少数选任的顾问就为整个王国制定普遍性法律，这看来已是一条被认可的原则。即使是最为专制的、爱德华以前的诸位国王，也从未声称自己拥有这样的权力，他们立法也要征得高级教士和贵族们的同意。另一方面，普通民众或低级教士必须参与立法的原则也未被认可，甚至迄今为止还没有人主张过。如前所述，这一时期王国的重要法律都是在没有普通民众代表的会议上制定的——这些法律给普通法的各个部分都带来了深远的变革，并在后来被称为制定法，直至今天依然有效。但看来同时也被认可的是，未经任何种类的王国大会同意也可以制定规章(regulations)。国王在其咨议会上如果不能制定制定法(statutes)，至少也可以制定条例(ordinances)。爱德华一世时期某些甚至被我们称之为制定法的规范性法律文件，从表面上看也未诉诸任何比国王及其咨议会更高的权威。这为未来设置了众多难题。我们能在制定法和条例之间划出任何界线吗？在爱德华时期，一切皆运行顺畅，这一问题也从未被提出过。我们只能这样模糊地说，那些被认为要改变王国法律的、长期的重要规范只能以制定法的形式制定，而且需要征得高级教士和贵族的同意；那些小的、临时性的、不影响整个王国的规范，则可以条例的形式加以制定。

(2)现在让我们转向征税的问题，我们可以从对这一主题的回顾开始。首先，过去的国王并不像今天的政府那样依赖税收。当然直到盎格鲁-撒克逊时代的晚期，直到需要向丹麦人交纳贡赋之时，我们才听说了某种可被称为税收的东西。现在我们将简

93 单清点一下诺曼征服之后国王的各种收入来源。第一，是国王的自领地。过去遗留下来的公社民众保有地（folk-land）已转变为王室土地（*terra Regis*），这构成了自领古地（ancient demesne）。[①]接下来土地复归权（escheats）和没收（forfeitures）也经常会给国王带来新的自领土地。除他是全部土地的最终领主这一点外，国王还是许多庄园的直接领主——这样他就成了这个王国最大的土地所有人。第二，他还有很多封建性权利，在某些方面这些权利一直在稳步成长，尽管在其他面已趋于式微。1215年的《大宪章》依据某些后来从未被重复过的条款，禁止国王未经王国民众的一致同意而征收除三项常规封建税之外的任何免服兵役税或协助金。宪章限定了继承金的数额，但除免服兵役税、协助金和继承金外，国王还享有对已故骑士役直属封臣未成年子女的监护权和未来的婚姻指定权——他在这方面的权利一直在稳步增长，这些都是可带来丰厚收益的可卖品。第三，王室法院的司法收入一定相当可观。在约翰王时期，出卖正义已成了丑闻。在《大宪章》中他答应不再向任何人出卖正义——虽不能确切地说是出卖了正义，但司法机构却可以带来巨大收益：可以向当事人收取诉讼费，无论是在民事还是刑事诉讼中，各种罚款和罚金也层出不穷。第四，国王有很多权利可以出售，尤其是司法管辖权；尽管有远见的国王担心并制约着司法管辖权（带有财产性质）的扩张，但拿未来兑换现在的诱惑却始终存在。开办市场的权利被随意出卖，许多类似的权利也不例外。赦免宽恕的权利也在被出卖。城镇不得不

① 参见本书（边码）第57页。

一点一点地购买其特权。更有甚者，每一位特权的购买者实际上在新国王继位时又不得不重新购买其权利。法律可能要求国王受制于其先王的授权行为，但明智的人显然不会去诉诸这一法律。官职，甚至是王国的最高职位也时常被自由买卖——看来这也并未被视为丢人现眼。第五，国王还可以从教会那里搜刮很多东西。当一名主教去世后，国王会把附着于该教职的土地及其收益收归 94
自己，他并不急于填补这个教职的空缺——不过这显然是在滥用权力。第六，国王有权向其自领地上的封臣摊派税收，我们在其自领地上发现了许多极具重要性的城镇。这种权利看来来源于他作为领主而非国王的事实——因为其他领主在征得国王允许后也可以对其农奴土地保有人行使类似的权利。这些自领地上的封臣大都以农奴役方式保有土地；自治市的市民则通常以一定数量的年金为对价，以求得自己免于农奴的义务，但国王却保留了时常摊派税收的权利：将自治市或庄园作为一个整体征收确定数额的税收，或其数额根本就不确定——因为我们并未听说对此曾有过限制。最后，国王对某些关税拥有了权利，但其过程则多少有些模糊不清：《大宪章》承认，商人应被召集前来支付某些古老且正当的关税，它们区别于那些不正当的强征暴掠。除所有这些外，我们还应加上，封建保有义务为国王提供了一支在战时可以征召的军队。

这里我们最好说明一下，在此时和后来的几个世纪中，国家的税收和王室的税收并无区别；王国的收入就是国王的收入，而不管它来源于何处；他随其所愿开销和积攒，一切都是他口袋里的钱；只是到了后来，我们才必须去寻找某种强迫国王只能为国

家目的而开销的机制。

尽管国王的收入丰厚，尽管这些收入由其自己支配，但最终发现还是不够多。直接税已经开征过了：土地税，有一段时间被称为丹麦金，后来被称为犁头税（carucage）——基于一卡鲁开土地或一把犁一年零一天能犁完的土地而征收；接下来就是前文已经提到过的，亨利二世时期开始针对动产征税。我们几乎不能说12世纪的理论会认为这些税的征收需要通过王国大会决定；会议多数人的同意（无论怎样代表）可被解释为所有人同意的观点只是慢慢进入人们的头脑的。当时的观念还不如说是这样的：税
95 收乃是纳税人个人自愿的馈赠，时而有一些势力足够强大的高级教士或贵族抗议说，自己并未同意此事因而将不予支付。1215年《大宪章》中这些经常被引用的条款标注了税收史上一个非常明确的发展阶段：未经高级教士与直属封臣同意，国王不得征收任何免服兵役税和协助金（三项常规封建协助金除外）。但这些条款又被收回去了，看来强迫年幼的亨利做出让步（尤其是在外敌已处于王国境内时）是相当困难的。但这些条款又在事实上得到了遵循；尽管亨利有时也通过非常规途径索取财物，但他并未试图未经王国同意而征税。这个咨议会迄今为止只是一个高级教士和贵族的集会，它授权国王针对土地和动产而征税；但我们能够看到，人们越来越怀疑它在多大程度上代表了所有的阶层，且未被代表之阶层的同意又在多大程度上是必要的。亨利不得不与下级教士和商人们谈判。1254年，郡骑士被召集前来商谈税收事宜，但这只是一个孤立的先例，而德·孟福尔召集的议会则几乎不能被称为先例。因此，直到1295年，召集平民和下级教士之代表

的做法才开始常规化。[①] 现在，每个不同的阶层开始自己决定自己要交纳的税款；于是1295年时贵族和郡骑士的税率为1/11，自治市市民为1/7，教士为1/10。紧接着就是1297年的大危机。其中的具体情势此处无法展开，反正爱德华是急需钱用：教皇卜尼法斯八世公布了《教俗关系诏》(Bull *Clericis laicos*)，禁止教士向任何世俗政权交纳税金；接下来，出任警务总长和军事总长的博恩(Bohun)和比戈(Bigot)领导的贵族又拒绝在佛兰德尔服役，他们争辩说依其封地保有条件他们并未被要求这样做；于是爱德华扣留了英格兰最重要的商品羊毛，并对之强征关税；此外，他
还从一个非常规会议上获得了征收协助金的授权。贵族们武装起 96
来反对他，爱德华被迫做出让步，并确认了包含有某些附加条款的宪章。这些附加条款的精确表述意义非凡。依据多半属于其权威正本的这一《恩准宪章》(*Confirmatio Cartarum*)，最近强行索取税收、协助金和发现物(prises)的做法不得为日后所效仿；未经王国民众之同意，将来不得征收此类协助金或其他费用，包括最近针对羊毛的税收，但早期的协助金、关税及相关费用除外。我们还拥有一份文献，它看来或者是上述文献的一个不完整的节本，或者是一份记录贵族们所提要求的材料。后来它逐渐被视为一项制定法《未经同意不得征税法》(*Statutum de Tallagio non concedendo*)，尽管如刚才所说它很可能无权拥有此名称。[②] 该“法”甚至比前述权威正本走得更远；它包含了并未在正本中出现

① 有关爱德华一世早期召集议会的尝试，请参见 Stubbs, *Constitutional History*, vol. Ⅱ, § 213。

② *Select Charters*, pp. 487—498.

的“tallage”（摊税）一词，而且也没有关于国王早期权利的保留条款。“未经大主教、主教、高级教士、伯爵、骑士、自治市市民及王国其他自由民众的同意，不得征收任何税金和协助金。”正如我们所看到的，“tallage”一词用来指国王在其自领地上所摊派的税收——从源头上讲这与其说是他作为国王的权利，还不如说是作为领主的权利。看来非常确定的是，爱德华并不认为他已放弃了自己的这一权利：1304年，他又在其自领地上摊税。但尽管这种特殊的敛财方式可能因此而未被法律从字面上（如果不是从精神上）加以禁止，我们仍然可以确定地说，在1295年之后，任何未经王国民众同意而征收直接税即使在字面上也是与法律相违背的。我之所以说直接税，是因为后来的事件表明，间接税（关税及类似税收）方面的问题尚未最终解决。王国的一致同意现在不再是一个模糊的表述，它在三级会议中有了自己恰当的表达机构。

我们将在后面谈到议会及咨议会的司法问题，这里首先要说一下国王的一般地位问题。首先是他的称号。

97 我想，到此时为止，王位已明确地变得可继承了。

在诺曼征服之前，英国的国王是经选举产生的，但当时正固定为法律的惯例是由贤人们从已故国王的近亲属中选举新国王。从这一语境中我们应当回忆起，当时所存在的有关私人继承方面的法律还不是长子继承制；通常的做法至少是将死者的土地和财产在诸子中划分；所有有关长子继承方面的规则只是在诺曼征服之后很久才慢慢发展出来的。我们从格兰维尔（Glanvill）那里了解到，甚至晚至12世纪末，英国对如下最基本的问题仍存在争论：甲有二子乙和丙，长子乙于甲在世时即死亡，并留下其子丁；现在甲死亡，问谁应继承其遗产，丙还是丁？对于这样简单的问题，英国法此时还尚未做出抉择——因为长子继承制是个新东西。因此我们千万不能认为私法为王位继承确立了模板；更准确地说是王位继承或对职位的继承成了土地继承的模板；长子继承制从官职延伸到了财产。诺曼征服之后又经历了很长时间，王位严格继承的观念才得以牢固扎根。征服者本人就无法依赖于继承权；他更多依赖的是赠与或遗赠。爱德华将整个王国送给了他。我想，依据权利当时王位应传于王子埃德加（Edgar the Aetheling）的观念只是在后来才出现的。即使依据当时的观念，鲁弗斯[*]和亨利一世也都不能依据继承权来主张王位；他们都诉诸了选举，依靠的是民众的支持。斯蒂芬也被迫通过选举来主张自己的权利。亨利三世的继位很可能对通过继承获得王位之观念的确立助益颇多。约翰王一直被当代著述家们视为篡权者，但至少当时有一些人视之为选举出来的国王。大约五十多年后去世的马休·帕里斯（Matthew Paris）认为，在约翰王加冕之前坎特伯雷大主教胡伯特·沃尔特（Hubert Walter）说过一些话——我们也有其他理由相信这类话的确说过。他明确表示，没有人可以依继承权来主张王位——已故国王的近亲属将有优先权；选举先王的一位近亲属不 98
仅是自然的而且也是正当的，我们选举的是约翰伯爵。[1] 亨利三世这位九岁孩童在其父去世后的继位（没有其他人可继承王位），从许多方面来说都是一个重要的事件。我想从此时起，当时的人

* 指威廉二世。——译者注

① *Select Charters*, p. 271.

都确认王位是可以世袭的；于是在近两个世纪的时间里，已故国王总是有一位明显的继承人来继承他的王位——亨利三世、三位爱德华和理查二世，沿着严格的次序前后相继，尽管我们必须记住爱德华二世是被废黜的。爱德华一世是首位加冕前就行使统治权的国王。

在诺曼征服之前的很长时间里，英国国王一直都要行加冕和涂圣油礼。这一仪式究竟是直接从《旧约》中借来的还是历经辗转才变为我们的东西的，看来很难确定。但显然，这种仪式并不被认为赋予了国王对于其臣民之服从任何不可撤销的权利；国王会很轻易地被弃置一边，也没有主教反对说涂了圣油就不能被世俗的权力所废黜；不过国王与其臣民间的关系仍得到了宗教的认可。国王也得宣誓。我们拥有无备者艾塞尔雷德（Ethelred the Unready）国王的宣誓，其内容如下：“我以圣父、圣子、圣灵的名义向王国境内的基督教臣民宣誓，保证做到以下三件事：第一，保证我王国境内教会和所有教众享有真正的太平；第二，禁止对任何人（无论什么阶层）有暴力或不公正行为；第三，保证判决公正和仁慈，公正和仁慈的上帝将以他永远的仁德宽恕我们。”①

加冕宣誓是一个很有意义的话题，因为它阐明了当时关于王位的概念。艾塞尔雷德的宣誓可被视作诺曼征服后历代国王宣誓的模板。我们被告知，征服者威廉宣誓说他将保护教会及其统治者，将“以公正及王室之天意来统治全部民众，我将建立并严格
99 执行良好的法律，完全禁止暴力和不公正的判决”。鲁弗斯也进

① Libermann, *Gesetze der Angelsachsen*, vol. Ⅰ, p. 217.

行了类似的宣誓，亨利一世的宣誓看来与艾塞尔雷德完全相同。而理查、约翰和亨利三世的宣誓则很可能与这种古老的模式有所不同。他们承诺将维护社会治安，尊重教会和教士，对民众公正司法，取缔恶法与陋俗，维持公序良俗。非常遗憾的是，有关爱德华一世的宣誓存有某些疑问（之所以遗憾是因为爱德华二世的誓词与亨利三世有一个重大不同），但有一个可能是爱德华一世用过的宣誓的法文版本保留了下来，其内容如下：“他将以审慎和仁慈保证在判决中实现公平和正义，将遵守、维护和支持民众所选择和制定的王国习惯与法律，取缔一切恶法与陋俗。”[①] 爱德华二世的宣誓则要比此时我们所见到过的任何誓词都更明确，它是通过大主教与国王问答的方式进行的：

陛下，您愿意授予、维持并向您的英格兰臣民宣誓确认历代您那些公正和神圣的英格兰先王们曾授予他们的法律和习惯吗？尤其是您的先王伟大的圣爱德华国王授予教士及民众的各项法律、习惯和特权？

是的，我愿意。

陛下，您能在掌权之后向上帝和教会及教士、民众保证和平并完全遵循上帝的意旨吗？

是的，我能。

陛下，您能本着仁慈审慎之心客观地运用权力并在判决中实现公平和正义吗？

① *Constitutional History*, vol. Ⅱ, § 179 note.

是的，我能。

100 陛下，您会坚守并维持王国民众所选择的法律和正当风俗，并为了上帝的荣誉尽您所能守护和增进它们吗？

是的，我会。[①]

你会注意到对圣爱德华法律予以确认的承诺。此时忏悔者已经变成了一个神话——一个黄金时代、一段美好往昔中的圣人和英雄。但有流传的文献表明，他的法律不仅包括了许多根本不适合后世的内容（甚至还有一些令人费解的有关赎罪赔偿金等方面的内容），也包括了一些并不怎么离奇的内容，如郡长过去如何由民众选举产生，等等。但宣誓的主要意义集中在“*leges quas vulgus elegerit–les quiels la communaute de vostre roiaume aura esleu*”（王国民众所选择的法律和正当风俗）这样的用语上。而现在则认为，立法是集中于议会中的王国全体民众代表们的职能。

那么国王的法律地位又是怎样的呢？我想首先我们可以比较肯定地说，法律并无针对国王的强制程序；国王不能依据某种法律程序被惩罚或被强迫做出补偿。但这一点已为如下论据所否定：后来有一位法官说他看到一则发给亨利三世的令状——一则以指令亨利国王为开头的令状——一则理论上说是从国王处签发的当然令状，指令郡长命令国王亨利出席法庭，并在一起诉讼中进行答辩。但这一说法现在已遭到普遍质疑。相反，从亨利三世

① *Constitutional History*, vol. Ⅱ, § 249.

统治时起，我们从布拉克顿和法庭诉讼卷宗那里得到了国王是不能被起诉和惩罚的非常正面的陈述。在这个意义上，“国王不会为非”（the king can do no wrong）的格言得到了充分的认可。如果国王违法，那么唯一的救济措施只能是向他请愿，请求他做出补偿。另一方面，这绝不意味着是对国王高于法律的认可。你们要记住，布拉克顿，这位在亨利三世时期任职达二十年之久的法官，不断地正面重复：国王不在任何人之下，但却低于上帝和法律；是法律造就了国王；国王应该遵守法律，尽管如果国王违法，对他的惩罚必须留给上帝。[①] 对于一个刚刚接触奥斯丁理论的学生来说，这听起来可能是一个荒谬的陈述。你陷入了两难的境地： 101
国王或者是主权者，或者不是；如果他是，那么从法律上来说他不在法律之下，他遵守法律的义务最多不过是一种道德义务；另一方面，如果他处于法律之下，那么他就不会是主权者，他处于某个人或某些人之下，比如他应遵守国王加议会的命令，而后者才是王国真正的统治者和主权者。如果按照奥斯丁的理论将法律视为主权者的命令，这可能就是一个合乎逻辑的结论；但我们非常有必要记住，13世纪的人们还没有这种有关主权的观念，还没有将法律与道德、宗教的义务明确区分开来，因此也还没有意识到在每一个国家都应有某个人或某些人位于法律之上。对我们来说这是一件幸事，因为如果他们照着奥斯丁的理论去寻找这样的主权者，那么几乎毋庸置疑，我们的国王将会成为一个绝对的

---

① Bracton, *De Legibus Angliae* (Rolls Series), I, 38; *History of English Law*, vol. I, pp. 160—161, 500—501.

专制者，一个奥斯丁意义上的真正的主权统治者——由高级教士和贵族组成的会议是一个过于模糊的团体，其组成过于依赖国王的意志，以致不能被视为统治权的享有者。不，我们还必须记住，17 世纪中期时霍布斯提出了一种实质上属于边沁和奥斯丁的主权理论，这是一个全新的东西，它震惊了人类。法律一直被视为独立存在于任何统治者（甚至是上帝）的意志之外，上帝自己也服从法律，而全能的上帝最伟大的功绩便在于服从法律：因此国王也在法律之下，尽管他不低于任何人；如果他违法了，没有人能够惩罚他，但等待他的必将是上帝的报复。

当谈论主权问题之时，最好不要忘记我们现代的理论与中世纪的基本信念、它们对待国家与教会间关系的态度是完全相反
102 的。尽管国家与教会都由同样的单元构成，尽管每一个人在这两种组织中都有其位置，但这二者仍是独立的。国家有其国王或皇帝，有其法律、立法机关、法院和法官；教会也有教皇、高级教士、宗教公会、法律和法庭。没有人会认为教会在任何意义上低于国家，而国家低于教会的理论听起来更是似是而非；但普遍的观念则是这二者相互独立，没有哪一方的权威来源于另一方。显然，当人们这样思考问题时，当他们或多或少依此行事时，他们不会拥有奥斯丁意义上的主权者；在宗教改革之前，奥斯丁的理论是不可能的。

但返回来再看。亨利因其毫无策略、背信弃义而招致的麻烦导致了其他观念的兴起。布拉克顿本人曾在某处暗示，如果国王犯了错误或拒绝主持公道，由贵族所代表的王国全体民众就可以在王室法院以国王的名义主持正义。在布拉克顿著述的印刷本中有一段比这走得更远(很可能是编注者的发挥),它宣称国王不仅在上帝和法律之下,而且还在其法庭之下,也就是说还低于其伯爵和男爵;之所以称伯爵(earls, *comites*),就是因为他们是国王的同侪,而有同侪者必有主人;因此他们应给国王施加限制以保证他公正行事。[①]这段文字显然产生于暴动的年代,暴动导致了发生在刘易斯和伊夫舍姆两地的战役。反抗者的理想是由贵族选举产生一个小型的贵族委员会,国王行事前必须向其征询意见;如有必要,该委员会还可以行使国王的权力。这一理想并未实现——我想这可以说是一件幸事,因为这是一个寡头政治的理想。法律还原封未动——针对国王法律依然没有强制力,它不能惩罚国王,也不能迫使他做出补偿——或者如我们所说,国王依然不会为非。现代理论的另一面则要等到后世才能相应发展出来,即尽管国王既不能受到惩罚也不能被起诉,但也没有人(国王的臣 103
仆)违法时能因国王的命令而逃脱法律的惩罚。

废黜国王的权力有些不同。下一个世纪为我们提供了两个这方面的例子:爱德华二世和理查二世。也有人谈论废黜约翰王和亨利三世的事情。显然,当时通行的观念是可以废黜那些未依照法律进行统治的国王——有关王位世袭权具有神圣性且不能为任何世俗权力所弃置的观念不属于这一时代。但废黜国王的唯一先例要追溯到非常久远的时代,而且多半已鲜为人知。1327年和1399年的事件尽管足以清晰地向人们证明废黜一个坏的或不合格的国王不会对国家产生坏处,但它同时也表明并无如此行

① Bracton, *De Legibus Angliae* (Rolls Series), I, 268.

事的法律机制。在后面谈到这些事件时，这一点将会看得更加清楚。13世纪通行的观念还不是审判或惩罚国王的权力，而是起义权、向国王宣战的权利。这是一种封建观念、一种危险的观念。无法从其领主处得到公正对待的附庸可以宣布放弃其效忠和臣服，可以反抗其领主，即宣布放弃其所信誓的效忠。但这不是为一个受压迫的国家、国民所提供的救济措施，它只属于受压迫的附庸。

这会很自然地让我们把封建主义说成是一种政治或反政治的力量。这一主题仍要等到后文讨论，但有关王位的理论还要再多说几句。早在亨利三世时代，王室法官（他们并不愿意无缘无故缩小其主人的权力范围）的理论就是，未经高级教士和贵族同意国王不得制定法律。当时他们手头得到的《法学阶梯》中有一段著名论述，国王的意旨即法律（*sed et quod principi placuit legis habet vigorem*）。在亨利二世统治时期，我们称之为格兰维尔的那位著述家（在我看来）的确暗示，这句话对英格兰的国王来说
104 也是真实的。不过他的意思并不清楚，也可能是他并不希望自己的话说得很清楚，但他清楚地道出了亨利立法时征求其贵族意见的事实。[①] 在布拉克顿那里，我们可以看到一个明显的进步——他虽然引用了《法学阶梯》中的那句名言，但目的却是为了赋予其新的含义。我将此视为他有意作对，并有点开玩笑的意味；他

---

① *Tractatus de Legibus Angliae. Prologus*. “Leges namque Anglicanas, licet non scriptas, Leges appellari non videtur absurdum (cum hoc ipsum lex fit ‘quod principi placet, legis habet vigorem’) eas scilicet, quas super dubiis in consilio definiendis, procerum quidem consilio, et principis accidente authoritate, constat esse promulgatas.”

知道这句话的字面含义并不适合于亨利国王——是法律成就他为国王，他要借助法律进行统治，而且这一法律却对国王的意志(*placita principis*)进行了限制。[①] 不过，毫无疑问，在亨利三世漫长的统治期内，许多我们称之为立法的活动实际上都没有经过王国大会的同意。普通法在迅速成长，这得益于当时的观念赋予了国王或国王及其咨议会创设新救济措施(指新的诉讼格式)的大权。新救济措施的出台经常足以改变王国的实体法，但这一点并非立即就能看到。不过它慢慢就显露出来了，于是针对这些新诉讼格式的抱怨变得越来越厉害，主要是因为它们抢走了封建法院和教会法院的业务。在接近亨利统治末期写作的布拉克顿，为我们留下了一种奇异的过渡性理论。国王可以签发新的令状，创制新的诉讼格式。严格来说这类令状要征得贵族的同意，至少当它涉及土地时如此——因为土地是封建法院司法管辖的对象。然而贵族的同意可被视为理所当然，未明确反对即视为同意；毕竟，为每一种违法寻找救济途径是国王的义务——这是他庄严宣誓过的义务。但这一理论几乎不可能长久，我们所称之为贵族战争的抗争所得到的一个明确结果，就是为国王制作新令状的权力设立了限制。在爱德华统治时期，我们发现未经王国大会的认可不
能创设新令状——它们必须得到制定法的批准；当然，这条规则 105
已变得过于严苛，以致不得不在1285年的一项制定法中规定，王室文秘署的书记官可在新案件发生时对旧令状略加修改以适应新的情况，但仅限于可适用已确立之法律规则的新案件，而且

① *De Legibus Angliae*, Ⅰ, 38.

已有相应的救济措施存在。从此，法官造法的空间就受到了既存救济途径即已创制之令状的限制；新诉讼格式的引进需要通过制定法来实现。此后近两个世纪中，非制定法的发展自然相当缓慢。

五、司　　法

这将我们带到了司法的问题上。前文已谈论过各种法庭，某些重复将不可避免。越向前追溯我们的历史，就越不可能在国家的各种功能之间划出严格的界线：同一机构不仅是立法的大会，同时还是政府委员会和法庭；贤人会议如此，诺曼国王的御前会议也大抵如此（尽管不完全如此）。这一事实的遗迹也留到了今天，我们今天的最高司法机关也是一个由高级教士和贵族、由议会中僧俗两界贵族组成的会议。当我们历经古代来到现代，到处所见都是时尚哲学称之为变异的东西。现在我们将简单回顾一下爱德华一世时期整个的法院体系。

可以说当时主要有四类大的法庭，分别是：(1)非常古老的郡和百户区法院。这些我们可称之为大众法庭，或者更准确一些，称为社区法庭——它们是过去由这一地区的自由民组成的法庭；现在则由本地的自由地产保有人组成，但很多百户区法院已落入私人之手。(2)封建法院。它起源于封建保有及封臣与领主间的依附关系。其中包括为庄园自由地产保有人设立的封臣法
106 庭(court baron)，其法官由这些保有土地的封臣出任；还包括为庄园中保有农奴土地者设立的习惯法庭(hall-moot or customary

court)，领主的管家是唯一的法官(至少依据后来的理论如此)。(3)国王自己的中央王室法院。(4)巡回法庭。由国王的巡回法官主持，我们可以暂且这样称呼它。我们没有关注教会法院，尽管无论对俗界人士还是教士来说它都是非常重要的法院。

我想，要准备开始就必须首先具备以下这些观念：

1. 郡和百户区的社区法庭对所有刑事和民事案件都有完全的管辖权。诺曼征服之前的国王显然并不想从这些法庭拉走业务。他们一次又一次地下令，除非郡和百户区法院无法为他实现公正，否则任何人不得诉至国王。我们千万不能将贤人会议甚至视为一个上诉法院——引入从一个法院到另一个法院上诉的观念是引入了一个过于现代的观念。来到国王面前的当事人不是为了修正一个判决上的错误，而是为了针对其法官向国王申冤：他们有意阻断了他的正义之路。

2. 在这些古代法庭旁边成长起来的是封建法院。封建化过程很可能在诺曼征服前已进行了一个世纪之久。诺曼征服后认可的原则看来是，只要可能，任何拥有封臣的领主都可以为他们设立法庭。封臣间的纠纷在此得到裁决；尤其是涉及土地纠纷时，双方都认可是从同一领主处保有的土地，那么该领主的法庭便是最合适的纠纷解决处所了。因此原属社区法庭的大量司法管辖权便流失至此，但仅限于民事案件。单纯土地保有并不能赋予刑事管辖权；如果领主有刑事司法管辖权，那也是来自于国王的专门授权。

3. 诺曼征服之后，王室法院主要有三项功能：(1)原有的在无法实现公正时作为最终可诉诸的法院；(2)依照封建主义的原则

它又是直属封臣们的法庭；(3)为人们所认可的是，在某些案件中
107 国王拥有特别的利益，因此这些案件必须到国王自己的法庭或由其官员主持的法庭面前听审——这些案件被称为国王之诉(pleas of the crown)。

现在我们就来看看这种王室司法管辖权的成长，首先从国王之诉开始。

早在诺曼征服之前我们就发现，国王被认为对于某些犯罪享有特别的权益。因此《克努特法》说："国王对所有韦塞克斯人都享有如下权利——*mund-bryce*, *hâm-sôcne*, *forstal*, *flymena-fyrmðe and fyrd-wite*[*]。"[①] 显然，在这些犯罪中，任何领主都不能擅自行使司法管辖权——除非得到明确授权；这些案件必须由国王或其官员郡长受理，随之没收的土地、财产也专归国王所有。这里需要简单说一下这些犯罪的性质："*mund-bryce*"是对国王之宥护或特定秩序的破坏，我们将很快看到这成为了当时最重要的一项事务；"*hâm-sôcne*"是破门而入，在屋内乱翻；"*forstal*"好像是伏击；"*flymena-fyrmðe*"是接纳被逐于法外者；"*fyrd-wite*"是怠于应征入伍而被罚款。人们认为这些案件要比普通犯罪(诸如杀人或盗窃等)有更多意义，它们给国王造成了伤害，是对国王某些特殊权利的侵犯。

下一张与国王之诉有关的列表来源于《亨利一世之法》(1108—1118，§10)。其篇幅很长，也很有启发性，我把它翻

* 含义见下文。——译者注

① Liebermann, *Gesetze der Angelsachsen*, vol. I, p. 317.

译如下:“破坏国王亲手或通过令状建立起来的和平秩序;丹麦金;藐视国王令状或其训令;杀死或伤害王室臣仆;叛逆及违反效忠义务;藐视或对国王出言不逊;[修建城堡(*castellatio trium scannorum*)];被逐于法外;应处死刑之盗窃;谋杀;伪造货币;纵火;破门而入;伏击;怠于应征入伍而被罚款;接纳被逐于法外者;预谋袭击;抢劫;违反社区治安(streetbreach);侵占国王土地或钱财;私占埋藏物;侵占失事之船舶;拾得海上漂流物;强奸;林区犯罪;贵族继承金问题;在王室或王廷发生武斗;破坏军队秩序;疏于维修城堡或桥梁;怠于应征入伍;容留被革除教籍者或被逐于法外者;违反担保义务;临阵脱逃;判决不公;未予司法 108
救济;故意歪曲国王法律。”[①] 这是一张极其杂乱无序的列表。作者显然是将过去和现在国王曾主张过特别利益的所有案件都串在了一起。请注意刑事案件是如何与国王的财税权利交织在一起的——财税权利我指的是对于埋藏物、失事船舶及海上抛弃物的权利。这是很有启发性的问题,国王扩大其权利的一个主要原因就是缺钱,刑事案件被视为一个很好的收入来源。可能令你吃惊的是,只要凭借一点点智慧和技巧,王室法官就能将几乎所有的刑事案件和很多民事案件也纳入这张宽泛的列表中来。但你还将进一步发现,这种一般化的工作此时并未实现,此时还不能说所有犯罪或所有严重犯罪,或所有的暴力行为都属于王室司法管辖权的范围。

不过,有一个术语在这两个列表中都出现过,它可以被扩展

① Liebermann, *Gesetze der Angelsachsen*, vol. I, p. 556.

至涵盖一个相当大的范围——即《克努特法》中的“*mund-bryce*”（破坏国王和平秩序），在《亨利一世之法》中则以“*infortio pacis regiae per manum vel breve datum*”（破坏国王亲手或通过令状建立起来的和平秩序）出现。让我们略作简单回顾。法律的观念起初与和平、安宁、秩序的观念紧密相连——破坏秩序者即将自己置于了法律之外，他就是法外之人。但除了这种普遍的秩序（每时每刻都存在于每一个角落，根据早期的观念这与其说是国王的秩序还不如说是这个王国的秩序）外，每个人还有自己的安宁与秩序，如果你破坏了这种安宁，你就伤害了他。因此，如果你在乙家中杀害了甲，你不仅要向甲的亲属支付赔偿金，还因破坏了乙的安宁秩序而要向乙支付一笔钱，数额随乙的身份而定——你已破坏了乙的和平、安宁和秩序（peace or *mund*）；大主教的秩序值多少多少，伯爵的秩序又值多少多少，如此等等。同其他人一样，国王也有自己的秩序。随着时间的推进，我们可以说国王秩序淹没了所有的其他秩序——但这要晚至12世纪末才得以实现。在代表12世纪上半期之法律的《忏悔者爱德华之法》（*Leges*
109 *Edwardi Confessoris*, §12）中，国王的秩序只涵盖某些特定的时间、特定的地点和特定的人。国王的秩序是多方面的。首先是他作为个人固有的安宁和秩序，然后是他加冕日享有的秩序，这会扩展8天；接下来是圣诞节、复活节和降灵节（Pentecost）三个大的节日期间的秩序，每一次也都会延续8日。此外还有四条主要公路（四条贯穿英格兰的罗马大道）上的秩序。在这些秩序中，犯罪都是对于国王的直接侵犯。

在这一世纪末之前，情况发生了很大变化，问题被大大简化。

显然这一切是这样发生的：在诺曼国王时期，将犯罪诉至司法的方式被称为“appeal”（*appellum*〔私诉〕）；这一术语并不像今天这样表示从下级法院向上级法院上诉，而只表示由受害人（比如财物被窃者或人身受伤害者）对犯罪的控诉。只要受害人愿意，国王的法官看来会允许任何控诉者使用“in the king's peace”（以国王秩序的名义）的表述，而不允许被控诉者提出异议。即不允许后者提出，尽管我可能犯了盗窃或杀人之罪，但我并没有破坏国王的秩序，因为犯罪行为所针对的人、所处的时间或地点并未为国王的秩序所涵盖。这类拟制在我们的法律史中俯拾皆是，它们是王室法院借以扩大其司法管辖权的途径。因此，任何暴力行为、任何犯罪都会转化为对国王秩序的破坏，并因而被纳入国王自己法庭的管辖范围。

再者，在亨利二世统治期间，我们发现在私诉旁边有一种全新的刑事诉讼程序正在生长，这是一种专门的王室诉讼程序——由专人提出指控或公诉。依照《克拉伦登法》，王室法官被派往英格兰各地去征询所有抢劫及其他暴力行为发生地之邻人的宣誓；那些被邻人及百户区和村邑陪审团之宣誓证言所指控者，将被送
去接受神明裁判。这是刑法史上的一大步。犯罪现在不再只被视 110
为罪犯和直接受害者之间的事务，它还是对整个国家的侵犯，而国王就是这个国家的代表。国王将这种控诉程序握在自己手中，这是一种专门的王室程序，因此而被控诉者必须在王室法官面前受审。

一个同时并行的发展是，所有较严重的犯罪都被赋予了“felony”（重罪）的特点，尽管该发展的细节迄今为止尚不清楚。[①] 有关“felony”一词的起源或最初含义存在争论，但最权威的说法告诉我们它来源于凯尔特人，最初的含义是“baseness”（卑劣、低贱），据说它与拉丁文中的“*fallere*”（欺骗）及我们英语中的动词“to fail”（失败，疏于）有关。尽管如此，有两点看来是很清楚的：(1) 该术语随诺曼人从法国传来；(2) 当时它专指某种封建犯罪，即当时观念中所有犯罪中最不可宽恕的，是对于领主的背叛。这一含义在英格兰用了一段时间，因此在《亨利一世之法》中，“felony”还是众多犯罪中的一种。我们发现这种犯罪有两个特点：一是会处死刑，二是会导致罪犯所保有之土地发生复归（escheat）。但是在 12 世纪末之前，我们发现该术语丧失了其原有的特定含义而成为了一个含义很广的词。当私诉发生时，无论是杀人、伤害，还是盗窃，私诉者总是这样陈述：该犯罪不仅破坏了国王的秩序（*in pace domini Regis*），而且还属重罪（*in felonia*）。我们甚至发现这些语词绝对不可或缺；如果控诉时未予使用，那么这次私诉就是无效的。我认为这里又是拟制在作怪——法官们鼓励使用这一术语，而不允许被控者抗议说尽管发生了杀人、伤害或抢劫行为但却不属重罪。这其中存在两种动机：首先，旧的通过支付赔偿金进行和解的体制正在瓦解（12 世纪初它还存在），尽管死刑已获得了存在的基础；到 12 世纪末，金钱和解制已经消失，每一种严重的犯罪都成了死罪。其次，“felony”导致土地复
111 归的原则，使得国王和领主特别希望越来越多的犯罪能纳入这一

① 这一问题在这里得到了充分讨论，参见 *History of English Law*, vol. Ⅰ, pp. 303—305; vol. Ⅱ, pp. 462—511。

名称之下。这样，所有严重的犯罪便都成了“felony”。我们从未得到过“felony”（重罪）的定义，但我们的确得到过一份重罪的清单。

我想我们可以这样说，从13世纪起，所有的刑事案件都是国王之诉，一些仍在地方法院处罚的轻微犯罪除外——但即使是这些案件，郡长也被认为是在行使王室的司法管辖权。有关这一点我们还将返回来详作论述，现在先来看看王室司法管辖权在民事方面的发展。

这绝对不是一个简单的问题，其发展相当缓慢，当然即使是在我们目前所处的这一世纪，我们的民事诉讼程序也能证明，在一段时期内王室法院仍未成为普通民众间一般民事纠纷的一审法庭。不过，我们还是可以指出将一般民事诉讼纳入王室法院司法管辖范围的六项原则。

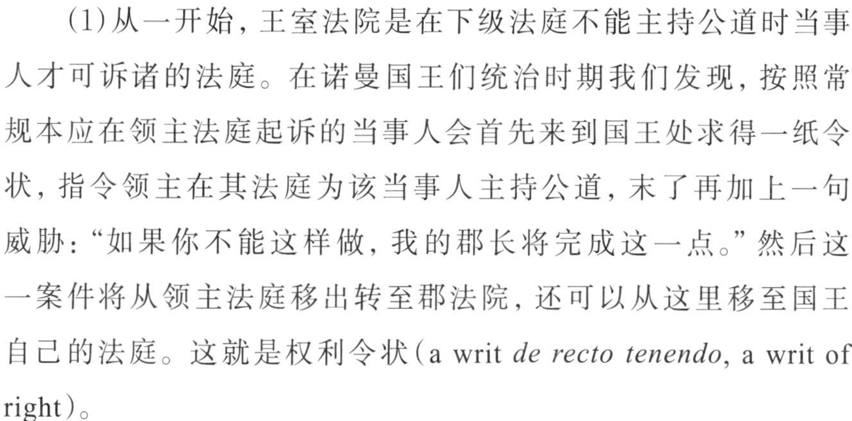

（1）从一开始，王室法院是在下级法庭不能主持公道时当事人才可诉诸的法庭。在诺曼国王们统治时期我们发现，按照常规本应在领主法庭起诉的当事人会首先来到国王处求得一纸令状，指令领主在其法庭为该当事人主持公道，末了再加上一句威胁：“如果你不能这样做，我的郡长将完成这一点。”然后这一案件将从领主法庭移出转至郡法院，还可以从这里移至国王自己的法庭。这就是权利令状（a writ *de recto tenendo*, a writ of right）。

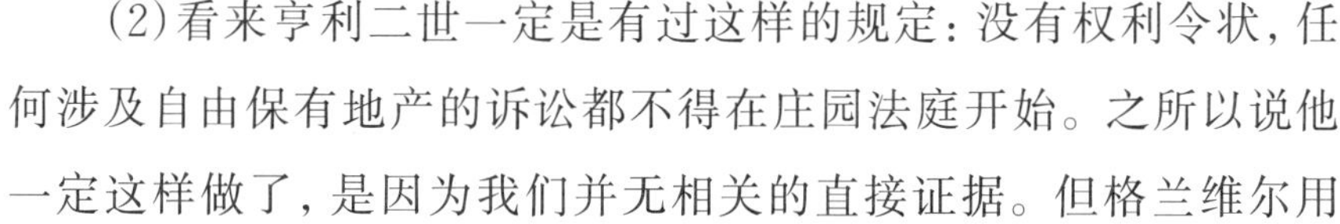

（2）看来亨利二世一定是有过这样的规定：没有权利令状，任何涉及自由保有地产的诉讼都不得在庄园法庭开始。之所以说他一定这样做了，是因为我们并无相关的直接证据。但格兰维尔用

最为宽泛的词语表达了这一原则：没有权利令状，任何人无须就涉及其自由保有地的诉讼出庭应诉——可以非常肯定地说，在亨利之前并无这样的法律。你将注意到，这是对封建主义原则的一
112 个严重侵蚀；当自由地产发生争议，在国王下令他启动诉讼之前，领主不能主持法庭或实现正义——司法管辖权可能源自于封建保有，但却不能超出国王的控制。这种对领主司法权的干预，其原因可能在于我们即将谈到的国王对土地占有的保护。

(3)亨利二世通过某一条例(其内容未能流传下来，但却以“grand assize”知名)规定，在以权利令状在王室法庭开始的地产诉讼中，保有土地的一方[*]可以拒绝决斗裁断而将自己交于12位邻人的宣誓裁断，由他们宣布哪一方对土地拥有更大的权利。这被称为诉诸地权利大陪审团(grand assize)的裁断，这个由邻人宣誓后组成的团体就是地权利巡回审中的大陪审团。

(4)前文已指出，亨利二世将土地占有(seisin，区别于所有)置于了他的特殊保护之下——认为自己土地被不正当侵夺者不能寻求自力救济，没有判决书(的认定——译者加)就没有对土地的侵夺(there is to be no disseisin without a judgement)。如此，因对方的自力救济而被侵夺者其占有将被恢复，而他对于土地是否真正享有权利[**]则在所不问。我想这种对于占有的保护与我们一直关注的国王和平秩序的扩展密切相关。那些自作主张将他人逐出自由保有地者是对和平秩序的破坏，而该秩序是由国王负责

* 通常是被告。——译者注

** 即所有权。——译者注

维持的。国王将这种占有之诉的程序握在自己手中——这是王室的事务，与封建法院无关。这样就兴起了一大类与土地有关的诉讼——占有之诉(possessory assizes)，这类诉讼只能由王室法官管辖，他们小心地照看着这些诉讼以保证其范围不被缩小；当然，他们可能并不总是非常认真地要在属于他们的占有之诉和应属于庄园法庭的所有权诉讼之间划界。

(5)如果返回到《亨利一世之法》查看有关国王权利的列表，我们发现其中有涉及藐视国王令状或训令的诉讼(*placitum brevium vel praeceptorum ejus contemptorum*)。这里包含了一个非常有用的观念：乙侵占了甲的土地，或扣押了其货物，或欠甲债务；这可能与王室法庭的司法管辖权无关，但假设国王签发令
状或训令要求乙放弃土地或货物，或偿还债务，而乙又不遵守命 113
令，那么王室的司法管辖权马上会被吸引到这个案子上来。国王的御前大臣开始慷慨地签署这些令状。发给郡长的令状会这样说：甲向我诉称乙不正当地扣押了他的土地或财产，或欠债不还，我要求你命令乙正当且毫无迟延地向甲返还其土地或财产，或是清偿债务；如果乙拒绝从命，则命令他于某年某月某日到我们的法庭来说明他为什么不这样做。因此，甲和乙之间的纠纷就落入了王室司法的范畴；如果乙有过错，他也已因藐视国王令状而犯罪。亨利二世时这类令状很随意地在向当事人出售；但这一程序过于专横以致无法忍受，因为如果采取这种方式索还土地的话，庄园法庭的合法管辖权便被剥夺了。因此我们发现在《大宪章》中约翰王被迫做出如下让步：今后将不得再签发指令令状以剥夺自由民法庭的管辖权，即不得以此剥夺领主法庭对本应由它受理

之案件的管辖权，因为其法庭是其收入的来源之一。[1]在地产诉讼中，这在一定程度上制约了王室法庭的贪婪。但即使是地产诉讼，它们也有很多规避上述限制的方法，尤其是通过扩展占有之诉以使其实现地权利诉讼*的目的。至于动产和债务诉讼，国王则要自由得多。

(6)当国王和平秩序的观念涵盖了整个刑法领域后，其含义并没有被穷尽：单纯的民事违法（我们称之为侵权）也能被纳入其中——一次单纯的错误地进入你的土地、不适当地触碰你的财物或身体，都可以被视为对和平秩序的破坏；任何非法地动用强力（无论多轻）都可以被说成是“通过武力破坏国王的和平秩序”（*vi et armis et contra pacem domini Regis*）。但在这些情况下，可能并不存在什么重罪，也没有从事违法行为的故意——这些财物是你的，
114 但我可能认为是我的，并因此将其搬走；这仍可被视作对和平秩序的破坏。因此，在13世纪发展出了一大类被称为侵权令状的令状；在很长一段时间内这一程序被认为是半民事、半刑事性质的：败诉的被告人不仅要向原告赔偿损失，还必须因破坏秩序而向国王交纳罚金。逐渐地（但要一直延续到中世纪晚期）罚金变得不切实际了；侵权之诉被视为纯粹的民事诉讼——随着时间的流逝，这种诉讼格式及从其中派生出的各种诉讼格式，被用来代为履行所有或几乎所有其他诉讼格式的职责。

有这些富有弹性的原则助阵，对王室法院来说扩大管辖权就

① M. C. c. 34. McKechnie, pp. 405—413.

* 即所有权诉讼。——译者注

是轻而易举的了。到爱德华统治开始时，我想我们可以说所有对王室司法管辖权构成重大障碍的东西都已被清除了。总体上说，王室法院已经成为几乎所有案件的初审法院。但这一时期极端活跃的立法活动及议会的成长为新诉讼格式的创设设立了限制。为现在所认可的原则是，除非通过制定法，有一些诉讼格式是不能做出任何多余变化的。文秘署有许多令状供每一位臣民挑选，但必须依惯例交纳相关费用；这些令状不容被否认，依此方能开始诉讼，它们被称为“起始令状”（original writs, *brevia originalia*）。1285 年的《威斯敏斯特法 Ⅱ》赋予了变通某些诉讼格式的权力，随着时间的流逝，这一权力在某些方面得到了很好的利用；但从爱德华时期直至本世纪[*]中期，普通法的发展被这种起始令状的体制套上了沉重的枷锁，而这些起始令状起初是为将在早期本应由其他法院管辖的案件拉到王室法院而设计的。

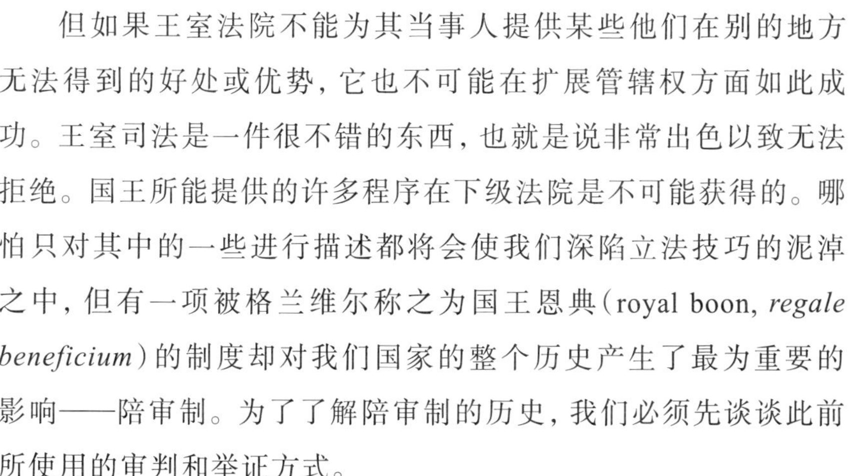

但如果王室法院不能为其当事人提供某些他们在别的地方无法得到的好处或优势，它也不可能在扩展管辖权方面如此成功。王室司法是一件很不错的东西，也就是说非常出色以致无法拒绝。国王所能提供的许多程序在下级法院是不可能获得的。哪 115
怕只对其中的一些进行描述都将会使我们深陷立法技巧的泥淖之中，但有一项被格兰维尔称之为国王恩典（royal boon, *regale beneficium*）的制度却对我们国家的整个历史产生了最为重要的影响——陪审制。为了了解陪审制的历史，我们必须先谈谈此前所使用的审判和举证方式。

* 指 19 世纪。——译者注

就诺曼征服之前英格兰法院的程序而言，首先需要说明的一点是，其判决是先于举证的。这听起来可能有点荒谬。在我们看来，判决一定是证据的结果。通过证据法官得以形成确信，并依此确信做出判决。但过去的程序却并不与这一在我们看来非常自然的观念相一致。假设甲乙两人发生争讼，甲控告乙有非法行为，我们发现判决会采取如下形式：本案要由甲（或如案件所示由乙）来证实。判决的内容是决定谁来举证，出示什么样的证据及举证成功或失败的后果如何。当我们讨论到下列已知的举证方式时，这一问题就变得更加清晰了。它们是宣誓和神明裁判，其中宣誓又有很多种：简单的无人支持的个人宣誓，由宣誓助讼者（compurgators, oath-helpers）支持的宣誓及证人的宣誓。我们必须更仔细地来审视这些举证方式。

140 在甲对乙的控告中，只有很少一部分案件才会判决乙可仅依其个人宣誓来证实其无辜。具体是这样，乙必须庄严宣誓他没有做甲所控告的那些违法行为。如果能做到这一点，对他的控诉就失败了。这看起来是对付别人控告的一种很简单的方法，事实也很可能就是这样，因此只有在极少数案件中这种简单的宣誓才会被视为足以证实案情。但即使是在这样的场合下也有可能失败：宣誓者必须精确地运用相关语词，一个极小的失误对其案件也将是致命的。我已说过我们并没有有关盎格鲁–撒克逊法律的教科书，但有一种看起来最像这类教科书的文献，它是一个对于在各种不同场合宣誓誓词的简单汇编。这些誓词非常正式，看起来还带有半诗歌的性质。宣誓者很可能被要求做到极端精确。此外还必须记住，誓词是神圣的。我们相信，随着历史的发展，对于事实的尊重是在不断提升——但在我看来也正因此对于宣誓的尊重降低了。我们认为我们应该说出事实的真相,这一义务是如此严格,以至于任何祈求或诅咒都不能使之尤甚。现在,将誓言当作誓言来敬畏被看作是道德水平低的象征。但过去并不是这样:诉诸上帝将会使一切变得不同;尽管人们会随意地撒谎,但却不会发伪誓;单纯的撒谎和伪誓之间还有很大的距离。但通常来说,被告不会被允许以这样简单的方式来应对指控,他还需要有宣誓助讼者的支持。宣誓助讼者是前来用自己的宣誓支持他人宣誓的人。比如甲告乙欠债不还,法庭判决乙应寻找几个宣誓助讼者来洗雪对自己的控诉。具体是这样的:乙首先要宣誓否认这一指控,然后由其助讼者宣誓他们相信乙的誓言——“上帝明鉴,乙的誓言清白而没有虚假。”他们不是直接宣誓说乙没有欠甲债务,而是宣誓说他们相信乙说的是真的。这种宣誓助讼的程序不仅出现在盎格鲁-撒克逊法中,其他所有与日耳曼和斯堪的纳维亚各族同源的法律中都有这一制度;不仅如此,威尔士法律中有关宣誓助讼的内容也特别丰富和有趣。偶尔也会碰到要求助讼者需为主宣誓人的亲属,这会引起我们对这一程序的起源做一些有趣的思考。显然,如果我们需要的是了解被控者真正品格的、无偏见之证人的证言的话,很自然地就不应寻求其近亲属,因为他们会很自然地站在其亲属一边。当血缘关系还能被严格地感觉到,当人们还被指望在这样的争执中给予支持并为其死去的亲人复仇之时,他们很难被认为是有关其亲属诚实与否的最好证人。因此有人认为(如果参考威尔士法将会完全证实),宣誓助讼制度将我们拉回 117
到了一个家庭依然是法律制度中重要单元的时代。任何首先影响

到个人的指控接下来就是针对其所属家庭的指控：那个家庭有义务为他的违法行为进行赔偿，甚至是替他偿债——如果他不偿还的话。但如果这一理论是真实的(我想它很可能是真实的)，我们的祖先在迈入有清晰史料表征的历史之前就已经越过了这种原始境况：家庭不再那么重要，国家对于个人有了直接的控制。由亲属出任宣誓助讼者的情况我们只是很少听说。通常只是要求宣誓者提供一定数量品行良好和合法的人员。其数目因案件而异，有时多达48人，但一般都是12人——这是一个致命的普通数字，因为它会诱使粗心者将此团体看成是陪审团，但事实上他们只是宣誓助讼者。但这一制度也相当复杂。比如我们发现了一种誓言分量比率表，一位塞恩的宣誓抵得上6个平民的宣誓，如此等等。另外在被告人有重大嫌疑的案件中，他不得不找很多组不同的宣誓助讼者来一遍一遍地重复宣誓。在相对晚近的13和14世纪，宣誓助讼制度依然在获得了免于法律变革之特许状的伦敦市盛行。我们曾读到过伦敦人是如何通过36人的宣誓助讼团来反驳一起(甚至是)杀人控告的；在另一起案件中，宣誓者不得不在九座教堂的九座祭坛前九次宣誓。在盎格鲁-撒克逊时期我们还发现，法官偶尔会提供一些人的名字以供被告从中挑选其宣誓助讼者。看来这是力图使这一程序更为理性以获取无偏私证言而努力的结果。但一般来说是由宣誓者自己选出自己的助讼者；如果他提供了品行良好的合法人员(即未因犯罪而丧失信誉的自由人)，这就足够了。还有，助讼者的誓言有时会因要求或不要求用词精确而变得多少有些困难：有时要依照一定的语词宣誓，有时则不作此种要求；这意味着有时一个小小的口误都将是致命的，有时

则并非如此。根据一套详尽的规则，助讼宣誓被通过各种方法变 118
得多少有些繁琐，但它看来却是盎格鲁－撒克逊法律中通行的证据形式——无论是在民事还是刑事案件中。声誉未被玷污者通常会被授权以这种方式洗雪指控，而那些屡次被指控或不能找到助讼者的人则必须接受神明裁判的考验。

但除宣誓助讼者外，法律还知道其他证人；或者如果我们不选择将助讼者视为证人的话，那就必须说法律还知道证人，他们区别于宣誓助讼者。但这些证人同宣誓助讼者一样，都是在判决做出之后才出庭。他们不是前来说服法庭做出这样或那样的判决，而是为了落实已做出之判决：本案要由原告（或如案件所示由被告）通过证人来证明。法庭已判决由甲通过证人来证明其主张；甲将其证人带至法庭，但这些证人不是前来接受询问而是来宣誓的，依照某一特定的程式宣誓，为支持甲的主张而宣誓，这就是对他们的全部要求。他们必须是品行良好的合法臣民，但如果符合这一条件，乙就不能提出反对和质疑；如果乙认为对方证人发伪誓，那么其救济措施（如果有的话）就是他必须指控他们作伪证。证人的证据不是作为判决的材料在法庭上出示，判决早在此前就已经做出了。通过权衡证人证言，通过对证人进行交叉询问，通过对比证据来揭示案件真相，这些都是现代的做法。古代的模式则是立即求助于超自然的神灵，允许一方或另一方诉诸上帝，剩下的一方则只能“随遇而安”了。这种“正式的单方举证”程序（formal one-sided witness procedure，这是我能为它找到的最好术语了）在盎格鲁－撒克逊法中并不像宣誓助讼那样普遍，但也有出现的场合。比如，许多交易（如货物买卖）都需要在证人及官方证人面前

完成。这是当时治安体制的一部分。盎格鲁–撒克逊法中的典型
119 诉讼看来就是返还被盗牲畜之诉——毫无疑问，牵走牲畜是当时最常见的违法形式，很多法律都与预防此类行为有关。意欲购买牲畜者必须在各百户区或自治市选出的官方证人面前进行，否则他就可能从贼人之手购得，他也会发现自己被当成了贼。还有其他一些场合也需要提供证人，但看起来一个人不能被强迫前来作证，除非事件发生时他已被正式请求予以作证了。如果事情发生了，你觉得日后可能需要旁观者的证言，你必须当场请求他们作证，否则你将无权强迫他们前来法庭为你证明案情。但我将主要坚持的是这一程序的单方性，因为在盎格鲁–撒克逊的证人和亨利二世的陪审员之间存在着一道无法跨越的鸿沟。证人由负举证责任的一方召集，前来为其主张提供宣誓支持；陪审员则由郡长或法庭召集，并宣誓说出事实的真相，而无论这些真相是什么。

神明裁判主要（尽管并非排他性地）运用于更为严重的指控，即我们应称之为刑事指控的案件中。这当然是对于超自然神灵直接和公开的诉求；对于人来说这样的案件太困难了，于是把它留给了上帝裁决。看来几乎毋庸置疑的是，我们的祖先在其依然是异教徒时就使用了神明裁判，尽管很不幸我们几乎所有与之有关的证据都来自于他们皈依基督之后，其仪式也是在教会恩准之下举行。[①]我们所知道的盎格鲁–撒克逊法中有四种神裁方式：热铁审，即受控者被要求手持烧红的铁块前行 9 步，其手上立即会留下烙印，再封好，3 天后打开，如果伤口已溃烂，则有罪，不溃

① Liebermann, *Gesetze der Angelsachsen*, pp. 401—429.

烂则无罪；热水审，即受控者被要求将手伸入滚烫的开水之中，如果是简单神裁，只需没至手腕即可，如果复杂则要没至肘部；冷水审，即受控者被投入水中，沉下则无罪，浮上来则有罪；吞噬审，即受控者被要求吞下重一盎司的面包或奶酪一块，如果有罪， 120
人们就会郑重地祈愿面包哽住他的喉咙。我不想花太多时间来翻这些陈年旧账，很多著述都对此有过充分的描述。[①] 但的确，我们很难理解这种制度是如何在实践中运作的。

有一种神裁可能未被盎格鲁–撒克逊人使用，那就是司法决斗。这是一个非常奇怪的事实，因为我相信在所有日耳曼法律的支系中都有决斗的位置。也许我们应将此归诸教会的行动，因为教会很早就反对这种神裁的形式，而在英格兰教会的势力非常强大，而且它也很大众化和国家化。无论如何，以下结论看来属于事实：盎格鲁–撒克逊法律中并未提及司法决斗，我相信在诺曼征服之前英格兰没有发生过决斗。此外我们还有一则毫无疑问来自于征服者威廉的条例，该条例将司法决斗视为适合于诺曼人的裁判方式。这很可能构成了诺曼和盎格鲁–撒克逊程序之间的巨大差别。宣誓助讼和其他神明裁判都共同出现于上述两种体制中，但在诺曼人那里很多问题都要通过决斗来解决；而决斗在盎格鲁–撒克逊法中的位置则部分由其他神明裁判、部分由那些我已谈到过的各种复杂的宣誓助讼形式来填充。我将决斗视为一种神明裁判，看来事实也是这样的：从理论上来说，决斗诉诸的不是粗暴的武力，而是上帝。

① 相关材料请参见目前最好也最容易得到的 *History of English Law*, vol. Ⅱ, p. 596。

无论是在盎格鲁－撒克逊的制度中，还是在诺曼法庭的常规程序中，我们都无法找到陪审制的萌芽。寻找这一萌芽必须到其他地方；最近的研究逐渐集中到了一点上，即法兰克国王法庭的特权程序。

我不能详尽地讨论这一话题，但以下的论述就一定足够了：法兰克所占据的原罗马帝国的各个行省，其罗马化的程度要远超
121 过我们国家，一个强大的集权体制正在这里成长，法兰克国王变成了罗马皇帝。前文已谈论过我们国家王位及王权成长的一些情况，同样的进程也在国外上演，只是罗马帝制的传统大大加速了它们的进程。法兰克国王看来从罗马政府那里继承了许多权力，这其中就包含了许多程序性的特权。原来日耳曼法庭上的常规程序不适用于他，他可以弃置不用，可以为了自己的目的而使用更为便捷和紧凑的程序。类似情况我们在后世的英格兰也能发现。在诉讼中，国王享受着各种便利。更有甚者，法兰克王室法庭所使用的一些术语很容易会让我们说这是一个古英国意义上的衡平法庭，与古英国的普通法法庭一样——也就是说，与地方上的社区法庭相比，它可以不受程序规则的限制和阻碍，它可以为实现正义、揭示事实真相而设计权宜之策。我们还进一步发现，为了保护自己的权利，法兰克的国王和皇帝们运用了一种过去法院未曾运用过的探求事实真相的方法。比如，关于就某块土地是否属于国王自领存有疑问，国王就会给公共官员下令，要求他通过邻人的宣誓来调查此事。看来，在确认王室权利时，这种调查（经常用“*inquisitiones*”一词）是经常使用的方法。于是国王将自己置于了常规的正式程序之外；为了自己的目的，他创设了一条通

往事实真相的捷径。[①]这并不是事情的全部：这些法兰克国王还认为可以将自己享有的这种特权授予别人，尤其是授予他们建立的宗教团体，从而使后者豁免于古代法庭的正式程序之外。如果隐修院对其土地的权利遭到质疑，这一问题将由一名王室法官来审理。这里将不会适用司法决斗，法官将通过召集邻人宣誓提供  122
事实真相来决定这一问题。这看起来正是我们要寻找的陪审制的萌芽：由公共官员召集一队邻人很可能是在其见识范围之内来查证某项事实或权利，无论其真相是什么。最后，类似的程序也被用于调查犯罪。由私人对犯罪提出指控的程序已不足以应付王国的治安问题，国王发现自己实力已足够强大，可以要求某一地区的民众在王室官员面前对那些犯有罪行的人提出指控。这些被派出去受理该类指控并主持调查的王室官员（他们被称为“钦差”〔*missi*〕），很容易让我们想起我们自己的巡回法官；当然，看来很有可能的是，我们的巡回法官在气质上就是法兰克钦差们的直接传人。

现在普遍认为，这就是我们寻找陪审制起源所必须去的地方：法兰克国王和皇帝法庭上适用的特权程序。但初看上去这一定是一件非常奇怪的事：一项起源于法国的、法国特色的制度，随着时间的流逝竟变成了纯粹的英国制度！在法国，这种调查程序湮灭了，但移植到英格兰后却得以生长、繁荣，并在很多世纪后被法国人作为一项外国的、英国的制度（陪审制）引入现代法国。这

① 看到这里我们会情不自禁地想起我们自己的官员调查——郡长或王室负责地产的官员会召集一个陪审团来查证，某人去世时是否没有留下继承人或其土地是否已被没收，以弄清国王的权利状况，并保证土地归入国王之手。——梅特兰注

到底是怎么回事?

请让我们记住,法兰克帝国后来崩溃、毁灭了,并陷入了封建的分裂割据。但在其版图的一个角落却居住着这样一个个性鲜明的种族,他们拥有一种神奇的力量,能够自我适应当地情况,并将它所征服的任何民族(法兰克、意大利或英国)中最好、最强有力的制度吸纳到自己的生活中来。诺曼人征服了英格兰,此前他们已经征服了诺曼底,他们已在法兰克的版图上居住了150年左右。在文化上他们已成为了法兰克人,他们已放弃原来的信仰并皈依了基督,也已忘记了原来的斯堪的纳维亚语,而学会了被
123 征服者的罗曼语。912—1066年这150年的诺曼底法律史相当模糊不清,但仍有足够证据表明诺曼公爵继承并行使了这种曾被法兰克国王们运用过的指令调查的权力,从而为确认和维护公爵权利而建立了一种特殊的调查程序,并且还将这种权力授予了某些人以使之豁免于普通法庭的正式程序之外。比如我们就发现过将此特权授予宗教团体的公爵特许状,它们非常类似于法兰克国王们的特许状。

于是英格兰一被征服,我们就发现现在已是英格兰国王的诺曼公爵在新的版图内下令进行这种调查。这其中有一次非常著名,这就是末日审判财产大清查,国王派出官员到各地进行大范围的调查。其依据是每郡郡长、郡内所有贵族及诺曼土地保有人,以及每个镇区的神职人员、执达官和6位村民的誓言。这是一次范围相当大的财政清查,曾被法兰克国王们用于保护王室权利、确认王室管辖范围等的特权程序,现在被用于了一个整体被征服的王国。这是一次辉煌而又闻名的调查,但它绝不是孤立的;我

们发现诺曼国王们不仅以此维护自己的权利，也用它维护那些已获得此特权者的权利——获得此特权大部分是要付出可观的对价的，因为这些特权是可出售的。于是我们有了一则征服者威廉颁发的令状，指令为了伊利教堂的利益而进行调查；一些了解争议土地在忏悔者爱德华时期产权状况的英国人被选出来宣誓，并就其所知提供咨询。[①] 有关这类令状还有其他一些例子。

自此，无论是法兰克帝国、诺曼底公国，还是英吉利王国，通过邻
人进行宣誓调查已显露出它是作为某种特殊的东西而存在——它是国
王或公爵的特权，而不是普通诉讼所适用之常规程序的一部分：当然，
它更主要还是一种财政或行政而非司法的制度。但在诺曼底和英格 124
兰，它成为了可以向每一位当事人开放的普通诉讼程序的一部分。毫
无疑问，这是亨利二世的功绩；对此我们有充分的证据，尽管并不是在
所有情况下该制度得以确立所凭借之法令的文本都为我们所持有。让
我们来看一下这种调查制度现在所采取的不同形式。

1. 首先是有关地权利的大陪审团。当甲向乙主张对土地的权利[*]时，乙可以不选择决斗或找决斗替手进行决斗，而是诉诸国王的地权利大陪审团。接下来由双方选出 4 名骑士，再由这些骑士另选 12 名陪审员，然后后者到王室法官面前来证实甲和乙究竟谁对争议土地享有更大的权利。你可以看到，这些陪审员(jurors or “recognitors”)被召来不是作为听审证据和事实问题的法官而是作为证人出现的——此时还没有在事实问题和法律问题

① *Liber Eliensis*, Ⅰ, 256.

* 近乎于所有权。——译者注

之间划出严格的界线。他们不仅谈论事实问题，还谈论权利问题。

在一段值得铭记的文字中，格兰维尔阐述了这一新程序的特征和它的王室起源。[①]他说，地权利大陪审团是国王的恩典，它是国王为了民众的生活和国家的团结统一而制定的良好制度；有了它，坚持认为自己对所占自由保有地享有权利的当事人就可以免予为司法决斗之不确定性所困扰。他补充说，这一制度源出至高之正义，因为经过长久的拖沓很少能够被决斗所证实的对于土地的权利，通过对这一制度的有益使用却能更快更方便地得到证明。因此这里我们所看到的，不是一种源出于我们这个民族习惯法的民间制度，而是国王的恩典(royal boon, *regale quoddam beneficium*)。

2. 接下来亨利又建立了那些我们不止一次谈到过的地产占有小陪审制。从其占有之土地被逐出者或土地占有被侵夺者可从国王处获得一纸令状，要求郡长召集 12 个人在王室法官面前查证究竟是否有侵夺行为。这里我们又向后世的陪审制迈近了一
125 步，提交给这些陪审员的是一个更为明确的事实问题：是否存在占有和侵夺占有的行为，而不是谁享有更大权利的问题。但这些陪审员被召来仍是作为证人、作为可能知情的邻人出现的。

3. 通过地权利大陪审制和地产占有小陪审制的建立，陪审制的历史便向前迈出了一大步。通过邻人宣誓来确认事实和权利问题的王室程序，现在可以为普通当事人自由选用；这大概部分是出于公平正义的考虑，但也因为国王要巩固其王国，要与封建

---

① *De Legibus Angliae*, Ⅱ, 7; *Select Charters*, p. 161.

主义进行斗争，并力图使自己成为正义的唯一源泉。但到此时为止，这种调查或确认(inquisition or recognition)陪审程序所适用的范围还相当有限：它适用于某些种类的诉讼而且只适用于这些诉讼，陪审的形式随诉讼形式的变化而变化——因此在地权利大陪审中，双方当事人选出4名骑士，再由这4名骑士另选出12名陪审员；而地产占有小陪审中的12名陪审员则是由郡长直接召集的。提交陪审团的问题也是由诉讼格式决定的，因此在地权利大陪审中的问题是：原被告谁更有权利保有争议土地；而新近侵占之诉*中的问题则是，被告是否未经判决且不正当地侵夺了原告的占有。这些陪审诉讼都是通过立法明确确立的，但一经平民化，它就超越了起初的界限，并且在无明确立法的情况下逐渐得到扩展。我们发现，当事人在各种诉讼中都会从国王处购买实行陪审的权利，以决定某些争议问题。逐渐地，曾经是需要购买的国王恩典现在成了一种普通的权利，其价格也越来越不那么变动，而变成了一种依据习惯来确定的固定的税金或法庭收费。慢慢地，这种陪审程序不断推进并取代了单方举证、宣誓助讼等旧的举证模式。我们不能确定是在哪一个精确的时刻如下规则变成了法律：事实问题必须提交宣誓后的陪审团进行裁断。在某些形式的 126
诉讼中，旧的程序还得以维持。因此，甚至是在我们今天的19世纪，在某些种类的诉讼中被告仍可以诉诸宣誓助讼；也正因此，这些诉讼后来也从未被提起过：很早以前就发现了将它们取而代之的方法。不过，新程序成为常规、旧程序成为例外是慢慢确立

* 地产占有巡回审的一种。——译者注

的；通常来说，有争议的问题会通过民众的宣誓、通过陪审团来解决；逐渐地，“jury”（*jurata*）一词开始被使用，并与“*assisa*”相对。“*assisa*”一词，如前文已指出的那样，意味着一个实在的法令；应该说它是由制定法所确定的程序，所以你必须理解旧的陪审调查程序还可能被使用，甚至直到19世纪还间或被使用。它们直到1833年才被取消，但在它变得不再普遍很久以前，其使命大部分是由不那么繁杂和陈旧的制度所完成的。在陪审调查制旁边又发展出了这样的做法：将案件诉答过程中出现的事实问题提交陪审员裁断，为此而召集的陪审员组成的就是裁断陪审团（jury, *jurata*），与调查陪审团（assize, *assisa*）相对。在调查陪审制中，最先是从国王处获取令状，指示郡长召集12个人回答某些特定的问题，比如甲是否侵夺了乙的占有；而提交给调查陪审团的问题，是早在起始令状中就拟好了的。再看另一种诉讼，如侵害之诉，起始令状中并未提到任何调查陪审员、任何审判模式；甲被传唤至王室法院回答他为什么攻击和殴打乙；于是甲乙在法庭上展开诉答直至形成有关某些事实或法律问题的争点；如果是事实问题，那么就会召集一个陪审团来回答这个问题，而这是一个出自诉答过程中而非由起始令状拟就的问题。

4. 在讨论刑事程序之前讨论民事程序，我们一直遵循的是历史的顺序。易于被我们视为陪审制典型的，是在大陪审团提出指控后由小陪审团对被控者定罪的审判，但这实际上是我们所考察的这一制度的最后发展阶段。但我们首先要说一说逐渐形成近代
127 大陪审团的控诉陪审团。这一次又是亨利二世的一则法令将它确定为了常规程序。如果说盎格鲁-撒克逊法中有什么陪审团或

即将演变为陪审团的迹象的话，那就是控诉陪审团。在艾塞尔雷德的一项法律中我们读到，在一个特定的场合，12位最年长的塞恩是如何出场并面对圣物（relic）起誓，说他们将不指控任何一个好人，也不隐匿任何一个坏人。可以想见，这项法律具有普遍的重要性；到10世纪末，由一组邻人宣誓将依其所知指控罪犯已成为了地方法院程序的一部分。但由于缺乏连续性的证据，又很难将这一法律与亨利二世的措施联系起来，关于艾塞尔雷德法律的含义充满了争议。另一方面，正如前文已经指出过的那样，控诉陪审团是加洛林王朝时期法兰克王室法庭诉讼程序中的元素，并由诺曼公爵引入了诺曼底。因此，情况可能是亨利当时改良或复活了一种古老的英国制度，但更可能是这是王室及财税调查的另一个分支。确认和保护王室权利是其主要目标，但附带地也可用它来发现和镇压犯罪。巡回法官随身携带了即将提交作为他巡回所到各百户区之代表的陪审团的调查项目清单，这些清单就是总巡回审纲要（articles of the eyre，*capitula itineris*），其主要内容是财务调查，王室收入是它考虑的最主要目标。陪审员要宣誓说明什么利益落入了国王之手，如复归之地产、没收之土地、已故骑士役封臣之未成年继承人的监护权和婚姻指定权、寡妇地权、犹太人权利、埋藏物的发现及其他；此外还有郡长及其副手的不当行为，以及谋杀、抢劫等等，因为犯罪也能给王室财政署带来收益——如因谋杀而征收的惩罚金。我们的诺曼国王们也偶尔指示进行这样的调查，这并非没有可能。在亨利二世统治时期，依据 128
《克拉伦登法》和《北安普顿法》，由12个人代表一个百户区对犯罪提出指控的做法被固定为长期例行的程序。12位宣誓的百户

区居民将对犯罪提出指控;受控者将接受神明裁判的考验,未能过关者将被处以肉刑(mutilation)。更有甚者,《北安普顿法》暴露了对作为揭示事实真相之神明裁判其功效的不信任,因为即使受控者顺利通过了神裁的考验——即上帝的判决站在他一边,他也将被这个王国所弃绝,即他会被要求离开这个王国并宣誓永不返回。你会发现这12个宣誓的百户区居民只是宣誓控诉者,其证言不具有决定性,也不会直接导致定罪,它导致的是审判,它会将受控者交付审判,后者必须接受神明裁判。简言之,他们是我们大陪审团的祖先而非小陪审团的起源,他们宣誓后提出的指控只是提起公诉而已。对于小陪审团的兴起,我们必须到别的地方去查找。但让我们暂时停下来评论两句,亨利二世的这些措施为刑事诉讼建立了一种新的程序模式,在个人私诉旁边又建立了公诉制度。从此以后,英国法就有了两套刑事诉讼程序:个人私诉——由受害方私人提出指控,比如货物被窃者或被谋杀者的近亲属;公诉——由12个人宣誓对发生在其所代表之百户区境内的犯罪提出指控。这两套程序并肩存在直到近代,重罪私诉直至1819年才被废除,而公诉直到今天依然存在,尽管随着时间的推移其性质已发生了巨大变化。

5. 现在该说说刑事诉讼中的小陪审团或裁断陪审团了。我们无法将其追溯到任何实在的、明确的立法上去;它几乎是以一种无法感知的方式进入我们的诉讼程序的,而且这一切也发生在相对晚近的时代。我这样说意思是,在受控者应由其邻人宣誓后审判的做法普遍化之前,调查陪审制和裁断陪审制在民事诉讼中已进行得如火如荼。自诺曼征服以来,将犯罪诉诸司法的常规手段是私人控诉[*]，其结果是导致司法决斗。不过，逐渐地，在亨利二世及其儿子们统治时期，我们发现受控者可以从国王处购买通过向 129
邻人进行调查而裁断某些问题的特权。起初因此而提交裁断的看来只是诉答过程中出现的一些附随性问题，如受控者是否因残疾而无须决斗，或是否已超过决斗年龄限制。随着时间的推移，因此而提交邻人裁断的问题变得越来越具有实质性，并触及了罪与非罪的争议焦点：于是受控者便提出一项具体问题[**]并请求调查予以证实；或者他还可以宣称，控告者对他提出指控并非出于诚实的动机，而是出于恶意和仇恨，并因此请求证实这并非真实的指控而是憎恨与仇视的结果。最后我们发现，受控者将全部的罪与非罪的问题都交给其邻人来调查、裁断——他将自己的命运交给了他的国民，即其邻人，无论结果如何。《大宪章》中有一条（其含义一直存有争议）好像是规定，从那时起，受控者无须将此作为特权从国王处购买，而是当然有权将自己的问题提交陪审团裁断。[①]到布拉克顿著述之时（大约1250年），当时的法律看来已为受控者提供了两种选择：他可以选择司法决斗，也可以将自己付诸陪审裁断，偶尔（如控诉者已超过决斗年限）他将被迫接受陪审裁断。

这就是有关重罪私诉中陪审团裁断的情况。但正如前文所述，通过《克拉伦登法》和《北安普顿法》，亨利二世已经建立起了另一种刑事诉讼程序，即公诉。依据这些法律，被提起公诉者将会被要求接受神明裁判；但如前所述，对于神明裁判的某种不

* 即前文提到过的重罪私诉：appeal of felony。——译者注

** 比如说自己不在现场，*alibi*。——译者注

① M. C. c. 36. McKechnie, pp. 417—427.

信任早有显露，因为即使神裁结果有利于受控者，他仍将会被判处弃绝。半个世纪之后，神明裁判被废除了。1215 年举行的第四
130 次拉特兰宗教公会禁止教士参与神明裁判，因而在事实上废除了神裁，因为如果没有宗教仪式神裁什么都不是。我们发现一位英国国王(亨利三世刚刚登基但却仍是一个孩童)的大咨议会立即接受了神裁被取消这一既定事实，并为因此而面临的新形势采取了准备措施。被 12 名百户区居民提出指控者必须付诸其邻人的宣誓裁断，否则就必须留在监狱里，这种做法看来已成为了当时的法律。我的观点是，13 世纪上半期至少有些王室法官会这样认为，即使受控者不愿意将自己交由宣誓后的邻人裁断，他仍然可以受到审判，仍然可以举行邻人宣誓调查；如果调查结果对他不利，他仍然可以被定罪并受到惩罚。在我看来这属于布拉克顿的观点，但他并未将自己的意思清楚地表达出来。毫无疑问，当时存在一种强烈的感觉认为，将一个不是自愿接受陪审裁断的人交付陪审团审判是完全不公正的。我们现代人一定很难理解这种感受，尤其是持有以下这种普遍观念来对待这一主题时：陪审这种程序源于远古时代人们的习俗，它是英国人与生俱来的权利，等等。但如果无法理解这种感受，法律史上的重要一章对我们来说就将是一段愚蠢的空白。除非一个人自愿将自己的命运交于陪审团，否则单纯 12 个宣誓证人(记住 13 世纪时陪审员只是证人)的证言不足以给他定罪。他应该被允许通过神明裁判或司法决斗等超自然的方式来证明自己的清白；尽管其邻人反对他，但上帝却可能站在他这一边。有趣的是，你会发现这一观念并不限于英格兰；布伦纳已经证明它在诺曼底和法国的其他地区也很盛行——

除非他将自己交付于邻人的宣誓审判，否则他不能依后者的证据
被定罪。[①] 如前所述，我认为亨利三世时的某些王室法官已凌驾
于这种观念之上，并将某些已断然拒绝邻人审判的人送交陪审裁
断。但 13 世纪末之前已经确定，除非他将自己交给其邻人审判， 131 
否则被提起公诉者不得被强制接受这种审判。他虽然不能因此
而被送交陪审团审判，但刑讯却可以使他说出所需的话来。当迷
信不再为我们所迷信时，它就显得多少有些古怪：当问及如何受
审时，如果受控者恶意保持沉默，即拒绝回答“将接受上帝和我
的邻人的审判（By God and my country）”时，他就可能被施以酷
刑并饥饿致死。我无须列出这些“酷刑折磨”（*peine forte et dure*）
的细节，但每每听到说陪审制是一种显然公正的制度时，我们就
应该想起它。不过我们的祖先却并没有这样的想法。

到本章讨论所限定的爱德华一世统治末年，情况基本就是这样。在所有的民事诉讼中，由一组邻居证人组成的陪审团进行审判已成了通常的审判模式，尽管在某些案件（不太普遍）中被告依然可诉诸宣誓助讼或司法决斗。至于刑事案件，如果被告人愿意，他可以不进行决斗而由陪审团裁断；陪审团也被要求在宣誓后对罪犯提起公诉，公诉中的被告人必须同意接受另一陪审团的审判，若不同意则会被酷刑折磨或饥饿致死。不过，所有的陪审员此时还只是证人或宣誓负责提出控诉的人，将之转化为裁断事实（这些事实要在他们面前举出，并由证人予以证实，证人还要被进行盘问）之法官的过程几乎还没有开始。陪审员被作为证人对待

① Brunner, *Schwurgerichte*, pp. 469—477.

的事实也可以从以下现象中得到说明：在许多案件（其数目在不断增长）中，被陪审团做出不利裁断的当事人可以因伪证罪而启动针对陪审团的程序，这被称为调查小陪审团裁断是否虚假的程序（attaint）。由 12 名陪审员组成的小陪审团的裁断，会被提交一个由 24 人组成的大陪审团调查；如果后者发现先前的裁断存在虚假，则该裁断会被弃置，那 12 名做伪证的陪审员也会因此受到重罚。还需指出的是，此时还很难说已确立了要求陪审团必须给出全体一致之裁断的规则；在过去，多数决的裁断一直被接受。

至此，我们已经讨论了王室借以扩张其司法管辖权的各种理论，以及使得王室司法优于所有其他司法的新制度——作为王室

132 恩惠的陪审制。现在，我们要来看一看爱德华一世统治时期各类法院的情况。

1. 旧的郡法院依然存在。作为政治性的会议组织，郡法院依然具有头等重要性，郡骑士在议会中所代表的也是这一组织；但作为法庭，其重要性已大大下降。几乎所有有一些重要性的民事案件现在都可以在实行陪审制的王室法院审理；这还没完，新近通过的《格洛斯特法》（*Statute of Gloucester*, 1278）又给了它一记沉重的打击。该法被王室法官解释为，标的额超过 40 先令以上的案件不能在这些地方法院起诉。[①] 但实际上该法并没有这样说，它的表述非常不同，即标的额在 40 先令以下的案件不能在王室法官面前提起——显然人们感觉到司法统一化运动已走得太远；

---

① 有关庄园法庭司法管辖权之衰落更为充分的论述，请参见梅特兰的 *Select Pleas of Manorial Courts* (Selden Society), Introduction。

让人们为了不到40先令的案件而赶到威斯敏斯特也的确很困难。不过王室法官好像很快就作了这样的解释，说该条款意味着超过40先令的案件不应该提交到地方法院审理。因此，这些法庭的管辖权现在就受到了限制。随着40先令的价值变得越来越微乎其微，地方法院的司法管辖权也越来越窄。至于刑事诉讼，郡法院已失去了管辖权。重罪私诉程序中的第一步是在地方法院进行的，但一涉及对国王和平秩序的破坏，这些法庭就不能审理此类案件了。直接公诉和审查公诉（presentments and indictments）程序也在地方法院进行，但这里却不能对被公诉者进行审判。不过，百户区法院和庄园刑事法庭（courts leet，即落入私人之手的百户区法院）可通过刑事罚金来对非常轻微的犯罪进行惩罚；但即使是在这些案件中，刑事司法权也被认为是源于国王的，并由其郡长或某些经特别授权的领主行使。为了压制私人的刑事司法管辖权，爱德华一世要求所有那些声称享有此权利者证明其权利的确来源于国王的授权，但实际上这一管辖权很少超出绞死人赃并获之盗贼的范围。

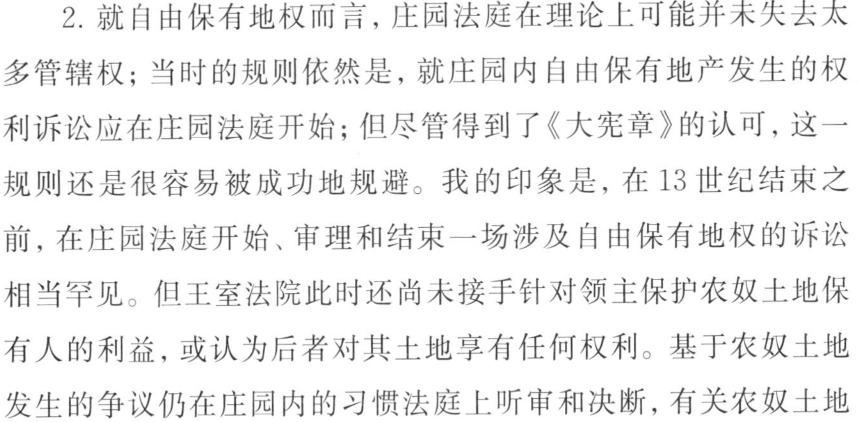

2. 就自由保有地权而言，庄园法庭在理论上可能并未失去太 133
多管辖权；当时的规则依然是，就庄园内自由保有地产发生的权利诉讼应在庄园法庭开始；但尽管得到了《大宪章》的认可，这一规则还是很容易被成功地规避。我的印象是，在13世纪结束之前，在庄园法庭开始、审理和结束一场涉及自由保有地权的诉讼相当罕见。但王室法院此时还尚未接手针对领主保护农奴土地保有人的利益，或认为后者对其土地享有任何权利。基于农奴土地发生的争议仍在庄园内的习惯法庭上听审和决断，有关农奴土地

的交易也在这类法庭上完成：原来的保有人先将土地交还领主，再由领主接纳新的保有人。

3. 正如我们所见，到爱德华统治时期，中央王室法院已分裂为三个不同的法庭：王座法庭、皇家民事法庭和财税法庭。我们可以对这一过程进行时间上的分段，但这里不能过于详述。首席政法官一职的消失是这一进程的最后阶段，这发生在亨利三世统治末年。1232 年，亨利三世罢免了胡伯特·德·伯格(Hubert de Burgh)，后者在作为首席大臣和军事总长的意义上是国王的最后一位首席政法官。接下来亨利就处于了外国势力*的影响之下，他委任了一位叫斯蒂芬·西格雷夫(Stephen Segrave)的人任首席政法官：但两年后贵族们掀起了排外风潮，西格雷夫即被罢免。于是亨利在很多年中又试图在无首席政法官、无大臣的情况下统治。在其统治结束前一段时间内又出现了一位首席政法官，但在亨利死前的 1268 年，这一职位空缺，之后再无人填补。此后，这三个法庭都有了自己的首席法官——王座法庭首席法官、皇家民事法庭首席法官和财税法庭首席法官。首席政法官职位消失的重要性体现在许多方面，它标志着司法和行政职能的分离；法庭的首领不再是首席大臣。这导致了大法官(chancellor)的兴起；爱德华时期的首席大臣(很可能也是他立法规划的主要顾问)就是
134 其大法官伯内尔(Burnell)。但从此时起可以说就存在了一个被期望与政治无关的法官团体：他们不仅要在普通当事人的纷争中保持司法公正，在涉及国王时也应如此。但我们还不能就此认为

* 指法国。——译者注

法官已经享有了多大程度的独立——这尚需时日；他们依然还是国王的臣仆：在很多世纪里，他们保有其职位完全基于国王的意愿，国王意志介入王室司法过程的场合仍然很多。下面我们将对各个法庭进行简单论述。

(1)从理论上说，王座法庭要在国王面前开庭，很长时间内该庭的法官都是随国王一起巡游。很显然约翰王和亨利三世都是自己司法，当时的理论并不认为这有什么害处。布拉克顿解释说，一切正义均源自国王；只是因为时间和精力所限，他才将自己的权力委任给了法官。国王是逐渐放弃亲自坐堂审案的，但我想在14世纪他已经很少亲自审案了。不过截止其存在最后阶段的1875年，王座法庭理论上仍是在国王面前开庭(*coram ipso domino Rege*)；任何出席王座法庭庭审的当事人都被要求来到国王面前，而无论此时他在英格兰的哪一个角落(*coram nobis ubicunque fuerimus in Anglia*)。至于其职能，首先它是作为受理国王之诉的中央法院出现的。刑事案件必须在犯罪行为发生地所在郡、在巡回法官到来后开始；但对于王座法庭所在郡内发生的刑事案件，它自己则拥有一审管辖权。而且它对于刑事司法还有一般的监督权，它可以下令将任何刑事案件从巡回法庭移到它这里审理。其次，它对于所有王室官员、郡长及类似官员享有极大的监督权，可以受理针对他们而提出的控诉，并要求他们善尽职守。最后，王座法庭还拥有广泛的民事司法管辖权。它可以受理任何被控破坏国王和平秩序的民事案件；我已经指出过，这种国王和平秩序的观念已被极大地扩展了，以致任何对武力的非法使 135
用(不管多轻微)都会被认为是对国王和平秩序的破坏，都能被诉

至王座法庭。但王座法庭并未满足于此，通过拟制的方法它又从皇家民事法庭那里盗取了不少业务。我们法律史的一大部分都可以由如下事实得到解释：数世纪以来，法官都是靠诉讼费供养；业务越多意味着收入越多，因此他们非常热衷于将案件吸引到自己的法庭来。

(2) 对所有当事人为普通民众的案件来说，皇家民事法庭是其中央法院。《大宪章》规定，这类案件不应随国王移动而移动，而应在某一固定的地点听审；事实上，该法庭也很少离开威斯敏斯特。对于涉及破坏国王和平秩序的侵权诉讼，皇家民事法庭与王座法庭享有并列管辖权，而所有的其他民事案件则当然归它管辖。不过，随着时间的发展，王座法庭与财税法庭都竭力从中攫取了大量业务。

(3) 爱德华统治时期的财税法庭其职能多少还比较模糊——它既是一个法庭又是一个行政机构。就前者而言，它要听审与王室财税事务有关的案件；就其后者，它要收取税金并负责支出。逐渐地，这些职能分离了。征收税金的财务工作由财政大臣(lord treasurer)掌握，并由财政署财务大臣(chancellor of the exchequer)协助；而财税案件则由一名首席财务法官(chief baron)和三或四名其他财务法官负责听审和决断。随着时间的流逝，他们从皇家民事法庭盗取了大量业务。不过，这一财务机构行政和司法职能的分离经过了相当长一段时间：现代的财政部就是古代财政署的一个分支。至 1875 年，财政署财务大臣一直都有权与财务法官一道出庭问案；仅仅出于形式上的考虑，一名新任命的财务大臣过去通常都在那里坐堂听审一两个案件。爱德华时期甚

至直到非常晚近的时期，还没有形成规则说财政署的财务法官都必须是专业的法律人士。

后来，它们逐渐被称为普通法的三个高级法庭：这里的“普 136
通法”一词此时还尚未获得它后来的某一部分含义，因为到此为止，我们还没有听到过任何可被称为衡平法庭的机构。

不过，这些明确的司法机构的发展并未穷尽国王的司法之源、正义之源。如果所有的其他法庭都未能实现公正，国王仍可以在其咨议会或议会实现正义。我们已经看到，诺曼时期的王室法院在理论上一直都是由高级教士和贵族组成的法庭；直到亨利二世时我们才发现有一个更小的专业法官群体在料理常规的司法事务，并迅速增加了王室法院的业务。我们也已看到，在13世纪，国王的咨议会和王国的代表大会之间产生了差别；但无论在哪个机构中，国王都可以司法。在爱德华一世统治期间，政府机构的运作非常简单，国王也几乎没有什么反对力量（除了1297年的大危机之外），以致人们不会在这两类会议组织之间进行认真的区别。在立法问题上我们已经注意到了这一点。制定法（statute）和条例（ordinance）之间的区别并未被强调，爱德华的某些法律也很难说清是国王经议会还是经咨议会而制定的。因此对于司法来说，所有下级法院的错误都可以最终提交国王在议会或咨议会予以修正。再往未来方向稍看一点，我们发现这种终审的纠错法院的业务明确成为了议会的工作，只不过具体是由其中属于古代议会的那一部分机构来负责。尽管平民代表对参与所有的立法工作都有正当依据，但他们却从未参与过司法事务。因此，由高级教士和贵族组成的贵族院成为了终审的纠错法院——尽管从理论上

和名义上来说这一司法权属于国王加议会。另一方面，国王加咨议会也主张这样的管辖权——在这种主张面前将会有一段漫长且不平坦的历史：星宫法庭（Star Chamber）的历史、衡平法庭的历史。但就目前而言，在爱德华公正和平稳的规则之下，一切运转
137 良好。在一个长期的顾问团和偶尔才召集的由高级教士和贵族参加的大会之间进行区别，没有太大必要，前者可被视为后者的常务委员会。

4. 剩下该谈谈巡回法庭了。从很早时候起，王室司法的很多业务都不是由中央王室法院而是由巡回法官完成的——通过国王签发的委任状他们被派往各郡听审案件。在亨利一世统治期间我们就听说过这样的法官，而亨利二世则使这种巡回常规化和制度化了。国王委任法官到英格兰的各郡处理这样那样的司法事务，这些委任所采取的形式一般都是综合性的。首先，法官会被派出听审所有的案件（*ad omnia placita*），即处理属于所涉郡的所有种类的案件，依照这种综合委任状行事的法官以总巡回审法官而闻名，其巡回也被称为总巡回审（iter or eyre）。当这种委任状签发时，所有属于巡回所涉郡且在中央王室法院待决的案件都要被转回至总巡回审法庭。这样，本应在威斯敏斯特中央王室法院出庭并在诉讼中采取某些措施的当事人，现在则要来到总巡审法官面前出庭。再者，这些法官还携带了所需调查问题的清单，他们要把这些问题提交代表郡内各百户区的陪审团，而后者必须在宣誓后做出回答。这种总巡回审纲要（*capitula itineris*, articles of the eyre）主要关系到犯罪和国王的权利；犯罪与财税调查看来是奇异地混合在了一起，因为事实上犯罪也属于王权诉讼，是王室

收入的一个来源。因此总巡回审法官会调查谋杀、抢劫及其他重罪，也会调查土地复归权、已故骑士役封臣未成年子女的监护权和婚姻指定权等，还会调查包括郡长及其他王室官员的非法获益（这一定是其重要业务）。全郡民众被召集前来觐见巡回法官，事实上，法官会在郡法院举行一次非常庄严隆重的全郡集会，并在那里处理王室司法事务。这种总巡回审贯穿了整个 13 世纪。据 138
说它们通常是每 7 年举行一次，但这一期限肯定没有得到严格遵守；只要愿意，国王可按其心愿随时随地派出巡回。总巡回审看来已被认为是各郡的一个沉重负担，它要求所有自由地产保有人出席，法官对疏于履行治安、侵犯王室权利（哪怕是一丁点）及有其他违法行为的郡、百户区、镇区和个人行使着很大的处罚权。人们总是抱怨这些总巡回审过于频繁，爱德华三世时它们好像已被废弃不用。作为获取收益的工具它们已变得不再必要：国王开始越来越多地依赖议会批准的税收，而司法收益和源自其封建权利、土地复归、监护权等方面的收入的重要性则逐渐下降。司法业务现在可以依据不那么综合而是纯司法性的委任状在郡内完成。

到此时为止，除总巡回审委任状外，还使用其他三种委任状——它们直到今天还在使用。下面我们必须对它们做出说明。

(1) 有关民事案件的特别委任巡回审（Commission of Assize）。我们已经看到亨利二世建立了一些保护土地占有的诉讼，即新近侵占之诉、收回继承地之诉和圣职推荐之诉三种占有之诉。法官被派出前往各地主持这些诉讼，即听审这些占有之诉。显然，与总巡回审不同，这种巡回审特别受欢迎。在 1215 年的《大宪章》中，约翰王被迫答应这种巡回审将每年举行4次——1217年的宪章将此改为每年1次。这一承诺看来得到了很好的遵守。起初的做法是委任郡内的4名骑士作为法官，但逐渐地，在亨利三世统治期间，这一任务越来越多地落入了王室法院的职业法官之手。具体的做法变成了委任一名法官并辅之以这些郡内的骑士共同工作。此类工作不能完全留给外行人的观念占了主流，
139 13世纪末14世纪初的许多制定法都规定，听审此类诉讼的一名法官必须来自于王座法庭或皇家民事法庭，或者必须是高级律师(serjeant at law)。

接下来，1285年的《威斯敏斯特法Ⅱ》将许多新的工作都甩给了这些特别委任巡回审法官。到此时为止，裁断陪审制(jury)已取代调查陪审制(assize)成为了审理案件的普通模式。当在威斯敏斯特某法庭开始的一场诉讼进入事实裁断阶段(即双方通过诉答程序提出了一些有关事实方面的争议)时，习惯的做法一直是从案件所属郡召集一个陪审团前往威斯敏斯特——于是，如果这是一个康沃尔郡的案件，康郡的郡长就会被指令从其郡派送陪审员到伦敦。令我非常吃惊的是，英国人竟然会承受如此重负达如此之久！但事实的确如此，从同时期的法庭卷宗中我们仍然可以读到，陪审员们是如何从英格兰最偏远的角落来到威斯敏斯特做出其裁断的。但1285年时作了这样的规定，有关这类案件的事实裁断应该在特别委任巡回审法官面前进行——至少作为一项普遍规则是这样。于是受理此案的中央法院不是要求郡长将康沃尔陪审员送到威斯敏斯特，而是告诉他保证于某一天将陪审员带到威斯敏斯特，除非在这之前(*nisi prius*, unless before〔着重号

为译者所加〕)特别委任巡回审法官要来到康沃尔郡。同一制定法*要求，特别委任巡回审应每年举行3次，但有时又变成了每年2次——北方四郡每年只有1次。接下来，理所当然，特别委任巡回审法官就会在令状指定的日期前来到当地，然后该案件就会在此法官面前进行事实方面的裁断。很容易理解的是，尽管主持事实裁断的巡回法官通常实际上都来自中央的三个普通法法庭之一，但在这里他却并不是作为三大中央法院的法官出现，而只是作为王室专员来到某郡主持特别委任巡回审的。比如，女王可以委任皇家民事法庭的一位法官前往主持剑桥郡的特别委任巡回审(我说的是12年前的事[①])；那么他会来到剑桥，依据《威 140
斯敏斯特法Ⅱ》，在陪审团的协助下审理剑桥郡所有已进入事实裁断阶段的案件，而无论这些案件是在哪一个中央法院审理的。他所主持的法庭既不是皇家民事法庭，也不是王座法庭或财税法庭。他是作为王室专员被授权审理这些案件的，他的任务之一便是主持这类庭审。一般而言，他不能做出判决，尽管制定法规定了一些例外。这些案件是威斯敏斯特某中央王室法院的待决案件，做出判决是该中央法院的事。

(2)清监提审委任巡回审(Commission of Gaol Delivery)。即使在总巡回审仍在使用期间，我们就已发现了清监提审委任状。这可被追溯到13世纪的一开始。通过这种委任状，国王会指令某些法官对某一监狱进行清监提审，即提审关押在这一监狱中的

*　指《威斯敏斯特法Ⅱ》。——译者注

①　即在合并了三个中央普通法法庭的《司法法》(1875年)之前。

所有囚犯。这在过去一定是一项比较轻闲的任务，因为除非被控杀人，否则被控者很少被关押入狱；我想此类委任并未授权审理那些针对未收押在监者所提出的指控。这种委任状现在仍在以其非常古老的格式签发——指令威斯敏斯特的中央法院的法官、高级律师（serjeant）、御用律师（queen's counsel）及巡回官员，并授权他们或他们中的任意两人（其中之一必须是法官、高级律师或御用律师）进行清监提审。

(3) 刑事听审特别委任巡回审（Commissions of Oyer and Terminer）。我想这种委任状并非有多古老，它们是在总巡回审式微之时才开始被使用的。它们发给清监提审委任状的持有者，我想通常就是当地的大贵族及大土地所有者。委任状授权这些专员听审郡内的所有重罪和其他犯罪。依据现代人对这两种委任状的解释，它们之间几乎不存在什么区别，其授权的内容几乎完全相同；但在我看来，在过去，刑事听审委任状显然要比清监提审委
141 任状的授权更为宽泛，因为后者并未授权听审针对未拘押在狱者的指控。

来到依据后两种委任状派出之巡回法官面前的都是刑事案件，属于国王之诉；你必须明白，它们并不像来到巡回顺带审（*nisi prius*）的民事案件那样，要到威斯敏斯特的中央法院才能最终做出判决，其全部程序（公诉、诉答和审判）都在巡回专员面前进行，判决和刑罚也在这里做出、完成——因此是在地方上彻底了结这个案件。

这种委任巡回审制度的总体结果就是，大量司法工作不是由长期的中央法院而是由临时派出的巡回专员在各郡完成。他们可

以彻底了结郡内的刑事案件，也可以在地方上主持中央法院待决民事案件的事实裁断。随着时间的推移，这种巡回审判工作越来越多地由中央王室法院的法官来承担。这种巡回审判制度前些年还在运作，将来你必须了解其细节：它在我们法律史上的意义是重大的；正是有了这种制度，我们才从未产生过强大的地方法院，而伴随这种地方法院而来的则是纷繁复杂的地方法；也正是在总巡回审的规制下，郡和自治市才领略到了代议制政府的最初萌芽。

六、回顾封建主义

在结束我们所谓的第一个历史阶段之前，最好还是来简单回顾一下我们称之为封建主义的这种东西。首先是对于封建主义(feudalism)一词含义的理解，其次来看看英格兰在多大程度上受到了这种我们称之为封建制度之体制的支配，这样我们将会有机会讨论土地制度的发展，而这一制度迄今为止我们只是将其作为一个存在的事实来考虑。

首先我们将会注意到，在我们这个国家，任何时候有关封建制度的讨论相比较而言都是一件新鲜事：应该这样说，我们是在封建主义停止存在很久之后才听说了封建主义的。17 世纪末以 142
前，我们的英国法成长于一种奇妙的孤立境地中，它变成了孤立的、纯粹英国式的东西。我们的法律家们对于外国的法律、罗马法学几乎一无所知，而且也不关心，英国本土的权威对他们来说已经足够了；我们的议会和法院也没有受到任何外来影响的支配。柯克在其卷帙浩繁的巨著中为我们总结了中世纪晚期的法律，但在其所有的著述中对封建制度却只字未提——除非我弄错了。可以说，如果他在详细解释这一制度时将它说成了是英国的，他也并非有意识这样做的；他是在说我们这种孤立的法律，在他的脑海中并不存在一种普遍的、共同适用于欧洲各民族的制度。不，对于"封建制度"而言，我们必须从柯克转向他的同代人、那位博学且勤奋的古代研究者亨利·斯佩尔曼爵士（Sir Henry Spelman）。柯克生于1552年卒于1633年，斯佩尔曼生于1562年卒于1641年，因此他们属于同一个时代。现在，如果有人要问是谁将封建制度的观念引入了英格兰，一个很好的（如果得到恰当解释的话）答案便是亨利·斯佩尔曼。如果他接下来又问什么是封建制度？一个很好的答案将是斯佩尔曼早期比较法学方面的一篇文章。通过对欧洲大陆书籍的阅读斯佩尔曼发现，尽管孤立，英国法仍是欧洲大家族的一员，这个族群的成员之间具有强烈的家族相似性。对于英国人来说，这是一个巨大且令人震惊的发现；其古代法律中那些曾经看来非常专制的内容，现在看来也可以解释清楚了。他们将封建法视为一种中世纪的万民法（*jus gentium*），一种共同适用于西方所有民族的制度。在马丁·赖特爵士（Sir Martin Wright）的努力下，这种新知识在英国的法律家当中得到了传播；布莱克斯通又用他那种简洁朴实的笔调使之大众化和正统化。如果考察者继续发问，封建制度何时达到其发展的顶峰？我的答案应该是，大约上一世纪中期。还应补充的是，当时复杂的封建法（无论是英国还是欧洲大陆）背后蕴藏着一种无可辩驳的观念和一些简单的原则，人们紧紧地把握住了这些观

念和原则，并将之用于解释古英国法中一切需要解释的东西。这 143
是非常重要的一步，它将英国法与外国法联系在了一起，并力图在我们纷乱的古代法律著述中找出某些贯穿其中的一般性的、清晰的原则。毫无疑问，我们古代法律中有很多东西只有通过参考某些观念才能得以解释，而这些观念在海外得到了更完备的发展；在这一点上，布莱克斯通、赖特贡献良多，而斯佩尔曼尤甚。但自布莱克斯通之后，我们已经学到也抛弃了许多有关中世纪的知识。我们尤其明白了，在不同国家和不同时期存在着巨大的差异，但同时也存在惊人的相似性。如果现在谈论封建制度的话就必须充分了解，法国的封建主义与英国差别明显，而13世纪的封建主义又非常不同于11世纪。于是这一术语对我们来说变得如此宽泛和模糊，以致完全可以说在所有国家中英格兰是封建化程度最高同时又是最低的国家，征服者威廉在引进封建制度的同时也压制了封建制度。

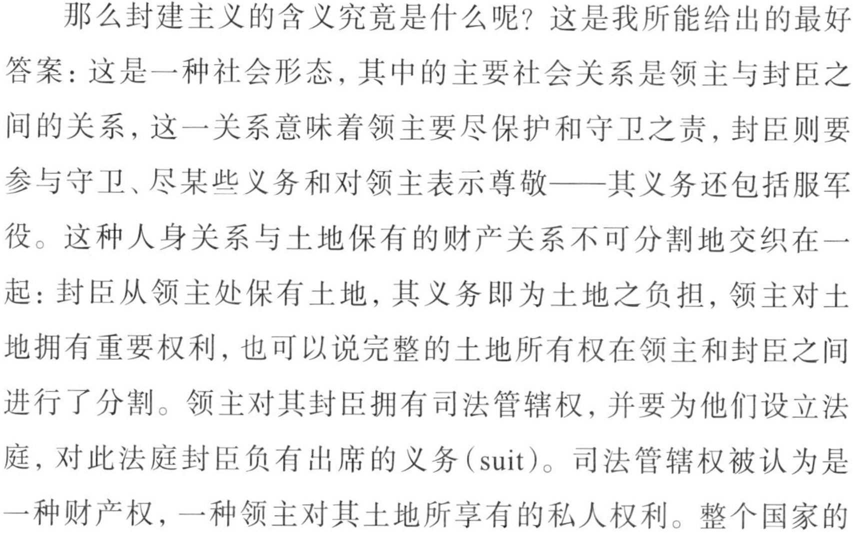

那么封建主义的含义究竟是什么呢？这是我所能给出的最好答案：这是一种社会形态，其中的主要社会关系是领主与封臣之间的关系，这一关系意味着领主要尽保护和守卫之责，封臣则要参与守卫、尽某些义务和对领主表示尊敬——其义务还包括服军役。这种人身关系与土地保有的财产关系不可分割地交织在一起：封臣从领主处保有土地，其义务即为土地之负担，领主对土地拥有重要权利，也可以说完整的土地所有权在领主和封臣之间进行了分割。领主对其封臣拥有司法管辖权，并要为他们设立法庭，对此法庭封臣负有出席的义务（suit）。司法管辖权被认为是一种财产权，一种领主对其土地所享有的私人权利。整个国家的

144 组织形式便由这些关系构建而成：站在最顶端的是作为所有民众之领主的国王，其下是其直属封臣，后者又是更下一级封臣的领主，如此等等，直至最低一级的土地保有人。最后，鉴于每一级封建法院均由领主的封臣组成，那么国王的法庭也由其直属封臣组成；如果说对国王有任何宪法性的控制的话，那也是由这些直属封臣组成的团体所施加的。

这看来就是我们关于封建国家的观念。它非常模糊，以至于只能用非常抽象的术语加以描述；而它所对应的具体实体，即不同时期的德国、法国、英格兰其差别却可能相当之大。一个拥有这些特征的国家可能是一个强有力的中央集权的王国，但也可能只是一个松散的封国的联合，是对于统一民族国家的实际否定。

在诺曼征服之前的几个世纪里，英国社会一直在朝着这样的组织形式迈进，而且看起来速度还在不断加快。我将引用斯塔布斯的话来描述这一进程的总体特点。

“这一进程的总体趋势可被描述为这样一种转变：即从属人性组织到属地性组织的转变，从以个人的自由和政治权利为主转变为这些权利、自由与土地保有所创设的关系如此紧密联系以致实际上附属于了后者……其主要的发展阶段非常明显。在原始的日耳曼人组织体制下，纯粹血缘关系下的自由人就是一个完全适格的政治单位：国王是这个部族的国王，军队由本部族之民众全副武装组成，和平秩序也是这个部族的秩序，法庭由全体民众集会组成，土地属于部族所有，自由民按份对其享有权利。到了下一个阶段，占有土地成为了自由的标志，一个人自由是因为他占有土地，而不是因为自由才占有的土地；军队由拥有土地的人武装而组成，法庭也是这些人的法庭。但人身关系并未淡出我们的视野：无地者仍然可以选择其领主；土地是家庭给养的来源；和平秩序意味着在人和人之间维持了一定的权利义务关系；充分的 145
自由表明贵族在所有政治方面的平等。再下一个阶段，土地就成为了所有公共关系的神圣链条，穷人依附于富人，但后者不是作为他选择的领主，而是作为他垦殖土地的所有人、他负出庭义务之法庭的设立者和军队中他应紧紧跟随的首领而出现的。大土地所有者拥有自己的和平秩序，并行使自己的司法权。”①

如果跨出法律史的界限，我们就可能发现这一运动的一个主要原因是经济方面的。财富的分配变得越来越不公平。这可能与征服和争战有关，但我们不必（当然也不能）将之主要归于暴力。秩序维持得越好，法律就越会得到良好的执行，社会也越会向契约自由和交易自由的方向迈进，贫富分化的普遍化也会实现得越快。在产出很低的时代，这意味着土地将会被不平等地分配，土地积聚到了富人之手，财富孕育了财富。但富人真正想要的并不是土地本身而是土地上的产出，他们希望其土地得到垦殖。再者，他们希望自己的土地能够长久租赁在外，当时并无买是为了卖、卖是为了再买的想法；将土地永久出租以获取长久的地租并非不明智的交易，人们并未指望从土地价格的涨落中获利。我想最好能够记住这一点，因为在我看来我们将太多的重点放在了封建主义的军事和政治方面，而对其经济方面却几乎没有关注。仔细想来，一个由自由和野蛮的土地所有人组成的社会，通过和平情形

① *Constitutional History*, vol. I, § 69.

转变为由领主和封臣组成的社会并非不是自然而然的事。但如果我们可以为这种转变之缘由进行这么抽象的分析的话，那就必须到别的地方去寻找封建主义的事实。

作为封建主义的一个因素，领主与封臣之间的人身关系自然
146 非常古老，这一点从日耳曼民族历史的第一阶段就能看出。它可以追溯到塔西佗所描述的日耳曼人的头领(*princeps*)及其亲兵(*comites*)之间的那种关系。与头领密切相连的是一队作战时的随从——在许多情况下都是渴求名望的贵族子嗣：首领为其提供装备并在自己的餐桌上款待他们。在战争中，亲兵为头领而战，保卫头领，并和头领并肩英勇搏杀。他们应该保卫头领，甚至可能要因此而宣誓。亲兵是依附性的，但这却是一种荣耀的依附；这种义务要比最充分的自由更值得追求。正是在这种由亲兵团队围绕之头领的带领下，英格兰被日耳曼部落征服了。塔西佗描述的“*comes*”(亲兵)可被认为是盎格鲁-撒克逊法中的“*gesith*”(上层贵族)，后来这一名称逐渐让位于“thegn”(塞恩)，不过“thegn”一词起初仅指仆从(servant)。但一开始我还不能把这称为封建制度，它看来与土地保有没有任何联系。亲兵并非土地所有人或保有人，他只是其头领家室中的一员。但在英格兰，塞恩却的确逐渐转变为了土地的拥有者。尚未分配的公社民众保有土地(民有地〔folk-land〕)看来被视为了向那些在战争或其他场合赢得赞誉者论功行赏的自然来源。[①] 在其智者的建议和同意下，国王将土地授予了他那些表现突出的随从。在英格兰，塞恩身份开始变得

① 参见本书(边码)第57页。

地域化了。在人们看来，塞恩自然会是一名大土地所有者。这一进程又走得更远——拥有大量土地者就配得上享有塞恩的权利；拥有5海德土地（five hides of land）和其他某些权利（可能是对其附庸享有司法管辖权）者有权被视为塞恩，并因此获得某些特权，如赔偿金的提升或是誓言分量的提高。再者，从一开始，塞恩就是一名战士，所有的自由民都有义务作战，所谓军队在当时就是全民皆兵，但塞恩特别有义务进行战斗，有义务为其头领而战。鉴于当时塞恩变成了大土地的所有者，又鉴于大土地所有者逐渐 147
被认为配享有塞恩的特权，因此为国王而战的特殊义务就逐渐落到了大土地所有者头上。我们还知道，依据早期观念曾属部族所有的未经分配的民有地，已逐渐在事实上（如果不是在理论上）越来越成为了国王的自领地。斯塔布斯注意到，自阿尔弗雷德大王以来，授予这种民有地的特许状中用以表述部族贤人之建议和同意的条款变得越来越少，尽管它从未完全消失。贤人们与其说是授权还不如说是见证了这种授予。诺曼征服之后，所有这些民有地都变成了国王的自领地。尽管这一变化在我们看来可能很大，但它很可能仍只是一个术语上的变化而非其他，它是对一项几近完成之事实的认可。对于被授予这类土地并负有军事义务的塞恩，人们也只是在观念上发生了一个很小的变化，从事实上来看他们被认为是以负军事义务为条件而从国王处保有的土地。塞恩这种特殊的军事义务究竟存在于什么基础之上，我们并不完全了解。根据早期的观念，每一个人都有义务在王国的军队中服役，国王的塞恩有义务伴其左右为其作战。由于塞恩身份变得与土地保有相联系（拥有5海德土地的人即配享有塞恩权），因此参战及寻找士兵的特殊义务看来就落到了大土地所有者头上，并通过某种我们现在无法确定的方式分摊到了其保有的土地上。但到最后，到诺曼征服之时，古老的部族军队或国民军仍能被召集起来。非常有必要记住的是，诺曼征服并未终结国民军，古老的国民军与封建军队是并存的。

但并非只有国王才能拥有塞恩，大人物也可以有自己的塞恩，当然塞恩也可以有依附于自己的塞恩，只是数量可能更少——这就好比后来国王的直属封臣也可以有自己的骑士役封臣一样；不
148 过，保有的观念并非塞恩关系的实质。塞恩关系的历史可通过涉及军事装备方面的法律得以表述。从起源上来说，“heriots”是指头领为其亲兵提供的战斗装备，它必须在后者去世时予以返还——这一术语仅指为军队提供的战斗装备。现在，塞恩已不是王室内廷的成员而变成了土地所有者，其装备亦由自己筹置；但在其去世时却仍需上交这些装备，不过现在采取的形式是在塞恩去世时向国王上交装备和金钱。于是在克努特的法律中，国王的塞恩去世时应上交4匹马(2匹配鞍，2匹不配)、2把剑、4支长矛、4副盾牌、1套盔甲、50曼卡(mancuses)的金子。[①] 这在诺曼国王统治时期非常重要：这些装备类贡赋逐渐被认为是继承金(reliefs)，即继承人为接管其先人的土地而向国王交纳的一笔费用，这成了土地保有的一种负担。支付的金额可能与以前一样，但审视它的眼光却有了不同。于是，封建主义之路就这样铺就了。

这种领主与封臣之间的联系被视为是一种最神圣的联系。我

① *Select Charters*, p. 74; Liebermann, I, pp. 357—359.

们所认为的许多非常严重的犯罪其实都仍可通过支付赔偿金予以和解，但背叛其领主（无论该领主是国王还是普通领主）则是不折不扣的死罪。这在阿尔弗雷德的法律中就有规定，在这些法律之前有一则奇异的序言，该序言即显示了这种感情的强大力量。国王解释道，自日耳曼各族皈依基督之后，吾辈教俗两界贤人即规定，几乎每一种严重的犯罪均可通过支付赔偿金的方式进行和解，只有背叛领主的罪行除外。对这种叛逆大罪不允许有任何怜悯之心，因为全能的上帝从未怜悯过那些蔑视他的人，上帝之子基督也从未怜悯过那些出卖他的人，每一个人都应像爱自己一样去热爱他的领主。背叛领主的罪行即为犹大犯下的罪行。[①]

我们发现这种封臣与领主之间的关系存在于社会架构当中的每一个角落。起初，这是一种人们自愿进入的关系。不过接下来我们发现，立法者要求所有人都应有领主。925—940年间艾塞尔斯坦国王的法律规定，每一个无地者都必须有自己的领主：如 149
果没有，其亲族必须为他找一个。[②]我们可将此视为一种治安措施。法律无法控制无地者：他可以经常违反法律并藐视它，而他又没什么东西可供你扣押，逃避司法对他来说轻而易举。因此他必须有一个在需要时有义务将他带到法庭的领主。所以国王通过积极的立法扩展了这种依附关系，每一个人都被要求或者有土地，或者有领主。无地者仍可能是完全自由的，仍可能享有政治权利，但他却依附于别人。后来的变化使得自由保有地产而非人

① *Select Charters*, p. 62; Liebermann, I, pp. 45—46.

② *Select Charters*, p. 66; Liebermann, I, p. 170.

身自由成为了享有政治权利的前提。无地者由其领主代为出庭，其领主开始为其行为负责，这样他自己出庭作为法官和宣示法律的权利便失去了。

他很可能发现了这一点是很便利的。对穷人来说，出席法庭是一个沉重的负担：他们去那儿几乎无所作为，只是看众多事情如何由其富庶的同乡来为其解决；至于其私人权利，则由领主负责照看，因为这与领主自己的权利复杂地交织在了一起。我们能够看到，拥有一个领主必定非常方便；无地者寻找一个领主是法律的要求，而小土地所有者这样做则是出于自愿，他们主动将自己委身于领主。从《末日审判书》中可以看出，这种将自己委身于他人的做法当时已相当普遍，尤其是在东部各郡。这样，小土地所有者就将自己置于了一种依附于大领主的关系中。这究竟意味着什么不得而知，很可能委身在不同场合意味着不同的东西：有时这种依附表示委身者仍可携土地转投别的领主；有时则表示委身者个人非常自由，他可以离开其领主，当然此时也必须离开其土地——在这种情况下，其土地究竟是他的还是已变成了领主的就成为一个微妙的和语词上的问题。并无立法将小土地所有者转变成别人土地的保有人，或者甚至强迫他们拥有自己的领主——
150 这一变化是个人的自愿行为所导致的，其结果（如近代学者所描述的那样）也是复杂和令人困惑的。

但常见的情况则是，我们只能称之为土地保有（一个人从另一个人那里持有土地）的那种东西一定是通过更为简单的方式创设的。通过授予民有地的方式，大片土地被集中到了大贵族和

教会组织手中。[①]他们又将这些土地授予了众多垦殖者。一般而言，这类授予都是长期性的：将土地授予某人及其继承人，或授予某人及特定的继承人，条件是由他们提供劳役，对领主自领地进行耕作和收割，或者通过实物或货币方式交纳地租。我们并没有发现固定期限的土地授予或租赁土地——我相信，在所有的盎格鲁-撒克逊土地授予状中只有一例这样的讨价还价。双方都希望长期保持这种关系，而没有考虑土地价值或地租的涨落。这里我们见到了某种非常类似于后来法律中的完全保有地权（estate in fee simple）之类的东西——在领主和封臣之间就完整的所有权进行了封建性地分割。依据授权状的条款，垦殖者可能拥有了一份永久持续（或至少只要他有继承人）的地权；但其义务则是土地上的负担——很可能如果他无继承人，土地就又成了授予人的土地；也很可能，如果其义务未及时履行，授予人也会收回土地。对于这些情况我们几乎一无所知，因为很少有书面材料表明这些垦殖者、小民的权利状况。但非常有可能的是，在诺曼征服之前，英格兰的大部分土地实际上都是以我们所发现的后世农役保有的形式予以保有的——作为回报，占有土地的人要履行一些多少有些繁重的义务，耕耘领主的自领地，用实物或货币支付地租。看来，将这种占有转变为一个人从另外一个人那里保有土地所全部需要的只是一个术语而已，但此时盎格鲁-撒克逊法还未产生

① 梅特兰可能已将此句改写如下："By means of royal and other books (or charters) superiorties over land were being conferred upon religious houses and great men（通过王室或其他种类的文书〔或特许状〕，对土地的控制权被授予了宗教组织或大人物们）。"参见《末日审判书及其前史》，第226—258页、第293—318页。

151 这样一个统一的术语。就我们现在所能见，它还没有任何有关保有制的理论。

我们在这里碰到了一个困难的主题，它可能是英国法律史中最困难的问题，即农奴制的历史，由12、13世纪文献引起我们注意的那种奴役性土地保有的历史。看来极有可能的是，在诺曼征服之时，有一个很大的非自由群体在与后来构成农奴土地保有相同的条件下耕种着土地。奴隶的存在几乎可以肯定地说贯穿了整个盎格鲁-撒克逊时期——一个半奴役半自由的阶层的存在，这是一个备受争议的问题。

封建主义的另一个因素已显而易见。在诺曼征服之前的一段时间里(究竟多久尚存争论)，主持法庭的权利，即司法管辖权正落入了私人之手。长期以来的理论一直是，司法权属于国王，他可以将之授予他人，即授予他们主持法庭的权利。的确，忏悔者爱德华国王在这方面过于慷慨。我们的证据主要来自于对教会和宗教组织的授权——它们认真地保存了其权利证书，因此这些文献才得以流传至今。但几乎毋庸置疑的是，世俗的大土地所有者也曾得到过类似的授权。于是，英格兰迅速成为一块私人法庭遍布的土地；在这些法庭上，领主在其附庸中行使司法权，这些附庸有义务前来出席法庭并帮助做出判决。我相信，当我们谈及封建主义时，没什么会比私人法庭更能体现其实质了——这种法庭可以继承并随土地一起出售。看着这些，我们就可以说英格兰陷入了封建主义、一种危险的封建主义洪流之中，因为在忏悔者爱德华统治时期，中央权力趋于衰微，而地方领主的势力则开始坐大。封建主义的现实看来就在这里，现在所缺乏的只是一种表述

这些现实的理论，而这种理论则来自于诺曼底。

征服者来自于法兰克帝国的一角。在这个帝国中，我们刚刚 152
谈到的在英格兰所发生的一切在这里进行得更快，也走得更远。这里的土地一直以来都属于罗马。法兰克人征服高卢在实质上不同于盎格鲁人征服不列颠，它是由一个在征服期间皈依基督的日耳曼部落所慢慢实现的。原有居民中的一大部分在血缘上属于凯尔特人，在语言和法律上都来自罗马，现在则臣服于条顿统治者。在英格兰，小土地所有者至少一般都是自由的英国人；在高卢，他则是一个被征服的地方居民。更有甚者，随着时间的推移，罗马的语言在法国盖过了征服者的日耳曼语，法兰克的习惯法中也注入了罗马法的因素。当拿我们早期的法律文献与更早的萨利克法兰克人的《萨利克法典》作比较的话，就会立即发现这种罗马因素的显著影响：前者是用盎格鲁－撒克逊语写成，后者用的则是拉丁文。

在欧洲大陆，封建主义的历史是围绕“*beneficium*”（馈赠、封地）而展开的。“*beneficium*”逐渐又被称为“*feodum*”（封地、采邑）；当然，正是由于后者我们才有了“*feudal*”（封建的）一词。我相信“*feodum*”一词在公元9世纪末之前并未出现，它来源于日耳曼语中表示牲畜(cattle)的那个词，而该词又逐渐被用来泛指货币或财产，就像罗马语的“*pecunia*”（财产、牲畜、金钱）来源于“*pecus*”（牲畜）一样。多少有些令人惊异的是，“*fee*”（封地）和“*chattel*”（动产）这两个英国法律家们经常拿来作对比的词，竟然都追溯到了可能是最为古老的财产形式，即“*cattle*”（牲畜），因为“*chattel*”一词来源于中古拉丁语(low Latin)“*catallum*”，即

"*cattle*"。但"*beneficium*"则是一项古老的制度，它出现于日耳曼部落推翻罗马帝国之后不久。该制度是指由国王从自己的地产中拿出一部分赠与他人，受赠者因此要负特别的忠诚义务——看来并非承诺尽某些特定的义务，而只是泛泛承诺作为接受馈赠的回报而保持忠诚。法兰克国王们随意地向其身边的重要人物进行着这样的馈赠。起初，这种授予土地只惠及受赠者本人一生；不过
153 逐渐地，这些封地带有了可继承的性质：人们认为，受赠人死后其继承人有权主张被重新授予该封地。公元877年（诺曼征服之前近200年）的一则条例已经认可了这种封地的可继承性。中世纪的所有官职都倾向于变得可继承：王位趋于而且实际上变得可继承了；我们的郡长一职也有变为可继承的之趋势，且在许多情况下实际上也已可继承了；英国贵族被召集在议会觐见国王的权利也逐渐变得可继承起来。因此，封地也变得可继承了——不过其继承人并不能立即接替其先人的位置；只有在举行授权仪式之后继承人才能保有此封地，要由国王赋予他对土地的占有权，为此他要支付一笔费用，即继承金（relief）。这是习惯法对他在接管遗产时所提出的要求，当然其数额由地方习惯来确定，并随地方习惯之不同而不同。

为了表述由此所创设的各项权利，便发展出了一整套专业术语：受赠者或受封者、封臣（beneficiary or feudatory）从其领主、授予人（lord or grantor）那里保有了土地（A *tenet terram de* B）。这样，土地的完整所有权就在甲和乙之间被分割了；或者，因为受封者还可以将其封地的一部分授予他人，所有权又在甲、乙和丙三人之间进行了分割，丙从乙处保有土地，而乙又从甲处保有

土地，如此直至无限。

这种保有、分割所有权的观念，其起源一直以来并且直到现在还在为大陆法学者们所热烈讨论着。我可以推荐大家去看梅因的著述，《古代法》的第8章（也是最后一章）及《早期法律与习俗》（*Early Law and Custom*）的第10章。非常有可能的是，罗马法的某些观念有助于导向这一结果，但这一结果却并非罗马的观念，而是在领主和封臣之间分割所有权的观念。

接下来司法权也落入了私人之手，国王在授予土地时将其一并授予了受封者。司法权属于国王的财产并可由国王出让的观念在法兰克的盛行要早于英格兰；这里的王权以前一直很强大，从公元9世纪中期开始，这类封赠变得普遍起来。必须记住，此时正值法兰克帝国分崩离析之际，中央权威徒有虚名，真正管用的 154
法庭是大土地所有者们开设的法庭。还必须记住的是，此时也是北方人征服诺曼底的时间，诺曼公爵通过委身的方式成为了法国国王的附庸——诺曼底公爵理查将自己委身于（其子嗣后来成为国王的）法国公爵胡果（Hugh Duke of the French）。但法国国王在诺曼底的权力几乎只是名义上的。一个奥斯丁的学生很可能会说，诺曼底是一个独立的政治实体——尽管这并非当时的理论。封建化的进程在这一公爵领地内推进；诺曼血统的领主统治着另一个血统的民众，并形成了一种强有力的贵族统治——只有公爵们的个性和铁腕才能将领地捏合成为一个整体。

威廉从诺曼底前来主张他对英国王位的权利，他宣称自己是忏悔者爱德华所选定的继承人。他前来寻求的是他自己的个人性权利，而不是诺曼人对英格兰的权利，是他威廉必须成为英国国

王的权利。这种主张过去看上去而且可能一直都是站不住脚的，但其性质我们必须记住。通过武力取得胜利来主张权利将会纵容这样一种危险的观念：如果公爵可以战而胜之，那么其手下的伯爵男爵为什么不能？不，整个事件中还有一丝合法性在里边——威廉是继承了爱德华的王位。征服使威廉获得了大片的土地。武力反对他的人都是叛乱，其土地也会因此而被没收；每一次新的叛乱的爆发都会导致新的没收充公。威廉的部下需要得到犒赏，对此他一点也不吝啬。但并没有出现普遍的混乱；新的所有者取代了旧的；国王的没收和随后的授予在权利方面建立起了联系。通过这种静悄悄的承接，封建保有遍及了英格兰；现在，所有土地都是从国王处保有。

我想这就是英国的法律家们在谈到封建主义时所首先想到的内容。在过去的几个世纪里，所有在英格兰具有重要性的封建制度仅仅是地产法，即作为私法一部分的不动产法。可以说我们的
155 地产法仍是封建性的；所有土地都直接或间接从国王处保有；这一点今天与过去并无不同[*]。但这在今天亦为真的简单事实表明，这种法律理论并非封建主义的实质，因为没有人会把今天的英格兰称为封建国家。如果对我们的封建主义观念加以审视，难道它看来不是这样的吗——地产法并非私法，公法是地产法，各种公共的和政治性的权利义务都与对土地的权利紧密且不可分割地混合在一起？地权包含了参加王国或郡之议会或法庭的权利；司

* 不要忘记梅特兰所处的时代是19世纪下半期，他去世时为1906年，而英国的财产法改革则晚至1925年才进行。——译者注

法管辖权、军事义务和财税义务也是封建保有的结果；议会、法庭和军队的组建，一切看起来都附属于不动产法。

现在，这种土地最终是从国王处保有的理论成为了诺曼征服时我们法律的理论。该理论为《末日审判书》所接受，并被默认为是这次财产清查的基础——《末日审判书》是1086年财产大清查的结果，至今已保存800多年。另外，我们则可以肯定地说，在诺曼征服之前，这却并非英国法的理论。在此之前，英国法已经朝着这样一种理论前进了很多年。极有可能是，当事实的逻辑将会产生这一观念时，它到来的时间也就越快了；事实即真实的法律关系已经是这样了，以致“一切土地皆最终保有自国王”这样的宽泛理论并不会对它们构成太大的干扰。不过，这一理论此时仍未在英格兰发展出来。它来自于异域他乡，但到来时却是被默默接受的，没有法律将它强行实施于被征服的领土上，这样的法律也是不必要的。在诺曼底，土地从公爵处保有，公爵又从国王处保有；在英格兰当然也是一样，不必再考虑实行其他制度。没收充公的进程给了征服者足够多的机会以使该理论转变为现实；因犒赏而被授予没收之土地的随从自然是从征服者那里保有的土地，英国本地的大土地所有者因其土地是被征服者返还给了他们也被理所当然地认为是从他那里保有了土地的。至于 156
底层的小土地保有人，在诺曼人看来，他们已经是上层大人物的封臣了；当这些大人物的权利被剥夺时，对他们来说只是领主发生了变化而已。这种理论的接受有时相当真实，但在其他场合可能就错了；很多情况下，它只是一种新的和更简单术语的引进而已，以前是在人身上依附于领主的土地所有人，现在则变成了从

领主处保有土地的封臣。这一切并无相应的立法，我相信也没有编年史料会提到对于这种新理论的引进。至于后来的法律家，如格兰维尔和布拉克顿，他们也从未描述过这种理论；他们从未将“一切土地皆保有自国王”作为一个值得描述的事实去描述——当然它是值得的。这在布拉克顿的巨著中很是引人注目。他有关财产法的一般性知识来源于罗马法的著述，在对这些知识进行解释时他使用的也是罗马法的语言。最终占有土地的那个保有人，即封建序列中的那个等级最低的保有人是土地的所有人，他对土地享有所有权（*dominium rei*，*proprietatem*），他是土地的所有者（*proprietarius*）；但当然他的土地是从别人那里保有的，保有自某位领主；如果他不是从别的什么人那里保有的土地，那就是从国王处直接保有的。这没什么可解释的。

如果封建主义仅存在于这种保有的法律理论中的话，那么我相信，在所有的欧洲国家中，英格兰是封建化最为彻底的一个。每一寸土地都被纳入了这一封建体系之中。诺曼征服所带来的巨大冲击使得这些东西具有了极大的可塑性，一切都可以被置于一个观念之下。比如，如果我们看中世纪德国的法律，就会发现它与我们非常不同。那里的土地分为封建性的和非封建性的，封建土地保有人和非封建土地所有人并肩存在。同时也存在两套法律系统：普通土地法（*Landrecht*）和封建法（*Lehnrecht*）。我们英国人几乎无法翻译这些术语；我们的普通土地法都是封建法，我们所有有关土地的法律都与封建保有有关。但我们千万不能忘记这一事实的两面性：我们的封建法就是普通土地法，它不为保有军事役封地的某个特定阶层所专有，而是关于土地权利的一般性法律。

我想这一点非常重要。封建观念的广泛扩展去除了其中最为危险的含义；它并未建立一个等级制度，它必须适用于农役土地保有， 157
就像适用于骑士役保有一样。我们法律史上的许多事情都是这样解释的，比如长子继承制的发展。从起源上来说，这一制度属于骑士役保有；慢慢地，它扩展到了农役保有，它不再是一个阶级的标志，而成为了普通法。[①] 当我们审视自由教役保有（tenure by frankalmoign）时，保有观念是如何连贯地贯穿于整个土地法的，前述理论之意义可能有多轻微，就能得到最好的阐释。宗教团体并不支付地租，领主不能得到土地保有通常所带来的利益，因为其封臣不会死亡，不会留下继承人，也不会犯下重罪；但为了保留这一理论，它还是一个封臣，它保有土地的对价是为领主进行祈祷。

于是诺曼征服引入了这种关于保有的一般性理论，并使之成为整个土地法的理论。此外，它还进一步加强了本已开始将军事义务与土地保有连结在一起的那种联系。但我们千万不能推断说征服者就精确地分配了军事义务的总量，以便从其臣下那里征索。斯塔布斯说："我们没有关于征服者向其世俗随从进行封赠的任何信息，但从向教会授予土地的情况看，尚无法推定这些封赠已带有了明确的条件，或受赠人在接受封赠时已被要求向国王明确保证提供确定数目的骑士。在过去，王国的防御义务归于全体土地所有人，习惯上通常每5海德土地提供1名全副武装的骑士，这很可能也是新的受封者在履行义务时被要求遵循的比例。

① 这一观点在*History of English Law*, vol. Ⅱ, pp. 260—273中得到了很好阐述。

《末日审判书》当中的用语并未暗示新的军事役保有与过去在这方面有什么不同；土地在分封时不是被划分成骑士役份地而是按照海德来划分的；某位封臣所需提供骑士的数目是通过查看其保有土地的海德数来确定的，而不是按照供养1名骑士的土地数量
158 进行核算。”[①]这种分配看来更多的是次级分封发展的后果。因拥有大量土地而不得不提供众多骑士的大土地所有者将其这一义务在其附属的臣下之间进行了分摊，明确要求甲或乙保有这片土地的条件是提供1名或3名骑士。这种体制看来尚未来得及完善其细节，封建的军事建制就已失去了部分重要性。亨利二世统治期间免服兵役税的征收（军事义务转变为支付金钱）使得每一个细节都确定了下来；原先的义务现在可以通过英镑、先令和便士予以表述。这片土地构成一份骑士役封地，这是1/5份骑士役封地；当一份骑士役封地的免服兵役税为两马克时，这块土地就需支付两先令，如此等等。但并未强制施行某种一般性的规划。[②]

至于那些通常被称为封建保有之负担或附随义务的内容，这里还是，我们千万不能认为征服者威廉已为我们带来了一套发展完备的法律。英国的法律在它清晰地表述于格兰维尔和布拉克顿的著述中时，已然经历了11、12世纪的缓慢发展，并逐渐对领主和封臣间的权利和义务进行了限定。有关这一进程的情况，我们可以根据每一项独立的义务来追溯——继承金、婚姻指定权、监

① *Constitutional History*, vol. I, §96。骑士的数目看来与保有人土地之大小并无任何紧密联系。参见Round, *Feudal England*, p. 247ff.。

② 关于梅特兰在土地继承金问题上进一步的观点，请参见*History of English Law*, vol. I, pp. 266—271。这里证明，直属封臣的义务是不可以转化的。

护权、协助金、免服兵役税，等等。其最终的结果我们已经描述过。一些常规的教科书支持这样的观念：英国的封臣起初只是终身地产保有人，但随着时间的推进，用通常的术语表达即是，“封地变得可继承了”。没错，很久以前这一进程的确已在外国上演。封地（逐渐被称为“*beneficium*”或“*feodum*”）一开始只是终身地产，但早在公元9世纪继承人对其先父封地予以继承的权利主张已得到了普遍认可。看来毋庸置疑的是，无论如何，当征服者将 159
英国的土地授予其臣下时，所授予的都是可继承的地权——授予受封者及其继承人。同样毋庸置疑的还有，过去封地的历史是与赠与交织在一起的。尽管继承人的权利主张得到了认可，但他仍然只是请求将自己置于其祖先的位置，而非仅依据死亡的发生和继承权的存在就说自己已经当然处于那个位置上了。他有权拥有那片土地，但此时土地还不能说完全是他的。他必须向领主行臣服礼并宣誓效忠；再者，要想填补其祖先的位子，还需要先支付一笔费用。允许他拥有他父亲曾经拥有的东西，这其中仍带有某些恩典的意味。征服者自己如何做的我们几乎是一无所知，但鲁弗斯显然更愿意将其封臣们视为终身地产的保有人，并坚持封臣的继承人必须重新购买其父先前的地产，甚至新任主教或修道院院长也必须重新购买其前任曾保有的地产。我们被告知，他希望自己成为每一个英国人的继承人。不过，他的要求显然被认为是专制的和非法的。亨利一世即位时发现有必要废除其兄长的这种恶劣行径，他在其加冕特许状中完成了这一点，该特许状成为了英国封建主义历史，甚至是英国历史上的一个重要里程碑。因此我们特将此条款引征如下：“如果我的任何伯爵、男爵或其他封臣

去世，其继承人无须回赎其土地，而只需通过交纳正当合法的继承金即可继承。”你将会发现，这一方面重点强调了封地的可继承性质，另一方面却只是轻描淡写地宣称尚需要交纳继承金。不过其数额并未确定。大家要记住，在诺曼征服之前，在英格兰已经出现过某种类似于继承金的东西，即临终贡奉（heriot）。尽管如我已指出过的那样，临终贡奉（塞恩向领主奉还后者为他提供的战斗装备）起初与继承金性质完全不同，但它还是与外国的继承金制度渐趋类似。塞恩变成了土地所有者，并对国王负有某种特殊的义务，在去世时要向国王上交武器和金钱——一个熟悉封赠体制的诺曼人会将此视为继承金。现在一般认为，威廉·鲁弗斯
160 的大臣拉努尔夫·弗莱姆巴德（Ranulf Flambard）——其行为遭到了当时编年史家们的激烈抨击——与英国封建主义这一部分制度的型塑密切相关。亨利特许状中规定的正当合法的继承金，可以等同于克努特法律中征收的临终供奉。但要将国王的胃口限制在任何确定的范围内，从亨利一世登基算起也要花去一个多世纪的时间。我所谈到的有关继承金的内容也可适用于监护权、婚姻指定权等这些极其繁重的封建负担，亨利一世的加冕特许状对这些负担做出了很多承诺，并制定了一些规则；与最终成为普通法内容的规则相比，亨利一世的这些规则加给土地保有人的负担还相对较轻。从亨利一世即位到1215年的《大宪章》，这些问题并未得到解决——国王尽其所能地攫取，而且经常能得到很多。最终，约翰王被迫签署的《大宪章》为其权利设定了精确的界限，尽管事实上它得到认真遵守还需要半个世纪的时间。但即使是《大宪章》，也并非在所有方面都能像亨利一世的特许状那样对封臣

有利，这尤其表现在监护权和婚姻指定权方面——最终确定的国王的权利至少可以说是非常丰富的。

有关国王及其直属封臣间此种关系的论述同样适用于贵族及其封臣。亨利一世在其统治之初不得不求助于整个王国民众的支持，其特许状认真地规定：他对其臣下的行为应成为其臣下对自己封臣行为的典范。他们只能收取正当合法的继承金，且不能超过国王已很满意的监护权、婚姻指定权等权利。赢得1215年《大宪章》的那场起义显然是一场全国性的起义，直属封臣针对国王所获得的权利同样也是下级封臣针对他们所获得的权利。我们可将1066—1215年这一期间视为封建负担予以确定化的期间，这种确定部分通过从国王处获得宪章、部分通过王室财政署发展出例行规程而得以实现。但仍有许多问题没有解决，国王尽其所能

地攫取，封臣则尽力少出，并不时伴以反抗。举例来说，在格兰 161
维尔时代，一份骑士役封地的继承金被确定为100先令，农役保有地则是一年的地租。他接着说，至于男爵领地的继承金则没有制定确定的规则，因为男爵领地是根据自愿和国王的恩典(*juxta voluntatem et misericordiam domini regis*)交纳继承金的。[①]

现在让我们来重述一下这个国家为封建制度的发展所设置的各种限制。

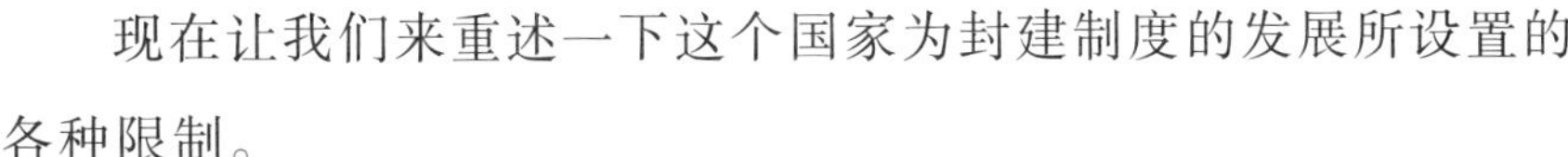

(1)首先，也是最为重要的，除保有关系外，人与人之间不再有任何政治联系这一点从未成为法律。威廉自己好像已经看到了这一点的危险。从文献中我们得知，1086年他来到索尔兹伯里，

① *Select Charters*, p. 163.

“前来觐见的还有各界名流，全英格兰所有保有土地(只要有一点价值)的人——不管是谁的人，所有的人都向他拜倒，成为他的人，并向他宣誓效忠：他们将效忠于他而不是任何其他人”。被要求宣誓效忠的不只是他自己的封臣，而是所有占有土地的人——不管他们是谁的人；他们要效忠于他而不是任何其他人，哪怕是他们的领主。这成了基本的法律，此前我们已看到其结果；无论何时向任何中层领主行臣服礼或效忠礼，封臣都必须明确保留他对国王的效忠。我们所发现的这种效忠宣誓是从全体自由人那里征得的；这种征求效忠宣誓的工作也成了地方法院常规业务的一部分。

(2)英国法从未认可过这一点：任何人都有义务为其领主而战。保有军事役领地的次级封臣有义务因其保有而为国王而战，他应追随其领主的旗号，但这只是在王国的军队中；他无须在其领主的争斗中支持他，更不用说后者与国王的争斗了。私人间的战争从未被合法化，这是对于和平秩序的破坏，是一种犯罪。的确过去存在大量的私人间战争，的确人们觉得有义务跟随领主与
162 敌人作战，甚至是与国王作战，但这种义务从未成功地被接受为一项法律上的义务。如果在你看来这太过正常以致不值描述，那你应该去看看法国的历史：在那里法律明确承认，在正义的战争中，臣下必须追随其直接领主，哪怕是对国王开战。

(3)尽管军事役保有已为国王提供了一支军队，但法律从未说过依保有性质无此义务者无须参战。过去由郡长掌管的王国军队并未消失。鲁弗斯曾为落实某些强制性的义务而召集过它，它也不止一次地被召集以应对苏格兰人；1181年亨利二世通过其

《武装法》(*Assize of Arms*)对之予以重建；爱德华一世又依1285年的《温切斯特法》(*Statute of Winchester*)进行了重组；这就是后来的国民军。每一个人都应拥有与其地位相适应的武器，直至最低者只需拥有弓箭即可。这种由王室官员组织普通民众形成的军队一直以来都是对封建军事体制的一种制约，它同样为国王提供了良好的服务。诺曼征服时期的那些大家族，最终在王室军队和民众武装的双重打击之下分崩离析。

(4)征税并未封建化。国王曾足以强大到这样的地步，以致可以向全国征税，向次级封臣征税，并不经中间领主的干预而直接触及下层民众的土地和财产。当为其权力设定限制的时刻到来时，那也只是短暂的一瞬；如果有的话，也只是来自直属封臣举行的纯封建性集会所施加的限制。国王在郡法院与小土地所有者进行交涉，直至最终郡法院由派往威斯敏斯特的郡骑士予以代表。另一方面，依靠普通民众的力量，国王足以坚持要求未经他同意领主不得向其封臣征税。

(5)司法权的行使也从未彻底封建化。古老的地方法院仍保持活力，但它们并非封建集会。封建法院的司法管辖权受到严格限制，它们不享有刑事司法权，除非得到国王的明确授权，而总体上来说国王在做出这种授权时非常谨慎。自然，任何领主都很 163
少能行使大陆上所认为的非常低限度的司法权。那两个巴拉丁郡属于例外；但其中之一的达勒姆把握在一名主教之手，而对此主教的任命则实际掌控在国王之手。至于切斯特，这是我们真正封建主义的最好代表；大约13世纪中期，一连串幸运的意外事件又将这一伯爵领地拉回到了国王自己手中。正如我们已看到的，国

王又迅速扩展了其司法权的范围；到13世纪中期以前，其法庭实际上已成为整个英格兰王国的初审法院——自亨利二世时起，王室巡回法官已在为整个王国带来一种共同的法律。

(6)即将成为王国大咨议会的御前会议从未明确地呈现出某种封建形态。对这种形态来说，直属封臣的群体过于庞大、过于混杂。很大程度上都是由国王决定召集什么人、听取什么人的建议。贤人会议的传统并未失去。只是慢慢地，一个贵族(或大贵族)团体才从由全体直属封臣组成的那个更大的团体中分离了出来，但国王一直保留了决定这些大贵族由什么人构成及谁应被召集参加咨议会的权力。剩下的直属封臣并不热衷于出席法庭，逐渐地他们“沦落”为一般的自由地产保有人。当代议制议会的时代到来时，这些普通直属封臣与其次级封臣混在了一起，他们与所有的自由地产保有人一样在郡法院找到了自己的位置，而现在郡法院在议会中则由郡骑士来代表。1290年的《封地买卖法》之后，接踵而至的便是1295年的模范议会，而《封地买卖法》则终止了次级分封，并极大地削减了保有制在公法上的重要性。

因此，从总体上来说，我们所谈到这种封建主义理想，这种于10—12世纪已在法国得以较彻底实现的封建主义理想，却从未在英格兰实现过。由于诺曼征服，这种理论的一部分被以一种连贯的和无与伦比的活力在英格兰得以贯彻；这里的每一寸土地都被纳入了封建保有制的理论体系中：英国的不动产法成为
164 了封建保有法。在法国和德国还可以找到自主地所有者(allodial owners)，但英格兰却没有。此外，英格兰保有制下的封建负担要比别的地方都重；我相信，这里有关监护权和婚姻指定权的理论

也要比欧洲任何其他国家都更为严厉。另一方面，我们的公法并未封建化；在每一个方向上，封建主义的力量都受到了其他观念的限制和制约；英国人的公权利和公义务没被认为也不能被认为只是领主和封臣之间封建契约的结果。

165

第二阶段
亨利七世驾崩时的公法

你们可能会奇怪，我为什么选择1509年作为我们所讨论的下一个阶段的终点。的确，如果我们将这一刻定格在理查二世被废黜和兰开斯特家族开始执政的1399年，那就会与传统的提法更相一致；或者是选择约克王朝开始的1461年或是都铎家族开始执政的1485年，也更容易让人接受。但第一，我们的时间有限。第二，尽管传统可能是合理的，但打破传统却未必就是坏事；我们应该习惯于从不同角度来审视我们的宪政，我并不想完全重复你们应阅读之书目中所谈到的那些内容。第三，我们宪政被推离正常轨道的危急时刻看来不应是我们停下来审视究竟什么是宪政的最佳时机，而亨利七世结束其长达24年对于英格兰的平静统治后的那个时刻，则是一个适合停顿的地方，这样我们就可以审视爱德华一世之后两个世纪的风雨所带来的长久影响。这两个世纪的英国国内史很大程度上是一部国王与议会关系的历史，这种关系因时而变，因国王及议会的品性而变，并受到对内对外战争的影响，但它的确产生了某种长久的结果，这就是宪法，一个公法的体系。我们首先必须考虑的是，什么才是议会。

一、议　　会 166

(一)组成

我们发现1295年所确定的伟大先例一直延续了下来，那一年所确定的议会模式经常为后世所效仿，它也明确地获得了议会(parliament)的称谓。至少在理论上，议会仍是王国三个等级的会议，我们必须考察其相应的组成部分。

1. 教士

首先，2名大主教和18名主教会出席议会，按照过去的说法我们仍然可以问：他们是因为保有贵族领地还是作为王国教会的首领而出席议会的？修道院院长的数目已从1305年的75人减少到27人；但他们还坚持认为，除非是保有贵族领地，否则他们没有出席议会的义务。他们对于王国的政策漠不关心，没有人像政治家那样野心勃勃；1509年，他们在议会的历史使命即将完成。下级教士还是通过“禁投外条款”[①]而召集，但他们有组织地抵制参加议会，他们更愿意在其教牧人员代表大会上对其税收问题进行表决。一段时间后，他们因出于和平民一样的目的而被要求出席议会；他们被告知以召集并同意令(*ad faciendum et consentiendum*)前来出席，这种召集令一直延续到1340年，逐渐地它为同意令(*ad consentiendum*)所取代，后者又在1377年固定

① *praemunientes clause*，参见上文(边码)第78页。

下来：沉默也可以表达对于某项立法的同意。我们知道，整个14世纪，教士代表偶尔也出席议会，但即使出席，显然他们几乎不怎么参与议会的议程。

2. 贵族

世俗的贵族现在分为了很多等级。在1307年时我们只需谈论伯爵和男爵，但现在在伯爵之上又有了侯爵和公爵，在伯爵和男爵之间又有了子爵。英国第一个公爵爵位始创于1337年，当时的国王爱德华三世将这一荣誉授予了其长子，兰开斯特、克拉伦斯、格洛斯特和约克这几个公爵爵位分别授予了几位王室的
167 成员；1397年时理查二世则将公爵爵位授予了王室之外的人，他还创制了我们的首个侯爵爵位，即都柏林侯爵罗伯特·德·威尔（Robert de Vere）；子爵的出现要晚至15世纪，这些都是从国外引入的。起初，使用这些爵位的目的是给予某些贵族以优先权（与其同侪相比），除此之外便没有更多的意义，它们在法律上的重要性也不大；它们并不意味着授予了权利人任何针对其所涉地区的地域性权力或司法管辖权。即使是古老的伯爵权利很久以前也已不再意味着它曾经的那些东西了——尽管它通常来源于一个郡或郡的城镇。不过，这些爵位的创设对于创设贵族的常规模式却产生了重大影响。公爵、侯爵等都是通过特许状创设的，即通过盖有国玺的信函明确将此等级的封号授予某人及其继承人。至此，如我们所见，男爵从未以此方式创设过，他或他的祖先被召集前往议会的召集令是他能够出示的全部东西。1387年理查二世以特许状的形式创设了一名男爵，后来这一先例时而也被遵循，到1446年后就作为习惯而被遵守了。接下来我们就来到了今天的

法律面前，贵族身份必须通过以下两种方式之一创设：或者是议会的召集令，或者是开封特许状。现在将此问题的由来、发展进行充分讨论，是为了在后面避免重复。

自15世纪以来，特许状已成为创设新贵族的常规途径，也是现在所一直使用的方法。这类特许状通常授予某人及其所出男性后嗣以贵族身份，男爵封号、伯爵封号，或无论什么东西。1856年贵族院向国王建议，授予不超过终身贵族身份的特许状将不再赋予受封者被召至议会的权利。由特许状所创设的贵族身份一定是可继承的：这里我不能论述太多。因为进一步的探讨将会进入不动产法的领域，但威廉·安森爵士（Sir William Anson）的书将会告诉你更多。① 必须承认的是，事实上自通过特许状创设贵 168

族的做法出现以来，我们还没有发现有意使某人成为贵族却不授予其可继承权利的明显的先例；1856年温斯利代尔贵族爵位案（Wensleydale peerage case）的判决使得这一做法成为了法律。但，其次，我可仅依据我的一位祖先（我是他的继承人）曾被召集并在议会入席就座的事实，来主张贵族身份和被召集出席议会的权利。人们认为，单纯发给某人的召集令（如果他遵守了），就足以授予他一项可继承的权利。这是否确为13、14世纪国王们的本意非常值得怀疑，但总体而言，召集其继承人的做法一般都会得到遵守；16世纪，召集令和入席就座就足以授予一种可继承权利的做法已被作为规则确定下来。贵族爵位可以传给女性——尽管现代的特许状通常又通过只提及授予人已身所出男性后嗣的方

① *Law and Custom of the Constitution. Parliament*, c. Ⅵ.

式在防止这种情况的发生——或者国王也可以将贵族爵位授予妇女。因此，妇女也可依据自己的权利而成为贵族，不过，斯塔布斯博士说，还没有哪位女性出席过真正、完整的议会；最为接近的一次是在1306年，4位女修道院院长被召至为授予威尔士亲王骑士（而要求交纳协助金）而召开的一次大咨议会上。

以前我们已经提到过男爵领地保有的复杂问题。1509年时这一问题尚未以任何明确的形式呈现出来。毫无疑问，无论是在法律家还是其他人的一般印象中，收到召集令的权利在许多情况下仍与保有一定（形成男爵领地的）土地联系在一起。不过这些构成男爵领地的土地很少转让，以致究竟是出让人的继承人还是受让人更应被召集出席议会的问题几乎还没有出现。必须记住，自由保有地产此时尚不能通过遗嘱进行继承。鉴于土地转让变得越来越容易，前述问题也被推到了前台，最终的决定是被召集至议会的权利不再与地权相联系，结果是这种权利不能被转让。

169 即使当某些有关召集权的确定性规则被发展出来之时，被召集贵族的数目也会因未成年、褫夺法权（attainders）、男爵领地的消失及类似原因而有很大变化。亨利四世时这一数目从未超过50人；亨利五世时只有一次达到过40人，亨利六世时最低跌至23人，但也达到过55人，爱德华四世时最多曾达到50人。玫瑰战争使贵族爵位数目缩水，不过也并非通常想象的那么厉害；亨利七世的第一次议会只召集了29名世俗贵族，但一些年后又达到了40人——尽管只创设了5个新贵族爵位。这一点最好记住，因为我们很容易将贵族院想象为一个世袭贵族的集会。在整个中世纪，僧界贵族和不可继承的贵族通常肯定是占了大多数，即使

当修道院院长数目减至27人时，他们还经常可以和2名大主教及28名主教一起否决全体世俗贵族的决议。

我们一直在使用“peers”（贵族）和“peerage”（贵族身份、爵位）这样的术语，但它们只是在14世纪才逐渐开始被使用的。起初，“pares”当然仅指地位同等者、同侪。嵌入我们早期法律中的一项原则赋予了该词一个全新的含义，这项原则是受审者必须由至少与他地位同等的人来审判——自由人不能由农奴来审判。于是《亨利一世之法》第7节第31条规定，每一个人都有权得到与其地位同等者的审判（*Unusquisque per pares suos est judicandus*）。[①]因此在封建法院上，附庸不能由次一级的附庸来审判。于是一个人的“*pares*”（同侪）逐渐被用来指与他处于同一层次并适合做其法官的人；法官群体即为“*pares curiae*”（法庭上的同侪），为受案法庭上坐堂审判的同侪。我们都知道，这一原则得到了《大宪章》的郑重认可：自由民不受逮捕和囚禁，地产不受剥夺也不被破坏，除非经过与其地位同等者的判决且此判决是依本王国之法律做出的（*nisi per legale judicium parium suorum vel per legem terrae*）。[②]这些语词显然借用自德国皇帝们的宪章。不要被误导好像它们指的是陪审团审判；陪审团的裁断、邻人的证言根本不同于判决。两者的需求颇为不同，男爵们需要的是一个 170
由其同侪组成的法庭，他们要由男爵来审判。从理论上来说，王室法院很可能已是这样一个法庭，但从实际上来看它已变得非常

① *Select Charters*, p. 100.

② M. C. c. 39; *History of English Law*, vol. I, pp. 391—394; McKechnie, pp. 436—459.

不同，成了一个由一些王室臣仆组成的裁判庭，其中至少有一些人并非男爵身份，而只是文书官员和职业法律家。男爵们为争取由同侪审判而进行的斗争持续了很久，一直贯穿了整个13世纪，最终也不是很成功；针对这一主张国王针锋相对地提出，他的法官足够优秀，足以成为任何人的法官。最终达成了这样一个结果：贵族们获得了在叛逆和重罪案件中由贵族进行审判的权利，这就是他们所得到的全部；如果是任何较轻的犯罪、违法行为，则由王室法官来审理；与他们有关的民事案件也由王室法官审理。即使是在叛逆和重罪案件中，其要求看来也经常被漠然置之。我刚才列出的现代原则实际上是一个妥协，只有在叛逆和重罪案件中贵族才有特权。这一点看来在14世纪已得到解决。1422年的一项制定法使女贵族获得了同样的特权。再进一步还应注意，即使是在叛逆和重罪案件中也有区别：被控犯有此类罪行的贵族由其他贵族在议会中进行审判，如果议会当时正在开会，那么与会的贵族不仅审理此案的事实问题，也审理法律问题；如果此时议会休会，则由王室总管（Lord High Steward）选出一些贵族审理此案，这逐渐被称为王室总管法庭（Cout of the Lord High Steward）。该庭庭长职务早期由莱斯特家族世袭，后复归亨利四世，并融入王室职位之中。自此，如果审判贵族需要这样一名庭长，则由国王临时委任；然后由他选择一个小的贵族团体，看来通常是23人。在这种情况下召集的贵族被认为只审理事实问题，法律则由主持审判的庭长确定。直至1688年光荣革命之后，所有贵族都应被召集以组成王室总管法庭的做法才变得必要起来，但此时只适用
171 于叛逆案件。可能令你吃惊的是，这种由国王为此目的提名的一

名贵族*和一个由该贵族提名组成的贵族团体审判的特权，可能并没有什么特别的价值，但这的确就是贵族们费了九牛二虎之力后所获得的全部。[①]

不过这种特权可以用来确定一个贵族阶层。另一方面，它也并非贵族的唯一特权。贵族还享有一定程度的免于逮捕的自由，他不能因债务而被逮捕或囚禁，尽管叛逆和重罪的指控可以使之被逮捕和囚禁。我们最好注意一下，其实贵族的特权少得可怜，世俗贵族阶层也只是一个很小的等级。后来谈论贵族血统时流行的说法是：当一个人被召至议会时他的血统就变得高贵起来。但这等于什么都没说，除非是判定他祖先的血统只传给了其继承人，以及该继承人只有在其祖先去世时才在自己的血脉里拥有了祖先的血液。贵族的子女在其父亲在世时从一开始就一直是普通的平民，只有在其父亲去世后被确定为继承人者才会被授予任何法律上的特权。无论贵族家族拥有什么样突出的社会地位，它都缺乏相应法律基础：我们从未拥有过一个贵族阶层或种姓(*noblesse*)。据称，一直以来主教都无权主张由贵族院来审判自己，因为其血统并非贵族。贵族院在1692年宣布了这一立场。现在一个很值得怀疑的问题是：如果主教犯叛逆或重罪又会发生什么情况呢？但事实上，“peers”一词一经使用，主教们就被例行地认为是这个王国的贵族了；在1341年斯特拉特福德大主教

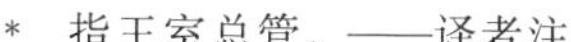

* 指王室总管。——译者注

① 有关此问题的进一步说明，请参见 L. O. Pike, *Constitutional History of the House of Lords*, c. X; L. W. Vernon-Harcourt, *His Grace the Steward and Trial by Peers*, and *Law Quarterly Review*, vol. XXⅢ, pp. 442—447 and vol. XXⅣ, pp. 43—48。

(Archbishop Stratford)的案件中，我们发现了对以下原则最早的明确表述：贵族将在议会中受审。

我们最好记住，在中世纪，国王对于后来逐渐成为议会上院
172 之贵族院的组成拥有很大的权力。至于世俗贵族，尽管渐已形成法律的惯例可能强迫国王必须召集已故男爵的继承人，但他却拥有创设新贵族的权力，而且法律并未对此予以限制。我想国王并没有随意行使这一权力，因为经他一手挑选组成的贵族院的好处会被创设新贵族的危险抵消掉——这种创设会威胁到创设者本人。对于僧界贵族，国王的权力至少同样大。有关主教的产生方式，经历了一段漫长而复杂的历史。从理论上来说，主教应由总教堂教士会(cathedral chapters)选举产生；《大宪章》承诺，这种选举应是自由的；不过实际上，新主教的产生是国王和教皇的事，如果双方合作愉快，他们便可随心所欲；一旦发生争吵，则有时是这个有时又是那个获胜。当主教职位空缺时，国王会向教士会发出准许选举的命令，同时伴有一封提名候选人的推荐信。对于亨利六世这样一位孱弱而又虔诚的国王来说，教皇即可随心所欲；他向英国提供了主教，尽管这有悖于英国议会的立法。亨利七世时，国王提名的候选人无一例外都予以当选。至于修道院院长，他们由修士们选举产生，无论是国王还是教皇都不常干涉。如前所述，修道院院长在议会和政治中并不扮演突出的角色。

3. 平民

首先让我们来看一下郡骑士。英格兰有37个各自选派2名骑士的郡，切斯特和达勒姆此时尚无代表。我们已经看到，从一开始这些代表就由(由全体居民出席的)郡法院选举产生。至于选举的

方式，我们知道的有关14世纪的情况也就仅此而已，尽管从民众的抱怨中还可以得知，郡长在这方面经常有很大的影响力。郡民众只是逐渐地才开始欣赏这种被代表的特权，或者说代表郡出席议会才被视为了一种荣誉。1406年的一项制定法(7 Hen. Ⅳ, c. 15)要求，代表选举要在接到令状后首次举行的郡法院上完成，而且要 173
由全体民众出席。1410年(11 Hen. Ⅳ, c. 1)，这一选举被置于了巡回法官的掌控之下，做出不当回呈的郡长将会被处罚金100英镑。1413年(1 Hen. Ⅴ, c. 1)，在本郡居住被列为选举人和被选举人的资质条件之一。从1430年起，我们拥有了一项规范郡选举权效力达4世纪之久的重要法律(8 Hen. Ⅵ, c. 7)：选举人应为居住于本郡的居民，且每人所拥有的自由保有地价值在除去所有费用后至少要达到每年40先令。该法抱怨说，近来选举人“数目太多，让人无法容忍，其中绝大多数人财产很少或身无分文，但在选举中他们却和那些最值得敬重的骑士、绅士装作享有同等发言权”。在我们眼中，起初这一定是一个相当高的资质要求，但美洲银矿的发现所导致的货币价值的巨大变化，却又使得这一要求随着时间的推移变得很低且易于变化。拥有价值40先令的自由地产保有人有选举权，但公簿地产保有人(copyholder)和租赁地保有人(leaseholder)则没有，无论其地产多么值钱。1432年，另一项制定法解释说，所要求的自由保有地必须在本郡之内。国王经常在发给郡长的令状中插入一些条款，以限定被选举人的种类——通常是两名佩剑的骑士。不过这一命令看来并未得到普遍遵守，许多所谓的郡骑士其实并非骑士——1445年时，人们认为郡骑士或知名乡绅(出身绅士、能成为骑士)就足够了。农夫或更低等级的人不能当选。

我们已经看到，郡骑士的数目保持了稳定，而城市和自治市的代表则处于变动中，并随着时间的推移而持续减少。选送代表的自治市数目最多时为爱德华一世时期，当时达到了 166 个；15
174 世纪上半期降至 99 个。1445 年后略有回升，亨利六世增加了 8 个新的自治市，爱德华四世增加或恢复了 5 个。应当指出，中世纪时并无令状发给自治市——令状发给了郡的郡长，命令他从其郡选派 2 名骑士，从每一城市选派 2 名市民，每一自治市选派 2 名自治市市民。因此，在决定哪一个城镇应有代表时郡长有很大权力。城镇经常希望自己能不选送代表。根据例行的做法，自治市所纳赋税要重于郡——因此当郡的税率为 1/15 时，自治市即为 1/10；同样，如果自治市派代表出席议会，它就必须为其代表支付薪金。有一个来自托灵顿的例子，1368 年我们发现一个自治市向国王请愿，请求不再被强迫选送代表，并取得了成功。非常有可能的是，其他自治市也通过与郡长谈判达到了同样的目的。1382 年，一部制定法（5 Ric. Ⅱ, c. 4）废除了一项针对郡长因其遗漏此前曾选送过代表的自治市而施加于他的惩罚。15 世纪时，选送代表的特权看来被抬高了一点，因而也更受重视。我们发现国王将选送代表的权利授予了新的自治市，或者返还给了以前曾选送过代表的自治市。这种权力使得国王有了填充下议院的可能，但直至玛丽女王之前我们并未发现这种权力曾被随意行使。亨利八世时的首届平民院大会共有代表 298 人，其中 74 人来自郡、224 人来自城市和自治市，后者数目已远远超过前者。不过在整个中世纪，议会中最活跃和最独立的因素仍是郡骑士，每一次运动都源于他们——正是由于他们的努力，平民院才与贵族院比肩而立。

至于自治市选举人的资格，我们发现从一开始就是因市而异。时间的流逝并未使之更为统一；恰恰相反，这方面并无一般性的 175
法律被制定出来，每个自治市只好依据从国王处购得的特许状来制订自己的标准。唯一的一条普遍性原则可以说是这样的：特许状越晚，自治市的宪制会越专制。一些城镇获得了自立为郡的权利，它们拥有了自己的郡长，并免于周围各郡之郡长的权力支配。伦敦在亨利一世时就获得了这种特权；在1373年布里斯托成为郡之前，还没有其他城镇成功过。随后是1396年约克自立为郡，接下来又是纽卡斯尔、诺里奇、林肯、赫尔(Hull)、南安普顿、诺丁汉、考文垂和坎特伯雷。在这些郡，要求举行选举的令状会发给这些已具备法团资格的郡(county corporate)之郡长，其中一些还将普通郡的选民资格要求(即拥有价值40先令的自由保有地产)作为了本郡选民所必须具备的条件。在其他自治市，这种资格条件会在宽泛的民主和最偏狭的专制之间徘徊。

很久以前议会就采取了我们所熟悉的那种形式：由两院组成，分别开会、辩论和表决——一院由僧俗两界的贵族组成，另一院由全体平民代表组成。这种两院的分离究竟能追溯到什么时间一直处于争论之中，但毫无疑问我们可将之回溯到14世纪中期——至于14世纪的前半段则存有疑问，但斯塔布斯却认为，很可能从最开始贵族和平民就是分别开会的。在中世纪晚期，他们的确是在不同的场所开会，贵族是在王宫的议会内室(Parliament Chamber)，而平民代表则一般选择威斯敏斯特修道院的修士会礼堂(Chapter House)或餐厅(Refectory)。很久以前威斯敏斯特就已是议会的常规会场，尽管在14、15世纪时也在约克或其他城

镇召开过为数不少的会议。是否及何时召开议会,决定权在国王。一个值得注意的事实是,在很早的时候,可能是从一开始,城市及自治市的代表就与郡骑士在一起开会。看来可以确定的是,在很长一段时间内存在这样一种感觉:因为贵族和教士都是自己审定自己的税负,因此自治市的税负也应由自治市的代表审定,郡则应由郡骑士审定;事实上,自治市和郡通常依不同比率承担税
176 负——自治市为1/10,郡为1/15。不过我们很快发现这两拨代表在一起议事,他们被认为只代表了一个阶层,即王国的平民。

平民院议员的工资由选区居民支付,郡骑士为每天4先令,自治市代表为2先令。1427年,我们发现剑桥镇居民与其代表达成了协议,代表工资为每天1先令。

召集议员到议会开会所需之令状的用语也值得关注,它们揭示了上下两院起初并非同等组织的事实。贵族会被告知国王将在某时某地召开议会:*et ibidem vobiscum et cum ceteris prelatis, magnatibus, et proceribus regni nostri colloquium habere et tractatum*(吾王将于某时某地召集议会议事,现召集你与其他高级教士、王国要员或贵族出席,以为国王提供建议);然后他会被嘱咐:*in fide et ligeancia quibus nobis tenemini*(由于保有土地忠于国王而应出席);针对世俗领主:*in fide et dilectione*(对国王效忠且心怀仁爱);对僧界贵族,还有以下表述:*cum praelatis, magnatibus, et proceribus praedictis super praedictis negotiis tractaturi, vestrumque consilium impensuri*(与高级教士、要员或贵族一起,国王将听取你们的建议)。发给并非贵族的法官或其他咨议会成员的令状,则省略了“*ceteris*”(其他)一词——他并非王

国的要员或贵族。前文已指出他并无表决权，当然亦无辩论权，而只是在需要时给出其建议；而且这种观念正在不断发展。但“*tractaturi vestrumque consilium impensuri*”（表述你们的建议、意见）的用语，表明了贵族与平民在职能上的差别；他们会与国王商谈并给出自己的建议。发给郡长的令状表述了国王要与贵族们进行协商的想法；然后指令选出郡骑士、城市市民和自治市市民代表，他们将有权代表当地居民对王国共同决定之事项表示同意且落实之——*ad faciendum et consentiendum hiis quae tunc ibidem de communi consilio regni nostri favente domino ordinari contigerit super negotiis antedictis*。他们不是与国王进行商谈，国王需要的不是他们的建议，而是同意——这是一种积极正面的同意，这种同意将会扩至落实由王国共同决定了的事项。至于一般教士，我 177
们已经看到，从理查二世起，“*faciendum*”（做）一词已从预备条款中消失了——他们将不再出席议会，其缺席就足以表达同意。

（二）议会的开会频率与任期

这就是议会！但在多大程度上有必要召集议会开会？议会一直都在经常且例行地开会吗？与此有关的法律问题与相关事实问题紧密联系在一起。从 1295 年的模范议会开始，很快议会的召开便变得非常频繁了。早在 1311 年，一项条例就规定每年应有两届议会*；但这只是贵族们一项规划中的一部分，而且值得怀疑

*　如下文所述，此时还没有出现一届议会几次会议的概念，每一次议会开会都是一届新选举产生的议会，而并非同一届议会的第几次会议。——译者注

的是，每年召开超过一次的贵族会议可能并不是人们所需要的。因此当1322年爱德华二世成功地摆脱这项贵族立法的桎梏时，该条例即因有人提出它未得到王国各阶层的同意而被废除了。这一年召开的议会公布了如下特别值得关注的宣言(也可以说是议会作为由全体代表出席而形成之最高权威所发布的第一项宣言)："根据此前的惯例，凡将为吾王及其子嗣及为王国各阶层民众确立之事项，均将由国王在议会与其他各阶层进行协商谈判后方得确立，且要经过高级教士、伯爵、男爵及王国平民之同意。"在爱德华三世开始新的统治不久后的1330年，一项制定法(4 Edw. Ⅲ, c. 14)规定议会每年举行一次，如有必要还可以多次召集。我想几乎不用怀疑，其用语意在规定每年至少要召开一次议会——如有必要可召开多次，但每年必须至少召开一次。我们应该注意其用语的那种不太引人注目的模糊，但这在后来变得重要起来。

178 1362年另一项制定法(36 Edw. Ⅲ, c. 10)规定，"议会应每年举行一次，如制定法曾规定，还可再次举行"。在很长时间内，这些规定都得到了很好的遵行；但在以下年份里却没有召开过议会：1364年、1367年、1370年、1373—1376年、1387年、1389年、1392年、1396年、1407—1410年。另一方面，在许多年份里却又召开了两届议会，1340年开了3届，1328年是4届。你们应该明白，每一届这样的议会都是一届全新的议会，包含了一次新的选举。同一届议会通过休会的方式可以持续好几年的时代还没有到来。如果议会开会的频率理论上是由刚才提到的制定法规定的，那么实际上它则是根据国王对于金钱的需求来确定的。国王逐渐非常依赖于议会所批给他的经费，而一项税收的征收年限很

少有超过一个年度的。不过在爱德华四世时，议会开会的频率大大下降；在他统治的22年里只召开过6次议会，有整整5年议会都没召开过。亨利五世从批给他终身期限的、被称为桶税和磅税(tonnage and poundage)的关税中获得了可观的收入；这在亨利六世和爱德华四世时又得以重复；后者还有其他捞钱的途径，这将留给后文考察。亨利七世看来已打算像其兰开斯特家族诸位先王那样通过经常性地召开议会来进行统治；1498年之前，他已召开了6次议会，但此后直至其统治结束却只在1504年才召开了一次议会。不过爱德华三世的制定法虽然当时只停留在纸面上，但在将来却变得重要起来。不过，无论帮助其无议会而治的措施可能多么非法，我仍然不能肯定爱德华四世和亨利七世曾因未能每年召开议会而被当时的人们视为破坏了法律。从现代人的观点来看，上述制定法的用语很可能要求每年都要召开议会；但我们看到比这更重要的是，事实上在前两个世纪中，议会的召开相当频繁，尽管后来有所减少。

(三)议会的事务 179

现在要探讨的问题是，议会对于什么事务来说是必要的，或处理什么事务必须召开议会？在回答这一问题时，我们还不能泛泛地说国王、贵族和平民代表所组成的团体是行使主权(现代意义上)的机构。在相应的事实基础确立之前，在由此组成的机构习惯性和排他性地行使主权之前，至少从任何实效的角度讲，这种理论都是不可能存在的。我们必须看看这一事实基础是如何逐渐确立的。必须记住，14世纪初，国王加议会(the king in parliament)绝不是唯一一个可对主权提出要求的人。平民代表只是新近才被召集与高级教士和贵族开会。回顾历史可以看出，主权可能最终归于了国王及其贵族，或是国王及其咨议会，或者就在国王自己那里。

1. 国王最需要议会合作的领域就是征税。1297年时已提出了这样的原则：国王对于协助金、发现物和关税的征收必须经过王国民众的一致同意，除非这些项目过去就存在。于是，国王直接征税的通途便被堵住了，尽管至少还有一条便道是开放的。国王在其自领地上进行摊派的权利还没有被收缴；1304年爱德华一世行使了这种权利，爱德华二世和三世也先后于1312年和1332年这样做过。但1332年这一次，议会提出了抗议，国王只好作罢。这看来是国王自行摊派的最后一次尝试。1340年的一项法律(14 Edw. Ⅲ, stat. 2, c. 1)宣称，未经议会中高级教士、伯爵、男爵及其他要人和平民代表的一致同意，民众不应被索取任何协助金或承担任何负担从而增加负累。也正是在这一时期，免服兵役税因变得不合时宜而遭废弃，它属于一个已经逝去的时代。为武装国
180 王之长子为骑士和出嫁其长女而支付的协助金还可以被征收，但其数额则为1350年的一项制定法所确定，依此，1275年为其他领主所制定的规则也明确适用于了国王，即一份骑士役封地支付20先令，一块价值20英镑的农役保有土地也支付20先令。这些都是不太重要的收入来源。因此从总体上来说，在14世纪之前，国王未经议会同意而征收直接税无疑是非法的。

间接税的历史更为复杂。不过12世纪时已对羊毛、酒和一般商品征收了关税。《大宪章》说，除非过去那些已知且正当的关税，

否则商人将免于任何“恶税”(maletolt)或横征暴敛。1275年，议会授权爱德华一世对羊毛征收一定数额的关税；但在爱德华一世和二世统治期间，有关关税征收的规则仍处于国王和民众的不断争论之中。国王会随心所欲，这是一个很大的危险。明白间接税(如关税)终究也是税还需要费一些周折：如果国王可以通过谈判、授予特权的方式诱使商人向他交纳这种税金，难道他不能这样做吗？这不是一个他们双方之间的事吗？不过平民看来早就把这个问题看透了，爱德华三世不得不做出重大让步。1362年的一项法律(36 Edw. Ⅲ, stat. Ⅰ, cap. Ⅱ)规定，未经议会同意，商人及其他任何人均不得在羊毛上加设任何补贴或负担。1371年的法律(45 Edw. Ⅲ, c. 4)规定，未经议会同意，不得在羊毛、羊皮上增加任何税收或负担；这在1387年得以重新颁行(11 Ric. Ⅱ, c. 9)，但保留了国王对过去既存税收的权利。在间接税这一问题上的立法不像禁止直接征税之法律那样强调得特别清楚，它留下了一些漏洞，但我们仍然可以说，这些争论在14世纪末之前已经结束了。在不破坏法律的前提下，国王至少没有明显的方法来对民众征税。兰开斯特诸王看来已认可了这一点，甚至是爱德华四世可以说也 181
已认可了这一点，也正是在他统治期间我们开始听说了作为强行索取之自愿贡奉的“恩税”(benevolence)。理查三世(他在位时就召开了这一届议会，并通过了这项法律)时的一项制定法(1483, 1 Richard Ⅲ, c. 2)，就意在堵住这个豁口。平民们抱怨说恩税是新发明的非法税收；它规定，民众不应被施以恩税或任何类似的负担，这种强征暴敛不应被效仿，并且将永远被取消和禁止。

在都铎王朝时期，上述危险变成了另外一种：现在不是国王

要未经议会同意而征税，而是议会必须对国王提出的任何要求都表示同意，并宽恕他的非法行为。于是在1491年，亨利七世诉诸了恩税，并因此获得了一大笔收入。非常有可能的是，理查三世的那项制定法被作为一个篡权者的法律而被视为无效，尽管它在制定法汇编中还得以保留。但无论如何，1495年的议会追认了此项恩税合法。制定法授权国王可以对那些承诺过支付金钱却未兑现的人予以强制执行。这项法律尽管对民众的自由构成了极大威胁，但它仍是议会行使主权的一个极端例证——国会承担了将曾经的非法之举转变为合法的任务。这是都铎王朝时期的一个特色，一个非常显著的特色。议会如此顺从于国王的意志，以致国王也非常乐于默认议会为成为王国主权机构之一部分所提出的各项主张。所有反对基于特权而征税的制定法都没有从制定法汇编中予以清除（它们将在未来结出果实），但现在国王根本无须废止它们。

不过议会不仅反复宣称未经其同意不得征税，而且还将征收各种税收（既包括直接税也包括间接税）的权力行使到了极致。再进一步，在征税问题上，平民院赢得了某种特殊的重要性。我们从一开始就必须记住，王国从理论上被划分成了三个等级：
182 (1)教士；(2)贵族；(3)平民。依据这一理论，合理的做法是由每一阶层决定自己将如何纳税；事实上在某些时间也的确是这样做的——三个阶层各自做出自己的纳税规划。但在14世纪末之前，贵族和平民在批准税收计划方面联合了起来，其所使用的表述将平民（税收的大部分落到了他们头上）推到了前台——这一批准由平民做主，并经由僧俗两界贵族同意。这一表述形式首次出现于1395年，并成为了规则。1407年，亨利四世同意了以下原则：财税议案将由平民院提出，在两院通过之前不向国王报告，报告工作由平民院议长完成。因此，在朝着平民院后来所主张的征税问题的排他性控制方面，此时已经迈出了一大步——针对世俗人士征收的税由平民批准，并要征得贵族的同意。这是世俗人士这边的情况。教士纳税仍由教牧人员代表大会决定，此时尚无须议会法律赋予该决定以效力；在这一点上，三个阶层的理论仍然管用。但事实上，教牧人员代表大会通常都非常乐意遵循平民院所确立的范例，并依据他们的方案相应地编制并批准自己的纳税方案。

另外非常重要的一点是，在中世纪很少有长期的税种。通常而言，一项税收的批准只是针对这一次而已：国王被批准对动产征收什一税，或者被批准一项关税、人头税，仅仅是为了满足他当时的需求。有时议会也会批准2—3年的税收，但这相当罕见。这实际上使得每年都必须召开议会，尤其是在与法国的长期战争开始后更是如此：现在国王每年都需要钱，而且只能通过召开议会的方法来获得。他的非议会批准的收入来源于其自领地、封建权利及其他，但这根本无法满足战争的消耗。有些关税属长期税种。1414年的议会授权亨利五世可以终身收取桶税和磅税。亨利六世在1453年(他在位的第31年)之前并未获得类似的终身授权；但爱德华四世和理查三世却分别于1465年和1484年得到
了这样的终身征税权，亨利七世也从他的首届议会那里获得了这 183
一授权。这种对于永久性税收的反复授权为后世留下了相当危险的先例，到查理一世时我们将会发现这一点。

据说亨利七世身后留下了1 800 000英镑的财富，爱德华四世也相当富有，但其先辈们却是习惯性地贫穷。玫瑰战争在很大程度上就是由于亨利六世的贫穷所导致的——他没有足够的经费来全面掌控这个国家。国王在财政状况方面所发生的这种变化当然非常重要——这使得他不再需要经常召开议会了。在爱德华四世统治的22年里，他只召开过6次议会；亨利七世统治了24年，只召开过7次。那么其财富从何而来？看来很大程度上是来源于玫瑰战争所导致的土地复归和土地没收；但同样也得益于国王将其对于罚金的主张推向了极致。据信，为了增加王室收入，其手下大臣恩普森（Empson）和达德利（Dudley）捏造了各种各样的控诉，并打着主张继承金、监护权和婚姻指控权等封建权利的旗号横征暴敛；在新国王的统治刚开始，他们就因民众的声讨而被处死。

一直以来落在广大民众头上的一项沉重负担，是征购与先买权（purveyance and preemption）问题。这是一项得到认可的王室权利：国王及其臣仆可以以最低价购买生活用品，并可以强迫所有人先出卖给他们，至于何时付款那就是买主的事了——这往往意味着肉包子打了狗，有去无还。议会一次次地力求通过制定法将其限制在一个合理范围内，并防止这种权利被滥用，这样的立法从《大宪章》开始，并在整个中世纪得到延续。从这些立法中我们一眼就能看到，议会提出了为王室权利设限的主张而且也得到了认可，但另一方面也能看出，要让国王遵守任何有碍其金钱利益的法律又是极端困难的。

议会还从另一个方面对财政问题进行了干涉。首先，它对批

准授予国王之经费的分配权提出了主张，说这些钱应该花在这 184
里或那里。早在1348年，他们就说要把钱花在防御苏格兰人的进攻上，1353年又说要花在对外战争上。1390年更是针对一袋羊毛所征之40先令税收进行了精心分配：国王可拿其中的10先令来满足其当下的需求，另外30先令则只能花在战争供给方面。兰开斯特诸王时，这种做法得以延续，且其精细程度不断加深。但说钱只能这样花是一回事，而防止其花在其他方面则是另一回事。议会开始要求王室出示其账目，我们在1340年和1341年听说过此事。1377年议会任命了两个人来负责接收和支出划拨用于战争的费用。1379年国王向议会出示了其账目，从此每届议会都会委任津贴财务官（treasurers of the subsidies），负责向下届议会例行报账。1406年，平民院被允许选出审计官；亨利四世告诉他们“国王不会提交账目的”，但下一年他还是提交了。然而该项原则不得不处于反复争论之中，除非是议会有自己独立的意愿并且每年都会尽力去实施它，否则它是没有价值的——爱德华四世和亨利七世时的议会就未曾这样做过。

2. 现在我们要从财税问题转向更为宽泛的立法问题上。首先我们要注意，非常重要的一点是制定法的立法表述。在亨利七世统治时期，它已逐渐变得与今天几乎完全一样了。“我们的统治者亨利七世国王在威斯敏斯特召开的这次会议上……根据本议会僧俗两界贵族和平民的同意，以本议会之权威，将以如下形式制定某些法律和条例。”这是国王制定的东西，通过时征得了议会中教俗两界贵族和平民的同意（有时表述为“经其建议并征得了其同意”），依据的是本议会之权威。最后的这些语词非常新，“以

185 本议会之权威”（by the authority of the same parliament）；据说它第一次是作为议会制定法序言的一部分出现于1433年，尽管早在1421年时它就以一种更为随意的方式出现过。因此，为人们所认可的是，制定法的权威来源于整个议会*。我们还注意到，平民现在处于了与贵族同样的地位，其在立法事务中的职能也是提出建议、表示同意和赋予权威。但这种表述并未总被使用。整个14世纪，平民通常都处于附属地位：本制定法由国王在高级教士、伯爵和男爵同意下，应议会中之郡骑士和平民的请求而制定（偶尔也提到经平民同意）。这在15世纪变得更为普遍；1435年和1436年的表述是，“应平民之特别请求，在贵族的建议和同意之下”；1439年为“经贵族和平民的建议和同意”，这一表述用了好几年。但1450年时又返回到了“应平民之请求，经贵族之建议并同意”，1455年用的是一种表述，而1460年则用了另外一种。爱德华四世统治期间，这两种表述被混杂使用。直至都铎家族登上王位和中世纪末期，有关平民创议权地位的所有痕迹才告消失。不过长期以来已被认可的一点是，为了赋予法案制定法的品质，平民的同意是必要的——至少当该法涉及世俗事务之时。

那就让我们先来看看上一段中那最后一句话的含义。我们必须记住，平民起初几乎不能主张哪怕是比教士高一点点的地位；同样必须记住的是，当时的理论将人类事务分为了两大块——僧界和俗界。国王是否不能（像应平民之请求那样）应教士的请求在贵族的建议下制定法律，长久以来这必定是一个存疑的问

* “整个议会”当指国王、贵族、平民三者合一构成的权威机构。——译者注

题——因为如果该法涉及国家事务则必须听取平民的意见，若涉及教会事务则必须听取教士的意见。实际上，教士们已通过懒得接受王国大会为其提供的位置而解决了这一难题；14世纪时，依 186
据已被接受的理论，国王可应教士之请求、经贵族同意且不经征询平民之意见而制定法律——这一点并不缺乏证据。不过1377年，平民们明确地提出了要求，无论是制定法还是条例，其制定都不得只应教士之请求而不征询平民之同意——这一要求看来已被默认。转向这一理论的另一面，看来并未有人严肃地争辩说，由贵族和平民同意了的立法同样也需要教士的同意，但召集他们出席议会的做法还是维持了下来，主要是为了防止他们宣称自己不受未经其同意之法律的约束。高级教士在贵族院占多数的事实防止了教会与国家的“撞车”，也保证了教士的利益不会被忽视。不过值得注意的是，从早期开始，僧俗两界贵族就被视为了一个整体——尽管高级教士反对，一项制定法仍可能被通过。1351年，他们抵制了《空缺圣职继任者法》(*Statute of Provisors*)，其中没有提到他们表示了同意，但它仍是制定法。

现在转向一个更大的问题，让我们来看看立法权究竟在哪里。我们已经知道，早在1322年就宣布了这样的原则：立法需征得王国高级教士、伯爵、男爵及平民之同意。这种同意对于制定法来说是必需的；自那时起，两院同意对制定法来说是必需的看来已被接受为一条基本原则。当然，正如我们已看到的那样，平民们被分配给“请求、请愿、申请”(petition)的职能而非“同意或建议”(advising or assenting)是很久以后的事了；当然，“请愿”也就是同意，或者它还有更多的含义。接下来还须注意，制定法并

非我们所知道的唯一的立法形式，必须将它与条例区别开来。自爱德华一世起，有一套被称为制定法卷宗(statute rolls)的东西被保存了下来，登录在其上的即为制定法。到爱德华三世统治开始时已确立了这样一条原则：除非获得了国王、贵族和平民的同意，
187 否则不能被登录至制定法卷宗。我们不能将这一原则适用于更早的时代；今天我们将爱德华一世制定的很多法律都视为制定法，但就我们所知，制定这些法律的议会当时并未召集平民代表；特别值得怀疑的是，作为不动产法两大支柱的《封地买卖法》(*Quia Emptores*)和《附条件封赠法》(*De Donis Conditionalibus*)的制定，是否也曾征得过任何这类平民代表的同意。但这一原则在爱德华二世时得到了承认。不过尽管它要求制定法的制定需征得两院的同意,但它并不意味着法律不可以以其他方式制定。除制定法外，还有条例存在的空间，国王还可以在贵族建议下或在其咨议会上制定条例。爱德华二世和三世时，由国王及其咨议会和教俗两界贵族组成的大咨议会(Great councils，*magna concilia*)仍在召开，不过其主要目的在于审议，它们并非议会的主要对手；从总体上来说，国王很可能会发现贵族与平民一样难以驾驭。议会必须重点关注的主要对手是国王加咨议会(king in council)。现在看来已被认可的一点是，14世纪时，国王加咨议会享有了一定(或者说是某种不确定)的立法权。它不能废除或修改制定法，但它却不止一次地这样做过，尽管一般都会被认为是滥用职权。另一方面，尽管国王不能撤销或废除制定法，但这仍然给他留下了立法的空间；回顾历史我们就不会大惊小怪。我们发现议会不仅承认这种附属立法权的存在，有时甚至还希望它被使用。制定法被认

为是非常严肃的事务，不能轻易被废止；临时性立法、将制定法细化则应通过条例来完成。不过随着时间的推移，这两种立法权力的存在导致了经常性的争论。理查二世肆意将其立法权强行扩大，同时代的人会问：“议会的制定法有什么用？它们没有实效。 188
国王及其咨议会习惯于改变及淡化议会先前（不仅是由平民甚至是由贵族）所确定的东西。”①1389年，平民们请愿说，大法官和咨议会不得制定与普通法和制定法相冲突的条例。国王的回答是，已做之事将来还要做，并保留了国王的特权。理查拥有的是一套绝对君主专制理论，于是他被废黜了。对他所提出的一项指控是，他曾说过他所言即为法律，而且经常是他所想就足以成为法律。兰开斯特诸王是依据议会制定法（Act of Parliament）而统治的国王，他们打算而且也的确是通过议会来统治的。在他们统治时期我们几乎没有听到过对其发布敕令之权力的抱怨，看来他们对此权力的使用是有节制的。在中世纪结束之时，该权力的边界仍不确定，这为未来留下了一个很大的隐患。显然国王不能废除或撤销制定法，至少不能以通常的方式做到这一点；但他仍可通过咨议会来发布条例，并以此对王国的法律进行增补。我们必须说他不能以通常的方式废除制定法，但这里又有另外一种危险：是否存在特免权或特许权（dispensing power）？国王能使这个人或那个人豁免于某一制定法的管辖或适用吗？很难否认他有这样的权力，议会默默地屈从于了他对这些权力的行使。对于某些制定法来说，国王经常行使这种权力，特许某人做某些为制定法所禁止

---

① Walsingham, 11, 48; Stubbs, *Constitutional History*, vol. Ⅱ, § 292.

的事情；尤其是那些反对教皇的制定法就经常被他行使特免权，关于禁止宗教团体获得土地的永久管业法(statutes of mortmain)也是如此。那么，对这种权力的限制是什么？很难说。尤其当制定法所规定的惩罚是国王会从中通过罚金或没收财产而获益时，这个问题就更困难了。国王不能事先放弃这种利益吗？国王不能说如果某些人违反该制定法我将不收取罚金吗？很难说他不可以这样做。发布敕令和特免特许这两种不确定的权力，是中世纪结束时国王所获得的遗产的一部分。

与最后这些问题相关的另一点也已被扫清了。在整个14世纪一直存在着这样一种危险：尽管国王会在贵族的同意下批准平
189 民的请求，但随后颁布的制定法却并非完全就是平民们所期望的那个东西。制定法要在议会解散后才起草，其表述由咨议会来确定，可能不会与平民的请愿完全相符。平民们一次又一次地对此提出抗议，说他们的请求在转化为制定法之前已经被篡改了。1414年，这一点得到了认可。平民们请求说：“不要通过增加或删减某些语词的方式来制定法律，因为这将改变他们请愿之本义。”国王批复说，从今往后“不得再颁行与平民请愿相冲突的法律，这样即使未表示同意他们也要受这些法律约束”。[①] 于是逐渐发展出了这样的做法：呈递于国王的不是一纸请愿书而是按照制定法形式起草好的法案，这样除了表示同意或不同意外国王就不能再做什么手脚了。这成了常规的做法，并在亨利七世时为许多

① *Rot. Parl.* vol. Ⅱ, 22.

重要法律的制定所采用。[①]

我们无须说国王仍然保留且经常在行使拒绝立法的权力，制定法仍然真实地反映了国王的意志。国王表示同意的方式早变为了“*le roy le veut*”（国王愿其如此），表示异议的方式是“*le roy s'avisera*”（国王将予考虑）——这是一种委婉地表示不同意的方式，但却并非不经常使用。应当记住，立法权此时已是一种被经常且自由行使的权力。制定法文献早已汗牛充栋，国王和议会开始干预每一项法律——甚至扩及规范劳工工资、不同阶层男女所穿服饰商品的价格。但在爱德华三世和理查二世的制定法中，我们几乎找不到爱德华一世制定法中所关心的那种深刻和恒久的利益，它们没有以同样的方式触及一般法律的根基，如地权法、民事 190
诉讼程序法等，但仍然种类繁多，且显得高压专制。兰开斯特诸王立法不多，这也是他们衰落的原因之一：对于和平和秩序的维护未予足够关注，法律控制不了那些大人物。爱德华四世仅有的几届议会也几乎无所作为。亨利七世时议会也不常开会，但却制定了一些有价值的法律，它认识到许多中世纪的法律亟须修订，还有许多新问题需要关注，但首要的是秩序需要得到重建和维护。

二、国王及其咨议会

王位继承的历史一波三折，充满坎坷。14世纪结束之前，已

① 这一变化大约发生在亨利六世统治末期，参见Stubbs, *Constitutional History*, vol. Ⅱ, § 290。

有两位国王被废黜，有一位国王在无继承权的情况下（依据我们的观念）登上了王位。一位近代的宪政法律家在面对爱德华二世的情况时不会有太大的麻烦，他会说爱德华放弃了其王国并立即由其合法的继承人继承了王位；如果这能算作先例的话，它也是将来发生国王退位情况下的先例。不过，几乎毋庸置疑的是，1327年1月召开的那次议会认为它们拥有足够的权力来废黜一个无用的国王。本次议会至少从表面上看是按常规召集的，但王国实际上已掌握在王后伊莎贝拉及其情夫莫蒂默（Mortimer）手上，国玺为他们所操控，召集议会的令状是以国王的名义签发的。尽管如此，其程序却混乱不堪，决定是在人群的嘈杂声中做出的：为了其子而决定放弃其父。他们还起草了使得这次废黜行为正当化的文书，其指控相当模糊和空泛，主要归结为爱德华的无能和不可救药。[①] 于是国王退位了。总体而言，在我看来，这些程序非

191 但没有强化国王可被合法废黜的观念，反而非常清楚地表明法律并未授权哪个机构可将国王弃置一边。以国王的名义签发令状并召集要将他废黜的议会、强行逼迫国王正式退位的做法，与其说是为合法行为确立先例还不如说是为革命树立了榜样。[②]

现在让我们来看看1399年的那次事件。与爱德华二世相比，我认为理查二世的被废黜（我们暂时先这样称呼它）有着更为重

---

① Stubbs, *Constitutional History*, vol. Ⅱ, § 255.

② 在其父肉体尚存之时由其子进行继承的观念对我们中世纪的法律并不陌生，这样的说法并不荒谬。有一种被称为民事死亡的现象：如果某人投身于宗教，即他成为了教士，对于世俗世界来说他就已经死亡了，其继承人即可立即开始继承，他的遗嘱开始生效，其遗嘱执行人可以对他到期债务提起诉讼。可以认真考虑一下，已退位之国王是否可被视为法律上的死亡。——梅特兰注

大的宪政意义——即针对他所提出的正式指控中并未采取坏及无用这样模糊的表述，而是控告他违反了法律。理查二世力图实行绝对的专制，他一直基于一套有悖我们法律的主权理论行事——他说，其所言及所思即为法律，他自己即可改变和型塑王国的法律，每一位臣民的生命和财产皆听凭国王之意愿，无须宣判即可被没收、处置。他是这么说，也是这么做的。革命（如果我们可以这样称呼它的话）在这种情况下即是对专制的反抗。我们无法探讨当时的一般历史情况，我们所主要关心的是它所依循的形式。兰开斯特的亨利登临英格兰，整个王国决定他应该成为国王——理查众叛亲离，未做多少反抗就向亨利投降了，并提出辞去王位。于是召集了议会，理查及其咨议会证实了召集议会的令状。有人建议，在议会召集开会之前国王应先履行退位的文书，但又有人

反对说，在这种情况下退位一结束议会就得解散。于是采取了如 192

下权宜之策：在宣布退位那天签发新令状，召集议会并于6天后开会。在议会开会前，理查履行了正式的退位手续，放弃了所有的王权，解除了全体臣民对他的臣服和效忠，并宣布自己理应被废黜。议会开会时这一退位文书得以展示，问题是它是否应当被接受。事实是它被接受了。针对理查的各项指控在议会上被宣读，议会投票表决，认为这构成了他们废黜国王的充分理由，因此他们可以继续进行废黜国王的各项程序。接下来起草了一份判决，宣布理查被废黜并被剥夺一切与国王有关的称号与荣誉。议会还派出特使向理查宣读这一判决。显然，相关人士并不认为合法召集的各阶层大会不能因有充分理由就废黜国王——尽管他已退位，他们仍将如下问题付诸了表决：其退位是否应被接受。如

其所述，他们认为理由充分并正式废黜了国王。他们可能担心问题会出在退位的法律上，因为这可能会给理查留下机会在将来某个时间（并非不可能）说，他的退位并非出于自愿而是出自外界的胁迫。不过此次废黜的真正原因还是强迫退位而非其他；如果理查是被强迫退位，那么他召集议会也是被强迫的——只有凭借国王签发的召集令，废除国王的议会才有合法存在的理由。这也许就是为什么此后不久理查很快就从这个世界消失了的缘故。

理查二世被废黜之后，亨利正式提出他对王位拥有继权，理由是他是亨利三世一系的继承人，值此王国因政府垮台和法度废弛而处于崩溃边缘之际，他受值上帝派遣前来恢复其权利。有人提议并支持亨利应成为国王。亨利四世本应主张继承权（尽管用语含糊）的事实的确非常重要——如其所示，它表明此时人们从情感上是强烈支持严格继承的。看来他好像也曾自贬身价来支持某种编造的故事，说其祖上兰开斯特的爱德蒙是亨利三世的长
193 子——因此长于爱德华一世。他并未宣称自己是理查二世或爱德华三世的继承人，这种主张可能会带来很大的麻烦。当然，依据正统的法律理论，约克家族拥有更优先的权利。约克家族将其权利追溯到了爱德华三世之子克拉伦斯的莱昂内尔（Lionel of Clarence），这要比亨利所沿袭而来的冈特的约翰（John of Gaunt）一系更早——但这需要通过一位女性（即莱昂内尔之女菲莉帕〔Philippa〕）来追溯其权利。其时，要是通过私法进行类比，其结果的确是有利于兄长之女的。但要记住的是，除亨利二世（其权利是通过作为公主的其母传承下来的）之外，英格兰的王位此时还没有通过女性得以传承的。但在亨利二世那里，唯一的王位竞

争者斯蒂芬也是通过女性来主张权利的。因此我们极有可能进行这样的争辩，说只要有一名男性通过男系主张王权，那么女性及通过女性传承下来的男性对王权的主张都不能得到认可。亨利六世时期的首席法官福蒂斯丘（Fortescue）还专门作著详细论证了这一理论，他是准备为其主人的权利辩护的——甚至是将其作为单纯的继承权问题予以讨论。但亨利四世即位时看来是竭力避免提出此问题，他力图暗示他享有一种权利并以此来回避上述问题——该权利可从其母亲和兰开斯特的爱德蒙一直追溯到亨利三世。不过需要注意的是，在1399年和后来的许多年中，我们并没听到约克家族对王位提出过任何主张，在我们看来他们有着最好的血统，但他们却乐意默认议会的处置，约克伯爵也与亨利五世友情甚密。我们并没有产生这样的印象，至少是这样的普遍印象，即1399年的那场王位更迭并不完全合法，或兰开斯特诸王的议会权利[*]是有争议的。如果亨利五世之子能力尚可，或者哪怕是亨利六世娶了安茹的玛格丽特（Margaret of Anjou）之外的任何女人，我们也许都不会听到任何有关约克家族主张王权的消息了。只是在痛苦的政治纷争中，约克的理查（Richard of York）才开始提出他作为爱德华三世继承人所享有的权利。起初他只是关心亨利死后会发生什么情况，很可能是死后无嗣——因为亨利已结婚 194
五年却无子。这必然会在王位继承问题上引发争执，因为波弗特家族（Beauforts）从冈特的约翰那一系对王位提出了主张。王后生子后，本来是提出作为亨利继承人的主张，现在（尽管不是立即）

* 即经议会认可而获得王位的权利。——译者注

变成了取代亨利的主张。当1460年约克公爵将其家系呈现于贵族们面前并正式提出对于王位的权利主张时，王位继承的正统主义首次出现在了英国的历史上。双方达成了临时的妥协——亨利继续做国王，但他身后由约克公爵继位。战争随后爆发，公爵被处死了。其子边境伯爵爱德华（Edward, Earl of March）夺得了王位与权杖，自称爱德华四世。其统治从1461年3月4日起算，这一天也是他称王之日。这里不存在什么正式的选举、议会的认可：他是依继承权而即位统治的。议会认可了这一主张的正当性，那三个亨利（即亨利四世、五世、六世）成了假国王，只是事实上的国王而非法律上的国王。

就我的理解而言，我们称之为玫瑰战争的那场混战无论在何种程度上都不是对立原则之间的冲突，而是整个王国之民众因采取了不同立场而展开的派别大混战。兰开斯特家族在一定程度上与议会统治的传统相关，是为了取代一个有着绝对专制野心的国王而被置于了王位之上，因此被迫依赖议会（尤其是平民），而其衰落可能也要归因于它对贵族和平民过于放任自流，允许无政府状态的存在。另一方面，约克家族的统治则是无视制定法的存在。有人可能会指出，由于未得到任何合法国王的批准，因此那些制定法都是无效的，但因为你或你的祖先未予肯认就说这些已统治王国达半世纪之久的法律不是法律，实际上等于说你有权无视任何法律的存在而统治，而无论这些法律是如何制定的。

对我们来说幸运的是，爱德华四世驾崩时并未留下一个足够
195 年长的儿子来继承他的王位；同样幸运的是，王位一由正统的家族所获得，就又遭到了理查三世的恶劣骚扰。根据我们的观念，

从名义上来说亨利七世也很难被认为有继承权。要不是答应迎娶爱德华四世之女伊丽莎白，他很可能是得不到王位的。但他还是主张了一种继承权；斯塔布斯争辩说，根据当时的观念，这种主张并不算荒谬[①]；他的统治从登陆博思沃斯（Bosworth）那天算起；在他结婚之前，议会宣布王位应由当时的统治者亨利七世继承，并由其所出之继承人继承；他不想仅通过他的妻子来成为国王。

关于国王的权力，我们可以将之放在许多标题下讨论，但必须避免重复。我们已经看到，议会要由他来召集；没有国王签发的令状，议会便不能召集。他还可以休会、中止其议程或解散议会。我们也已看到，议会的组成也在不小的程度上取决于他的意志；只有他才能创设贵族——但继承原则是对他此项权力的一个制约；主教实际上也都是由他提名的；他还可以授权自治市派送代表前往出席议会；就选举所发生的争议，也要提交国王及其咨议会解决。他的同意对于每一项制定法的出台都是必要的；此外，在制定条例和对于制定法的特许或豁免方面，国王也享有某种未经限定的权力。有些事他的确不能做：他不能废止制定法，不能征税，干涉常规的司法程序也已被视为非法。他受到法律的约束——这一原则的确还维持得很好，今天人们仍然认为“国王不会为非”（the king can do no wrong）。没有针对国王的强制性法律程序，他不能被起诉或受到控诉；从他那里获得正义的唯一办法就是请愿，诉诸他的良心。但人们也早就发现了如何将这种国王的豁免与其臣下之责任相协调的办法：如果他自己不能被起诉

① *Lectures on Medieval and Modern History*, pp. 342—345.

或遭控诉，他的臣仆却可以，他的命令不能为任何破坏法律之人
196 提供庇护。再者，如我们将要看到的那样，议会已发展出了一种弹劾程序，可用来追究其臣下的责任。

此外，国王还享有执行性的（executive）、实施性的（administrative）或管理性的（governmental）权力。你要熟悉这些术语，它们通行于今天的政治生活中，当然有自己的含义。当我们标示了立法工作（将普遍性的法律施于民众）和司法工作（听审刑事指控和民事诉讼）外，还剩余了一大片行事的领域，我们就可以用上述术语来表示。“governmental”（管理性的）在我看来是最好的术语；“executive”（执行性的）和“adminstrative”（实施性的）意味着我们所讨论的工作仅限于执行或实施法律，将法律产生实效。但实际上在这之外还有很多事情要做，没有哪个国家能够完全依靠普遍性的规则而得到治理。这一点今天可以看得非常清楚，但在中世纪也基本上一样：必然会有这样一些统治者或官员，他们拥有自由裁量权、裁量性的强制权，这是一种作为或不作为的权力，或命令这或那可为或不可为的权力。法律对其行事领域进行了界分，并授予他们权力（如我们想象的那样）。有一种明确的理论会产生这样的效果：虽然立法权为国王和议会所共同享有，但所谓的行政权却归国王独自享有；不过我不希望你们将此视为中世纪政治中的导向性理论。相反，国王在无议会的情况下可以做什么，他做什么又必须有议会的协助，这之间的界线是逐渐划定的，而且还在不时地变动。一方面我们发现，国王享有某种确定的（或者应该说是不确定的）制定条例（将产生法律效力）的权力。另一方面，甚至从很早时候起，议会就对被政治理论家们视为纯行政或管理性的事务进行了干涉：比如，有时他们势力足够

强大以致可为国王指定咨议会成员——用我们的话说，就是指定大臣、部长。这种权力我们今天的议会并未公然行使，但在中世纪却行使过。我们还发现，议会还指令将税款交给两个特定的人并由他 197
们支付战争的开销。议会还坚持要求王室提供账目，并对之进行审计。这些我们都不能称之为立法事务。简言之，对无论是今天还是过去的宪法研究越多，我们就越发现它很少与哲学家在其研究中所设计的任何方案相符合。

不过议会仍然给国王留下了很大的行事空间，并希望他勤于政事，即使国王黯弱时亦如此。中世纪理想的国王不是一个无所事事的人，也不是一个只会在争斗各方和稀泥的人，或者只会执行议会明确意愿的人。实际上，他是这个王国的统治者，是陆海军的统帅，王国的财富就是他的财富，对于他的花销议会只能用空泛的语言予以干涉；他有责任维持王国的和平秩序，因为那是他的和平秩序；所有官员无论高低（极少数例外）都由他任免；这些官员因他的意愿而保有官职——这不仅适用于大法官、财务大臣等王国的高级官员，对王室法院的法官和各郡郡长同样适用；人们指望国王能督促其臣下的工作，能将他们召来说明情况，并在他们违反时予以撤换。

力图用概括性的术语来描述从爱德华二世登基到亨利八世即位这漫长而又多事的两个世纪，是一件很难让人满意的工作。法律所用之语词的变化很少而且是缓慢发生的，但王权的真正含义却在不断发生变化。国王的品性、时代的需要，这些因素不仅决定了他想做什么，而且决定了他能做什么。而这些我们必须通过一步步地追溯历史才能了解，必须把王权看成是一个实际上在每

个统治阶段都不同的东西；当我们从爱德华三世来到理查二世，又从理查二世来到亨利四世，如此等等，王权都在发生着变化。198 我们在这里没有时间详细观察这一进程的实际情况，还是让我们来说说理论、说说比实践更为长久的理论吧。几乎毋庸置疑，理查二世不仅决定像一个绝对专制者那样行事，而且还有一套绝对专制的理论。他“决心要摧毁而非规避”那些已强加给其先辈诸王的限制，他还拥有一套将这种努力正当化的理论；对于一种不受限制的特权来说，上述限制是徒劳的。[①] 当他垮台时，不仅他的做法而且他的理论也受到了谴责——他被指责有很多违法之举，更重要的是他还将自己置于了法律之上：他说过法律即其所思，民众的生命和财产都属于国王——一句话，君主意旨即具法律效力。理查二世被废黜了，作为另外一种不同理论（国王位于法律之下）之代表的兰开斯特家族即将开始统治。布拉克顿在一个多世纪前就说过，法律造就了国王，因此法律位于国王之上。英国15世纪最伟大的法律家约翰·福蒂斯丘爵士（Sir John Fortescue）不断重复而且清楚地阐释了这一原则。1422年，福蒂斯丘成为了王座法庭的首席法官，不管命运如何沉浮，他始终忠于兰开斯特家族，直至一切都付之东流。他卒于1476年。他最著名的作品《英国法礼赞》（*De Laudibus Legum Angliae*）写于1469年左右。在该著述及其他作品中，他不断重申英格兰国王并非绝对专制。流亡法国的经历给了他一个通过比较的方法阐释其意思的机会。法国国王属于绝对专制；在法国，“君主意旨即具法律效力”

① Stubbs, *Constitutional History*, vol. Ⅱ, § 268.

这句罗马法格言是站得住脚的。但英格兰却并非如此。“这是两种不同的王国，前者可用拉丁文表示为‘*dominium regale*’（君主独治），后者称为‘*dominium politicum et regale*’（君民共治）。其区别在于：在前者，国王可以用他自己制定的法律来统治其臣民，因此他可以将这样或那样的负担加在他们头上，就好像他处置他自己的东西一样，无须征得他们同意；但在后者，国王却不能用未经民众同意过的法律来统治，因此未经他们同意国王不能给民众强加负担。”① 英格兰王国属于后者。即使是在兰开斯特家族走 199
上穷途末路和他与爱德华四世修好之后，福蒂斯丘仍然坚持这一理论——我相信这是当时普遍接受的理论。无论爱德华的行为多么独断，他并未从理论上宣称自己要高于法律；亨利七世可以说也是这样的。整个都铎王朝时期所面临的危险并非国王要宣称上述专制的原则，而是那个俯首帖耳的议会让他想要什么就能得到什么。现在通常说爱德华四世开始了“新的专制”（the New Monarchy），这其中有丰富的含义——但早先所确立的对王权的法律限制却仍然存在。随着情势的变迁，国王开始发现议会可以成为他实现自己意志的工具。

现在让我们从国王转向其咨议会，咨议会早期的历史我们已经追溯过了。② 国王在其身边有一个宣誓的顾问团。14 世纪时，这个团体一方面已明确区别于议会，另一方面也区别于王室法院。一般的规则是咨议会的组成取决于国王的意志，尽管议会时

① Fortescue, *Governance of England*, ed. Plummer, p. 109; cf. also *De Laudibus*, cc. 34—37.

② See p. 91, and Dicey's *Privy Council*.

而也进行干预。我这里有一份1404年亨利四世时咨议会成员的清单，它包括3名主教、9名贵族和7名平民，共19人。国王可随意将其撤换，他们要宣誓尽其智识为国王提供建议。其收入颇丰，经常开会，他们开会时国王并不总是在场。咨议会的程序都付诸了书面记录，这最晚也开始于1386年，1386—1460年间的咨议会纪要已由法律文献委员会专员（Record Commissioners）出版。可以说，咨议会的职能在于就王权之行使向国王提供建议。国王所签发的各种条例、特许、赦免都会提交咨议会审议。有时
200 议会也委之以立法及征税的特殊权力，允许它暂停某些制定法的执行或发布对制定法的豁免，还允许它举债，等等。国王正是通过咨议会来寻求解决其财政困难（数量很多）的办法的。

尽管国王咨议会已因此而成为了王国管理体制的一个固定部分，而且也是最为重要的部分，但它并不是一个稳定的机构；换言之，其具体权力在不断变化。如果国王实力强大，咨议会就很难真正对其构成制约：国王可以按照自己的意思来委任和撤换其成员，他不是必须接受其建议，甚至也不是必然要征询其意见。亨利七世发现了这一点，他没有将最重要的事务提交咨议会，或者是在自己有了主意后才提交咨议会——此时咨议会不过是记录一下预定的结论而已。但如果国王黯弱，情况就完全不同了；如果国王年幼，英格兰便由咨议会来统治。因此，在此讨论一下国王年幼执政时的情况也不能算作节外生枝。

自诺曼征服以来，到此时为止共有3位国王幼年登基：亨利三世9岁开始执政，理查二世11岁，而亨利六世即位时只有9个月。我们还须进一步记住，在其统治的相当长的一段时期里，亨

利六世完全处于智力低下的状态。当亨利三世即位时，没有哪位王室成员能够主张应该由自己来摄政。这一事实非常重要，因为它导致了一个重要先例的产生。掌握年幼国王的贵族们委任彭布鲁克伯爵威廉·马歇尔（William Marshall, Earl of Pembroke）为摄政官（*rector regis et regni*），并辅之以几名顾问。我们已经看到，到此时为止我们是怎样确定地追溯国王咨议会（*concilium regis*）的存在的——区别于御前会议（*curia regis*）。不到 3 年，摄政王去世。没有人再被委任以填补其空缺，但政府仍由咨议会负责运行，作为其头领的是首席政法官胡伯特·德·伯格（Hubert de Burgh）。在下一位年幼的国王理查二世即位前，我们的公法已经取得了长足发展。在理查二世登基时，贵族们并未委任摄政者， 201
而只是任命了一个政府委员会。不久以后问题出现了，国王不得不屈从于议会委任的委员会所加给他的限制；直到 23 岁他才摆脱了这种控制。当亨利六世即位时，我们听到有人明确提出摄政的要求。王叔格洛斯特公爵以近亲属和先王的遗愿为由主张应由自己来摄政，但这一要求为议会的贵族们所否弃；经过查找先例他们宣布，公爵不能因为亲属关系而主张摄政，亨利五世也不能通过遗嘱来处置王国的政府。议会的一项法律封贝德福德公爵为英格兰的护国者和护教者，国王对于此项议会法案的同意当然必定只是形式——毕竟他才几个月大。这一先例为此后确立了这样的法律规则：我们的法律并未规定任何摄政机构，国王的近亲属不能提出任何摄政的要求，国王也不能通过遗嘱来实际宣布在他死后由谁来统治英格兰。如果出现需要摄政的情况，必须由议会来提出解决方案。而且，无论多么年幼，国王都可以对议会的法

案表示赞同——这可能(实际上的确如此)只是一个虚拟的同意，但国王在其成年以前要受议会于此间所通过法律之制约：显然这一理论会遇到一些麻烦，不过这不是我们现在谈论的话题。“在亨利六世年幼期间，咨议会是一个真正的摄政委员会，而绝不仅仅是一个侍奉护国公的咨询性机构。它用下述语句来限定自己的权力:在国王年幼期间,所有统治权都转归咨议会行使。”[①] 但当国王成年后，咨议会又变成了国王或其时掌控国王者手中的新工具。1454年亨利的心智问题愈发严重，几乎说不出一句话来。贵族们选举约克公爵为护国公，包含这一决定的法案得到了平民的
202 支持；国王只知道将国玺交到索尔兹伯里伯爵手中，通过这种方式他表示了自己对该法案的同意。转过年来国王的情况有所好转，但一段时间后又陷于病态，议会通过法律委任护国公的仪式又一次上演。

在爱德华四世和都铎王朝时期，咨议会不再能对国王构成任何真正的限制。它的权力的确在增长，但这只意味着国王权力的增长。对于任何其他人来说咨议会是强大的，但对国王来说它是弱小的。它只是一个国王臣仆的集合,国王可以随意任免其成员，当它,也只有当它讨得国王欢心时国王才会征求其意见。培根说，对于重大事务，亨利七世除了交给莫顿(Morton)和福克斯(Fox)外不交给任何其他人。没有法律强迫他必须去征求别人的意见，咨议会所行使的全部权力只是国王的权力，是那些如果或当他愿意时他自己就可以行使的权力。

① Stubbs, *Constitutional History*, vol. Ⅲ, § 689.

对这一原则的某种限制可以在有关国王印玺的一些实践中找到。自诺曼王朝以来，国王的意愿都是通过盖有国王印玺*的令状、特许状、开封公函（letters patent）、密封公函（letters close）等予以表述的。未盖国王印玺的文书不能被认为是对国王谕令的权威表达。国玺（Great Seal）交由御前大臣（Chancellor）保管，他是整个文秘体制的头领，现在还可以说他是所有部门的国务大臣（Secretary of State）。当13世纪中期首席政法官一职（the chief justiciarship）消失时，御前大臣一职在地位和权力两方面都得到了提升。在中世纪晚期直至都铎王朝时期，御前大臣一直都是国王的第一大臣——首席大臣（prime minister）。对国王印玺的把持使得其职位具有了头等重要性。逐渐地，在国玺之外我们又开始听说了其他一些印玺。作为法官，御前大臣有太多的工作需要做，另一方面许多例行的业务也都需要加盖国玺，因此直接涉及国王的事务就开始使用国王的私人印章。通过作为其私人印章的王玺（Privy seal），国王向御前大臣发出加盖国玺的指令。于是这 203
枚王玺就交由王玺保管官（Keeper of the Privy Seal）来保管。随着时间的发展，在国王和这些王室高级官员之间又插入了一个更为私人化的文秘官员，他负责保管国王的私章，并逐渐被称为国王的文秘官。在都铎王朝时期我们发现了两名这样的文秘官，在这一时期结束前他们被称为国务大臣（secretaries of state）。这样就自然形成了一套例行的规程：由国王亲手签署（the royal sign manual）并经该国务大臣副署的文件会送至王玺保管官，作为要

* 指国玺，与下文的王玺不同。——译者注

在这些文件上加盖王玺并予以签发的指令，它们又会被作为指令送至御前大臣处，指示他加盖国玺并予以签发。这种做法使得大臣要为国王的行为承担某种责任。除非盖有国玺或至少是王玺，否则法院不会认可任何传达国王意志的文件。这保证了将有某些大臣要对国王谕令的表述负责。大臣们对于维系这一规程特别关心，他们害怕就国王的行为而被提出质疑，要是没有证据表明这是国王的行为那就更糟了。御前大臣很害怕加盖国玺，除非是有某些盖有王玺的文件作为依据；而王玺保管官则一定要得到国王亲手签署并得到其文秘官证实的文件。对国王来说，这是一项很有用的制度安排：这些官员有责任牢记国王的利益，有责任了解国王的事务处于何种状态；随着国王事务的复杂化，分工变得必要起来；每一部门必须有一个头领负责保证国王不被欺骗或误导，这样国王利益被忽略的危险也降低了，要知道如果按照通常的程序，其公函必须经过好几道不同的人手。这样，即使是碰到一位政事意愿极强、强势的国王，大臣对他来说也是必要的。今天我们可以说这是一种事务上的便利，但从这种王室印玺的理论中我们却能看到近代内阁大臣负责制理论的基础——对于国王权力的每一次行使，总有某位大臣负责。

204 三、司　法

到此为止，我们还没有谈到咨议会行使司法权的历史，这在一般的观念中也构成了它全部历史中最为重要的一个方面，但对于这一点，我们最好先将司法作为一个整体进行简单的回顾。

王室法院已越来越成为唯一重要的法院。对于封建法院和旧式的地方社区法庭我们几乎毋庸多说，通过这种或那种途径其业务已被分流。涉及自由保有地产的诉讼应在争议地产所属领主之封臣法庭[*]进行的原则的确并未被取消——当然它直至1833年才被取消；[1]但法律家们用自己的天赋设计了许多方法来规避这一原则，实际上它已成为具文。几乎无须怀疑的是，亨利七世时许多封臣法庭只是在名义上存在。

即使是庄园的习惯法庭也已遭到沉重打击。要记住，这是为农奴土地保有人(不管他本身是否农奴)开设的法庭。亨利七世时，由于某些我们此处不能讨论的原因，人身农役制[**]实际上已经消失了。而且王室法院终于决定要保护农奴土地保有人及其所保有的土地了，这一点非常重要。农奴土地保有人现在从庄园习惯法庭的卷宗副本(作为其权利的凭证)中获得了一个名字：他是依据法庭卷宗副本而保有土地的，简称公簿地产保有人(copyholder)。最终王室法院决定，公簿地产保有人不能只由庄园法庭所提供的措施来保护——如果领主违背庄园惯例将其逐出，他可以在王室法院提起针对其领主的侵害之诉(action of trespass)。1457年时有迹象表明可以这样，1467年和1481年则有明确表述：如果领主违背庄园惯例而将其逐出，公簿地产保有人可提起针对其领主的诉讼。因此庄园习惯得到了认可并成为 205

* 即领主为其封臣设立的庄园法庭(court baron)。——译者注

① 3 and 4 Will. Ⅳ, c. 27.

** personal villeinage，指保有人本身即为农奴身份，与自由人保有农奴土地不同。——译者注了王国法律的一部分，可由王室法院予以执行。这对于庄园法庭来说当然是一个沉重的打击——有争议的业务都被拿走了，任何主张公簿地权的人都可以不去庄园的习惯法庭而转投王室法院，在这里他能得到更为确定的司法。庄园习惯法庭保留了(理论上现在还保留了)很多业务。公簿地产保有人要想转让其土地，就必须先将土地交回(surrender)领主，再由领主接纳(admit)一个新的保有人；这种交回和接纳要在习惯法庭进行——理论上这一直持续到很晚的时候，既然王室法院现在已完全认可公簿地产保有人的权利，那么所有这些业务就越来越成为了例行公事。如果双方依照惯例交纳了费用，领主也别无选择而只能接受交回的土地并接纳新的保有人，这些交回和接纳实际上是在一个只是虚拟和在言辞上可被称为法庭的地方进行的，而且也只是在保有人和领主管家之间的交易。不过我们现在的要点是，在亨利七世统治结束前，基于法律家为寻求业务而进行的天才设计而不是任何立法，作为处理纠纷之裁判机构的庄园法庭已不再具有任何重要性。

至于我称之为地方社区法庭的机构，我们发现在爱德华一世统治结束之前所确立的一项原则已使它们只能受理一些小的案件：它们所受理案件的标的额不能超过40先令。[①] 亨利七世时，郡法院仍然是每月举行一次，40先令此时还没有“贬值”为一个微不足道的小数额；但在此很久以前，郡内的自由土地保有人已被允许通过委派代理律师(attorney)来摆脱每月亲自出席郡法院

① 参见本书(边码)第132页。

的义务。因此非常有可能的是，司法事务实际上是由郡长处理的，此时他已很少受到来自自由地产保有人或其代表的干预。我们还看到，陪审制尚未进入这些法庭，它们还在使用过去的宣誓裁断制度。

但我们现在必须注意一种自爱德华一世以来成长起来的新 206
制度：即在司法和地方管理中起着非常重要作用的治安法官制度。在13世纪，我们偶尔听说有郡骑士被委任负责维持治安——看来他们有时是由郡法院选举产生的。其职责好像是协助（也可能是制约）郡长维持治安、拘捕罪犯等等。接下来，在爱德华三世登基后立即通过了一项制定法（1327, 1 Edw. Ⅲ, stat. 2, c. 16），该法规定每郡的守法良民将被委以维持治安的任务；1330年的一项制定法（4 Edw. Ⅲ, c. 2）重申了这一点。那些在他们面前被提出指控者将会被拘禁，然后由他们将公诉书呈递负责清监提审的巡回法官。因此这些治安维持员（*custodes pacis*, conservators of the peace）已经有权接受陪审团所提出的控诉，但此时他们还不能对被控者进行审讯，他们只是负责将被控者予以羁押并交付王室巡回法官审判。1360年时又采取了另一项措施：同年的一项制定法（34 Edw. Ⅲ, c. 1）重申，每郡都会委派1名贵族负责维持治安，并辅之以3—4名郡内最值敬重的人和一些精通法律者；他们将有权拘捕罪犯，接受针对这些罪犯所提出的控诉，并根据王国的法律和习惯听审发生在其郡内的所有重罪和侵权案件。现在，这些治安维持员不仅被授权接受控诉，而且还可以对被控者进行审讯。这之后不久，这些被委以很高司法权的治安维持员逐渐被称为法官；他们不再是单纯的治安维持员，而变成了治安法

官(justice of the peace)。1388年的一项制定法规定,治安法官每年主持开庭4次——这就是至今仍在延续的治安法官季审法庭(Quarter Sessions of justices of the peace)的起源。这一制度很快
207 随着议会的发展变得流行并兴盛起来;议会不断增加这些治安法官的权力;实际上他们来源于郡内的乡绅阶层,而正是这一阶层为议会提供了郡骑士。很久以来人们不断要求治安法官应由自由地产保有人选举产生,这一要求在议会呈递爱德华三世的许多请愿书中都有体现。但在这一点上国王并不准备让步,他还是坚持将治安法官的委任权抓在他自己及其咨议会手中。今天我们会很平常地将我们的宪政史看作是选举原则经历长久之后取得的胜利,但最好注意,在两个问题上这一原则虽不断地被提出,却以失败告终。我们的先人想选举郡长,也想选举治安法官,但直到今天这二者都是由国王任命的,我不能假定人们会指望他们由选举产生。14世纪的治安法官是有薪水的——开庭期每天4先令;直到很晚他们才有权享有这些薪金;在此16世纪所发生的货币贬值又对我们的宪法产生了重要影响。在理查二世时代,治安法官委任状的格式得以确立,从所有最为重要的方面来说,这种格式至今仍在使用。国王会在某郡钦点并任命某些人为法官,授予其每人维持治安、拘捕罪犯的权力,授予其每两人主持庭审以对被控者进行审讯的权力。

在我们所讨论的这一时期,治安法官的主要职责在于:(1)通过镇压暴乱、拘捕违法者等来维持治安。(2)在季审法庭上对被控者进行审判——这是一种正式的陪审制审判。他们的权力扩展到了仅除叛逆罪之外的所有可提起公诉的犯罪,但他们被指令将疑

难案件留给国王的巡回法官审理。这就是治安法官的主要职责，但议会一直在不断地为其增加许多其他的职责。尤其是长期以来议会一直致力于有关薪金水平的详尽立法。我们必须记住 1349 208
年的黑死病(Black Death)，这是所有历史中最为重大的一次经济灾难，据估算它大约夺去了近一半人口的生命。它彻底瓦解了中世纪的工业和农业体系，工资水平自然会大幅增长，议会力求通过一项又一项的法律来压低工资，并为工资确立一个符合法律的水平。这一努力招致了许多怨恨并最终导致 1381 年的起义，这是我们历史上最具影响力的现象之一。但议会仍未放弃其努力：为了达到目的，它赋予治安法官(作为地产拥有者阶层的代表)很大权力，要求他们强制民众为法定工资而工作。不久之后的 1427 年，它甚至授权治安法官确定法定工资水平的权力：治安法官同时也成了劳工法官——用我们的话说，他们不仅拥有司法权，还享有了行政权。这一工资问题(尽管极其重要)绝不是加在治安法官头上唯一的行政管理职责。治安法官的季审法庭越来越取代旧的郡法院成为了郡内真正的管理机构；旧的郡法院正逐渐消退为一个单纯受理小额民事纠纷的裁判所。1494 年，我们发现治安法官甚至获得了对于郡长的控制权：依据这一年的一项制定法(11 Hen. Ⅶ, c. 15)，他们有权受理针对郡长在郡法院的强行勒索所提起的控诉，并可以以简易方式确认其及其下属有罪。我们注意到，在许多案件中治安法官都被授予了这种以简易方式(即无陪审团审判)确认罪行的权力。这种做法始于 15 世纪，并在 16 世纪变得通行起来：议会发现，对于轻微犯罪，陪审是一种过于复杂的程序。这里可以给出一两个例子：

依据1433年的一项制定法(11 Hen. Ⅵ, c. 8)，治安法官被授权以简易方式惩罚那些缺斤短两或在尺寸上弄虚作假的人。1464年又出台了有关布匹织造、雇主和雇员关系的详尽的制定法(4 Edw. Ⅳ, c. 1)。依据针对因违反该法而犯罪所提出的指控，治
209 安法官可派人传唤相关当事人并对其进行审查，如果经审查或有其他合法证据证明其有罪，该当事人将被处罚金。1477年又颁布了类似的有关砖瓦制作的制定法(17 Edw. Ⅳ, c. 4)；1503年，治安法官被授权惩罚那些从鹭巢中捕捉幼鹭的人——他们将传唤嫌疑人前来并运用其裁量权进行审查。这些作为样本的制定法很少制定任何程序性规则，只是明确规定不必使用陪审，嫌疑人可被予以讯问。

这里我们看到了一种虽然年轻但却颇为强大和有生命力的制度，在它面前有着光明的未来。乡村的绅士会被国王委任以维持郡内治安，组建享有高级刑事司法管辖权的季审法庭，可以使用简易方式惩治轻微犯罪，并行使各种行政和治安的权力——比如确定法定工资的水平。他们都是家底殷实者。1439年的一项制定法(18 Hen. Ⅵ, c. 11)规定，他们应当拥有年产值达20英镑的土地。当时其数目并不多，一般为每郡6—8人，到了都铎王朝时期这一数目有所增加。都铎国王们在这里发现了一种对推行其强有力政策有用的制度——因为从一开始他们就对这些治安法官保持着严格的制约；不仅普通法法庭已随时准备(可能是急于)关注他们对制定法授予其权力的任何违反(因为这些法庭不会容忍任何竞争对手，并将对任何偏离普通法程序的制定法授权做出最狭义的解释)，而且他们还处于国王咨议会的监督之下。1388年的

一项制定法(12 Ric. Ⅱ, c. 10)在授予治安法官某些处理劳工问题新权力的同时，也对他们提出了警告和威胁：如果不予开庭，国王咨议会将会运用其自由裁量权对他们进行惩罚。后面我们还会详细讨论治安法官的问题。

那三个旧的普通法高级法庭，即王座法庭、皇家民事法庭和财税法庭，其权力和地位都在不断增长。其法官数目很少，尽管还未固定为12这一神圣的数字。他们现在都是博学的法律家， 210
并通过在法庭执业而赢得了声誉。这三个法庭之间的界线并不像过去那样清晰，因为通过精巧的拟制王座法庭已从皇家民事法庭“盗取”了一部分业务，财税法庭也正准备步其后尘。但王国几乎所有的民事诉讼(地方法院对此没有管辖权)都可以诉至这三个法庭中的一个或另一个。王座法庭是最高的刑事诉讼法庭，财税法庭依然保持了它对于所有涉及财政税收案件的垄断。到此时为止，这些法庭已变成了纯粹的司法机构，它们的工作已几乎或完全与行政管理无关，其职能是依据王国的法律听审案件，他们对其程序的各种格式都相当保守。年鉴(Year Books)早已包含了大量的已决案件，这些案例被认为是具有拘束力的权威。

此外，巡回法庭仍然得以维持。每年(大约)2次各郡都会被巡回法官光顾，他们的委任状使得他们有权进行清监提审和听审所有的刑事案件，或者处理刑事案件中治安法官在其季审法庭未予处理的部分；依委任状他们还可以(在地方上)审理(已诉至)威斯敏斯特的王室法院但却未予判决的民事案件。大量的这类工作是由三个普通法法庭的法官们完成的——当然，依据制定法的规定，很多现在必须由他们来完成——尽管也有其他人(郡内土地保有人)一道参与。这些

巡回法官的工作现在只包括纯司法性事务——主持庭审，听审案件；他们不再像其12世纪的前辈们那样还要在司法事务之外加上照看王室收入和保护王室利益的任务。更有甚者，我们发现全体郡民众不再被要求连同其所有百户区、自治市和镇区的代表前来谒见巡回法官。
211 一个单一的大陪团现在就可以代表整个郡：过去的做法被认为是一个沉重的负担，并好像已在14世纪晚期遭废弃。

自上一次我们谈到陪审制以来，它已经发生了很大变化，并已成为了我们国家历史上具有重要意义的制度。其变化是缓慢发生的，而且尚未完成。首先来看民事诉讼，我们可将其变化表述如下：由12人组成的陪审团已不再作为证人出现，而变成了对事实进行裁断的法官；相关理论已不再是他们在来到法庭之前就已知道了争议事项的真相，而变成了他们来到法庭时，当事双方要在他们面前出示证据和提供证人，并在法官听审过程中予以证实。我们看到，在约翰·福蒂斯丘爵士的《英国法礼赞》中情况已经是这样了。他描述了“当事各方是如何亲自或通过其律师向陪审团宣布及公开他们认为与争议要点有关的、能借以向法庭表述其意思的事项和证据，随后各方可随意向法庭自由举出这类证人”。[①] 一句话，陪审已采取了我们今天所知道的形式，由陪审团对事实问题做出裁断。不过，在福蒂斯丘的书中这一变化尚未彻底完成，他有时在提到陪审员时好像也将他们作为了证人——他们是从案件发生地召集而来，目的是为了向法庭提供他们就争议问题所知道的情况；如果做出了错误裁断就可能受到调查，相关案件会由24人大陪审团重新审理；如果新的裁断与前一裁断相抵触，前一12人小陪

① c. xxvi.

审团将会受到严厉惩罚。在民事诉讼中，这种审判模式已相当普遍，尽管在某些涉及土地所有权的诉讼中当事人还可以主张决斗，还有一些案件还必须诉诸宣誓裁断。

刑事诉讼中最通行的程序一般涉及对两个陪审团的使用，一个是控诉陪审团，一个是裁断陪审团，或者说大陪审团和小陪审团。大陪审团由代表全郡的23个人组成，他们宣誓对罪犯提出 212
指控。过去的理论一直是，这种陪审团是根据其自己对事实的了解对他人提出控告的，即使今天这种形式也得以保留——控诉书指出，陪审员宣誓说，甲蓄意或预谋杀害了或谋杀了乙。不过现在的实际做法是这样——我们可以将这一变化追溯到亨利七世时代：相信甲犯有某种罪行的某人来到大陪审团面前提出申请公诉书(bill of indictment)，其中说甲谋杀了乙。大陪审团会对所提供的证据进行听审，如果他们认为这些证据表明甲很可能是有罪的，就无须听取辩方的任何证据而直接在该申请书上写上“a true bill”(准予起诉)，甲就必须接受小陪审团的审判。但如果他们认为证据不足，就会写“no true bill”(不予起诉)，过去的用词为“Ignoramus”(对此我们一无所知)。这种情况下申请公诉书就是未被批准，甲就获得了人身自由，尽管将来他还可能因同一罪行而被再次起诉——他未经审判，未被证实是无罪的。大陪审团在决定是否批准提起公诉时实行多数通过原则。关于大陪审团我们就说这么多。

今天，被提起公诉者理所当然地必须在小陪审团面前接受审判。如我们所知，小陪审团由12个人组成，他们是事实方面的法官，其裁断以在他们面前出示之证据为基础。但在亨利七世时

情况却不是这样——除非经其同意，否则被提起公诉者不能由陪审团来审判，但这种同意却可以通过刑讯、通过酷刑折磨（*peine forte et dure*）来获得。当问及“你将如何受审?”时，如果被告人拒绝说“由上帝和我的邻人”（By God and my country）审判，如果他恶意保持沉默（当时用语），那他会被压在重物之下直至死亡或说出该说的话。晚至1658年还有一人被压至死，晚至1726年有一人无法忍受此酷刑只好接受了陪审团的审判，酷刑折磨直至1772年才被废除。这种可怕的程序提醒我们，陪审并非本土的英国法制度——曾有过这样的时期：不允许他通过决斗或神裁诉诸上帝就确认他犯罪，看来是一种无法接受的非正义。有些人之所
213 以强忍酷刑折磨乃至被压至死而不选择简单的被判绞刑解脱，原因在于如果经审判被确认有罪，他们的土地和动产将会被没收，而如果未被确认有罪而死则不会被没收财产，其家人也因此而得以保全。

需要指出的另外一点是，在亨利七世之前，法律已逐渐要求陪审团的裁断要取得全体一致的意见——除非12个人一致同意，否则便不能做出任何裁断。就像我们所知道的，这是今天通行的规则，但它只是在中世纪后期才得以确立；的确，法律曾一度好像只要求多数人的意见就足以做出裁断。

我们已经看到，公诉程序以前曾是英国法的一项创新，由亨利二世引入，和更为古老的重罪私诉程序（由受害方私人提起控诉）并存。[1]这种更为古老的程序在亨利七世时仍然存在，并仍

① 参见本书（边码）第128页。

在使用——被控者可以采取决斗断讼，也可以交由陪审团审判。但决斗断讼已很不普遍。不过重罪私诉直至1819年才被废除：其废除源于1818年那则著名的案例阿什福德诉索顿（*Ashford v. Thornton*）。在该案中，被控者提出决斗断讼，但控诉方拒绝决斗。

为了解释下面的内容，有必要明白在中世纪结束之前陪审制已在英国法中扎下了深深的根基，并已成为了这个国家引以为自豪的东西。福蒂斯丘曾充满赞许地将之与法国法庭作了对比，后者没有陪审制，并且广泛使用刑讯。这里出现了欧洲历史上的一个奇怪现象：曾经充满法国特色的一种制度随着时间的流逝竟然变成了纯英国式的，在并未失去其特性的同时又经历巨大变化，将本来作为证人的邻居转变为了审查其他证人所提供之证据的法官。

返回到法院的主题上来，我们还要讨论一下议会及国王加议会的司法职能。在这个意义上，“the king in parliament”（国王加 214
议会）逐渐意指贵族院。如我们所见，在14世纪，我们必须将平民代表出席议会视作新事物。这些新成员的地位不断提高，他们不再限于单纯地批准征税，他们还要分享审议议案和进行立法的权力。但现在我们必须指出，他们从未获得也几乎从未试图获得或分享对于司法事务的权力，而这种事务从很早以来就是由国王在由高级教士和贵族组成的会议上完成的。国王加议会的司法管辖权还是国王与高级教士和贵族的管辖权；换言之，既然国王并未亲自参与司法事务（14世纪至少可以说他极少这样做，15世纪我们从福蒂斯丘那里了解到，人们显然认为国王参与司法是不合

适的),国王加议会的司法管辖权便逐渐用来指贵族院的司法管辖权。这包括三种情况:

1. 贵族院作为审判被控犯有叛逆罪或重罪之贵族的法庭出现。关于这一点我们已谈到过一些。[1]如果议会休会,则由王室总管连同他挑选的一些贵族进行审判。很可能因为审判贵族是议会最主要的司法管辖权,因此平民并未参与司法工作。无论如何,1399年时可能由于担心就理查统治时期的某些非常规程序被提出质疑,平民们郑重宣布他们不参与司法工作,议会的判决是国王和贵族做出的判决;这项声明就确立了一项永久的原则。

2. 议会还享有纠错管辖权,即国王和议会作为纠错法庭(court of error)所享有的管辖权,该法庭可以纠正所有下级法庭在法律适用上的错误。关于这一点我们可以往回追溯很远——向国王寻求救济的最终途径要诉诸国王及王国贵族共同组成的会议机构。我们发现这在15世纪被确定为对适用法律错误而予以纠错的管辖权,以区别于对事实问题的裁断。对同一事实审理两
215 次(对小陪审团的裁断进行审查除外)的观念对中世纪的英国法来说还相当陌生——但如果国王的普通法法庭在适用法律上犯了错误,就要留给贵族院去纠正。14世纪时这种管辖权看来已被自由地使用,但由于某种很难理解的原因,它在15世纪已不被使用。在从亨利五世到詹姆士一世期间,几乎没有什么知名的纠错案件提交贵族院处理。不过尽管有一段时间未被使用,就像我们后面

① 参见本书(边码)第169—171页。

将要看到的那样，这一程序有着一个光明的未来。

3. 议会（即贵族院）逐渐放弃了作为刑事、民事案件初审法庭的所有努力，除非是贵族因叛逆或重罪而受审——但对此有一个重要的例外。他们已受理过由平民提出的针对贵族和平民的指控。这种由平民向贵族院提出指控的程序逐渐被称为弹劾（impeachment）。第一个能真正被称为弹劾案的案件发生在1376年的正当议会（Good Parliament）身上，当时国王的财务侍臣贵族拉蒂默（Lord Latimer）和一位纹章官（Lyons）遭到了弹劾。1386年萨福克公爵遭弹劾；紧随而来的是堪称多事之秋的理查二世统治期间的一些其他案件。后来又有更多的案件，这足以确立这一程序的基本框架——最后一例弹劾案发生在1459年。此后直到1621年这一旧式武器重被擦亮投入使用，中间有一个很长的中断；在此期间，议会几乎无法弹劾国王的大臣，因为弹劾的主要价值在于它对国王的大臣构成了制约，并且这种价值是在后来才逐渐被珍视的。对于轻微的违法者，他们的命运就留给了普通的法庭。

还有另一种议会程序也值得注意，但必须将之与弹劾认真区别开来，我指的是褫夺法权法或特别处刑法（act of attainder or of pains and penalties）。我们说制定法无所不能——就像我刚才提到的法律就是制定法，是议会未经任何审判就将一个人处死或进行其他惩罚的法律。这并非司法行为，而是源出国王、贵族和平民的立法权。在1459年的考文垂议会上，约克家族的贵族被褫夺法权；两年后又轮到了兰开斯特家族，亨利六世及其王后和他 216
们的大量支持者被褫夺法权；1477年克拉伦斯公爵被褫夺法权。

这都是一些悲惨的先例，是混乱和复仇支配下产生的法律。直到亨利八世（他可以从议会那里得到任何东西）及其之后，褫夺法权的法律才逐渐被广泛使用。但要区分这种未经任何审判、任何司法程序而由国王、贵族和平民通过的法律、制定法对人予以处罚的行为，和由平民正式对一个人提出控诉、并由贵族院进行审判的弹劾行为之间的不同。

我们还要讨论一下国王咨议会的司法管辖权。这是一个很难处理的话题，因为在这方面存在很大争议。我们已经看到，在爱德华一世时期，咨议会的司法管辖权很难与议会完全划分清楚：这二者之间的合作是如此和谐以致咨议会时常被看作议会的常务委员会，或者议会被视作咨议会的特别扩大和正式会议。但这种和谐很快便消失了：咨议会和议会之间的冲突贯穿了整个14世纪，后者在不时地寻找机会为前者的司法职能设置界限。我们可以分辨出咨议会的三种司法管辖权：(1)对一般普通法法庭之错误进行纠正的权力；(2)作为刑事案件初审法庭的管辖权；(3)民事案件的初审管辖权。

(1)这三者中的第一项历史最短。对一般普通法法庭适用法律错误的纠正明确属于议会（如我们所见，即贵族院）的职能，咨议会不得不放弃这一点。在1365年的一个案件中，皇家民事法庭的法官们拒绝服从咨议会对巡回法官判决的推翻——他们说咨议会并不是一个可以推翻法庭判决的地方。[①]1402年又有一项制定法（4 Hen. Ⅳ, c. 23）表明，咨议会一直在对下级法庭的判决提

① Year books, vol. Ⅲ, 39 Edw. Ⅲ, f. 14.

出质疑，从未将之视为终审判决——因此该法规定，在判决做出 217
后双方都应偃旗息鼓，直至判决通过大陪审团审查（by attaint）或纠错程序（by error）被推翻。不过即使不干涉已做出之判决，咨议会也拥有一片广阔的天地，正是围绕其作为初审法院的管辖权问题才引发了众多的争论。

(2)早在1331年，议会就力图制止常规普通法法庭之外的其他法律诉讼程序。爱德华三世的一项制定法（5 Edw. Ⅲ, c. 9）规定，任何人不得因任何指控而在违背《大宪章》和王国法律程式的情况下被拘押、剥夺生命和残害肢体，或因此其土地和财产被收归国王所有。1351年，另一项制定法（25 Edw. Ⅲ, stat. 5, c. 4）规定："非经品行端正且守法之邻人依普通法起始令状之合法程序提出控诉，任何人不得因他人之请愿或提议而被召至国王或其咨议会面前；非经合法程序被传唤并进行答辩，任何人不得被逐出其自由保有地及被剥夺财产和所享有的特权。"接下来，1354年的一项法律（28 Edw. Ⅲ, c. 3）又规定："未经正当法律程序传唤并经过答辩，任何人——无论身份地位如何——均不得被逐出其土地，或被拘押、囚禁、剥夺继承权或处死。"1363年（37 Edw. Ⅲ, c. 18）和1364年（38 Edw. Ⅲ, c. 9）有两项法律则分别宣布，将对（向国王）虚假进谏者予以惩罚，这好像针对的是咨议会的司法管辖权。接下来，1368年的一项法律（42 Edw. Ⅲ, c. 3）又确立了这样的原则："未依王国之古老律令、通过起始令状和正当程序向法官提出控诉，或依法庭记录，任何人不得被要求出庭答辩。"但所有这些看来意在约束咨议会和将普通法法庭程序、公诉、起始令状视为唯一合法程序的制定法，显然几乎没有产生什么直接的

218 效果。在亨利四世和五世统治时期，平民们依旧针对咨议会的司法管辖权进行请愿，但并未得到国王的允准；于是他们沉寂了下去。依据兰开斯特王朝时期的宪法规则，咨议会的司法管辖权并未被滥用。在整个都铎王朝时期，我们所关注的这一系列制定法并未被废止（如果只是被置之一边的话）；在斯图亚特王朝时期它们重又变得重要起来，因为它们成了有关星宫法庭（Court of Star Chamber）并非合法法庭之论点的基础。

然而，一个不受正式程序拘束（我们必须记住，普通法法庭的程序是极端形式化的）的法庭的方便性，随时都可以清晰地体现出来，我们发现议会认可了咨议会在一定范围内的司法管辖权。这一点我们可以从几个不同的方面看出。1351 年，议会开始了其反罗马立法的进程；我们所见到的《空缺圣职继任者法》（*Statute of Provisors*）和《侵犯王权罪法》（*Statute of Praemunire*），都是排除教皇对英国圣职进行干预的制定法，它们在我们的教会史上扮演了重要角色。在 1368 年的一项制定法（38 Edw. Ⅲ, stat. 2, c. 2）中我们发现，议会下令所有违反前述法律者都要到咨议会面前进行答辩，并由咨议会确定如何对之进行惩罚。贵族院和平民院对这些事务都极为关注，因此对没有任何拖沓程序的快速司法非常满意。1388 年，议会急于通过治安法官主持季审法庭来落实其有关劳工方面的法律，于是规定（12 Ric. Ⅱ, c. 10）：如果法官未主持季审法庭，将会受到咨议会的惩罚。在杰克·凯德（Jack Cade）暴动之后，议会于 1453 年通过了一项临时但却相当严厉的法律（31 Hen. Ⅵ, c. 2），它完全认可了如下令状的合法性：指令犯有暴动、压迫和强征暴敛罪行的人到咨议会受审。对藐视该类令状者将处以没收财产，这一直持续了七年之久。在 1430

年议会所同意的、为年幼国王*之咨议会所确定的一些条款中，我们发现了一项更为宽泛的认可——所有呈递咨议会的请愿中凡可由普通法决定的事务均应移送至普通法法庭，但咨议会认为一方过于强大另一方面过于弱小，或有其他合理移卷事由的除外。① 219

置身于亨利七世登基之时，如果要问咨议会的刑事司法管辖权是否合法，你会发现很难得出一个明确的结论。一方面，存在一些尚未被废止的制定法，它们可被理解为完全反对这种管辖权。我们的法律现在和过去都不知道还会有制定法会变得废弃不用的原则——制定法一旦颁布，未经废止就会一直维持效力。然而，将议会和王国民众（很可能也包括法官）视为合法的东西宣布为非法也是一件很难的事情；而在亨利七世登基之时，这看来很可能就是咨议会司法管辖权的真实境况。人们普遍认为，咨议会可以惩罚以下犯罪：普通法法庭无权处罚的，尤其是不符合重罪条件的（咨议会看来总是避免宣判死刑）；构成干涉常规司法程序之犯罪；暴乱；贿赂陪审员；等等。当时人们觉得有的当事人过于强大，除咨议会外没有任何其他合适的法庭可对之进行公正审判：他们将贿赂陪审员，甚至是法官。可以说，我们所提到的这些制定法是支持陪审的——但有一些制定法则清楚地表明，陪审可能意味着极端的不公正：陪审团不可能宣布某些人有罪。我想这一点是被认可的，对此的救济被认为像过去一样保留在国王及其直属的顾问团那里，这是一种快速打击且无须对之再次打击的

* 指亨利六世。——译者注

① Nicolas, *Proceedings and Ordinances of the Privy Council*, Ⅳ, 61, § Ⅲ.

司法，一种甚至可以打击那些最强势的犯罪者的司法。

正是本着这一点，我们来到了 1487 年那项一直被认为是创设了星宫法庭的制定法(3 Hen. Ⅶ, c. 1)面前。它列举了一些非常普遍的犯罪：暴乱、做伪证、贿赂陪审员、郡长的不法行为及一
220 些同类的其他案件。然后它授权大法官、财务大臣、王玺保管官，召集一名主教、咨议会的一名世俗贵族以及王座法庭和皇家民事法庭那两位首席法官(空缺时则请另外两位法官)，将被控犯有上述罪行者传唤前来进行审查，并根据其过错依其所应受之惩罚对其进行惩罚——如果依法当判有罪的话。该制定法并未提及所谓的星宫(Star Chamber)；但很长时间过后，上述委员会开庭时一直都在使用威斯敏斯特宫中带有这一名称的那间办公室。我们注意到，该法标明的是某些特定种类的犯罪，它也标明了那些参与听审这些指控并对罪犯做出惩罚的成员。到了后来(这一点我们后面还要讨论)，我们就发现了一个被称为星宫法庭的裁判机构：它并非完全按照亨利七世那项制定法划出的道道进行组建，它也并未将自己的管辖权限于该法所列举的那些类型的犯罪。显然它由全体咨议会成员或其中的一个委员会组成，并通常肯定包括了前述法律中提到过的所有或大部分官员：大法官、财务大臣、王玺保管官、两名首席法官、咨议会的一名世俗贵族、一名主教。尽管它的确惩罚前述制定法中所提到的那些犯罪，但它同样惩罚许多其他类型的犯罪——简言之，它行使着一种相当宽泛的刑事管辖权，实际上是一种不受限制的管辖权，或仅受如下限制：它并不试图对被告人处以死刑。斯图亚特王朝时期就该法庭的合法性爆发了激烈的争论：一方面，如果它被认为是由 1487 年的那项

法律所创设的，那么它实际上经常超越了议会授予它的权力；另一方面，如果它所行使的管辖权为国王咨议会所固有，我们又可以很好地争辩说，它又直接违背了那些我们已谈到过的、未曾被废止的爱德华三世时期的制定法。[1]

我们必须从这一点往回返，现在我们要注意，亨利七世及其继承者们已经握有一种最为有效的行政管理工具。同一机构不仅 221
可以签发条例，还掌握了法律的执行和对王国的管理，同时又作为司法机构而享有广泛的刑事司法权——今天它可以制定条例，明天它又可以惩罚那些未遵守该条例的人。它行使司法权时没有任何繁琐的程式，也不适用陪审；被控者通过宣誓接受审查，这是一种对于普通法法庭非常陌生的程序，在后者中（如其所述）没有人会被强迫指控自己或自证其罪，而且它还使用刑讯。兰开斯特王朝时期的首席法官福蒂斯丘（我们不止一次提到其著作）说，对英国法来说刑讯逼供属于舶来品——这也是他通过贬抑大陆法而颂扬英国法的一个方面。[2]但在爱德华四世时刑讯却出现了，我们在1468年时听说了它。它从未成为普通法法庭常规程序的一部分，但却为咨议会所随意使用，肢刑架（the rack）变成了我们的政治制度之一。爱德华四世时的司法不公为其后继者树立了恶劣的先例。

（3）我们一直主要在讨论咨议会的刑事司法管辖权，但它同时也行使着民事司法管辖权，不过这有它自己的一段历史。如果

① 现在可参考 Leadam, *Select Cases in the Star Chamber* (Selden Society), 1902年。

② *De Laudibus Legum Angliae*, c. xxi.

刑事方面我们看到的是星宫法庭在代表咨议会行使权力的话，那么它在民事方面的代表则是大法官法庭。

我们必须作一些回顾。自诺曼征服以来，每一位国王都有自己的文秘署署长*；他负责保管国玺，并全权负责王室的文秘工作。亨利三世统治结束之时，首席政法官**一职消失了，文秘署署长成为了御前大臣，也成为了国王的首席大臣。罗伯特·伯内尔(Robert Burnell)作为御前大臣，是爱德华一世的首席顾问。御前大臣几乎总是教士出身(14 世纪也有一些俗界人士出任该职)，一般都是一名主教。在过去很长时间内，他一直从不同方面与法律的实施保持了关联。首先，起草在王室普通法法庭开始诉讼所

222 需的起始令状，一直都是他及其手下书记官的职责。他自己也拥有某些司法权——尤其当有人宣称国王将本不属于他自己的东西进行了授赠，就会由御前大臣负责听审此事；如有必要，他要建议国王取消此项授赠。此外，他通常都是国王咨议会的成员；更有甚者，他总是其中特别博学的成员，人们特别希望他像熟悉英格兰的普通法一样熟悉教会法和罗马法。于是很自然地，如果法律问题被提交到咨议会，御前大臣(大法官)的意见将会被接受。

随着 14 世纪的不断推进，我们发现大量民事案件都以这样或那样的方式来到咨议会面前。那些认为自己受到伤害且基于这样或那样的原因无法通过常规方式得到救济的当事人，习惯于向

---

* Chancellor，该官职在不同时期扮演的角色颇有不同，本书依次将其翻译为“文秘署署长”“御前大臣”和“大法官”，但读者需注意它们都只是同一个官职而已。——译者注

** chief justiciar，又译“摄政官”。——译者注

国王请愿并请求得到某种非常规的救济。我们必须记住，在普通法诉讼借以开始的常规令状（通过支付一定费用可以当然地从文秘署购得）之外，文秘署还保留了某种创设新令状以适应新情况的权力，他们还可以通过对既有令状之格式进行修改来达到同样的目的。有时请愿者的要求仅限于此，但有时又不止于此——他们希望咨议会能够传唤对方当事人并在后者宣誓后对之进行审查。要求国王进行干预的各种理由被提了出来——请愿者属贫老废疾，而对方当事人则有权有势，因而可能会贿赂或恐吓陪审员，或通过偶然因素或诡计而获得某些普通法庭无法予以剥夺的便利。这些请愿用语非常谦恭，他们请求基于上帝和惟她独尊的王太后的仁爱，或是考虑到被钉在十字架上的受难的基督而给予救济。一种共同的格式是，基于上帝的仁爱给予怜悯。因此请愿者们承认，严格说来他们无权享有他们所请求的东西——他请求的是国王的恩典。[①]

我们前文已提到过的一系列制定法和议会请愿，看来也像反 223
对咨议会的刑事司法管辖权一样反对它对民事诉讼的干涉——议会的观点是，普通法法庭足以应付这一切。逐渐地，在15世纪，咨议会看来已经放弃试图对普通法法庭可决定之案件进行干涉，但显然有一些案件根据当时的观念虽应予以救济却又根本无法从这些法庭得到。不深入探讨私法的历史，就无法详细谈论这一话题——但仍有一些东西应当予以说明。基于很多原因，在很多

① *Select Cases in Chancery* (1364—1471)，由 W. P. Baildon 于1896年为塞尔登协会（Seldon Society）编辑而成。

情况下以下做法变得普遍起来：土地所有人甲将其土地转让于自己的朋友乙，前提是双方同意尽管乙将成为该土地的普通法上的所有人，但甲仍将享有这种所有权带来的所有利益——于是，乙被认为是“为了甲的用益或基于甲的信任而保有上述土地”。这种精心的设计（我们可作这样的称呼）被用于实现各种意图。因此，举例来说，甲有理由认为自己将被判定犯叛逆罪——在玫瑰战争（Wars of the Roses）期间很多人都认为这是极有可能的，为了避免自己的土地被没收，为了将土地留给家人，基于信任和对甲用益的实现，他将土地转让于乙保有。接下来甲犯了叛逆罪，而此时他并无土地可供没收；土地现在是乙的，而乙并未犯罪，但乙仍在道义上有义务允许甲的继承人享有对该土地的收益。同一设计还被用于规避封建负担，欺骗债权人——债权人来收取甲的土地时却发现土地并非甲的而是乙的。该设计还被宗教团体为规避《永久管业法》而大量使用——它们被禁止获得新的土地，但并没有什么禁止一个人将土地转让给某甲，然后由该甲为某宗教
224 团体的利益而保有该土地。对发明这些用益、信托的赞誉和指责，都普遍归咎于这些宗教团体。无论如何，15 世纪早期这种情况已非常普遍：乙是土地的普通法上的所有人，但他在道义和良心上有义务允许甲享有土地的收益，有义务按照甲的指示处理土地。但他的这种义务此时还未得到法律的认可——普通法法庭拒绝针对乙给予甲任何救济，它们不会去查看乙背后的东西；乙是土地的主人，自然可以不顾甲的意愿随意处置该土地。

到此时（我们说的是 15 世纪早期）为止，国王咨议会已经常将所有与民事案件有关的请愿交于大法官（御前大臣、国王的首

席法律顾问）处理，以致想获取民事救济的请愿者不再将其诉状呈递国王而是直接呈递大法官，后者在处理这些问题时看来也不再提交国王和咨议会。我们刚提到过的“用益、信托或信任”的制度设计，为大法官提供了一片广阔而又开放的施展空间。在亨利五世统治期间，我们发现大法官将会强制执行这种“用益权”（如其所称）——如果乙为了甲的用益而保有土地，那么大法官会基于甲的诉求而强制乙执行他们之间的协议，强制乙按甲的指示处理土地，并在乙拒绝遵守其命令时以藐视法庭为由判其入狱。尽管乙是土地的合法所有人，但将他人委以的信任弃之不顾却会被认为是违背良心和不公平的——大法官以公平和良知的名义介入了进来。毫无疑问，这太便利了！事实上，如果大法官没有提供帮助，随着时间的发展普通法法庭很可能也会修改其理论并寻找新的方法来强行实施这种“用益权”。但普通法是一架行动迟缓的机器，不可能很容易地使自己适应新时代的新需求。另一方面，大法官则要方便得多；并非不可能的是，在过去的很长时间内教会法院（大法官即为教士）也一直在争取强制执行这些衡平性质 225
的债务。无论如何，一旦情况已变得明朗化，大法官愿意而且也能够执行这些义务，大量业务便蜂拥而至。你会发现对土地拥有用益权非常方便。议会和普通法的法律家们并不喜欢大法官的这种衡平管辖权（有时他们在筹划拿什么东西来取而代之），但其便宜性却使自己的存在正当化了。亨利七世时，我们必须将大法官法庭（Court of Chancery）视为一个已确立的司法机构，拥有衡平管辖权；这样，在普通法旁边就兴起了一套与之相对、以衡平法著称的规则体系。

这样一套规则体系的建立需要时间。对于15世纪，甚至是16世纪的衡平法，我们几乎都是一无所知，因为不像普通法法庭的诉讼自爱德华一世以来就一直有报告，衡平法庭的诉讼并无报告。但单单这一事实就足以表明，大法官们并不认为他们要严格遵守规则，每一位大法官都认为自己有相当大的自由可以根据自己的是非观念来决断案件。不过非常有可能的是，他们也会与普通法及教会的法律理论进行类比以作为判案的指导。随着时间的推移(这应属于我们历史的下一个阶段，但却必须在这儿提到)，衡平法规则变得像普通法一样严格。大法官们认为，他们应尊重在其先辈判决中所发现的那些原则——一个判决成为了未来判决的权威依据。

这样，直至1875年，在普通法法庭旁边我们又拥有了一个衡平法法庭：大法官法庭。后文我将力图描述今天这一世纪(取消所有这些旧式法庭的巨变发生之前)和此时[*]的衡平法各是什么。[**]我们现在讨论的是过去的事，必须想到大法官获得了一个在不断扩展的管辖领域。他们在补充并不完备的普通法，他们在强制执行普通法并不强制执行的那些义务(比如那些被称为用益或信托
226 的义务)，他们在提供普通法并不提供的救济——因此，如果一个人不履行合同，普通法法庭所能做的全部就是强迫他赔偿因违

[*] 演讲时。——译者注

[**] 梅特兰在此意指其后来开设的一门有关衡平法的课程；与宪政史的讲义一样，该课程的讲义亦为后人编辑出版：中文名称为《衡平法与普通法的诉讼格式》(*Equity, also the Forms of Action at Common Law. Two Courses of Lectures*, eds. A. H. Chaytor and W. J. Whittaker, Cambridge, 1909)。——译者注

约而造成的损失，但在某些案件中大法官法庭则能给出更适合的救济：指定履行；以可能因藐视法庭而被判处监禁相威胁，强迫他完全按照先前的承诺实际履行其合同义务。此外，大法官法庭的程序还在许多方面不同于普通法法庭，尤其是它会要求被告宣誓后接受审查，强迫他揭示他所知道的针对他所指控的事实。大法官法庭从未受欢迎过，但我们的王国还不能没有它——于是逐渐地，我们的法律获得了数世纪以来将构成其突出特点的某种东西：它由一套普通法规则组成，还有一套衡平法规则作补充，前者由原来的法庭实施，后者则由新的大法官法庭实施。

四、英格兰法的总体特征

因为时间不允许我展开全部的提纲，今天上午我将讨论一些比较重要的问题点。[①]首先我会转向刑法，进行一般性地论述；然后具体讨论一下有关叛逆方面的法律。

位居各种犯罪之首的是重叛逆罪（high treason）。1352 年，这种犯罪在一部非常知名的制定法中得到了界定。该法称有关什么是叛逆一直存有争论，接着又宣布叛逆为：任何图谋或想象国王、王后及其长子、继承人的死亡；对王后及国王未出嫁长女的冒犯；在王国境内发动对国王的战争或支持国王的敌人，且经与其地位同等者证实在王国境内或其他地方为国王的敌人提供援助或便利；伪造国玺、王玺、货币，或将假币贩运入境；杀死大法官、 227

① 关于遗漏掉的问题，请参见 *Analysis*, p. xvii。

财政大臣、皇家民事法庭或王座法庭法官或其他“正在其职上履行职务”的其他法官。抛开极少数情况不管，叛逆主要有三种：(1)图谋国王之死，即形成弑君之意图，并通过某种公开的行为予以表示；(2)发动对国王的战争；(3)支持国王的敌人。从1352年至今，这一制定法成为了叛逆法的基础。但在每一个政局动荡的年代，新的叛逆罪又会被创制出来，而一俟局势好转一般又会被取消。因此，在理查二世的糟糕统治行将结束的1397年，不只是图谋国王死亡，而且图谋废黜国王也被定为叛逆。两年后，当兰开斯特家族获得王位后，上述规定便被废止了。1414年，杀死或抢劫持有国王签发之安全通行证的人被视为叛逆，但这在1442年即被废止。15世纪的制定法没有再创设其他新的叛逆罪，但法官们发现爱德华三世时期的那项法律其用语可以被不断地扩展。接下来，随着宗教改革的到来，我们又有了制定法规定的新的叛逆行为，亨利八世的九项法律创设了新的叛逆种类：其中有4项针对的是教皇的支持者，5项用于维持国王在若干次婚姻后所取得的成果——因此，通过出版或以口头、书面方式明确宣称国王为异教徒、分裂教会者、暴君、叛教者或篡权者，顽固拒绝宣誓摒弃教皇之最高权威，图谋剥夺国王作为教会首脑之头衔，宣称国王与克利夫斯的安妮(Anne of Cleves)之间的婚姻无效，都被视为叛逆。在下一位国王统治开始的1547年，所有这些都被取消了，但一些新的叛逆又被创设出来：1549年，12人(含)以上暴动图谋杀死或挟持任何枢密院成员即为叛逆。这一切又在玛丽女王执政时被废除，但她也有自己的叛逆立法：任何人明确诅咒女王早死或宣称菲利浦(Philip)不应与女王共享国王之头衔，即为叛逆。伊丽莎白女王也有自己的新创，如任何出生于王国境内的耶稣会士（Jesuit）在王国境内滞留即为叛逆，但1352年的那项制定法却始终是判断叛逆罪的一般标准。228

不过我们发现该法的用语极富弹性。这里有一些发生在爱德华四世时期的令人惊异的例子（其真实性我无法保证），其中有因想象国王死亡而被视为叛逆的。于是，沃尔特·沃克尔（Walter Walker）端详着国王的图像对其孩子说，如果不哭不闹就让他继承王位——这就是叛逆。托马斯·伯蒂特（Thomas Burdett）的林子里有一头白鹿，但在他外出时被国王爱德华四世猎杀；伯蒂特表达了自己的一个想法，现在那头鹿连角带尾都在怂恿国王下手猎杀者的肚子里——这也是叛逆，尽管首席法官马克汉姆（Markham, C. J.）拒绝支持这样一个极不公正的判决。[①] 无论这些故事是真还是假，都铎王朝时期的确已形成了如下理论：通过某种公开行为表达出要废黜国王或用武力迫使国王以某种特别方式进行统治的意图，即为图谋国王之死。在1600年的埃塞克斯贵族（Lord Essex）案中法官宣称，假如有人试图拥有不受国王控制的力量，并武力强迫国王无法依其自己的权威和意志进行统治，这就是明显的反叛；在每一场反叛中，法律均视之为结果是要图谋国王死亡或遭废黜，都将之预设为不再容忍国王的存在和统治——否则他会对叛乱进行惩罚和报复。再者，“发动针对国王的战争”这一表述也被扩展并包含了为某种政治目的而发动的暴乱；于是柯克认为，只要为拆毁泛

① 参见 Stow’s *Chronicle*, p. 430。也可参见 *History of English Law*, ed. Finlason, vol. Ⅲ, p. 32 note。

泛的围篱而不是这一或那一特定的围篱而集会即为叛逆；17 世纪(1668 年)，为拆毁妓院而暴动也被认为是叛逆。因此，通过解释 1352 年的制定法，“推定叛逆”(constructive treasons)逐渐被创设出来。这些解释中的大部分直到今天还保持着法律效力，但已不
229 常将这部分法律付诸实施，暴乱一般还是按照单纯的暴乱依法惩处——但主要的“推定叛逆”仍是叛逆。

后来又通过了一项改进措施：1552 年的一项制定法(5 and 6 Edward Ⅵ)规定，在确定叛逆罪时应有两名证人在被控者面前出庭作证——无论是过去还是今天，我们的法律对其他犯罪都没有这类规定。

1495 年时又通过了一部比较重要的法律(11 Hen. Ⅶ, c. 1)，该法实质上有这样的规定，臣服于某位并非法律上(*de jure*)但却是事实上(*de facto*)的国王者，在将来复辟后不因叛逆罪而受到惩罚。这一法律外表上打上了玫瑰战争的印记，但这在后来变得重要起来：据说奥利弗·克伦威尔的支持者强迫他接受王位，就是为了在将来一旦出现复辟就可以获得该法所赋予的对事实上的国王之臣服者的这种保护——对护国公的臣服不在此限。[①]

叛逆之下是各种重罪，其中包括：(1)普通法上的重罪，即在 13 世纪我们的普通法初具形态之时已被认为特别严重的犯罪，如杀人、放火、夜盗、抢劫、强奸和偷盗。宽泛地说，这些犯罪都是死罪，但小额盗窃除外(价值 12 便士以下)。(2)制定法上的重罪，

① 关于此请参见 Hallam, *Constitutional History*, vol. Ⅲ, c. xv, and Stephen's *History of Criminal Law*, vol. Ⅱ, c. 23。

也可被处死刑。但在 16 世纪，重罪的划分又出现了新的方法：可享受教士特权的重罪和不可享受教士特权的重罪。为此我们要暂时回溯到遥远的过去：亨利二世未能实现将教士置于王国普通刑法的管辖之下。被证明有罪的教士只能移交给主教，而后者通常只是将其作降级处理。可能是因为法律过于严酷，于是确立了凡识字者均为教士的理论：这样，任何识字者犯重罪皆可享有豁免权——但女性没有这样的权利。随着宗教改革的到来，制定法开 230
始对此进行干预。1496 年的一项制定法（12 Hen. Ⅶ, c. 7）规定，在谋杀案件中，除授职教士（ordained clerks）外，所有人的教士特权（benefit of clergy）都要被剥夺。随后的其他制定法在某些特定案件中也将教士与其他人区分了开来：1536 年是在海盗犯罪中，1547 年是在公路抢劫、盗马、盗窃教堂中，1547 年是在强奸案中，等等。这样重罪即被分为可享受教士特权的重罪和不可享受教士特权的重罪两种。1487 年的一项法律又规定，不属教阶之列者只应享有一次教士特权，并应在大拇指上留下印记，这样其曾被定罪之事实便一目了然。就在我们这一阶段结束的 1622 年，女性首次获得了一种等同于教士特权的权利。

重罪之下是轻罪（misdemeanours）——不处死刑，一般只处罚金和监禁的轻微犯罪。有一些轻罪源自普通法，但许多则是制定法规定的结果。“misdemeanour”一词逐渐被用来指这些轻微的犯罪。在更早一些的著述中它们被称为“trespasses”，但随着时间的发展，“trespass”一词被用来指民事违法行为，而“misdemeanour”则用来指构不成重罪的犯罪行为。同一行为既可以构成民事侵权，又构成轻罪。因此如果甲殴击乙，这是对乙

的侵权行为，乙可在民事法庭提起诉讼请求赔偿；但同时该行为也构成轻罪，乙可在刑事法庭提起控诉，甲可能会被判处罚金或监禁，或二者兼处。同一行为会产生民事和刑事两方面的结果，构成民事诉讼和刑事诉讼的诉因。

叛逆罪、重罪和轻罪都是可诉罪或公诉罪(indictable offences)，每一种可诉罪必然属于这三者之一。关于刑事诉讼程序，我们已经谈到过一些——被控者由大陪审团提出控诉，然后由小陪审团进行审
231 判；而旧的私诉程序正在迅速消逝。在犯轻罪(不包括重罪或叛逆)的情况下，假使国王的检察总长接手此案并提出了所谓的刑事起诉书(criminal information)，嫌犯即可在无大陪审团控诉的情况下直接由小陪审团予以审理。刑事起诉书的起源依然模糊，只是偶尔在斯图亚特王朝时期被用来控诉政治上的轻罪。国王的检察总长(attorney-general)向王座法庭通报说被控者犯下了某种罪行，然后嫌犯就被交付小陪审团审判。这就是适用于约翰·埃利奥特爵士(Sir John Eliot)案件的程序，这一著名的案件我们马上就会谈到。

被提起公诉者不允许有律师代为辩护，他们只是慢慢地才获得了传唤证人以向法庭提供有利于自己证据的权利。在刑事案件中，陪审员是证人的理论尚未完全让位于他们是裁断事实之法官的理论——看来无论如何被拘押者也没有权力强迫不情愿出庭的证人前来为他提供有利于他的证明。

在这些可诉罪之下又冒出一类更轻的犯罪(我们还没有为它们找到通用的名称)，这些犯罪可由治安法官在无陪审团的情况下进行惩罚。迄今为止它们还没有引起法律家们的注意，只是在18世纪其数目才变得可观起来。不过，制定法会不时地创设一些

这类犯罪——它们都源于制定法的规定：治安法官本身也源于制定法的规定。于是，打开詹姆士一世的制定法全书，就会碰到如下情形：在麦芽酒屋饮酒者处罚金10先令，该犯罪要由两名证人在任何一位或多位治安法官面前宣誓加以证实；1604年又出现了一部更为严苛的狩猎法（game law）：拥有财产未达一定数量者豢养灵缇（greyhound）或塞特种猎犬（setter）即应受刑事处罚——由两名证人在两位或多位治安法官面前证实犯此罪者可被处入狱3个月，如此等等。议会已开始着手以非常详尽的方式规范各种商业和工业活动，违反此种规范者通常会被视为犯罪，并在无陪审团审判的情况下被治安法官处小额罚金或短期监禁。简言之，我 232
们今天所知道的通过“简易定罪”程序（summary conviction）予以惩罚的犯罪——与公诉程序确定的犯罪相对——正在变得普遍起来。

到此时为止，治安法官已变成了相当重要的人物。他们开始吸引法律家们的注意，就其职责产生了许多著述，尤其是朗巴德那本杰出的《治安法官》（Lambard's *Eirenarcha*）一书。在每一郡，国王都会委任一些乡村绅士出任治安法官。自治市则依据其特许状通常享有自选治安法官的特权——有时郡治安法官对自治市并无管辖权，有时郡和自治市的治安法官享有并行的管辖权：这一切都取决于自治市特许状的条款。治安法官的职责此时已变得非常繁多。首先，他们每年4次要在郡内主持治安审判会（即季审法庭），在此他们行使着广泛的刑事司法权：通过大陪审团提起公诉、小陪审团审查事实，他们几乎可以审理所有的嫌犯。其次，除主持季审法庭外，他们还行使制定法所授予的对轻微犯罪进行

简易审判(summary trial)的权利，这一点我刚刚提到。第三，我们已发现了它另一种功能的萌芽，即对被控可诉罪之嫌犯进行预先审查——这在今天已变得非常重要。我们今天习惯于见到被控犯罪者被带到治安法官面前，由后者决定或者将其羁押入狱直至庭审开始，或者允许其保释直至正式审判，或者认为案件与嫌犯无关而撤销控诉。这种在治安法官面前进行预审(我们可将之作如此称呼)的程序是慢慢发展起来的——但我们在16世纪就能发现它的萌芽。自爱德华三世时期组建以来，负责拘捕嫌犯的任务已从郡长之手转到了治安法官那里——依法将嫌犯保释(如果他有权获得保释)或关押入狱，这是治安法官的事情。接下来，1554年和1555年的制定法指令治安法官对嫌犯及其指控者进行审查，还要将审查情况写成文书并移送至嫌犯即将受审的法庭。不过我

233 们千万不能认为这种审查与我们今天所熟悉的预审非常相似。前者的目的并不在对被拘押者是有罪还是无辜进行公正调查，并在发现他与案件无关时将之释放，而更主要在于对其进行讯问并对其进行立案；治安法官在这里所扮演的角色与其说是法官还不如说是公诉人。第四，治安法官已获得了对郡内警察机构的控制权。拘捕嫌犯现在已不再通过过去的呼喊及循声追捕程序(hue and cry)进行，而是由警长依据治安法官签发之令状的授权展开。在柯克的时代，这种令状的有效性仍存疑问，但随着时间的推移其适用范围已被大大扩展。现在，控诉程序的第一步通常便是向治安法官申请拘捕嫌犯的令状。第五，治安法官已获得了某些行政方面的权力。尤其是依1601年的一项法律所建立起来的济贫法体系已处于其掌控之下，新的公路管理体系也是如此。于是季审

法庭不只变成了郡的刑事法庭，而且还是一个行政方面的会议组织，一个享有管理和执法权力的委员会。于是它取代了旧的郡法院，后者已沦为一个由郡长或其副手主持的、只处理简单民事案件（主要是小额债务案件）的法庭。据说议会选举仍像过去一样在郡法院进行，但这很可能是郡内自由地产保有人全体出席的唯一场合了，简单的司法事务便交由郡长及其副手去处理了。

英国历史上一个非常值得关注的现象是郡长的衰落，这是一场持续了数世纪之久的衰落。12 世纪时，郡长几乎不亚于行省总督，郡内的所有事务，包括司法、治安、财税、军事等都在他的掌控之下。逐渐地，他的权力失去了：新的机构在他身旁成长起来
并掩盖了他的光芒。关于司法，首先是国王的巡回法官，然后是 331
治安法官剥夺了他的司法业务：他的郡法院变成了只能受理小额债务案件的法庭，其刑事法庭的职能现在则由享有依制定法授权可处罚一切轻微犯罪的治安法官行使——他可能再也不会成为其郡内的法官了。对于警察机构的控制也逐渐从其指间溜走，转而由治安法官把握。他甚至正在丧失作为收税者的权力：议会为此制定了一些其他法令，他现在依然可做的只是一些附属性工作。最后，他也不再是郡武装力量的首领。在都铎王朝时期，国王开始委任一位郡军事总长（Lord-Lieutenant）负责指挥郡内的军事力量（逐渐被称为民兵）。

郡长一职衰落的直接原因是他已成为了一个年度任职的官员。14 世纪时，郡长被视为了郡的压迫者而遭到了全郡民众的痛恨：他从全郡收取地租，并尽力攫取。如前所述，议会在其主张郡长应由选举产生之努力失败后，又致力于将郡长的任期限制为

一年，并最终获得成功。这是通过一系列制定法完成的，从1354年(28 Edw. Ⅲ, c. 7)到1444年(23 Hen. Ⅵ, c. 7)，延续了近一个世纪。无论制定法如何规定，郡长们任职仍然长达10—12年，但在15世纪时有关其年度任职限期的规定终于落到了实处。此前的身份注定了郡长的命运：身为警察和武装部队首脑，其任期不可能是一年。然而此后其地位却不断滑落，直至最后几乎沦落为仅限于执行法院的判决——扣押债务人的财产、对债务人予以拘押、看管郡监狱、对重罪犯处以绞刑。曾经的肥差现在却变得事务繁重且得不偿失，实际工作都由郡长的副手完成，但郡长要对其副手的行为负责，并在后者出错时赔偿损失。早在17世纪就很难找到人出任郡长，大家都避之唯恐不及，但他们却能而且的确也是被强迫担任此职的。虽然郡长的实际权力日趋式微，但仍保留了形式上的尊严——他是郡内的头号人物，入宴时也位列郡军事总长之前。

郡军事总长起初是一个军事官员，但他也成了治安法官的荣
235 誉首领。从一开始，就有一位治安法官被特别委任负责保管法官们的卷宗和档案——他就是郡卷档官(*custos rotulorum*)。通常郡军事总长和郡卷档官由同一人担任，正是后者的角色而不是前者使得他逐渐被视为了治安法官之首。在都铎王朝和斯图亚特王朝时期，国王的咨议会很好地掌控了治安法官，郡军事总长即是其联系人。至少在后来，治安法官通常是经郡军事总长推荐后任命的，但他并不位于治安法官之上，而只是这些地位同等者之首。我们记得治安法官由国王委任并仅依国王的意愿保有职位；不过这一职位越来越被视为一个长期的职位而不能被轻易撤换。

最后要说的是警长(constables)。当时还没有现代意义上的警察机构——一队经过培训、操练、整齐划一的武装力量——我们现代的警察力量当然很现代。但法律已要求每一个教区(更严格地说是每一个镇区)都应有自己的警长。如前所述，警长起初是一个军事官员，是郡军事机构中的一个小官；但当时的地方武装主要关心的是防御战事和通过呼喊循声追捕嫌犯，这些事务越来越多地落入警长之手。随着民兵的不断军事化，警长却变得越来越非军事化,而更纯粹地变成了一个警务官员(用我们的话说)。17世纪，在旧的地方法院仍然存在的地区，警长仍由其邻人在这些法庭上选举产生；而在别的地方可能更通常是由治安法官任命。镇区内每一位有能力的健全居民均可被委任为警长，除非他有特别的豁免事由。请记住，我们过去普通法上所有或几乎所有的官员都是强制任命的——被委任者不能拒绝。直到今天，一个人还可能被违背其意愿地任命为郡长或自治市的市长。通常被委任为警长者会被允许寻找一个相应的替身——这需要付出5或10英镑的代价，其任职为1年。警长并无薪水，但他有权就其某些 236
工作要求提供一定费用。其主要任务是拘捕罪犯，为此他享有某些普通人不享有的权力：因此，拘捕嫌犯有时对普通人来说可能是违法的，但对警长来说却是安全的。我们最好记住，警长一职早已为普通法所知，今天警察的一大部分特殊权力便源于此——作为警长，他便享有数世纪以来普通法所授予这一职务的所有权力。逐渐地，警长越来越处于治安法官的掌控之下——尤其是无治安法官令状而进行的拘捕越来越不常见，而执行这样的令状时警长又会得到特别的保护。

最后请允许我提醒一下，假期你们可以去看一本有关伊丽莎白时期治安法官和警长的书，相信会从中获益良多——如果你们还无法阅读朗巴德的《治安法官》，至少可以欣赏一下莎士比亚的戏剧《庸人哈尔》(*Shallow and Silence*)、《无事生非》(*Dogberry and Verges*)。*

* “Shallow”和“Silence”是莎士比亚历史剧《亨利四世》中的两个角色，为乡村法官，梁实秋译为沙娄和赛伦斯。“Dogberry”和“Verges”为《无事生非》中的两个角色，道格伯来是警官，佛杰士为甲长(均为梁实秋译)。以上人物均为又笨又搞笑的角色，均与此处主题相关。译者感谢北京语言大学陈戎女博士襄助！——译者注

第三阶段 237

詹姆士一世驾崩时的公法概述

我们歇脚的下一个驿站是詹姆士一世之死和查理一世的平静登基。需要再次提醒大家注意的是，我们的确又忽略了那些关于我们历史最常见的分期方法。都铎王朝是一个独立的、特色鲜明的时期，任何书写英格兰历史的人都不得不将之作如此标记。但我们并不尝试这样做，我们意在选取不同于寻常的观测点，为的是在新的视角下来审视熟悉的材料；换言之，我们的努力是在为既有的历史著述提供补充。我非常愿意揭示如下事实：我们公法的历史作为一个整体具有极强的连续性，其中所发生的最重要事件并不构成所谓的革命。都铎王朝的专制当然与兰开斯特非常不同：后者的专制极为有限，而对于前者，如果我们考察其实际运作便会发现它几乎是不受限制的。不过仔细审视就会发现，这种差别并不主要在于当时所存在之各项制度的性质，而在于这些制度运作时所处的精神氛围：同样是国王、贵族、平民、咨议会、普通法法庭这一套机构，却产生了非常不同的结果。而且我们无法为这些变化的发生找到一个确定的时刻，它不像法律* 的变化那样

* 此处梅特兰可能意指制定法。——译者注

必然发生在某一指定的日期。都铎时期的王权不同于兰开斯特的王权，那么约克家族的那两位国王又如何呢？一位卓越的现代史学家倾向于提出，他所谓的新专制时期不是始于亨利七世而是爱
238 德华四世——我们当然拥有一段中间的过渡期。于是在这一阶段结束时，在詹姆士一世驾崩之前，议会与国王的关系实际上与伊丽莎白时期非常不同，但这一变化并非突然发生的；逐渐地，在过去的一段时间内，议会不断地变得更为独立：法律并未发生大的变化，但法律的运作却一直在发生缓慢的变化。

一、议　　会

(一)议会的组成

议会的组成并未发生太大变化。首先来看贵族院。亨利七世的议会包括2名大主教、19名主教和28名修道院院长，教界贵族总共49名。1540年修道院被解散后，修道院院长便在议会中消失了，但又新增了牛津、彼得堡(Peterborough)、格洛斯特、布里斯托、切斯特和威斯敏斯特6个主教职位，其任职者理所当然地被召至贵族院——尽管他们并未保有贵族领地。不过威斯敏斯特主教一职并未延续多久就在1550年随教会组织的解散而被撤销了，教界贵族的数目遂降至26人。都铎时期，俗界贵族的数目并未迅速增长：新贵族很少被创设，除非是旧的贵族消逝了；在整个这一时期，其数目在50人左右浮动(因为未成年及其他原因)。因此在修道院被解散之后，教界贵族成了少数。詹姆士一世

即位后发生了一些变化，他慷慨地授予贵族爵位，他的第一届议会有俗界贵族 82 人，最后一届则多达 96 人。贵族现在显然都一成不变地通过由开封特许状明确授予封号的方式予以创设。主教已明确由国王提名。事实上，在过去的很长时间里，在任命主教的问题上国王通常早已是随心所欲，其唯一的对手便是教皇——但主教由主教座堂牧师会选举的形式得以维持下来。最早将矛头直指罗马的一项制定法(1531 年)涉及了这一问题：国王许可主 239
教教士会选举主教，但连同他的选举许可令(*congé d'-élire*)一道，他会通过信函向教士会推荐候选人；如果该候选人 12 天之内未当选，则国王可以通过开封特许状任命一名主教。因此教士会选举只是一个神圣的仪式而已。在爱德华六世统治期间，即使是国王的选举许可令也被制定法废除了，主教仅凭国王的开封特许状即可任命。该项制定法在玛丽女王时期当然被撤销了，伊丽莎白女王也未将之予以重新颁布；后者只是重新颁布了她父王时期即前述 1531 年的那项制定法，该法此时仍然有效。因此我们注意到，就贵族院的组成而言，国王拥有极大的权力：他实际上委任了所有的教界贵族，他还可随其心愿创设新的俗界贵族。

平民院则有了相当大的增长。依据 1535 年的一项法律(27 Hen. Ⅷ, c. 26)，威尔士被完全纳入了英国的公法体系。蒙默思郡成了英国的一个郡，并向议会派出 2 名代表；蒙默思自治市的议会代表也是 2 名。威尔士被划分为 12 个郡，还包括 11 个自治市，它们在议会中的代表都是 1 名。另一项 1543 年的法律(34 Hen. Ⅷ, c. 13)分配给切斯特郡和切斯特市的议会代表名额都是 2 名，这样这一古老的巴拉丁(palatinate)领地便被融入到了王国的总

体架构中；达勒姆则晚至王政复辟之后才开始向议会选送代表。这样平民院就增加了 31 名成员。加莱也曾在一段很短的时间内向议会选派过代表，但英格兰国王在法国遗留的这块领地在玛丽女王时消失了。不过这还不是事情的全部；我们记得国王曾行使过授权自治市向议会选送代表的权力。迄今为止这一权力还没有为了组建议会而被广泛使用过，亨利八世使用过但次数很少：他只向 5 个自治市作过这样的授权。爱德华六世为了政治目的而滥用了这一权力：他增加了 48 名议员，玛丽 21 名，伊丽莎白 60 名，詹姆士一世 27 名。因此平民院中自治市的市民代表大大增加了，国王的权力也随之增加。当一个新的自治市被创设，或当一份新的特许状授予一个老的自治市时，选举权总是被谨慎地授予一个选出来的小规模的管理机构（市长及市委员会，起初它们由国王
240 提名，后来通过自选产生），而不是全体自治市民。同时郡的选举资格并未改变，仍然是亨利六世时法律规定的 40 先令；随着货币的贬值，这一资格变得有些低且变化无常。公簿地产保有人现在通常会拥有和自由地产保有人一样价值的地产，并完全受到王室法院的保护，其过去的义务已转化为货币地租，这随着货币的贬值也不再像过去那样繁重——但他们仍然没有选举权。在我们所讨论的这一阶段即将结束之时，我们发现有许多征兆表明，议员资格开始逐渐成了一个人们追求的目标；人们会为有异议的选举进行激烈的争斗。詹姆士一世授权牛津和剑桥两所大学可各向议会选派两名代表。

接下来，这样的时代已经到来：我们不能再将教士视为王国内基于任何政治目的而形成的一个阶层。我们已经看到，教士阶

层已不再遵守“禁投外条款”，而是在其教牧人员代表大会上决定其纳税问题。他们虽仍在教牧人员代表大会上决定自己的纳税问题，但自1540年以来发展出了这样一种做法，即由议会通过一项法律来对其决定进行确认，就好像人们可以质疑教牧大会决议是否对教士有拘束力一样。我们必须记住，教会现在不能再主张要独立于国家政权之外，教士已被迫承认了国王的最高权威。[*]1534年的教牧人员代表大会被迫承诺：未经国王的许可和同意，它们将不再制定任何新的教规。这一原则得到了议会法律的确认。即使是在纯粹的教会事务领域，未经国王同意教牧大会也无所作为；如下理论也已发展起来：尽管有国王的同意，这些教规对俗界人士也不具有拘束力。[①]

（二）议会的特权

迄今为止我们还没有谈到过议会的特权问题，但对这一主题的讨论不能再往后拖延了，因为它正在成为头等重要的问题。关于议会特权的主题，过去和现在通常都是将几个独立的问题混在一起来谈。首先让我们来看一下经常谈到的两个问题：(1)言论 241
自由；(2)不受逮捕。

(1)在中世纪，议会两院自由辩论、彼此互不干涉，也不受国王干涉的权利，看来一直都得到了认可和遵守。在讨论这个问题时，通常要提到托马斯·汉克西(Thomas Haxey)一案。1397年一项对理查二世

---

* 亨利八世时，英格兰的教会与罗马教廷决裂，并改宗为英格兰自己的教会而非像过去那样隶属于罗马。国王取代罗马教皇成为了英格兰教会的首领。——译者注

① 参见本书(边码)第511—513页。

及其侍臣提出大胆抨击的议案提交到了平民院，并为平民院所接受。国王大怒，要求查出是谁提出的这项议案，汉克西的名字被报了上去。贵族院宣布，任何激起平民提出此项要求者即为叛国者，他们判处汉克西死刑；但大主教称他是教士，因此未被执行死刑，后来很快即被赦免。1399年亨利四世即位后不久，该判决即因平民们请愿而被撤销，他们说这与其自由相违背。本案中非常奇怪的一点在于，从表面上看汉克西并非平民院议员，他被认为可能只是依据“禁投外条款”前来参加议会的教牧人员大会代表。这种对于辩论自由的干涉，在我们中世纪的历史上几乎是独一无二的。但1376年，议长彼得·德·拉·梅尔(Peter de la Mare)则因其在正当议会(Good Parliament)上的行为而被关押入狱，直至爱德华三世死后理查才将其释放；1453年议长托马斯·索普(Thomas Thorpe)入狱，理由好像是他反对约克公爵，不过他是被以私人托词提出指控并被关押入狱的。这发生在议会休会期间，当平民议员重新开会时找不到自己的议长了；他们向国王和贵族提出请求，说他们应该享有过去的特权；不过贵族拒绝了他们的请愿，并决定索普应待在狱中。在本案中，尽管拘捕的真正原因可能是索普在议会中的行为，但逮捕却是在一场民事诉讼中依据法庭的判决执行的，因

242 此它所影响的与其说是言论自由，还不如说是不受逮捕的自由。1512年，在亨利八世时出现了一个非常重要的先例。平民院议员斯特罗德(Strode)被锡矿区法院(Stannary Court)判处监禁，理由是他向议会提出了某些规范锡矿开采者特权的议案。为此，议会通过了一项制定法宣布针对斯特罗德的诉讼程序无效，并概括性地宣称，任何针对本届议会或将来任何一届议会中任何议员因其所发表的任何言论而开始的诉讼程序，都将彻底无效。这是对于辩论自由所做出的制定法上的认可。

在查理一世时期，国王一方不得不争辩说这并非一般性的制定法，而是只适用于斯特罗德一案；在著名的约翰·埃利奥特爵士一案中，法官们支持了这一主张；接下来在长期议会中，平民院决定《斯特罗德法》具有一般效力，贵族也附和了这一决定：但这一切还要等到将来才能实现。1541 年，议长首次在会议开始时将言论自由列为平民向国王所请求的、古已有之且毋庸置疑的权利和特权，自此，议长在开会时主张该权利即成惯例。正是在伊丽莎白统治时期，就这一特权发生了争议，尽管女王明智地决定这一争论应当和解。1556 年，女王禁止平民院讨论王位继承问题，但接下来又做出了让步，并取消了这一禁令，平民们一片欢欣鼓舞。1571 年斯特里克兰（Strickland）因提出了某些教会方面的议案而被召至咨议会，后者下令他不得再在议会露面，后来女王又让步了。1576 年，彼得·温特沃思（Peter Wentworth）就辩论自由发表了措辞激烈的言论，因此而遭到平民们的反对并被他们关进伦敦塔。1588 年他又遭到了同样的厄运。平民院默认了女王要求他们回避宗教话题的命令。1593 年时，女王更为主动——议员们只能以“是”（Aye）或“否”（No）的方式进行表决，他们还不得讨论教会事务，一位叫莫里斯（Morice）的议员曾因提出教会议案而被关押入狱。在这些年中，平民院好像特别恭顺，尤其是在教会事务方面：他们好像感觉到当时危 243
机四伏，而且在宗教事务方面女王要比他们更为了解。随着詹姆士的即位，情况发生了变化：当他于 1614 年解散他的第二届议会时，他将 4 名议员送进了伦敦塔；1621 年桑迪斯（Sandys）入狱，詹姆士明确通知平民院，他们的特权只是因为他的勉强容忍才得以留存。这导致了 1621 年 12 月 18 日的抗议：平民院宣称，议会的特权是英格兰臣民与生俱来、古已有之且毋庸置疑的权利，平民院可以讨论任何议题，享有完全的

言论自由。[1] 詹姆士派人去取平民院的议事记录，并亲手将抗议书撕得粉碎，解散了议会。总体而言，我们发现在理查登基时有许多问题都处于一触即发之势。

(2) 正如我们已经看到的，免于逮捕的话题与言论自由论密切相关，但其范围更广。议员们不仅宣称他们有权就议会发言而免于逮捕，而且还主张针对常规法律的一般豁免权。因此，我们不得不在此指出，直到相当晚近的时候，我们的法律还在广泛地使用监禁，不仅是在刑事诉讼中，而且也包括民事诉讼；被判偿债的债务人在判决执行之前可被监禁——他可以被拘押以执行判决，但民事诉讼中的被告在诉讼一开始通常也可以被监禁，除非他为其出庭提供了担保。从很早的时候起，贵族就享有了相当广泛的免于逮捕权（刑事指控除外），平民院议员看来也主张了类似的自由（但有时间限制：在议会开会期间和在开会前后的合理时间段内——给其来往留出必要时间），但却并未主张在刑事指控（至少是在叛逆、重罪或破坏治安的指控中）中免于逮捕的权利。1433 年的一项制定法（11 Hen. Ⅵ, c. 11）对此特权给予了某种认可——侵犯正在出席议会之议员者要付双倍赔偿。这一特权在索普案（Thorpe's case）中被侵犯，而这一侵犯却得到了贵族院的支持；被咨询的法官对此特权的存在积极表明了自己的态度，并进
244 一步做出了一项对后世极具重要性的公告，称法院不能判断议会的特权问题，这类问题只能由议会自己决定。议会（尤其是平民院）又逐渐地将这一原则推向深入。在 1543 年的费雷尔（Ferrer）

① Prothero, *Constitutional Statutes and Documents*, p. 313.

案中，他们开始派送一个仆人以顶替欠债之议员接受逮捕，亨利八世认可了这一特权的存在。1575年他们派送了一位议员的仆人斯莫利（Smalley）以供因欠债而接受逮捕。1603年他们交出的是托马斯·舍利爵士（Sir Thomas Shirley），后者因欠债而被捕。这导致了一项法律（1 Jas. Ⅰ, c. 13）的通过，该法在完全承认这种特权的存在并给予其制定法上之认可的同时，也为债权人的利益做出了某些保留。17世纪时这一特权大大膨胀，要想从议会议员那里得到任何司法救济变得几乎不可能，它已成为了公众无法忍受的公害，因此必须予以限制。

(3)与这些事务相关的，是上下两院各自惩罚藐视议会者（无论是否议员）的权力（如果愿意，亦可称之为特权）。早在1548年，我们发现平民院将其议员约翰·斯托里（John Storie）送进了伦敦塔，理由很可能是因为他对护国公萨默塞特（Somerset the 283
Protector）出言不逊。从1581年开始，我们有了豪一案（Hall's case）。格兰瑟姆（Grantham）议员阿瑟·豪（Arthur Hall）出版了一本贬低平民院权威和权力的书，为此他受到了严厉的惩罚：平民院一致投票决定将其驱逐，并处罚金500马克，关入伦敦塔。1585年他们又因措辞激烈而驱逐了帕里博士（Dr. Parry）。但他们也惩罚那些不属于本院议员的人士。他们不仅将干涉其免于逮捕之特权者关押入狱，而且也惩罚那些发表反对议会之言论者：于是在1586年，一位名叫布朗德（Bland）的人即因使用了侮辱性语言反对平民院而被后者处以罚金。但他们并未满足于惩罚那些侮辱下议院的人：1621年一位名叫弗洛伊德（Floyd）的人因对天主教运动在德国的成功表示满意而被平民院判处罚金1 000英 245

镑，并处颈手枷刑。贵族院痛恨平民院这种对于司法权的篡夺，后者也承认了他们的错误——他们承认，除非其自身特权受到侵犯，否则不享有司法管辖权。不过弗洛伊德并未因此而受益：除颈手枷刑外，贵族院又判他鞭笞和烙印刑，罚金增至5 000英镑。这对于上下两院来说都是耻辱！显然这再次证明，宪法并未平静地运作，国王和议会两院时刻都准备做出一些合法性应受质疑的举动。

（三）议会的司法管辖权

这一标题将引导我们讨论议会的司法功能，因为有时人们认为议会的司法权属于贵族院，因而是后者的特权之一。这种对“特权”一词的使用并不准确或方便，但仍应注意。这一问题前文已有论述；[①]我们已经看到，平民院从未参与过议会的司法事务——在亨利四世登基的1399年，他们抗议说自己并不是法官；弗洛伊德案出现之前，他们经过查找先例得出结论说，除非是藐视本院的行为，否则他们无权加以处罚；在弗洛伊德案中他们又被提及这些公告并时而力图规避之，但最终还是做出了让步。就由贵族院所履行的议会司法职能，前文我们分了三方面进行讨论。

(1)作为纠正普通法院在适用法律方面之错误的上级法院，贵族院在我们所考察的这一时期内的大部分时间里几乎无所作为：在从亨利四世到伊丽莎白统治期间，几乎没有一件纠错案件

① 参见本书(边码)第214页。

在此讨论。其原因可能在于，议会本身并不经常开会，而且咨议会已行使了相当广泛的司法权力。不过大约1580年左右，随着议会其他权力的恢复，这一权力也随之恢复，贵族院又一次开始
听审纠错案件，而且这一权力还得到了1585年一项制定法的明 246
确认可。稍后，他们又开始作为初审法院听审刑事、民事案件，对此他们几乎没有什么先例——据说在1403—1602年间只找到一则先例。他们并未像我们后来所见到的那样最终成功地确立了其作为一审法院的权利，但自大约1621年起至内战时，他们的确在这样做；而在我们所停留的1625年他们是否还可以这样做，应该说就得值得怀疑了——这又是一个由革新后之议会的行为所提出的问题。

(2)被控犯重罪或叛逆罪之贵族，在议会开会时应由贵族院审判，在议会未开会时由王室总管法庭审判，现在已是一条被认可的原则，但这种审判远谈不上普遍。

(3)弹劾程序刚刚复活。看来在从1449年的萨福克公爵案到1621年的吉尔斯·蒙佩森爵士(Sir Giles Mompesson)案之间，的确再无一件弹劾案发生；紧随后者的是米切尔(Mitchell)、培根(Bacon)和其他人的弹劾案：蒙佩森和米切尔都是平民，被弹劾的理由是欺诈、暴力和强行压制。而培根因贿赂而遭弹劾一案仍极具重要性，这当然是因为他是国王的大臣(大法官)。1624年，财务大臣米德尔塞克斯伯爵因贿赂和其他轻罪而被弹劾。显然，议会已经发掘出一件非常重要的武器。在都铎王朝时期，情况则有所不同；当时并未谈及对亨利八世的大臣进行弹劾，当国王下决心要摧毁某个敌人或是一个权臣时，他借助的是褫夺法权的法

律。克伦威尔依王命从法官那里得到了这样的意见：通过褫夺法权的法律，一个人即可在未受审判的情况下被合法宣判有罪，尽管他们也说这将会构成一个危险的先例。克伦威尔自己正是依据这种法律被毁灭的。你们要记住，褫夺法权的法律不是司法而是立法性的，是国王在征得贵族和平民同意后颁行的制定法。

247 （四）平民院批准拨款的职能

启动财政议案有时被认为是平民院的特权——不管怎么说这是平民院的职能。我们已看到了它在过去的成长，尤其是它在亨利四世时的状况。[①] 在我们所正在考察的这一阶段，情况变得更为明朗了。批准给予国王特别津贴是平民院的职能，但这种给予需要获得国王、贵族和平民共同颁布的制定法的权威。1593 年，平民院对一则来自贵族院提醒他们女王需要钱花的消息气愤不已——习惯上，提供特别津贴的事宜应从平民院启动。但直到我们所考察的这一阶段结束后不久，才发展出一种固定的格式来表示两院在此项工作上的分工。在伊丽莎白女王和詹姆士一世时期，有时会说贵族和平民两院批准拨款——更经常的说法是，平民院在贵族院同意后批准拨款。在查理一世的第一届议会上，我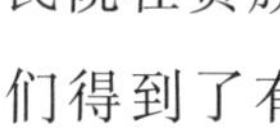们得到了有关该事务至今仍在使用的表述方式。平民院通过一项法案表明他们同意批准征收某种税收，然后由国王在征得议会教俗两界贵族的建议和同意后并依他们的权威予以颁行，即可征税。直到复辟之后平民院才开始争辩说，贵族院不能对其财税议

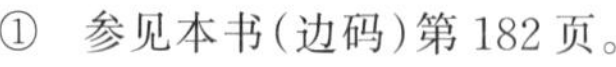

① 参见本书（边码）第 182 页。

案进行任何改动，而必须是或者全盘接受，或者全盘否决。

（五）就有争议选举进行裁断的权利

平民院主张自己享有就一切有关本院议员选举的问题进行裁断的权利。这类问题过去好像是由国王在其咨议会上决定的。不过在玛丽女王时期，我们发现平民院委任了一个委员会来调查威斯敏斯特的受俸教士亚历山大·诺维尔先生是否可以成为本院议员；第二天他们宣布，鉴于他是威斯敏斯特的受俸教士并因此在教牧人员代表大会上享有发言权，亚历山大不能成为本院议员，女王应签发令状重新进行选举。1586 年，平民院与女王针锋相 248
对，明确坚持应由他们来调查一起有争议的选举案的背景——从这时起，平民院就经常行使这一职能，好像他们的权力已得到了认可。[①]

（六）议会的程序

正是在我们所考察的这一时期，议会议事程序的大致框架（就像我们现在所知道的那样）已被描绘出来了——法案要经过三读，等等。各院议事程序并无专门的立法，它们可自行处理自己的事务，逐渐地就此形成了一些后来受到尊重的先例，这样便形成了一些传统的规则。贵族院议员派代理人出席议会这一点得到了认可，从很早的时候起，我们发现国王准许主教和贵族派代理人出

---

① 这一问题在伯克郡选举案（*Goodwin v. Fortescue*, 1604）中重被提起，参见 Gardiner, *History of England*, vol. Ⅰ, pp. 167—170。

席议会。16世纪就此所形成的规则是，代理人自己必须是上议院的议员。这种委任代理人出席议会的特权好像从未扩展到议会下院。不同意上院所采取之行动的贵族，还可以在议事录上登录自己的正式抗议，这种做法是从16世纪发展起来的，而平民院却并未出现类似做法。各院都是私下自行处理本院事务，不过国王偶尔会驾临贵族院并在那里发布训示；那里专门为他设立了御座，但国王的驾临并非必要，而且实际上这已成为很罕见的事。

（七）议会的任期与召开频率

在议会究竟多长时间召开一次的问题弄清楚以前，我们几乎无法了解议会政制真正意味着什么。我们记得在爱德华四世和亨利七世时期，议会已不再像14世纪和15世纪上半期那样经常召开。我们还记得爱德华三世时期的一些制定法看来是在明白无误地规定，议会至少应每年召开一次，而且这些法律此时并未被废止。

亨利八世在其长达38年的统治生涯中召集过9届议会，
249 不过这其中有一届持续了近7年——这就是著名的改革议会(Reformation parliament)。它从1529年11月4日一直持续到1536年4月4日，在1529年、1530年、1531年、1532年、1533年都曾开会，在1534年召开过2次，1536年召开过1次。一届议会有这么长的生命力还真是件新鲜事。亨利八世时期只有一个很长的间歇期没有召集过议会，即从1515年12月22日到1523年4月15日，一个超过7年的间歇期。

爱德华六世的统治期从1547年的1月28日到1553年的7

月6日，共六年半的时间。其间只召集过两届议会。第一届议会于1547年11月4日召集，后又分别于1548年11月、1549年的1月和11月、1552年1月数次开会，直至1552年4月15日解散，持续四年半之久。另一届议会于1553年3月1日召集，同月底解散。

玛丽女王从1553年7月6日开始统治，直至1558年11月17日，共五年多一点，其间召集了五届议会。

伊丽莎白女王的统治期从1558年11月17日一直持续到1603年3月24日，共四十四年半，其间共有10届议会。其中有一届长期议会，但也有一些很长的间歇期。第一届议会从1559年1月23日持续到1559年5月8日。经过一个长达3年的间歇期后，第二届议会于1563年1月11日召开，并持续到1567年1月2日，历经4年。又经过一个4年的间歇期后，1571年4月2日召开了第三届议会，并持续到同年5月。第四届议会从1572年5月8日开始，历经近11年直到1583年4月17日结束。这是到此时为止我们所见到过的生命最长的一届议会，但它只召开过三次会议，分别是在1572年、1576年和1581年；它于1581年4月24日休会就再未召开过会议——尽管通过反复休会，其生命力又在名义上持续了2年。第五届议会于1584年11月23日召集，历经两次会议至1585年9月14日结束。第六届议会从1586年10月15日开始，到1588年3月23日解散。第七届从1588年11月12日到1589年3月29日，其后是一个近四年的间歇期。第八届从1593年2月19日到1593年4月10日，此后，又出现了一个长达四年半的间歇期。第九届议会始于1597年12月24日，解散

于 1598 年 2 月 9 日，这之后又是一个 4 年的间歇期。1601 年 10
250 月 27 日召集了第十届议会，本届议会于 1601 年 12 月 19 日解散。
1603 年 3 月，伊丽莎白女王辞世。

詹姆士一世的统治期从 1603 年 3 月 1 日到 1625 年 3 月 27 日，历经 22 年。其间共召集议会四届，有一届议会持续近 7 年，同时还有两个相当长的间歇期。第一届议会于 1604 年 3 月 19 日召集，1611 年 2 月 9 日解散，共开会 5 次：1604 年 3 月 19 日—7 月 7 日，1606 年 1 月 21 日—5 月 27 日，1606 年 11 月 18 日—1607 年 7 月 4 日，1610 年 2 月 9 日—7 月 23 日，1610 年 10 月 16 日—1611 年 2 月 9 日。在经历一个长达三年多的间歇期后。第二届议会，即著名的“糊涂议会”(the addled Parliament)，于 1614 年 4 月 5 日召集，并于同年 6 月 7 日解散。接下来的六年半中便没有议会；随后 1621 年 1 月 30 日召集了第三届议会，在 1622 年 2 月 8 日解散，其间共召开两次会议。第四届议会召集的时间是 1624 年 2 月 12 日，于 1625 年 3 月 27 日国王驾崩时解散。

回顾过去我们可以这样说，尽管爱德华三世那则有关议会会期的制定法未被遵守而且很可能已遭废弃，但议会还是经常在开会。国王未能实现超过 3 年或 4 年而不召集议会。詹姆士成功地实现了在近 7 年内无议会统治，他也曾将同一届议会持续近 7 年之久；对于这样长的生命力，亨利八世时即有先例，伊丽莎白女王的一届议会更长达 11 年之久。从查理一世时期所发生的情况我们发现，如果一届议会能在 3 年内召开一次会议，如果没有议会的任期超过 3 年，那么这个王国的民众将会非常满意。亨利八世、伊丽莎白和詹姆士时期的长期议会毫无疑问产生了重要的结

果，它们不仅教育了平民要一致行动，而且使整个王国熟悉了这样的观念：议会是一个可被赋予王国主权的长期存在的实体。那么，如果中世纪的议会存在一两个月之后即消失了，很难想象国家主权会赋予这样一个其存在飘忽不定的机构上。

今天使得议会必须每年开会的那些原则此时还未实际产生，现在尚无常备军需要合法化，国王也并非每年都需要议会为其拨款。这一 251
时期的每位国王都可以终身征收桶税和磅税，议会还经常批准额外的税收，这也会让国王安稳地度过好多年。与其先人比起来，现在的国王要富有得多，修道院解散后的财产充实了他们的腰包，各项封建收入也相当可观——监护权、婚姻指定权及类似的权利给国王带来了巨大的收益。詹姆士一世时有好多关于购买国王封建权利的说法，但双方并未达成一致——国王提出的条件是20万英镑。

二、国王与议会的关系

如果现在审视国王与议会之间的关系并询问议会究竟是丧失还是获得了权力，我们只能说答案很复杂。一方面，毫无疑问，都铎时期（尤其是亨利八世统治时期）的议会对国王极端恭顺，实际上，亨利可以随心所欲地差遣他们。这一点我无须举出他的婚姻事务或是那场重大的宗教革命（他借以成为了教会的首领）这些例子，最好的一个事例就是议会对其债务的豁免。1522—1528年间，亨利通过（一种并非不包含强制的）常规程序索取了大笔贷款，1529年议会便勾销了其所有的债务。1542年，他故伎重演，1543年的议会又再次将他的债务推得一干二净。只是在我们所考察的这一时期末，议会才又重新开始成为一支制约国王的独立力量，它可以主张自己的意愿。伊丽莎白时期的议会牢骚满腹，詹姆士一世的议会则不止一次地抵制他，并击败他。早期议会缘何变得如此驯服，这是一个我们几乎无法弄清的问题，因为它已超出了法律的范畴。这可能与此前的无政府状态有关，与它要处
252 理的宗教难题有关，也与涉外事务和整个王国对和平与一个强有力政府的需求有关。我想我们还必须加上一点，整个王国被亨利彻底惊呆了。但真正需要我们注意的是，议会的这种温顺最终拯救和加强了议会政制。议会如此听话，以致国王非常愿意看到国王加议会(king in Parliament)被认为是最高权威——他的所作所为应被认为是整个王国的行为，这一点又加强了他的权力。那么，让我们来看一看这种国王加议会的至上权威在实践中的一些非同寻常的例子。我们已经提到过议会勾销国王所欠债务的行为，这肯定是该权力行使的一个不同寻常的例子。我们也曾谈到过褫夺法权法，这也是极不寻常的；无须任何合法审判做掩饰就可以通过一项制定法将某人处死，而又没有法院敢就其有效性提出质疑。但还是让我们来看看王位继承问题吧！亨利统治时期不止三次通过议会法律来安排其王位继承事务；国王与阿拉贡的凯瑟琳(Katherine of Aragon)之间的婚姻被宣布为无效，而与安妮·博林(Anne Boleyn)的婚姻被宣称有效；接下来后一场婚姻又被宣布无效；再后来，亨利与凯瑟琳之女玛丽和他与安妮之女伊丽莎白，都被视为合法并被列为王位继承人；又过了一段时间，因没有己身所出的继承人，亨利便有了将王位通过遗嘱传于任何他属意者的权力——这个人不必是王室成员。非常肯定的是，亨利的

确行使了这种议会通过法律授予他的权力。在他的三个孩子均无后嗣的情况下，他将王位遗赠给了其妹萨福克女公爵玛丽所出的继承人，而优先于其姐苏格兰女王玛格丽特的继承人。在伊丽莎白女王统治的头一年，议会规定，如果有人确认女王不能在议会同意的前提下通过制定法律来解决王位继承问题，那么他将被视为叛国者。毫无疑问，人们对于严格的世袭传承还有着强烈的感情，这看来可以解释为什么人们对詹姆士一世的即位并无争议；后者很可能是在无视亨利八世依议会法律授权所立之合法有效遗嘱的情况下登上王位的，不过好像没有人说起这一遗嘱，萨福克家族也未提出任何权利主张。在我看来，詹姆士有足够理由认 253
为自己是依据严格的世袭继承权取得统治权的，他和他的继承人至少可以找到这样的理由让人相信：这种权利不能为议会的法律所推翻。但正如我们已经见到的那样，也有许多重要的反面的先例——议会已在不断地并且是成功地规范着王位继承的问题。

不过，就过去议会的恭顺和国王加议会享有理论上的至高权威而言，1539 年的一项法律又为我们提供了更好的例证。该法案一直被称为英格兰的君主之法（*Lex Regia of England*），它是我们制定法文献中最为不同寻常的一则——国王被授权可在征求其咨议会（或其成员的大多数）意见后发布具有制定法效力的诰示（proclamation）；不从此诰示者可被处以罚金或不确定期限的监禁，但未扩及死刑、肢体刑和没收财产。该法在爱德华六世登基的第一年即被取消，你会立刻看到其颁布和被废止的重要性，显然它们为下面的理论提供了确证：国王并非最高，国王加议会才是最高；制定法显然高于条例或诰示，制定法可授予国王一种

附属的立法权，一项制定法所授予的权力可以为另一项制定法所取消。

还有一则更好的例证，尽管其情节相当复杂，但仍值得讲述，因为它并不广为人知。当时已经预见到爱德华六世肯定是幼年登基，其父得到制定法的授权来委任辅政者。他委任了自己的16位大臣组成辅政咨议会，他们在亨利死后又选举萨默塞特为护国公，并很快又允许后者大权独揽。1536年时，亨利八世已成功地通过了这样一项制定法（28 Hen. Ⅷ, c. 17）：将来的国王们可以撤销在他们不满24周岁时议会所通过的任何法律。不过这一法律
254 很快就被爱德华六世1547年登基时的一项法律（1 Edw. Ⅵ, c. 11）废除了，后者生效所需的国王御准是由护国公和辅政咨议会做出的。废止1536年法律的原因在于，该法所用语词过于宽泛，以致如果爱德华到24岁时撤销了此前他未成年时议会制定的法律，就很可能引发这样的争议：这些法律不仅对将来无效，而且过去一直以来都无效，这样依这些法律做出的“合法”行为如果不能得到普通法的确认，就会被溯及既往地视为非法。1547年的法律取消了1536年的法律，它授权国王在年满24周岁后可以撤销此前他未成年时议会通过的法律，但同时应宣布这一撤销不具有溯及既往的效力。从总体上来说，我还不知道有哪一部议会制定法会比该法更好地阐明我们制定法绝对至上的观念。一项制定法可以授权国王撤销法律甚至将其视为自始无效，但这并不妨碍它被在这位国王年幼时所通过的另一项制定法（其所需之国王御准是由摄政委员会——其本身也是由制定法所创设的——做出的）所取缔或修订。制定法律的权力不能被剥夺，没有哪一届议会可以

用法律文书来束缚其后继者的手脚。

我们还可以举出更多的例子。当时的人们很可能在宗教领域见到了在他们看来是有关国王加议会具有最高权威的最具终极性的证据。在整个中世纪，世俗的最高权威至少会受到一种限制：它们无权干涉宗教事务，教会组织独立于世俗国家之外。但现在制定法已经直触宗教的根基，正统的信念是制定法规定的信念，而这种信念已不止一次地被改变了。因此，制定法已给出了有关其自身权威具有终局性的证据。

不过我们发现，国王加议会的最高权威不仅在事实上得到了认可，而且在理论上也得到了阐发。都铎国王们对此非常满意，认为事情本应如此。下面这段引人注目的文字出自《英格兰王国及其治理模式》(*The Commonwealth of England and the manner of* 255
government thereof)，本书由伊丽莎白女王时期的国务大臣托马斯·史密斯爵士于1589年出版："英格兰王国至高和至上的权力存在于议会……经其同意之所作所为将被视为有强制性、永恒性和合法性，会被视为法律。议会可以取缔旧法、制定新法，规范过去之事，并为将来确立范例，它可以改变民众的权利和财产占有，将非婚生子女合法化，确定宗教的形式，改变度量衡，规范王位继承的方式，还可以在法律没有规定的情况下界定有争议的权利，批准并发放各项津贴、征收各种税赋和摊派，决定大赦和做出无罪宣判，对国王交付审判之人予以定罪或赦免，并以最高司法机构之名恢复其人身和名誉。简言之，所有罗马人曾经可以在百人团民众大会(*centuriatis comitiis*)或部落民众大会(*tributis*)上做的事，现在都可以由英格兰的议会完成，它代表并拥有着整

个王国(无论是国王还是平民)的权力。因为每一个英格兰人都被认为或者是亲自或者是通过代理人出席了议会，从国王(无论是国王还是女王)到最底层的人士，无论其身份、地位、荣誉如何。议会的同意即被视为每一个人的同意。[①]”这一段文字值得记住，在下一个世纪里，就主权应该归属国王和议会还是国王自己，发生了长时间的争论。我想几乎不用怀疑，哪一方都会有其历史基础，不仅是遥远的历史，而且可诉诸最近都铎王朝统治的历史；由国王加议会制定法律的至上权威，不仅在事实上而且也在理论上得到了认可。

不过我们必须坦白地承认，王权的限度在许多方面并未得到很好的界定。在谈论这一问题之前，有必要提到咨议会。可以说，都铎王朝时期是咨议会的黄金时期：咨议会行使着最为广泛的各
256 种权力，但它并非一个独立的机构——对国王而言，它几乎或完全没有任何制约的力量；当爱德华六世幼年即位时，咨议会才冒出了一位护国公，成为了事实上的国王。1553 年时咨议会共由 40 人组成，其中只有 4 名主教和 14 名世俗贵族；剩下的都是平民，这其中有国王的那两名书记官，他们在我们所讨论的这一时期结束之前赢得了“国王国务大臣”(the king’s secretaries of state)的头衔。咨议会成员中平民的大量增加标志着重大变革的发生，王国管理的重任已经逐渐从贵族手中滑落。1536 年时就出现了对咨议会成员出身低微的抱怨。国王有意挑选那些出身低微但很有

---

① Smith, *De Republica Anglorum*, ed. L. Alston (with a preface by F. W. Maitland), Cambridge, 1906, Bk. Ⅱ, c. Ⅰ.

能力的平民进入咨议会，这些人能很好地为他服务但又不会过分独立。另外，咨议会中的教界成员也失去了其独立性，如果他们代表的是教会，那么别忘了国王还是教会的首脑。总体而言，咨议会看来只是国王的“玩物”，并完全听命于他，国王向它咨询与否只是他自己的事，许多重要的事务亨利根本就没有提交咨议会讨论。但对国王来说，一个由能臣组成的咨议会会成为他力量的源泉。

我们现在要看一下国王在咨议会协助下所行使的权力，主要包括四个方面：(1)立法；(2)征税；(3)司法；(4)执法。

1. 看来的确曾有这样的普遍观念认为，国王享有一定的颁布条例的权力。回顾过去，这一点的确很难否认。但其限度又是什么呢？我们已经看到，亨利八世从议会获得的一项制定法赋予了其诰示（咨议会大多数成员同意即可发布）以制定法的效力，[①]但后来该法被取消了。我们发现伊丽莎白女王在随意发布诰示：依此再洗礼派（anabaptists）被逐出了王国，爱尔兰人被要求离开并回到爱尔兰，谷物、货币和各种商品的出口也遭到了禁止。1580
年的一项诰示禁止在伦敦周围三英里范围内修建房屋，违者将被 257
处以监禁。咨议会经常签发诰示限制书籍的输入，并对其销售进行规范——新闻审查制度因此得以建立。詹姆士一世也效仿其前任——尤其是他发布了禁止伦敦扩张的诰示。1610年平民们提出抗议：“未经王国普通法或由民众一致同意在议会制定之法律的规定，民众的生命、身体、财产不受任何刑罚之处罚。这是王国

① 参见本书（边码）第253页。

民众无可争议的权利。然而显而易见的是，不仅近来的诰示要比以前更为频繁，而且其内容扩及到了民众自由之外的财产、继承和日常生活；有些诰示还意在改变某些既有的法律或制定新法；另一些诰示则要在合法审判和定罪之前施加刑罚；等等。”“有鉴于此，在陛下您的民众中已产生并传播着一种普遍的担心：这些诰示会逐渐发展成法律，并具有法律的效力和性质。”[①] 对于这些还有更多的抗议，其唯一的答案便是，这些诰示将不能超越法律授权的范围。

在该答案给出之前，一些重要的法律专家曾被咨询过。时任皇家民事法庭首席法官的柯克即被召至咨议会回答以下问题：国王能否通过发布诰示的方式禁止在伦敦新修房屋及从小麦中榨取淀粉？他被强制要求做出肯定回答，但他拒绝在征询其同人意见之前做答。柯克咨询了三位法官，他们回答说国王不能利用君主特权创设任何以前不存在的犯罪，但他可以通过发布诰示警示所有臣民，要求他们遵守法律，否则将会受到法律的制裁——漠视诰示则会加重犯罪；最后，如果星宫法庭确认某项犯罪不受惩
258 罚，那么禁止该项行为的诰示也不能对之进行惩罚。这可能是一项合理的法律，因为从都铎王朝中期就有了一个明确的先例。在玛丽女王统治时期，法官们给出了这样的意见：“国王可以发布诰示威吓民众，使其知道自己的不悦，但他不能施以罚金、没收财产或监禁：因为诰示不能创设新的法律，而只能确认旧法。”但尽

---

① Somers' *Tracts*, vol. Ⅱ, p. 162. The protest is also printed by Hallam, *Constitutional History*, vol. Ⅰ, pp. 327—328.

管詹姆士一世的法官与其意志相左，他仍然我行我素，继续签发诰示。我们很难体会当时的情境——政府不断地做法官认为是违法之事。这其中的关键是星宫法庭——签发这些诰示的咨议会同时又作为法庭在合法地实施它们，而到当时为止还没有谁敢抵制它的司法权。

2. 但当然，说国王不享有普遍的立法权是一回事，说他不能在任何事务上制定有效的条例则是另一回事，因此对货物的进出口进行规范就是他的权力。我们也因此被引到了征税权的话题上。长期以来，国王征收直接税一直都为制定法所明确限制，关税的情况也几乎同样明确。据说，而且我也深信，从兰开斯特家族当政到玛丽女王统治期间，并无由国王开征任何关税的先例。爱德华四世诉诸了恩税（benevolences），亨利七世和亨利八世则实行强制借贷——但他们均并未力图对商品强行征税。[①] 但1557年时，玛丽女王却对输出海外的布匹设立了关税，随后又对从法国进口的酒征收关税。看来很有可能的是，在伊丽莎白女王统治初期，咨议会就这些税收的合法性征求了法官们的意见，而后者的意见是不赞同。不过女王并未因此而放弃这些税收，她自己就对甜酒征收了关税。在有关桶税和磅税的制定法对醋栗征税之后，詹姆士又对同一商品征收了关税。贝特（Bate）拒绝支付，财税法庭判国王胜诉。我们很难将这一判决理解为对法律的阐释，259
我想我们只能说国王成功地从财税法庭法官们那里获得了一份

① 1534年的一项制定法（26 Hen. Ⅷ, c.x）即授权亨利八世，可在其有生之年废除或恢复那些与货物进出口有关的法律。

声明，其内容是：现实生活中存在着一个巨大的领域，其中没有法律只有国王的意志。“所争论的问题对王国非常重要，应该依政策行事；如果是这样，国王已成功地行使了其非同寻常的权力。所有的关税，无论是过去的还是新设的，都是与外国商业往来的结果；但与外国的商业往来，战争与媾和，承认外国的货币，所签订的条约等等，这一切都是国王行使其绝对权力的结果。国王可以关闭所有的港口，因此也可以在港口征税。”这看来就是判决的主旨。看来另两个法庭的首席法官波帕姆（Popham）和柯克的意见也被征求过，尽管他们并非通过司法途径来接触这一案件的，因此也不可能像财税法庭的法官们那样深入。他们说国王不能随意向进口货物征收关税，但可以为了民众的利益这样做——因此如果外国君主对英国货物征税，国王可以进行报复。他们的理论好像是，国王不能仅出于增加收入的目的征税，但可以为其他目的（如保护英国商人）征税：显然这一理论并不牢靠。

1610年，平民院接手这一事务。该院的法律家们（尤其是哈克维尔〔Hakewill〕）非常博学地质疑了财税法庭的这一判决，其依据有二：一是14世纪的制定法；二是从理查二世到玛丽女王期间就没有过未经议会授权而对商品进行征税的先例。他们提出议案，要求未经议会同意不得征税，但却遭到了贵族院的反对。其直接后果就是，因为有贝特案判决撑腰，国王于1608年签发了一份税单，对几乎每一件商品都征收重税。这一议题在1614年的短命议会上重被提起，平民院一致否决了国王的征税权；他们拒绝批准给予国王任何津贴，直至这一恶行得以革除。于是，詹姆士一世解散了这一届议会。[1]

要想得到钱，现在就必须采取更严厉的措施。国王诉诸了恩 260
税。发给郡长们的公函要求他们召集有能力者进行捐献；那则未被取消的、理查三世时期反对强征恩税的制定法显得碍手碍脚，但仍很难说国王不能接受完全属于自愿的金钱赠与。到詹姆士统治末期，尽管平民们不时地提出抗议，这些税还是被征收了。

平民们所持的法律依据相当充分，但我们绝不能夸大其力量。他们被迫承认君主特权是存在的，而至少在我们眼里这些特权就是索取钱财的特权。比如，哈克维尔在其有关贝特案的著名辩论中就承认，国王可以使货币贬值，而且事实上国王不止一次地这样做过。国王在货币上的权力的确相当大。马修·黑尔爵士在复辟之后仍然认为国王可以使货币贬值，这种行为虽不名誉但却合法。甚至是布莱克斯通也没确认其是非法的。[2] 这是国王权力得到认可的例子之一，依这种权力他可以增加其收入。另一个例子来源于垄断，这在詹姆士统治期间变得重要起来。

自诺曼征服以降，国王曾行使过授予及出卖许多有价值特许权（privileges）的权利。这里只提一项，但却是很重要的一项，即市镇通过从国王处购得的特许状而享有某些特许权。这些特许权并非不经常地包括贸易特许权——国王可以授予他们举办集市或市场的权利，也可以授予对通过该城镇之商品进行征税的权利。这种授权很普遍，看来也很受欢迎；每个市镇都将获得一张内容

① See Prothero, *Statutes and Constitutional Documents* (1559—1625), pp. 340—353.

② Hale, *Pleas of the Crown*, vol. I, p. 194; Blackstone, *Commentaries*, vol. I, c. 7.

尽可能宽泛的授权状作为自己的目标。都铎王朝时期，授予排他性贸易权的内容在特许状中占了很大比重：一般的开封特许状都
261 授予受状人排他性的售卖货物的权利，一些生活必需品如盐、皮革、木炭的销售已被垄断。1597年平民们开始提出抗议，这些垄断已使民众不堪重负，叫苦连天。1601年他们发起了大胆的进攻，致使伊丽莎白女王承诺现有的特许状应予取缔，而且将来也不再签发此类特许状。不过，平民们看来并没有准备宣称所有的垄断均为非法，或将那些非法的垄断与合法的区别开来。詹姆士并未在意伊丽莎白做出的承诺，为了获取收入他大量签发这类垄断性的特许状。平民的反应越来越激烈，他们称所有垄断均为非法，詹姆士统治时期的最后一届议会通过了一项公告性的法律称，垄断性授权不仅将来无效，而且过去一直都是无效的。[①] 这是詹姆士统治时期平民取得的最大胜利。这其中有一项例外是针对真正的创新发明人的，公开特许状授权他们对其新产品享有14年的排他性使用权。我们今天的专利法就是这一例外的结果。

3. 国王是通过星宫法庭的司法权来实施其诰示的，我们已经谈到过这一法庭的某些情况。[②] 请记住，1487的一项制定法(3 Hen. Ⅶ, c. 1)授权某些人对某些犯罪进行惩罚。这些人包括大法官及财政大臣和王玺保管大臣，或他们中的两人，再召集咨议会的一名主教和一名世俗贵族以及另两个王室法庭的首席法官(或在他们缺席时招两名其他法官)。他们可以惩罚的犯罪包括暴

① 21 James Ⅰ, c. 3，该法并未适用于垄断。参见Gardiner, *History of England*, vol. Ⅴ, p. 233; vol. Ⅷ, pp. 71—75。

② 参见本书(边码)第218—221页。

乱、非法集会、贿赂陪审员、郡长的不法行为以及其他我们可称之为对正当司法程序进行干预的行为。该制定法明确规定被控者不能由陪审团进行审判；本法并未提及星宫，它只是长期以来咨议会所使用的一间办公室而已。

现在出现了这样一个难题：在我们所讨论的这一阶段结束之前很久，就存在着一个被称为星宫法庭的机构；不过这与1487年那项制定法所描述的那一法庭在两方面并不完全吻合：(1)咨议 262
会的所有成员看来都曾出任过其法官。至少有些时候詹姆士还亲自在那里坐堂问案，并做出判决。我们发现有时竟有多达25位咨议会成员在那里出席庭审。其业务相当繁忙，开庭期内每周开庭3天。这带我们来到了第二点不同。(2)它并不限于处理1487年那项制定法所明确列举的那些犯罪，它对于犯罪的管辖权实际上是不受限制的，或仅受这样的限制——不能处死刑。我们最了解的是，它所处理的多是政治犯罪，如煽动罪等；但它也处理普通犯罪案件，如抢劫、盗窃等。它还处理某些普通法尚未予以惩罚的不法行为，尤其是诽谤。

那么，这就是由亨利七世时那项制定法创设的法庭吗？在查理一世时期(因为我们必须提前考虑这一点)，正面的回答获得了支持；结果是，其超出制定法界限的所作所为都被认为了是对其司法管辖权的滥用。当它被取消之时，也正是因为这一点。但现在通行的观点看来则是，星宫法庭的管辖权实际上就是很久以前国王咨议会所行使的管辖权——尽管不断有抗议和制定法反对这种权力。1487年的那项制定法在咨议会中组建了一个专门委员会来处理某些特定种类的犯罪，但这并未剥夺咨议会自己所曾

享有的司法权。该委员会好像一直存在至1529年，因为同年的一项制定法(21 Hen. Ⅷ, c. 20)又在其中加入了咨议会主席(lord president of the council，亦译“枢密院院长”)一职——这是一个新近才创设的官职。但亨利八世统治结束之前，这一制定法创设的委员会好像就消失了，它融入了整体的咨议会之中。

毫无疑问，伊丽莎白和詹姆士时期这一法庭被认为是完全合法的——尽管就其如何变得合法仍存有疑问。据说伟大的法律家普洛登曾宣称，该法庭所有的合法权威均来自于亨利七世时的那
263 项制定法。柯克在谈到该法庭时满怀敬意，而且也没有普洛登那样的疑虑：“这是基督教世界中最为荣耀的法庭(我们的议会除外)。”[①]1562年的一项制定法(5 Elizabeth c. 9)将国王的星宫法庭与大法官法庭相提并论，说它们同为王国的知名法庭。大法官法庭此时已完全被认可，并实施着一套被称为衡平法的规则；然而就其司法管辖权起源的模糊程度而言，它一点也不亚于在星宫开庭的咨议会：如果过去有制定法反对后者，那么一定也有制定法反对前者。几乎毋庸置疑的是，星宫法庭非常有用，而且这种作用被感觉到了。普通法庭的刑事程序相当粗糙；星宫法庭可以讯问被控者，不使用陪审团，并很可能成功地惩罚了许多要不就会逃脱的犯罪。但它又是一个专制的法庭，而且变得越来越专制，并在查理一世时期声名狼藉，这些也毋庸置疑。它是一个供政客们推行其政策的法庭，而不是一个由法官适用法律的场所。其刑

① *Institutes*, Part Ⅳ, cap. 5. See Prothero, *Statutes and Constitutional Documents* (1559—1625), pp. 401—403.

罚残酷，并经常诉诸刑讯。他们因陪审团之裁断与其意思相左而对陪审员进行惩罚，并因此而控制了王国的全部司法。我们以前谈到过的对小陪审团之裁断进行调查的程序（attaint）很久以前已被废弃不用了，但在星宫，陪审员却不得不对这个法庭心怀恐惧，因为它对违背国王意志的裁断满怀憎恨。

其他与咨议会密切相关的类似法庭也逐渐在英格兰各地出现。在1536年的天主教暴动之后（Catholic revolt），亨利八世在没有任何议会立法授权的情况下成立了北方委员会（the Council of the North）。[①]它在约克郡和更靠北的四郡对暴乱、共谋和暴力行为享有刑事司法管辖权；同时它也被授予衡平性质的民事司法管辖权，但这一点在伊丽莎白统治时期被普通法法官们宣布为非

法。其理论好像是，未经议会法律的授权，国王可以设立新法庭 264
来处理已为普通法所知的事务，但他不能创设新的衡平法庭。不过北方委员会还是维持了其刑事司法权，其行使方式看来依照的也是星宫法庭。

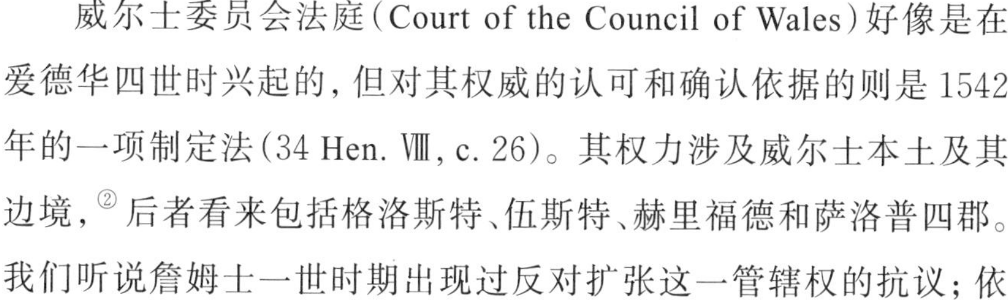
威尔士委员会法庭（Court of the Council of Wales）好像是在爱德华四世时兴起的，但对其权威的认可和确认依据的则是1542年的一项制定法（34 Hen. Ⅷ, c. 26）。其权力涉及威尔士本土及其边境，[②]后者看来包括格洛斯特、伍斯特、赫里福德和萨洛普四郡。我们听说詹姆士一世时期出现过反对扩张这一管辖权的抗议；依

① See Lapsley, "The Problem of the North", in *American Historical Review*, vol. Ⅴ, pp. 440—466 (1900).

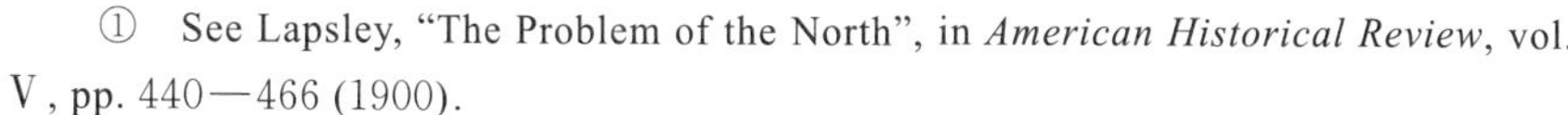
② 更多信息请参见 Miss C. A. S. Skeel, *The Council in the Marches of Wales* (London, 1904)。

据柯克的说法，12名法官认为这四郡不在上述委员会的权力范围之内。不过这些法官们发表意见也都是徒劳：威尔士边境究竟意味着什么是一个很难解决的问题。在考虑这些法庭的地位时需要记住，原有的地方法院作为司法裁判机构已变得几乎毫无用处。它们只能受理标的额不超过40先令的对人诉讼，而40先令早已是微不足道。司法权集中于我们经常提及的威斯敏斯特中央法院产生了极坏的后果，它使得小额诉讼变得拖沓和昂贵，很多时候其结果是民众得不到救济。因此，这为新的地方法院的出现留下了足够的空间。人们总体上是希望这些新的地方法院存在，而普通法法官们的反对很大程度上则是出于职业的自私，尽管它们是为了通过反对特权的扩张而最终维护议会的权威。

不过对于另一个重要的新法庭来说，普通法法官们却乐于扩大而不是缩小其权力，这就是高等教务委任法庭(Court of High Commission)。[1]时间不允许我们去考察这一时期所发生的重大宗教变革；当然，宗教改革在法律方面有其重要意义，因为这是
265 由议会的法律所导致的。亨利八世和爱德华六世所采取的措施将教会置于了国王之下，国王被接受为教会的首脑。这些措施为玛丽女王所取缔，但其大部分(不是全部)又为《至尊法》(*Act of Supremacy*, 1 Eliz. Ⅰ)所恢复，不过伊丽莎白女王并未恢复宣称国王为教会首脑的法律。[2]教会法院继续行使其司法权，但在其上却多了一个由王室特使组成的法庭。《至尊法》授权女王可以委

① 关于该法庭，请参见Prothero，*Statutes and Constitutional Documents*, Intr.。

② 有关伊丽莎白女王的头衔，请参见Maitland, “Defender of the Faith, and so forth”, *English Historical Review*, Jan. 1900。

任任何数量的自然人在其名下行使各种涉及宗教事务的司法管辖权；该项法律用词（第 18 节）相当宽泛，依此签发的委任状所涉及的范围也变得越来越广。1583 年时，这些特使的权力已相当广泛——当时有 44 名特使，其中大部分为俗界人士。在许多涉及宗教的事务上，他们享有处以罚金或监禁的自由裁量权；这些权力可由其中的任何 3 名特使（其中 1 名为主教）予以行使。这一法庭有一个明确的制定法起源，因此其合法性不容置疑。但在这里，普通法法律家们是站在国王一边的：如果他们会因普通法程序受到干涉而敌视国王的君主特权，他们又会在处理宗教事务时赞美和夸大它；看到其原来的竞争对手（宗教司法管辖权）成为了世俗权力的卑微臣仆，这让普通法法律家们兴奋不已；他们认为，国王对于宗教事务的至上权力是如此绝对，以致即使是《至尊法》当中的宽泛用词也未能对其深意予以淋漓尽致地表达；那些高级特使可以做前述制定法并未明确授权的事情。但稍后，这些普通法法律家（至少是其中一些）又改变了立场。柯克认为，伊丽莎白女王的法律并未授权这些特使可对俗界人士处以罚金和监禁——它唯一可用的武器就是谴责、责令悔过和革除教籍这些原有的宗教惩罚措施。不过这种权力还是在事实上得到了维持，并在查理一世时期被大规模地强制使用。无论是从哪个方面，我们都能发 266
现查理一世承接了教会与国家之间的许多难题——法律家们和议会开始质疑都铎王朝时期国王统治这个国家所用之制度的合法性。

特派委任制度也曾用于审判军事法（martial law）的违反者。在追溯其历史时，我们必须注意一个语词上的混淆。自很早时候

起，国王的警务总长（constable）和军事总长（marshall）便是其军队的首领，这些官职实行世袭制且不是很重要。但晚至爱德华一世时，博霍恩（Bohun）和博高德（Bigod）担任警务总长和军事总长，他们拒绝率军前往法国作战，使国王的军事行动陷入瘫痪。军事总长的职务至今依然存在，诺福克公爵现在是英格兰的王室典礼官（Earl Marshall of England）。兰开斯特家族入主王室后，警务总长一职落入了王室之手——国王偶尔也会授予某人这一官职；但自亨利七世之后，这一职位只是在非常特殊的情况下才授予。作为军队的首领，警务总长和军事总长好像已对发生在军中的犯罪行为享有了管辖权，尤其是当军队处于境外之时；14 世纪时，我们听到有人抱怨说他们力图扩大其管辖权。从语源学上来看，“*marshall*”与“*martial*”没有任何关系，前者是掌管马匹的官员，是在马厩中工作的仆人，而后者当然与战神（Mars）有关。不过当我们首次听说英格兰的军事法时，人们对于“*marshall*”和“*martial*”的拼读差别并不在意，显然这两个词在一般人头脑中混淆了——警务总长和军事总长实施的便是军事法。在玫瑰战争快结束之时，我们发现警务总长被授予了非常可怕的简易司法权（powers of summary justice）。1462 年，爱德华四世授权该官职介入所有的叛逆案件，“简便易行，悄无声息，在简单调查事实的基础上即可做出判决，且无须公布”。1467 年，里维斯勋爵（Lord Rivers）也得到了同样的授权状。它们显得很像是对法律的
267 蔑视——警务总长行使的权力几乎没有限度，完全不管与之相左的各种制定法、条例、禁令等。这种非法的裁判机构（我们可以这样称呼它）在都铎王朝开始后走到了尽头——国王不再需要它，

但它却树立了一个不好的先例。玛丽女王好像也未经常规审判就处死了一些卷入怀亚特起义（Wyatt's insurrection）的人。1588年，当西班牙的无敌舰队（the Armada）迫近时，伊丽莎白女王发布诰示称，那些散布叛逆流言或教皇诏书以反对女王者将依军法处置。1595年伦敦出现了暴乱，女王授权依军法来审判和处决那些反叛者。1569年好像又产生了另一个有关这类授权状的先例，当时在北方贵族起义之后，据说苏塞克斯伯爵依授权状处死了600人。詹姆士也曾在1617年、1620年和1624年数次签发这类授权状，授权特使依照所谓的军法进行审判——即使是那些被控犯普通重罪者。毫无疑问，根据当时法律家们的观念这些授权都是非法的。政府可以通过暴力来镇压暴力，但如果没有发生公然的反叛，或者当反叛已被镇压时，它便无权指示对拘押者进行审判，除非这种审判是在常规法庭上依照王国已公布的法律进行的。至于什么是“被称为军法的法律”，我们几乎一无所知，很可能也几乎没什么东西可供我们知道，它指的是一种由士兵予以施行的临时性司法。

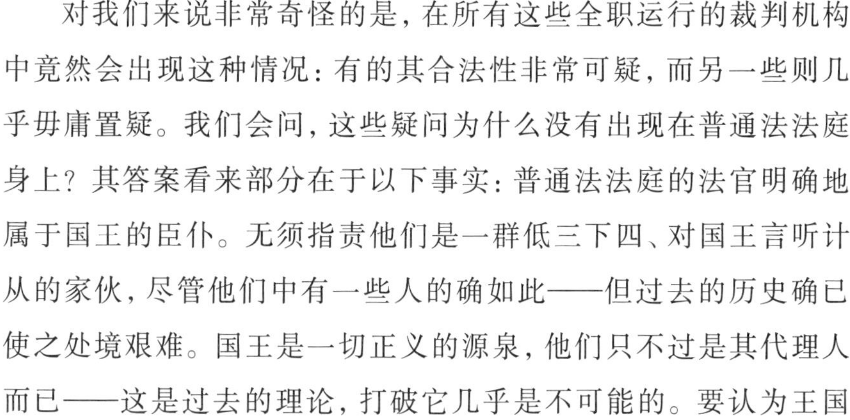

对我们来说非常奇怪的是，在所有这些全职运行的裁判机构中竟然会出现这种情况：有的其合法性非常可疑，而另一些则几乎毋庸置疑。我们会问，这些疑问为什么没有出现在普通法法庭身上？其答案看来部分在于以下事实：普通法法庭的法官明确地属于国王的臣仆。无须指责他们是一群低三下四、对国王言听计从的家伙，尽管他们中有一些人的确如此——但过去的历史确已使之处境艰难。国王是一切正义的源泉，他们只不过是其代理人而已——这是过去的理论，打破它几乎是不可能的。要认为王国 268

的日常治理就是例行按照非法的方式展开，而不只是(作为国王权威的)某些具体的行为非法，这对于国王的臣仆或代理人来说将是非常困难的。这一点可为一个人职业生涯中的某些片断所充分证实，这个人在我们的法律史上留下了深刻的印记。

爱德华·柯克生于1552年，卒于1634年。其著述很快即被敬为权威，共包括:(1)《法学总论》。它包括四部分——首先是对利特尔顿《土地保有法》(*Teaures*)的著名评论(1628年)；其次是对从大宪章到詹姆士一世各个时期制定法的评述；第三是对刑法所做的阐述；第四是一部有关各种法院的论著(全部于1641年他去世后出版)。(2) 13卷的《案例报告》。第一部分共11卷，涉及1600—1615年；第二部分在他去世后才得以出版。(3)还有一些小的作品。他的确是一个非常博学的人：在年鉴的知识并不普及之时，他便了解了他那个时代的年鉴；通过展示其在英文而不是粗俗法语(debased French)方面的学识和成果，数世纪以来他一直都是中世纪普通法各个方面的终极权威；我们也只是慢慢才发现他并非全知全能。1593年他成为检察次长(Solicitor-General)，次年升迁检察总长(Attorney-General)，1606年晋升为皇家民事法庭首席法官。很快，我们发现他站在了国王的对立面。1605年，班克罗夫特大主教(Archbishop Bancroft)指责普通法法庭干涉了教会法院的事务；前者不断地以国王的名义签发禁审令(prohibitions)，禁止后者受理在普通法法律家看来本属世俗法庭受理的案件。国王倾向于站在大主教一边，他派人去把这些法官找来对他们说，他们只是国王的代理人而已，案件由什么法院管辖是他自己说了算。“接下来”(依据柯克的记述)，“国王又说，

朕以为法律乃以理性为基础，而朕和其他人与这些法官一样都具备理性。对此我的回答是，的确上帝赋予陛下广博的学识和聪颖的天资；但陛下对王国的法律和案件并不精通，而这些又关涉其臣民的生命、财产等基本生活要素；它们不是靠自然理性而是靠  269
技艺理性和法律判断来决定的；这其中的法律须经长期研习和具备丰富经验之后方能有所体悟；此外，法律还是金色的权杖和审理臣民纠纷的依据，它保障着陛下的和平与安定。这些话大大冒犯了国王。他说，如此说来朕应该是在法律之下了，而这会被确认为叛逆之言。对此我回答说，布拉克顿早就说过，国王不在任何他人之下，但却在上帝和法律之下”。[①] 我们看到，布拉克顿的这些话在一遍又一遍地起作用。法官们甚至还告诉国王，自诺曼征服以来就没有哪位国王亲自做出过判决。如果他们这样说了，那么他们说的肯定不是事实；但我们明白，很难使詹姆士一世确信他不是其王国境内事实上的最高法官，不管依据当时已被接受的理论他是什么。

柯克的另一次壮举出现在1611年。当时，他和他皇家民事法庭的同人们认为高等委任法院无权处以罚金和监禁。这一问题指向的是《至尊法》中某些部分的含义，这些部分前文已经提及。皇家民事法庭认为，授权处以罚金和监禁刑的委任状本身并没有得到制定法的授权。该庭及另外两庭的法官被召至咨议会逐个进行盘查。柯克拒绝让步，但其他法官却未能一致行动。国王答应所应签发委任状之格式将不再那么招人反对，在新签发的一份委

① Coke, *Reports*, Ⅻ, 65. Cf. Gardiner, *History of England*, vol. Ⅱ, pp. 36—39.

任状中有柯克的名字，但他拒绝就职，因为他未被允许见到该委任状。

关于关税的征收，财税法庭认为这是合法的，而柯克也赞同其合法性，但条件是其目的应是为了公共利益而不仅仅是增加王室的收入。至于诰示的一般效力问题，他和其他法官就更为大胆，他们宣称诰示不能创设新的犯罪。这一点我在前文已经谈到过。

270 1613年，柯克被擢升为王座法庭首席法官，看来国王是希望他在一个更高的位置上能更为顺从。但这一希望落空了。在皮查姆(Peacham)一案中，他反对就即将交由他们裁决的事务分别、单独地征求法官们的意见。后来当他不再是法官时，他反对就这类事务向法官征询意见的总体做法，但此时他还只是反对单独向法官征询意见：而在作为检察次长和检察总长时，他自己也曾经常征求法官们的意见。不管这种做法在我们的眼中多么邪恶，它却是一种古老和久已建立的制度。我们甚至可以争辩说，法官们受其宣誓的约束，有义务在任何被问及之时向国王提供法律意见。

接下来在1615年，柯克又陷入了一场与衡平法院的争执中，在这场争执中他被彻底击败了。在过去的一段时间里，衡平法院一直在主张和行使这样一种权力：它可以以当事人在普通法法庭成功获得有利于自己判决时所采取的方法涉嫌欺诈或有其他不公平为由，命令该当事人不得将此判决付诸实施。你们要明白，衡平法院并不是要禁止普通法法院受理或裁决案件，它并未像王座法庭对地方法院那样对普通法法庭主张一种监督性的司法管辖权；但它的确宣称，如果有人通过欺诈、违反诚信或以不公平的方式得到一纸判决，他可能会被禁止执行此判决。柯克反对这一点，看来他是认为在这种情况下诉诸衡平法院就触犯了《侵犯王权法》(*Acts of Praemunire*)所创设的犯罪：从王室法院转向了别的裁判机构——而这一立法本来是针对罗马主教的司法权的。这件事一直争到了国王那里，国王很乐意判衡平法院获胜，因此也维护了他自己的理论：当其法官意见不一时，国王仍是最终的裁决者。衡平法院的胜利是终局性的和彻底的，如果我们真的想要拥有一个衡平法院的话，这一胜利是必要的。

接下来便是1616年的圣俸托管案(*commendams*)。林肯主教 271
尼尔(Bishop Neile of Lincoln)从国王那里得到两份有俸圣职，并以托管方式保有，即在他的主教职位之外同时保有另一份圣职。有两名叫科尔特(Colt)和格洛弗(Glover)的人对此主教提起了诉讼，他们对国王授权的合法性提出了质疑。在审理过程中詹姆士得到报告说，原告的律师对国王颁发圣俸托管令的权利提出了质疑。柯克及其同事接到国王的谕令，要求他们不要继续审理这一国王特权受质疑的案件；他们回答说，受其誓言的约束，他们不能考虑该命令。国王派人将这些法官找来，他们屈服了，只有柯克除外——从他这里只能得到这样的答复：如果接到这样的谕令，他只能做一个诚实和正直的法官所应该做的。

这位桀骜不驯的首席法官立刻遭到了解职。同时代的一个人这样说："通常的说法是四个'P'字打倒了他——'pride'(骄傲)、'prohibitions'(禁审令)、'praemunire'(蔑视王权)、'prerogative'(君主特权)"。[①]1620年，他在议会中成了民众的

① Gardiner, *History of England*, vol. Ⅲ, pp. 25—26.

首领；从那时起直到1634年去世，在普通法与国王的伟大抗争中他贡献良多，并在其中留下了深刻的印记。

在这场斗争中，有几次人身保护令状（writ of habeas corpus）都起了非常重要的作用。因此我们最好看看这种令状究竟是什么，我们也将不得不注意到，即使是在都铎王朝时期，对这一令状的范围就已经产生了很多疑问。从很早时候起，我们的国王就宣称要对王国内的一切司法进行监督。如果有人被拘押，调查其被拘押的原因则是国王的权力。我们应该把自己的思想带回到私人监狱遍布英格兰的那个时代——这些监狱属于依国王授权或依时效而享有司法权的领主。在其臣民被拘押的案件中，国王会派人将其令状送达典狱官，要求他将被拘押者带到王室法院，接受该法庭的处置。因为这在许多案件中都出现过，国王的这一特权逐渐被认为是臣民的一种权利。到中世纪晚期，人身保护令由
272 文秘署予以签发，而且其签发看来已几乎或完全被视为了理所当然。有书记官非常愿意增加其业务，也有法官很想扩大其管辖权。当三个普通法法庭独立之后，这项调查拘押事由的工作就完全归属于王座法庭，但另两个法庭通过拟制的方法紧随其后，也签发人身保护令并依之进行裁决。

我们还应该进一步了解有关被控者被拘押的情况，他们只是被提出指控但还没有被确认为犯罪。如果能够提供担保，如果能够找到保人确保其将来出庭，我们早期的法律很少将被控者拘押入狱。根据格兰维尔的观点，只有在犯杀人罪的情况下，通常才不允许提供担保而是将被控者拘押入狱。下一个世纪的法律则变得更为严格。1275年的《威斯敏斯特法 Ⅰ》（1275, c. 12）限定了

不允许提供担保的案件类型：涉嫌命案者，依国王或其法官之命令不得保释者，涉及森林犯罪和其他特定案由者，都不允许保释。1826年以前，保释问题一直都由该项制定法所规范，尽管围绕该法又产生了许多解释，尽管也有其他制定法不时地对某些特定种类的犯罪进行专门规定。1275年时，嫌犯保释工作一般都由郡长来完成，逐渐地该权力转入了治安法官之手。因郡长或治安法官拒绝同意保释而感到权利受侵害的嫌犯，可以通过人身保护令将其案件提交某一普通法法庭处理。对于郡长或治安法官不能释放的嫌犯，这些法庭却可以行使保释的权利：比如，如果被控犯杀人或叛逆罪，郡长或治安法官便不能将嫌犯保释——这一点为前述制定法所明文禁止。但王座法庭并不认为该法限制了自己办理保释案件的权力，即使涉嫌这两种犯罪，它也可以行使决定保释 273
与否的自由裁量权。

尽管我们不可能深入探讨“bail”和“replevy”（二者均为保释）的问题，但要注意这二者之间是存在细微差别的。这两种程序的实际结果基本相同，但其差别为以下争论提供了基础：王座法庭的保释权（power of bailing）并不受《威斯敏斯特法Ⅰ》的限制，该法仅限制郡长及其他人对某些特殊案件中的嫌犯实行保释（replevy）。这一点细微的差别现在变得极端重要起来：如果某嫌犯不允许被保释（replevied）的理由是他是依据国王的命令被拘押的，那么普通法法庭能否对他实行保释（bail）呢？查理一世统治时期，当咨议会是否有权进行拘押的问题处于激烈争论之时，为国王的律师所主张但却为议会所否认的一点是，王座法庭的权力也受到《威斯敏斯特法Ⅰ》的限制。国王的反对者在论辩时采取

了这样一种说法：王座法院保释（bail）嫌犯的权力不能为《威斯敏斯特法Ⅰ》所触及，因为在上述情况[*]下，被控杀人者是永远不可能被保释的（bail），但毫无疑问它又的确在保释（bail）这类嫌犯，因此该法所涉及的仅仅是郡长或类似官员的行为。但更进一步——这一问题更为直接地触及我们，在他们所举出的王座法院所批准的许多保释案件中，嫌犯被拘押的理由据说都是国王的命令。在回应嫌犯的人身保护令时典狱长的回答是，他们是依照国王或国王咨议会的命令而被拘押的，但法庭仍依据保释令将其释放。这其中一个明显的例子来自于1344年，伦敦塔典狱长回复说，一位名叫J. B. 的囚犯是依据盖有国玺的国王命令被囚禁的，但法庭还是允许他保释出狱（*quia videtur curiae breve praedictum sufficientem non esse causam praedicti J. B. in prisona retinendi*）。

274 其他一些例子来源于都铎王朝和詹姆士一世时期：尽管典狱长在对人身保护令的回呈中说其中的某些人是依据国王的命令被拘押的，而其他人则是依据咨议会的命令而入狱的，仍有总共11名囚犯被保释出狱。[①]

大约是在伊丽莎白女王统治的1591年左右，咨议会曾就女王及其咨议会拘押囚犯入狱的权力向法官们征询过意见。有关法官们的回答我们有两个版本，一个来自于安德森（Anderson,

---

* 指嫌犯是因国王之命令而被拘押的。——译者注

① 有关Sir T. Darnel和其他人提起的针对人身保护令的诉讼，请参见3 Charles Ⅰ, 1627, *State Trials*, vol. Ⅲ, pp. 1—59。1627年3月24日，柯克在下议院引用了约翰·比尔斯顿（John Bilston）一案（18 Edw. Ⅲ, Rot. 33），但好像并未在法庭上被引用。同上书，第69页。

Reports, vol. Ⅰ, p. 297)，另一个来自于哈兰（Hallam, chap. 5）。两个版本都非常模糊（他们可能是有意使之模糊的），其差别也相当大。法官们竭力避免了对以下问题进行直接表态：在收到只简单说明囚犯是依据国王或其咨议会的命令而被拘押之人身保护令回呈后，他们是批准还是不批准保释？在我看来，他们显然认为拘押的事由应当列明，而并没有说如果没有列明的话他们将会怎么办。在查理时期的这场斗争中，双方都认为“安德森版本中所描述的决定”对他们自己有利：在我看来，这表明伊丽莎白时期的法官感觉到他们陷入了极度困难的境地，而且这一困难还在愈演愈烈。在任首席法官之时柯克自己认为，为咨议会所拘押者不能被英格兰的任何法庭批准保释；但后来他在进入议会后又收回了这一说法，说他先前是受到了一个不恰当先例的误导。

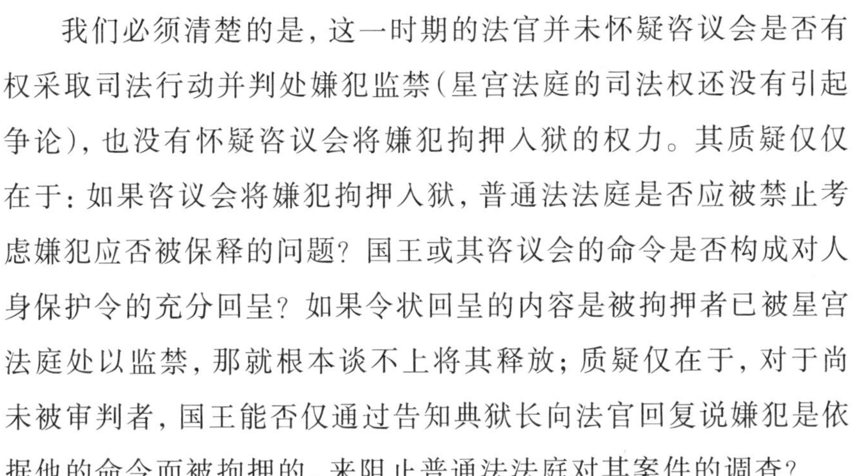

我们必须清楚的是，这一时期的法官并未怀疑咨议会是否有权采取司法行动并判处嫌犯监禁（星宫法庭的司法权还没有引起争论），也没有怀疑咨议会将嫌犯拘押入狱的权力。其质疑仅仅在于：如果咨议会将嫌犯拘押入狱，普通法法庭是否应被禁止考虑嫌犯应否被保释的问题？国王或其咨议会的命令是否构成对人
身保护令的充分回呈？如果令状回呈的内容是被拘押者已被星宫 275
法庭处以监禁，那就根本谈不上将其释放；质疑仅在于，对于尚未被审判者，国王能否仅通过告知典狱长向法官回复说嫌犯是依据他的命令而被拘押的，来阻止普通法法庭对其案件的调查？

总体而言，摆在查理一世国王面前的到处都是难题。其时统治英格兰的那套体制是一套颇受质疑的体制，这些质疑来自于议会，也来自于普通法法院。回顾历史越多（历史现在是出于各种

有争议的目的而被仔细地审视着)，我们越会发现此时的宪制已不再是兰开斯特诸王时期的宪制了——王国的治理模式与许多未被取消的制定法相冲突，至少依据这样表面上的借口即可将政府的许多行为宣布为非法。一个较查理一世更聪明的人是否本可避开或是引开这场即将到来的风暴，是可以好好考虑的问题；但就我们所见，到处都在显示，暴风雨即将来临。

三、军队的历史*

在进入下一个阶段之前，我们要关注的最后一个话题是有关军队的历史，这个问题我们此前几乎没有谈到过。诺曼征服之后，封建保有为国王提供了军队，但这种封建军队却是一件极为笨拙的武器。骑士役封臣每年仅需服役40天，国王和其贵族之间经常就服役的条件问题发生摩擦：他们有义务在诺曼底服役吗？他们有义务到德国服役吗？这些问题在许多著名的事件中不止一次地被提出过，而尴尬的国王也不得不做出让步。早在1159年，亨利二世就通过以货币抵偿个人人身役务的方式首次征收了免服
276 兵役税。[①] 他解释说，其目的在于让自己的臣民少流血而让雇佣军去外国卖命。在其统治后期的1181年，亨利二世又通过《武装

---

* 在“军队的历史”之后梅特兰原本计划讲述“四、地方政府；五、法律(尤其是刑法)的总体特征”；六、宗教改革(Reformation)的法律史”。但由于时间不允许，这些问题并未谈及。但本书下文边码第506—513页有他对宗教改革的法律史问题做出的简短概括。——译者注

① 免服兵役税的痕迹已被发现早在亨利一世时即存在。参见Round, *Feudal England*, p. 268。也见McKechnie, *Magna Carta*, pp. 86—90。

法》(*Assize of Arms*)复兴和重组了过去的国民军。显然关于这种军队的观念就从未停止过，而法律也从未说过军事义务(至少是防御的军事义务)必须要受军事役保有制度的限制。每个人根据其地位的高低都要有合适的武器，即使是最穷的自由民也要有长矛和头盔。就这样，一种由国家组织的国民军产生了。

亨利三世以扩充的形式重新签发了上述《武装法》，并构成了其子爱德华一世《温切斯特法》(*Statute of Winchester*)的基础，而该法只是后者众多著名立法中的一项。它颁布的日期是1285年，因此与亨利二世的《武装法》正好间隔一个世纪。[①] 每个年龄在15—60周岁之间的自由民都要依其财产多少进行装备，其中从拥有价值15英镑土地和40马克动产者(必须配备无袖短锁子甲、钢盔、剑、刀和战马)到仅配备弓箭者，共分五等。这些军队每年要由两名选举出来的警务官(constables)负责在各百户区进行两次检阅。这些武装力量的出现，与其他执行古代监守与瞭望、循声追捕等义务的人密切相连。如果这种王国的武装力量在对付公共敌人方面有用的话，那么它在抓捕坏人等治安事务方面同样有用。你会注意到其官员叫“constables”(警务官)，这起初是一个军事头衔，从国王的警务总长(与国王的军事总长〔marshall〕一起操练和带领国王的军队)一直扩展到基层警务官。甚至是王国军队中最低的官员也成了警务官(constable)；镇区的警务官员负责照看本区的武器军械，其上是百户区警务官，后者之上又是郡的高级警务官(high constable，它是逐渐获得这一称谓的)。镇区

① *Select Charters*, pp. 154—156, 469—474.

警务官的军事义务一开始就与维持社会治安和抓捕罪犯联系在了一起——这样,过去的村邑官员、执达官、十户连保的十户长也变成了警务官,并失去了过去的名称。

277 回过头来,由《温切斯特法》所确立的这种武装力量参与战争(无论是侵略性还是防守性的)的义务,长期以来都很不确定。当然,我们不能争辩说国王可以将每一个健壮男子都送出国到法国参战。我们发现爱德华一世曾委任他的臣下到各郡挑选一定数量的强壮男子;换言之,他签发的是征兵令(commissions of array)。如此召集起来的部队,国王要自掏腰包。来自一郡的军队由一名王室军官(*capitaneus*, captain)率领,从他身上我们看到了后世郡军事总长的影子(lord lieutenant)。郡长自然会是郡武装力量的首领,而且在理论上他也保持了这一地位,只有他才能发动郡武装力量(郡民兵)追捕罪犯;但对于真正的战事而言,一个任职只有一年的官员并不合适,而王国又不能容忍郡长任期过长。因此,当长期任职的治安法官在许多方面都在侵蚀郡长的权力之时,后者在军事方面的职能也丧失了。爱德华二世和三世时,征兵令开始变得普遍起来,而国王也并不总是为他征召的士兵支付费用——他希望这些费用由郡的民众来提供;因此各郡被要求为士兵提供装备(而这一点在《温切斯特法》中并无规定),并支付在本区之外甚至是王国境外士兵的薪水。一时间怨声四起。1327年平民们提出请愿说,他们不应被要求提供《温切斯特法》未予规定的装备,或被要求到郡外服役——除非费用由国王支付。这一请愿在修改后得到了制定法(1 Edw. Ⅲ, stat. 2, c. 5)的认可:“国王下令,民众所被要求提供之军事装备不得违背先王

在世时之习惯的规定；除非必要或王国突遭外敌入侵，否则民众不应被强迫外出其所在郡作战——此时要按照过去王国抵御外敌入侵时的做法行事。”但爱德华不得不做出进一步的退让。依据后来的一项制定法（25 Edw. Ⅲ, stat. 5, c. 8），如未得到议会的一
致同意和授权，民众不应被强制提供全副武装的骑士、战马或弓 278
箭手，除非他们因保有土地而负有这些义务。显然，这些制定法不断地遭到违反或被规避；1402年，它们得到了另一项制定法（4 Hen. Ⅳ, c. 13）的确认，看来它们在兰开斯特王朝时期也得到了遵守。亨利六世对威尔士和苏格兰的战争被视为了抵御入侵的防卫战，于是郡武装力量便能被合法召集前来。亨利五世借以赢得对法战争的那支军队，部分由从国王处领取薪水的自愿应征入伍者组成，部分则由为国王尽义务的贵族通过与国王签订契约、讨价还价而组建。玫瑰战争期间，双方都以国王的名义签发征兵令，整个国家已完全习惯了内战、强制兵役、强制借贷和强制恩税。爱德华三世时期的制定法遂成为具文，《温切斯特法》同样如此。

都铎王朝的专制主义并不是由任何常规军落实的，这是这一段历史中最值得注意的事情之一。国王所长期供养的无非是其要塞中的一些士兵团队而已，而一个团队也就一两百人左右。不过征兵令还是在不时地签发，各郡被迫向国王提供士兵，甚至是出境作战，过去的制定法看来已被弃置，而且很可能是被遗忘了。1557年的一项法律（4 and 5 Philip and Mary, c. 3）并未注意到那些旧法，而只是将征兵入伍参战说成是一种已得到认可的法律程序；在我看来，这是对强制征兵令甚至强制境外服役的默认。征兵过程中由士兵所犯的某些罪行将交由国王的郡军事总长审理，

它被称为“lord-lieutenant”。为各郡委派一名长期的王室军事长官的惯例，据说便源于这一时期。

1557年的另一项制定法(4 and 5 Philip and Mary, c. 2)明确取消了过去涉及提供马匹与军械的各项制定法，它所规定的新的
279 军械种类代替了《温切斯特法》的规定。但该法又在1603年为詹姆士一世的法律(1 James Ⅰ, c. 25)所取消，后者以概括的方式取消了都铎王朝时期的很多制定法。对这一废止并未给出任何理由，哈兰(Hallam)的意思是，苏格兰国王登上英格兰王位的事实基本上使防御力量失去了存在的必要。但此次取消行为却可能产生了始料未及的后果。1850年以前我们的法律规定，如果制定法甲为制定法乙所取消，然后制定法乙又为制定法丙所径直取消，那么这时制定法甲的效力便得以恢复——这样《温切斯特法》便又恢复了效力。[①]于是在查理一世时期，人们便对如下问题展开了激烈争论：由过去法律所创设的武装力量是否应由国王调遣？这一武装力量已获得了“民兵”(militia)的新称谓，对于民兵的控制权成为了国王和议会争执的焦点。

当时王国还没有维持常备军，对外的战事由临时召集的军队应付，这种临时性军队的组建部分基于封建义务，部分基于自愿应征入伍，部分则基于强制。不过在詹姆士一世时期我们发现，军队在返回英格兰后并非立即予以解散，而且我们还发现为了加强对它们的管理还专门依照军事法签发了委任状。因此在詹姆士统治结束的1624年12月，多佛(Dover)便驻有部队，签发给市长

① 13 and 14 Victoria, c. 21. 5.

和其他人的委任状授权他们“依据军事法对犯有抢劫、重罪、哗变或其他暴行或轻罪者及共同参与上述恶行之不服管教者进行审判，并依军事法予以执行和处决”。[①]我们前面已谈到过这类合法性颇受质疑的委任状，这里我们要注意，只有通过这种方式才能维持一支常备军。我想这可能是长期经验的总结：如果将军队的纪律留给普通法，那么这支军队是不可能有战斗力的。你们将会注意到，这些委任状已超出了军纪的范围——委任状授权审理 280
的对象不仅包括士兵，还包括其他不服管教的人；审理的罪行不仅包括哗变，还包括抢劫和其他重罪。正像詹姆士的后继者所发现的那样，维持一支常备军要面临双重困难：一是不诉诸非法的委任状就无法维持任何军纪；二是不通过任何非法的敛财渠道就无法供养军队。

至于强征士兵的合法性，我们必须记住在这个问题上国王占了主动。经常被忘记的是，强征海员的合法性看来已完全被认可了。从很早时候（肯定贯穿了整个14世纪）起我们就发现，国王为了海上战事和运输而强征过水手和船只，这是通过与征兵令非常相似的委任令予以实现的。但尽管征兵令激起了许多敌对情绪，议会也不断地就此请愿且有时还成功地通过了限制国王权力的制定法，对于水手和船只的征用看来却并未对民众构成多大的侵扰。我们所听到过的唯一抗议是说，从海员登上甲板的那一刻起就应由国王支付薪水。1378年的一项制定法（2 Ric. Ⅱ, c. 4）

① Pat. Roll, 22 Jac.Ⅰ, part 4, printed in Prothero, *Statutes and Constitutional Documents* (1559—1625), pp. 393—399.

明确认可了这种强征行为的合法性——它谈到了海员被拘捕为国王服役，并在他们逃跑时规定了惩罚措施。许多后来的制定法都将强征说成是一种合法的程序。上一世纪的几项法律还通过列举例外的方式将强征合法化，在这些例外的情况下海员即不能被强征。《权利请愿书》和《人权法案》也未提到过对国王这项特权的反对；我想可能是受此影响的那个阶层太小以致无法让人听到他们的呼声，或者就是掌控一支海军的必要性被认为是如此之大，以致国王的权力从未因此而受到过质疑。

第四阶段 281
威廉三世驾崩时的公法概述

在跨过一段令人兴奋的时期后，我们来到了安妮女王平静即位的时刻。我们不禁要问，在经历了内战（Rebellion）、复辟（Restoration）、（光荣）革命（Revolution）这些重大的事件后，在法律上究竟产生了什么样的、长期的后果呢？我们的确应该了解这些事件在编年史上的先后继起，但我们又没有时间顾及一切，我想我们最好采取一种分析而非历史叙述的方式来处理这一段历史。那么接下来的问题就是，1702 年时的宪政又如何呢？

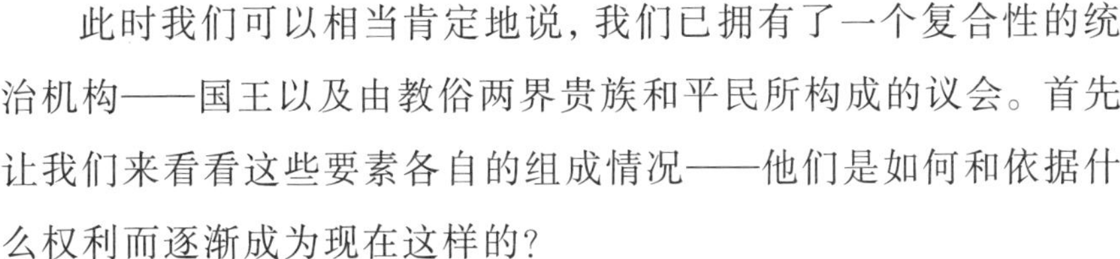

此时我们可以相当肯定地说，我们已拥有了一个复合性的统治机构——国王以及由教俗两界贵族和平民所构成的议会。首先让我们来看看这些要素各自的组成情况——他们是如何和依据什么权利而逐渐成为现在这样的？

一、王权的组成

首先是国王。如果说国王确实属于一种头衔的话，那么它现在是一种制定法上的头衔。当然在很多人的观念中这个头衔并不好，让我们来试着理解一下这种观念。不必返回到中世纪、返回到兰开斯特家族源自于议会的权利和约克家族基于世袭的权利，我们记得亨利八世不止一次来到议会要求制定规范王位继承的法律，他甚至得到了一项可使得他在无子而终的情况下将王位传给其所属意之人的制定法。在伊丽莎白时期，认为王位继承问题不能通过议会法律予以解决被视为了叛逆。不过我们已经看到，
282 詹姆士在王国的默许下登上了王位，尽管如果这方面的制定法有效的话他的登基很可能是非法的；因为亨利八世之所以为此事行使其制定法上的权力，很可能就是为了让其妹而不是其姐的后嗣继承王位。因此，就詹姆士自己的情况而言，就有很多东西会让他认为王位继承是经神明指派而不应受到议会立法的干涉。他的王位由其子查理一世继承，当查理一世被处死后又立即由他的儿子查理二世继承。我之所以这么说，是因为这是在1702年，甚至今天从法律上看也是这样的，我们千万不能让任何同情或反感的情绪来影响我们对于法律的陈述。1702年时的观念是，毫无疑问查理一世已被谋杀了，查理二世于1649年1月30日开始统治。1660年5月29日，国王重又开始掌握了这一切，但这一切早已是他的了，他统治这个王国已持续11年多了。长期议会上所制定的所有未获国王御准的法律都是无效的。复辟时并未通过专门的法律宣布它们无效，因为未获国王御准它们当然无效，因此无须取消。1702年时没有哪位法律家会将其作为法律而诉诸，今天也没有谁会这样做；在我们的制定法大全中也没有它们的位置。这一理论被强制传播了很久。1660年3月16日，长期议会中剩余的议员宣布本届议会解散。选举在没有国王令状的情况下进行——在邀请查理重返英格兰方面尚未采取什么决断性措施——

一个由一些贵族和新当选的平民议员组成，后被称为非常议会(Convention Parliament)的议会于同年4月25日召开。它立刻展开了与查理二世的谈判，5月7日议会两院决定应宣布查理为国王，查理遂于24日启程，26日登临英格兰，29日他会见了议会两院。议会立刻通过法律宣布解散长期议会(它从未被国王所解散，因此其解散可能也存在问题)，现于威斯敏斯特出席开会的贵族和平民构成本届议会的上下两院，尽管事实上他们也并不是通 283
过国王的令状被召集的。不过，当然，如果国王的召集令是议会合法存在之必要条件的话，这一缺陷是无法为一个在无此令状情况下已组成之议会所补救的——如果这不是一个真正的议会，那么其公告也不能使之合法化。这届非常议会一直持续到1660年12月，并通过了一系列法律。1661年5月又召集了一届议会，这次当然是通过正当的国王令状召集的。它通过了一项法律对非常议会制定的法律予以了确认，就好像后者的有效性会因缺乏国王的召集令而可能遭到质疑一样。因此，复辟时期所做的一切都建立在这样的理论基础之上：查理二世的统治始于其父之死。

等到1688年时我们发现，对任何法律家来说想要证明当时所发生之事合法是极端困难的。我将当时发生的情况简述如下：1688年7月，詹姆士解散了议会，这样，在那个紧要的关头便没有议会存在了。11月5日威廉登临英格兰，12月11日詹姆士从伦敦出逃，顺手将国玺投入泰晤士河，22日他离开了这个国家。奥兰治亲王威廉(William, Prince of Orange)邀集了一个会议并很快聚起，他召集了贵族和当时在伦敦的查理二世(不是詹姆士二世)时期的议会议员，伦敦的市政委员也得到了召集。法律家只

能视之为一次极不寻常的会议：它由一个不是国王而且也未自称为国王的人召集。这次会议于1688年12月26日召开，会议建议亲王召开一个王国各阶层的“非常大会”。依此建议，亲王邀请了贵族前来，各郡和自治市也都选派了代表；大会于1689年1月22日召开。1月25日平民院做出决议说，国王詹姆士二世力图通过破坏国王与民众之间的最初约定来颠覆王国的宪政，还在耶稣会士及其他邪恶之徒的鼓动下侵犯了王国的基本法律，并离
284 开了王国，现他已正式退位，致使王位空缺。贵族院对此有些犹豫，但仍于2月12日同意了此项决议，并决定威廉和玛丽应被宣布为国王和王后。2月13日，议会两院恭候威廉和玛丽驾临并呈上王冠，同时呈上的还有《权利宣言》(*Declaration of Rights*)。王冠被接受了。非常大会于是依照1660年的先例通过了一项法律宣布自己是英格兰的议会——尽管缺乏适当的召集令。本届非常议会一直持续到1690年初才解散，它通过了许多重要的法律，其中就包括吸收了《权利宣言》的《权利法案》(*Bill of Rights*)。新一届议会于1690年3月22日召开，这当然是通过国王和王后的令状合法召集的。它继续通过制定法宣布国王和王后为国王和王后，而且宣布前届非常议会制定的法律过去是，现在仍是王国的法律。

对于任何法律家来说，坚持认为没发生过革命是非常困难的。主导这场革命的人力图(我们完全可以说他们是非常明智地试图)使这场革命看起来尽可能地波澜不惊，并充分发挥其天赋使之看起来只像是进行了一道法律程序。如果失败了，他们很可能会被作为叛逆者而受到处罚，我不觉得会有任何法律家认为对他们的

这种处罚将会是非法的。非常议会想到了用“退位”一词来表述詹姆士的行为；按照已经给定的法律结论，他是 1688 年 12 月 11 日退位的，那一天他将国玺投入了泰晤士河。从那一天起直至威廉和玛丽接受王位的 1689 年 2 月 13 日，英格兰没有国王。如果非常议会像苏格兰的议会那样直白地说詹姆士是被剥夺了王位，可能就更真实地表述了事实；但无论是哪种表述，让法律家们将非常议会视为合法组成的议会总是很难的。它是由谁召集的？不是由英格兰的国王，而是奥兰治的亲王。即便向上回溯三个世纪我们也找不到相关的先例，即使 1327 年和 1399 年的议会也是由 285
以国王名义签发并盖有国玺的令状召集的。假设议会可以废黜国王，詹姆士也并非为议会所废黜；假设议会可以选举国王，威廉和玛丽也并非由议会选举而成为国王。如果当非常议会召集开会时它还并非议会，它自己制定的法律也不能将之转化为议会。宣布它为议会的那项法律的效力有赖于威廉和玛丽的御准，而这种御准的效力又取决于他们作为国王的事实，但他们是如何成为国王的呢？当然这一制定法将这一难题强有力地摆在了我们面前——这是一个无法弥补的缺陷。对于 1690 年那项肯认前述一切的制定法来说，也有同样的麻烦。

千万不要认为我是在为詹姆士二世党人(Jacobite)辩护，我只是尽力向你们展示它所引出的纯粹的法律问题。在我看来，我们必须将这场革命视为一场革命，一场非常必要而且编导得很聪明的革命，但它仍是一场革命，我们无法将其纳入我们的宪法之中。

离开这一点我们注意到，王位是授予威廉和玛丽两个人的，但威廉拒绝仅依其妻的权利而统治(事实上也不是这样的)。非常议会的公告称，威廉和玛丽将在其共同生活期间及其中一人死后另一遗属生存期间共同保有王位，在其共同生活期间将由威廉独自完全地行使王权，但却要以威廉和玛丽两人的名义行使；在其二人死后王位将归玛丽所出的子嗣，在该子嗣缺失的情况下归于安妮公主(Princess Anne)及其所出子嗣，在后者缺失的情况下归于威廉所出的子嗣。1689年通过的《权利法案》确认了这一对于王位继承的安排，并补充说任何与罗马教会结盟、承认天主教或与天主教徒联姻者，均不得继承、保有王位和对王国进行管理，此时王位应顺延至下一个合法继承人。1700
286 年玛丽死后，威廉无子，安妮公主之子格洛斯特公爵也已死亡，需要对王位继承问题作进一步的规定。依据《王位继承法》(12 and 13 Will. Ⅲ, c. 2)，在玛丽、安妮和威廉的子嗣都缺失的情况下，王位应归于公主汉诺威的索菲娅(Princess Sophia of Hanover)及其所出的信仰新教的子嗣。作为波希米亚女王伊丽莎白(Elizabeth Queen of Bohemia，詹姆士一世之女)之女，依据常规的继承规则索菲娅是最近的继承人——除非她是罗马天主教徒。

一种新的加冕宣誓出现了。一直以来对这种誓词都存在争论。我们知道，查理一世时期国王的加冕宣誓在某些方面与古代有所不同。古代的誓词我们已经见到过，在其中国王要承诺遵守和维持王国民众所选择的法律和正当习惯(*quas vulgus elegerit, les quels la communaute de vostre roiaume aura esleu*)。而在查理即位典礼上向他提出的最后一个问题则是：“您同意遵守并维护王国现有的法律和正当习俗吗？您将会为了上帝的荣耀尽您一生支持和维护这些法律和习俗吗？”你们将会注意到，这种形式的誓

词并未宣称王国全体民众有选择自己法律的权力：国王将遵守和维护王国“现有”（has）的法律。有人指控劳德大主教（Archbishop Laud）篡改了誓词，他的辩护在以下这一点上看来是相当有道理的：他只不过是按照传到他手里的誓词例行公事而已，包含这些术语的誓词在詹姆士一世登基时使用过，在伊丽莎白登基时也使用过。至于玛丽女王的加冕宣誓我一无所知，但在亨利六世登基时誓词已发生了变化。后者宣誓制定新法时应出于上帝的荣耀和为了王国的利益，并且还要像过去那样经过民众的同意。

但加冕宣誓用词方面的变化看来在更早的时候已经出现了。在现存的一部加冕宣誓的副本中，我们看到了亨利八世改动的手迹，[1]最 287
后一句如下（我用括号标出了国王亲手做的改动）：“国王将同意遵守王国之法律和（那些已得到认可的）习俗，并将运用其权力维护和确认由（贵族和）民众（经其*同意）所制定和选择的法律（但这些法律和习俗必须具有合法性，且不会对王权或国王、对王国之统治构成侵害）。”插入的文字相当引人注目：它们看来是指向了一种不可剥夺且不受法律约束的王权观念，国王不会让自己去遵守那些侵害王权的法律。因此自爱德华六世登基以来，国王的加冕宣誓看来已经发生了变化——我相信，劳德已成功地表明了他不应受到任何暗地改动誓词的指控。[2]但现在，更早的（爱德华二世的）就职誓词之含义又成了激烈争论的

① 这一宣誓（有亨利的修订手迹）的一个复本出现在 *English Coronation Records*, ed. L. G. Wickham-Legg, pp. 240—241。

* 指国王。——译者注

② 关于这一问题的讨论，参见 J. Wickham-Legg, *The Coronation Order of King James I*, London, 1902, pp. xcvi—cii。

焦点；有人认为“选择”(*elegerit*)条款(*quas vulgus elegerit*〔民众选择的〕)并不指向将来：国王将维护已有的法律，而这些法律是民众已选择而非应选择的法律。另一方面，有人甚至认为该誓词的用语将国王排除在了立法活动之外——如果不违背誓言，他将不能否决议会两院通过的法案。无论哪一种观点都无法与过去的历史相协调；一方面，旧的加冕宣誓已明确宣布除王国民众选择的法律外不再有别的法律；另一方面，说国王不是该王国全体之一部分的观点也是轻率的。不过，当有关国王义务的这种对立的观点被采纳之日，也是战争开始之时。

查理二世和詹姆士二世的加冕宣誓看来就是查理一世所使用过的。光荣革命一结束，制定法(1 William and Mary, c. 6)便提供了一种新的加冕宣誓，该法说旧的誓词用语含混不清，其所提到的过去的法律和宪法此时已不为人所知。其中最重要的表述是——国王承诺将依据议会通过的制定法和认可之法律与习俗来统治英格兰的民众及隶属于它的地区；这样“议会通过的法律”
288 就取代了“民众所选择的法律”(*leges quas vulgus elegerit*)。

依据新加冕宣誓的另一条款，国王必须宣誓他将尽其全力维护真正的福音书信仰和法律所建立的改革后的新教，并保证王国的主教、教士和被委以责任的教会享有法律所赋予或与之相关的一切权利和特许权。《权利法案》和《王位继承法》加予国王的另一项义务是，他必须在其首届议会的第一天公开宣布反对圣餐变体论(transubstantiation)，并向上帝祷告和敬献祭祀。该法还规定在国王与罗马教会交好或与天主教徒联姻时剥夺其王位——这一条款我们在上文已提到过。

二、议会的组成

我们现在要转而讨论议会的组成问题。教界贵族的数量和委任模式没有发生变化：不过他们现在只是上议院的少数。尽管我们在这里不得不按照事物过去的状况依次进行记述，但我们仍然必须记住，曾经有一段时期主教在议会中并无席位。1642 年 2 月 13 日，国王对一项将主教排除在外的法律表示了御准——这是从查理那里强行索取到的最后几项让步中的一项。非常议会并未恢复他们的席位，这种情况一直延续到 1661 年查理二世的第二届议会。在中断 19 年之后，他们终于于 1661 年 11 月 20 日恢复了在议会中的席位。

俗界贵族的数额已大大增加。到 1597 年伊丽莎白的最后一届议会时，其人数是 56 人；1604 年詹姆士首届议会时为 78 人，查理一世首届议会时为 97 人，1661 年那届议会为 142 人，1685 年为 145 人。贵族爵位的授予已被用作了政治奖赏。至于创设贵族的方式，和已经谈到过的相比没有多大出入。不过贵族爵位现在已不能再与土地保有纠缠在一起，因土地保有而产生的贵族已经消失了。而且现在也已形成了如下非常明确的规则：专门的召 289
集令以及随后实际出席议会的行为就授予了世袭的贵族爵位。不过，很久以来所有的贵族一直都是通过开封特许状授予的。

这里我们还必须记住，贵族院的存在曾经出现过一个短暂的中断，当然这不是在法律上而是在事实上。内战期间，出席议会的贵族议员人数很少——大概 13 人左右。在 1649 年 1 月 4 日审判国王的前夕，平民院投票决定，“议会中的英格兰平民议员集会宣布，民众才是上帝之下一切正当权力的源泉，平民院在议会中所通过或宣布为法律的东西都具有法律的效力……尽管并没有国王的御准或贵族院的同意”。2月6日，贵族院最后一次开会；3月19日，平民院通过了一项意在取消贵族院的法律。1660年4月25日，在经历11年的中断之后，贵族议员重又出现在非常议会中。我们必须将贵族的情况和主教区别开来，后者是被国王、贵族和平民共同通过的制定法剥夺席位的，它的重新召集当然也需要另外一项制定法；而世俗的贵族们只是被平民院通过的法律所排除，这一“法律”随着复辟的到来即被认为是无效的了。

平民院议员的数量也有了增长。詹姆士首届议会的平民议员为467人，长期议会（1640年）为504人，1661年为507人，1679年为513人，增长的原因是多方面的。1672年的一项制定法承认达勒姆巴拉丁郡和达勒姆市可以各选派两名骑士和两名市民出席议会。除了这一点，有关郡选派议员代表的制度没有变化。我们已经看到，在爱德华六世、玛丽、伊丽莎白和詹姆士时期，自治市代表的数额通过王室特许状得以增加——国王希望借此换来一
290 个支持自己的下议院。查理一世增加了（我想或许是恢复了）18名自治市的代表。①查理二世只行使过一次这种特权，他给了纽瓦克（Newark）两个代表名额。这是这种特权的最后一次行使，它的行使也并非没有受到质疑。很长一段时间以来，平民院对此

① 用“restoration”（恢复）一词就对了，不过查理一世时恢复议会权利（指在议会中拥有议员代表——译者注）的那9个自治市，并不是通过王室特许状而是下议院的决定实现这一点的。参见 Porritt, *The Unreformed Parliament*, vol. Ⅰ, p. 382。

权力一直十分眼红。他们曾声称决定自治市是否有权选派代表的权力在他们——查理一世向下议院所增加的大部分名额都是通过恢复自治市的方式实现的，这些自治市依据下院的决定曾选派过代表，但后来中断了。选派代表现在变成了一项令人垂涎的权利，自治市力图表明它们在很早的时代就曾行使过该权利。牛津和剑桥这两所知名大学也可选派代表出席议会下院的做法肇端于詹姆士一世。增加自治市议会代表名额的特权从未被取消过，但其最后一次行使是在 1677 年——这一次是纽瓦克获益。复辟后平民院对此心怀怨恨：尽管我们会奇怪地发现约翰·洛克这位杰出的辉格党人(whig)竟然同意说，如果下议院自身不主动进行改革，国王将会改革之。[①] 于是下议院议员的总数最终确定在 513 人，其中威尔士 24 人、英格兰各郡 80 人、两所大学 4 人，剩下的都是英格兰各自治市的名额；这 513 人再加上安妮时期为苏格兰所增加的 45 名代表、乔治三世时为爱尔兰增加的 100 名代表，总共 658 人——这是 1832 年时的数字。

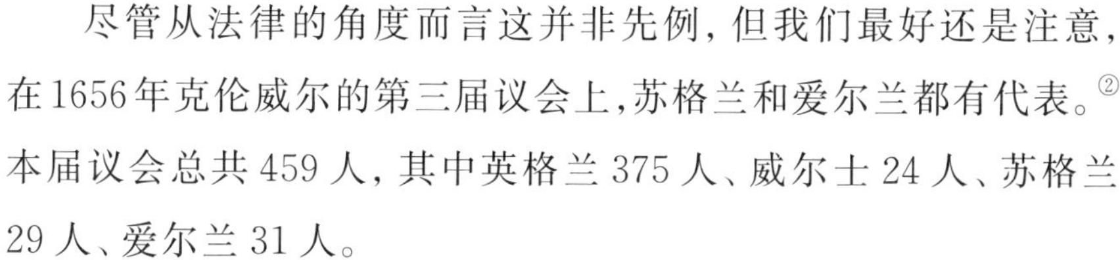

尽管从法律的角度而言这并非先例，但我们最好还是注意，在1656年克伦威尔的第三届议会上，苏格兰和爱尔兰都有代表。[②] 本届议会总共 459 人，其中英格兰 375 人、威尔士 24 人、苏格兰 29 人、爱尔兰 31 人。

选举资格没有发生变化。各郡的选民仍须是拥有价值 40 先

---

① *Civil Government*, c. XIII.

② 爱尔兰和苏格兰的议员出席了 1653 年的芦柴棒议会(Barebones Parliament)，然后又依《政府约法》(*Instrument of Government*, 1653 年克伦威尔等拟定的宪法——译者注)的条款而出席了 1654 年的议会。

令财产的自由地产保有人，而各自治市的标准则是千差万别。总体而言，自治市倾向于将选举权赋予一个寡头性质的统治机构。在很多情况下国王会要求他们交回旧的特许状，然后重新颁发给新的特许状。查理二世时有一项计划被认为是加速了这一进程。
291 当时伦敦市的特许状受到了指责，并被宣布将予以没收。如果特许权被滥用就会被没收，这是当时的一条法律原则；而伦敦的市民被指控在某些并不太重要的方面滥用了其作为法团的权力，因此其特许状要被没收。受到这一判决的恐吓，英格兰的许多自治市都交回了其原来的特许状，并换取了新特许状，后者将选举市议员的权利赋予了由国王提名的统治机构。[①] 詹姆士二世通过这些方式获得了一个屈膝恭顺的议会。光荣革命之后的1690年，议会通过制定法宣布先前针对伦敦市的判决无效。因此一些已交回旧特许状并获得新特许状的自治市，便以此种交回非法为由要求恢复原来的特许状，但这并非总能成功——在某些情况下其交回便被判为合法。因此从总体上来讲，许多自治市的市政组织都变成了寡头性质。光荣革命之后，许多自治市也落入了大土地所有者的掌控之中而变成了口袋选区（pocket boroughs）。早在威廉时期，议会议席的分配就显示出许多后来在1832年被取消的不正常现象。光荣革命之后不久洛克这样写道：“我们看到，一个城镇徒具虚名，残垣断壁，遍地狼藉，房屋变成了羊舍，你最多只能见到一个牧羊人，但它却像一个整郡那样向议会选派了那么多代表——郡人口众多，权力集中于富人之手。外来人见状无不瞠目

① Porritt, vol. I, pp. 393—396, 399—405.

结舌。”[1]

平民院现在也已将裁决有争议选举的权力揽入了囊中，它对于国王、贵族院或普通法法庭的任何干涉都心怀忌恨，但其决定通常都只是党派纷争的结果。

关于被选举人的资格，亨利五世时的那项法律仍然有效，它要求被选举的骑士和自治市市民须居住在其所代表的郡和城 292
镇。该法虽晚至1774年才被取消，但自伊丽莎白时起就已被忽略了。此时尚无财产资格方面的限制，但我们也即将产生这样的规定——1710年的一项制定法(9 Anne, c. 5)规定，郡骑士必须拥有年产值600英镑的地产，而自治市市民的地产价值必须为300英镑。

后来针对议会中“禄虫”(place-men)的数额又引来了一片极大的反对之声。此时尚无反对禄虫之法，但《王位继承法》(*Act of Settlement*, 1700, 12 and 13Will. Ⅲ, c. 2)新近规定：“鉴于汉诺威家族即将登上王位，那些从国王处保有受俸官职或接受津贴者将不能在下议院担任议员。”这一重要条款从未实际生效过，并于汉诺威家族登上王位的1705年被取消。如果它曾经生效过，它一定会改变下议院的全部历史，国王的大臣本不应在此担任议员。麦考莱说，其结果将会使贵族院成为最为威严的议院，而平民院将变得不会比一个教区议会(vestry)强多少。[2]1707年，一项制定法(至今仍是有关这一问题的基本法律)设计了这样的方

---

① *Civil Government*, c. XIII.

② *History of England*, c. XIX.

案：对于先前已接受职务（其职位开始于1705年10月25日之前）的“禄虫”，他们应当辞职，但可以重新参加选举；另一方面，新保有职位者（从上述日期之后）则根本不能出席议会。[①] 刚才提到的《王位继承法》中的那一条款会很好地提醒我们，我们今天的内阁政府体制是现代的；请允许我重复一遍，1700年议会规定，内阁大臣不得出任下院议员。

三、议会召开的频率和任期

现在我们来谈谈议会召开的频率问题。对此不可能一概而论，我们所考察的这一时期的每一届议会都有各自独特的历史。
293 查理一世的第一届议会于1625年5月17日召开，8月12日解散；平民的抗议之声不断，授权征收桶税和磅税的决定并未做出。第二届议会则从1626年2月6日开始直至6月15日解散，没有通过一项制定法，国王与上下两院就后者的特权发生了争执。第三届议会从1628年3月17日持续到6月26日休会，1629年1月20日复会，最终于3月10日解散。《权利请愿书》（*Petition of Right*）即出现于本届议会的第一次会议期间。接下来因情势严峻，11年都没有召开过议会。第四届议会为期很短，从1640年4月13日到5月5日——不到一个月，国王没有得到任何经费。9月24日，查理诉诸了在约克举行的贵族大咨议会——这是这类机构的最后一次集会——但除了要求他召开议会的建议外，国王

① 不过后来的制定法又创制了一些新的职位，但却并未附加这一限制。

一无所获。后来召集了一届议会，并于1640年11月3日召开，遂成为长期议会(Long Parliament)。可以说该议会在法律上存在了20年，在1660年非常议会的一项制定法宣布解散它之前，它从未被合法解散。我们可以快速追溯一下它的历史。它于1640年11月3日召开，并一直平稳延续到1642年8月22日(此时国王在诺丁汉提高了他的要求)，此后又延续了很久。不过在此期间，在战争爆发前夕，长期议会不仅对斯特拉福德处以褫夺公权、将主教逐出上议院、废除了星宫法庭，而且还通过了两项在此与我们特别有关的法律。首先是1641年2月15日，《三年期议会法》(*Triennial Act*, 16 Car. Ⅰ, c. 1)得到了国王的御准。该法规定，议会应每3年举行一届；如果大法官没有签发令状，贵族们将召开会议为平民院议员的选举签发令状；如果贵族没有为此开会，那么各郡郡长和各市市长将负责选举。此外，议会在其会议开始后的50天内不得被解散或休会。爱德华三世时指令议会应每年举行一届(如有必要还可更多)的旧法律并未被取消。[①]但
1641年5月17日他们又强行获得了一项更为重要的让步，国王 294
同意，本届议会非经其自己通过解散自己之法律不得解散，非依其自身制定的法律议会也不得被休会或被推延，上下两院也只能由其自身决定是否推延会期。因此议会认为，只要他们愿意，本届议会就可以持续存在下去。在内战期间议会还继续开会，1649年后议会中没有了贵族。1648年12月7日，已主宰了英格兰的

① Gardiner, *Constitutional Documents of the Puritan Revolution*, 2nd ed., pp. 144—155.

军队强行驱逐（或如其所述“排除”）了占议会大多数的 143 名长老派（Presbyterian party）议员——这就是普莱德大清洗（Pride's purge）。残余的议会（Rump）立即着手筹建审判国王的法庭。这一残余的长期议会持续存在到 1653 年 4 月 20 日，此间他们曾于 1651 年投票表决他们应存续至 1654 年 11 月，但克伦威尔制止了他们的胡扯。

1654 年 7 月 4 日出现了一个微型议会（Little Parliament）或芦柴棒议会（Barebone's parliamert）。该议会由 140 人组成，他们并非由王国民众选举而是由官员组成的委员会提名产生的，它开会至 12 月 12 日，然后自行解散。克伦威尔的第二届议会（如果我们把前述微型议会视作其第一届议会的话）于 1654 年 9 月 3 日召开，它由 400 名选举出来的议员组成。这一选举是依据 1650 年长期议会确立的框架进行的，其中对议会席位进行了重新分配，郡的选举权扩展到了任何拥有价值达 200 英镑动产或不动产的人。1655 年 1 月 22 日，克伦威尔解散了这一议会。他的第三届议会是在 1656 年 9 月 17 日召开的，在这届议会上他被授予了国王的头衔，但他拒绝了。本届议会还组建了一个由克伦威尔提名的人组成的上议院，但接下来就其是否为贵族院的问题陷入了争论。1658 年 2 月 4 日，克伦威尔解散了他的第三届议会；9 月 3 日他死去了。他曾被授权委任一位护国公职位的继任者，看来他已委任了其子理查，尽管并无正式的法律文书。1659 年 1 月 27 日新一届议会召开，但由军事官员组成的委员会无法与之相处；4 月
295 22 日理查遂将之解散。5 月 7 日军事官员们恢复了残余议会（1653 年未被驱逐的长期议会成员）；但他们又被驱逐了，然后又被恢

复——被排除的议员们也回来了。1660年3月16日，该长期议会通过一项法案宣布自行解散，并安排在4月25日召开新一届议会。

这一届议会就是非常议会(Convention Parliament)，有关它的某些情况我们在前文已经谈到过。在国王的恩准下(因查理是五月复辟的)，该议会通过法律宣布解散长期议会，而它本身也于1660年12月29日解散。查理的第二届议会从1661年5月8日持续到1678年12月31日，因此其寿命在17—18年之间。

在此期间它共开会16次，实际上它要比被称为长期议会的那届议会还要长——后者在被克伦威尔打发走之前尚未延续达13年，尽管它又在名义上存在了7年。查理的第三届议会于1679年3月6日召开，5月休会，7月解散。第四届议会于同年的10月17日召开，但直至1680年10月才真正为某些事务而开会议事，并一直持续到1681年1月解散。第五届也是查理的最后一届议会是于1681年3月21日召开的牛津议会，但它只持续了一周就解散了。从1681年3月直至1685年2月他去世，查理都是无议会而治。但我们现在必须回顾一下前面的内容。我们已经看到，长期议会的第一项法律是《三年期议会法》(16 Car. Ⅰ, c. 1, 1641)，该法建立了每3年召集一届议会的机制；如果国王疏于召集，议会即可无召集令而聚集开会。1664年该法因被视为对国王正当权利的侵犯而被废除。取而代之的是这样一项法律(16 Car. Ⅱ, c. 1)：它规定议会的召开和开会最长不能被中断超过3年以上，但如果国王疏于履行其制定法上的召集义务，该法却又并未提供相应的召集机制。可以说，它只是取代而并未废止爱德华三

296 世时期有关每年召集一次议会(如有必要还可更多)的制定法:国王负有至少每3年召集一次议会的制定法上的义务,但如果他疏于履行此义务,议会即无合法聚集开会之途径。正如我们所看到的,20年之后查理二世违反了这一法律,他于1681年3月解散了牛津议会,而在1685年2月他死之前这4年期间并未召集议会。

詹姆士二世只召集过一届议会,该议会于1685年5月19日开会,同年举行过2次会议,后于1685年11月20日休会,此后即再未开会议事,尽管它直到1687年7月才解散。

我们已经谈到过1689年1月22日的非常议会,它成为了威廉和玛丽的首届议会。《权利宣言》(后为《权利法案》所吸收)中的一个条款宣称,为了对侵害予以救济,为了修订、完善和维持法律,议会应当经常召开。不过,1664年的《三年期议会法》仍保持有效。威廉和玛丽的第二届议会于1690年5月20日开幕,共召开六次会议,于1695年秋解散。此间它又通过了另一部《三年期议会法》(必须将其与1641年和1664年的同名法律相区别),时间是1694年(6 and 7 William and Mary, c. 2)。该法并非专门针对议会的中断的——尽管它又重复了以前已成为法律的下述内容:至少每3年应举行一届议会;而是针对长期的议会的:一届议会的任期不得持续超过3年,届时即自然解散。至于本届议会,其终止期为1696年11月1日,但威廉在它快要到期时解散了它。1693年时,威廉曾拒绝了这一法律(这是国王最后几次行使否决权中的一次),但其效力一直持续到1715年《七年期议会法》(*Septennial Act*, 1 Geo. Ⅰ, st. 2, c. 38)的通过。1695年11月威廉召开了他的第三届议会,该议会又分别于1696年和1697

年两次开会；另一届议会1698年召开，1699年和1700年又分别开会；第四届议会的召开是在1701年，当威廉于1702年3月3日去世时本届议会仍然存在。在整个英国历史的进程中，我想只出现过一次在位国王死于议会存续期间的情况，这就是亨利四世。[①]不过已被确立为法律的规则是，国王之死将会使议会自动  297
解散，就像它会剥夺所有因从该国王处接受委任而保有权力的法官和王国官员之权力一样。但在威廉去世前的1696年，议会已通过一项法律来消除这一不合理的后果：当国王于议会存续期间去世时，该议会应继续存在6个月，除非它为新国王所很快解散；如果国王去世时并无议会，那么上一届议会将前来并重新组成议会。这一法律是因威廉驾崩之后王位继承极有可能发生争议而通过的，它只适用于威廉国王这一次，但1707年时这一规则被普遍化了(6 Anne, c. 41, sec. 4)。1867年的一项法律(30 and 31 Vic. c. 102, sec. 51)规定，国王的去世不影响议会的任期。这样有关议会持续存在6个月的规则也被取消了。

此后就没有必要再讨论议会的实际任期了。自光荣革命以来，议会应每年开会的原则已通过非常有效的方式得以落实，这一点我们很快就会谈到。这是我们所正在考察的这一阶段所获得的重大成果之一，对于其他成果，我们会从六个方面进行简短的回顾。

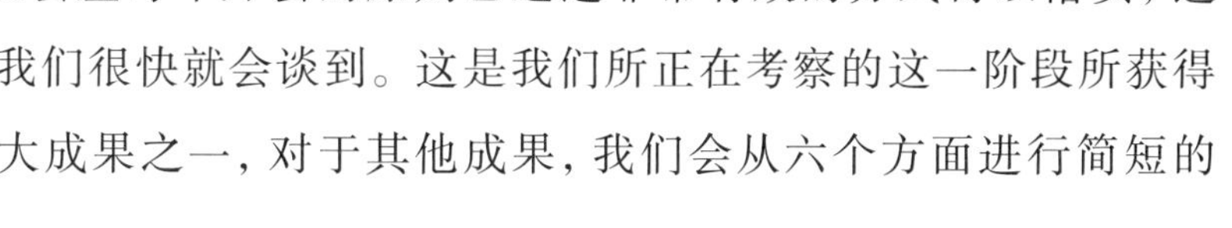

① 亨利八世和詹姆士一世驾崩时议会正好存在。

四、主权问题

在转而考虑政治架构问题时，一个现代法理学观念支配下的学生所可能问的第一个问题便是：主权在哪里？主权归谁？前面我已经谈到过为什么在研习中世纪时不能问这样的问题，以及为什么我们必须理解此处是无法给出答案的。

逐渐地，经过长期不断地斗争，现在这一问题出现了，而不通过流血它是无法解决的。

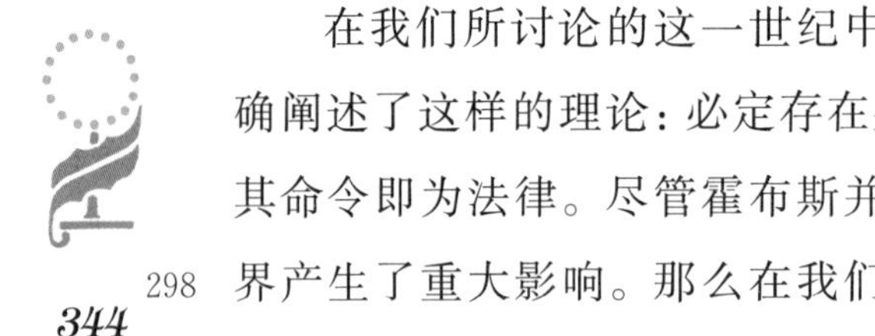

在我们所讨论的这一世纪中期，霍布斯用他强有力的笔调明确阐述了这样的理论：必定存在某些主权者，某一个人或某些人，其命令即为法律。尽管霍布斯并无多少追随者，但该理论却对世
298 界产生了重大影响。那么在我们所考察的这一阶段的开始，我想有三者可对主权提出主张：(1) 国王；(2) 国王加议会；(3) 法律。就历史而言，在我们看来，国王加议会的主张肯定是最有依据的。我们已经看到，都铎王朝实际上的专制主义已以惊人的方式强调了议会的广泛权力：议会无所不能，它可以废除过去教会和国家的双重宪政体制，可以将教会置于国王之下，可以改变王国的宗教信仰，决定王位继承，可以授予国王立法权并在必要时收回。我想伊丽莎白时期的政治家们(有托马斯·史密斯为证)已明确认为，国王加议会绝对至高无上，并在国王和法律之上。但对于国王对主权提出主张这一点仍有许多可说——我想要多于当代著述家们所允许我说的程度，这其中甚至还不包括为君主派所普遍接受的君权神授理论。我们必须把那些在詹姆士一世时期变得流行

起来的理论放到一边，它们与其说属于宪法的范畴还不如说属于政治哲学的范畴。在我们的视野中更应注意到，将主权视为赋予了议会必定是一件非常困难的事。就其组成和存在而言，看看议会是多么依赖于国王的意志就会明白这一点。对于议会，国王是招之即来挥之即去，国王可以随意创设世俗的贵族和主教，他还可以用特许状创设新的自治市以向议会选送代表。说到底，它难道不只是国王权力的喉舌而已吗？国王的确要向议会征询意见，但这难道不只是一种道德上的义务、是一种在良好政策下的专制吗？至于14世纪的旧法律，主权问题是不可能通过诉诸古代文献而解决的。

这一理论的高潮我们可以在造船费一案的判决中找到印记，下面我将引用其中的一些章句。

法官克劳利(Crawley, J.)认为："如果国王是依其王位获得主权并成为王国的主权者的话，那么这项未经议会同意的征税从一
开始就应该是由国王说了算的，并在将来事实上也取决于其后继 299
者。显然，没有这些王权国王就不能成其为国王，议会的制定法也不能成就国王。"

法官贝克莱(Berkley, J.)认为："在建构这个王国的框架时霍尔本先生(Mr. Holborne)设想了这样一种基本的政策，即英格兰的君主在向其臣民随意征收税金时应受到限制，因为除非经过议会的一致同意否则他将一无所获。但在这里霍尔本先生却完全错了。法律并不知晓这种限制国王的政策。法律本身即为国王忠诚的老奴，是他借以统治其臣民的工具和手段。我从未读到也从未听说过法律是国王，相反，最真实和普遍的说法却是国王就是法律。”

法官弗农(Vernon, J.)认为:“国王出于公益目的(如王国的安全与防卫)可以向其臣民征税——尽管有议会制定法的限制,侵犯国王此特权的制定法对国王不具有约束力;如有必要,国王可以不执行任何法律。”

首席法官芬奇(Finch, C. J.)认为:“没有任何议会立法可以阻止王权,如同不能否认普天之下莫非王土一般;也没有法律可以阻止臣民对国王的忠诚,以及他被信赖和授权以保卫其臣民。因此,剥夺国王守卫王国方面权力的议会立法都是无效的,这些无效的法律不能限制国王对其臣民(包括其人身和财产,也包括金钱)发号施令——因为议会的立法不会起什么作用。”[①]

当然这走得有些远。但在我看来,从一个法律家的视角来看,其致命的失误是它走得还不够远。如果那些法官们掌握了现代的主权观念(即刚才提到的霍布斯所提出的观念),说实际上这其中的问题是“谁是主权者”,并大胆地回答:“国王就是主权者,整个王国应习惯于顺从国王(而非国王与议会)——而服从这一事实则建构了臣民与主权者之间的关系。这从长期以来王国民众对国王违背制定法字面含义的默许就可以看得清楚;没有哪一项制定法约束了或能约束国王。不,没有,尽管他可能是昨天才御准的
300 此项法律。简言之,他是一个不折不扣的绝对的专制君主。”如果他们这样说了,就很难在其判决中找到任何逻辑上的漏洞。可以说,法律并不能决定谁是主权者。法官们尽管言辞直白大胆,但

① *State Trials*, 13 Charles Ⅰ, 1673, vol. Ⅲ, pp. 826—1315.

在坚持君权之绝对性方面却缩手缩脚，而这种主张又必定会促使内战更早爆发。他们谈到了“必要的情形”——为守卫王国之必要而征税，他们承认国王不能出于个人目的而随意征税，还谈到了某些确定或不确定的情况，在这些情况下王权的行使都超越了制定法授权的范围。即使是芬奇也承认，“议会的立法可以带走王冠上的鲜花和饰物，但却不能带走王冠本身”。[①]这使得他们越发站不住脚——谁来决定何为王冠的饰物、何为王冠的实质部分呢？这是一种既高于国王也高于议会的宪法观念，它将国王和制定法都限于了一个恰当的范围，但却未给予恰当的表述，而且它使国王和民众都不满意。这是一场主权在国王抑或在国王加议会之间的争执，我们都知道这场争执是通过内战和光荣革命的方式予以解决的。当然，不过，只要詹姆士二世党人还在（的确他们在1745年又幸存了下来），王权（至少是王权的某些部分）高于制定法的理论就会存活下来。詹姆士二世党人在理论上的致命错误在于，他们不能说也没敢说国王绝对高于法律、法律只是国王的命令而已。

我已说过，对于主权还有第三个主张者，这就是法律。如果詹姆士一世时的法律家们曾被迫考虑霍布斯的理论的话，我想他们可能会否认这种主张存在的必要性[*]，因为有某些个人或团体高于法律。就我们的发现而言，这[**]就是那位伟大的、最具代表

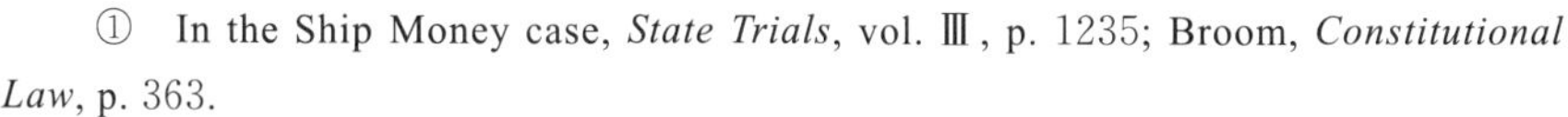

① In the Ship Money case, *State Trials*, vol. Ⅲ, p. 1235; Broom, *Constitutional Law*, p. 363.

* 即法律为主权者。——译者注

** 即法律为主权者。——译者注

性的法律家柯克的立场。通常很难将柯克与某种特定的理论联系在一起，但看来他的确明确主张普通法高于制定法、高于君主特权——他为国王和议会安排了一个位置，并将他们置于其中。柯
301 克明确主张，法官可以因制定法或违背理性和自然法或因侵犯君主特权而被认定无效。[①] 为此他举出了一些先例，一些制定法被认定无效的案件。但我并不认为这些案件就能证明柯克是对的，我也不认为中世纪的法官们就已经认为他们有以违背自然法为由而质疑制定法效力的自由。至于君主特权，柯克引用的案例多少还有些说服力；如前文所述，法院有权决定某一制定法不是法律，我将此认为是詹姆士时期法律家们的理论。如果这一理论当时已被普遍接受，那么法官们将会成为王国最终的立法者——他们可以通过宣布法律而制定法律，据此他们甚至可以反对制定法。他们并未明确主张自己享有立法权，他们甚至不认为这是他们的主张；他们只是声称要宣布：法律、普通法、自然法（如我们所见，这是旧的理论）有其自己的存在，并独立于人的意志甚至可能是上帝的意志之外。摆在这一理论面前的困难是，法官们无法用任何合理、精确的术语来对制定法权力做出限定。制定法可以带走王冠上的鲜花和饰物，但却带不走王冠本身。这样的用语太过模糊，以致不能成为一种宪法理论；回顾一下14—16世纪的制定法汇编，的确发现没有什么事情是议会所没有干涉过的。我们中世纪议会活跃的立法活动，已使得任何法律高于国王、高于国王和议会的理论成为了一种不切实际的原理。这种理论很快就

① 8 *Rep*. 118.

消失了；时间在一年一年地过去，各种事件都表明这场关于主权的斗争只存在于国王和国王加议会之间。布莱克斯通那里还残留有一点这种理论的可怜的遗迹——他好像认为，如果制定法与自然法相抵触，法官可认定其无效。但在他那个时代，这已成为了一种不具有实践意义的纯理论性的信条，我们完全可以说，它是被边沁所彻底摧毁的。不过我们还是要记住，柯克是坚持这一信条的。

五、立　　法 302

因此，我们可以把17世纪视为将英格兰主权最终确定归于国王和议会的时代。但我们必须更为仔细地来观察这一过程：我们将从国王曾主张过的条例发布权(ordaining)、特许或特免权(dispensing)和中止执行法规权(suspending)开始。我们已经看到，在詹姆士一世时期，并不敌视国王特权的法官们已经认为国王的敕令或诰示只具有极其有限的效力：它不能创设新的犯罪，而只能简单地用作对某项法律的公开宣示，告诉大家政府将要执行该法律了。在这一点上，由法官所宣示的普通法是反对国王的。但实际上，只要星宫法庭存在，有关此问题的最终发言权就不在法官：该法庭将而且也的确执行了国王发布的这些诰示。查理一世所发布诰示的数量远远超过了其父亲。诰示可以确定商品的价格；可以推倒房屋、关闭商店——仅仅是为了使新建的圣保罗大教堂看起来更漂亮；王国内所有拥有房屋者都被指令离开伦敦。1641年7月5日通过了废除星宫法庭的法律，执行国王诰示的

权力也随之衰落。有人在后来的法律文献中发现，依据詹姆士一世时法官的观念，某种犯罪可因违反国王诰示而被加重处罚。这一原理即使在我们今天看来也是被认可的：通过有罪判决的法官会考虑如下事实，即该项犯罪、暴动或非法集会曾被国王公开宣布为犯罪。但显然，签发这种诰示的权力在今天已不再是最重要的了。

至于特免权和中止法规权，我可以推荐你们参看威廉·安森爵士（Sir William Anson）的著作。[①]从理论上说，这两种权力是截然不同的。我们的法律可以授权国王为了某些他钦定之个人
303 的利益而摒弃适用某些制定法，然而也可以否定他中止执行某项法律的权力，这样一般人就认为这项权力是不存在的。对更大权力的主张看来是从对较小权力的主张过程中成长起来的，光荣革命时期通过《权利法案》确立的理论是：一方面，中止法规权从未合法存在过；另一方面，国王已合法享有了某种确定的或者也许应该说是不确定的特免权。即使是对于最为坚定的议会主权论者，要否定特免权曾存在也是极端困难的，尽管从法律上对其进行限定还存在极大的不确定性。从很早时候起，国王就开始自行对某些人实行特免。从理论上来说，这一权力与赦免权（power of pardoning）密切相关，后者直到今天仍被授予国王享有。我们当然要随时在这二者之间进行区别——赦免牵涉到的是已完成之事，而特免针对的则是将来，是将为之事。直至今天，女王仍有权经其检察总长通过登录撤销诉因（*nolle prosequi*）而终止刑事控

① *Law and Custom of the Constitution*, Part Ⅰ, Parliament, 3rd ed., pp. 311—319.

诉。从法律理论上来看，每一起公诉都是由女王进行的程序，如果女王拒绝控诉，那么该控诉就会结束。我们还应该记住，中世纪的许多制定法都将罚金和没收财产作为对未达到重罪程度之犯罪的惩罚，而国王则会从这些惩罚措施中受益。同样应当记住的还有，讲国王公共职能与他个人职权、国王个人与国王这一职位之间的区别是非常现代的观念，这对于中世纪是非常陌生的。王室的收入与整个王国的收入完全重合；当时并无王国或国家之土地一说，作为公职之国王的土地就是国王个人的土地，而无论是基于什么权利或因为什么原因成为这样的。如果我们记住了这些事情，那么国王会对某些刑事惩罚性的制定法行使特免权也就不足为怪了。如果有人违反了该制定法，受到伤害的是谁？是国王，因此要由他来提起控诉，罚金及其他惩罚性收益也要归他所有。难道我们不能说，“以暴易暴并不能抚慰伤害（*Volenti non fit injuria*）”？如果国王选择事前说他不认为自己受到了伤害，他也不会实施制定法授权给他的那些刑罚，那么这其中又有什么损害呢？因此，在17世纪之前，这种特免实施某些制定法的权力看来几乎没有引起什么抗议。就我所知，那一世纪的法律家没有人 304
怀疑过其存在，《权利法案》也承认在某些情况下其行使是合法的。这其中已经划出了某种界线。比如，当时一种非常普遍的理论认为，尽管该权力可扩及法定犯（*mala quia prohibita*），但却不能扩及自然犯（*mala in se*）。[①] 国王可以允许他人做如果无此制定法即不会被认为是违法之事，但他不能允许别人做即使没有禁令

① Coke, *Case of Proclamations*, Ⅻ, Report 76.

仍会被认为是邪恶之事；国王可以对某些人特免适用如禁止保有死手地产（holding of land in mortmain）的制定法，但不能特免适用对盗窃、谋杀处以刑罚的法律。我们还在柯克那里发现了这样的理论：国王通常可以特免适用侵犯国王特权的制定法，是的，尽管该制定法本身宣布了对其的特免将是非法的。柯克不止一次地重复过该理论，显然其意指国王特权高于制定法。他说，以前曾有制定法规定，同一个人任郡长不得超过1年，并规定对此相反的特免无效，但亨利七世时决定国王可以特免适用此法。国王依据其特权有权委任某臣下担任郡长或其他官职为其提供服务，制定法不能剥夺其权利。柯克所引用的年鉴的相关内容在我看来并不能证实其结论，但这就是他的理论。[①] 尽管出售特免权早已使民众牢骚满腹，但我们也只是在詹姆士二世时才听到了众多针对特免权的反对之声。詹姆士看来是将之用于了一个确定的目的，即实际上废除那些将天主教信徒排除在政府公职之外的制定法；在这一点上他获得了法庭的支持。毫无疑问，他对这些法律特免的成功使他开始向往以一种直接的方式中止法律的执行。我们可以从理论上为他所主张的这两种权利划定界限：特免适用于特定的个人，而中止法律执行则会使所有人都不适用该法，因而具有普遍性；尽管，当然，特免权也可以被滥用并在实质上导致中止法律执行的结
305 果。《权利法案》充分彻底地谴责了中止法律执行的权力，但对特免权的谴责是有限度的。“一直以来所主张和近来所行使的、所谓的特免适用法律的权力，或由国王执行法律的权力，是非法的。”

① Coke, *Case of Non Obstante*, XII, Report 18.

要宣布每一次特免权的行使均为非法将会走得太远，毕竟，许多私权利的获得都来源于这种特免权。但当时并未试图确定什么特免属于非法，其所用语词我刚才已经读到。至于将来，它宣布不再允许以预先排除（*non obstante*）* 方式来特免适用制定法，“但制定法本身允许的特免除外，另外，本届议会本次会议通过法案所特别规定的情形也除外”。至少有些贵族力图刻意通过法律限定何种情形下的特免为有效，但这种意图落空了，因此有关当时议会通过法案的条款就从未生效。这是有关特免权的最终情况。

至于中止法律执行的权力，七主教案（case of the seven bishops）可谓是一个重要的案件。问题提交法庭纯属偶然。詹姆士二世曾签发信教自由令（declaration of indulgence），他运用国王特权（如该文件所示）宣布，他的意思是要使所有涉及宗教事务的刑事法律中止执行。教士们被要求在教堂中朗读该项诰示；主教们提出了请愿，其请愿被视为“诽谤政府”（seditious libel）并因此而受到审判。为此诰示所提供的一个先例是查理二世在1672年所颁布的一则非常类似的诰示，也是一项中止执行刑事法律的信教自由令。但当时平民院提出了抗议，查理被迫承认其诰示为非法。因此该先例远非为国王呐喊助威，而如果詹姆士步其

* *Non obstante*，旧时文件用语，表示预先排除任何同已宣称之目的或意图相反的解释。在英格兰古法中则常见于国王颁布的法令及签发的特许状（letters patent）中，表示准许某人做某事，尽管议会法律有相反的规定。这一做法始于约1250年，其后经常用来准许教会法人在违背《永久管业法》（*Statute of Mortmain*）的情况下保有土地，直到国王詹姆士二世最后一次采用这一做法来违背1672年《宣誓法》（*Test Act*）——该事件成为导致1688年革命的因素之一。此后《权利法案》废除了这一做法。参见《元照英美法词典》，法律出版社2003年版，第975页。——译者注

兄之后尘则只能使其变为更糟糕的先例。在该案审理过程中，检察官充分利用了这一很糟糕的先例，但它实在是太糟糕了。有两
306 名法官指示陪审团支持国王，两名法官指示支持主教。前两者除了说法律源出于国王因此他可以随心所欲外看来并无新的说辞；正如我们后来都知道的，主教们被确认无罪。法庭上所出示的唯一的过去的文献来自于理查二世统治时期，在我看来该文献非常清楚地表明，即使理查自己也不相信他会拥有像詹姆士现在所主张的那样大的权力。[①] 当时的平民院对国王表达了极大的信任，他们宣布国王在贵族院同意后可以对新近通过的《空缺圣职继任者法》(*Statute of Provisors*)做出容忍，在下一届议会召开之前这对他来说应该是合理的，但平民院将有在下届议会对此容忍表示反对的自由。他们抗议说这种同意以前没有过，不能强行产生其相应的结果，并请求将此抗议记入议会卷宗。但实际上，除了将此诰示视为公开和坚决推翻前述法律之企图外，你几乎不能再把它看成别的。《权利法案》在处理中止法律执行权时采取了一种非常概括的方式。“所谓的中止法律执行权或由国王执行法律的权力，如果未经议会同意即为非法。”这也被认为是詹姆士国王力图颠覆和根除新教及其王国之法律和民众所享有之自由所使用的一种方法：即“通过假定并行使特免适用和中止执行法律的权力，及未经议会同意而执行法律，也通过拘押和指控许多有声望的高级教士——而他们只不过是谦卑地请求不要让他们对前述权力表示赞同”。

① *State Trials*, Ⅻ, 375. For the precedent, *Rot. Parl.* 15 Ric. Ⅱ. See also Broom, *Constitutional Law*, 2nd ed., pp. 406—506.

六、征税及对财政的控制

在我们所讨论的这一阶段开始时，国王刚刚在财政领域取得了巨大胜利。财税法庭在贝特案［或苛税案］(impositions)中决定，国王可以设定进口税。即使柯克也认为国王可以这样做，如果其目的不只是为了增加收入，而是为了王国利益的话；国王可以禁止进口，因此他更有权利(*a fortiori*)对之征税。议会对此提 307
出了抗议，随着它对中世纪文件档案更深入地挖掘，其抗议亦愈演愈烈。然而各种货物仍被设定并征收了税赋。当查理一世的第一届议会召开时，平民院拒绝授予其终身征收桶税和磅税的权力，而这在亨利五世以来便已属常规税收了；他们只授予国王一年这样的权力，但贵族院不准备通过一项如此严格的授权法案。国王解散了议会，并在议会未予批准的情况下继续征收桶税和磅税及其他税收。查理在他的第二届议会上也一无所获；本届议会意在对白金汉公爵提出弹劾，而国王则要挽救他。间接税无法满足国王的需要，他诉诸了强制借贷，借贷的人和数额都是指定的。咨议会将五名拒绝出钱的骑士达内尔(Darnel)、科贝特(Corbet)、厄尔(Earl)、何温宁姆(Heveningham)和汉普登(Hampden)送入了监狱，后者请求签发人身保护令，但却无法获释；我们将在另一标题下探讨他们这一以达内尔案著称的案件。

1628年3月，查理又不得不面临他的第三届议会。6月7日他批准了《权利请愿书》(*Petition of Right*)，这使之转化成了制定法。其四个要点中的头一个在这里与我们有关。它列举了1350

年反对强制借贷的《未经同意不得征税法》(*Statutum de Tallagio non Concedendo*)和理查三世时反对恩税的法律；接下来，它又列举了民众借以被要求出借金钱并在拒绝这样做时被囚禁的授权状。它请求今后未经议会的一致同意，民众不得被强迫进行任何捐赠、借贷、施恩、交税或承担类似负担。这一请求得到了国王的认可。

如果说这是在反对任何我们可称之为直接税的东西的话，那么这些用语已足够清晰；但要是说它们意在攻击关税(通常被视为国王未经议会同意而征收的苛税)的话，这些话却一点也不
308 清楚。[1]我们必须记住，财税法庭曾宣布这些税收为合法。事实上，国王在继续征收这些苛税——有人拒绝交纳并因此而被囚禁，比如钱伯斯(Chambers)。但在没有议会的那一段很长的时间(1629—1640年)里，国王又诉诸了一种新的敛财的方式。1634年，他要求各海港和沿海各郡为其提供船只；很快他又开始征收造船费(shipmoney)——用于购买设备组装船只而征收的税，甚至也向内地各郡征收此税。汉普登(Hampden)拒绝交纳。他的案件由财政署内室法庭(Exchequer-Chamber)全体12名法官负责听审，[2]其中有5名法官支持他，而另7名法官站到了他的对立面；

① Gardiner, *History of England*, vol. Ⅵ, pp. 326—329; G. W. Prothero in *Eng. Hist. Rev.* Ⅵ, pp. 394—395 (April, 1891).

② 有两个财政署内室法庭，一个依31 Ed. Ⅲ, st. Ⅰ, c. 12而创建，负责听审来自于财税法庭的上诉；另一个依27 Eliz. c. 8而创建，负责来自于王座法庭的上诉案件。1830年，这两个法庭依11 Geo. Ⅳ, 1 Will. Ⅳ, c. 70, §8而合并。财政署内室法庭的管辖权最终于1873年转给了上诉法院(36, 37 Vict. c. 66, §18)。参见W. S. Holdsworth, *History of English Law*, vol. Ⅰ, pp. 108—110, 413。

但这其中有两人只是采取了一种技术性的立场，只有两名法官库克(Cooke)和胡顿(Hutton)是坚决反对国王。既然有一些过去的先例可强行用于支持其案件，那它就几乎不能被否定；不必说《恩准宪章》(*Confirmatio Cartarum*)和《不得征税法》(*De Tallagio*)这些刚被议会视为制定法的东西，我们还有新近的《权利请愿书》。无论关税怎么说，这种造船费显然是一种税收。大多数法官都不会去质疑这些制定法的可适用性——他们退而求助于国王特权高于制定法的理论。我已从其判决书中引用了某些段落：实际上他们是说国王是主权者，其命令即为法律。长期议会通过了一项法律宣布该判决无效，并于1641年8月7日得到了国王的御准。它宣布征收造船费的令状为非法，并谴责了那种从法官处获取非常规司法意见的做法——而这在汉普登案件中即被用到了。同时，议会最终还是授予了国王征收桶税和磅税的权利，国王在批准此项授予时也宣布，他正在放弃一项曾被其先辈认为属于他们的权利。该法律还宣布，未经议会同意而征收桶税和磅税为非法。同时议会还采取措施取消强迫民众接受骑士身份或支付罚金的做法——这是由查理所恢复的其先辈的做法，对此议会只能称 309
之为无用和不合情理，但却几乎不能称之为非法；也采取了制止恢复古代狩猎权的措施，而这些权利最近也在被不合理地滥用。

因此从总体上来说，在内战爆发之前，议会通过制定法赢得了在税收问题上的胜利，但也就是这个意义上的胜利。查理二世无须未经议会同意而征税：议会慷慨地供应着一切，但授予他的税赋随他一道死去了。从詹姆士二世登基到他召开议会的这一段时间里，他继续未经议会授权而征收这些税赋。这一段时间只有

2个月，不过他的议会已经准备宽恕他的所作所为了。但当光荣革命来临时，这被《权利宣言》和《权利法案》列为了其众多非法行为中的一种——他以特权为名在超出议会授权的时间和以议会并未批准的方式聚敛钱财；它宣称，“以所谓的特权为名，未经议会授权，超越时间期限，或以已批准或将批准之方式以外的其他方式为国王征收钱财的行为均属非法”。可以说，这是在这一问题上的最后说法——英国史上的一段重要篇章已被终结了。

但争论也一直在围绕另一个问题而展开。议会一直在主张对于王国收入如何开销的控制权。我们必须记住，在整个中世纪国王的收入实际上就是他个人的东西，议会只是偶尔试图要求国王应怎样处分这些收入。但有时(尤其是在亨利四世时)，议会曾强迫国王提交账目。在都铎王朝时期，议会几乎不敢干涉这些事务，但1624年却为这些政府开支的分配确定了一个先例：由议会批准的款项将存入由议会提名的财务专员手中，这也将适用于对巴拉丁地区划拨的资助。类似做法在1641年得到依循，但这可能

310 被算作了革命行动。在革命动荡的年代，人们对于由议会的专门委员会来掌管王国财政变得熟悉起来。1665年，议会即将为对荷兰的战争批准一笔很大的费用，法案中引入了这样的条款：此次征税的目的仅仅是为了此次战争，所征税收也仅用于本次战争。这一先例在查理二世时的某些(而不是所有)场合得到了遵循，但未被詹姆士二世时的议会所遵循。光荣革命之后它被一成不变地遵循了下来：征税所得收入将被用于这样或那样的目的，法案中插入的一个条款禁止财务大臣将这些钱用于它所指定的目的之外的其他目的。在威廉统治结束之前，议会为国王划拨了一定的

专用年费，从此我们开始有了一个后来被称为“王室年费”（civil list）的东西；剩下的王国收入将由议会投票决定用于何种目的，用于海军这么多，用于陆军那么多。早在查理二世时形势就已变得很明朗了，这种开支分配将不再是空洞的方案；对于分配条款的违背将面临丹比被弹劾时所遇到的指控。丹比后来因国王赦免而未受惩罚——这很快也会为我们所谈到。我们也将看到，这种对于政府开支的分配是如何在事实上导致了议会必须每年都开会的。

同时平民院还宣称，不仅财政法案必须首先由他们提出，而且贵族院还不能进行修改。看来我们无法将这种主张追溯到复辟之前，但我们又的确在1661年和1671年听说过它。贵族院虽不情愿但却逐渐在此事务上做出了让步，不过就其细节问题两院长期以来一直都存在边界性冲突。我们很难为平民院所主张的这种特权找到任何原则作为基础。在威廉统治结束之前，平民院开始发现这是一种制约贵族院的强大武器。1701年，为了迫使贵族院通过一项旨在取消威廉从被没收的爱尔兰土地中所做封赠的法案，平民院在其中附加了一项内容是授予土地税的财政法案。也就是说他们提出了一项涉及这两项事务的法案，并坚持说这是一项财政法案，因此贵族院不能修改，而只能简单地接受或拒绝。 311
于是陷入两难的贵族院只好通过了该法案，因为他们不能将国王置于无钱可花的境地。[①]这样就实际权力而言，在上下两院中平民院便取得了更优先的位置。

① Macaulay, *History of England*, c. xxv.

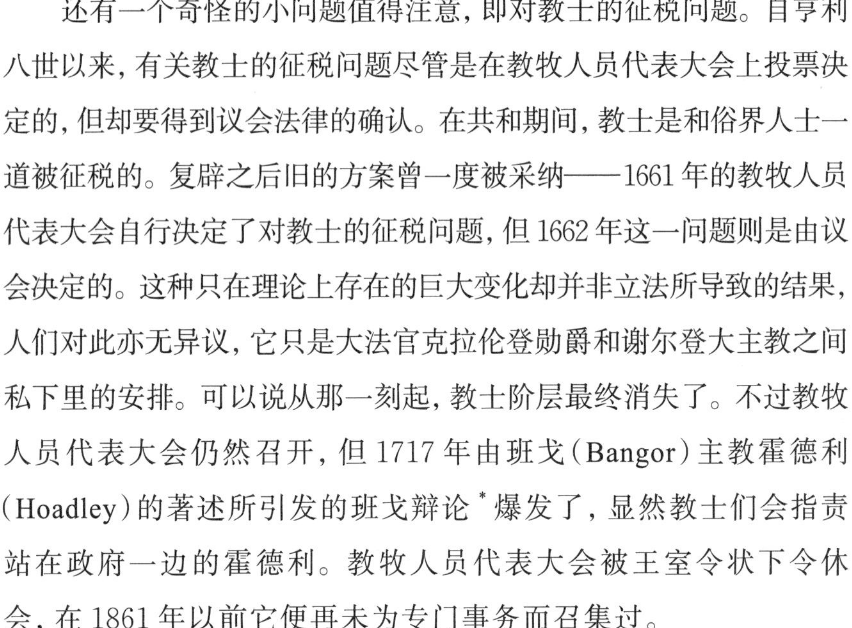

还有一个奇怪的小问题值得注意，即对教士的征税问题。自亨利八世以来，有关教士的征税问题尽管是在教牧人员代表大会上投票决定的，但却要得到议会法律的确认。在共和期间，教士是和俗界人士一道被征税的。复辟之后旧的方案曾一度被采纳——1661年的教牧人员代表大会自行决定了对教士的征税问题，但1662年这一问题则是由议会决定的。这种只在理论上存在的巨大变化却并非立法所导致的结果，人们对此亦无异议，它只是大法官克拉伦登勋爵和谢尔登大主教之间私下里的安排。可以说从那一刻起，教士阶层最终消失了。不过教牧人员代表大会仍然召开，但1717年由班戈(Bangor)主教霍德利(Hoadley)的著述所引发的班戈辩论*爆发了，显然教士们会指责站在政府一边的霍德利。教牧人员代表大会被王室令状下令休会，在1861年以前它便再未为专门事务而召集过。

七、司　　法

在这一部分，我们必须注意的一件最重要的事是星宫法庭的废除。这是由长期议会的一项法律所实现的，国王御准此法律是在1641年7月5日。[①]长久以来，如下理论在不断地成长：星宫法庭权威的唯一来源是亨利七世时的一项法律，其所有超越该法授权范围的行为均属非法。这一理论为废除该法庭的上述制定法

---

* 指于1717年3月31日因班戈城主教霍德利的道理所引起的辩论。他以若望/约翰福音十八36耶稣说："我的国不属于这世界"，而推论出在现世的教会中，没有任何制度上的权威；引起很大的纷争。参见《基督宗教外语汉语神学词典》。——译者注

① Gardiner, *Constitutional Documents*, pp. 179—186.

所采纳，它废除了那个通常被称为星宫法庭的机构，禁止咨议会干涉民事诉讼，还剥夺了边境委员会（Council of the Marches）和北方委员会（Council of the North）的司法管辖权，并宣布任何法庭都不应行使与星宫法庭所曾行使过的司法权同样或类似的司法权。同一天通过的另一项法律废除了高等教务委任法庭（Court of 312
High Commission），并宣布今后不得再组建类似的法庭。在剥夺所有的教会司法管辖权方面，该法使用了一些很大的词。在共和期间，主教建制消失了。在复辟之后的1661年，议会通过一项法律解释说，过去的教会法院将保留其原来的权力。这意味着除有关高等教务委任法庭的事项之外，上述1641年的那项法律被取消了。尽管1661年的议会很忠诚，但这并不意味着它要恢复星宫法庭或高等教务委任法庭。然而1686年时，詹姆士二世不顾这些制定法的规定而将对教会的管理交给了7名专员，并赋予他们对教士处以中止、剥夺圣职和革除教籍的大权。他这种行为的目的几乎无须掩饰，那就是在王国的教会中强制推行罗马天主教。《权利宣言》和《权利法案》将此列为其罪状之一：签发盖有国玺的委任状以组建处理宗教案件的专门法庭——这是“非法和有害的”。

衡平法院尽管从未受欢迎过，甚至有时被认为是违反宪法的，却逃过了此劫。芦柴棒议会（Barebones’ Parliament）力图取消它，即使是克伦威尔也发现，衡平法院的法律家们对他来说很难对付。[①] 复辟之后，衡平法院开始了其历史的新篇章。诺丁汉勋爵赫尼奇·芬奇（Heneage Finch）1675年成为了大法官，他被称为

① 有关共和时期对法律进行改革的设想，请参见 F. A. Inderwick, *The Interregnum*, pp. 152—248。

英国的衡平法之父。从此，衡平法成为了一套发展迅速的原则体系和补充性的判例法体系——提供额外的救济并强制实施额外的义务，而且这个判例法体系也报告并尊重自己的先例。

接下来我们要注意的是法官们已获得了独立。在整个斯图亚特王朝时期，法官们会因顶撞国王而被解职——他们经常只是国王卑躬屈膝的应声虫。一直以来，他们保有其职位也完全要看国
313 王的脸色（*durante beneplacito*, during the king's good pleasure）。但这一问题在复辟后马上就被提了出来，威廉的法官在其任期内只要行为检点（*quamdiu se bene gesserint*, during good behaviour）即会被继续任命。但力图将此转变为法律问题的一项议案却未获威廉的御准，不过这一点在《王位继承法》（12 and 13, Will. Ⅲ, c. 2）中得到了实现。汉诺威家族一登上王位，法官的委任就将取决于其行为检点与否（*quamdiu se bene gesserint*），其薪水也将被固定，但他们会因议会两院的呈文（address）而被解职。这意味着，除被确认有罪或因议会两院呈文，法官不得被解职。

另一个重要的问题是羁押入狱的权力和人身保护令的使用。第一个问题是，无论是国王自己还是国王通过咨议会将某人羁押入狱，是否构成对人身保护令的充分回呈事由：他是依王命而被羁押的？我们已经看到，伊丽莎白时期的法官们给出了一个非常模糊（可能是有意模糊）的答案。[①] 这一问题由查理一世在其第二和第三届议会之间的间歇期提出：达内尔（Darnel）、科贝特（Corbet）、厄尔（Earl）、何温宁姆（Heveningham）和汉普登

① 参见本书（边码）第274—275页。

（Hampden）5位骑士，因拒绝支付被强行征收的所谓的“借款”而
被羁押入狱。他们获得了人身保护令，但典狱官的回呈是他们是
依国王的特别命令而被羁押的，并有咨议会的令状为证。达内尔
的律师几乎没有争辩说他的当事人应无罪获释，但的确争辩说他
应被保释而获自由；他还举出了大量先例以表明法院曾多次保释
过得到类似回呈的在押犯。法官们拒绝保释这5个人，而是将他
们送回了监狱。我想他们这么做一定是认为这些先例（甚至是近
代的先例）对5位骑士不利；但过去实践中的做法很难说是一致
的，我想我们还无法说该判决明显不公平。这也是《权利请愿书》
所涉及的第二个要点。它重述了大宪章中有关不得非法剥夺臣民
自由的那一著名条款*，又叙述了达内尔案中所发生的一切，然后 314
请求“在前述情形下任何自由人都不得被囚禁或拘押”，并请求国
王恩准。对此，国王同意了。1629年3月2日，下议院发生了混
乱的一幕。议长得到国王的命令要休会，埃利奥特（Eliot）则想宣
读一份反对国王未经议会批准即征收桶税和磅税的抗议书。议长
被按在其座位上不得起身。3月10日，国王解散了议会；几天后
他逮捕了一些参与制造混乱的人，有埃利奥特、霍利斯（Holles）、
塞尔登（Selden）、隆（Long）和斯特罗德（Strode）。这些人请求法
院签发人身保护令，这一次的回呈提到了他们被逮捕的理由——
公然藐视王权和煽动引起骚乱。这并非重罪或叛逆的指控，法官
们看来并不怀疑他们应被保释。不过法官们见风使舵，下令他们

* 应为1215年宪章的第39条，即“凡自由民，非经与其地位同等者的裁判或依王国之法律或习俗合法判决，不得被扣留、监禁、没收财产、逐于法外或放逐，也不得占有其土地或逮捕之”。——译者注

不仅要为目前所受指控提供保证，而且要保证将来行为不出差错，并为此提供担保。这遭到了被羁押者们的拒绝。后来，除其中3人外国王将其他人都予以释放。埃利奥特因其在下院大放厥词而在王座法庭被检察官提起指控，霍利斯和瓦伦丁(Valentine)则被指控聚众闹事和攻击议长。有关这一案件的更多情况，我们将会在议会特权部分做进一步讨论。

1641年撤销星宫法庭的那项法律，并未剥夺咨议会将嫌犯羁押入狱的权力。该法剥夺了它听审刑事案件的司法管辖权，但却保留了其羁押嫌犯入狱以保证其在普通法院接受审判的权力，而该权力为每一位治安法官所享有。不过该法也规定，每一位因此而被羁押者都有权获得人身保护令，并制定了一些严格的规范以强制要求法庭迅速决定嫌犯是否可被保释。

因此可以说，到复辟之时，有关这方面法律的一般原则已经确定而且无须修订补充，但有情况显示它们是可以被规避的。1670—1679年间，下议院力图通过一项有关该问题的新法律。1679年通过了著名的《人身保护令法》(*Habeas Corpus Act*, 31 Car. Ⅱ, c. 2)。如果只是作简
315 单讲述的话，我还没有发现哪一个主题会比这个更难，因为它全部是由细节构成。但粗略来说，结果是这样：除非羁押令明确其所犯罪行是叛逆或重罪，否则任何人因任何其他罪行而被羁押都可获得人身保护令；无论是休假还是在开庭期，他都应获得；他所申请的大法官或任何法官都必须为他签发，否则会因失职而被处罚金500镑；典狱官必须在极短时间内做出回呈，否则将招致刑罚；任何人都不应被送往王国之外的监狱关押，违反者将以侵犯王权罪(*praemunire*)处刑，且不能被赦免；因叛逆或重罪而被羁押者有权要求迅速审判；法官和典狱官

违反此法而受到的重罚将交于权利被侵犯者，后者可将其作为债务要求他们偿还——这种制度安排使得国王无法保护或赦免其臣下，因为即使是国王也无权赦免他人欠其臣民的债务。有关进一步的细节，我推荐你去看兰米德（Langmead）或哈兰（Hallam）的著述，或者最好是直接看该法本身。[①]

《权利宣言》和《权利法案》中针对詹姆士二世提出的一项指控是，他对刑事案件中被羁押入狱者索取的保释金过多，这抵消了法律为民众自由所带来的好处；它宣称不应收取过多的保释金。这是一个多少有些模糊的问题，但却没有更为明确的规定。关于什么犯罪可以保释什么不可以主要还规定在1275年的《威斯敏斯特法Ⅰ》中。作为一般规则，因轻罪而被羁押者有权被保释，但在17、18世纪却对此产生了许多例外。

我们还必须将下述原则的建立也归于这一时期：陪审员不能因错误裁断或裁断有悖法官指示而被处罚金、监禁或其他处罚。旧的调查小陪审团裁断是否虚假的程序仍然存在，并在名义
上一直存在到1825年才被废除，但实际上早已被废弃不用。针 316
对陪审团的相反裁断（perverse verdicts），主审法官已开始自行采用罚金或监禁的简易方式来处置陪审员。显然这一做法开始于16世纪。1670年，皇家民事法庭在布什尔案（Bushell）中决定这种做法是违法的，并将被刑事听审巡回法官关押在老贝里（Old Bailey）的陪审员予以释放。我们必须记住，星宫法庭的废除实际上是废除了一个经常因相反裁断而惩罚陪审员的法庭。可以说在

---

① Printed in Stubbs' *Select Charters*, pp. 517—523.

我们所讨论的这一个阶段末尾，做出相反裁断或有悖法官指示进行裁断的陪审员不能再被处以刑罚的原则已完全确立——尽管旧的在 24 人大陪审团面前对小陪审团裁断是否虚假进行调查的程序在名义上仍然存在（但该程序看来从未在刑事诉讼中适用过）。那种徇私舞弊的裁断当然将是另一码事，为此陪审员可能会受到正式的指控和审判。

此间，我们司法架构中的其他一些关键问题也得以确定下来。贵族院成功地确立了听审来自衡平法院之上诉的权利，但却未能成为初审的民事法庭。我们已经看到贵族院作为纠错法庭的职能是如何在中世纪末停止的，又是如何在詹姆士一世时得以恢复的。在查理一世统治时期，贵族院进一步强行提出了新的主张，平民院几乎没有什么反抗。这样，它不仅可以受理来自衡平法院的上诉，而且还可以行使不涉及特权（privilege）问题的初审民事、刑事司法管辖权。重组过去宪政架构的时机在复辟时来临了，这一部分的架构问题处于某种不确定的状态，并在 1661 年引发了议会（查理二世的长期议会）两院的激烈争论。其结果我已经说过了。在斯金纳诉东印度公司（*Skinner v. The East India Company*）一案中，贵族院力图行使民事案件的初审管辖权。上下两院都竭尽全力，1670 年国王进行了干预，劝两院都撤回其所有的程序，本案的胜利果实落入了平民院之手——贵族院平静地
317 放弃了它对民事案件初审管辖权的主张。1675 年，两院在舍利诉法格（*Shirley v. Fagg*）一案中又陷入争吵；在这一案件中贵族院已开始自行听审来自衡平法院的上诉案。经过长时间的争论，平民院在此案中悄悄做出了让步，贵族院在这一点上确立了它们的

地位。事实的真相可能在于，平民院为自己的论证吓住了。他们从历史上进行的调查显示，贵族院对于来自衡平法院上诉案件内在管辖权的主张属于一种全新的主张，但该调查却只能使得如下过去的理论更为清晰：国王是所有司法管辖权的唯一来源。他们并不想提升国王的权力，便识趣地撤退了，但并未承认自己错了。于是贵族院为其司法权又获得了一块新的领地——现在它可以受理来自衡平法院的上诉案件。作为议会司法权的储存所，它还可以对普通法法庭适用法律的错误予以纠正，它还可以对被犯叛逆罪或重罪的贵族进行审判，最后它还是审理弹劾案件的法庭。

这是一个弹劾的时代。不要认为弹劾只是一个普通的事件；在全部英国的历史上我想还不到70件弹劾案，其中有整整1/4就发生在1640—1642年。因此，几乎每一个案件都会提出一些新的问题。其中最重要的可能如下：(1)平民院议员能因重罪或叛逆而被弹劾吗？贵族院在1681年的菲茨哈里斯(*Fitzharris*)案中裁决为不能——在每一起可能判处死刑的案件(capital case)中，他都有权接受陪审团的审判。平民院表决说，这是对议会基本组织制度的违反。菲茨哈里斯是以常规方式在王座法庭面前被控犯有叛逆罪的，并被处以了绞刑。不过1689年，贵族院在亚当·布莱尔爵士和其他平民议员因叛逆而被弹劾的案件中决定启动弹劾程序。的确，在查理一世统治时期，他们从未反对过审判因叛逆而被弹劾的平民议员。自1689年以来这一问题从未被提出过，尽管它经常被讨论。我相信，权威的说法是倾向于反对对被控叛逆和重罪的平民议员提出弹劾的。斯蒂芬爵士(Sir J. F. Stephen)

的结论是，平民议员不能因叛逆或重罪而被弹劾，但就叛逆而言
318 可能存在一些疑问。[①](2)在瓦伦·黑斯廷斯(*Warren Hastings*)一案中最终决定，无论是议会的休会还是解散都不能使弹劾案终止。关于这一点，贵族院在查理二世时产生了自相矛盾的结论：在1679年的丹比案中它认为，议会的解散不能终止弹劾案，而到了1685年它又推翻并取消了这一决定。这一问题通常都是由党派投票决定的。(3)丹比案提出了这样一个重要问题：国王的宽恕能否阻止弹劾？这个问题提出来了，但却未得到解决，因为该弹劾被放弃了。《王位继承法》规定，在弹劾案中不能将国王的宽恕用作进行诉答、抗辩的事由，但它并未阻止国王在有罪判决做出后进行赦免——与1715年叛乱相牵连的三名贵族在被弹劾、证实有罪和被做出有罪判决后得到了国王的赦免。关于丹比案所提出的问题，即法律是否允许国王的宽恕阻止弹劾，这是一个非常新的问题，就一般原则而言我对平民院在这场争论中占了上风很不满意。问题看来可能在于，弹劾是更类似于提起公诉(通常可因国王的宽恕而被终止)，还是更类似于重罪私诉，后者因被认为是私人诉讼而处于国王权力的支配之外。

要指出的另一点变化是，我们记得，如果一名贵族被控叛逆或重罪，要是正赶上议会在开会，那他就会由贵族院他的同侪们对他进行审判；要是没赶上议会开会，那将由王室总管法庭(Lord High Steward)进行审判。鉴于王室总管一职已不再世袭，国王在这些场合会任命某一贵族为王室总管，由他召集一定数目(法

① *History of Criminal Law*, vol. I, p. 146.

律未确定）的贵族来主持审判。[①]这当然使得国王或其王室总管有机会填充该法庭。1696年的一项法律对叛逆的情况做出了变动（而重罪则未涉及），它要求在庭审之前的20天应召集所有贵 319
族参加审判；不过我相信这一规定并未在任何一个案件中真正实施过。王室总管法庭的最后一次审判据说是1686年对德拉米尔勋爵（Lord Delamere）叛逆案的审判。议会每年都例行召开会议，这使得该法庭的存在变得没有了必要；我相信，自乔治二世统治末期以来只有区区4次议会对于贵族的审判不是基于弹劾：1760年费勒斯勋爵（Lord Ferrers）的谋杀案、1765年拜伦勋爵（Lord Byron）的谋杀案、1776年金斯顿女公爵的重婚案和1841年卡迪根勋爵（Lord Cardigan）的谋杀案。[②]

1696年的这部法律还对叛逆罪的诉讼程序做出了许多重大修订：被控诉者将会得到一份起诉书的副本；可以由律师进行答辩；并可以提供证人出庭并在宣誓后接受询问；只有在对同一叛逆行为有两名证人证实的情况下他才能被确认有罪；他只能在被指控的叛逆行为发生后3年内被提起公诉；正式审判开始的前两天他将会得到一份陪审团成员名单的副本，以便他能考虑对其中的什么人提出异议。在所有这些方面，该法针对法律已有的一般规定，为被控叛逆者做出了许多有利于他们的例外规定。而被控

① See *History of Criminal Law*, vol. Ⅰ, p. 171.

② 1901年，拉塞尔勋爵（Lord Russell）因重婚罪而受审。哈里斯伯里勋爵（Lord Halsbury, Lord Chancellor）作为王室总管（Lord High Steward）主持了审判，参加审判的还有160名贵族，其中包括所有的法律贵族（他们一般负责听审上诉案件）和11名法官。

犯重罪者则直到1702年才被允许提供证人出庭并在宣誓后接受询问，直至1836年(6 and 7 Will. Ⅳ, 114)才被允许由律师代为答辩。

通过褫夺法权法来对被控者加以处罚的邪恶做法此时尚未被废弃。1641年斯特拉福德就是因此而被消灭的；1645年议会两院通过一项条例(当然未获得国王的同意)消灭了劳德(Laud)。1660年又轮到了那些弑君者，他们中那些仍在世或留在国内的人被议会通过的法律确定为严重的叛逆行为，并被褫夺法权。1696年，约翰·芬威克爵士(Sir John Fenwick)因图谋暗杀威廉三世而
320 被褫夺法权。这是最后一次通过一项法律来对已犯罪者处以死刑，但后来也曾用类似方法处过较轻的刑罚。

还有一点，废除星宫法庭的那项法律并不当然废除了咨议会。复辟之后，国王在需要建议时仍向这个机构征询意见，尽管仅向其中一些成员征询意见的做法已在兴起——随着时间的流逝，这一做法导致了我们近代内阁的产生。但刚才所提到的法律并未剥夺咨议会的全部司法权。它被禁止管辖涉及王国境内与臣民私有财产有关的案件，但它却对海事案件和所有涉及王国境外的民刑案件保留了终审管辖权。这种权力起初很小(只对马恩岛和海峡群岛享有司法管辖权)，但随着征服和殖民活动为国王带来新的领地，它得到了稳步的增长。于是，枢密院成为了这个庞大帝国的终审法院——不是英格兰，不是大不列颠，而是国王在这个世界上各个角落所有其他领地的终审法院。这一奇特的司法管辖权现在由枢密司法委员会(the judicial committee of the Privy Council)行使。

八、议会的特权

在议会的特权问题上曾发生过非常严酷的斗争。首先是言论自由，关于此我们有埃利奥特一案。1629年议会解散后不久，埃利奥特和其他一些人被拘捕并被关入伦敦塔内。他们得到了人身保护令，但令状回呈说他们是因公然藐视权威和煽动混乱而被羁押的。法官们不得不考虑他们是否应被保释，依据法律批准保释看来应不存在什么问题。但他们见风使舵，要求被羁押者不仅要为当前所受指控提供保证，还要保证将来行为适当。接下来，检察总长对其中3人提出了刑事指控：埃利奥特被指控在议会言辞不当，霍利斯和瓦伦丁则被指控在本次会议的最后一天制造混 321
乱，其他人则被释放。被控者答辩说，鉴于被控之犯罪应被认为是发生在议会中，他们就不应在另一个法庭进行答辩。他们主要依靠的是斯特罗德案和在1512年通过的一项与斯特罗德有关的法律(4 Hen. Ⅷ, c. 8)，他们争辩说后者是一项普遍性的法律。法官们则认为该法只适用于在锡矿区法院(Stannary courts)对议会议员所提出的控诉，并争辩说王座法庭有权惩罚在任何地方发生的犯罪；然后对拒绝进行其他答辩的这3名被告人做出了有罪判决，判处其监禁，期限由国王决定。当长期议会召开之时，平民院抗议说这是对议会特权的侵犯。复辟之后的议会虽然忠于国王，但并未准备撤回其对该特权的主张。1667年，两院同意宣布斯特罗德法为宣示议会之古老和必要权利、特权的普遍性法律，前述针对埃利奥特、霍利斯和瓦伦丁的判决为非法。此外，当时

依然健在的霍利斯通过纠错令将此判决提交到了贵族院，后者通过其司法职能推翻了此判决。但我们千万不要认为该判决的推翻就确立了如下原则：议员在议会的任何行为都不能被普通法法院作为犯罪来惩罚。被认可的是，如果仅仅指控在议会制造混乱，王座法庭就可能对此享有司法管辖权，但它不能惩罚在议会的发言。我们可以认为法律是这样规定的，普通的犯罪(如议员在议院犯盗窃罪)可以由普通法院通过常规方式进行惩罚。我相信自复辟以来，还没有任何普通法法院会因其在议会的发言而试图对议员进行惩罚。《权利宣言》和《权利法案》宣称，言论及辩论自由或议会的程序问题，不应在议会之外的任何法庭或地方受到弹劾或质疑。

试图逮捕5名议员的情况也必须注意。查理已决定对平民院的5名议员提出重叛逆罪的指控。为此，他不是使之通过常规
322 途径受到指控，而是在贵族院对他们提出了一系列指控。这一程序看来并无依据，至少在后来如此。只有平民院通过弹劾的方式平民院议员才可能因任何犯罪而在贵族院受审；正如我们已看到的，平民院议员能否因叛逆或重罪而被弹劾(这样他就会被剥夺陪审的权利)是值得怀疑的。于是国王试图亲自到下议院拘捕那5名议员，而当时下议院正在开会。现在，只要被指控犯叛逆或重罪，议会的议员就没有了免于逮捕的特权和自由——当然，依据后来的权威，只要是被控告犯有任何可被控告的犯罪，他就没有了这些自由。因此你应该明白，皮姆(Pym)和他的同人可能会在议院之外被拘捕；如果下议院未开会，他们也可能在议院内被捕。但试图在他们作为议会议员正在议院开会时拘捕他们，则极

有可能会被视为明显的违法。无论如何，这是一项意在恐吓议院的极端措施：它使得内战几乎已成定局。

复辟之后，议会议员享有了在所有民事案件中免于被逮捕的自由和特权。我们必须记住，在民事案件中拘捕当事人此时仍是习以为常之事。债务人会被以扣押的方式拘捕，当诉讼开始时，被告人通常可能会被立即逮捕，并被强迫为其出庭提供担保，否则就得待在监狱里。因此，这一特权相当重要。后来该特权又被大大扩展了：议员们不仅主张自己而且他们的仆人亦应免于被逮捕，他们声称其财产应免于被执行。这些宽泛的并在17世纪得到认可的，扩展了的主张逐渐被后来的制定法所消减，它们已经成为普通司法程序的严重障碍。1700年的一项制定法开始了这一消减的进程，安妮和乔治三世的制定法（1770年）则推进了这

一进程。[①]议员们的仆人和财产不再享有此特权，剩下的只有议 323 373
员自己免于被逮捕的自由，而这一点在债务拘禁制被取消后也失去了其原来的重要意义。

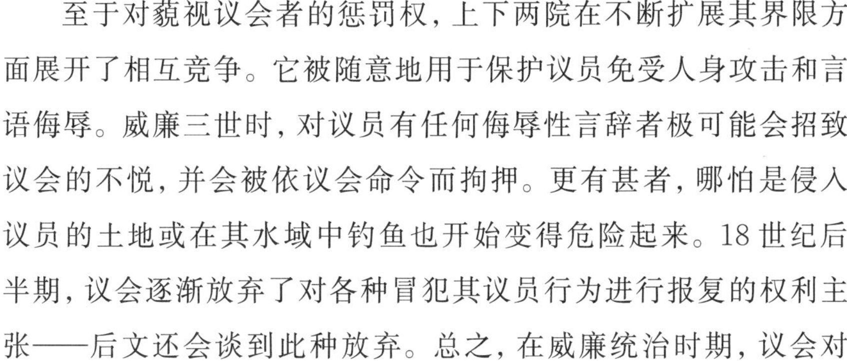

至于对藐视议会者的惩罚权，上下两院在不断扩展其界限方面展开了相互竞争。它被随意地用于保护议员免受人身攻击和言语侮辱。威廉三世时，对议员有任何侮辱性言辞者极可能会招致议会的不悦，并会被依议会命令而拘押。更有甚者，哪怕是侵入议员的土地或在其水域中钓鱼也开始变得危险起来。18世纪后半期，议会逐渐放弃了对各种冒犯其议员行为进行报复的权利主张——后文还会谈到此种放弃。总之，在威廉统治时期，议会对

① 2 and 3 Anne, c. 18. 10 George Ⅲ, c. 50.

特权的主张达到了顶峰。

如果冒犯的不是议员个人而是作为一个整体的议院，那么由议院行使对冒犯者进行惩罚的权力就更为正当。但即使在这一领域，该权力的使用也是无节制的。此前刚刚发生过一个臭名昭著的例子。1701年，平民院的多数在批准给国王提供补给方面行动迟缓，肯特郡的大陪审团遂呈递了一份措辞谦恭的请愿书，请求他们批准国王为战争而急需的经费。平民院通过表决认为，该请愿是在造谣中伤，意图摧毁议会的体制，并将某些请愿者关押入狱。后者看来并未诉诸普通法法庭的保护；随着议会很快休会，他们也被释放了。到此时为止已明确确立了以下原则：除非是在开会期间，否则平民院不能拘押民众，这样休会即会使被拘押者获释。自光荣革命以来，他们还从未试图将一个人关押入狱超过其会期。另一方面，贵族院已对人处过罚金、关押入狱达数月甚至是数年之久。

324 因藐视议会而被监禁者能否从普通法法庭得到任何帮助、能否使普通法法庭受理是否确有藐视行为的问题，可以说此时仍有疑问。假设被监禁者获得了人身保护令状，典狱官回呈说他是因藐视议会而依议会一院或两院的命令而被囚禁的，那么法官可以自由地调查所控事实是否构成藐视议会的问题吗？1677年，贵族院因其辩论中的言辞而将莎夫茨伯里（Shaftesbury）勋爵及另外5名贵族关押入狱。莎夫茨伯里申请了人身保护令状，但法官认为他们不能调查贵族院对其议员的拘押事宜。1680年，平民院以一种非常武断的方式将一些人视为“令人憎恶者”（abhorrers），后者对拘捕他们的警卫官（serjeant-at-arms）提起

诉讼——他诉诸了下议院的命令；但这一次法官们推翻了警卫官的答辩。光荣革命之后，平民院着手讨论此事，并召集两名法官前来。其中一位法官彭伯顿（Pemberton）假意进行了某些论争，但随后放弃了，承认议会的命令会使其下属官员的拘捕行为正当化。

因此，在威廉辞世之时就出现了这样的问题。很快（1705年的佩蒂〔Patey〕案之后不久）法官们形成了这样的观念：他们不能对议会因遭藐视而做出之拘押行为的合法性进行调查。如果议会因某人藐视自己而将其拘押且没多说什么，法庭对该当事人也是爱莫能助。这样议会两院都获得了肆意拘押的权力，而这在星宫法庭那里早已被否定了。在我看来，上一世纪的法官屈从于议会的程度几乎不亚于其先辈在斯图亚特王期对国王的屈从。而这一问题在今天依然存在：如果哪一院因藐视本院而将某人（无论是否本院议员）拘押入狱，被拘押者将无法通过人身保护令将其行为是否真的构成藐视议会的问题提交法庭来决断。

（一）军事问题

在转而关注军事方面的问题时，我们必须回忆起这样的事实：在查理一世之前，军事法方面的诰示（proclamations of martial
law）并非完全不为人所知。无须追溯到玫瑰战争，伊丽莎白女王 325
就曾于1588年和1595年先后两次签发这种诰示。这一做法又为詹姆士在1617年、1620年和1624年所仿效。可能我们应该说这些诰示是不合法的，尽管在这个问题上我们可能为后来的历史所误导而产生偏见。查理一世在其统治的早期已诉诸了这种授权令。以下事实总是变得越来越清楚：必须有一支常备军，而且只有比常规法律更为严格的规则和比常规法庭更为简易的程序才能使这支常规军得以维系。另一项对民众构成侵扰的事务是向士兵提供膳宿。1628年国王不得不批准了《权利请愿书》。在处理完依据国王命令所进行的强制借贷和监禁后，《权利请愿书》接着叙述道，“近来大批陆军和海军士兵被分散到了王国的各个郡，当地居民被迫违心地将其接纳入户……这违背了王国的法律和习惯”。接下来它又重复了大宪章中有关民众自由的条款，并列举了军事法授权令的内容；它宣布这些内容与王国的法律和制定法完全截然相反。它请求国王将这些士兵撤出民宅，“您的臣民在未来不应承受此种负担，军事法授权令可以被撤销或取消，将来也不可再签发此种命令”。这当然确立了一种法律，意在规避它的任何权宜之策也没有被发现。法官们不得不通知国王的军官，违反此规定的士兵必须由普通法院审判；国王的军队只有在面临敌人时才会有军法的位置。柯克在其晚期的一本著述中说，依军法处死某人属谋杀。①

此间，国王和议会又开始争论另一个同时也是更为重要的
326 问题：王国军队的指挥权应归谁？我想历史学家和法律学家一定会同意归于国王。要寻找议会试图从国王手中攫取军队指挥权的先例，就有必要追溯到非常遥远的革命时代。但查理当时被怀疑（可能是被正当地怀疑）要使用军队颠覆议会制度；1642年，

① 3 Inst. 52。可参见 Dicey, *Law of the Constitution*, 6th ed. c. Ⅷ, and App. Ⅻ；也可参见 *The Charge of the Lord Chief Justice to the Grand Jury in the case of the Queen v. Nelson and Brand*, ed. F. Cockburn, 1867。

两院宣称国民军(当时的称呼)的控制权无论如何应该在他们手中。众所周知,这就是内战爆发的直接原因之一;国王被要求批准一项将国民军(过去郡武装力量现在的称呼)置于其控制之外的法案。1642年6月在约克呈递国王的《十九条建议》(Nineteen Propositions)中就有这样一条:国民军和所有据点应交予议会指派的人接管。在接下来发生的内战中,为管理和支配各自的军队,双方都诉诸了军法。①

我无须提醒诸位此后英格兰是如何陷入军队的掌控之下的,议会曾经创造了军队,但现在却成了军队卑贱的奴隶。复辟之时,常备军这一名字已被将成为统治者的那个阶层所深恶痛绝。1661年的一项制定法(13 Car. Ⅱ, c. 6)宣布,“对于国民军及所有海陆武装力量的唯一最高控制权,属于且依据英格兰的法律一直属于国王及其祖先,这一点毋庸置疑,议会各院对此都不得心存觊觎”。旧的郡武装力量依该法进行了重组。但尽管议会忠于国王,它也不会将常备军这样一个专制工具委托给国王。非常议会通过了一项解散军队的法律;国王同意了,在某些方面他对常备军的存在也是忧心忡忡。不过该法又批准继续沿用“警卫兵和卫戍部队”(the Guards and Garrisons)制度。卫戍部队将恢复到1637年他们所处的那种状况;国王可以从剩下的士兵中随意雇佣警卫部队,其数额并未限定。从此时起到光荣革命,关于此就 327
再没有别的合法安排了。国王和议会之间仍就军事问题不断爆发争论。要想制止国王的警卫队随意驻扎是极其困难的,尽管强

① Gardiner, *Constitutional Documents*, pp. 245—261.

令为其提供食宿无疑是非法的。这种做法已为《权利请愿书》宣布为非法，过去与之密切相关的征发与先购特权（prerogatives of purveyance and preemption），也早已与军事役保有制一道被废除了。国王不能为了军事运输而强征车辆，除非是通过自愿的讨价还价，否则他不能购买饲草、稻草、食物或其他物资。任何企图行使这些特权者都将面临诉讼，并将承担对受害者所受损失3倍的赔偿；任何试图阻止此种诉讼者，也将被处以《侵犯王权罪法》所规定的刑罚。对国王来说，也很难将其士兵控制在手中。在和平时期，除非是经普通法的常规程序，否则不能对士兵处以刑罚，至少是涉及生命或人身的刑罚。另外，要制止军官依据他们所认为的军法正义进行审判实际上也是非常困难的。不过1666年签发的《军法条例》（Articles of War）规定，军事法院甚至可对死罪进行审判；它还禁止任何地方治安官（civil magistrate）拘押士兵，除非后者犯叛逆或劫杀平民。至少从表面上看来，主持这些军事法庭者也一定会有被处死刑的威胁。

这之后不久，克拉伦登就遭到了弹劾，“理由是他图谋维持一支常备军，并依此来统治这个王国；他还建议国王解散议会，并在将来放弃所有有关议会的念头，用军事力量来统治这个国家，维持这种统治的方式是自由征税和随意摊派食宿”。但没有议会提供的拨款要想维持任何规模的常备军都是不可能的，议会遂开始划拨款项并弹劾那些违反拨款条款的人。早在1666年就批准过一次补助，为支付警卫队的开销而划拨了3万英镑，剩下的将花在战争上。1676年查理宣布他要与法国开战，议会批准
328 但却未进行拨款，战争并未进行。议会通过了一项解散军队的法

律，其中包括了一个反对强制提供食宿的重要条款——之所以重要，是因为它表明《权利请愿书》并未得到遵守。解散军队的经费拨下去了，西摩（Seymour）因挪用这些经费而遭到弹劾——他不是用其来解散而是维持军队。财政大臣丹比（Danby）也遭到了弹劾，“理由是他有叛逆之心，力图颠覆这个王国古老的、已经确定的统治模式。为更好实现其目的，他真真切切地假借对法王开战之名图谋供养一支军队，并在王国内维持了这支常备军；为此他还挪用了议会所拨之经费，致使法律被规避，军队至今仍被维持着”。无论如何，在他之后查理和詹姆士都通过这样或那样的方式维持了军队。詹姆士的部队看来超过了16000人。在蒙茅斯（Monmouth）叛乱之后，军事法庭开始对士兵实施军法。我手头[①]有一份某军事法庭的档案。贝德福德上尉（Captain Bedford）团中的彼得·提特（Peter Teat）和彼得·因内斯（Peter Innes），在18名军官面前依最新签发的军法条例中的一条受审，该条规定，“任何军官或士兵都不得使用叛逆之词反对神圣睿智的国王陛下本人，违者处死”。他们遂被判处绞刑。

《权利法案》宣称，詹姆士的罪状之一是在和平时期未经议会同意就组建和维持了一支常备军，并违法驻扎士兵；并进一步宣称，和平时期在王国境内组建和维持常备军是违反法律的，除非是经过了议会的同意。“在和平时期”（in time of peace）的字样应注意：看来它的确意味着在战争时期国王可以维持常备军，哪怕是未经议会同意。

① Clode, *Military Forces of the Crown*, vol. Ⅰ, p. 477.

但在《权利法案》之前，议会已通过了第一部《军纪法》(*Mutiny Act*, 1 William & Mary, c. 5)。支持詹姆士的部队将被船运至低
329 地国家，当他们到达伊普斯威奇时发生了哗变。需要迅速采取措施，议会急忙通过了一项法案。这份非常简短的东西大意为：任何为国王服役的士兵若在军中煽动或参与任何哗变、叛乱或开小差，都将被处死刑或由军事法庭判处其他刑罚。接下来是关于军事法庭组成方面的规定。它规定，本法并未规定任何可以使军官或士兵免于常规法律程序的内容；同样它并不影响国民军；它将于下一个11月10日时失效，即有效期为半年；死刑判决的通过必须征得组成军事法庭之13名法官中的9人同意。这就是第一部《军纪法》的全部要点和实质内容。被该法送交军事法庭的几种犯罪仅包括哗变、叛乱和开小差；在任何一种情况下，军官和士兵都不能免于常规法律的审判。应该补充的是，尽管议会行事匆忙，它还是在该法序言中仔细地阐述道，未经议会同意而于和平时期在王国内组建或维持常备军为违法；非经与其地位同等者依据王国众所周知及已确定之法律进行审判并做出判决，任何人不得被处生命刑、身体刑或受制于军法。当然，到此时为止，人们的正统观念是陪审才是大宪章中规定的“与其地位同等者”的审判。

自此时起，通过临时的军纪法就成了例行的做法。有一段时间内，这一做法也并非特别规律：一方面，威廉和安妮统治时期，就曾有几次出现过在好几个月内并无有效军纪法存在的情况；另一方面，有时这一法律又会持续生效达两年之久。但很快就确立了这样的规则：这种法律的效力只有1年，因此每年都要通过一

项这种军纪法。在整个上一世纪，它又被认为是某种非常规的东西，某种一旦我们有了一段确定的和平期就应该消灭的坏东西。因此两个世纪以来，我们的制定法汇编每年都会为这种年度的，而且通常会变得越来越冗长的军纪法所充斥。

330

第五阶段

当今公法概述（1887—1888）

前　　言

当这个新的时期来临时，我们立刻为眼前视野的极度开阔所震惊。威斯敏斯特的议会已不再只是英格兰的议会，而是大不列颠和爱尔兰的议会。但即使是这样的称谓也不足以表明受其立法权所支配的广大地域之全部，它可以为这片被简称为大英帝国的广袤土地立法，但我们必须正式称之为大不列颠及爱尔兰联合王国及其殖民地和附属地。

让我们来简单回顾一下这些新土地被纳入这一体系（其历史我们一直在追溯）的过程，并说明将这些土地联结在一起的法律纽带。

首先是威尔士。它融入英格兰王国的历史非常久远，这部分是由爱德华一世、部分是由亨利八世完成的。其中的重要里程碑有二：一是 1284 年的《威尔士法》（*Statutum Walliae*），它宣布威尔士不仅是英国国王的封建属地，而且还与英格兰连在了一起，成为这个机体的一部分（*tamquam pars corporis ejusdem*）；二是

1535年的一项制定法，它为威尔士各郡和自治市的代表在议会中提供了席位，并将英国法整体引入了威尔士。威尔士成为英格兰的一部分是如此彻底，以致1747年的一项制定法确立了这样的规则：在议会的法律中，英格兰一词应被认为包括了威尔士。

伊丽莎白女王去世后，苏格兰国王詹姆士六世成为英格兰的 331
国王詹姆士一世。但这两个国家并未联合起来，除了共同的国王之外它们再没有其他共同的东西了，威斯敏斯特的议会不能为苏格兰立法，而位于爱丁堡的议会也同样不能为英格兰立法。在1608年的加尔文案（*Calvin's case*）中，英国的法官的确曾这样认为过：在詹姆士成为英格兰国王后，在苏格兰出生的人对英格兰来说不再是外国人，也不受当时外国人在英格兰所受诸多约束的限制——尤其是不能在英格兰持有土地的限制。但这两个国家仍然是拥有两个政府的独立国家。詹姆士自己倒是希望这二者有更紧密的联合（他想成为大不列颠之王），但其臣民并未对此做好准备，他仍然只是英格兰的国王和苏格兰的国王。护国政体（Protectorate）时期实现了更为紧密的联合，但复辟又使一切恢复如初，查理仍只是英格兰的国王和苏格兰的国王。

这种联合在1707年5月1日实现了，安妮女王成为大不列颠的女王。《联合法》（*Act of Union*）规定，两个王国应成为一个王国，名为大不列颠。这二者不仅只应有一个国王，而且只应有一个议会，每一届议会都由苏格兰贵族在其同侪中选出16名代表出席，苏格兰各郡和自治市将选派45名议员出席下议院。这两个地方、两个国家立即处于了同一个最高立法机构的支配之下，英格兰和苏格兰的议会都停止了存在，现在存在的是大不列颠议

会。此时确立且直到今天仍然有效的规则是：该议会所通过的每一项法律都既适用于英格兰也适用于苏格兰，如果某项法律不适用于苏格兰，那它会明确说明；如果只适用于苏格兰，它同样会明确说明。

但这并不意味着这两个国家就适用同样的法律了。英格兰保持了并依然保持着它的普通法（只要它还未被制定法废除），联

332 合之前英格兰议会通过的制定法仍在英格兰有效（只要它未被后来的法律所废除）。苏格兰也在同样的程度上保留了其自己的普通法和过去的制定法。但苏格兰的法律与英格兰差别显著，尤其是在私法方面：苏格兰承认罗马法的权威，而这在英格兰并不存在。16 世纪时，罗马法已在苏格兰站稳了脚跟，而在英格兰则因早期我们王室法院的司法统一和议会的活动而被排除在外。[①] 因此，苏格兰当时保持了且直到今天依然保持着一套与英格兰非常不同的法院体系。不过自 1707 年以来，两国已处于一个立法机构的支配之下，而该机构又完全可以修改或废除苏格兰或英格兰的任何法律规则。

《联合法》制定了一些规则作为两国"联合基本且必要之条件"，这其中最重要的与英格兰和苏格兰的教会有关：其由法律所确立的理论和戒律将不受侵犯地予以保存，每位国王登基时都要宣誓维护之。这些规则之基本和必要的性质被如此地予以坚持和强调，以致我们可以说该法近乎试图制定不容未来议会改变之法律——它只是近乎这样做，但却并未明确这样做。很快便又

① See Maitland, *English Law and the Renaissance*, Cambridge, 1901.

确立了这样的理论：就像英格兰和苏格兰其他法律一样，这些规定也可以为联合王国的议会所废除。在联合五十多年后，布莱克斯通明确说：“取消或修改《英格兰联合法》(*Act of Uniformity in England*)，或是在苏格兰建立主教制(episcopacy)的议会立法，就权威而言毫无疑问是有效的和有拘束力的；但即使有这样的法律，两国间的联盟也不会被打破[①]”。我们没有不可撤销的法律，所有的法律均可依常规的立法程序被废止，即使英格兰和苏格兰两国议会同意合并为大不列颠议会所依赖的条件也同样如此。

对于爱尔兰的历史我们要多花一点时间。1169 年，一些英国 333 
或诺曼的贵族(包括罗伯特·菲茨斯蒂芬、莫里斯·菲茨杰拉德和硬弓者理查·德·克拉里)踏上了爱尔兰的土地，并开始参与当地爱尔兰酋长们之间的争斗。由于担心在圣乔治海峡对面建立一个独立的诺曼王国，亨利二世亲临爱尔兰并降服了当地的贵族和爱尔兰首领，使后者臣服于他。这样就在爱尔兰岛东部形成了英国人的定居点，它被划分为若干郡，国王也向其自治市颁发特许状，还派出巡回法官并委任了郡长。约翰王还获得了“爱尔兰之主”(dominus Hiberniae)的称号。英国人的居住区被认为适用英国的普通法；约翰王在兰尼米德一签署大宪章就被送到爱尔兰并在那里公布。[②]在爱尔兰的英国定居者中，议会体制的成长是与英格兰同步进行的。1295 年，当地的郡骑士被选送出席由当地总督组织召开的议会；自治市代表也在当地的议会中出现了，不过

① *Commentaries*, Introduction, §4 note.

② 关于 1227 年“将英国的程序法制度庄严而极具权威性地引入爱尔兰”，参见 Maitland in *Engl. Hist. Rev.* July 1889, pp. 516—518。

据说这要晚至爱德华三世时期。我们拥有爱尔兰在1310年的制定法，但从这一年起直至1429年间的制定法都已遗失了。[①]不过这一块殖民地也在不断缩水，殖民者不断地转而投向了爱尔兰本土部落的野蛮主义。亨利七世时，英国国王对于爱尔兰的权威降至最低点，当时其影响力仅限于都柏林、劳斯（Louth）、基尔代尔（Kildare）、米斯（Meath）四个英国控制郡（counties of “the pale”）以及一些海港镇区。那些盎格鲁－爱尔兰人站到了约克家族一边并支持那些王位的觊觎者们，这危及到了亨利的王位。1495年，他从爱尔兰议会获得了一项以其总督命名的制定法《波伊宁斯法》（*Poynings'Act*）。该法规定，英国议会“近来”（lately）制定的法律应在爱尔兰有效。无论“近来”一词的含义如何，对其的解
334 释则是所有早于《波伊宁斯法》的英国制定法都是爱尔兰的法律。同时它还规定，在总督就将通过之法律向国王确认和这些法律为国王及其咨议会首肯之前，爱尔兰的议会不得召开。这样，国王及其在英国的枢密院就制约了所有在爱尔兰进行立法的动议。从此，国王的权威又开始慢慢恢复并予以扩展。1541年，亨利八世放弃了先前“爱尔兰之主”（Lord of Ireland）的称号而改称“爱尔兰之王”（King of Ireland），他还是爱尔兰教会在人世间的最高首脑（Supreme Head on Earth of the Church of Ireland）。伊丽莎白女王在这个新教理论尚未取得任何进展的国度强制推行改革后的英国公祷书（English liturgy）的努力，所导致的只是叛乱和镇压后

① 不过有关1297年、1320年、1324年、1351年、1366年、1394年、1402年和1409—1410年立法的记录还是保存了下来，参见 *Statutes and Ordinances and Acts of the Parliament of Ireland*, ed. H. F. Berry, Dublin, 1907。

的再次叛乱。詹姆士一世的权力至少在名义上得到了整个爱尔兰岛的认可。他将爱尔兰全部划分为郡，许多自治市都获得了向议会选送议员的权利，1613年议会下院的爱尔兰议员已达到232人。不幸的是，英国人坚持在这个国家强制推行一种新的宗教，那些贵族反叛者因叛逆而被没收的大片土地被英国殖民者瓜分，而根本没有考虑爱尔兰土地所有者的权利。这导致了1641年的起义和克伦威尔对这个国家再次的恐怖征服。大片爱尔兰土地落入了克伦威尔党人之手，复辟时他们中许多人的权利都得到了确认。詹姆士二世时期，爱尔兰的天主教徒很自然地站在了国王一边，但又遭到了威廉的镇压，随之而来的是又一次对土地的大规模没收和重新分配。

威廉和玛丽统治时期，爱尔兰议会通过了最为严苛的法律来压制天主教。天主教人士被排除在议会之外，并于1715年被剥夺了此前他们一直行使的选举权。其间，在英国议会和爱尔兰议会之间的关系问题上又爆发了争论。爱尔兰臣服于那个国王，这一点毫无疑问，他碰巧是英格兰的国王，但他同时也是爱尔兰的国王。但爱尔兰也臣服于英国的议会吗？英国的议会能为爱尔兰 335 制定法律吗？这一争论在威廉三世时变得尖锐起来。英国议会为爱尔兰通过了一项法律，爱尔兰议会在对其做了某些修改后重新予以颁行。包括柯克在内的英国法律家们在过去曾为英国议会的至高无上争辩过，中世纪的那些先例并不十分具有决定性。英国的理论是这样的：爱尔兰只是一个殖民地，而殖民地是受制于其宗主国的立法的。这一具有普遍性的理论毫无疑问就是英国法——即使是英国在美洲的殖民地也承认，一般而言它们都受制

于位于威斯敏斯特的英国议会，尽管很快它们就否认了英国的立法可以对其征税。有关爱尔兰是英国殖民地的说法存在更大争议。1719 年，这一问题因两个贵族院之间的一场争论而陷入了危机。每一家都宣称自己有权纠正爱尔兰法院的错误。于是英国议会通过了一项宣示性的法律(6 Geo. Ⅰ, c. 5)，大意是说英国议会完全有权制定对爱尔兰民众有拘束力的法律，爱尔兰议会上院无权推翻或确认爱尔兰法院的判决。这项被默许了的法律明确将爱尔兰议会从属于了英国议会。《波伊宁斯法》依然未被废止，并因此也被做了如下解释：除了接受或拒绝国王的提议外，爱尔兰议会几乎没有什么权力。

1719 年的那项法律在 1782 年被废止，1783 年英国议会又通过一项法律宣布确立以下原则：爱尔兰人的权利只受国王和爱尔兰议会通过之法律的制约，今后此点不容再质疑。任何案件的上诉都无须从爱尔兰提交英国的法庭。《波伊宁斯法》也被爱尔兰议会所取消。就像英格兰不臣服于爱尔兰一样，爱尔兰也不臣服于英格兰达 18 年之久。对爱尔兰独立的这种让步以及 1800 年两者联合背后的原因，不在我们的考察范围之内，但要明白的是，这是两个独立王国之间的联合，而不是一个国家对其附属国的吞并。

336 这一联合发生在 1801 年 1 月 1 日，从此不再有单独的大不列颠王国和爱尔兰王国，取而代之的是大不列颠及爱尔兰联合王国。随之产生的是联合王国的议会，其中爱尔兰贵族由选举产生的 28 名代表终身任职，另有 4 名主教代表轮流任职；其平民代表人数则为 100 人。该议会的每一项制定法都适用于联合王国全境，除非有特别说明。如同与苏格兰的联合一样，这些条款都要经两家议会一致同意，但它们并不具有特别根本或不可撤销的性质。这一点我们可以从很可能是其最为重要的事务——教会联合——的最终命运上看出。英格兰和爱尔兰的教会合二为一，成为“英格兰和爱尔兰联合教会”（The United Church of England and Ireland），这一联合教会的延续被宣称为两个王国联合的实质和基础。1869 年，这两个教会的联合瓦解了，爱尔兰教会不再被称为国教（established church）。

在爱尔兰生效的法律与在英格兰生效的法律不同，但这种不同并不像英格兰和苏格兰之间的不同那么大。只要未经联合王国制定法的修改，爱尔兰议会的法律就依然有效；但爱尔兰法律的基础就是英国的普通法，后者自亨利八世以来就已被这里所接受。不过有一个方面爱尔兰要比苏格兰更区别于英格兰。从最一开始，英国国王就在爱尔兰设立了自己的代表，称为总督（viceroy, lord-deputy, lord-lieutenant），总督拥有一个与国王相对应的咨议会（council）。1800 年时这些机构并未撤销——总督仍然存在，他仍然拥有自己的咨议会。不过，实际上，这并不意味着多大程度上的分离；爱尔兰负责行政事务的政府同英格兰和苏格兰一样，事实上都处于英国内阁的控制之下。仅仅在一点上，即在最高的司法组织方面三个国家联合在了一起。英国议会贵族院是作为英格兰、苏格兰和爱尔兰三地诉讼的终审机构出现的。

马恩岛（the Isle of Man）和海峡群岛（the Channel Islands）并 337
不是联合王国的组成部分，尽管英国的国王和议会可以为其制定法律。议会的制定法通常并不影响到这些地方，除非是被特别提到或是根据上下文的语境它们显然在该立法的范围之内。从

其法院提起的上诉案件不是转向贵族院而是国王咨议会(King in Council)。这些小的属地(dependencies)的意义在于,它们和英格兰之间的关系为联合王国处理其与日后逐渐获得的大片属地之间的关系确立了先例。

有关这些更大的属地我们几乎不能说出什么内容,不过还是可以抓住某些一般性的原则。首先,我们必须注意这些领地在获取方式上的差别,我们必须区别作为一种方式的殖民化(colonization)和另一种方式的割让(cession)或征服(conquest)。当一个新的国家沦为英国人的殖民地后,就被认为是带去了所有适合当地情况的英国普通法和现存的制定法;区别哪些适合哪些不适合是国王在当地建立之法院的事情,从这些法院提起的上诉应提交国王咨议会。国王不能为这些地方立法,不过另一方面国王和议会一起则可以为其立法。但一般的假设是,议会的制定法只适用于联合王国而并不扩展至其殖民地,除非是特别提及或显然意指。对于由国王军队征服或是由外国势力割让于国王的地区,征服或割让行为并不改变当地的法律。国王可以单独为这些地方立法,国王和议会自然就更不用说了。但在国王(征得或未征得议会同意)为其制定新的法律之前,他们都保留自己原来的法律,法国法、西班牙法、荷兰法或是其他任何法律。国王还可以授权他们拥有自己的代表机构,可以设立立法性的会议,但这种授权一旦做出即不可撤销。对于所有这些地区,无论何种取得
338 方式,不管是殖民还是割让或征服,也无论其有无自己的代表机构,英国的国王和议会都是最高的;但一般认为英国议会的制定法并不适用于这些地区,除非是该立法应适用于此的意图明显体

现了出来。有关附属地取得模式方面的差别所影响的并不是国王和议会的最终和最高的权威，而是国王未经议会同意制定法律的权力：在通过割让或征服所取得的领地上，国王可以制定法律，除非有制定法说他不能；而在严格意义上的“殖民地”内，国王则没有这种权力。

众所周知，正是由于不列颠议会企图对美洲殖民地征税导致了独立战争的爆发和美国的形成。早在1766年我们就有一项法律(6 Geo. Ⅲ, c. 12)，其中描述了最近在国王陛下在美洲的殖民地和种植园中有好几个众议院(houses of representatives)，“违法宣称自己对国王陛下的前述殖民地和种植园中之臣民拥有唯一和排他性的征税权”。因此该法宣称，“前述美洲殖民地和种植园以前曾经、现在也依法应当臣服和附属于大不列颠的国王和议会”；大不列颠的国王和议会应该享有充分的权力和权威就一切事务为美洲的民众和殖民地制定具有拘束力的法律。我相信我的以下说法没错：殖民地居民并未否认大不列颠议会可以为其立法这一一般性原则，而只是质疑它是否有权对其征税。在被迫承认合众国的自由、主权和独立之前，大不列颠议会并未放弃其这一主张，尽管在斗争的过程中它通过1778年的一项法律(18 Geo. Ⅲ, c. 12)承诺，将不再为获得收入而对北美和西印度群岛征税。与合众国战争所引发的对立，并没有导致英国对上述一般性原则的任何放弃。我们的议会宣称要为所有臣服于大不列颠国王的土地立法，这种宣称也并非空穴来风。这里只给出一个例子，但却是一 339
个有分量的例子。1833年，联合王国的议会通过一项法律(3 and 4 Will. Ⅳ, c. 73)，在所有的殖民地废除奴隶制。尽管对奴隶主做

出了补偿，但这仍然是对私人财产权利的重大干涉。议会不时地为殖民地制定法律，因此《版权法》(*Copyright Act*)也扩展到了那里。前面提到过，法院的基本假设是英国议会的制定法并不当然扩及殖民地，因此如果议会的确意在为这些地方立法，它一般会用明确的语言表达出来。即使是征税的权利或权力议会也从未放弃过，尽管它没有行使之。奥斯丁理论的学徒在注意到这一情况时可能会产生兴趣：主权者习惯于对就某些方面进行立法保持克制，他们一定是怀疑如果制定了这样的法律也不会得到遵守。

下面谈谈殖民地的宪政组织问题。这一点因受制于不列颠议会的普遍性权力而有很多变化，因为其中有一些领地国王可为其立法，另一些则有其自己的代议机构。在后一种情况下，殖民地的宪政组织一般都仿效其宗主国：有一个王室统治者代表国王，立法机构由两院组成，但其上院通常并不像我们的贵族院那样是世袭的。该立法机构的立法需要代表国王之统治者的同意(这赋予了其一种临时的效力)，但它们仍有可能被国王咨议会的命令(order of the King in Council)所否决。这些立法机构不拥有主权，其立法权也是有限的：它们的制定法可能是无效的。在这一方面它们不同于联合王国议会的制定法，后者不可能无效。不过(至少一般而言是这样的)，在哪些问题上可以立法或哪些不可以，殖民地议会并未明确受到限制或得到明示。1865年的一项法律(28 and 29 Vic., c. 63)确立了如下规则：殖民地立法机构为本地所制定的每一项法律都是有效的，除非它与英国议会扩展适用到殖民地的制定法相抵牾。这赋予了殖民地立法机构很大的自由，因为扩展适用于殖民地的英国议会立法的数目并不很多。但殖民地法

官或是（在上诉的情况下）枢密院司法委员会还是可以说，“这项殖民地立法无效，因为它与议会扩展适用到殖民地的某项制定法相抵触”。 340

至于在殖民地生效的法律，它们当然非常不同。其中大部分都以英国普通法为基础，但某些则是法国法，另一些则是罗马－荷兰法，即经过荷兰法律家解释过的罗马法。过去的历史决定着这一问题：通过征服或是从外国割让而获得的领地，一般都会被允许维持其原来的法律。接下来，在作为其基础的普通法（或不管它是什么）之上的，是不列颠议会那些影响到殖民地的立法，然后是殖民地自己的立法。

枢密院司法委员会（其组成后文将会谈到）是联合王国之外国王之领地的最高上诉法院。提交到它面前的事务的最大特点就是杂乱，世界上还没有哪一个法院享有如此广泛（世界范围内）的权力：它不得不实施伊斯兰法、印度法、法国法、荷兰法和英国法；它也不得不经常考虑殖民地的立法是否有效。例如，它必须宣布加拿大议会的某项法律因与联合王国议会为加拿大制定的某一法律相冲突而无效。

我们不可能用几句话说清有关印度的情况，只要记住以下这一点就够了：我们将要谈到的联合王国的议会对于印度来说是至高无上的，它能并且在那些最重要的问题上有时也的确在为印度立法。

现在再来看看国王和议会。严格来说它们已不只是英格兰的机构了，议会代表的是联合王国，国王和议会对它在这个地球上的每一处领地都有最高的立法权。我们讨论的正是这个议会。在它之下有很多机构和制度，一些专属于英格兰，一些则专属苏格兰、爱尔兰、加拿大、澳大利亚和印度。比如，英格兰、爱尔兰和苏格兰的司法制度彼此就非常不同，尽管在终审这一点上
341 它们都统一于贵族院。将这些帝国的机构（我们几乎无法避免这一词语）——如国王和议会——与像高等法院这样的专门的英格兰机构区别开来意义重大，我强烈建议你们在意指大于英格兰或不止是英格兰的时候不要使用英格兰（England and English）的字眼。当我们讨论完那些对整个不列颠之领地享有权力的机构时，作为在英格兰大学中的英格兰人，我们还会讨论某些纯粹的英格兰机构，如英格兰的高等法院（High Court of Justice），而不是苏格兰的高等民事法院（Scottish Court of Sessions）。但我们一定要牢记这一区别：作为英格兰人，我们同时也是那个其权力扩及千千万万非英格兰人之主权国家的臣民。

请让我对此做进一步的说明。对国际法专业的学生来说，有两个概念非常重要：一个是国籍（nationality），另一个是住所（domicile）。并没有英格兰国籍这样的东西，也没有不列颠住所之类的说法。英格兰人、苏格兰人、爱尔兰人、加拿大人和澳大利亚人，所有这些人都拥有一个共同的国籍。如果联合王国和一个外国势力（比如法国）发生战争，那他们都是法国的敌人；如果其中有人站到了法国一边，那么这个人就是叛国者。但同时也没有像不列颠住所之类的说法，因为对于所有不列颠的领地而言并不存在一个共同的私法制度。一个人居住于英格兰或苏格兰、新西兰，他居住地的法律很大程度上随其居住地的变化而变化。如果我放弃了自己在英国的住所而选择苏格兰的住所，这将对我产

生非常重要的法律后果，但我的国籍却保持不变。因此，说英格兰时请让我们仅指英格兰，仅指这块包括52个郡的土地。

还有另外一个特点我们现在必须时刻关注：我们是关注法律问题的法律家，但这样一种对现行政府模式只从规范层面上进行表述将是非常不够而且当然也是很不明智的。举一个最重要的例 342
子：所有人都知道内阁的组成至关重要——的确今天我们政治生活中的一大部分都是由内阁决定的，但大部分人都知道而且每一个人也应该知道，内阁并不是一个由法律所设立的机构：作为一个机构，它没有法律上的权力、权利和义务。于是，我们不得不在每一步上都区分法律问题和非法律问题、法律问题和习俗或惯例问题。这两者是密切交织在一起的，正如戴雪先生（Mr. Dicey）在其有关宪法的经典讲座（借此我要向你们强烈推荐予以注意）[①]中所表明的那样，我们的宪法性习俗和惯例通过如下事实获得了力量（我们经常能感到这种力量和法律的力量一样强）：它们和法律是如此地交织在一起，以致不违反法律就几乎不可能违反习俗或惯例。因此我们必须将这一特点摆在面前，当我们面对一条规则要问它是不是法律时，我们必须问自己这样的问题：如果违反了它会有什么后果发生？会有人受到惩罚吗？如果是，又是如何惩罚的？或者违反之仅仅是引起公众的抗议，说这种行为背离了先前合理的、宪政方面的先例？

这种谨慎的必要性很大程度上在于我们对形式的认真守护。

① *Lectures Introductory to the Study of the Law of the Constitution* by A. V. Dicey, 6th ed., London, 1902.

今天，依照法律我们的女王几乎享有亨利七世当年依法所享有的一切权力。我们又知道，事实上，今天的国王已与15世纪的国王非常不同，但法律几乎没有采取过什么措施从国王那里夺走其权力。当我们已通过间接方式保证了这些权力在未经议会同意的情况下不会被行使时，我们会认为自己已经做了很多，我们并没有刻意地要去通过一项法律用冗长的语句说明这些权力已经停止存在了。无论人们怎样看待这种实践中的智慧，它的确给讲授我们近代的宪法出了难题。我们经常不得不直面这样的问题：国王所能合法做的事情有哪些？如果他想尽可能地接近于违法而又不违法，哪些又是他所不能做的？回答这些问题往往是困难或不可能的。自光荣革命以来，我们的国王在重大问题上很少趋近于

343 违反法律——通过各种间接的方式他们实际上是被制止去违反法律；因此我们在近代并不存在这样的先例而不得不诉诸古代，而将古代的先例适用于今天这个变化了的时代又经常且很容易引发争议。因此，在国王特权在哪些方面可以达到什么程度的问题上，法律往往是模糊不清的，我们也不得不经常拿以下说法聊以自慰：任何在这些方面行使特权的企图都是极端不可能的。

一、主权机构

（一）国王

《王位继承法》（*Act of Settlement*）将继承王位的人选定在了女选侯索菲娅（Electress Sophia）所出的继承人身上，他们都是新

教徒。无须再说，依据这些条款女性可以继承王位。女王拥有国王的所有权力。当政女王的丈夫并没有权力，如果议会没有使之成为国王，那他就不是国王。玛丽女王的丈夫西班牙的菲力普有国王的头衔，而安妮女王的丈夫则只是丹麦亲王乔治；维多利亚女王的丈夫也只是萨克斯－科堡－哥达（Saxe-Coburg-Gotha）亲王阿尔伯特，直到1857年女王才授予他王君（Prince Consort）的头衔，但他并没有法律上的权力。

“国王万寿无疆”，这是依据《王位继承法》进行的另一种表述。在此之前的数世纪中，王位的继承者在前任国王驾崩的那一刻就开始了其统治。因此从法律上来看，登基并非一个必要的仪式。不过国王登基时的宣誓条款却是由制定法确立的，该法是在光荣革命后马上通过的，这一点前文已经述及。[①]与苏格兰联合的法律进一步要求国王宣誓维持双方各自确立的国教。乔治三世认为，该宣誓妨碍了他对一项去除罗马天主教会无法律能力之议案的御准，但它看来仅意在为国王维持（依据当时生效之法律而存在的）教会加上一道宗教约束，而不是为了在他审视一项别人提议的法律变革时阻碍他的良心判断：女王 344
的宣誓并没有阻碍爱尔兰教会的解散。国王还受《王位继承法》的约束，无论是在其加冕仪式上还是召见其首届议会（不管哪个在前），他都要公开宣称反对变体论（transubstantiation）和该法所列举的其他明显属于罗马天主教的理论。同样是受该法约束，他还要与由法律所确立的英格兰国教肝胆相照、荣辱与共。如果国王与罗马天主教会联合，承认天主教，或是与天主教徒通婚，那他就会失去王位；在这种情况下，

① 参见本书（边码）第285—287页。

王位自动转归其继承人，就像国王驾崩一样。并无条款说如果他不再是英国国教成员，比如，如果他改宗成为了卫斯理宗教徒（Wesleyan Methodist），他也会失去王位。

依据1772年的《王室婚姻法》（*Royal Marriage Act*, 12 Geo. Ⅲ, c. Ⅱ），除非征得国王同意，否则乔治二世的任何后代的婚姻均属无效；但这不适用于公主与其他家族联姻后所出之子女，而且上述规定受制于以下但书条款：乔治二世的后代年满25周岁可以向枢密院表达自己未获国王御准而结婚的意向，如果在12个月内上下两院均未表示反对这桩婚事，那他就可以合法结婚了。

在我看来，除以下情况外当政国王没有其他途径可以停止执政：死亡、与罗马天主教会联合、承认天主教或与天主教徒通婚，还可能包括退位（abdication）。我无法把1327年、1399年或1688年的事件看作法律上的先例，我也无法从中推出任何法律规则。在我看来它们只是革命的先例，而非法律行为方面的先例。如果我们的国王很糟糕，我们很可能应该废黜他；但除非他同意议会通过的剥夺他王权的法案，否则这种废黜就将是革命而不是法律程序。在我看来，甚至是国王退位的权力也值得怀疑，除非是他同意宣布他退位的法律。

至于国王年幼或不能执政的情况，我们的普通法并未作特别
345 规定。在我看来，其理论是国王从来不会未成年或失去能力：他总是能够对议会的法案予以御准。该理论在过去已成就了一些奇异的虚拟性的王权行使；但自中世纪末期以来，未来国王为未成年人的问题总是能被预见到并由制定法提前为此做好准备。因此，1830年时通过了一项制定法（1 Will. Ⅳ, c. 2）规定，如果威廉

去世时维多利亚公主不满18岁，那么由肯特女公爵在公主18岁之前担任其监护人，并行使全部王权——但她无权批准任何意在修改《王位继承法》和《统一法》（*Act of Uniformity*）的法案。事实上这一法律并未生效，因为公主在她叔叔去世时已达到了18岁。1840年通过了一项类似的法律，规定如果女王去世时其继承人不满18岁，那么就由阿尔伯特亲王摄政至该继承人成年。现在并无此类法律在生效，而且现在看来它也没什么存在的必要性。*看来普遍的观念是，国王达到18岁或是不同于通常的21岁的其他年龄就算成年了；但其实这是一个错误。依照普通法，国王从不会是年幼的；但此前在各种情况下通过的制定法（没有哪一项现在还在生效）都选择了18岁作为摄政的结束。有关因国王年幼而出现的实实在在的摄政的例子，我们需要返回到爱德华六世。

我们的法律并未对国王因精神或身体上的疾病而导致无法处理政务的情况做出规定。这一问题在1788年出现了，不过因当时议会已经存在（这样就无须决定该如何召集议会）而没有使这一问题达到最糟糕的地步。但虽然有议会它却处于休会状态，依据先前的做法，议会休会时在国王亲自或通过其委任的特使重开会议之前它不能开展自己的业务。在这一情况下，议会聚集在一起开始讨论该怎么办。有人认为威尔士亲王（即后来的乔治四世）有权摄政或至少是可以提出摄政的法律主张。不过这一说法根据过去的历史被推翻了——根据过去的历史，亨利六世年幼的先例 346

* 维多利亚女王驾崩于1901年，正值梅特兰讲授此系列课程之时，此时女王的继承人早已超过了18岁，因此说此处所述之法律是不必要的。——译者注

可以算作这一主张的终结。但议会还是决定威尔士亲王可以依据议会的法律进行摄政，那么这一法律又该如何通过的问题又出现了。大法官在召开议会的谕令上盖上国玺，然后有人提出一项摄政的法案。人们认为，依据盖有国玺的谕令，就应该推定国王同意了这一法案。不过在这一法案通过之前国王又恢复了正常，于是后来的程序就不必要了。同样的难题在1810年又出现了。国王又在议会休会时失去了治国的能力，而且这一次是不可逆的。1788年的先例得到了遵循。两院同意议会应依据盖有国玺的谕令召开，于是大法官在谕令上加盖了国玺。有人提出了摄政的议案，两院通过，盖有国玺的谕令算是推定国王对该法案表示同意。谕令称，该法律是国王在议会僧俗两界贵族和平民的建议下通过并签署的。王权由威尔士亲王行使，但在诸如创设贵族、授予官职等方面要受到限制。这些就是近代在普通法没有规定的情况下如何进行处置的仅有的先例，显然，当时要是没有议会存在其困难就会更大。

至于“王室成员”(这是一个含义非常模糊的术语)，这里几乎没什么要说的。王后、国王或女王的长子长女及该长子的配偶，受到爱德华三世时期一则定义严重叛逆罪之制定法的某种特殊保护——如果可以这么说的话。在位国王或女王的长子生来就是王国的贵族、康沃尔公爵，但并非生来就享有威尔士亲王的头衔。国王或女王的其他儿女则一出生就是平民，除非后来授予其贵族头衔。1539年的一项制定法(31 Hen. Ⅷ, c. 10，一项有关贵族序列的法律)授予了某些王室成员某种荣誉性的优先权。但这是一个小问题。

（二）贵族院 347

现在的贵族院大约由540名成员组成，因此是都铎王朝时期的10倍。[1]首先来看主教。2名大主教[*]和24名主教在贵族院保有席位。在我们上一次考察这一问题时，所有的英国主教都在那里拥有席位，其中包括那些其教职是由亨利八世创设的主教，或者除索德（Sodor）和马恩主教外的所有主教——该主教从未在贵族院拥有过席位，其原因在于过去他不是英国教会的主教，只是在亨利八世时其主教辖区才成为了约克教省的一部分。1836年以前再没有创设新的主教教职；就在1836年，一道枢密院君令又创设了里彭（Ripon）主教席位，该主教在贵族院拥有席位。但同时格洛斯特和布里斯托两个主教席位又合二为一，因此主教的总数目并没有增加。曼彻斯特主教教职的创设依据的是1847年的一项议会立法，特鲁罗（Truro）和圣安尔班（S. Albans）主教的创设是在1877年，利物浦（Liverpool）主教是1880年，纽卡斯尔（Newcastle）主教是1882年，索斯维尔（Southwell）主教是1883年，全都依据的是议会的立法，但这些法律规定，在贵族院拥有席位的主教数目不得因此而增加。[2]目前制定法所确立的规则是，2个大主教、伦敦主教、达勒姆主教、温切斯特主教和另外21名主教（依资历进行排序）在贵族院拥有席位，其他主教则没有。今天，

① 1913年1月时的数目为636人。

* 指坎特伯雷大主教和约克大主教。——译者注

② 韦克菲尔德（Wakefield）创设于1888年，布里斯托（Bristol）创设于1897年，伯明翰和索斯沃克（Southwark）创设于1904年。

除从未拥有过席位的索德(Sodor)和马恩(Man)主教外，还有6位主教在贵族院中没有席位。[①]

1801—1869年间，依《联合法》，爱尔兰教会由1名大主教和3名主教代表轮流出席议会。

主教的产生还延续了伊丽莎白时代的模式，教士会总是选择王室提名的人；如果不，国王将会依照亨利八世的那项法律通过开封特许状予以任命。

348 因此，贵族院所发生的重大扩容是俗界贵族数目的增加。如果以为存在很多古代贵族爵位的话，那就大错特错了。将英格兰、苏格兰、爱尔兰都算上，能够追溯到中世纪的贵族爵位也不到100个，而且这之中还有大约一半已经合并到更新更高的头衔中去了。现在很少有一年不创设6个新贵族的情况。创设新贵族的权力显然是大臣(minister)手中的一把利器。在上一世纪，贵族即因政治目的而被随意创设。安妮女王在位时的1711年，为了获得多数便一下创设了12个贵族。贵族们对此予以抵制，在1719年和1720年的贵族法案中，他们拟定了这样的条款以限制国王创设新贵族的权力：再创设6个，便将达到最大数额。国王自己倒是愿意认可这一点，但却遭到了平民院多数的否决。于是，我们宪法中的一次重大变动又得以避免。在非常晚近的时代，创设新贵族的权力曾被用于实现非常重要的目标。1832年，贵族院几乎是被强迫通过了那项《选举法修正案》(*Reform Bill*)的，因

① 除索德和马恩主教外，今天(1913年)有10位主教没有席位：索斯沃克、卡莱尔(Carlisle)、伍斯特(Worcester)、格洛斯特(Gloucester)、兰达夫(Llandaff)、罗切斯特、伊利(Ely)、特鲁罗(Truro)、纽卡斯尔(Newcastle)和奇切斯特(Chichester)。

为他们被提醒说，如果再次否决，国王将准备同意创设 80 名新贵族。因此，威胁创设新贵族可能是一把强有力的政治利器，但除非是在极端的情况下，否则大臣也不会轻易使用它。这其中一个显而易见的原因是他无法看到其行为的结局，他可能是在创设一种世袭的权利，而后来者的政治观念并不总与其先辈一致。正如我们已经看到的，在过去的数世纪中，创设贵族的模式一直保持不变，都是通过颁发开封特许状的方式——这通常会授予受封人及其所出继承人以封号（dignity）及随后获得议会召集令的权利；但偶尔也采用其他方式。如我们所见，1856 年，贵族院坚持认为仅授予受封人终身爵位的封授将不赋予他在议会的席位：这是温斯利代尔案（*Wensleydale case*）的结果，但由令状所创设的一些早期的男爵爵位仍然存在。

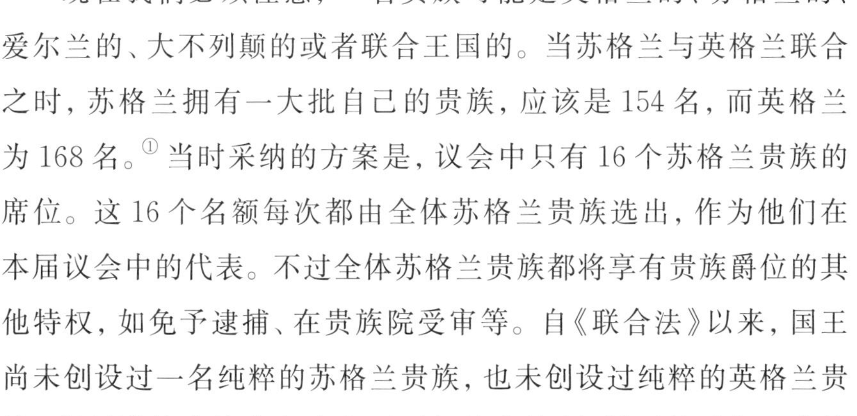

现在我们必须注意，一名贵族可能是英格兰的、苏格兰的、 349 403
爱尔兰的、大不列颠的或者联合王国的。当苏格兰与英格兰联合之时，苏格兰拥有一大批自己的贵族，应该是 154 名，而英格兰为 168 名。[①] 当时采纳的方案是，议会中只有 16 个苏格兰贵族的席位。这 16 个名额每次都由全体苏格兰贵族选出，作为他们在本届议会中的代表。不过全体苏格兰贵族都将享有贵族爵位的其他特权，如免予逮捕、在贵族院受审等。自《联合法》以来，国王尚未创设过一名纯粹的苏格兰贵族，也未创设过纯粹的英格兰贵族：所创设的贵族称之为大不列颠的贵族（如果不是爱尔兰贵族的话），他们将在贵族院中拥有世袭的席位。因此，原来参与选举

① See Pike, *Constitutional History of the House of Lords*, pp. 360, 368.

16 名代表的苏格兰贵族的数目不可能增加，反而在稳定地下降：因为一方面不用说因无后嗣而导致了有些贵族爵位的消亡，另一方面许多苏格兰贵族也被提升为大不列颠贵族。当后一种情况发生时，因此而在贵族院拥有世袭席位的原苏格兰贵族便无权再代表苏格兰出席议会。况且这种提升是如此频繁，以致总有一天苏格兰贵族的数目将会不超过 16 个，这样他们便无须选举了。我相信现在仅有 32 名苏格兰贵族，不会有再多。[1]

与爱尔兰联合之后所采纳的方案在某些方面与苏格兰类似，其他方面则颇为不同。爱尔兰贵族在贵族院中有 28 名代表，但这些代表却是终身任职。有法律规定，当有 3 个爱尔兰贵族爵位消亡时，可创设一个新的，直至其数目降至 100，这样它就“可以”

350 保持在这一数目。威廉·安森爵士（Sir William Anson）说，[2]法律规定这一数目“不应”[*]降至 100 以下；但这在我看来却是一个明显的错误（39 and 40 Geo. Ⅲ, c. 67, art 4 规定，“它将并可以是合法的”）。因此自《联合法》之后，国王曾经并仍然拥有一定（但受到限制）的创设爱尔兰贵族的权力；他创设的其他贵族则属于联合王国的贵族，后者拥有世袭的被召至议会的权利。

非贵族院代表的爱尔兰贵族可在大不列颠的任何地方（爱尔兰除外）被选为平民院议员。在他在平民院拥有席位期间，他在许多方面都被作为平民来对待：他无权接受贵族的审判——而其

① 这类贵族的数目今天（1913 年）已降至 19 人，因为在 86 名苏格兰贵族中，已有 51 人有了帝国贵族的头衔，而 16 人则选入了贵族院。

② *Law and Custom of the Constitution. Parliament*, 3rd ed., p. 197.

* 此处引号为译者所加。——译者注

他爱尔兰贵族，无论是否贵族院代表，都拥有此种权利。另一方面，对于一名苏格兰贵族而言，尽管他并非贵族院代表，仍无资格出席平民院。

1876年，一个被称为“常任上诉法官”（Lords of Appeal in Ordinary）的新的贵族阶层被创设。依据当年的《上诉管辖权法》（*Appellate Jurisdiction Act*, 39 and 40 Vic. c. 59），女王被授权在当时即委任2名常任上诉法官；一俟特定事件发生，该数目首先可以上升到3个，然后是4个，目前为4个。被委任者需满足该法所设定的资质要求，即曾任某些高级司法职务或出庭律师、代诉律师（advocate）达一定年限。他们领有薪金，其职责是参与贵族院的司法事务。依据1876年的该项法律，若无不端之举他们即可一直保有其职位，但若有上下两院同时呈文即可被撤职。其头衔不能世袭，但实际上一旦拥有该职位，他们就是王国的贵族和贵族院的成员；当贵族院作为立法机构出现时，他们也可以出席、辩论和表决，如同它作为法庭出现时一样。他们不是终身贵族（life peers）而是职务贵族（official peers）的事实被很多人所强调，351
有人将其地位与主教相比。不过在一些年之后，首批委任的贵族中有一位叫布莱克本的贵族（Lord Blackburn）辞去了其职位。依据1876年的那项法律，他将因此而不再是贵族；但依1887年的一项法律（50 and 51 Vic. c. 70），无论辞职与否，常任上诉法官在其余生都可以继续作为贵族院成员出现。因此事实上这些爵位已成为终身贵族，而不只是职务贵族。

有关那些可能导致一个人丧失出席并在贵族院投票之资格的事由，你们可以参看威廉·安森爵士对以下问题的讨论：外侨身

份、破产、未成年、重罪和贵族院的刑事判决。[①] 我们当然应该将丧失出席和投票的资格与被剥夺贵族爵位区别开来，直至近代，贵族爵位仍可因犯叛逆或重罪而一劳永逸地消亡。但因 1814 年的一项法律（54 Geo. Ⅲ, c. 145）对此处罚有所减轻，后来便日趋缓减，我想今天贵族爵位实际上已不可能因此而消亡，但我不敢肯定这绝对不可能。假设有贵族犯有叛逆或重罪，并被逐于法外，我想其爵位是会被剥夺的；但实际上，逐于法外的程序已遭废弃。

（三）平民院

有关平民院议员的情况，我们应该问如下一些问题：其人数有多少？由谁选举产生？候选人应具备什么资格？如何选举产生？

1. 我们已经考察过了晚至威廉三世统治末期时英国议会下院议员数目的变化，其时为 513 人。1707 年与苏格兰联合后，45 名苏格兰议员被吸纳入大不列颠议会；1801 年与爱尔兰联合之后，又增加了 100 名爱尔兰议员。于是，联合王国议会议员的人数达到了 658 人。新的《改革法》（*Reform Acts*）在议员总数和 3 个王国的名额分配上几乎没有什么变动，目前议员总数为 670 人，其中英格兰（我通常也将威尔士包括在内）495 人，苏格兰 72 人，
352 爱尔兰 103 人。最大的变动是将苏格兰的名额由 45 人提升至了 72 人。

2. 有关郡和自治市选民资格之法律的历史与现状，如果要做

---

① *Law and Custom of the Constitution. Parliament*, 3rd ed., pp. 211—213.

彻底研究的话必定是一个非常复杂的话题。我强烈推荐诸位去看威廉·安森爵士著作的相关章节。这在我看来是对该主题的一个很好的基础性说明。[①]关于最近那项法律（1884年的那项法律[*]）的情况，威廉·安森爵士有一篇文章发表在《法律季评》（*Law Quarterly Review*）的首期上，我想这将有助于你们解开这团迷雾。我将就这一主题有所展开，但不会依循安森爵士的模式。这倒不是因为它不好（相反它可能是最好的），而是因为重复已在或应在你们手上的这本书的内容对我无益，而且从不同角度来看该法律的每一个要点是很必要的。

该法的复杂性缘于如下事实：在保持了4个世纪的基本不变之后，在过去的60年里它已发生了3次急剧的变革。当然，我指的是1832年的《改革法》（*Reform Act*）和1867年、1884年的《人民代表法》（*Representation of the People Acts*）。这些法律带来的变化相当之大，但该法（law）作为整体却尚未予以编纂或被重述；在面临这些制定法之时，我们仍需考虑这一法律（law）[**]本身，看它究竟在哪些方面已被这些制定法所修改，还要看后来的制定法是如何对以前的制定法进行增补的。

开场白还得多说一句。你们会发现，在我们全部的历史中，选举人资格在这种或那种意义上取决于他与位于该郡或自治市的某项不动产（泛而言之）之间的关系，如土地或保有地，又如某

① *Law and Custom of the Constitution. Parliament*, 3rd ed., c. v.

* 很可能是指下文提到的1884年的《人民代表法》。——译者注

** 注意此处law与act的区别，前者可视为某一领域规则的总和，后者则特指议会为此制定的规则。——译者注

些可供居住的房屋。我们需要考虑的问题是，究竟哪种保有地在
这里是有意义的？可供居住的房屋是否必要？一个无人在其中安
睡的仓库是否适格？没有建筑物的土地是否可以？还有，一种无
353 体的可继承财产（incorporeal hereditament），如收取什一税（tithes）
的权利或一个完全保有的职位（a freehold office），能否赋予选举
权？此外，保有地的价值要达到什么要求？40 先令，还是 12 英
镑或 50 英镑？其价值又是如何估算的？还有一点我也要提请你
们注意，我们同样必须考虑选举人与该保有地之间需要是一种
什么样的关系？不同时期、不同制定法、出于不同的目的，对此
关系的要求亦不同。有时要求是财产权（proprietary）性质的，选
举人对保有地必须享有某种地权（estate）或利益（interest）：自由
保有地权（freehold estate）可能是有必要的；或者，公簿保有地权
（copyhold estate）或租赁保有权（leasehold interest）可能就足够
了。各种自由保有地权之间又有不同。有时光有财产性权利还不
够，还必须亲自占有。比如，你被赋予对该土地的收租权还不够，
还需要占有它。再或，法律可能不坚持要求享有财产性权利，但
却要求物理上的占有（occupation），而这一概念在法庭上又要求
具备很多条件。当主人住在别处而将其此处的房屋交于仆人独
自管理时，该仆人占有其主人的该房屋吗？一名本科生或学院的
院师占有（我们称之为）“他”在学院的房屋吗？或者是这些房子
为学院这个法人所占有？再有，法律有时还会强调占有之外的东
西：选举人必须是一个长期居住于此的占有人；我可能占有此房
子，但并不居住于此。因此在解读这些法律时，你必须仔细注意，
它们是如何描述人和物之间的关系的：要求的是财产性权利，还

是占有，还是这两者兼而有之，或者是占有或居住的事实。最后，有些制定法已将纳税作为某些资质的必要部分，这已经以某种令人迷惑的方式完成了。

郡和自治市的选举权显然一直，并依旧适用不同的规则。与以往相比，最近也就是1884年的那项制定法使这二者较之以前更为统一，然而我们仍不可等同视之：适合郡的资质要求并不总 354
适合自治市，反之亦然。不过在下面即将开始的历史概述中，我将把它们放在一起，（也就是说）这一概述将自然分为四个阶段：(1) 1832年之前；(2) 1867年之前；(3) 1884年之前；(4) 1884年之后。在每一阶段，我都将先谈郡的选举权，然后再谈自治市。尽管总体上依循了英格兰的做法，苏格兰与爱尔兰选举权的历史在许多细节上还是与之颇有不同，不过对此我们恐怕不能谈得更多。有关英格兰郡选举权的情况，我们必须返回到1430年的一项法律（8 Hen. Ⅵ, c. 7）：作为议会代表的郡骑士将由居住于本郡的民众选出，选民们需要拥有自由地或保有地，且该地产当年之价值在刨去各项费用后至少要达到40先令。1432年的一项法律（10 Hen. Ⅵ, c. 2）解释说，该自由保有地应位于选举所在郡。我们可以质疑这些措施的目的是否在将那些已经常参与选举的任何一个为数众多的阶层排除在外，但其结果则是要确立一种以财产为标准的资格要求——起初这一要求实际上相当之高，尽管后因货币贬值而变得很低了。你会注意到，1430年的法律不仅要求拥有自由地产，而且需要在本郡居住。不过这一要求后来已为人们所遗忘（我无法确定是怎样及何时），并为1774年的一项法律（14 Geo. Ⅲ, c. 58）以久遭废弃为由而清除。同时还有一项更为古

老(1 Hen. Ⅴ, c. 1)同样也早被忘却的要求也被废除了：当选的骑士和市民应居住于该郡或该自治市。已被取消的这一要求可追溯至1413年，但也早被忘却。因此郡选举人的资格逐渐确定为纯财产性的：拥有价值不低于40先令的自由地或保有地。请注意，只要达到所要求的价值，任何性质的自由保有地权都将赋予选举权，甚至是终身保有地产或在他人生存期间保有的地产。1832年时，对郡选举资格规定的主要反对意见不在其太高，而在其变化
355 多端，令人无法琢磨。对租赁地保有人或公簿地产保有人来说，无论其权益价值多高，都没有选举权；另一方面，一份40先令的终身收租权就足够了。据说有人曾依在教堂中自由保有的包厢和自由保有的坟墓来主张选举权。当然，这使得冒充具备选举资格轻而易举。上世纪有几项制定法就意在制止对此的滥用，尤其是1745年的一项制定法(18 Geo. Ⅱ, c. 18, sec. 5)，它要求选举人必须实际占有其自由保有地或者从该地产上收取租金或其他收益已满12个月，除非该地产(权)是通过法定继承、婚姻、婚前财产设定、遗赠、擢升至某一教职或世俗职位而获得。其要旨在于：如果你的权利是通过上述这些途径获得的，就无须坚持要求其有实际占有；但另一方面，如果你是通过买卖或生前赠与而获得，便有作假以冒充具备选举资格之虞。于是为了证明交易属于善意，便要求实际占有要满一定时间。

你们还应进一步了解，1832年之前，选举前并不准备选举人名单。自《改革法》以来，财产、占有等选举资质严格来说并不赋予一个人投票的权利——它们只能使你有权登记为选民。严格来说，赋予一个人投票权的唯一资质是他登记为选民之事实。1832

年以前的做法是，可能的投票人来到选举站，呈递其选票，并当场宣誓其具备了制定法所要求的资质，即拥有自由保有地，并实际占有等等。现在的程序则颇为不同，未经登记为选民者不得投票；另一方面，该登记在许多方面（尽管不是所有方面）都是终局性的，登记者都有权投票。

关于自治市，在1832年之前，其所要求的选民资格因自治市的不同而不同，对此并无一般性的法律，制定法也几乎从未涉足于此。每个自治市都有自己的历史，这一问题或者通过特许状的条款，或者通过古代惯例加以解决。威廉·安森爵士在这一问题上有数页论述，这在我看来是如此精妙以致如果重述该问题我只 356
能是为其释义。[①] 尽管变化多端，有关自治市市民们的选举资格还是可以分为以下几大类。首先是土地保有。一些依特许状自我转变为郡的镇区已采纳了郡的标准。除伦敦外，现在有17个镇区或自我成郡，或与别的地方形成了郡共同体。[②] 在某些这样的地方，拥有价值40先令自由保有地的选举资格标准被采纳。在其他一些镇区，市镇农役保有（burgage tenure）则可以赋予选举权。该保有形式是农役保有在某些古代自治市的变种，在中世纪时相当重要，因为在制定法允许一般性的自由保有地可通过遗嘱处分之前很久，市镇农役保有地早已可依习惯而由遗嘱加以处

① *Law and Custom of the Constitution. Parliament*, 3rd ed., pp. 103—105.

② 在原有的17个郡自治市（county boroughs）基础上，1888年的《地方管理法》（*Local Govemment Act*, 51 and 52 Vict. c. 41）又创设了44个郡自治市，并规定在人口达到5万的条件下，任何镇区均可依地方管理委员会的命令而组建为郡自治市。1901年的调查显示，当时有67个郡自治市。

分。在本地居住(要满足这样或那样的条件)构成了获得自治市选民资格的第二项要求。我相信,如果特许状或习俗没有相反规定,该权利会被认为是赋予了“居住于本地的房屋所有人”;如果有什么可被称为普通法上的选举资格之规定的话,那就是这一项了。当然经常的情况是,该权利由那些承担税役(scot and lot)者行使,准确地说,是那些支付税金(scot)和承担役务(lot)的人。“scot and lot”指古代对于地方公共负担的参与,“scot”指货币税金;“lot”指个人完成的劳务,比如人们被强迫担任市政职务,出任市长、市政委员、警务长等等。有义务承担此类公共负担者被称为“bear lot”(承担役务)。在现代,缴纳济贫税的义务则成为一般的检验标准,那些被核定缴纳该税者被认为要承担税役。有时该权利又被赋予那些因为一个奇怪的错误而逐渐被称为“potwallers”甚或“potwallopers”的人(独立生火举炊的家庭选举人)。该错误源于将旧式的“W”读作了“B”,这个单词实际上是“potboilers”。这里,宪法自然是相当民主:即使拥有房屋举家过
357 日子(householding)亦非必要,只要独自拥有一个有炉灶的单人房间就足够了。在第三大类自治市中,被赋予选举权的是自由人,即为特许状所创建的市政共同体的成员。自治市的自由和市政共同体的成员资格可以由多种途径获得,有的人是生来自由,有的人则通过婚姻获得,还有的人则通过实际或仅是名义上作为某自由人的学徒在其行会或商会里提供服务而获得。在有些地方,自治市的自由还可以给予或出售。在伦敦,一个商业公司(如同业工会)的成员身份变成了获得选举权的必要条件。最后,还有一类经常被称为“紧密性自治市”(close boroughs)的情况。在此,

王室特许状将投票权仅限于自治市的统治机构——经常是一小拨市政委员选出其继任者。这类特许状是都铎王朝和斯图亚特王朝时期国王力图控制议会而努力的结果——这些努力并不很成功，因为这些自治市通常又落入了大土地所有者的掌控之中，从而沦为了“口袋自治市”（pocket boroughs）*。

简言之，这就是第一部《改革法》之前有关地方选举权的情况。就英格兰各郡而言，该法对过去的规定做出了修改，并引入了一些新的有关选民资格方面的规定。旧的规定是要求拥有价值40先令的自由保有产，就此，该法要求主张登记为选民者应当：（1）实际占有其所称之保有地；或（2）对其拥有可继承的地权；或（3）应通过婚姻、婚前财产设定、遗赠或升迁获得其地权；或（4）应拥有年价值不低于10英镑的地产（权）。换言之，它剥夺了其地产（权）价值在40先令至10英镑之间的自由地产保有人的选举权——如果其地产（1）是非可继承地权；（2）不是通过婚姻、婚前财产设定等而获得；（3）并非实际占有。但是，当然，该法所带来的更为重要的变化是创设了一些新的资格限制。它赋予以下人员选举权：（1）占有普通法或衡平法性质的任何年净值10英镑（含）以上的土地或保有地，而不论其是公簿保有，还是任何非终身（或更长时间）保有的自由地产；（2）对任何年净值10英镑的土地享有承租权或受让权，且初始创设期限为60年（含）以上； 358
（3）对任何年净值50英镑的土地享有承租权或受让权，且初始创

* 指1832年之前英格兰由个人或家族控制的市镇选区。参见陆谷孙主编：《英汉大词典》，上海译文出版社1993年版。——译者注

设期限为20年(含)以上;(4)作为承租人占有任何土地或保有产,且因此应交纳的地租不少于50英镑者。

因此从那时起,拥有选举权的人就包括:(1)年值40先令的自由地产保有人,但如前所见,这并不是在任何情况下都会赋予你选举权:在保有之地产仅限终身的情况下,要求其年值达到10英镑;(2)年值达到10英镑的公簿地产保有人;(3)年值达到10英镑的长期租赁产保有人;(4)年值达到50英镑的短期租赁产保有人;(5)年值达到50英镑的地产实际占有人。因占有而获得选举权对郡来说还是一件新鲜事,任何实际占有年地租价值50英镑地产的人都将享有投票权,无论其地产的性质如何。还要注意,这里所应支付的地租数额成了关键,他所支付的年地租不应少于50英镑。

至于自治市,该法则极大地简化了当时既存的复杂规定,并引入了一套统一的有关自治市选民资格的规则:选举权的主张者必须作为所有人或保有人而实际占有任何房屋、仓库、存账房(counting house)、商铺或其他年净值达到10英镑的建筑物;他必须在正式确定的选举日之前占有该房产满12个月;如果有济贫税,他必须已被估定过并缴纳了税金;在过去的6个月内,他必须居住在本自治市内或距离其7英里的范围内;注意居住与占有的区别。自1832至1867年,这是适用于所有自治市有关选民资格的统一规定,通常称之为基于占有10英镑房产而产生的选举权(£10 occupation franchise)。有关过去的选举资格(需要提醒诸位的是它们随地区而变化),该法从总体上保留了现有投票权人的既有权利,但却施加了某些限制。这一保留不需要再予以考

虑了，因为其效力规定已消耗殆尽。但（也是更为重要的）它却永久性地保留了某些早已存在的有关自治市选民资格的规定。我可以一劳永逸地说，这些规定今天仍被保留着，尽管近来因选举权的扩展它们已不再重要。这些被保留的资格限制是：(1)已存在
于那些独自成郡的镇区中所要求的、拥有自由保有产或市镇农役 359
保有产的规定；(2)已存在于某些自治市的要求其为自由民、自治市市民或同业工会成员的规定。但有关要求其为自治市自由民、自治市市民（即依据当时宪章作为市政共同体的成员）的规定，被施加了某些限制：他们还被要求居住于自治市内或其方圆7英里范围内，因为自治市未来的自由本身并不授予选举权——除非通过出生或服役而获得。因此在某些自治市，你还能碰见一些被授权登记为自由民的人。

因此对自治市来说，《改革法》引入了一套统一的有关选举资格的规范，并在能发现的地方（也仅在能发现的地方）保留了一些其他的有关规定——当然已对之有所修正。

顺便插一句，我们注意到，几乎紧随1832年议会改革的是1835年的市政改革。除伦敦外，所有自治市的市政组成实际上都是按照一个统一的方案进行重塑的。每一个自治市内占有一所房屋、仓库、商铺或其他建筑物并因此而缴纳济贫税，且居住于自治市方圆7英里之内的人，都有权登记为自治市市民，并成为这个市政共同体的一员；该市政共同体亦由这些登记在册的市民组成。在该法之前，共同体的成员（当时称自由民）经常数目很少。在人口为75000人的普利茅斯，自由民的数目为437人，其中145人并未居住于此。在伊普斯威奇，只有不到2%的当地居民享有

共同体的特权，这其中还有很多人是领取救济金的穷人。我已说过，自由民的资格限制在某种程度上被保留了下来；但你们应当明白，依《市政共同体法》(*Municipal Corporations Acts*)作为自
360 治市市民的人却没有这种投票权。当然，由于议会选举权近来的扩张，如果自治市需要选出一名议员的话，其自治市市民今天可能也会有投票权，但这并非必然如此。一个市政自治市(municipal borough)并不当然在议会中拥有自己的代表，今天许多市政自治市在议会中还没有自己的代表。再者，议会自治市(parliamentary borough)从地理范围上来说可能与市政自治市非常不同；纵使这两者完全重合，一位自治市市民可能仍无权参加议会选举，而另一方面，一个非自治市市民则可能有投票权。比如房客(lodger)现在有投票权，但却无权登记为市民。这两者必须分清楚，自治市市民的主要权利是投票选举处理自治市事务的镇务委员。

现在来看看1867年的《改革法》。关于郡，其变化主要集中在两方面：(1)你们一定记得，在好几种情况下，1832年的《改革法》都要求符合条件的选举人其保有的地产必须达到年净值10英镑。这是针对终身保有产而言的，不包括像公簿保有产及长期租赁保有产(起初创设的租赁年限不少于60年)等。在所有这些情况下，新法以5英镑取代了10英镑，从而降低了财产方面的资格要求。(2)其次，它降低了占有的标准，或者准确说是引入了一套新的有关占有的标准。选举权人必须在过去的12个月作为所有人或保有人占有一项课税价值为12英镑的保有产，且该保有产必须为缴纳济贫税(如果有的话)而被评定过，并必须已缴纳了该税。你们还记得，当时有关占有的资格限制是要求所占有之保

有产年地租要达到50英镑；这一点并未被废除，而是与新规定并行不悖。至少在理论上非常有可能的是，一个人支付了50英镑地租而保有的房产在纳税估价时尚不足12英镑。因此对于郡而言，1867年的《改革法》降低了选举人在财产方面的要求，并引入了新的占有方面的规定——所占有的不动产在纳税估价时应不低于12英镑。

对自治市而言，这种变化还要更大一些。除原来1832年《改 361
革法》提出的有关占有方面的资格限制外，又引入了两种分别被称之为住户选举权（household franchises）和房客选举权（lodger franchises）的新规定。主张前者需要具备以下条件：一年内以所有人或保有人身份作为当地居民占有本市内任何供居住的房产（住宅），且该房产在这一期间内已因缴纳济贫税而被估价过，并已缴纳了该税金。主张后者则必须：一年内作为房客占有同一所年净值达10英镑的寄所（如果是无家具装饰出租），并且这一整年都居住于此。你会注意到，在这些情况下其资格要求不仅仅是占有，而且是实际的居住：他必须是该住所的居住占有者；他必须居住于该寄所内。如果寄所年净值必须为10英镑的话，任何住所也差不多必然如此。该法现在给出的有关“住宅”（dwelling-house）的定义是如此宽泛（远超出其一般含义），以致有时很难将住宅的居住占有者和寄居于寄所的房客区分开来。

我们现在要谈到的1884年的《改革法》是一部拙劣的立法。宽泛地说，其内容如下：它将1867年《改革法》引入自治市的10英镑占有选举权、住户选举权与房客选举权扩展到了郡。你们记得住户选举权是作为居民而占有任何价值的住宅，不管其有多

小；而房客选举权则是房客占有并居住于价值10英镑的寄所内。但无论是对郡还是对于自治市，住户选举权都扩展(如果你愿意，也可以称之为创设了一条新规定)到了仆人。如果甲因供职、服务或受雇于乙而独自居住于乙未予居住的任何住宅，那么甲将被作为承租人而被视为是该住宅的居住占有者。你们看该规定会涉及什么情形：我的园艺工居住于我的一所小阁楼里，并不支付房租而是因此而少领一些工钱，那么他就将拥有选举权，但无此条
362 款他就不会有选举权；而与我同居一室的男管家则仍无投票权。再者，郡和自治市的占有选举权资格又被予以了重塑。同一条件对二者都有效，即要求选举权人占有任何年净值10英镑的土地或保有地。这实际上是降低了郡的选举权资格，因为原来的要求是课税价值应为12英镑。它还将此条件扩及自治市——在这里，到此时为止，能够赋予选举权的保有产不是任何土地或保有地，而是房屋、仓库或其他建筑物。因此它将自治市与郡的占有选举权资格变得非常相近了，但还不完全相同：自治市选民还要求居住于本市或方圆7英里范围内，而郡则无此规定。

因此，宽泛而言，最终的结果是这样，整个英格兰流行三种有关选举资格的规定，无论是在因选举之目的而被称之为郡还是被称之为自治市的地方：(1)作为常规居民住户占有一所住宅；(2)作为房客占有年净值10英镑的寄所；(3)占有任何年净值10英镑的土地或保有地。此外，在郡内还有有关财产方面的资格限制，包括过去要求拥有40先令自由保有地的规定(尽管已有诸多限制)，拥有年净值为5英镑的公簿保有地的规定和50及5英镑租赁保有地规定。

此外尚需注意，这些改革法（尤其是最后一项）已给整个议会代表体制带来了重大变革。表面上我们仍可将其划分为自治市和郡的代表——这种区别仍具有某种重要性，因为如我们所见，某些资格限制仍存在于郡但却不适用于自治市。但说实话，任何有关郡和自治市这方面的说法在今天都很可能让人产生误解。

首先，自1832年以来，议会组织区划已相当独立于市政组织
区划。所谓的自治市代表，经常代表的是一个并无市政组织的地 363
区。自1884年以来，这已相当普遍。较大的镇区已被划分为许多区，每区再选出自己在议会中的代表。以利物浦为例，以市政形式出现的利物浦自治市在议会中并无代表，而其下的阿伯克龙比（Abercromby）区则有自己的一名代表，埃弗顿（Everton）区、埃克昌吉（Exchange）区等也各有一名自己的代表。东曼彻斯特有自己的代表，东北曼彻斯特等也是这样。郡也被划分为许多区。剑桥郡（Cambridgeshire）作为一个整体并无自己的代表，但其切斯特顿（Chesterton）地区、纽马基特（Newmarket）区和威斯贝奇（Wisbech）区却都有自己的代表。再者，经常出现的情形是，选送代表的地区总是大于或小于以市政组织形式出现的地区。简言之，1884年《改革法》的趋势是将英格兰划分为诸多选区，有的成为郡分区，有的成为自治市或自治市分区。泛而言之，这些分区要求人口相同。这一原则并未予以严格执行，某些方面也不得不照顾到已有的安排，但它仍朝着将英格兰划分为平等选区迈出了一大步。

因此，古代那种共同体（由一群有组织的人组成，无论是称郡还是自治市，经常作为整体行事，拥有共同的权利和义务）代表的

观念，已让位于人的代表，一群无组织的杂乱的（即使组织起来也仅仅是为了选出代表）人的代表。

在列举完选举资格后，还应该列举一下不符合选举资格的事由。不符合选举资格的阶层包括妇女、未成年人、贵族（不包括在平民院拥有席位的爱尔兰贵族）、负责选举的官员，以及与选举有关的中介、书记官、信使或类似人员，还有外国人、心智不健全者、被判定犯叛逆罪或重罪者（除非已接受了惩戒或已被赦免）、被确认在选举中有不端行为者和接受教会救济或其他施舍者（有关此项因接受施舍而导致的无选举资格，其具体细节尚不是很确切）。

364 直至非常晚近之时，许多人还因受雇于政府部门而被制定法确定为无选举权，尤其是税务官员和警察；但前者的限制于1868年被取消，后者的取消则在1887年。现在，除了税务官员及选举人的中介和游说者外，几乎不会有人会因其任职而没有选举资格。对神职人员来说，好像至少自其停止由教牧大会确定其征税事务以来，也已享有了投票权。

3. 有关当选者的资格，我将基本上按照威廉·安森爵士的顺序，再加上一些额外的评论。以下人员我将略过：(1)未成年人；(2)心智不健全者；(3)无英国国籍者；(4)贵族；(5)神职人员（英格兰、苏格兰国教及罗马天主教的神职人员都排除在外，但其他宗教团体的教士、执事仍可当选）。妇女也是被排除在当选者之外的，威廉·安森爵士好像是忘了这一点，但这无疑是普通法的规定。女贵族从未在贵族院拥有席位的事实看来也确证了这一点，另外，我也不认为曾有女性当选过平民院议员。制定法规定，破产者无资格当选。被确认犯有叛逆或重罪者，以及被判处死刑、

劳役刑（penal servitude）或附带苦役的监禁（imprisonment with hard labour）、一年以上监禁的人，都不能当选，除非已接受惩罚或已被赦免。这是1870年立法的规定，但看来普通法还将那些被确认犯有叛逆及重罪者排除在外了。剩下要谈的是宗教、公职及财产问题。

议会宣誓与因宗教事由而无资格进入议会的历史非常复杂，我一点也不能肯定自己已经把这个问题弄通了。相关的做法始于1562年的一项制定法(5 Eliz., Ⅰ, c. 13)，该法要求平民院的每一位成员都必须宣誓承认女王的至高无上——女王是王国境内世俗和宗教事务的最高统治者，任何外国的个人或统治者对本王国的宗教或灵界事务均无任何权威。1609年又增加了一项效忠宣誓(7 Jac. Ⅰ, c. 6)，目的是确认国王为合法之国王，教皇无权废黜之。

1678年(30 Car. Ⅱ, Stat. 2, c. 1)又在这些宣誓的基础上增加了一 365

条反对变体论及向神灵祈求祷告和弥撒献祭的公告。以上两则宣誓和这一条公告要求贵族和平民都要遵照执行。于是，上、下两院的大门就这样向罗马教会的成员关闭了，他们中有人可能还准备接受那两则与教会管理相关的宣誓，但有关宗教理论的这一公告则与其最基本的信条完全不符。就在光荣革命后不久，这两则有关效忠和女王至上的宣誓在形式上发生了变化，头一个变为：“吾赤胆忠心，将效忠于威廉国王和玛丽女王。”第二个是：“对如下理论我深恶痛绝，并视之为异端邪说：为教皇或任何罗马教宗褫夺教籍的国王，可以被其臣民或任何其他人所废黜或处死。我声明：没有任何境外统治者或个人，对本王国境内的宗教事务享有或应享有任何管辖权或权威。”反对变体论的公告仍得以维持。

1701年的一则制定法又增加了一项被称之为“弃绝”(abjuration)的宣誓，其篇幅很长，且带有更强烈的政治色彩：宣誓者放弃对所谓的威尔士亲王的效忠，并承诺维持由《权利法案》和《王位继承法》所确立的王位继承——这一切他要以基督徒的忠贞信念起誓。

这样被排除在外的就包括：罗马天主教成员、拒绝如此宣誓者和非基督徒(我们可以说包括贵格会教徒和犹太人)。1696年(7 and 8 Will. Ⅲ, c. 27)，选举人和当选者一样也被要求进行有关效忠和国王至上的宣誓；同时选举人还需要进行弃绝宣誓。同一年，贵格派成员被允许通过做出一项确认以取代宣誓。乔治一世登基时，誓词又有轻微变动。当时天主教教徒在上、下两院均无席位，直至1829年；准确地说，他们不能在议会选举中投票，但在选举中向选举人呈供誓词的过程使整个选举变得如此冗长，以致

366 除非是候选人要求否则此程序便不再履行了；1794年的一项立法(34 Geo. Ⅲ, c. 73)认可了这一省略，因此我料想天主教教徒的确参加了投票。1829年的《天主教助济法》(*Catholic Relief Act*, 10 Geo. Ⅳ, c. 7)代之以另一则天主教徒可以接受的宣誓——他们要宣誓效忠，宣誓教皇在本王国无世俗管辖权或权威，并不得颠覆英国国教组织，或行使任何特权以削弱本王国境内新教的发展。这样，接受此宣誓的天主教徒可以在上、下两院拥有席位，并可在议会选举中投票，不过担任圣职之天主教徒被明确排除在平民院之外。在这之前的1828年，一项被统称为取缔《宣誓检验法和联合法》(*Test and Corporation Acts*)(《宣誓检验法》〔*Test Act*〕并未完全取缔)的运动，使得对所有不从国教者(non-conformists)

的高压有了很大程度的缓和，但这与我们无关。新教中的持异议者虽一直未被排除在议会及议会选举之外，但一项应受领圣事的要求却又一直将他们排除在了许多公职之外。不过自1727年以来，由于议会每年都通过对未领圣事的公职持有者予以免除处罚的法案，这一要求实际上一直都在被规避。1828年，该圣事检验标准为一项声明所取代，后者要求声明者不得运用其特权以损害英国国教。做出此项声明的要求于1868年(31 and 32 Vic., c. 72)被取消，但还是要返回到议会选举的检验标准上来。

选举人所被要求做出的各类宣誓在1832年的《改革法》中都消失了，除了一项关于其身份的宣誓：他要宣誓他就是所登记之人。1858年(21 and 22 Vic., c. 48)，一种新的宣誓取代了旧有的效忠、国土全上和弃绝宣誓。它要求宣誓者要效忠于女王，维护《王位继承法》所确立的王位继承原则，并且要声明，任何外来势力、教职人员或统治者对本王国境内的宗教或灵界事务均无管辖权或权威。1829年，为罗马天主教徒所确立的特别宣誓仍得以维

持。1858年的另一项立法(21 and 22 Vic., c. 49)使得两院在有犹 367
太人称自己为本院议员时，可以省略“以基督徒忠贞信念起誓”的字样。这实际上是一个妥协：因为在过去的一些年中，平民院一直在为犹太人状况的改善而向贵族院提交议案，但都遭到了拒绝。平民院接受了犹太人，而贵族院仍将其排除在外。1866年(29 Vic., c. 19)议会的宣誓得以简化，变为忠于女王、维护《王位继承法》所确立的王位继承原则；其中并未提及教皇，“基督徒忠贞信念”的字样也消失了，天主教徒和犹太人也可以进行其他人所被要求的宣誓。1868年，宣誓内容进一步被简化：“赤胆忠心，吾将

效忠于维多利亚女王及其依照法律所立之后继者。上帝见证！”更有甚者，未予宣誓并不使之丧失其席位，而是要受到每次投票支付500英镑的惩罚。其结果如在布拉德拉夫案（Bradlaugh's cases）中所确立的那样，安森爵士已清楚地解释过了。[①]1888年通过的一项法律（51 and 52 Vic., c. 46）规定，如果有人对被要求进行宣誓持有异议，并陈述其理由为无宗教信仰或该宣誓有悖其信仰，则他可以郑重确认（solemn affirmation）来取代宣誓。

现在来看一下有关担任公职者的问题。普通法上与此有关的唯一规定，好像一直是关涉郡长（可能不能代表其所在郡出席议会）和三个普通法法庭的法官。但这些已被制定法中有关无当选资格的规定所吸收，它包括所有与选举有关的官员和几乎所有会出任法官的人，而后者又包括高等法院、上诉法院、郡法院的法官和警务治安法官。季审法庭法官（recorder）可能不能代表其工作所在镇区出席议会，修订选举人名册的律师（revising barrister）则不能在其辖区内当选。另一方面，不领薪的基层民事法官、治安法官并未被排除在可当选者之外。法官亦未被排除在贵族院之外——英格兰首席法官（Lord Chief Justice）就经常会被册封为贵族。

368 有关其他公职，立法一直都非常复杂。要展示议会于上一世纪初所采取的观点，我们可以从《王位继承法》中所确立的宽泛原则出发：任何从国王那里拥有公职或可获益之职位者，均不得在平民院担任议员。该规则本来一俟汉诺威家族登上王位即将生效，但在生效前却被1705年的一项制定法（4 Anne, c. 8）取消了。

① *Law and Custom of the Constitution. Parliament*, 3rd ed., pp. 87—89.

该法在实质上制定了一条成为后来所有相关立法之基础的原则，该原则亦为1707年一项至今仍生效的法律(6 Anne, c. 41)所重述。简言之，上述原则大意如下：任何从国王处拥有公职或可获益之职位者，如果其该职位创设自1705年10月25日，则不能当选或作为平民院议员出席下院；其次，如果有议员将从国王处接受任何可获益之职位，则其当选将作无效处理，重新选举的新令状将会签发，如同此人死去了一般，条件是他还具备再次当选的资格。因此，这将职位划分了新旧两种，拥有新职位将完全与其在议院的席位相冲突；而旧职位则不同，接受此类职位者必须先空出其席位，但仍可重新选举。而职位之新旧，则取决于其是否创设自1705年10月25日。

我几乎无须停下来指出，如果上述《王位继承法》中的那一条款成为了王国永久性法律的一部分，我们议会的历史将会如何不同：我们将不会有现代的内阁制度，大臣们被国王所召至的贵族院也将远比平民院重要得多。安妮女王的法律是许多复杂立法的基础。在协助国王创设新职位时(因为涉及政府开支的划拨，国王在无议会配合的情况下创设新公职已变得非常困难)，议会总体上已明确提供了三种情形，而一个新职位则很可能就属于其中之一：(1)它是否与平民院的席位完全不匹配*？(2)接受此职位将导致其在议会中的席位空出，但接受者仍有资格当选；(3)接受此职位将既不使之丧失当选资格，也不使之空出其席位(如果有 369
的话)。我们可以从这些复杂的制定法中大致得出一条宽泛的原

* 大概如下文所提到的文职官员的情况。——译者注

则；当然，在每一种具体情况下你还必须去查找相关的制定法本身，必须问该职位是新还是旧，以及法律是否为其制定了某些明确的条件。但总体上宽泛的结论是这样，王国政府高级职位的拥有者可以在议会拥有席位，但接受此类职位将必须空出其席位。另一方面，国王文职系列之从属职位的拥有者通常绝对无资格出席议会。我们今天的体制要求各主要部门的首脑（他们在总体上构成内阁）应出席议会，并在此为其部门的事务做出答复。我要说的是，我们的体制要求这样，当然法律并无此要求。没有哪项法律要求大臣们必须出席议会，有时一段时间内某大臣可能在议会中找不到席位，但如果不是几乎所有的大臣都出席了议会，王国的事务就无法依照某种惯常的方式来执行；如果无法在议会中找到席位，他们就得尽快辞去其职位。另一方面，附属的文职官员被法律排除在议会之外，其结果是我们拥有了一个永久性的文职业务，一群不以任何特定政策倾向予以标识的文官群体。如果他们也在议会拥有席位，就会很容易与其上级共同退出，这将使整个文职与大臣一起变动。总体框架就是这样。陆、海军官员并未被排除在平民院之外。关于养老金领取者（pensioner）和合同工的情况就不需说了。

下面谈谈有关财产方面的当选资格。我们已经看到，中世纪时曾力图采取措施保证所谓的郡骑士应是真正的骑士，或至少是知名的候补骑士（esquires）。不过这一要求看来在16世纪时已经消失，17世纪并无财产方面的资格限制。1696年，上、下两院通过了一项旨在确立不动产方面资格限制的法案；光荣革命时期，土地所有者成为了统治阶层，但国王拒绝签署这一法案。1710

年，经过一次更为成功的努力最终通过了一项法律（9 Anne, c. 5），370
确立当选者必须拥有某种地权，其年价值对郡来说要达到600英镑，自治市要达到300英镑。该法一直生效至1832年的《改革法》之后，但在1838年（1 and 2 Vic., c. 48）则有了一些变化：符合条件的收入仍是原来的数目，但动产也可以包括在内。1858年（21 and 22 Vic., c. 26），有关当选者财产方面的资格限制全部消失了。其结果是，尽管一个人可能穷得无权参加议会选举的投票，但他却仍可能当选从而有权出席议会。

4. 有关议员的选举方式，特别值得注意的是1872年《无记名投票法》（*Ballot Act*, 35 and 36 Vic., c. 33）的通过，此前的选举都是公开、记名的。该法原本只是一项有效期仅为8年的临时性法律，但自那以后每年都通过一些年度性的法律维持了其效力。我想我们必须认为它在事实上已成为了宪法的一个永久性的部分。在被采纳之前，有关无记名投票的主张已在议会被提出了四十多年。

如前所述，选举登记制度是由第一次《改革法》引入的。未登记者不得投票；一般而言，登记册上的人都可投票（但这好像并非事实）。选民登记每年由法官（负责听取有关主张或反对某人是否有选举权之案件的修订律师）专门委任的出庭律师予以修订。1843年（6 and 7, vic., c. 18），一起针对修订律师之决定（其中涉及法律问题）的案件被允许上诉到皇家民事法庭。现在此类上诉归高等法院管辖，经其同意还可上诉至上诉法院。

5. 关于有争议选举的裁决权是另一码事。我们已看到，在詹姆士一世时期，平民院主张并赢得了此权力，并视之为自己的特权。18世纪，该权力曾因党派利益而被不体面地滥用过。议员是否经正当选举而产生，成了一个对政府是否信任的问题。1770年通过了著名的《格伦威尔法》(*Grenville Act*)，将该权力授予一个13人委员会：其组成所依循的程序在保持公正方面更让人放心(10 Geo. Ⅲ, c. 16)。1839年时对此又有了一些进一步的改进，但
371 平民院在交出这项被他们视为特权的东西时显得很不情愿。不过最终还是在1868年时通过了一项法律(31 and 32 Vic., c. 125)，将此事务移交皇家民事法庭——现在由高等法院管辖。选举遭质疑可能基于不同的原因。因此可能有人会声称大多数合法选票并不支持选出的候选人，在这种情况下我们就可以质疑，那些实际投票的人是否真的依法拥有投票权。在某些方面，选民登记显然是终局性的。但在别的方面则不是：因此一个人的投票可能因其未成年人或外国人的身份而被取消，但却不可能出于不具备财产、占有或居住方面的原因。[①]另外，选举还可能因贿赂而引发争议。目前，针对贿赂和其他腐败行为的立法非常复杂和琐碎，几乎不可能一带而过。贿赂是一种普通法上的犯罪，无须诉诸制定法，选举即可因贿赂而无效。贿赂在复辟后变得普遍起来，针对此的立法始于1696年，但上一世纪的议会从未急于反贿赂，而是对法院对议会选举事务的任何干涉都极为嫉妒。1762年时有所动作，但更大的动作出现在80年后的1841年。我们现代与此相关的立法主要有三，分别是1854年、1863年和1883年的立法——最后一项立法是否足够严厉还有待观察。

① Stepney Election Petition, 1866, 17 Q. B. D. 54.

领取工资的权利（郡骑士代表每天补贴4先令，自治市市民代表2先令）从未被明确废除——17世纪时仍被征收过，但我们很怀疑席位的重新配置是否已将之默示取消了。

6. 平民院议员之身份可因下述原因而终止：死亡，本院宣布其丧失神志的决定，成为外国人或贵族，担任圣职（taking
orders），被确认犯有贿赂或其他罪行（我们已讨论过这些不合资 372
格的缘由），破产达6个月，接受公职。议员无权辞去其席位，不过众所周知，该规则被规避了。意欲辞去其席位者可被授予奇尔特恩百户区执事（stewardship of the Chiltern Hundreds）的名誉性职位，依安妮女王时期的法律，这会使其席位空出。但如果寻求该职位是为了逃避驱逐，则很可能不会被授予。

在驱逐其议员方面，平民院拥有毋庸置疑的权力，法律并未力图明确其行使该权力的情形。如果它投票决定因道德败坏而驱逐某甲，则法院不可能给他以任何救济，平民院的自我克制是对该权力的唯一限制。今天该权力已不大可能行使，除非是被控犯罪或有未达犯罪之重大不端行为。此时，平民院一般会等待，直至被法庭审判定罪。1856年，就曾有一名被控欺诈并逃脱了起诉的议员被驱逐。

17世纪，当平民院驱逐一名议员时，它通常会宣布他不能再次当选。显然，这是一项较之单纯驱逐更大的权力。1769年，平民院因诽谤而驱逐了约翰·威尔克斯（John Wilkes），但后者很快又毫无争议地再次当选；当时平民院决定，因已被驱逐，他不能再出席本届议会，并宣布选举无效。但他又再次当选，该次选举又被宣布无效。当平民院冷静下来之后，它逐渐意识到其做法是违法的。1782年时，1769年的决定被作为是对王国全体选民权利的颠覆而被从议会议事录中删除了。从那时起我们就可以确认，平民院无权宣布某人无当选资格。另一方面，虽未被驱逐，议员仍可被中止出席下院一段时间，后来该权力也经常被使用。

373 (四)议会的开会频率与任期

关于议会的召开频率，仍有一项制定法在生效，总共有五项法律需要记住。首先是爱德华三世时期关于年度召开议会的两项旧法律(1330年、1362年)。实际上它们已被忽略，尽管并未被下面我将要谈到的三项法律所明确废止。也就是在近年它们才被取消:1362年的那项法律在1863年被废止，1330年的那项则在1881年(44 and 45 Vic., c. 59)被废止。接下来是1641年的一项立法(16 Car. Ⅰ, c. 1)，它规定议会至少应每3年召开一次，即使国王未予召集。该法因与国王的正当权利相冲突而在1664年被取消(16 Car. Ⅱ, c. 1)，相应地新法仅规定议会的召集与开会最大间隔不能超过3年。1887年，该法又因我即将提到的威廉和玛丽的立法而被视为无存在之必要，进而被维多利亚女王时期的一项法律(50 and 51 Vic., c. 59)所废除。威廉和玛丽的立法(6 and 7 W. and M., c. 2, 1694)确定议会的任期为3年，还规定议会至少应每3年召开一次。这一规定依然有效，并且是依然生效的、涉及议会召开频率问题的唯一一项制定法——如果将《权利法案》中有关议会应经常召开的模糊言辞排除在外的话。

不过我们知道，实际上议会每年都召开会议。我想自光荣革

命以来就是这样。我们还知道为何这是必要的：(1)维持常备军每次被合法化的时间只有一年；(2)划拨给国王的经费只够一年之用。在这种情况下，实际所需比制定法的规则更为严格。

关于议会的任期我们必须注意一个变化。如果忽略长期议会那项规定未经其同意其自身不容解散的立法的话，那么对国 374
王在此方面所施加的第一项限制来自 1694 年的《三年任期法》（*Triennial Act*, 6 and 7 Will. Ⅲ, c. 2）。该法规定，议会任期不得长于 3 年。1715 年的《七年任期法》（*Septennial Act*）以 7 年取代了 3 年。我们已经注意到，该法是议会至上的极好例证：被召集任期为 3 年的议会通过法律宣布自己可以任期 7 年——如果可以是 7 年，又为什么不可以是 70 年？各种缩短议会任期的方案也不时浮出水面——有人主张 3 年，有人主张 1 年——但近来几乎没听到什么动向。①

在不违反法律的情况下，国王可随时解散议会，对该权力的任何限制都并非来源于法律。但我们也不大可能看到它被滥用，因为国王必须拥有经费与补给，为此他必须拥有议会。因此，除非是他相信该议会并未真正代表民众的意愿，否则，解散议会没什么好处。

1867 年，议会的持续性开始独立于王位的传承。如果国王去世时议会仍然存在，那么它将继续存在，就好像什么都没发生一样，当然它可以为新即位的国王所解散（30 and 31 Vic., c. 102）。

① 将议会任期限制为 5 年的提议构成了 1907 年 6 月 24 日首相所暗示之方案的一部分，并体现在了 1911 年的《议会法》（*Parliament Act* of 1911）中。

这方面所走出的第一步出现在1696年(7 and 8 Will. Ⅲ, c. 15),该法规定议会将于国王驾崩后持续存在6个月,除非为新国王更早解散。

(五)议会的特权

议会两院的特权在我们有关宪法及其历史的著述中占据了很大空间。其重要性在过去一直很大,但在今天我想又很容易被夸大。让我们来简单看一下这方面的情况;有关更为全面的论述,我可以推荐你们去看威廉·安森爵士的著述。

375 1. 言论自由。针对国王的言论自由可以说是在光荣革命时赢得的;自那时起,便没有了可供国王使用的、针对在议会发表言论之议员的法律程序。不过在上一世纪,国王的确偶尔关注过那些其意愿的反对者,并通过剥夺其官职而使他们陷入困境。很难防止这类事情的发生,因为他们是随国王之意愿而保有官职的,而行使罢免权时国王又无须给出任何理由。今天已不大可能再听说这类事情,但更重要的是要注意,现在这种言论自由针对的不仅是国王,而且还针对个人。在议会两院发言,不受诽谤法之约束。他可以控诉别人犯有某些最卑劣的罪行,而且可以在明知虚假的情况下这样说,而被控者不能针对他提起任何诉讼。如果是在别的地方说了这些话,他可能将不得不在法庭为此承担责任,但在议院的发言则不能成为起诉的依据。1837年,一场力图将此特权由在议院的口头表述扩展至由议会授权之出版物的努力,引发了著名的斯托克代尔诉汉萨德案(*Stockdale v. Hansard*),并导致了平民院和皇家民事法庭之间的激烈冲突。汉萨德先生

（Messrs Hansard）依照平民院的命令印刷了一份监狱巡察官的报告，其中包含了一些对斯托克代尔的诽谤性的言辞。于是后者便起诉了汉萨德，结果败诉，因为陪审团认为这些言辞是真实的。但汉萨德在初审时已完全拿议会的命令来为自己辩护，首席法官登曼（Denman）和该法庭其他法官都认为这并非有效答辩，因为平民院的命令并不能使任何人出版诽谤性文字正当化。斯托克代尔又提起了另一起诉讼；平民院甚为恼怒，他们认为这是对其特权的侵犯，并拒绝允许其出版商进行除本院命令之外的任何其他答辩；陪审团判给斯托克代尔600英镑的赔偿，米德尔塞克斯郡的司法行政官执行了这一赔偿。于是平民院将这些司法行政官连同斯托克代尔及其代理律师都羁押入狱。但前者[*]在王座法庭获 376
得了人身保护令。羁押他们的狱吏回呈说，这些人被羁押依据的是平民院议长的授权令，理由是他们藐视平民院。依此法官们认为他们无权释放这些在押者，于是这些可怜的司法行政官们竟然因履行（被法院称之为其义务的）职责而被关在了监狱里。因此，有人提出一项法案以面向将来解决此项有争议的特权，后该法案成为了法律。它规定，不应因含有诽谤性言辞而针对依据议会命令出版之任何文件提起民事或刑事诉讼。这解决了问题的一个方面，而关于司法行政官被羁押而引发的争议我们还须再作讨论。

议员可在议会免责胡言的原则，当然并不直接意味着我或别人就可以放心地报道该发言。不过，报社编辑已被决定允许公正和诚实地报道议员们在议会中的发言，并不得因此而被起诉，

---

* 指司法行政官。——译者注

尽管该发言的内容是不真实的或是带有诽谤性的。该决定是在1868年的沃森诉沃尔特(*Wason v. Walter*, L. R. 4, Q. B. 73)一案中做出的，本案是针对《泰晤士报》(*The Times*)编辑提起的，诉由是他报道了切姆斯福德勋爵(Lord Chelmsford)在贵族院的发言，其中原告被控进行了虚假和恶意的报道。

这里我们应当记住，在整个上一世纪议会都一直坚持其议事活动不得被报道，并将违反者投入了监狱。从源头上说，我们可能应将此视为其针对于国王的一种自我保护措施。只要议会还不得不担心国王的行动，他们就会竭力坚持其议事活动应是秘密的。直至今天，对此的报道和出版都是经许可而进行的。议会可在任意时刻下令陌生人撤出，可在任何时候决定其活动不得被报道，并将报道者以藐视议会为由投入监狱。不过在今天，除非是某些特别紧急的情况，我们通常不大可能发现议会哪院愿意深藏不露。

377 2. 免予逮捕现在并非什么重大特权，因为该豁免并未扩展至基于可控诉罪行而导致的拘禁。1869年，债务拘禁也已被取消。在某些情况下，当事人仍可能在民事程序中被拘禁，比如未支付法庭指令支付的信托费用；在这些情况下，议会议员将享受某种特殊的豁免，但这意义不大。

平民院议员享有这一特权的期限，限于议会开会期间和此前及此后的40天内。另一方面，就我的理解，贵族则可始终享有此特权；威廉·安森爵士看来否认了这一点，[①]并将此特权限于“议会特权的通常时间内”(无论其意为何)。但可以肯定的是，过去

---

① *Law and Custom of the Constitution. Parliament*, 3rd ed., p. 226.

的规则是“贵族之人身永远都是神圣而不可侵犯的”（这是布莱克斯通的表述），而且我不知道它是如何改变的。再者，并未在上院拥有席位的爱尔兰和苏格兰贵族也享有此特权：当然这与其说是议会的特权，还不如说是贵族的特权。

3. 对藐视议会的惩罚权。首先是关于惩罚的限度与性质。贵族院看来有施以罚款和监禁的权力，其监禁的期限可以持续并超过本次会议的会期。因此在1850年，在休会的前两天，它将两人拘押入狱达14天之久。最近它并未行使过处以罚款的权力，但我们并不能否认该权力的存在。另一方面，平民院看来并不能处以罚款，它自1666年以来就从未这样做过；它所处以的拘禁也要在本次会议会期末结束。有关驱逐或终止其议员资格的权力，我们已经谈过了。

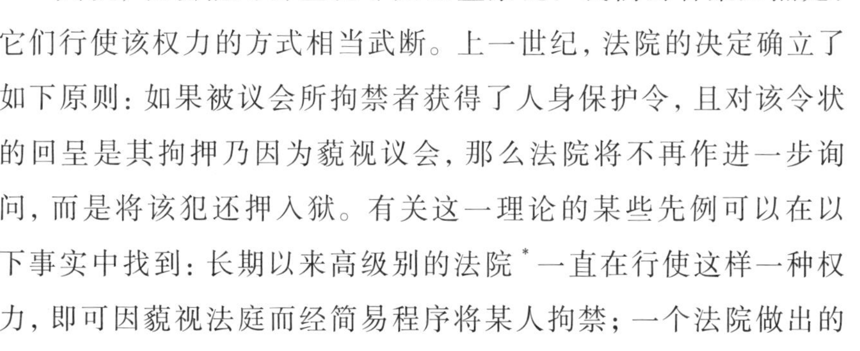

其次，议会能对哪些犯罪处以监禁呢？我们的答案必然是：它们行使该权力的方式相当武断。上一世纪，法院的决定确立了如下原则：如果被议会所拘禁者获得了人身保护令，且对该令状 378
的回呈是其拘押乃因为藐视议会，那么法院将不再作进一步询问，而是将该犯还押入狱。有关这一理论的某些先例可以在以下事实中找到：长期以来高级别的法院*一直在行使这样一种权力，即可因藐视法庭而经简易程序将某人拘禁；一个法院做出的此类拘禁不能为另一个法院所质疑。因此，如果某人因藐视法庭而被皇家民事法庭拘禁，那么从王座法庭获取人身保护令对他来说将毫无用处：因为很显然他是被皇家民事法庭因藐视法庭而拘

* 也包括议会，因为自中世纪以来英国的议会一直就也被称为“Court”。——译者注

押的，其姊妹法庭的法官是不会去调查是否真的有藐视行为发生的。更令你震惊的是，议会两院已通过这种途径获得了这种武断的拘押权——这是从查理一世的咨议会那里夺过来的。不过这是通过上世纪的一系列决定而确立的，现在已不容置疑。可能的情况是，如果议院在其拘押令中陈述了案件的事实，那么法院将会考虑这是否构成藐视；但如果它仅仅说甲因藐视而被拘押，那么甲诉诸法院的努力将是徒劳的。我们已在米德尔塞克斯郡司法行政官（sheriff of Middlesex）一案中看到了这一点：尽管在王座法庭看来他们不过是在履行其法定职责而已，但他们仍不得不待在监狱里。再者，因此而被拘押者亦不能对逮捕他的议院官员提起任何诉讼。

因此，看起来议院拥有这样的法定权力：它可以随心所欲地将其看不惯的行为转变为藐视议会的行为，高级别的法院也可以被认为同样如此。不过，我们仍然可以问：这一权力实际上是如何行使的？总体来说，近来其行使还是相当节制的，除非是在被激怒之时，如平民院与王座法庭就斯托克代尔诉汉萨德一案发生争执并拘押了米德尔塞克斯郡的司法行政官之时。

379 厄斯金·梅（Erskine May）爵士将对特权的违反分为四种：(1)对上、下两院任一院之一般性命令或规则的违反；(2)对特定命令之违反；(3)就议会议项之特点进行侮辱性评论；(4)对议会议员之人身予以攻击或侮辱，或对其人品及在议会中之行为进行非议，或干涉议会官员履行其职责。[①] 其中第一类他所给出的例

① *Constitutional History of England*, vol. Ⅱ, c. 7.

子，几乎完全是在议会有一般性规则禁止的情况下仍然对其辩论予以发布的事例。第二类是对指示某人前来议会或其某一委员会接受询问之命令的忽视，以及对其他类似命令的违反。第三类是对议会进行带有诽谤性的非议。最后一类他给出的例子来源于1819年，当时霍布豪斯（Hobhouse）先生因“一则包含了意在激起民众对议会立法，特别是对下议院产生暴力举动的诽谤性言论”，而被下议院送进了监狱。然后是对议员个人进行攻击的例子：在议员们前往或离开议会的路上对其进行攻击的行为已遭到惩罚，对议员们的书面诽谤也是如此。过去，这一权力的运用一直都很随意，但更为现代的理论则认为，要构成藐视议会，书面诽谤必须是针对议员就其作为议员之身份进行的诽谤：指控某议员因受贿而投票毫无疑问会被视为藐视议会；另一方面，如果有人指控某议员犯重婚罪，后者很可能只好诉诸法律救济，提起口头或书面诽谤之诉。妨碍议会官员履行职务及收买即将前往议会作证的证人，都会被视为对议会的蔑视。

议会在一定程度上的确是在依照规则行事，先例得以被收集并也在一定程度上得到了尊重。但太过常见的是，我们发现特权问题被视为了党派问题，于是议会（无论它认为自己是什么）变得相当卑劣。很显然，它手中拥有了一项非常危险的权力。

我并不认为将两院的某些特殊职能视为其特权事项会更方便，尽管有时的确这样做了，如下议院与财税法案有关的特殊职 380
能，或上议院作为法院的特殊职能。这些都是宪法规则发展的结果，是站在一个不同的角度来看这些我们一直在讨论的问题。这一点同样可适用于下议院裁决有争议之选举的权力——如我们所见，该权力最近已转给了法院。

（六）议会的事务

现在我们要来看看议会究竟处理什么事务。毫无疑问，其最重要的事务是通过制定法，但这并非其事务之全部。我现在先不讨论上议院作为审判贵族之法庭及作为受理来自下级法院之上诉的法庭的司法权，也不讨论弹劾程序——这些事务若与司法相联系，会得到更好的处理。但我们应该注意到，除通过制定法或听审案件外，议会还要做许多其他重要的工作。首先，它们要对政府的所有事务进行经常性的监督。国王的大臣被要求前往议会并在那里接受质询，议会还会被要求对他们的行为做出谴责。致使议会可以要求大臣们对被认为是合适之问题做出回答的法定权力，最终在于他们可以拒绝提供补给或拒绝将常备军的维持予以合法化。当然，诉诸这些权力是不必要的——其行使将会使整个国家的运作陷入危机——但这些权力的确存在；一个政府如果没有信心面对下议院，或拒绝提供下议院认为它们有权得到的信息，那它的存在也不可能长久。还有，议会现在可以通过组建委员会的方式来行使一种我们称之为调查权（inquisitorial power）的权力。如果某一公共事务出现了问题，那么就可以委任一个专门委员会予以调查；证人可以被召来宣誓作证，如果他们拒绝作证，
381 则可因藐视议会而被羁押。各种公共事务近来都已由议会委任予以调查，这样便可获得相关信息，以作为立法或建议进行行政改革的基础。

但议会的主要职能还是立法。我们已经注意到议会立法套语

（legislative formula）的发展历史，两个世纪以来它一直精确无误地得到了保留：“（该法）由无上圣明之国王陛下依本届议会僧俗两界贵族与平民之建议，并经其同意而制定颁行，其权威、效力亦源于上述三者”。制定法的精髓看来在于国王、上议院和下议院三者的共同同意。我们知道每一院都有一套明确的业务规程，因此它要求每一项法案都要经过三读程序。[①] 该程序部分由各院自己制定的例行议事规程（standing order）所限定，部分则取决于传统。就其主要框架而言，这一程序是古老的；因此我们可以将三读的做法追溯至中世纪末，但它却并非法律所强加的程序。在规范其程序方面，各院都有很大的自由，就在当下我们还经常看到下议院处理此事。但不光是各院有权为自己制定规则，我们还必须加上，忽视其规则并不会影响制定法的效力。可以放心地说，法院将永不会过问这样的事：一项制定法在通过时是否没有遵循 439
其通常的程式。它所能做的最多也就是坚持整部法律应征得国王和上、下两院的同意；它将永远不允许提出这样的问题：例如，一项法案是否已经过了三读？三读的规则尽管古老并且可能也得到了适当遵守，但却并非法律规则。另一方面，在其最终的形式方面，国王及两院对整部法律的同意看来是必要的。如果议会官员在这方面犯了错误，就可能引发一些微妙的问题。假定一项法案已在下议院通过，上议院又对之进行了修订，这样它就应返回下议院好让他们考虑是否同意上述修订。但假设这一步被遗漏 382

① 该原则已被 1911 年的《议会法》（1 and 2 Geo. V, c. 13）所修改：在某些特殊情况下，法案可不经贵族院之同意而成为法律，参见附录。

了，接下来该法案被面呈国王并得到了御准，那么该法案是制定法吗？我认为不是。但法院在多大程度上会受法案上有关该法案已获国王及两院同意之宣示的约束，它是否会允许当事人就此宣示提出质疑，这些问题回答起来多少有些困难。这类错误在当今维多利亚女王当政时已发生过不止一次。1844 年，议会中有两项有关东部各郡铁路的法案，一项已完成了所有程序，另一项则尚在上议院有待通过，这时由于失误，女王御准了后者而不是前者。这一错误被发现了，只好通过另一项法律宣布前述已获御准之法案不应被视为已获御准。其他类似错误也已被以类似方式予以了更正。我可以解释一下，上议院所保存的犊皮副本是制定法效力的最终证据。可能法院现在会允许当事人证明事实上这一文件并未获得国王及两院的同意，但这一点我不能肯定。

很久以来，政治理论家们一直在坚持立法与其他政府职能之间的差别。这种差别当然重要，尽管在这之间做出精确划分并不总是很容易。但看来很有必要注意的是，制定法的力量决不限于法律家或政治哲学家所认为的立法范畴之内。他会把大量的制定法视为特权法（privilegia）而不是一般性的制定法（leges）：这些制定法并未确立任何一般性规则，而只是处理某一特定的事件。这一点在上一世纪*特别明显。光荣革命一劳永逸地终结了国王在颁发谕令和批准豁免适用法律方面的权力，议会力图通过制定法的形式来自己完成这些工作。如果我们看 18 世纪的任何一册制定法汇编，都会发现其篇目都相当之巨。显然，当时议会完成的工作要比今天多得多。但仔细审视

* 指 18 世纪。——译者注

会发现，任何可在最严格意义上称之为立法的东西及任何对一般性 383
法律规则的改动，当时又要比今天少得多，甚至少于头三位爱德华国王在位之时。我拿1786年的制定法清单为例，其中有160项所谓的公务法（public acts）和60项所谓的私务法（private acts）。但请看其中一些公务法的标题：有关在黑弗灵（Havering）建立一所济贫院的法律，使国王批准在马盖特（Margate）修建一所剧院的法律，有关在米德尔塞克斯（Middlesex）修建一所教养院的法律，有关克莱德·马林（Clyde Marine）协会改组为社团的法律，有关铺设切尔滕纳姆（Cheltenham）镇街道的法律，有关拓宽博德明（Bodmin）自治市道路的法律。足有一半的公务法是有关这类微不足道的地方性事务的。关于私务法，涉及的则是一些特定的个人：有关归化安德烈亚斯·埃默里赫（Andreas Emmerich）的法律，有关使科尔内留斯·萨维吉（Cornelius Salvidge）采用塔顿（Tutton）姓氏的法律，有关更正卡姆尔福德（Camelford）勋爵及夫人婚姻财产处置中之错误的法律，有关使威廉·弗赖伊（William Frye）的监护人可以出租地产的法律，有关解除乔纳森·特威斯（Jonathan Twiss）和弗朗西斯·多里尔（Francis Dorrill）之间婚姻关系的法律。此外还有几乎难以计数的制定法涉及圈占这块那块和其他公用地。有人倾向于把上一世纪称之为特别法的世纪。它看来是害怕上升到一个一般性陈述的层次。它不会说，“所有的公用地都可以依此一般性规则被圈占”，“如果充分了这些或那些条件，所有外国人都可以被归化”，“所有的自治市都将有拓宽其道路的权力”，“如果妻子的通奸行为被证实，那么所有的婚姻都可以被解除”；不，它处理的是这块公用地和那桩婚姻。我们可将此归结为对国王的嫉妒：建立专门

的委员会并授权之可批准圈占公用地或拓宽道路，使国务大臣可以归化为外国人，都将会提升国王的主导地位和影响力。考虑到17世纪的诸多事件，议会很自然地会用怀疑的眼光来审视任何朝这个方向发展的事情。

随着时间的推移，议会对国王已不再像原来那样满腹狐疑，因为与前一个世纪相比，“国王”已逐渐意味着一种非常不同的东西。这种变化是慢慢发生的，但我想我们可以说，1832年的《改
384 革法》之后不久，它就变得非常明显了。议会开始以非凡的活力进行立法，要对王国的法律予以全面修订——刑法、财产法、程序法，法律的每一个部门。但大约也是这个时期，它放弃了“管理”*(govern)这个国家的努力，不再说哪块公用地应被圈占、什么道路应被拓宽、什么自治市应有领薪的警务长，等等。它开始制定有关这些事务的一般性规则，并将其工作部分委托给法院，部分委托给官员、国务大臣和专门的委员会——这些个人或机构因此而被授予新的制定法上的权力。我将举几个例子加以说明。上一世纪，济贫法的执行总体而言属于地方性事务，并委托给了堂区的教会执事济贫助理和郡法官负责。根据1834年的《济贫法改革法》(*Pool Law Reform Act*)，某些济贫法专员被授予了很大的制定法上的权力，以规范整个王国的济贫事务；后来的制定法授予了其更大的权力。1871年，这些济贫专员让位于地方管理委员会(Local Government Board)，后者对于地方事务行使相当大的权力。上世纪只能通过制定法才能为小潘德灵顿(Little

* 此处引号为译者所加。——译者注

Peddlington）教区完成的大量事务，现在不需要制定法而只需地方管理委员会的一项命令或批准就可以了。还是在上一世纪，一个想归化的外国人必须前往议会获取一项制定法方能如愿；1844年通过的一项一般性制定法则授权内政大臣可以颁发归化证书：这样诉诸议会便不必要了。又是在上一世纪，我们没有哪个法院拥有解除婚姻的权力。教会法院可以宣布离婚、分居（a mensa et thoro），即决定夫妻无须在一起居住；但要想解除其联合，使之可以再次自由结婚，诉诸议会则是必要的，解除甲、乙之间婚姻关系的制定法并非不常见。不过，1857年新创设的离婚与婚姻案件法庭（Court of Divorce and Matrimonial Causes），被授予了在某些事实被证实的情况下即可解除婚姻的权力。

这仅仅是过去50年来一直在发生的某种总体性趋势的一些 385
例子，这种趋势从议会的角度来说是：它逐渐将自己的工作限于立法、构建一般性法律规则，而将具体事务授权国王之大臣、专门委员会和法院去处理。但议会并未声明放弃，依据我们所接受的主权理论也不能宣布放弃处理具体事务的权力，在某些事务中，它还一直在行使该权力。这方面最重要的例证可以从划拨经费方面找到。当一笔经费拨给国王时，议会会继续更为精确地分拨下去，即多少可花在这方面，多少在别的方面。因此，1866年它拨了2 902 900英镑用于支付海员和海军士兵，964 400英镑用于其饮食和衣物，11 477英镑用于维护大英博物馆和自然历史博物馆，2 100 000英镑用于公共教育，1 000英镑用作支付给某位知名公职人员遗孀的礼金。一项制定法对女王说，“您可以将1 000英镑用作支付给某夫人的礼金”，这肯定不是法律家意义上

的法律，因为它不是普遍性规则。但这种对于经费的精细分拨却是每次议会工作中最为重要的部分，而它只有通过制定法的形式才能生效，并且它也像普遍性的法律那样也使用同样的套话予以表述：“由国王陛下在……的建议下并征得其同意后”制定颁行，等等。你千万不要认为这是议会在这方面唯一的例子，尽管它是最重要的例子。再举另外一个很常见的例子：为修建铁路之需，铁路公司想迫使土地所有人把土地出卖给自己；为此，它必须前往议会获得一项制定法。并无一般性的制定法授权铁路公司可以强制他人出卖土地，但议会在每一个具体事件中会授权这家特定的铁路公司可以强制收买那一块特定的土地。议会一直将此类事务握于自己手中。还有，现今由私人成功地或意欲从议会处获得特别制定法以处理其具体事务的情况已不很常见：已依约被处置

386 之地产（settled estate）的保有人有时又想出卖其地产，这在过去没有制定法的帮助是办不到的；最近有关这类地产的立法已使对其重新处置变得更为容易，有关个人地产处置方面的制定法已不多见；但有时还有需求，有时议会也会通过。

制定法的效力屈尊至具体事务，可在一项带来痛苦和惩罚的制定法、一项因某种特定行为而对某特定个人施加惩罚的制定法中，得到最惊人和可怕的证明。我们以前曾谈到过褫夺法权方面的制定法，[①] 我相信最后一次以此方式被处以死刑的是约翰·芬威克（John Fenwick）爵士（他在1697年被执行死刑）。毫无疑问，他因参与刺杀威廉三世的阴谋而被控犯重叛逆罪（high treason），而大家记得要定

① 参见本书上文（边码）第215—216页、第319—320页。

重叛逆罪需要两名证人，但当时又不可能找到针对他的两名证人。因此，此案未在法院审理，而是由议会通过法律将其褫夺法权。自那以后还有其他一些通过制定法处以惩罚的例子，但我想再未出现过处以死刑的情况：1720年，阿特伯里（Atterbury）曾被流放出境。今天，这类制定法很容易受到谴责，但即使是在非常晚近的时候，也出现过个人因贿赂而被议会通过制定法剥夺选举权的情况。1876年，诺里奇市（Norwich）的某些选举人即因此而被剥夺了选举权。

既然一项制定法可以带给人以惩罚，那么它也可以使某人免予惩罚。赦免法时而会被通过，以使张三或李四免受因其所作所为而招致的刑罚。因此就在一两年以前，某些贵族被发现未经宣誓即在上议院拥有了席位，并因此招致了重罚。后来通过了一些制定法，使之免予了因其疏忽大意而招致的罚金处罚。[①]1887年，一项奇特的制定法刚刚进入我的视野。康诺特公爵（Duke of Connaught）是孟买管区总司令；依1793年的一项制定法，任何印度的总司令回到欧洲，便等于辞去了其职务。公爵只是想出席女王登基50周年大庆，于是议会通过了一项制定法，以使其在不被剥夺职务的情况下参加庆典。[②]我想，这样一部涉及如此琐细事 387
务的制定法是议会至上的一个很好例证。如果它能做天大的事，它也能够做最琐细的；如果它能为庞大的帝国制定普遍性的法律，它也可以为了某个特定的个人创造例外。它唯一不能做的，是它无法阻止自己撤销自己的决定。

① 43 and 44 Vict. Private Acts.

② Duke of Connaught's Leave Act, 1887, 50 Vict. c. 10.

议会在多大程度上实际行使了这一巨大的权力并已习惯于此，什么事情可以在没有议会法律的情况下做，制定法在什么情况下又是必要的，这些问题只有在对英格兰的全部法律予以考察之后才能做出回答。比如，在未获议会制定法的情况下，一家公司可以穿过剑桥的街道铺设电车轨道吗？如果可以，它能用蒸汽机车头牵引其车厢吗？为了回答这些问题，我们必须去查看制定法汇编，去看议会在电车轨道问题上是怎么说的。我们会发现，普遍化是危险的；我们不能用宽泛的术语来描述议会通过的这类法律；我们必须阅读，仔细地阅读它已通过的那些法律。

二、“国王”与“政府”

不过我们知道，事实上，大量与王国治理有关的最重要的事务并不是由议会完成的；当然，一般来说，我们不断地在作为一方的议会和作为另一方的（被我们称之为）政府之间进行对比。那么，什么是政府？老实说，回答这一问题必定是冗长而艰难的，其原因在于，在过去两个世纪中成长起来的这个机构并不是一个为法律所承认的组织。当然我不是说它是一个非法组织，而更愿意说它是一个法律之外的组织；法律并未谴责它，但也并未认可它，对它也一无所知。当我们使用以下术语时指的就是这一组织：“内阁”（the Cabinet）、“全体阁员”（the Ministry）、“政府”（the
388 Government）、“首相”（the Prime Minister）、“格莱斯顿先生的第二届内阁”（Mr. Gladstone’s second Ministry）、“索尔兹伯里勋爵的政府”（Lord Salisbury’s administration）。法律竟然不认可这样

一个在我们看来在重要性上仅次于议会的国家机构，这肯定是件奇特之至的事！我们所能给出的唯一解释是历史性的，为此我们必须返回到威廉三世时代。

我们可以这样开始。作为英格兰国王，威廉三世享有很大权力。但革命所带来的变革，尤其是《权利法案》，却给这种权力设置了某些限制。很明确，国王要低于制定法，他将无权终止执行或豁免他人适用制定法；他不能通过其诰示创设任何新的罪名；未经议会同意，国王不得在和平时期在王国境内维持常备军；议会已开始划拨开支；骑士役保有已成为历史；国王不再享有征发与先购之特权；他不能依军法审判民众；法官也不再依国王之意志而保有职位；都铎国王们及斯图亚特王朝头两位国王借以实现其意志的政治法庭也一去不复返了；星宫法庭、宗教事务高等法庭教务委任法庭也都烟消云散。但国王的法定权力仍然很大，留给威廉国王的遗产仍然相当丰厚。当然，我们已经看到，有一个似是而非的案件认为，光荣革命是一次复辟，是对兰开斯特国王们古老宪法的回归，当时存在的那些古老的特权只要未被制定法明确剥夺便保留了下来；而它们是宽泛的，并打算由威廉三世予以行使。这个国家想要的不是一个共和国的荣誉性的总统，而是一个真正起作用并进行统治的国王，一个在某种政策之下进行统治的国王——而这他们得到了。

接下来，国王拥有一个咨议会，一个小型的咨议会，或称枢密院，从久远的过去就一直是这样。我们可将此咨议会的历史至少追溯到亨利三世统治早期，它已拥有4—5个世纪的确定的历史，并为法律所熟知。不过此前我曾尽力指出，该咨议会的组成

及职能在很大程度上总是取决于国王的意志。其成员只有依国王
389 之意才能成为咨议会成员，只有在国王年幼或短暂的革命期间才由议会来决定谁可以出任咨议会成员。也没有法律强迫国王必须接受甚至是征求咨议会的意见。尽管在都铎王朝和斯图亚特王朝时期咨议会行使了很大的权力，但在法律上（至少泛泛而言）这是国王的权力，是国王的特权，是一种如果他个人能完成大量政府事务的话便可以自己行使的权力。因此这种枢密院成员，尽管法律认可他，却几乎没有任何法律上的权力。

我们还注意到，废除星宫法庭的那项制定法同时也削弱了咨议会的地位；它不止是剥夺了后者几乎所有的司法权，而且通过这样做也使得咨议会的例行会议对国王来说不那么必要了。查理二世就拥有这样一个咨议会：它无须借长期开会而聚在一起；现在也没什么司法事务由它来做；至于就国王行使君主特权提供建议的工作，并没有法律强迫国王必须征求其所有咨议会成员的建议。[①] 事实上，查理二世并非在所有场合都征求了他们的建议：他可以将手头的事务委托给极少数人，他也几乎没委托过什么事务。这样就形成了一个类似于某种内部圈子的咨议员团体，其成员是拥有王国某些高级职位的少数私人性的咨议员。人们称之为“Cabal”，因为其成员名字的首字母正好组成了这一单词：Clifford（克利福德）、Ashley（阿什利）、Buckingham（白金汉）、Arlington（阿灵顿）和 Lauderdale（劳德戴尔）。此时枢密院还是一

① See E. I. Carlyle, “Committees of Council under the Earlier Stuarts”, *English Historical Review*, Oct. 1906, pp. 673—686.

个较大的团体，由大约50人组成，这对于统一决策来说实在是太大了。威廉·泰普尔（William Temple）爵士提出了一个改革咨议会的方案，要将之恢复到以前的地位，即国王的确需向其征询意见；但该方案搁浅了。威廉统治时期，在一个由名义上的咨议员组成的更为宽泛的圈子内明显形成了一个由真正的咨议员组成的内部小圈子，这个内部圈子逐渐被称为“内室咨议会”（Cabinet Council）*——其会议在国王自己的内室举行。它遭到了当时议会议员们满腹狐疑的审视，又有人力图恢复枢密院已失去的地位。当1700年形势变得有必要将王位传承于汉诺威家族时，《王位继 390

承法》规定，一旦汉诺威家族继承了王位，“所有依王国法律和习惯可为枢密院所管辖且与妥善治理本王国有关之事务，皆应于枢密院处理；所有于此做出之决定，都应由提出建议并同意了该决定之本枢密院签署”。由于担心汉诺威家族的国王为外国宠臣所控制，因此要求给国王提出建议者都应予以如此签署，这样他便会意识到自己的责任。很难说如果这一条款生效的话其结果会如何，因为看起来它只是在说，依照法律应提交枢密院的事情应提交枢密院。我的印象是，无论古代的惯例要求什么，法律并不要求国王必须就其君主特权之行使征求枢密院的意见。这在后来变得清晰起来。不过这一条款从未生效过，它于1705年汉诺威家族继承王位前就被取消了。我猜想，它将不会生效已变得显而易见了。安妮女王统治时期，人们对于内阁的存在已越来越熟悉了，将官员排除于下议院之外的努力的放弃，也使得现代的政府体系

* 此处引号为译者所加。——译者注

成为可能。

不过，在该体系呈现我们今天所熟悉的形态之前，还有很多事情要做。但在我们进一步追溯该过程之前，我们必须返回去讨论那些我将称之为王国高官者的职位。这些官员一直以来就存在。我想如果可以追溯每一个官职的历史，那将会非常有意思；当然，我们没时间这样做。但仍有一些事情应当记住。在久远的过去，国王的主要官员实际上就是王廷内部的职员：其管家、司膳总管、司库（butler）、御马总管或其他类似官员。这些官员的行
391 为从王廷内部扩及整个王国，那些王国的大人物们都为拥有这些从源头上说完全可称之为卑微的职位而骄傲。在神圣罗马帝国，莱茵巴拉丁伯爵（Count Palatine of the Rhine）过去是管家，萨克森公爵（Duck of Saxony）过去是御马总管，波西米亚王是尝酒侍臣，勃兰登堡侯爵（Margrave of Brandenburg）则是司库。诺曼征服之后不久，我们在英格兰看到了类似的高官，而且其职位是世袭的。王室总管一职由莱斯特家族继承，军事总长落入了赫里福德的迈尔斯的继承人之手，司库由维尔家族掌握，司膳总管一职则归于阿尔比尼（Albini）家族。①但在英格兰，由于诺曼国王们的强大实力，我们可以把如下情况作为一般性规则进行陈述：一个成为世袭的职位往往会在政治上失去其重要性，从而变成展示性和礼仪性的职位。两个最为古老的职位依然存在：英格兰的军务总长由诺福克伯爵担任，皇家司库一职则由威洛比·德·厄斯比（Willoughby d'Eresby）夫人和卡灵顿勋爵联合保有。王室总管

① Stubbs' *Constitutional History*, vol. I, § 119.

和王室军务总长在兰开斯特家族继承王位时落入了国王之手，自那时起，这些职位就再未以可世袭的方式授出过。我相信，它们只是在登基加冕以及类似庆典时才会专门授出。当一名贵族由其同侪审判时，必须为此指定一名王室总管——这一事实会提醒我们，国王的管家本来很自然地就是其王室法庭的主持者，就像领主的管家主持庄园法庭一样。不过，这些最高等级的重要职位长期以来是如此纯粹地只具有荣誉性，以致我们发现它们被重叠设置了；甚至是那些本应由这些官员完成的王室内廷的工作，现在也是由另外一班官员来完成。于是，在不做任何事情也不领取任何薪金的、世袭的荣誉王室司库（Lord Great Chamberlain）旁边，还有一个实际的王室司库（Lord High Chamberlain），他在王室内廷履行职务，并领有薪金。在世袭的荣誉御马总管（Earl-Marshal）旁边，还有一个非世袭的实际的御马主管（Master of the Horse）。此外，还有一个非世袭的、领取薪金的实际的王室内务总管（Lord Steward of the Household）。

但握有政府职能的却并非这些最为古老和最高等级的官员。在诺曼国王周围还聚集了另外一群官员，其职位都不是世袭的。这其中为首的是英格兰首席政法官（亦译摄政官〔justiciar, capitalis justitiarius Angliae〕），该职位在亨利三世驾崩之前走到了尽头，其消失使得御前大臣（Lord Chancellor）和财政大臣（Lord High Treasurer）成为了王国的两位主要官员。整个中世纪晚期，此二者都是国王的左膀右臂。其他官职也在成长。都铎王朝时期有时也任命一名枢密院院长（Lord President of the Council），它在斯图亚特王朝时期变得更为长久化了。接下来，如我们已看到 392

的那样，亲信书记官开始介入国王与其大臣之间。早在亨利八世时，便有王玺保管大臣(Lord Keeper of the Privy Seal)一职，并已仅位列御前大臣、财政大臣和枢密院院长之后。后又有国王的秘书介入了他与王玺保管大臣之间，并在1601年成为“我们这个阶层的首席秘书”。大法官法庭的成长对官职的分配产生了重要影响；由于司法事务不断增多，御前大臣不能总在国王身旁伴驾。有时便会有两位国务大臣(1539年亨利八世委任了第二位)，有时甚至是三位；查理一世时两位成了常规，直至1708年，借英格兰与苏格兰联合之机，这一数目增至了3人。如后文所见，这一数字现在是5人。在稍微低一点的层次上有财政署的财务大臣(Chancellor of the Exchequer)[*]，还有海军事务大臣(Lord High Admiral)。

偶尔我们会发现，这些官职当中的一些会被委任出去，如国玺会被委托于御前大臣之外的专员来保管。乔治一世统治初期，财政大臣一职便被委任履行，自此不变。它由某些总体上被称作“委员会委员”(Lords Commissioners)的人，来履行财政大臣的职务，或者他们一般被称为财政委员会委员(Lords of the Treasury)，委任状中名字第一个被提到的便是财政委员会首席委员(First Lord of the Treasury)。因此，在威廉三世登基时，海军
393 事务大臣一职也被交由一个专门委员会来履行；安妮统治时期又短暂恢复，其王夫丹麦的乔治出任此职。当1827年克拉伦斯公

* 请注意本职位与“Lord High Treasurer”的区别：后者为财政署最高首领，而前者只是事务性官员。因此译者刻意将其分别译为“财务大臣”和“财政大臣”。——译者注

爵（Duke of Clarence）成为海军事务大臣时，该职位又恢复了几个月。但除这些中断外，它一直都是在被委任履行，具体由为履行海军事务大臣之职务而任命的专门委员会来负责，即由一名海军事务首席委员和其他几名普通委员共同履行。现在国王的这些臣仆，尤其是其中历史较悠久者，已为法律和普通法所知，他们拥有法定的权力。没有他们，国王也无法维持下去。例如，御前大臣已转化为一名法官，在掌卷法官（Master of the Rolls）和文秘署其他事务官（Masters of Chancery）的协助下，他必须完成这个重要法庭不断增长的业务。再看另一个也是更为重要的一个例子：伊丽莎白统治时期，法官们不得不判断某一笔款项是否从国王的财政署合法签发；他们提出两条意见：(1)没有国王御准不能合法开支任何款项；(2)单纯这一御准是不够的，还必须盖有国玺或王玺；国王的口头命令不够，其亲手签署及由其秘书副署的谕令也不够——而必须附带盖有国玺，或至少是王玺。因此在其他情况下，法庭将不会注意国王的谕令，除非是正式盖了印的。就这一问题又生长出许多法律来；对某些事务来说，国玺必不可少，对其他一些事，王玺也就够了；而另外一些事务，秘书保管的图章就可以；在一些情况下，国王的口头谕令就足够了——例如，毫无疑问，他可以通过口头方式宣布解散议会。这一有关印章的理论实际上强迫王国要将印章委任于大臣，这样做的好处是在有疑问时可将后者招来询问它们是如何被使用的。因此即使是今天，我们也千万不要将这些“公章”（seals of office）视为类似于王冠和节杖等单纯礼仪性的东西；它们是政府进行管理所需要的实实在在的工具。没有国玺，英格兰将无法被治理。如你们可能所知，

394 每一个法人团体，如我们所在的大学，都有自己的公章(common seal)，许多事情只有通过使用公章才能完成。这有点类似于政府的公章：法院关注这些公章，并坚持必须加盖公章文书才有效。

现在我们要返回来看一看内阁的成长。在枢密院成长起来的咨议员的内部圈子，由一些保有这些高级职位的人组成，有了他们的协助，国王就能够行使法律所赋予他的所有权力。他们保管着各种公章，如果它们得以加盖，国王的事务就能办妥。的确，某些事务依照既定惯例必须通过枢密院君令(Order in Council，即国王在枢密院会议上发布的命令)方能办理。如从很久远的时代起，是否召集议会开会一直是要由枢密院开会决定的。议会召集令中陈述道，依其枢密院之建议，国王决定召集一届议会。我要说的是，这是既定惯例的要求——说这是法律的要求可能太过分了；但无论如何，法律并不要求所有的咨议员都要被召集前来开会。国王及由他所挑选的一些成员组成的会议也是枢密院的会议，这种会议上通过并公布的决定便是枢密院君令。

我们现在要来看看政府的工作落入少数咨议员(他们保有王国的高级职位并控制着各部门的公章)之手，如何在法律上成为可能。如果国王身旁有御前大臣、财政委员会首席委员、王玺保管大臣及国务大臣，他无须征求众多咨议员的意见即可将事情办妥。无论为了何种目的，如果需要枢密院君令的话，由国王及这些亲信大臣就足以组成一个可以签发此君令的枢密院会议。内阁政府在法律上成为可能大抵基于同样的原因。

但我们现代意义上的内阁政府仍然只是逐渐完备起来的。有
395 关内阁所涉及的几项原则在威廉三世时代根本未被确认，而且晚

至上一世纪末也很难说就得到了完全的认可。首先，在工作的展开方式方面已有了进一步的变化。威廉和安妮还习惯于出席内阁委员会的会议，如我们刚才所见，这在法律上也是枢密院的会议。但接下来发生了变化。乔治一世停止参加内阁的会议了，他和乔治二世一样都不讲英语，对英格兰的内部政策也几乎不闻不问，他们更关心的是汉诺威。于是内阁开始在没有国王出席的情况下开会；如有必要，其讨论的结果会由一位大臣交于国王。如需要一则枢密院君令，那么会由国王主持、由一些大臣聚在一起，正式、合法地组成一次枢密院会议。但该会议已变成了纯形式性的，其举行仅仅是为了记录一项预先确定的结论，一项已经过内阁争论并与国王沟通过的结论。尽管乔治三世有自己的意志和强烈的政策观念，但他对此安排并不干涉。国王并不出席内阁委员会的会议讨论，而他出席的枢密院正式会议又不是为了争论或讨论问题，他在此仅仅是为了对那些已经内阁讨论并已征求过其意见之事务予以正式的同意和认可而已。

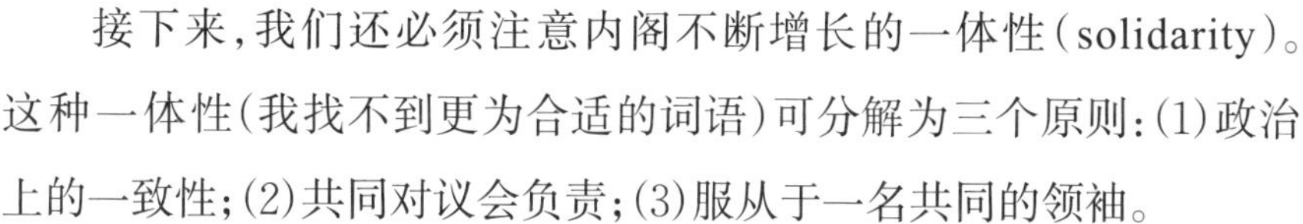

接下来，我们还必须注意内阁不断增长的一体性（solidarity）。这种一体性（我找不到更为合适的词语）可分解为三个原则：(1)政治上的一致性；(2)共同对议会负责；(3)服从于一名共同的领袖。

(1)人们也只是慢慢地才认为，国王应从我们两大政党中的一个来挑选其所有的大臣。安妮女王时期的大臣部分是辉格党人，部分来自于托利党。罗伯特·沃波尔（Robert Walpole）爵士的辉格党政府为政党内阁确立了先例，此后虽偶有偏离，但党派联系却是越来越紧。当然可能也会有联合执政，但联合政府会有自己的政策，尽管该政策可能并非碰巧就是两大永久性政党之一者 396

的政策，我们也逐渐认为这种情况的存在属于正常情况。

(2) 与此相关联的便是对议会的集体负责，这意味着若失败内阁将集体辞职。这一原则要晚至上一世纪后半期才得以被完全认可。我们会发现一位内阁成员因与议会不合而辞职，但其同僚却保持原职；议会与“他”争吵并非与“他们”争吵，“他们”也没有在道义上支持“他”* 的义务。我们必须记住这样一个背景：即长期以来议会并不喜欢内阁成员出席下议院，因此它们并不指望或希望内阁前来为其行为负责，而是竭力排除他们。但后来这一观念发生了变化，议会希望(并变得习惯于)内阁前来，以便自己能够支持他们、攻击他们，将他们视为一个整体；不仅将其视为国王的代表，而且还是一个党派的代表，这样一名阁员的失败便是一党的失败。

(3) 这种内阁组织几乎必须要求有某种程度的服从。逐渐地，不是由法律而是由议会的惯例认可了以下情况：在众大臣中应有一位首席大臣，他对其同僚拥有某种权威，并在一定程度上位于众大臣和国王之间。但这是实践长期演变的结果。比如，尽管沃波尔事实上对其同僚拥有极大权威，但他却非常反对自己被称为首相。直到今天，法律上也并不认可这样一号人物。[①] 我们可以说索尔兹伯里勋爵是外交大臣和首相，但从法律上来说，他只是国王的主要国务大臣之一。无论他对其同僚拥有什么权力，

* 此处引号为译者所加，以示强调和区别。——译者注

① 1905年12月5日的一则国王令状(royal warrant，出现于同一日期的《伦敦政府公报》〔*London Gazette*〕上)赋予了首相仅次于坎特伯雷大主教的优先权。但本令状并非创设了一个职位，而只是授予拥有某种特定职位者一定的优先权。

都不是法律上的权力：他没有向其同僚发布命令的法定权力，就像他们不能向他发布命令一样；他也无权罢免他们，如同他们不能罢免他一样。尽管如此，上一世纪结束之前，宪法性惯例要求应当有一位首相；到了本世纪，其地位之上升已变得更为显著。 397

再者，我们还要注意以下原则（当然并非法律原则）的成长：(1)国王应当依其大臣们的建议行事，至少是在所有重大问题上；(2)国王必须依下议院的意思来挑选其大臣，或确切地说，是其首相。我们无法一步一步地追溯国王的意志是如何几乎完全淡出政府管理的，但两位汉诺威国王乔治一世和二世与此有着极大的关系。乔治三世力图如统治般地治理，其努力在今天看来完全是一种倒退的企图，将来我们不大可能再看到这样的努力。我们所谈论的这一过程是一个非常渐进的演变过程，很难精确说它已走出去了多远。当然也几乎没有人真正知道女王的意志在多大程度上影响了政府的方针政策。但我强烈地认为，在大众心目中，她的影响是被低估而不是被高估了。普通人并不知道有多么大量的事务会被提交到她面前，又有多少文件需要她亲手签署。而且毫无疑问，她又会被指望在所有重大事务上接受其大臣们的建议。作为法律学生，我们更为关心的是看这一非法律规则是如何与法定的制度安排密切联系在一起的。没有议会每年的同意，就不可能维持常备军。没有议会的分拨开支，国王便无钱可花，或无论如何也没有足够的经费以使之展开政府的工作。因此，议会，尤其是下议院，对国王的行为构成了最为有效的制约。力图将无法在下议院中赢得多数的人留作大臣，只会加速其失败：议会会拒绝更新《军事法》(*Army Act*)，或拒绝拨款；而力图推翻已赢得下

院多数之内阁的努力，也会碰到类似麻烦。国王现在所能做出的
398 最重要的选择就是挑选首相，其他大臣实际上是由首相为他挑选的。但即使是在这个问题上，他也很少能有太多选择，因为现在甚至已形成了以下宪法性惯例：当一个内阁辞职时，国王应将首相职位授予即将离职者所提名的人。

在这里，我们发现自己正置身于一些显然不是法律规则的规则中，它们也许可被称为宪政道德，或者宪法性的习俗或惯例。我们发现，这些规则在严格性和确定性方面差别很大：一方面，有些规则相当严苛和确定以致实际上是作为法律规则在运作的；另一方面有些规则又尚未获得广泛认同，以致其存在与否仍处于争论中。比如，现在我们可以认为下述做法是一条已确定的规则：当一项法案已在议会两院获得通过时，国王将不会不予御准。最后一次国王拒绝御准的情形发生在安妮女王时代，当时她拒绝御准一项有关苏格兰民兵的法案。我们现在看待国王的御准，就好像它应是理所当然的一样；或者至少可以这样说，允许国王在不违反已确立之宪法惯例的前提下拒绝御准一项已在两院通过之法案的情形，将会是极其特殊的。另一方面，我们好像还看到有另外一条规则在不断成长，大意是在头等重要的事情上贵族院不应顽固地抵制平民院的意志。在现阶段，这一规则（如果可称之为规则的话）还相当模糊，以致在表述时我们不得不使用类似于“persistently”（坚持不懈地、顽固地）和“matters of first rate importance”（头等重要的事情）这类弹性很大的术语。而关于该规则存在与否，又很可能会受到我们政治观念的影响：如果我们是托利党人，那么很可能会否认它；如果是自由党激进派，则又

会确认它；如果要竭力保持公正，则又不得不使用一些宽泛的术语，如说该规则已在过去或多或少被遵循了一些时间，现在看来有趋于严苛的态势。有一个例子涉及一条更为确定的规则（然而还不是法律规则）：贵族院不得对财政法案进行修改，而只能完全接受或完全拒绝之。作为一项极具争议性之事务的例证，我们可 399
以看一下平民院的如下权力：即它可以将与财政法案有关的本条规则用于在上议院强行通过其他议案之目的。那么它们的如下做法是否违宪：将给国王拨款的财政法案与另一贵族院反对的法案相拼合（如其所表述的那样），从而将贵族们置于或者通过这一可恶的财政法案或者将国王置于无经费可用之地步的两难境地？下议院已做过这种事，而且也已威胁要做更多，但我并不认为自威廉三世统治以来它们实际上这样做过。贵族们争辩说这一做法是违宪的，但平民院可能会有不同的看法。没有一个法庭能够毫无偏私地处理这类问题，甚至没有一个法庭能够装作不偏不倚。在每一个具体的纠纷背后，很可能都隐藏着激烈的党派冲突，但逐渐地共识达成了。因此，国王的个人意志和意见同样如此：其影响已逐渐式微，但到什么程度又几乎没有人能说清楚。

但我们千万不能将国王个人意志之影响逐渐式微的事实，与认为其法定权力已在消失的错误（因为它可能会被弄错）相混淆；相反，近年来国王的权力一直在大肆扩张。

鉴于以下原则已经确立：国王必须依其大臣之建议而统治，而这些大臣又是经下议院批准的；议会已赋予了国王极大的权力——制定法上的权力。许多在上一世纪需要通过议会法律方能完成的政府行为，现在只需要行使国王制定法上的权力就可以了，不过授予这些权力的制定法通常要求其行使需采取枢密院君令之形式。因此，除其君主特权或普通法上的权力之外，国王现在又拥有了制定法上的权力。所有这些，再加上将其他权力委任于此大臣或彼大臣的做法，都是肇始于1830年左右的一场新运动的结果。

以上是对相关历史的一个简短评述，意在为审视当下的状况作铺垫。我们必须要问，我们所泛泛称之为政府的那个东西是如
400 何组织起来的；我们还必须在法律规则和不能通过任何法律程序加以执行的非法律规则（无论被认为有怎样的拘束力）之间进行仔细的区别。

首先从描述枢密院、内阁、政府之组成开始。

(1) 女王有一个小型的咨议会，即枢密院。从某种意义上来说，这是法律的强制要求，当然并非直接的要求，但法律的压力足以达至这种结果，因为很多必须为之事（如果政府还要运行的话）只能由国王在咨议会上完成。这是过去50年通过之制定法所带来的结果（其中最主要的部分），这些制定法每年都在迅速增长。我们可以对其中的一项制定法予以特别关注：

《与苏格兰联合法》规定，大不列颠将只有一个枢密院。

(2) 法律规定枢密院的组成如下：人数不确定，无法定人数之要求。女王仅凭其个人意志即可使任何人（外国人除外）成为咨议员，召集令（summons）和宣誓即可成就一名咨议员——从实质内容来说他要宣誓尽其所能向国王提供建议，但有关宣誓的形式（非常古老）则知之甚少。咨议员要宣誓对向国王提供之建议保守秘密，要避免腐败，并做一个好的顾问所能做的一切。他依国王

意志即可被罢免，且无须给出任何理由。

(3) 实际上，枢密院大约由250名成员组成，贵族和平民成员大约各占一半。

它包括所有现任或过去的内阁大臣、王室家族中的一些成员、两位大主教和伦敦主教、很多最高级别的法官及前任法官，还有很多因军事、政治、科学、文学，甚至是慈善事务而被选中的成员。某些职位本身就带有对枢密院席位的宪法性权利主张：内阁大臣总是会被召至枢密院的委员会，皇家首席大法官、上诉法院法官(the lord justices，以前的一个残余)、两位大主教及伦敦主教，也都是这样。事实上咨议员是不会被罢免的；当然，除犯罪或严重的道德不端外，罢免咨议员也很可能会被认为是不合宪法 401
的(即会引起抗议)。从枢密院的组成来看，如果它真的聚在一起开会，很可能一事无成，因为它将由两大政党的成员组成：索尔兹伯里(Salisbury)、格莱斯顿(Gladstone)、哈廷顿(Hartington)、莫利(Morley)、张伯伦(Chamberlain)、伦道夫·丘吉尔(Randolph Churchill)。

(4) 女王并不受法律或任何宪法性共识之约束而必须召集所有的咨议员，相反，现代的宪法性共识只要求她召集一小部分人就够了。这样私人性的咨议员(如一位前任的法官)其实仅仅只是一个荣誉，他前往枢密院委员会进行一次宣誓，然后就再也不去了。也许可以说，如果他有建议的话，他拥有被听取的宪法性(几乎不能说是法律性)权利。也许我们会认为女王不应拒绝给予他陈述意见的机会；但显然，如果该权利真的被坚持了，我们的宪法将很快陷入混乱：比如，在现任内阁执政期间，如果格莱斯

顿不断地坚持其上述权利的话。枢密院全体正式大会可能会在新国王即位时召开；[①]再者，还可能会在某些特别紧急的状况下召开。1839 年，当女王宣布其即将到来的婚姻时，便召开了一次这样的全会。

(5) 但国王与任何形式的枢密院所组成的会议(受制于既存的与法定人数、有枢密院书记官在场或枢密院议事规程〔the books of the Council〕[②]等有关的这类共识)都享有极大的权力。这是国王行使其普通法的权力或君主特权在宪法上正确、在某些情况下法律所要求的模式，也是他行使其许多(大部分，也是其中最为重要的部分)制定法上的权力时制定法所要求的方式。

402 (6)法律要求国王应当设有某些王国的高级职位，比如财政大臣或履行其职务的委员会；御前大臣，或掌玺大臣，或受委任保管国玺的委员会；以及至少是一名国务大臣。之所以是法定要求，是因为如果没有这些官员就根本无法对英格兰进行合法的统治。比如，如果没有这些官员，也不实施严重的犯罪，就不可能从英格兰银行取出一个便士。从一个较弱的意义上来说，贸易委员会、地方管理委员会和教育委员会也是一样的。如果这些机构有一个月不存在，重大的公共事务将会乱作一团，这是现代制定法的结果。

---

① 1901 年 1 月 23 日，爱德华七世即位时在圣詹姆士宫(St. James Palace)召开了一次枢密院全会，参会者包括 4 位王室的公爵、那两位大主教、大法官、枢密院院长和其他 97 位咨议员。

② 枢密院保存了一份有关其议事的精确档案，尽管并未被称为“议事录”(Minutes)。关于此信息，我要感谢枢密院书记官阿尔梅里克·菲茨罗伊先生(Mr. Almeric Fitzroy)的惠助。

(7)这些王国高级官员中的一些组成了“内阁”(the cabinet)：他们连同其他官员一道，组成了“政府”(the ministry)。这两个术语都不为法律所知，没有哪一份官方文件创设了内阁。在实践中，有些官员总是内阁的成员，如所有的国务大臣、财政委员会首席委员、御前大臣、财务大臣、海军事务委员会首席委员。至于其他官员，实际的做法有所变化：邮政部长、地方管理委员会主席、贸易委员会主席、王玺保管大臣、兰开斯特公爵领地事务大臣，一般也是内阁成员。在实践中，每一位内阁成员都将保有一个法定的职位，大多数人都保有非常重要的法定职位；即使是希望某位过去任职的人参加内阁，他也会被授予一个职位——尽管几乎并不附加什么职责——如公爵领地事务大臣一职或类似职位。

(8)内阁不为法律所认可的事实千万不能被转化为以下错误，即认为其会议无非是一些无法定权力者的聚会而已。每一位内阁部长都是枢密院的咨议员，都是高官，通常也都拥有法律所赋予的很大权力，但内阁会议的法定权力却只是其成员法定权力的总和，它本身并无团体性的权力。

(9)内阁是从一个由政府各部成员组成的更大的团体中选出
来的；“政府”包括了那些在国王之下保有职位的人，他们依据宪 403
法性惯例被要求是议会上院或下院的成员，且需要一致行动。回忆一下有关下议院成员资质方面的法律。单纯是从国王处保有职位会被取消或并不取消其在议会中的席位，这方面的规则必须从众多的制定法中去寻找；但一般的结果是，只有那些从国王处保有文职(区别于军职)的官员才在议会中拥有席位，他们才会打算或被指望在议会中形成一个统一的团体，并保持行动一致。

看来有 40 个或 50 个这样的职位。政府各部由 40—50 个人组成，其中的 15—17 人组成内阁。[①] 有关属于政府职位但却不是内阁职位的例子，我们可以举出以下官职：国王的司法官员(law officers of the crown)、英格兰和爱尔兰的检察总长和检察次长、苏格兰检察总长和检察次长、财政委员会普通委员、海军事务委员会普通委员、工程和公共建筑委员会首席委员、财政署主计长、财政署两位事务秘书，以及分别代表内政部、外交部、印度事务处、战争事务处、贸易委员会、地方管理委员会及海军事务大臣的政治性秘书。通行的观念是，王国的每一个重要部门在上下两院都各应有一名代表：因此，如果外交国务大臣在上议院，那么相应的政治性的外交次长就会在下议院。

通行的规则(尽管并非当然的法律规则)是，所有政府各部官员应当在上院或下院。海军事务委员看来是唯一的例外。

再进一步，还有一些涉及哪一院应当包含哪一位特定政府官员的共识——尽管不太明确。财务大臣必须在下议院，要求内政大臣也必须在下议院的规则看来也在发展中。还有法律规定，可以有不超过 4 位次级国务大臣出席下议院。[②]

另外一条通行的规则是，文职部门的其他官员应当是长期任职而非政治性的；但这并非法律，而只是宪法性的共识。这样，
404 当各部发生变动时，只有一些官员变动——尽管是最高的官员。

有一点值得指出，王室内廷的最高官员也在发生变动——御

① 1913 年内阁人数为 21，政府人数为 59。

② 21 and 22 Vict. c. 106. See also 27 and 28 Vict. c. 34.

马官（Master of the Horse）、猎犬官（Master of the Buckhounds）和锦衣侍女（Mistress of the Robes）——但这只是历史的残留。

(10)“内阁”和“政府”的准法团性质完全是法律之外的事情。从法律上来说，一位大臣并不为另一位大臣的行为负责：当然他要为其协助和唆使行为负责，要为其事前或事后从犯性质的行为负责，但责任很可能不会超过这些。说“很可能”，是因为谁知道在弹劾案中会发生什么？但可以想象得到，该问题可能会在普通法庭依公诉而被提出，而在我们的法律中好像也没有这样的原则：说甲与乙同处一内阁且乙因履行公职而犯罪，那么甲也应因此而被定罪。

尽管如此，法律也并非间接地强迫要在政府各部门官员间保持和谐，这在那些可替代的国务大臣处尤其值得注意——如果大臣甲总是撤销大臣乙发出的命令（如他在法律上可以这样做），那么很快就会陷入无法忍受的混乱。不过这种团结主要还是通过法律之外的规则获得的：这些规则要求官员们或者赞同其同事，或者辞职，并要求在重大的实际问题上保持政策统一。尽管自本世纪初这些规则已渐趋严格，但它们实际上是且必须是相当模糊的，也没有法庭能够毫无偏私地来执行这些规则。对它们展开讨论不属于我们这里的任务：保证其得以遵循的措施便是不信任投票；除此之外，不顾及此投票而顶风推行其政策的不可能性也能使这些规则得到遵守。

因此，内阁也被认为应当在一起开会讨论问题，形成政策和措施。内阁的会议是极其非正式的，它没有从国王那里签发的召集令，国王也从不出席，也不保留会议记录。

首相不为法律所知，而且也不与任何特定官职相联结。

405 (11) 所有这些王国的高级官员，当然也包括王国所有的官员，依照法律都是“依国王之意愿”（*durante beneplacito*）保有职位。但女王会被期待挑选一名首相来保证能够获得下院的信任，并将首相提名之人选委任到职。如果政府无法在下院获得多数支持，他们会被要求集体辞职。未获信任的大臣可以在辞职和建议女王解散议会之间进行选择。关于他何时方可建议解散议会，并无非常精确的规则。我们所能说的只能是，依据近代的先例，他不必等到与议会真正产生那种他注定会失败的冲突之后再这样做。

那些并非政府阁僚的王国官员或女王的行政事务官员，也是“依国王之意愿”保有职位。尽管如此，事实上其任职都是长期的，他们并不“随政府共进退”。作为规则，他们不能出席下院，并被要求不得在政党政治中扮演任何积极的角色。

(12) 现在让我们来看一下这些非正式的、法律之外的机构与枢密院之间的关系。

对国家的管理主要是通过行使制定法上的权力来完成的，从某种较弱的意义上来说，也通过行使其君主特权来完成。

制定法所赋予的管理国家的权力极其繁多，我们可将之作如下划分：第一，依所要完成事务之性质，看它是发布普遍性规则（从属性立法），还是发布具体命令；第二，依其权力的行使方式。我们现在考虑的是第二种情况。

这些制定法所赋予的权力可划分为两类——尽管分类是困难的，并且在每一种具体的情境中都必须去研究和完全遵守相关的制定法。

首先，授予女王在枢密院行使的权力：“要由女王陛下通过枢密院君令的形式来合法行使。”

其次，授予王国某位或某几位高级官员的权力：“由女王陛下的一位主要的国务大臣来合法行使。”

（13）大略而言，最为重要的权力是授予女王加枢密院行使的权力，但这只是大略而言。

那么这些权力是如何被行使的？通过女王在她的一个合法的枢密院会议上行使。女王会不时地召集并举行这样的会议。枢密院院长将召集令发给一些咨议员。我相信，通常会召集6个成员参加，仅仅是内阁中的一些人，有时会有女王的一个儿子。如早已谈到过的，没有人享有被当然召集的权利。[1] 我相信其事务是最为正式的那种，由相关部门的大臣将命令准备好（如果重要的话应已在内阁讨论过），然后向女王说明情况，女王表示“御准”（approved）——我相信这里不会有争论。接下来该命令会被起草好，由枢密院书记官（一位常任官员）签署：这就是枢密院君令。 406

之所以需要这样一种正式的会议，我想主要在于以下事实：如果不是从合法至少也是从合宪的角度看，任何枢密院君令几乎都必须交由几名内阁成员去落实。当某位国务大臣被授权签发有关警察纪律方面的规则、命令和规程，且他也行使了这样的权力，

① 枢密院书记官阿尔梅里克·菲茨罗伊先生热情地告诉我，就其所知，枢密院君令所需法定人数方面并无相应的规则，但实践中一直在遵循一条体现在1627年2月20日颁发的一则君令中的规则。该规则要求有3名咨议会成员出席会议，而且枢密院书记官必须出席，因为只有他的连署才能赋予君令以合法性。

无论从何种意义上来说都很难（即使是在议会中）让财政大臣对其该同僚的行为负责——如果他选择不认可该行为的话。但我猜想，任何内阁大臣要否认对枢密院君令之责任的话，都将是非常困难的。不过，这种讨论已经超出了法律的范畴。

枢密院君令格式如下：

> 1887 年 10 月 4 日
>
> 1887 年 9 月 15 日于巴尔莫勒尔（Balmoral）堡，
>
> 谨呈，
>
> 圣明女王陛下及其咨议会。
>
> 407 鉴于教会事务委员会依某些制定法已备妥一个创建新堂区的方案，且该方案已经女王陛下在其咨议会上批准，因此在该咨议会的建议下并经由该咨议会，女王陛下很高兴地下令并指示，上述方案将于某一确定日期生效。
>
> C. L. PEEL.

枢密院君令直观的证据是《伦敦政府公报》（*London Gazette*）。这些命令与制定法非常不同，在司法过程中法官并无义务要对其予以考虑。

依其性质，议会所授予行使的各种权力可作如下分类：

（1）制定将具备法律效力的一般性规则的权力。很多权力现在都是这样来行使的：如内政部有权发布有关警察纪律和薪酬方面的一般性命令，地方管理委员会有权发布济贫院管理方面的一般性规则，等等。换言之，它们行使了从属性立法权。这些规则的效力可能会受到质疑，并可能因越权（ultra vires）而无效。

（2）发布具体命令的权力。例如，假设某公共卫生委员会不准备铺设适合的下水管道，在这一失职被确证后，地方管理委员会可下令铺设相应的管道，并指令该失职部门支付相关费用。

（3）为此事或他事发布许可的权力。例如，内政大臣可许可某人进行活体解剖，可许可某耶稣会会士留在英格兰。

（4）赦免刑罚的权力。该权力的授予并非不常见。

（5）巡查权，包括对工厂、矿山、易爆物储藏所的巡查。

（6）调查权，包括对爆炸、铁路事故等进行调查。

现在让我们一个一个地对王国各高级官员的权力进行一个简略的审视，该审视必定非常简短和不完整，但它仍可以让我们从一个内在的视角来看英国公法的实际运作。

1. 首先来看财政部。由5名成员组成一个专门委员会来行使财政大臣（Lord High Treasurer）之职权：1名首席财政委员（First 408
Lord，史密斯先生〔Mr. Smith〕，内阁成员）、财务大臣（Chancellor of the Exchequer，戈申先生〔Mr. Goschen〕，内阁成员），还有3名普通财政委员（junior lords，赫伯特先生〔Mr. Herbert〕、沃尔龙德上校〔Col. Walrond〕和赫伯特·马克斯维尔爵士〔Sir Herbert Maxwell〕）。[①] 从法律上来说，他们拥有平等的权力——至少在大部分事务上如此。18世纪，这些财务官员通常以委员会的形式出

① 写于1887—1888年。

现并处理事务，举行正式会议的做法被保留了下来，直至大约40年前。[①]对财政事务的最高控制权越来越多地落入了财务大臣手中，在议会看来那3名普通财政委员现在显然就是他的下属。首席财政委员基本上不做这方面的工作，他经常是首相；不过在现阶段他并非首相，而被视为下议院执政党的领袖。我相信，他的精力主要放在了对政府在下议院之事务进行总体性监督上，而不是行使其作为财政部官员之权力。议会的法律经常会说，这种、那种及其他事务可以或将由“财政部”完成；1849年的一项法律宣称，这意味着所需的文件应由其中的两名委员签署。[②]很多事务都需要有这样的文件。举一个最重要的例子：当议会将一笔经费拨于国王，那么除非有国王亲手签署并由财政部两名委员附署的支付令，否则是不可能从财政署取出一分钱的。除非有国王签署并由财政部委员附署的支付令，否则国会所通过的财政支出方案不可能合法开支一个硬币（29 and 30 Vic, c. 39）。我很怀疑我们是否都知晓女王究竟有多少文件需要签署：如果她的手一个月不能动，大量公共事务将很快陷入彻底的混乱。当1830年乔治
409 四世发现自己很难书写时，议会不得不立刻通过了一项法律授权可以以下方式代替：在国王面前使用印章，盖在需要国王亲手签署的文件之上。当1811年乔治三世丧失神志之时，情况变得愈

① “自1856年以来，这种会议就没再延续下来了。”参见Anson, *The Crown*, p. 172。

② 依据1889年的《制定法解释法》（*Interpretation Act*, 52 and 53 Vict., c. 63），“The Treasury”一词被用来意指女王陛下当时的财政大臣或财务专员（“the Lord High Treasurer for the time being or the Commissioners for the time being of H. M. Treasury”）。

发困难，政府无法得到经费，因为国王无法签署所必需的支付令。议会不得通过一项决定，授权并下令予以支付。但可以质疑的是，甚至是这一国王同样无法表达其御准意愿的决定，是否就能使这一支付合法化。但必要的不仅仅是国王的亲手签署，同样还有财政部两位委员的副署。这是财政部权力的一个例证，但总体上你会发现，没有财政部的同意，任何涉及公共财政的开支都是不可能的：这是法律的要求，是制定法的要求。因此，向下议院呈递预算方案、提出拨款建议以满足这些预算开支、建议征收或豁免税收，就都成了财务大臣的义务。

2. 接下来让我们来看一下女王陛下的主要国务大臣。现在是 5 个，在 18 世纪的大部分时间里只有 2 个，尽管有一阵是 3 个。1801 年时，我们有 3 位国务大臣：一位负责国内事务，一位负责外交事务，还有一位负责战争和殖民地事务。1854 年，又委任了第四位，战争与殖民地事务相互独立开来。1858 年，当东印度公司寿终正寝之时，又委任了第五位国务大臣来管理印度事务。当然我们只是很随意地谈论内政大臣、外交大臣等等，但这种事务分工却几乎不为法律所知。制定法通常只是宽泛地说："由女王陛下的一位主要的国务大臣来合法完成。从法律上来说，这五位大臣中的任何一人都可以行使此权力。但制定法所涉事项将决定由谁来实际行使之，因此如果该法与殖民地有关，那么将会由殖民地事务大臣负责行使该法授予的权力。不过，该规则也有例外。我就知道这样一个例子：一项制定法（23 and 24 Vic., c. 34）将相关权力授予了内政国务大臣（Secretary of State for the House Department），而该法涉及的是与权利请愿相关之法律的修改

问题。

410 每一位国务大臣都有很大的权力，有些是普通法授予他的，而更大量的则来自源于制定法。因此看来可以肯定的是，国务大臣可依普通法因涉嫌叛逆或任何叛逆性犯罪而将某人羁押入狱，即交付审判。这在今天不是什么大事，该权力也未被行使，因为很容易就可以将嫌犯交于治安法官。但这在18世纪因针对威尔克斯（Wilkes）的诉讼而引发了极大争议。当时的国务大臣哈里法克斯勋爵因签发被法院认为属违法之令状而被认为有罪：例如，一则并非拘押甲而是一篇煽动诽谤政府文章（《北不列颠人》〔The North Briton〕第45号）之作者的令状，及一则扣押甲（被怀疑为前述诽谤政府文章的作者）之文件的令状。不过，皇家民事法庭多少有些不情愿地认为，该国务大臣有权签发逮捕甲（他被怀疑犯有叛逆性或煽动性的罪行）的令状：他是如何获得该权力的很受质疑，但18世纪早期该权力一直都在被行使，其存在不容否认。不过，与近代制定法所授予国务大臣的巨大权力相比，这点权力只是小事情——尽管它引发了不小的争议。

我们可以举出一些有关制定法授予内政大臣权力的例子。

依1839年组建现代警察部队的制定法（2 and 3 Vic., c. 93, s. 3），内政大臣可以不时地签发有关警察管理、薪酬、衣着和装备方面的规则；未经其允许，郡警察人数不得增加或减少。同样在监狱管理方面，他也拥有巨大的权力：如他可以制定有关囚犯分类方面的规则；在具体的案件中可予以干预，以一种劳役代替另外一种。

此外，他还获得了规范工厂劳工及规范和检查矿山、煤矿的巨大权力。保护经济上弱势阶层的努力（打上了近代的烙印），导致了许多将权力授予内政大臣之制定法的出现。因此，比如，活 411
体解剖就需要获得他的许可（1876, 39 and 40 Vic., c. 77）。

再者，他还被授权颁发归化证书，这是一种裁量性的权力。注意这一权力的“下放”（devolution），以前该权力是由议会掌握的。

这些都是内政大臣获得制定法授权方面的例子，而在国王行使某些君主特权方面，他也是合适的进谏者——如进行赦免。

与其他大臣相比，内政大臣对我们来说可能更有意义一些，但其他大臣同样拥有许多相当重要的制定法性质的权力。只举一个例子：结束东印度公司管理印度（1858 年）的制定法就规定，“以前全部由东印度公司行使的权力和履行的职责，将来由女王陛下的一位主要国务大臣负责行使和履行”。

从很大程度上来说，这 4 位国务大臣的权力在于，他们要各就其部门之事务对女王行使权力提出建议。这些权力从法律上来说是女王的权力，无论是古老的君主特权还是由制定法授予她的更为近代的权力。尽管如此，尤其是在军事领域，我们还是发现权力被明确授予了战争事务大臣。

所有这些大臣都无一例外地属于内阁成员，而且每人都有自己在议会中的次官，但这些次官只是政府官员而在内阁中没有席位。

3. 海军事务大臣一职也在委任行使，其中包括一位首席委员（属内阁成员）和三位普通委员（两位是海军方面的，不必然出席议会；一位是文官，在议会拥有席位）。他们都属于政府官员。

这是一个真正具有议事功能的委员会。

4. 对于以下官职我们就没时间讨论了：爱尔兰总督（Lord-Lieutenant of Ireland）及其主要的秘书们（其中之一经常属于内阁成员）；新的苏格兰事务大臣（Secretary for Scotland），创建于1885年，但并非国务大臣，行使此前由内政大臣及政府其他各部官员所行使的与苏格兰有关的权力。我们更感兴趣的是贸易委员会、地方管理委员会、教育部和农业委员会。

412 5. 从形式上来看，贸易委员会是枢密院的一个委员会，由一名主席和一些依职权（*ex officio*）而成为其成员的官员组成：财政部首席委员、财务大臣、各国务大臣、下议院议长和坎特伯雷大主教。其所有权力从法律上来说都能并且实际上也是由其主席行使的，他就是这个委员会。其权力巨大，且范围很广：尤其涉及铁路，也涉及商船运输，如对于不适合海上航行之船舶的扣留。依照一部详尽的法典，我们的全部商船很大程度上都被置于了贸易委员会的管理之下。还有，从1883年开始，破产法的运作也被置于了官方接管人（official receivers）之手，但后者由贸易委员会委任和撤换，并对委员会负责。

6. 地方管理委员会是由1871年的一项制定法所创设的，由一位主席和一些依职权而当然为其成员的官员组成，包括枢密院院长、各国务大臣、王玺大臣和财务大臣。但其权力的行使可通过主席的签署及其秘书或助理秘书的附署来完成，因此，这只是一个名义上的委员会。①

① 34 and 35 Vict., c. 70.

有关济贫法和公共卫生法运行方面的很多制定法性质的权力，都授予了地方管理委员会。

1834年的《济贫法修正法》（*Poor Law Amendment Act*）宣布了对济贫问题进行中央控制的必要性，并将这种控制赋予了3名济贫法专员（Poor Law Commissioners）。1847年又出现了济贫法委员会，由一名主席带领一些王国的高级官员组成。最终，这一委员会在1871年并入了新成立的地方管理委员会。

所有依济贫法领取救济金的人都被以一种最为宽泛的方式置于了该委员会的“规则、命令和规程”调整之下。它对于地方上的执法者（监管人委员会）行使着最为严格的控制，能对其发号施令，并在其权限范围内为其立法。

公共卫生体制方面也是这样：1875年的《公共健康法》（*Public Health Act*）就是由“地方公共卫生机构”负责在各地实施，而这些机构很大程度上也是受地方管理委员会控制。

7. 教育部在形式上也是枢密院的一个委员会：“咨议会中一 413
个与教育有关的委员会”。最近，它获得了“教育部”（Education Department）的名称。它由枢密院院长、委员会执行主席（Vice-President of the Committee）和其他一些依职权而当然为其成员的官员（如财务大臣）组成。委员会的权力实际上由枢密院院长（我们发现其职责如此）和委员会执行主席行使。[①]1870年引入的公共初等教育体系就是由该部控制，因此它享有很大的制定法上的

① 枢密院教育委员会（Committee of Council for Education）于1899年（62 and 63 Vict., c. 33）为一个委员会（Board）所代替。

权力，不仅可以发布具体的命令，而且也可以制定一般性规则。

8. 农业委员会于1889年(52 and 53 Vic., c. 30)创建，[①] 由委员会主席、枢密院院长、各国务大臣、财政部首席委员、财务大臣和公爵领地事务大臣组成。其权力同样实际上也是由委员会主席来行使的。

9. 在王国的其他高级官员中，邮政总长享有许多制定法上的权力，并且有时也出席内阁会议；王玺大臣只有一些形式上的职责，公爵领地事务大臣现在则基本上没什么事可做——因为尽管古老的巴拉丁领地法庭(Palatine Court)依然保留，其司法工作则是由作为法官的副大臣来完成的。

10. 最后是大法官(尽管他职位最高)，尤其是此后，他总是内阁成员。令人惊奇的是，作为最高等级的法官，他竟然是内阁成员，是一位积极参与党派事务的政治家，并且“与政府共进退”。这的确令人惊讶，但也提醒我们：在过去，司法和政府的职能在很大程度上是混合在一起的。

作为政府机构实际工作情况的例证，再没有比1882的《市政法人法》(*Municipal Corporations Act*, 45 and 46 Vic., c. 50)更好
414 的例子了，它也是我们法典的最好样板。在这里，我们发现了制定法对女王加咨议会，对国务大臣(内政大臣)、财政部和地方管理委员的授权。

第23节规定，镇区委员会可以制定地方性法规，但40

① 自1903年起改称农业渔业委员会(Board of Agriculture and Fisheries)。

天之内不得生效；其副本应呈送内政大臣，若在此期间为女王（经其枢密院提议）所否弃，则永不得生效。

第28节规定，账目应呈送地方管理委员会，由后者制作摘要呈送议会。

第30节规定，如果镇区委员会2/3成员赞同将自治市划分为区，那么女王陛下将有权通过枢密院君令的形式依法确定分区的数目，内政大臣将会依此委任专员来确定各区的边界，划界方案也将呈送内政大臣，并由他呈请女王陛下在枢密院御准。

第62节规定，自治市账目审计官的选举日为3月1日，或为由镇区委员会经地方管理委员会同意后指定的其他日期。

第105节规定，再来看镇区委员会的借款权，这里"财政部的同意"是必要条件。对自治市土地的出租与出让同样如此。

第154节规定，依据法律，女王有权不定时地向某些个人颁发女王陛下的委任状，以出任治安法官（实际上是由大法官负责此事务）。

第161节规定，若某地需要领薪治安法官（stipendiary magistrate），镇区委员会可以请求内政大臣作此委任，女王将依此合法地委任一名有7年以上执业经验的出庭律师出任此职。

第162节规定，如果自治市想拥有独立的季审法庭（Court of Quarter Sessions），女王可依向她及枢密院提出的申请授权设立。

第164节规定，治安书记官(Clerk of the Peace)的薪酬表要呈递内政大臣加以确认。

第210节规定，新特许状的颁发。应当地居民的请愿，女王在征求枢密院的意见后可颁发特许状；但上述请愿必须首先提交女王陛下枢密院的一个委员会，以听取不同意见。

415 以上谈了很多有关制定法权力的问题，我们的政府今天便是依此权力展开工作的。我说这么多的目的是为了使大家确信，传统法律家们有关宪法的观点无论是在事实还是法律两方面都已很不准确了。有关传统法律家们的观点，我指的是18世纪中期由布莱克斯通所表述且至今仍保持了一定程度正统性的理论。据此，立法权被认为赋予了国王与议会，而所谓的行政权则赋予了国王个人——这其中就包括了君主特权。今天，大部分人都知道这基本上与事实不符——他们知道归于国王的权力实际上是由其大臣们行使的，国王被要求能有一批可以在下议院获得信任的大臣。尽管如此，我想他们仍会说，这不是一个法律问题，而是一个惯例或宪政道德问题——从法律上来说，行政权在国王，尽管依据宪法它必须由大臣们行使。但我想表述的要点是，这一旧理论甚至在法律上也不是真实的。在很大程度上，英格兰现在的的确确是通过制定法权力加以治理的，而这些权力在任何意义上(甚至是从最严格的法律意义上)都并非国王的权力。让我们来看一两个例子。先来看警察部队这一政府最强有力的工具。这一武装力量是通过1829—1856年间一系列制定法逐步创立的。从一定

程度上来说，它被置于了地方当局、郡治安法官、自治市市镇委员会(watch committees)的控制之下：但有关其管理的规则制定权则给了谁？不是女王，而是女王陛下的主要国务大臣之一，实际上就是内政大臣。不是由女王而是由内政大臣来制定这些规程。《济贫法》的实施也是如此。当《济贫法》于1834年重新调整之时，一个相应的中央机构得以创立，并被赋予了发布与济贫相关之规则、命令和规程的很大权力。但该权力不是授予了国王， 416
而是授予了那些济贫委员，后又转归地方管理委员会享有。再来看由1854年的《商船法》(*Merchant Shipping Act*)所创设的规范全体商船的权力，或者由1870年的制定法所授予的与公共初等教育相关的权力。这些权力都没有授予女王，而是分别授予了贸易委员会和教育部。[①]

自布莱克斯通以来其间发生之变化有多大，我们可从布氏书中非常有意思的一节看出来：第一编第九章。[②]他这一章是关于“下级官职”(Subordinate Magistrate)的，在此他谈及了郡长、验尸官、治安法官、警察、公路巡视员(surveyors of highways)和济贫官(overseers of the poor)。他在开头写道，“在前面的一章中我们将官职分为了两种：最高等级的，或享有王国最高统治权的官员；下级的，或那些在下级、从属性领域里工作的官员。到此为止我们所讨论的只是前一种，即最高立法权或议会，和国王所

---

① 1854年的《商船法》(*Merchant Shipping Act*)现已为1894年的同名法律所取代。

② 威廉·布莱克斯通爵士的《英格兰法释评》(*Commentaries on the Laws of England*)一书出版于1768—1769年。

享有的最高行政权；现在我们要继续探究那些主要的下级官职的权利和义务。在此，我们将不考察国王陛下之高级官员们的权力和职责，如财政大臣、内廷侍臣(lord chamberlain)、主要的国务大臣或类似官员；因为我不知道就其职责而言他们在多大程度上是我们法律所关注的对象，或者他们被授予了多么重要的实施法律的权力：除非是为了将违法者交付审判而授予某些国务大臣以逮捕权”。最后这一句很值得玩味，总体而言(尽管可能有些夸大)它在布莱克斯通的时代是正确的。财政大臣、诸国务大臣当然是非常重要的人物——也许当时和今天一样都非常重要——但法律并不知晓他们，或只知道他们是国王行使其君主特权时的顾问。
417 法律将权力授予了郡长、验尸官、公路巡视员和济贫官，但它却几乎没有授予过这些王国的高官们什么权力，而他们不管怎么说又实际掌握着英格兰的命运和方向：他们所实际行使的权力在法律上是国王的权力。布莱克斯通纵然天赋超人，但我还不知道有什么证据可以表明刚才那句话应当在今天那些声称要阐述英格兰近代法的书籍中被重复。难道我们的法律真的不知道这些王国的高官吗？翻开制定法汇编，几乎每一页你都会发现这样的表述，“财政大臣这样做是合法的”，“王国的某位国务大臣可以依法那样做”。

这是一场现代运动的结果，可以说这场运动大约始于1832年的《改革法》。新时代的新需求已被一种新的形式来满足：将各种各样的制定法权力有时授予女王与枢密院，有时授予财政部，有时又授予某位国务大臣，有时是这个委员会，有时又是另一个。但对于这一巨大的变化，我们的法律著述者们却几乎还没有注意到。他们继续像原来那样写作，就好像英格兰是由君主特权来统治，好像大臣们除了建议国王其权力当如何行使之外便无事可做了一样。

在我看来，我们不能再说行政权被赋予了国王：国王是有权力，但此大臣彼大臣也有权力。当然我这样说时多少有些不自信，并且要予以充分警示：这并非正统观点。国王和大臣及其权力之间所需的和谐，是通过内阁和政府这些法律之外的组织来获得的。通过法律所赋予国王的权力肯定是最重要的，但我不同意称之为最高。宣战和媾和肯定是一项重要的权力（可能也是法律所能赋予的最重要的权力），它属于国王；为警察部队之管理制定规则也是一项非常重要的权力，但我们的法律却将其授予了国务大臣。前者可能远比后者重要，但要说高于后者却是没有意义的。

如果非要给国王权力的至高无上性找一处体现，那一定是在如下 418
事实中：大臣只能随国王之意愿而依法保有其职位。

有一个术语我要提醒大家注意，即“the crown”（王冠、王权、国王）。你们肯定读到过说“the crown”做这做那，但事实上我们知道，它什么也没做而只是静静地躺在伦敦塔中供观光者瞻仰。不，它还为无知提供了一个便利的掩护：它避免了我们提出一些只有通过研习制定法文献方能回答的困难问题。我并不否认这是一个很方便的术语，你们可能也不得不使用它，但我要强调的是你们不应满足于它。如果你被告知“the crown”享有这种或那种权力，不要满足于此直至你弄清了究竟是谁依照法律享有此权力：是国王，还是其某一国务大臣；该权力属于君主特权还是制定法所授予的权力？这通常是一个极其困难的问题，是众多难题中值得解释的一个。

我们发现，有关君主特权的精确范围经常很不确定。自1688年光荣革命以来，在通过直接表述之方式来剥夺国王在普通法上的权力方面几乎毫无作为。国王的这些权力很大，在某种意义上说它又是不确定的。鲜有制定法明确剥夺国王的这些权力，也鲜有制定法说“国王这样做将是不合法的”。制定法虽然没有直接剥夺国王的这些君主特权，但却创设了大量处理同一事务的其他权力，这些权力部分授予了国王，部分则授予了其这位或那位高级官员。这些现代型的权力已被明确下来，适应了现代的需求，并已被自由地行使着。另一方面，古老的君主特权已变得陈旧和不得体而被弃置不用，其界限的不确定性已使得它们失去了实际意义。但它们仍未被明确废除掉，对法律学生来说经常出现的问题必定是：它们是否仍然存在？要记住这一点，我们没有理论说一项君主特权因未予使用就会不存在了。另一方面我们也会经常

419 发现，要行使这些君主特权而同时又不做明确违法之事是极其困难的。我来举几个例子。

如果女王企图降低铸币成色，那将会引起什么样的抗议？她很可能会因此而丢掉王位。然而，马修·黑尔爵士却认为国王有降低铸币成色的权力；有既决的先例摆在我们面前，很难说他是错的。即使布莱克斯通也不能够确认此项权力不存在。[①] 那么，好，就我所知，该权力从未被制定法所明确废除，但我们可以相当自信地说这项权力不存在。为什么？不是因为它已被明确取消，也

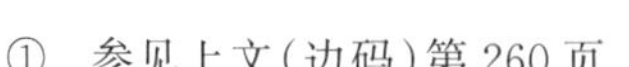

① 参见上文(边码)第260页。

不是因为它已被废弃不用，而是因为在过去很长一段时间内，制定法已经确定了铸币中金银的含量：因此，依据制定法，1沙弗林（a sovereign，英国旧时面值1英镑的金币）应值123.27447格林（grain）*，其中纯金占11/12，贱金占1/12。只要这些制定法存在，规制铸币的君主特权就不能行使；但在我们查看这些制定法并弄清它们是如何规范这一问题之前，我们还不能说君主特权就已被取而代之了。

再来看一个更难的例子。国王可以建立新法庭吗？毫无疑问，这一权力曾在中世纪被行使过，没有什么会比国王通过特许状授权某镇区或庄园领主设立一个法庭更平常的了。即使是在17世纪，当星宫法庭、威尔士委员会法庭、北方委员会法庭已成为令人憎恶的负担时，好像也没有人质疑过国王建立新的普通法法庭的权力。在普通法法庭和其他法庭之间有所区分：他可能不能创设新的衡平法庭。那么，女王今天有权创设新的法庭吗？该权力从未被明确剥夺，我相信我们必须说它是存在的。我从一份
新近的判决中摘录了一段话，“一项明确的宪法性原则或法律规 420
则是，尽管国王可通过其君主特权建立法庭并依普通法运行，然而他却不能创设任何新法庭来施行任何其他法律；柯克法官在其《英格兰法总论》第四部分中阐明，没有议会立法，就不能建立拥有新司法管辖权的新法庭”（In re Bp. of Natal, 3 Moore, P. C.〔N. S.〕152）。事实上，这一建立新法庭的君主特权在英格兰已经很久没有行使了。近年来，全国已为一个新的地方法院（所谓的

* 英美最小重量单位，等于0.0648克。——译者注

新郡法院）网络所覆盖；但这不是君主特权行使的结果，而是依据1846年一项规范这些新法庭之管辖权的制定法（9 and 10 Vic., c. 95）授予女王加枢密院的权力而建立的。为什么该君主特权已被弃置不用？其原因有二：（1）由于法律在现代社会中所发生的变化，只能施行普通法的法庭在某种程度上将会是无用且不得体的；（2）由于议会的经费划拨制度，国王将无钱支付新法庭法官们的薪金，除非是她自掏腰包。但我们还不能说该君主特权就消失了，它在任何时候都可能变得重要起来。在18世纪上半期，在印度的法庭就是依据君主特权而建立的。关于殖民地，我并不清楚该权力是否在更为晚近的时候曾在这些地方行使过。1827年时国王的法律官员们向他建议，说他在加拿大建立新法庭的权限很有问题，更为明智的做法是获得议会的立法。

对于任何正在学习我们宪法的人来说，他一定会经常碰到这种困难：他会被告知存在某种君主特权；然后他又会发现有某部现代的制定法并未注意到此项特权，而是授权国王或其某位高级官员行使一种更为有限的权力。于是对他来说问题就出现了：这一制定法上的权力在多大程度上取消了原先的君主特权？下面的例子将有助于你更好地理解这一难题。1835年的《市政改革法》（*Municipal Reform Act* of 1835，现为1882年的《市政法人法》〔*Municipal Corporation Act*〕，45 and 46 Vic., c. 50），授权国
421 王可在任一自治市为该市设立独立的季审法庭（Court of Quarter Sessions）。该法还为此项权力的行使制定了相应的规则，比如，这类法庭将由一名记录法官（recorder，由执业5年以上的出庭律师出任）主持，品行良好即可一直保有其职位。该法并未注意到

国王建立新法庭的君主特权。现在假设女王创设了一个季审法庭，但却并未完全遵循上述制定法的用语表述——她有权这样做吗？不是依据制定法，可依其君主特权这样做吗？我们必须考虑，该制定法在多大程度上以默示的方式剥夺了国王的此项君主特权——这可能是一个相当微妙的问题。在实践中，这类问题可能很少出现，因为女王的顾问们会谨慎地将之限于制定法的权力范围之内；但对于法律学生、教师，这是一个很大的难题。他几乎不敢说，在任何可以想象得到的情况下国王原先的此项君主特权不能被使用及被合法使用。这来源于我们对于国王的极大尊崇；我们很少对他说，“你不可以这样做”，而是说“你可以那样做”，然后将判断“可以”在多大程度上必然意味着“不可以”的问题留给了我们自己或法官。

再举一个更简单的例子。我们发现有这样的规定：如果国王通过国玺或其王玺发布谕令禁止某人离开王国，或阻止他人从外国返回，且这一命令被违反了，那么该当事人可以被处罚金或监禁。我相信我们必须说这就是法律，尽管它久已不用，尽管其使用（某些极特殊的情况除外）将震惊全国并引起巨大抗议。因此我们的课程是从难题开始，从已不再使用的君主特权开始，从其存在本身就存疑的君主特权开始。从因容忍而尚存的君主特权开始，仅仅因为没有人认为值得去废除它们。

三、国王权力的分类 422

但我们必须努力，这里我冒险提议将“国王权力”（powers

of“the crown”，我将该术语理解为国王的权力和王国高级官员们的权力）做如下分类：

（1）与议会之组成、召集和解散相关的权力，以及批准制定法的权力。

（2）与外交事务及战争、和平等相关的权力。

（3）委任与解除官员（文职与军事、行政与司法）职务的权力。

（4）与税收的征缴和国库开支相关的权力。

（5）与陆海军武装力量相关的权力。

（6）与司法相关的权力。

（7）与维持治安秩序相关的权力。

（8）与社会经济事务（如公共卫生、教育、贸易等）相关的权力。

（9）与宗教及国教相关的权力。

现在我要谈一下前三类权力，时间来得及的话再讲其他，那时我们将把财政制度、军事制度、司法、警务、社会经济管理及国教分别作为一个整体来看。

1. 如前所述，在召集、休会、解散议会方面，国王享有很大的权力。我将不再重复这一背景。简言之，法律是这样规定的，一届议会任期不得超过 7 年。在这一任期最后，即使国王没有采取行动，议会也会解散。另一方面，法律要求一届议会要每 3 年召开一次会议，但如果国王不遵守此规则的话，它却并未提供任何机制以供议会在无国王召集令时得以召开。

接下来，没有国王的御准，任何法案都不能成为法律。制定
423 法由国王颁行，但要依所召集之议会中僧俗两界贵族的建议和经他们同意，并依其权威而发布。这最后几个词“依其权威”，只是

自 1445 年以来才成为了立法表述形式中的常规内容。再往前推半个多世纪，法律是应平民院的请求、依贵族们的建议而通过的。但到今天，这一形式使得制定法成为了国王的行为。很难说国王的权力是一种否决权；如果他只是单纯消极地不予干预，法案不会成为法律；除非他明确表示同意，否则法案不会成为法律。国王上一次拒绝御准发生在 1707 年，当时安妮女王拒绝批准《苏格兰民兵法案》(*Scotch Militia Bill*)。威廉三世在好几次重要的场合都拒绝御准。在我看来，在有些情况下可以预见到国王的大臣会建议他拒绝御准并可以逃脱公众的谴责，比如突发战争或有类似不可预见的紧急情况出现。

然而实际上，在宪法的运行框架内，更为重要的是要注意到，国王在组建上、下两院之一时拥有相当大的权力。如果说主教并非国王提名，这仅仅是因为一个单纯的教堂教士会选举的形式被保留了下来。但另一方面，国王还能随意创设任意多数目的世俗贵族——尽管世袭的原则给为在议会中获得多数而诉诸此权力带来了障碍。不过，威胁要动用该权力已不止一次被证明颇为有效；无须做任何被认为奇异之事，一个现代的内阁即可利用此特权回报或为其追随者提供高级职务，还能将政府各部成员在两院之间进行分割。

2. 接下来，我要讨论宣战和媾和的权力。作为最为重要的权力，宣战与媾和权属于国王。无须议会同意，他即可下令进攻某一国家。当然，议会对此有一定的制约：它可以拒绝对战争所必需的经费问题进行投票；为此目的它还可以要求从大臣处了解国王与外国政府之关系，要求将外交函件呈递于议会，等等。不过， 424

发动战争(甚至是侵略战争)并不需要议会采取行动；实际上，政府对于外交事务拥有极大的权力，它甚至可以将一个并不情愿的国家卷入一场无法抽身的战争。这的确是个大问题。

斯蒂芬沿袭了布莱克斯通的说法，认为公开宣战对于启动一场完全有效的战争是必要的，并且要由其主权机构来公开宣布。[①]我认为这可能会引人误解，无论是英国法还是国际法都没有要求正式的宣战。[②]我相信，只要女王已授权采取敌对行动，英国的法院就会认为有了战争。

与宣战与媾和的权力密切相关，布莱克斯通还谈到了签订条约的权力，不过其说法在我看来与事实并不相符。“与外国及其君主签订条约、结盟，也是君主的特权。因为依据国际法，为了同盟的良好发展，由主权者完成此种事务是必要的，并进而对整个共同体都有拘束力。在英格兰，就此而论，主权被赋予了国王。因此，无论他签订了什么协议，王国内的其他势力都不能依法拖延、阻止或取消之。”[③]

与此相反，我相信我们可以说，国王签订的条约一般而言并无法律效力。[④]刚才提到，国王可以宣战和媾和，这二者任一当然都会产生重要的后果：一项行为究竟是对于公敌的声势浩大的进

① H. J. Stephen, *New Commentaries on the Laws of England*, 14th ed., vol. Ⅱ, p. 495，它也承认“现代的做法绝不是一致的”。

② 1907年海牙会议上签署的一项公约规定，“缔约各方均认可，在没有事前或明确警告(以理由充分之公告或附条件宣战之最后通牒的形式)之前，各方不得开始战争”。参见 *Parl. Papers*, *Miscellaneous*, No. 1, 1908。

③ *Commentaries*, vol. Ⅰ, c. 7 § 11.

④ 枢密院在 *Walker v. Baird*(LR AC. 1892, p. 491)一案中支持了这一观点。

攻还是只是海盗行为，就属于这类可作如此决断的问题之一。看来同样确定的是，作为对于媾和条约的附属，国王可以割地，可以在任何情况下将其在战争中获得的土地割让出去。[①]该权力可以精确地扩展到什么程度，在某种意义上说是一个值得争论的问 425
题，但我认为女王是否可以割让不列颠议会管辖的土地是很值得怀疑的，除非是在媾和条约中。她可以将泽西岛（Jersey）、根西岛（Guernsey）和肯特（Kent）卖给法国吗？我非常怀疑。当1782年有必要对北美殖民地的独立予以认可时，议会通过了一项法律授权国王与之媾和，并废止了所有与这些殖民地相关的法律。[②]但布莱克斯通和斯蒂芬所提出之更为一般原则的不合理性，能够很容易地从有关引渡的法律中得到证明。至少在过去的很长时间里英格兰的普通法一直是：尽管国王认为自己有义务交出罪犯，但除非依据议会的法律，否则相关的条约便不能被执行。假设某人依此条约被捕并通过人身保护令被带到法庭，该条约会被视为具文——国王无权将之送出国外，他不能通过签订条约而授予自己权力。至少在整个19世纪法律都是这样的。布莱克斯通说这一点在他那个时代并不清楚，这对他来说是公平的。财税法庭好像认为国王可以交出逃犯。不过，对于这一点现在已不存在疑问。我们最早的引渡条约是由议会单独批准的。现在生效的1870年的那项总则性法律（33 and 34 Vic.，c. 52），授权女王可以通过枢密院君

① 有关割地问题最近的案例和争论，请参见Ilbert, *Government of India*, 2nd ed., p. 207。

② 22 Geo. Ⅲ, c. 46。有关割地权的一般疑问，请参见Forsyth, *Cases and Opinions in Constitutional Law*, pp. 182—184。——梅特兰注

令在与之有相互引渡协议的国家间实施该法律。这是通过议会立法授予女王权力的一个很好例证，这些权力我们通常不称之为君主特权。我只是拿引渡作为例子，但前述总的原则却相当不合理。假设女王与法国签订协议，英国的铁和煤不得出口至法国——除
426 非是有议会通过法律禁止出口，否则有人会继续出口并讥笑这一条约。再者，尽管事实的确如此，但我们必须说国王在此还是有相当重要的权力的——尽管它并不直接作用于法律。如果议会拒绝通过对执行一项早已签订之条约来说是必要之立法的话，那显然将是一个严重的问题。这个国家的荣誉可能早被抵押了出去。议会中对于大臣们的质询可能也足以防止这种危险的发生。

在这一语境下，派出和接受大使的权力就值得注意了，它有某些重要的法律后果。向女王委派的大使享有某种特权地位：宽泛地说，他本人，他的家室、随从、仆人都处于该国普通的民事、刑事法律管辖之外，对他们予以拘捕或实施任何强制程序都属于非法及犯罪。在这个问题上，英国的法院接受了在他们看来是国际法中最好的理论。但拘捕大使或其任何仆从（公开作了这样的登记），依据1708的一项制定法（7 Anne, c. 12）是应受到惩罚的。该法的通过缘于彼得大帝的大使因欠债而被拘押，它针对未来的同类犯宣布了非常严厉的惩罚。该特权的精确边界并未在所有方面都得到了很好的界定，我想这最好是作为一个国际法的话题予以探讨。

这里再简单谈一下我们有关外国人的法律规定也不能算作离题。根据普通法，晚至1870年，外国人不能在英格兰拥有不动产。普通法允许他为其生活起居而租用房屋。1844年的一项制定法（7 and 8 Vic., c. 66）允许他在某些情况下最长租用不动产达21年。他

不能继承土地，如果他购买了土地，国王就对它拥有了权利——他可能会被逐出土地，然后由国王将土地收归己有。另一方面，外国人可以拥有动产，并可以自由处分之，可以因债务或针对其人身或财产发生的侵权提起诉讼。这些法律在1870年被《归化法》（*Naturalization Act*, 33 and 34 Vic., c. 14）所改变，该法宣布，联合王国境内的各种动产和不动产均可为外国人所获得、持有和处分，就 427
如同他是英国的臣民一样，但他不能成为英国船舶的所有人；该法也未赋予他就任任何官职或享有议会、市政或其他方面特权的资质。我相信，就我们可称之为私法（财产、侵权、合同等）的领域而言，今天已经无须在英国臣民和外国人之间进行区分。另一方面我们又可以说，作为普通法上依然有效的一条普遍规则，它将外国人排除在了政治官职和政治权利之外。1700年确立王位继承的法律就明确宣布，外国人不得成为枢密院或上、下两院的成员。但外国人可以通过归化入籍（从而不再是外国人）后获得平等的政治权利。

议会的法律当然可以将外国人转变为英国的臣民，并且直至很晚的时候，意在将这个或那个外国人归化为英国臣民的法律并非不常见。不过，具有普遍效力的制定法还是必要的。看来很早以前（肯定是在柯克之前）就确立了这样的做法：不经议会，国王实际上不能将外国人转化为英国臣民。他可以在某些情况下这样做，但并非所有的情况。这一理论导致了一个被称为外籍居民（denizens）的阶层的形成——他们介于英国臣民和外国人之间。因此外籍居民的产生依据的是国王的特许状，即国王不经过议会而做出的行为。据我理解，对国王此项权力的限制如下：被国王转变为其王国之外籍居民者，可以通过购置或遗赠而获得土

地，并因此而保有之；泛泛而言，他成了这个王国的臣民，但国王并不能使之可以继承。议会的法律当然可以做到这一点，我相信归化法通常都这样做了，但国王却不能实现这一点。这一点值得注意，因为它可以作为我所谈到过的一个问题的很好例证。无论是现在还是过去的任何时候，我们都不能绝对地说英国议会的功能是纯立法性的，而英国国王则是纯行政性的。议会经常会通过法律来点名归化这个或那个外国人；如果这些法律可被称之为立法性的话，那么我们又怎能拒绝以同样的术语来称呼国王的特许
428 状呢——它们所完成的几乎是完全同样的事情？将某人转变为外籍居民和将之归化为英国臣民之间的界线，不同于行政和立法功能上的差别。1870 年的法律（对 1844 年的立法予以了修改）提供了一种可以在无议会专门立法的情况下予以归化的模式，但也明确保留了女王签发外籍居民特许状的权力。可以想象得到，如果这一权力确曾被使用过，那也一定非常少见，因为归化变得容易了起来。国务大臣现在就可以授予英国国籍。申请人必须已在联合王国住满 5 年，或已为女王服役满 5 年，且归化时必须意在联合王国居住或为女王服役。在授予或是拒绝所申请的归化证书时，该大臣享有绝对的自由裁量权，而且在拒绝时也无须给出任何理由。被归化者必须宣誓效忠。如果授予了证书，那么该被归化的外国人将会在联合王国享有所有的政治权利和其他权利以及英国臣民所享有的特权。[①]

3. 我想以下这一点非常值得单独列出来予以特别注意：几乎

① 对该法的批评，可参见 1901 年一个有关归化法的各部间委员会的报告（Report of an Inter-departmental Committee on Naturalization Laws）。

所有拥有高级行政或司法职位的人都是由女王予以委任的；如果是司法权，那么只要品行端正一般即可一直保有其职位；如果不是司法权，那么他们一般仅依女王的意志而保有职位，而且在撤职时无须给出任何理由。之所以说这一点值得单独列出并予以特别注意，是因为正是这种委任与解职权才赋予了我们政府体制所必需的统一性。枢密院成员依女王意志而保有职位，那些组成政府之高级官员也是一样。将枢密院成员予以撤职的情况并不常见，至于各部大臣的选择，国王实际上又不得不屈就下议院的意思。但国王这种法定的任免权则是绝对的，而且正是因这种绝对性，我们的政党政府体制才有存在的可能。

我之所以将这种对于王国高级官员予以委任和解职的权力单独拿出来描述，是因为它确实是非常重要。不过，当然，不仅仅 429
是我们谈到的共同构成政府的官员，而且也包括所有或几乎所有保有最为重要的公共官职的人，国王都享有一种宽泛的委任权。布莱克斯通称之为荣誉、职位和特权的源泉。单就荣誉而言，我们无须说得太多：授予骑士或准男爵的身份，创建新的骑士等级，赋予礼仪上的优先权，这都不是什么大不了的事；至于更为重要的、创建贵族的权力，我们也已在前文谈到过。但如果你要审视这个社会的整体法律架构就会发现，一般而言，重要公共职务的拥有者都是由国王委任的，而且相当普遍的是，他们仅依国王的意志而保有其职位。我不认为有可能在这一问题上阐发出任何普遍性的原则：委任的条款和模式变化相当之大。例如，几乎所有履行司法职务的人都是由国王委任的，但这并非普遍真理，郡法院法官就是由大法官依制定法赋予的权力予以委任的。再者我们

还可以说，自1700年以来，立法上的总体政策就是要通过规定法官只要行为适当就可保有其职位来获取法官的独立。尽管高级法院的法官只要行为适当即可保有其职位，但却可依上、下两院共同的呈文而被解职。郡法院法官的职位保有则非常不同，他们可因能力缺陷或行为失当而被大法官革职。另一方面，治安法官（其职责可以说部分是司法性的，部分是行政性的）仅依国王之意志保有职位，且在被解职时无须给出任何理由。另外一点是，我们现代法律的总体方针是，行政官员仅依委任者的意志而保有职位，且在被解职时无须给出任何理由。但对于每一个具体的职位，我们又必须诉诸制定法条文以查看其详情，而不是轻信任何普遍性的原则。拿审计总长为例（Comptroller and Auditor General），
430 我们不称之为法官，但一直以来人们都认为，其地位保持独立是极其重要的。查看这一职务之委任所依据的法律（1866, 29 and 30 Vic., c. 39）我们发现，他只要行为适当即可保有职位，但上、下两院共同的呈文可将之解职。我们还必须记住，我们还不能将这一总体方针视为普通法规则。国王以前在授予官职方面享有很大的权力，条件也是依其自己的意愿而定。晚至威廉三世统治时期，我们发现法官还是依国王之意志而被委任；另一方面，大量的行政职位（包括财政署的职位等）——如我们所称——则是终身保有甚至可以传承好几代。此处仅举一例：郡警察部队处于一名警长指挥之下，现在我不能先验地判断该职位是否由国王予以委任；如果我们猜是，那就错了，因为它是由法官们在季审法庭（quarter session）上委任的。这个国家的下级政府在多大程度上处于国王及中央政府的控制之下，这些事务在多大程度上由地方

当局、季审法庭及市政郡予以支配，以及这些地方当局的构成又如何，都是由无数的法律通过不同方式予以规范的，这些都只有在详尽研究之后方能有结果。像“行政权力归国王并由政府予以行使”之类的宽泛表述，无论如何都不能给我们太多帮助。

四、财政制度

我们现在转而要讨论财政制度，即国王或王国财政税收的征收与支出问题。在从历史的视角处理这一主题之时，我们首先要掌握的一点是，在过去，所谓王国的税收真真切切地就是国王的税收；换言之，过去并无王国或国家的税入。进入国王手中的钱都是他个人的，并由其随意支配，无论是其自领地上的地租，或是封建保有地上的收益，还是王国大咨议会拨给他的津贴或协助金。作为王国首领之国王*的土地就是国王个人的土地，而且，国王个人的土地也是作为王国首领之国王的土地——国王私人身份与其公共身份之间的区别还没有为当时的人们所注意到。诺 431
曼征服之前的确存在被认为是属于民众的土地，即公社民众保有地（folk-land），未经贤人大会的同意，国王不能将其中的任何部分归为己有。[①] 但在诺曼征服之时，这些土地很轻易地就变成了“王有地”（terra Regis）。极有可能的是，诺曼征服只是加速了一个过程的终结，而这个过程在此之前已开始了很久。后来我们发

* 一个公职者。——译者注

① 参见上文（边码）第 57 页。

现，实践中对将国王作为公职和作为个人所拥有之财产进行区分的否定，甚至走向了其逻辑的极端。柯克说，[*]“如果国王购买了依肯特郡习惯保有之土地(gavelkind)，且驾崩时留有若干子嗣，则只有长子才能继承这些土地”。[①]因此在爱德华六世去世时，其所有的非限嗣继承土地——无论如何得来——都只能是由玛丽继承，而将后者的同父异母姊妹伊丽莎白排除在外了。无论通过什么权利获得，国王的所有土地都是他的，并由他随意封赠。另一方面，他也无法通过遗嘱进行遗赠，国王在一定意义上是这些土地之国家受托人(trustee)的观念，只是慢慢才成长起来的。我宁可认为当时的观念是这样的：国王自己拥有大量财产，因此除非是特殊情况，他不应再请求其臣民予以施舍。国王用自己的钱购得的土地和他通过(例如)土地复归(escheat)获得的土地之间没有区别，而且这也不稀奇：除国王之外，别人也可能通过土地复归获得土地。针对国王肆意将土地授予其亲信的请愿不时高涨，但都未以面向未来之立法[**]的形式予以签发，它们以收回法[***]的形式予以了发布——这些法律使得国王可以或强迫收回由他或其先人授出的土地。因此，1450年时通过了一项总体性的《收回法》(*Act of Resumption*)，依此自1422年亨利六世登基以来做出的土地封授

* gavelkind要求的是诸子平均继承，而普通法认可的是长子继承，此处后者优于前者，说明国王作为公职的身份压倒了他作为私人的身份，体现了英国政治发展的变化。——译者注

① *Co. Lit.* 15b.

** 即并未禁止国王以后这样做。——译者注

*** 即在授予后要求国王再收回，这是事后的补救而非面向未来的禁止。——译者注

都被取消了。爱德华四世在位时的1473年也通过一项类似的法律。1485年，就在博斯沃斯（Bosworth）战役一结束，约克家族诸王做出的土地封授就都被取消了——我相信，在1700年威廉三世被迫同意御准一项意在取消所有他对爱尔兰土地之封授的法律之前，这可能是有关收回法的最后一个先例。① 麦考莱在其历史著述 432
的最后谈到了1700年那项法律的通过，这可能是有关"附加财税法案"（tacking a money-bill）之做法最值得注意的一个例子：通过在原法案（在我们看来它可能极其不公）中附加授权征收土地税的条款，来强行获取上议院对此法案的同意。人们争论说，贵族们不能对此"财税法案"* 提出修改，但拒绝之又将使国王无法对王国进行统治。我相信，正是这一事件导致了对国王封授其土地之权力首次进行了面向未来的限制。安妮女王登基时通过了一项法律（1 Anne，c. 1），该法限制了国王让渡租约地的权力，这种租约地总体上不能超过31年或三代，并应保留过去的地租或收取一份合理的地租。但即使是这项法律，也未对属于公职身份之女王的财产和属于私人身份之女王的土地进行区分。女王出让她的任何土地都会受到该法同样的限制。又过了一个世纪，我们才在制定法文献中发现了我所提到的这种差别。这是在1800年的一项法律（39 and 40 Geo. Ⅲ, c. 88）中实现的。经过一个我将在后文描述的过程，下述二者之间到此时已被进行了区分：用于支持王室内廷及大不列颠国王之领地与职位的那部分王室收入；用于我们可粗略

① 玛丽女王时授予修道院的一些土地被该法律收回了：1 Eliz. c. 24。

* 实际上是附加了财税条款的法案，引号为译者所加。——译者注

称之为国家事务的那一大部分收入。自乔治三世登基以来，来自国王土地上的收入已被归入后一部分中。乔治国王拿可被视为自己口袋中的钱买来的土地是否不受1701年对土地让渡所施加之限制的约束，至少是一个严肃的问题。因此，议会在1800年使得国王能够以个人身份持有土地。国王用自己口袋里的钱购得的土地可由其自行支配，并拥有普通臣民所享有的一切让渡自由。比
433 如，他有权通过遗嘱对土地进行处分。不过，在许多别的制定法中人们一直被要求将此事弄清，直至1862年我们才在制定法文献中找到了“女王陛下私人地产”(the private estates of Her Majesty)的表述。我不是很肯定在这一问题上旧法的某一部分并未优先适用。过去通常认为，除王位继承人外国王不会有别的继承人。我已向你们提供了柯克对此的论述，我也没发现该规则曾被改动过。因此，如果女王无遗嘱而亡，且如果依据通常的继承规则其三个女儿将成为其共同的女性继承人，那么长女将不仅会继承大不列颠的王位，而且也会继承奥斯本宫(Osborne House)或其他任何女王在去世时所拥有的非限嗣继承性质的私人地产。但这样说我并不自信，因为这些方面议会有很多冗长的立法。

之所以提这些事，是为了显示国家税入和国王自己小金库之间的区别(我们自然而然地认为存在这种区别)在我们法律中的成长是多么缓慢，又是如何的晚近。我们是在经历了许多制定法之后才将此弄清楚。随着议会开始认为自己有责任划拨开支(即坚持某些经费只能用于某些特定的目的)，这一区别就逐渐变得清晰起来。有关这种划拨经费的早期历史，我们已经谈到过一些。1665年，查理二世请求议会为针对荷兰的战争批准一大笔经费，

他同意应在议会为此通过的法律中加上这样一个条款：它宣称依该法征集之经费应只用于本次战争之目的。这是一个重要的让步，在其后来的统治期间又有多次类似的划拨。我相信自光荣革命以来这一做法就从未改变过；在为国王批准经费时，议会也对本经费所用于之目的或多或少进行限定。

在这一点上我们有必要记住，国王有一大部分收入并非来自议会的批准。这就是布莱克斯通所谓的国王的普通收入，相对于源于税收的特别收入。[①] 他将其作如下分类：首先是来自教会方
面的收入、对主教不动产的监管、初年圣俸（first-fruits）、什一税 434
及一些小的事务。然后是来自于其自领地产上的地租、保有地的收益、监护权与婚姻指定权所带来的收益（复辟时被取消），还有征发与先购特权带来的收益（也在复辟时被取消）、王室林地收益；常规王室法院的收益：罚金、罚没、罚款；皇渔；海洋中的沉船残骸；皇家矿藏；无主埋藏物；无主物、走失的家畜；敬神之物、复归之地产、心智丧失者等。这些收入来源中的许多必定总是微不足道的，其他的一些随着时间的推移也变得微小起来，但17世纪时国王仍然拥有一笔属于他自己的相当可观的收入。就这部分收入而言，他无须议会的任何授权即可实现和获得，而指令他如何花销这些钱将会显得议会过于强势——在这种情况下他可以多少有些合理地抱怨说，他受到的待遇比他地位最为卑下的臣民还要苛刻，因为即使是后者也应被容忍或允许以自己的方式来支配其收入。国王的土地依然价值不菲，包括征发与先购权在内的封建

① *Commentaries*, vol. I, c. 8.

权利也会产出许多收益。

而在复辟之时，这些最具收益性且可继承的收入来源都被取消了。你可能已经习惯于将骑士役保有的废除视为不动产法历史中的一个重要事件，但其意义远不止此：这也是王室和国家税收史上的一件大事。有必要就国王在收入方面所要承受的损失做出补偿；相关法律说，“为了使国王陛下及其继承人和后继者可以因那些被废除的权利而获得一份充分和丰厚的补偿与回报，兹规定，国王陛下及其继承人和后继者从今往后将永远有权从下述税收中受偿”。接下来，该法对啤酒、苹果酒、烈酒等征收了货物税，这已是一项授予国王及其继承人和后继者的永久的、世袭的货物税，以作为废除骑士役保有的一个极具价值的补偿。于是，这就给了国王一项由税收构成的、普通的且可世袭的收

435 入来源。同时，该法也等于是强加了一项长期税，这是个新东西。间接税、关税、桶税和磅税自亨利七世到詹姆士一世时当然已授权国王可以终身征收，但如你们所记得的那样，议会曾拒绝授予查理一世超过一年的这类征税权。直接税、特别津贴、什一税（tenths）和十五分之一税（fifteenths），只是偶尔才授予。

但我现在要说的并非税收的种类问题，而是国王的小金库（用法律外行的词）与国家税入逐渐分离的问题。当威廉三世即位时，他还享有世袭的货物税，此外还有一些保留下来的旧的、世袭的税入。议会为他和玛丽的共同生活及其遗属的生活又批准了一些货物税。这些收入都属于国王自己，不需要议会进行分拨。1698年时向前迈出了一步。可以说，王室年费（civil list）的概念首次出现在了制定法中。1689年的这项法律（9 and 10 Will. Ⅲ，c. 23）称，其意在为国王提供一年70万英镑的费用，以供其内廷和家室

的服务开销，还包括其他一些必要的花费和需求。国王被授权可以终身征收桶税和磅税（一种新税），但它又规定，如果从本法所述之来源（包括国王领地、许多更微不足道的特权、世袭的货物税、威廉终身享有的货物税和现在授予他的税收）获得的年收入超过了 70 万英镑，那么未经议会批准便不得再批准更多经费或将之用于任何目的。1700 年的做法又有所不同，安妮女王登基时我们发现，为支持王室内廷及国王的领地与职位，议会又公布了某些税入来源：其中主要的如我刚刚提到的，过去的特权、王室领地、世袭的货物税，以及那些授予安妮女王终身享有的货物税和关税。乔治一世登基时做出了类似安排，但除前述分派的税入
来源外，他还将另外得到 12 万英镑的经费，以供其内廷和家室的 436
服务开销及其他一些必要的支出和需求。这笔费用将从某些税收中产生，而这些税收将汇总在一起以形成一个被称之为“总专款”（the aggregate fund）的东西。因此，其意在使可供国王支配的年收入达到 70 万英镑。乔治二世登基时做出了一个非常类似的安排，但议会承诺，供他支配的经费将是每年 80 万英镑。乔治三世即位时又迈出了一大步，因为国王承诺终身放弃所享有的国王世袭收入部分，其中包括王室领地的收入、许多小的特权和世袭的货物税；作为回报，他将会每年从“总专款”中得到 80 万英镑的收入。不过 1780 年时，国王就不得不来到议会请求为其偿还债务。议会坚持更为经济地对已逐渐被称为王室年费的收入进行管理，禁止国王向他们索要的年金补贴超过某一限额。即将由此收入支出的开支被分为了 8 种；从这一法律中我们知道，这些开支仍是各种各样：第二类是法官们的薪水，第三类是驻外大使们的

薪水，第四类则是为了支付商家的账单。乔治四世即位时同样放弃了乔治三世所放弃的那些世袭收入，作为回报，他将从统一基金（Consolidated Fund，由总专款演变而来）中获得 85 万英镑。这一数目仍包括了法官、驻外大使和财务专员们的薪金；但现在最为狭窄意义上的国王的小金库每年会被拨给 6 万英镑。除其兄所放弃的之外，威廉四世放弃的更多，即海军夺获敌国财产权（droits of the admiralty）和皇家捕获权（droits of the crown）；作为回报他所得到的看起来却更少，即只有每年 51 万英镑，不过此时王室年费中已除去了支付法官与驻外大使薪金的项目。维多利亚女王又放弃了其叔所放弃的项目，并每年从统一基金中得到 38.5 万英镑。此外，她还被授权可以每年发放一定数额的补贴（1200 英镑）。

不得已谈了这么多细节，目的是为了解释有关世袭税入之法
437 律的现状。如果女王现在驾崩，那么威尔士亲王将有权享有这些收入，包括世袭的货物税。这就怪了，因为世袭的货物税现在已不再征收了。作为敛财的权宜之计，它已被取代很久了。但当威廉四世驾崩时，女王便直接对之享有了权利；国内税收方面的官员仍在继续征收此税，如果女王没有同意放弃，那么它现在还会依废除骑士役保有的查理二世时的那项法律而被征收。事实上，在她登基几个月之后，女王御准了那项为她确定了一份收入的法案，该法免除了所有为缴纳世袭货物税而应予支付的款项。如果威尔士亲王现在即位，这一切又会重演：他有权得到的仍将是世袭的税入，包括货物税—— 一种将可能依 1660 年的那项法律（12 Car. Ⅱ, c. 24）而征收的税。这看起来可能相当荒唐。议会看来已经认为，即使有议会的同意，国王也不能剥夺其后继者的权利，

或者在任何情况下要求国王这样做都将是不公平的。[①]

因此，实际上，我们已逐渐拥有了一位带薪俸的国王。统一基金要为王室年费每年支出38.5万英镑，但女王曾有而且现在仍有从统一基金中发授津贴的有限权力，加上此权力的行使，王室年费现在达到了每年四十多万英镑。不过，即使是这个数目，在一定程度上也是由女王登基时通过的那项法律划拨的。比如，拨给“女王内廷的薪金和退休金”是131 260英镑；只有6万英镑划到了女王的小金库，这可以说是王国向女王支付的、她可以绝对支配的唯一一笔钱。我不是说这是女王收入的全部——比如，她还保有兰开斯特公爵领地且尚未交回由其公爵领主权所产生的 438
税入。可能也还有一些产生于国王的某些次要特权的收入也未交回：源于初年圣俸和教士什一税的收入早已被放弃（这一点你可以从布莱克斯通那里看到），目的是为了组建安妮女王宗教基金以提高贫困教士的生活费。此外我们还有“王室收入”（royal revenue，在其宽泛的意义上使用之），现在为每年近9 000万英镑，其中不到50万用于支付王室年费，只有6万英镑进入了女王的腰包。然而将这全部9 000万英镑称为王室收入并不愚蠢，其全部由议会拨予女王——尽管是用于特定目的；没有女王亲笔签署的令状，一分钱也拿不出财政署。[②]

① 依据1901年的《王室年费法》（*Civil List Act*, 1 Ed. Ⅶ, c. 4），王室的世袭收入又被指令缴入财政署，并成为统一基金的一部分。

② 1912—1913年的总收入超过了1.53亿，依据1901年的《王室年费法》，王室年费被确定为47万英镑，且分配如下：国王小金库11万英镑；王室内廷薪水12.58万英镑；王室内廷开支19.3万英镑；王室宗教基金、施舍和其他宗教服务1.32万英镑；未予分配8 000英镑。

现在让我们简单地从法律角度看一下今天国家财政的状况。我们必须考虑这 9 000 万英镑的巨额收入是如何获得，又是如何开销的？首先我们要谈一下统一基金和国债的问题。回到中世纪我们会发现，我们的国王是很大的借款人，他们会拿或声称拿一切可能的东西来进行担保，有时是尚未征收上来的税收收益，有时是王室领地，有时又是王室的珠宝；在爱德华一世、二世时期，某些税收是由意大利商人承包的。实际上到最后这些债务还是要由国家来支付；这是实践中国王迫使议会拨给其经费的一种权宜之计：其债务必须偿还，否则他在外国人那里的信誉就毁掉了。亨利八世时，议会做了一件很糟糕的事：它宣布国王无须偿还其债务。要想从国王那里拿到钱总是很难的，他不能被起诉。查理

439 二世时发生了一起臭名昭著的案件。伦敦的金匠们（当时也是银行家）借给了查理 13 000 英镑，为此他拿自己的部分收入来做担保。而财政署又很意外地将他们拒之门外。支付其本金不是很方便，他们必须在利息上得到满足。于是他们被授予了长期年金，并从世袭的货物税中予以支付。在支付了 4 年之后，年金也被停止了。甚至当威廉和玛丽登基时，除权利请愿外这些银行家们是否还能有别的救济手段，也是非常值得怀疑的；即使是权利请愿，没有国王的指令也无法实现。因此很显然，如果是出于国家的目的借债且有可靠的担保，那么这种担保一定不能是国王的口头承诺或特许状。1692 年，因对法战争而急需一大笔钱，这一年通常被视为国债奠定基础的一年，而这种债务是建立在议会立法担保的基础之上的。这笔债务将会是 100 万，因此在啤酒和其他酒类上征收了新税，并持续 99 年。这些税征收后会放在财政署的一

个单独的账户里，以组建一笔基金用以向债权人以年金的形式归还贷款。他们被授予了终身年金，每认贷 100 英镑将得到年金 10 英镑(1700 年将减至 7 英镑)，并持续终身。但在这笔交易中还有一点赌博的因素在里边：当年金享有者去世时，其年金将会在幸存者中进行分割，直至仅剩 7 人；此后，无论到期还剩下什么，都将归国王支配。该法指令财政署官员从为此目的所收之税收收益中向年金享有人予以支付，并授权可对不遵守该法之官员提起 3 倍于所受损害的诉讼。因此，贷款人将不再依国王的口头承诺发放贷款，而依据的是议会立法的担保。你将会注意到，提供担保的只是一笔特定的基金，如某些货物税，而非总体的收入。你还将注意到，贷款人将不会再见到其本金，相反他们以终身年金的形式得到偿还，且享有遗属权的利益。

现在不是我们追溯国债成长历程的时候，但它的成长速度足够快：到安妮女王登基时，它已达到了 1 600 万英镑以上；乔治一 440
世时超过了 5 400 万英镑；到 1763 年巴黎和解(Peace of Paris)之时已超过了 13 800 万英镑，在此和解期间它又降到了 12 800 万英镑；但北美战争时又涨到了 24 900 万；1817 年在我们与法国的长期战争结束后，它超过了 84 000 万；自那以后又略有下降，低于了 69 800 万英镑。[①] 但在我刚刚排列的这一阶段的早期，更准确的说法应该是那些国债而不是某一项国债。我们已经看到，1692 年时征收了某些从量税(specific tax)和货物税，其收益用于支付某些年金。这一机制被不断地重复使用，其运行方式足以

① 1912 年的净债务为 718 406 428 英镑。

让任何前往制定法文献中寻找其信息的人大惑不解。贷款人所得到的回报通常采取长期年金的形式支付给其本人、遗嘱执行人、遗产管理人、受让人，但本年金可在任何时候由国家予以回赎。[①]1752 年(25 Geo. Ⅱ, cap. 27)，从多项税收收益中予以支付的两项大的年金经所有权人同意后联合在了一起，用于支付这些年金的税收被聚集在一起组成了一个共同基金，然后这些年金都将从此基金中支付。这些联合起来的年金逐渐成为了 3% 的银行合并年金和 $3\frac{1}{2}$ 的银行合并年金。

各个不同时期也采取了其他简化财政的措施：如某些税收所得被聚集在一起组成了一个总专款。但直至 1787 年，整个事务仍然相当复杂；这一年通过了一项非常重要(从各个方面来说都非常重要)的法律(27 Geo. Ⅲ, c. 13)，有相当大的一部分收入都从原来的间接税、关税和货物税(这些税都依为数众多的议会立法而征收)中取得，这些税现在被一扫而光，并被新的税种取而代之。但所有或大部分旧的税种都已被用作支付年金的担保，这就
441 有必要为其提供新的代替。这些新税种的全部收益、王室领地的收入(你们记得，这已由乔治三世交回)、邮政收入，简言之(我相信我这样说是正确的)，几乎所有可成为王室收入的东西都被聚集起来组成了一个统一基金，各个年金权利人都由此得到偿付。自那时起，统一基金就一直是英国财政的中心问题；通过王室收入形式收到的任何东西，都构成了该基金的一部分，公共贷款人

① 相关例子可参见 12 Geo. Ⅰ, c. 2。

所享有的年金如何从该基金中得到偿付，都由制定法做出指示。爱尔兰也采取了类似措施；1816 年，大不列颠的统一基金和爱尔兰的统一基金，联合成为了大不列颠及爱尔兰统一基金。

因此，大不列颠统一基金就是大不列颠的公共收入或王室收入，并依据当时生效的法律予以征收。于是，没有哪一个国债的持有人可以说他对这种或那种税收享有法律权益。如我们所知，税收在不断地调整——一项旧税种被取消并不意味着背信弃义；权利人相信，议会将总会保持征收足够的税收来保障其年金得以偿付，他也相信议会不会取消（或如果取消，也会实质上重新颁布）那些指令其年金从当时的统一基金中予以偿付的法律。

我们国债的很大一部分是由永久但却可回赎的年金组成的。持有 1 000 英镑政府债券（consols）者将有权终身得到每年偿付 30 英镑的回报，他无权要求被偿付 1 000 英镑，但女王有权在任何时候通过向他支付 1 000 英镑而赎回该债券——按平价赎回。我们简称为 1 000 英镑的政府债券，其全称是 1 000 英镑的 3% 统一银行年金。正是这种回赎权，使得财务大臣可以在 1888 年降低（如我们所说）国债的利率。他可以对这些年金权利人说，“我们将按平价方式向你回赎债券，或者如果你愿意，你可以得到新的年金，但其利率将是 2.75% 而不是 3%”。这些是银行年金，因为英格兰 442
银行负责这种偿付业务，通过在银行保管的文件中进行记录，它们便可以转让。有关英格兰银行我想多说几句，但也只能说这些：尽管它是由私人组建的金融法人团体，因此你或我都可能足够幸运地成为其成员，但其地位仍是独一无二的。议会通过特许状和法律授予了它许多极其珍贵的特权，作为回报，英格兰银行承担

了大量的公共职责。爱尔兰银行同样如此。我们的政府与这些银行进行着金融方面的业务往来。负责收税的各种税收专员，将他们收上来的钱存放在这些银行中一个被称为“女王陛下财政署之户”的账户中。统一基金中到期且足以向国债持有人偿付年金的费用，将从该账户中支出并交由总出纳(chief cashier)，由其负责偿付事务。这一操作涉及财政部和审计总长的行为，但无须议会立法和下议院投票。

还需要解释一下长期债务(funded debt)和短期债务(unfunded debt)这两个术语。长期债务是指负债国家没有偿付债务本金之义务，而仅有义务永久支付利息，或直至它选择偿付债务本金。持有此种债券100英镑者无权请求支付现金100英镑，但他有权永久性地获得每年2英镑15先令年金的偿付，不过这要受制于一个条件：国家可以通过支付他100英镑来消灭其年金。若国家选择清偿，则应提前一年通知债权人。由议长予以书面签署的下议院的决定，只要刊登在《伦敦政府公报》(*London Gazette*)及悬挂在伦敦证券交易所，都将被视为充分通知。但除此长期债务外，总还有一定量的短期债务。短期债务是基于短期且固定期限的国库券(exchequer bills)而借贷的金钱，依此，债权人有权在一定时间内得到本金，同时获得利息。

现在看一下组成统一基金的收入来源。它接近9 000万英镑，
443 相当大部分由税收收入和政府垄断经营所得组成，只有不到50万英镑来源于王室领地，还有苏伊士运河股票的红利和其他多种进项；但大头还是税收和垄断经营。之所以说“和垄断经营”，是因为有大约900万英镑的收入来源于邮政，如我们剑桥这些学院最近

被提醒的那样，邮局垄断了信件的递送业务。收入的大头有：关税大约 2 000 万英镑，货物税 2 500 万英镑，印花税 1 200 万英镑，所得税 1 200 万英镑，房屋税和土地税近 300 万英镑。① 这一庞大数目的绝大部分都是依议会的长期立法征收的，它不需要每年都立法。如果议会今年没开会，它仍会被征收。翻阅近期的制定法汇编就会发现，现行税负中只有很小一部分是依此汇编中的法律征收的。就现阶段而言，如果议会未通过立法予以重新征收的话，只有两种税负会结束，即所得税和茶税。现在，议会在任何一年所设的所有税负一般都通过单一的一项法律来完成。我手头有 1885 年的该项法律，非常简短。它将对茶每磅 6 第纳尔的关税水平维持一年，对长期货物税做出了一些修订，又征收了一年每磅 8 第纳尔的所得税，还对公司财产征收了一种全新的税。所有这些可通过一些简短的章节来完成。征税的制度则是长期的。有专门的关税专员，也有专门的国内税收专员；税收评定和征收的方式、货物税和关税官员们的职责，都在长期立法中得到了表述。说对茶征收每磅 6 第纳尔的关税还要持续一年及所得税将按这一或那一比率予以征收，是很简单的事；但最需要理解的是，议会并不对税收事务进行年度表决。如果议会 444
永不再开会，那么依据议会现在生效的法律，大量税收仍会被征收，国内税收专员、关税专员、邮政局局长仍会继续将大量收入支付到女王陛下财政署的账户中。

① 1907—1908 财政年度的总收入大约为 1.45 亿英镑，主要的收入来源如下：关税 32 000 万英镑，货物税 30 000 万英镑，印花税 745 万英镑，所得税 31 000 万英镑，财产税 14 000 万英镑，邮政所得 17 000 万英镑，房屋税和地产税 2 500 万英镑，电报服务 400 万英镑。

每年大约也会有 2 500 万英镑从财政署流出。[①] 依据议会的长期立法，某些支出会从统一基金中予以偿付，并有专门的官员负责此事。这其中最大的一项是国债利息，即使议会从不开会，这也会予以偿付；然后是女王的王室年费，以及大量司法和其他职务的薪金——这些议会都将之变为了长期支付。法官甲或审计总长应否得到薪金的问题是否应交付年度表决，一直以来都被认为是不必要的。另一方面，近年来的政策一直是不从统一基金中支付行政官员的薪金或任何政府机构的费用，而是将所有这些问题每年都提交议会审查。

没有议会立法的授权，不能从统一基金中支出费用。某些支出是由议会的长期立法规定的，这就包括我们刚才见到的国债利息这一大项。现在来看一下其他支出。它们由拨给女王经费然后又对这些经费的使用进行分配的法律予以规定。拨给女王经费的法律一般采取这样的方式：“我们，女王陛下最为忠实和尽责的臣民、大不列颠及爱尔兰联合王国的平民，聚集于议会，为了兑现我们开会时很高兴授予陛下您的经费，现决定拨给陛下您后文提到的数额，特此恭请陛下您能颁行此法，该法由女王陛下经本议会中僧俗两界贵族和平民提议及同意后予以颁行，其权威
445 亦源自上述三者：陛下财政署的当职专员可从统一基金中签发并支付已向女王陛下授予的、截止到 1886 年 3 月 31 日的经费共 45 361 227 英镑。”分配条款形式如下：“本法所划拨之全部经费将按附于其后之清单所列之目的与项目进行分配。”看一下该清

① 1913 年已超过了 3 600 万英镑。

单我们会发现，这一分配相当细致；其中各项数额有大有小，下面是一些例子：

支付59 000名水兵和海军陆战队队员的工资等…2 728 100英镑

支付海内外船厂和海军船坞的费用…1 639 300英镑

支付给志愿军的费用和津贴…606 000英镑

马尔伯勒宫的维护和维修费…7 120英镑

为已故查尔斯·乔治·高登少将修建纪念碑的费用…500英镑

女王陛下的对外及其他私密事务…50 000英镑

首先要注意的是，这是拨给女王的经费，没有其亲手签名及财政部专员的支付令，便不会从财政署支出。议会并不拨钱给水兵和海军陆战队队员，也不给为乔治·高登少将修建纪念碑的雕塑家支付费用。当然这一切议会都可以做，但它没有做，因为不必要。钱拨给了女王，就由她和她的大臣们来支配。但她和他们在花这些钱时并不受法律的约束，至少不受《拨款法》（*Appropriation Act*）的约束。当然，如果女王的大臣撤回了所有的驻外使节，或者解散了海军及其他类似组织，他们可能会受到严厉谴责，并有可能遭到弹劾。但制定法并未对女王说："你应在驻外使节上花这么多，在海军上花这么多。"相反其用语是这样的："这是用于此目的或他目的的钱，随你去花，我们相信你臣下们的自由裁量；但开销账目要向我们呈报，并有可能就是否进行 446

公开谴责进行表决。不过，这仅限于本法设定限度范围内的开销：这里有用于战争储备的250万英镑，用于王室狩猎场的10万英镑，用于与金星运行观测相关的费用100几尼(guineas)。如果为这些目的中的任何一个多支出了费用，有人将会构成犯罪；当然，极有可能是几个人合谋共犯。"[①] 我在这里要指出，陆军、海军、文官都是女王而非他人的仆役，一般来说可以无提前通知而立刻解职，且无须给出理由。他们因其服务而应得的报酬、薪金、补贴都是以女王的名义支付的，至少一般而言他们不能因此问题而向女王的大臣提起诉讼；合同是与女王签订的，其救济是权利请愿。为支付其薪金或补贴而由议会投票拨给女王经费的事实，并不授予他们可以针对财政委员或国务大臣这些负责此类开销者寻求救济的权利。没有人能说，"依《拨款法》，负责战争的国务大臣或海军事务委员已为我的信托利益接收了这些钱"。

谈到划拨和分配经费之事，我多少将这一事务的过程予以了不适当的简化。每年只通过一项《拨款法》，这发生在接近会期之末；该法为当年的全部开销提出了一个预算。但在全部预算被考虑之前，女王经常需要有钱花。在会期之初，下议院便会组成一个经费委员会，并开始审核这些预算。负责此业务的大臣依次提出拨款项目，比如，为预算案中的某一事项而拨给了女王一笔不超过1万英镑的经费。

---

① 这一点现在为一个常规条款所强调，该条款授权财政部必要时可将分配于某项陆军事务的经费用于他项陆军事务。1883—1884年这种便利被运用过一次，并为1885的一项法律宣布为合法。但另一方面，即使情况紧急，分配于海军的经费也不能被挪用于陆军事务。——梅特兰注

下议院还会组成一个有关拨款方法的委员会，并由其考虑此 447
项经费该如何筹集：它决定，为了兑现划拨给女王陛下的经费，可以从统一基金中拨出多少钱。这一解决方法就体现在会期初始阶段通过的一项法案中。我还拿1885年的制定法为例。3月28日，一项制定法获得了女王的御准；它说，为了兑现已划拨给女王陛下的经费，下议院已拨出了后文提到的款项，且它已由女王和议会颁行，内容是财政部委员可从统一基金中签发并提款一千多万英镑，用于兑现截止于1886年3月31日之年度女王陛下所需的经费。该法并未包含任何进一步予以分配的语句，而只是说财政部委员可将此款项用于支付已批准给女王陛下的经费；不过，如我已描述过的那样，该经费是批准用于专门事项的。5月21日又通过另一项同样的法律，又拨款1 300万英镑。直到8月14日我们才有了那项《拨款法》，它又划拨了4 500万。接下来它开始对这三笔款子（1 000万、1 300万、4 500万）进行分配，因此它是回溯性地进行分配。它说，由本法及先前的3月、5月两项法律划拨的所有款项现在按照清单中所列之事项予以分配，而且应被视为是从第一项法律通过之时就已进行了分配，直至现在的这项法律。不过，这都是这一事务中的细节了。

五、军事制度

我们已将军事制度的法律史追溯到了威廉三世统治时期。自那以后，它每年都会通过一项法律。这种法律被称为《年度军纪法》（*Annual Mutiny Act*），它将维持常备军（由特定数目的士兵组成)超过一年合法化了。这种每年通过一整部军纪法的做法一直持续到1879年,这一年又通过了一种不同的法律;但1881年又通了1879年法律的新版本。1881年的这项法律,即1881年《陆
448 军法》(*Army Act*),现在调整着军队的事务。但该法有一个很重要的特点,它总是需要另一项法律来维持其效力,议会在每次会议上都会通过一项简短的法律来更新1881年的这项法律。这仅仅是议会议事程序上的一个变化,但其原则却保留了下来:军队的合法化需要每年都进行。

我已说过,自威廉三世以来不列颠军队的法律史,到目前为止主要是这些年度军纪法的历史。有时我们谈到军纪法被重新颁布,但千万不要由此就误认为每年通过的都是同样的法律。这些法律变得越来越庞大、臃肿,但也变得更为精细和准确。第一部军纪法只是一个小东西,我想我已向你们谈起过其全部要点和实质内容。1881年的法律是一部庞大的法典,共有193个部分,8开本纸占据了60多页。追溯这一发展过程将需要花费很长时间,我只能提醒你们注意几个突出的要点。首先我们总是有这些庄严的宣示:“未经议会批准,和平时期在大不列颠及爱尔兰联合王国维持常备军属违法”;“和平时期,任何人不得在本王国范围内被依军法处以死刑、肢体刑或其他任何刑罚,或以由与其地位同等者且依王国已知及已确立之法律审判以外的方式对待之”。在后一宣示中,“和平时期”一语并未出现在最早的军纪法中,其出现看起来肯定意味着,战争时期这个王国的臣民是可以受到某种被称为军法的东西惩罚的。至于由与其地位同等者的审判,我想很遗憾它已变成了陈腐的滥东西。这个王国的臣民可以被一位领薪

治安法官送进监狱——我并未看见他受到了任何要是由军事法庭审判他就不会得到的、由与其地位同等者进行的审判。

接下来，现代的法律又明确了可以维持士兵之精确数目。女 449
王和议会断定，为了联合王国的安全和守卫女王陛下的财产，有必要维持一支军队，其规模应为 142 194 人。我认为女王至少不需要恪守此数目，这是最大数目。

下面我们要注意的是，该法明确授权女王为更好地管理其军官和士兵可以制定军法条例。《陆军法》并未在任何意义上构成我们军事法典的全部——此外还有大量的军法条例。如果你想得到一个委任立法的例子（此前我已谈到过其他方面的），我不知道还有什么比这更合适的了——因为女王被授权可以为更好地管理其官兵而立法，她可以创设新的犯罪。但《陆军法》继而又对此做出了限制。依这些条例，任何人不得被处以扩及死刑、肢体刑之惩罚，或被处以劳役刑；除非其所犯之罪《陆军法》明确规定可处前述之刑罚，或《陆军法》规定可处以与其所规定不相一致的惩罚。因此，很可能存在一种确定的（或最好说是不确定的）、为管理军队而制定条例的君主特权。早期的军纪法只处理哗变及类似将被处以死刑的犯罪，但威廉和安妮统治时期发布的军法条例开始处理较轻微的犯罪，其合法性看来已被议会所认可。对此特权的限制应当是什么我并不肯定，很可能是限于死刑和肢体刑之外。在我看来，从历史上来看，做出任何划界都是困难的。年度军纪法抗议说，任何人都不应依军法而受惩罚——如果国王可以下令醉酒者当鞭笞，为什么那些哗变者就不能被绞死？不过，在乔治三
世在位第三年的军纪法中，为了更好地管理其军队，国王被明确 450

授权可以在境内也可以在境外制定军法条例，还可以处以由军事法庭审判的、除死刑以外的刑罚(pains and penalties)。我相信，这成为了该法中的一个常设条款。逐渐地，议会开始直接处理越来越多的犯罪，并总是细致入微，因此，实际上军法条例的范围便受到了限制——因为早在1728年就规定，国王不得通过军法条例施加比军纪法更重的刑罚。国王的法律官员们也在1727年向他建议，他不能减轻军事法庭依军法所判处的刑罚，如不能以鞭笞代死刑。

尽管年度军纪法明确授予女王制定条例的权力，但这并不剥夺她先前已有的君主特权。因此总体而言，我们也许应该相信，当议会将常备军合法化并说女王可以自费维持士兵之时(如果没有说更多的话)，她就拥有了为管理军队而制定规程的权力，一种延伸到可以宣布低于死刑和肢体刑之刑罚的权力。不过现代《陆军法》所明确授予她的权力则更为有限，其条例不能处劳役刑或改变该制定法为多种犯罪所规定的刑罚。

至于军事犯罪包括什么，我不能太深入细节。有相当多的犯罪是可以处死刑的。例如，任何“在敌人面前行为失当表现怯懦或诱使他人表现怯懦”者，就可能被处死刑。有些犯罪若是在服现役(on active service)时即可处死刑，而在其他场合则不可。擅离军职便是这方面的一个好例子。任何正服现役者擅离军职或企图擅离军职即可被判处死刑，而未服现役者擅离职守所受处罚一般不会超过监禁。不从军令方面的规则是这样：在履行职责过程中不服从由其上司个人所发出的任何合法命令，且其不服从之方式显示出了对该上司权威的故意挑衅，则该不从者可能会被处

死刑；正服现役者不服从其上司所发出的任何合法命令应处劳役刑，在未服现役时不从则处监禁。所处之刑罚有：死刑，五年劳 451
役刑，两年监禁刑，官员革职开除，士兵因不名誉而被开除、没收财产、罚金、停职。近来鞭笞刑已消失；1812 年确立的最高笞数为 300，1832 年为 200，1867 年它被限制于一些犯罪中，1868 年则规定于和平时期整体废止笞刑。在 1879 年的《陆军法》中，鞭笞最后一次出现——服现役时犯某些罪行可处 25 鞭。1881 年的《陆军法》中已没有了它的踪影。

到此为止，我们已经讨论了可被称为军事犯罪的内容。至于其他犯罪（针对王国一般法律的犯罪），这些军法长期以来的政策一直是，士兵并不豁免于普通的法律规则和普通的法律程序。在我讨论第一部军纪法时你们可能已经注意到了这一点。现在的常规《陆军法》中规定了如下宽泛原则：“在国王陛下统辖范围之内，任何受军事法律规范者，都可因任何如果他未受军法约束即可受审之犯罪而为任何有管辖权之地方法院审判。”此外，他很少能因触犯普通的、非军事法律而为军事法庭所审判——在联合王国境内绝不会如此；但在境外，如果方圆 100 英里之外没有有管辖权的普通地方法院，那么他便可在军事法庭因叛逆、叛国重罪、谋杀、杀人或强奸而受审。当军事法庭与地方法院管辖权相重叠时，罪犯已被军事法院惩罚之事实并不能阻却针对他重开普通刑事诉讼程序，但法院在判刑时会被要求考虑其先前已在军事法庭所受之惩罚。至于债务和其他民事诉讼，他人可针对士兵提起，并可执行其财产，但其人身在标的额小于 30 英镑时有豁免权。这并没有太多意义，因为债务监禁现在已经被废除了。

《陆军法》还包含了有关军事法庭建构的详尽规则，而其程
452 序则大部分由女王通过规程的形式去制定，并由一位国务大臣予以副署。不过《陆军法》还提供了囚犯质疑其法官的方法，且规定一般的英国证据规则在这里也要得到遵守。

因此，《陆军法》的一个重要支系是处理这类及与此相关的事务，它颁布了一部军事刑法典，并设立了专门的法庭以实施该法典。另一个大的支系处理的是士兵宿营和车辆的强制征用。为士兵提供食宿已被发现很有必要，《权利请愿书》(*Petition of Right*)中有关该问题的条款每年都被正式的暂停执行。但我认为其负担并不是太重，只有那些公共房屋的管理者才会被要求为士兵提供食宿——制定法使用的是提供食品的住房(victualling houses)。为此，士兵食宿所需支付的费用不时由议会予以确定，而制定法则会深入细节；当然，它还列举了少量啤酒，因为每位士兵每天会被提供不超过两品脱的啤酒。马车、大车、马匹也会因运输军队物资而被强制征用，且都依议会确定的标准实际支付费用。

《陆军法》的第三个大的支系涉及新兵征募。在很长时间内，议会都将与士兵谈条件的事留给了国王，由其随意处置。不过逐渐地，与征兵有关的条款潜入了军纪法。其目的是为了让新兵真正知道这是怎么一回事，而不致稀里糊涂就把自己卖给了一项终身性的差役。类似条款也悄悄出现了，新兵必须被带到治安法官面前签署一份公告等。但后来为了执行一项短期服役的政策，议会对征募条款进行了干预。1881 年的《陆军法》规定，一个人可被征募服役 12 个月，或者更短的期限(可由女王随时确定)，但不

能更长。还有可转入预备役的条款，“在国家面临紧急危险或宣布有重大紧急状况（如果议会开会，要先与议会沟通；若未开会，则通过诰示方式宣布）时，女王将依法通过枢密院”动用这些预备 453
役部队。但尽管士兵签订的是几年的合同，女王却并不受此期限之约束，士兵总有可能在未说明理由的情况下被开除。这适用于从总司令到普通士兵的所有军官和士兵。

我相信，自光荣革命以来的一个普遍错误的观点，是认为我们没有强制征募（impressment or conscription）之类的事。当然，并没有永久性的法律对此予以规定，因为我们并没有有关军队方面的永久性法律。同样真实的是，这种通过强制征募来组建军队的做法只有在战争时期才合法，而且是以一种受限制的方式予以适用的。首先，它有时适用于破产的债务人。被拘禁的债务人可因其应征入伍或找到替身而免除债务。这在18世纪好像出现过很多次。其次，被定罪之罪犯也可因应征入伍而被释放。我相信，这一做法一直持续到半岛战争结束*。最后，强制征募入伍也适用于贫穷者阶层。1703年，法官们被要求征召那些体格健壮而又没有任何正当职业或现实的办法来维持其生计或生存的人，并将他们交于女王部队的官员们。乔治二世、三世统治时期通过了类似法律，可能被强制征召者都是“那些体格健壮、游手好闲且不守规矩的人，他们不能通过检测以证明自己有能力从事或勤勉地跟随从事任何贸易或雇佣劳动，或者拥有足够维持其生计的财产”。我相信，用以指示强制征召那些贫穷者入伍的条款，一直保持效

* 1808—1814年伊比利亚半岛上的拿破仑战争。——译者注

力至1780年。18世纪的英国军队一定主要是由这些品格恶劣者、破产的债务人、罪犯、游手好闲且不守规矩的人组成的。这样的军队从未受到过欢迎，其士兵作为一个阶层，也是受到鄙视的。很长时间之后，我们军队士兵的来源才开始依靠自愿应征入伍。

依据议会的制定法及其所设定的限制，对军队的指挥、管理和支配都在女王。很可能正是在军事领域，国王的个人意愿在可被称为近代的时间里是最为有效的。我相信，即使到今天，也有
454 相当大量的军事事务都要提请女王关注，许多事务都需要女王亲手签署。但晚至1793年都一直没有总司令(Commander-in-Chief)，或者说是国王自己在真真切切地指挥着军队。有可能临时任命一名总司令以指挥在欧洲大陆的战争，但军队的真正首领是国王。导致委任总司令一职的原因，看来是为政治目的而行使国王委任和解职军官之权力。人们认为，在这类事务上，国王应依主要是出身士兵且身处党派政治之外者的建议行事。另一方面，对于军队的支配和一般管理，早已越来越多地落入了带有政治性的大臣(议会和内阁成员)手中。这段历史格外复杂，我必须躲得远远的。直至克里米亚战争(Crimean War)开始，责任主要是在战事大臣(Secretary at War，他并非国务大臣)和国务大臣们之间进行划分的。战争期间，又创设了战事国务大臣(Secretary of State for War)，后来又过了一些年，旧的战事大臣一职被废除。法律要求他对女王的命令(即使当此命令要呈送总司令之时)予以副署，以保证其真实性；这保证了在所有与支配军队有关的事务上他的建议都要被听取，他还要就其建议向议会负责。总司令被授予了诸如对军队予以规训、委任和提升等极大的权力，政府大臣

一般被认为不应干涉这些事务；但最重要的委任，在对外事务方面的最高命令，都要征得国务大臣的同意，并在重要情况下会成为“内阁讨论的问题”。至于在战争中使用军队的问题，我相信我们可以有把握地说，战事国务大臣总是必须对此负责，由其签署是法定的要求。但骑兵卫队（Horse Guards）和战事办公室（War Office）之间的关系则相当微妙和复杂，我不能妄称自己对其有深入研究。[①]

现在我们必须返回到复辟时期来看一下民兵的发展历程。常 455
备军的必要性被否定了，这东西本身及它的名字都令人憎恶，因此古代的军队需要重组。《温切斯特法》（*Statute of Winchester*）依然有效，原先的原则需要恢复。首先，1662 年的一项法律重申了以下原则：“依据英格兰的法律，对王国境内所有陆海军部队及民兵进行管理、指挥和处置的唯一和最高权力，毋庸置疑地属于国王陛下及其先王，即英格兰的国王和女王；议会两院或其任何一院都不能也不应该觊觎之。”有关这种民兵最初的方案就属于这一类型。国王在每郡都委任一名军事总长（Lieutenant），他经国王同意可以任命多名副手。他们开会（这逐渐被称为军务会议）可以决定课以郡内居民依下述等级提供士兵和装备之义务：任何

① 依 1887 年 12 月 29 日的枢密院君令，这种双头制停止了。对军队的全盘管理落到了总司令一人头上，但他要对战事国务大臣负责。总司令的权力多少为 1895 年 11 月 21 日的枢密院君令所限，该职位本身也在 1904 年布尔战争（Boer War，1899—1902 年英国人与布尔人之间的战争）后被取消了。同一年又通过开封特许状创设了一个陆军委员会（Army Council），所有由战事国务大臣和总司令依君主特权所行使的权力都转给了该委员会。1905 年时，该委员会由 7 人组成，其中就包括战事国务大臣和总参谋长（Chief of the General Staff）。

人年收入达到500英镑或者拥有的财产价值达到6 000英镑，必须提供骑兵一名、战马一匹和盔甲一套；若更为富有，则依此比例提取；收入或财产低于此标准但分别达到50英镑和600英镑者，则必须提供一名步兵及相应的武器。这种郡武装力量由军事总长指挥，下属官员也都由他来委任，但国王保留了自行委任的权力，而且可以免除他们的职务。通常而言，这一部队每年只能被调动进行相当有限的训练：每年有一次军团的大检阅和训练，共4天；单个的连队每年可能有4次训练，每次2天。任何人都不得被强制亲自服役，但此时他必须提供一个足以胜任的人，且为之提供法律规定的给养，一般是每名步兵一天12便士；郡必须提供弹药
456 装备；如果该部队被实际征召服役，其工资要由国王来付，但这首先要由士兵的提供者予以垫付。组建该部队的目的在于，在出现暴动、反叛和外敌入侵之时，军事总长可将其召集起来并依据从国王那里得到的指令指挥之，以镇压所有上述暴动和反叛，击退来犯之敌。为此，该部队可被带领至英格兰的任何一个角落，但该法“不应被认为是扩展至授予或宣布了以下权力：将本王国的臣民运送或以任何方式强迫之迁徙出本王国，除非是依英格兰的法律应当这样做”。当时的观念认为，这种部队是保护王国免受外敌入侵、镇压叛乱的合适的武装力量。但该部队那种奇异的社会上层的性质将不会逃过你的眼睛，它是由郡内的地产保有人予以提供和供养的。

18世纪上半期，查理二世时的那些制定法仍然是整个民兵法的基础。它所创设的那种部队必定是一支相当笨拙且花费昂贵的部队；尽管我们谈到过一些有关它的重大的事情，但它仍然

很难成为一个有效的组织。1757 年(30 Geo. Ⅱ, c. 25)，所有早期的制定法都被清除，该武装力量得以重组——当时是担心法国人入侵。所有年龄在 18—50 岁之间的男性(某些特别的豁免阶层除外)都有义务服役，或有义务找到替身在民兵中作为列兵服役。不过各郡民兵的配额是由制定法确定的，像亨廷顿郡为 320 人，米德尔塞克斯为 1 600 人。各郡所需之人员由抽签决定。郡内名额的分摊起初是分给了各百户区(或军事分区〔lieutenancy subdivisions〕)，后又分至各教区，由军事总长及其副手们在军事会议上完成分配，并对抽签予以监管。被抽中者或其替身必须服役 3 年：对他必须接受的训练量都有细致的界定。在有外敌实际 457
入侵或有紧急危险，或有叛乱发生之时，国王(如议会正在开会，则应向其通报此情形)即可调动并组织所有的民兵，并将之交于总指挥予以调遣。于是该部队便可被强制派遣到王国的任何一个角落服役。当民兵这样组建起来之后，其士兵即享受常规士兵的待遇，也要受《军纪法》(*Mutiny Act*)和《军法条例》(*Ariticles of War*)的调整。并无有关民兵在训练时所获报酬的相关规定。这是一个故意的遗漏，它使得每年都通过一项法律来规范有关民兵的报酬和装备问题成为必要，因此赋予了议会对民兵予以控制(类似于对常规部队的控制)的权力。国王在委任军事官员方面的权力有所增加，但此官员要具备相当高的财产资质——步兵少尉为每年 50 英镑，上尉为 200 英镑，等等。

1786 年，乔治三世的一项制定法(26 Geo. Ⅲ, c. 107)又对先前的法律进行了一番清除。这是一部冗长且烦琐的民兵法典，共计 136 个部分。不过有关该武装力量的总体方案还是维持了

1757年所确立的模式。1802年时它又让位于一部共178个部分的新法典。我只能说，其框架与原先非常类似。当然，民兵很少被拉出来予以组建。在七年战争[*]期间，民兵曾被组建过；后来又分别于1778—1783年、1792—1803年间予以组建。每次组建都有一部新的法典予以明示。1815年通过了一项法律授权国王组建之，这次是因为与法国的战争。接下来是一段长久的和平期，抽签被搁置了，我相信，甚至是自愿入伍的民兵一年一度的训练也在总体上中止了。接下来在1852年又出现了新的威胁，结果是又颁布了一部新的法律；但它并未取缔先前的法律，1802年的法律在很大程度上仍是该法的基础。它力图使民兵成为一支更为灵活，也更方便使用的武装力量。民兵的人数被确立为8万，但在有外敌入侵实际发生或有此紧急危险时，女王可下令再征召4万人。在此情形下，女王必须将此原因与议会进行沟通——如果议会正在开会的话；如果议会处于休会期，则女王必须在14天内召集议会开会——顺便说一下，这也是制定法要求女王召集议会
458 开会的情形之一。现在各郡民兵的配额是由枢密院君令予以确定的，其人员由自愿应征而召集；若依此未能达到所需的人数，则再诉诸抽签。总体而言，有关服役或寻找替身服役这一义务的旧法仍保持了效力。该武装力量之全体或部分，每年可训练21天。不过，依枢密院君令可延长至56天；同样，如有必要，郡民兵可拉到本郡以外训练。有关组建民兵并实际服役的法律，大部分依然维持了先前的规定。但有关军事官员的委任及其资质方面则有

---

* 1756—1763年间，法、俄、奥等国与英、普之间的战争。——译者注

了许多改动，总体倾向于委任实实在在的士兵而不是地方上的有钱人。

不过，抽签的做法的确处于了被搁置的状态。1829 年的一项法律将之搁置了 1 年，我相信后来的做法是每年都通过一项类似的法律。1865 年就通过了一项这样的法律，该法中止了抽签的做法，此后便一直都将该法包括在了《期满法律延续法》(*Expiring Laws Continuance Act*)* 中。但即使是在该法生效期间，枢密院君令仍可引入抽签的做法，这在 1830 年就出现过一次。抽签条款直至 1832 年 2 月仍在适用，这之后我相信便不再有抽签了。兵士们的津贴和俸禄相当高，足以吸引充足的人员前来应征。

还有许多变化，汇集在 1882 年的一部重要的《法律整合法》(*Consolidation Act*, 45 and 46 Vic., c. 49) 中。简言之，其结果如下：军事总长在民兵方面的权力和职责被解除了。这些权力现在由女王通过一位国务大臣来行使，或她也可依国务大臣之建议而将这些权力和职责委以任何其他官员。这些官员由女王直接委任，但军事总长在推荐首次委任方面仍享有某些权力。在确定民兵的人数方面，现在并无长期的法律。女王陛下可以合法地征召并维持民兵，但其人数由议会不时地加以确定，其成员自愿应征入伍， 459
服役期限不超过 6 年。他们要经过 6 个月的先期培训，然后每年要训练 28 天，但后一期限可由枢密院君令扩至 56 天。在王国面

* 联合王国每届议会都要通过此种法律，规定某些用于处理紧急情况或应一时之需只在一定期限内有效的法律，在期满后一段时间内仍然有效。如果未被列入《期满法律延续法》，则这些法律在有效期届满后自动失效。参见《元照英美法词典》，法律出版社 2003 年版，第 515 页。——译者注

临紧急危险或重大危机之时，该武装力量可通过发布王室诰示(Royal Proclamation)组建并实际服役。在此情况下，如果议会休会，则必须在10天内召集开会；因此该民兵部队可维持至女王通过诰示解散之时。它可被派遣到联合王国的任何地方，但不能出境——尽管经过其同意，也可被派至直布罗陀海峡和马耳他。其训练和组建一样，官兵都要受《军纪法》之调整。

如你所见，在维持其名称的同时，民兵已逐渐(每一步都可以从制定法文献中予以追溯)变得与17世纪，甚至是18世纪完全不同了。事实上，它已非常类似于第二支常备军。因为英格兰是个岛国，我们从未实行强制兵役制，其后果便是我们有了两支职业化军队。1802年抽签入伍的条款仍悬在我们头顶，但对今天来说，它将会是一个过时的机制。如常规部队一样，民兵现在在很大程度上也处于国王控制之下。军事总长已不再是一个军事官员，民兵现在也几乎与郡组织不再有任何关联。[①]

① 依1907年的《地方及预备役部队法》(*Territorial and Reserve Forces Act*, 7 Ed. Ⅶ, c. 9)，成立了郡联合会(County Associations)以组建自卫性的地方部队。依该法第三部分第33节，陆军委员会(the Army Council)被授权将特别预备役部队整编为团、营或其他军事单位，1882年的《预备役部队法》(*Reserve Forces Act*)亦有此规定。过去的民兵营并不构成地方部队的一部分，而是非常独立于郡联合会。它们组成特别预备役营(Special Reserve Battalions)，并分属不同的战斗团(Line regiments)，而且还随时随地要与常规营共同服役。其军官为常规军中的“特别预备役部队军官”(Special Reserve Officers)。因此，过去的民兵无论是在名称上，还是在事实上、在法律上都已停止了，因为尽管有23个压缩营的例外，它们已转化为了新的“特别预备役部队”(Special Reserve)，它们不再只限于在联合王国和爱尔兰服役，也不再是在过去民兵体制下征召。地方志愿部队(the Volunteer Territorial Force，包括义勇骑兵队〔Yeomanry〕和志愿军〔Volunteers〕)更类似于古代的国民军(fyrd)。尽管“特别预备役部队”和“地方部队”的服役条件很类似于过去的民兵，但《抽签法》(转下页)

海军在议会那里受到的待遇与陆军一直不同，这很令人不解。460
与涉及陆军的制定法为数众多不同，涉及海军的几乎没有。我只能注意到很少的几个要点。

首先，它并未宣称未经议会同意在和平时期维持海军是违反法律的。事实上，长期以来议会已获得了对海军与对陆军一样的权力，这主要是通过拨款法实现的。比如，1885年议会就拨出275万多英镑用于支付59 000名海军士兵等的工资，相应的经费也分配在海军给养与军服、船坞使用等方面。这实际上已迫使国王必须在议会中有一名大臣，以说明海军的需求及经费的使用方式。但皇家海军的存在并不需要议会的法律予以合法化。至于军纪方面，长期以来是由复辟之后即刻制定的一项法律予以调整的。它几经修改，后来为1749年的一项制定法（22 Geo. Ⅱ, c. 33）所取代；后者又经修改，效力一直延续到1860年，才为另一项法律所取代。现今生效的法律是1866年的《海军军纪法》（*Naval Discipline Act*, 29 and 30 Vic., c. 109）。它所涉及之范围与规范陆军军纪法之法律非常类似：界定犯罪并施以惩罚。过去曾存在这样的差别：一方面，陆军方面的刑事规范主要存在于国王制定的《军纪条例》中，但自复辟后一直就有一项制定法性质的海军刑事法典，用以界定犯罪和施以惩罚。但在过去的某些时间里，这方面的差别实际上几乎没有意义，因为《陆军法》已总是非常的详尽和精确。现在生效的《陆军法》明确规

（接上页）（*Ballot Act*, 42 Geo. Ⅲ, c. 90）能否被合法激活以为前二者征募兵员，仍是非常值得怀疑的。

定了所有或大部分可被认为是非常严重的犯罪，因此将它们剔出了国王制定的军法条例的范围。另一方面，《海军法》中有一
461 个含义相当宽泛的条款，它为任何有损公共秩序和海军纪律的行为（无论是不当行为还是疏忽）都规定了惩罚。再者，它还规定，若该法并未提及惩罚，则可依类似情况下在海上适用之法律和习俗对违反该法之行为进行惩罚。不过还存在这样一种区别：海军法对违反一般刑事法律的行为也做出了规定。皇家海军中的水兵，有在海上或在联合王国之外的陆地上犯有谋杀、盗窃或任何其他罪行者，可由军事法庭依普通英格兰刑事法律予以审判。但只有在极其罕见的情况下，陆军士兵才可因普通犯罪而被军事法庭审判。

但对于法律史的学生而言，关于海军最有趣的事还是强制征用（impressment）。该术语本身的历史即非常奇异。毫无疑问，“pressing”意味着强制、人身性的限制；同样毫无疑问，在过去的很长时间里，人们在谈及强制征用、强征海员（pressing sailors）、征兵队（press-gang）等时，头脑中也是这样的观念。但我相信，该词起初有着颇为不同的含义，这一点很久以来都一直被人们所认可。1870年的《国债法》（*National Debt Act*, 33 and 34 Vic., c. 71, sec. 14）规定，用于支付红利的钱是通过预支（imprest）的方式交给银行的首席出纳的。预支（imprest）一词来源于“impraestare”一词——想一下法文的“prêter”——当为某一特定目的而提前需要钱时，钱就被预支；“预支款”（imprest money）是提前发放给应征入伍的陆、海军士兵的款项。为皇家海军之目的而强制征用船只的做法，已被自查理二世以来的制定法认可为合法。在1743

年的国王诉布劳德富特（*Rex v. Broadfoot*）一案中，迈克尔·福斯特爵士（Sir Michael Foster）争辩说，“出于公共目的强征海员是国王固有的一项君主特权，它以普通法为基础并为议会的许多制定法所认可。被告人布劳德富特（Broadfoot）杀死了一名参与强征海员的征兵队成员；该项强征有合法的令状作依据，但其执行 462
方式不合法，因为令状中说其执行只能委托给经委任之官员，但实际上并非如此”。福斯特承认征兵队未依令状之条款行事，因此实际上是力图进行非法拘捕。但他又认为最好是讨论一下问题之全部，并举出了很多权威论据来支持强征的合法性，后来曼斯菲尔德（Mansfield）和凯尼恩（Kenyon）都支持了强征的合法性。现在可以毋庸置疑地说，强征海员服役是国王的一项君主特权，且它从未被剥夺。我无法说出它最后一次使用是在什么时间，只是在和平时期没有使用，但要说在大的海战出现时也将不会再使用又过于草率。无论如何，这项权力摆在了这里，议会也已是听之任之。很久以来人们都在争论，要说清谁应被强征是很困难的。但我相信可以确定的是，被强征者在某种意义上必须是海员，他们必须是在使用大海。一部仍在生效的1740年的法律，将18岁以下和45岁以上的人排除在了强征之外；同样依该法，使用海洋者在其首次出海后2年内亦可免于被强征。[①]

---

① 参见 2 Ric. Ⅱ, stat. Ⅰ, c. 4; 2 and 3 Phil. and Mary, c. 16; 2 and 3 Anne, c. 6; 4 and 5 Anne, c. 19; 7 and 8 Will. Ⅲ, c. 21. For *Rex v. Broadfoot*, *State Trials*, XVIII, p. 1323 ff.。有关曼斯菲尔德在 *Rex v. Tubbs* (1776) 案中的判决，参见 Cowper, *Reports*, Ⅱ, p. 512ff. For Kenyon in *Ex Parte Fox*, *State Trials*, v, 276。就此主题之全部，参见 Broom, *Constitutional Law*, pp. 111—114; Robertson, *Statutes Cases and Documents*, p. 344。

六、司　　法

在学习法律之初，很重要的一件事是要了解法院的历史及其程序，因为我们法律的大部分并非制定法，而是判例法——普通法和衡平法；而如果不了解法院的情况，判例法是无法被解读的。

首先，我们必须简单地关注一下那个设在英格兰的可能是最为重要的法庭——枢密院司法委员会，因为它并非为英格兰设立的(某些相对轻微的事务除外)。

废除星宫法庭的那项法律并未剥夺枢密院所有的司法管辖
463 权。尤其是对于国王在海外的领地而言，它还保持了最高上诉法院的地位。这在当时不足挂齿，因为国王的海外领地不过马恩岛、海峡群岛和一些苦苦挣扎的殖民地而已。但随着国王通过割让、征服和殖民已在世界的每一个角落获得了新的土地，现在它已经变成了一件大事。

1833 年之前，这一司法管辖权实际上是由作为枢密院成员的前高级司法官员行使的。就在这一年，议会通过制定法创设了一个专门委员会来完成这一司法工作，该委员会由现任或已退休的高级司法官员(当然他们都是枢密院成员)组成。1871 年委任的是 4 名领薪成员，他们和大法官一道负责该法院几乎所有的工作。根据现在正在生效的方案，这 4 位成员也将是 4 位上议院常任上诉法官。这样，帝国的两个最高裁判机构——枢密院和贵族院——实际上就将由同样的成员组成。

在实践中，该委员会是一个法庭，但在某些方面还保留了行政的形式。其“判决”严格说来并非判决，而是向女王提出的建议，然后再依该建议发布枢密院君令，对被提起上诉的殖民地法院的判决予以确认或推翻。判决中只表述一个司法意见——坚持保密。这些特征让我们回想起了过去司法和行政功能密切交织的年代，同一个委员会既就王国的行政事务也就司法事务向国王提出建议。

枢密院也处理一些英格兰的司法事务，它是教会法院的上诉法院，直至1875年也是海事法院的上诉审法院。但教会法院的业务已经缩减，其原因我们很快会在下文中谈到。

现在来看一下英格兰的法院。首先我们必须区分刑事和民事司法管辖权——有的法院这两者兼而有之，有的仅有其一。

关于民事司法管辖权，我们整个司法体系在19世纪已进行了重塑。

让我来回忆一下这一过程中那些重要的日期：

1846年，建立了新的郡法院。

1857年，将教会有关遗嘱继承和婚姻案件的管辖权转交新设 464
立的法院——(1)遗嘱检验法院；(2)离婚法院。

1875年，所有高级普通法法院和衡平法院（上议院除外）合并为一个新的最高法院。

1876年，上议院改制成司法裁判机构。

（一）民事法院。

高等法院（High Court of Justice）是全英格兰的初审法院，对所有民事案件有不受限制的管辖权。对其裁判的上诉需要向上诉法院（Court of Appeal）提起，对后者的判决不服则要向上议院提出上诉。这三者是中央法院，也是高级法院。

除此之外，还有大约500个郡法院，它们是地方法院、下级法院，只有有限的司法管辖权；对它们的判决不服，需要向高等法院提出上诉。

首先来看郡法院。我们已经谈到过司法的集中统一以及它在过去所做出的巨大贡献（给予了我们普通法）。但由于旧的地方法院的衰落，这种极端的集中化又带来了许多问题：对于简单案件来说，这一体制太过昂贵和拖沓，并经常导致正义根本无法实现。18世纪时曾力图解决这些问题，为此在各地创设了一些如良心裁判法庭（courts of conscience）或小额债务索赔法庭（courts of requests）等，它们可以受理债务纠纷，且不使用陪审。但在1846年之前并未尝试任何总体性的改革。这一年在全国创设了一套新的法院系统，那些在中世纪早期曾扮演过重要角色的旧的郡法院，将它们所享有的，且存有争议的管辖权转移给了这些新法院。尽管这些新法院被称为“郡法院”，实际上它们与郡的体制基本上没有关系。“旧的郡法院”在理论上仍然存在——尽管不是作为司法裁判机构，如验尸官仍在这种由全体自由土地保有人出席的旧式郡法院上选举产生。我也不能肯定，直到今天，即使是有了投票选举制，郡议员也可能会被认为应在这种理论上的、旧式郡法院上选举产生。

465 这些新的所谓的郡法院，其重要性已得到了持续性增长。议会经常授予它们新的权力。[①]它们的民事管辖权从两方面受到限

① 规范这类法院的最新一部综合性法典是1888年的《郡法院法》（*County Courts Act*, 51 and 52 Vict., c. 43）。

制：(1)争议标的的数额；(2)地域。

(1)通常而言(但有一些大的例外)，当事人在郡法院请求的标的额不得超过50英镑。

(2)它们是地方法院。(一般来说，)被告必须在他的居住地或营业所在地的法院被起诉。

在许多情况下，原告可以在郡法院和高等法院之间进行选择，在有些案件中，他必须前往郡法院，有关诉讼费的规则不鼓励当事人将本可在郡法院听审的案件拿到高等法院。

郡法院的庭审由1名法官主持。大约有50名左右的郡法院法官，因此他们每个人一般都会有好几个辖区。郡法院法官由大法官从有7年以上执业经验的出庭律师中委任，并可因能力不足或行为失当而被大法官撤职，且在作为出庭律师予以执业及被选为下院议员时失去法官资格；其薪金从统一基金中支付。

在大多数案件中，当事的任何一方都可以要求将事实问题交八人陪审团予以裁断。但在郡法院使用陪审团极为罕见，法官一般既适用法律，也裁断事实。

针对法官对任何法律问题(但不包括对事实的裁断)做出的决定，当事人可以向高等法院提出上诉。经高等法院同意，还可向上诉法院上诉(但未经允许则不得上诉)；同样，还可以上诉到上议院。

还有一些别的地方法院也留存了下来。最重要的就是由兰开斯特巴拉丁郡(County Palatine of Lancaster)副大法官主持的法庭。但整个英格兰现在已经被纳入了这一新的郡法院系统，随着议会不断授予其新的权力，它们几乎每年都会有重要的收获。其业务完全是民事性的。

466 我们已经注意到，在中世纪晚期，在旧的普通法法庭旁边是如何成长起一个进行衡平司法的法庭的，衡平法又是如何通过创设用益和信托来为自己获得大量管辖权的，以及衡平法是如何发展成为一套确定的、需要在大法官的判决中才能发现的规则的。

我相信自 17 世纪末以来，我们就可以将衡平法视为一套明确且相当确定的法律体系了，如果非要给它确定一个年份，那么发生光荣革命的 1688 年可能是最后的选择了。1673 年成为掌玺大臣(Lord Keeper)、很快又晋升为御前大臣的诺丁汉勋爵，一直都被称为衡平法之父，看来他在确定衡平法院的司法管辖权方面贡献甚多。这样，到了下个世纪中叶布莱克斯通就可以解释(尽管仍需要解释)说，同其他法院一样，衡平法院也受到明确规则的制约，而并不是说只要其法官看来公平和正当就可以随意去做。他写道，[1]“我们的衡平法院系统是一套关联复杂的体系，由既定规则予以统辖，受先例之约束且不能偏离之——尽管这些先例中的其一些理由可能会遭到反对”。然后他又列举了一些他认为不合理的规则，比如，丈夫可对信托地产享有鳏夫地权，而寡妇却不能相应地享有寡妇地权。他说，“所有这些及其他可被举出的例子显然都是实在法的规则，它们只能通过向一系列先前的判决显示，且通常是恰当地显示尊敬才能得到支持”。同其他普通法法律家一样，布莱克斯通也不是很喜欢衡平法院。他那个时代英国法律家们的思想观念看来是，衡平法院是一个必要的邪恶，尽管他们不愿意承认

① *Commentaries*, vol. Ⅲ, p. 433.

在我们看来已属事实的下述现象：陪审正在沦为一种陈旧的审判模式，不足以应付在现代法背景下产生出来的复杂问题。

下面我要谈一下现代衡平法的问题，首先是法庭及程序。18世纪初，衡平法院有两位法官：大法官（或掌玺大臣）和掌卷 467
法官（Master of the Rolls）；其中后者并非对所有案件都有管辖权。在早期，大法官得到了一些被称为文秘署事务官（Masters in Chancery）的人的协助，他们以法庭顾问（assessor）的身份出席衡平法庭，并在大法官的监督之下做一些附属性的工作。在这些人当中，掌卷事务官（Master of the Rolls）是最为突出的，逐渐地他越来越成为了一名独立的法官。乔治二世统治时期，他的功能成为了激烈争论的话题，他（不止是）作为大法官之代理人的地位先是得到肯认，后又被否定。同一时期议会的一项法律（3 Geo. Ⅱ, cap. 30）平息了这场争论。掌卷事务官变成了独立的掌卷法官，但有很多案件他不能听审，而且他审理过的案件可以移至大法官面前重新听审。1813年创设了一名副大法官，1814年又创设了两名，但第三名副大法官的长期任职直至1852年才确立下来。1851年又委任了一些上诉法官（Lord Justice of Appeal）。在1875年被取消之前，衡平法院的最终组成是这样的：初审共4名法官，即3位副大法官和掌卷法官，他们中任何人所做出的判决均可被上诉到一个逐渐被称为衡平上诉法院（Court of Appeal in Chancery）的机构。后者共有3位法官，即大法官和那两位上诉法官。[①] 从大法官

① 大法官自己和两名上诉法官一起，可以听审一切衡平上诉案件；某些上诉则可以由一名上诉法官听审。尽管现在已经很少见，但大法官的确可以单独听审一审的衡平案件。——梅特兰注

和衡平上诉法院还可以上诉到上议院。我已经指出过，上议院是如何在17世纪末主张并最终确立了其听审来自于衡平法院之上诉案件的权利的。[①]与纠错令（Writ of Error）不同，这种上诉可以重新审查所有的问题，既包括法律问题，也包括事实问题。在衡平法院，“独任法官”（the one-judge）的体制占了主流。一个案件会带到掌卷法官或一位副大法官面前，诉讼的每一步都在他面前
468 展开，而他也是独自开庭。这与普通法法庭的程序形成了鲜明对比：后者的法律问题通常要在法庭全体法官面前进行争辩并由其做出裁决。此外，衡平法院也不采用陪审制，它无权召集陪审团。有时它会将事实问题交由一个普通法法庭通过陪审团做出裁断，这在某些时候还是相当常见的做法，但随着时间的推移已很少这样做了，直到最后当然是极为罕见了。通常，法官会决定所有的问题，既包括法律问题，也包括事实问题。1852年之前还有一种做法是，如果诉讼中出现了纯粹的普通法问题（与衡平法相对），那么就会将此案件送至某普通法法庭以征求其意见。这一做法为1852年的一项制定法（15 and 16 Vic., c. 86, sec. 61）所废除，但它很值得强调，因为它显示了长期以来普通法与衡平法是多么的不同。大法官不认为自己应该去了解普通法，那些老的普通法法庭的法官们也没有认为自己应该去了解衡平法。1852年之后，如果诉讼过程中出现了纯粹的普通法问题，衡平法官可以自行决定之。

开始衡平诉讼（suit，普通法诉讼用“action”）的第一步，是提

① 参见上文（边码）第316—317页。

出并向大法官呈递衡平诉状（filing of a bill）：该诉状陈述了原告起诉所依据的事实，并提出所欲请求的救济。接下来就是要获取衡平法院的传票（writ of subpoena）。这种传票与我已谈到过的普通法上的起始令状有着重大不同：它并不告知被告他受到了什么样的控诉，也不提及案由。要在衡平法院开始诉讼，就只有这种简单且形式完全统一的令状，而不像普通法法院那样有各种不同形式的令状。这首先使得衡平法成为了一个灵活的体制，因此也可以说为其发展留出了空间。当然，与普通法的程序相比，相对来说衡平法的程序是不讲形式的。这样说并不意味着衡平诉答不需要专门的技艺——这是非常错误的，而只是说它不存在固定、明确的令状格式，从而需要你从中做出选择。1852 年，一项改革使得衡平传票的签发变成了不必要的事：被告会被送达一份原告 469
诉状的副本，其后有指令他出庭的背书，但我无须对此多言。我要提请诸位注意的一点是，从最早的时候起，衡平诉讼的令状就是一般性而非特定的。同样应当注意的是，直至相对晚近的时候，原告都不必明确提出他所希望得到的救济，而只要请求依案件性质所需之救济就足够了，最后他可能会被授予依其陈述和被证实之事实所应该或有权得到的任何救济。这在后来有所变化，但直到最后才像提出具体救济一样提出一般性救济的做法仍然保留了下来，作为对这种宽泛请求的回应，原告可能会得到很多。这与普通法法庭的情况非常不同：在后者，如果原告本应以类案侵害之诉（Case）或动产侵占之诉（Trover）起诉，结果却以普通侵害之诉（Trespass）提出诉讼，他就可能彻底败诉。

有关程序方面的另外一点也非常重要。衡平法院的诉讼程

序大部分是从教会法院借鉴而来的，被告被要求经宣誓后回答原告在诉状中针对他所提出的问题。诉状陈述被转变为了调查的形式，被告必须充分详尽地回答向他提出的所有问题。这与普通法的诉讼程序形成了鲜明对比，我一点都不怀疑这构成了衡平法院在早期颇不受欢迎的原因之一，据说被告在此被迫进行自我控告。尽管已引入某些例外，因此下述规则看来已濒于消失，① 但我们刑事诉讼中的一条基本原则仍然是，被告人不能受到盘问，当然也不能提供证据，即使他想这样做。直至相当晚近之时，仍存在于刑事诉讼中的原则也存在于民事诉讼中。任何与某一问题相关的人都不具备作证的资格，这当然包括原被告双方，他们不能作证。1833—1853 年间的一系列制定法将这一规则一点一点
470 地废除了。第一次重大的变动发生在 1843 年，当事人及其配偶之外的利益相关人可以作为适格的证人出庭(6 and 7 Vic., c. 85)。1851 年(14 and 15 Vic., c. 99)，当事人不仅有了资格而且必须作证——刑事诉讼除外；后来 1853 年的一项制定法(16 and 17 Vic., c. 83)则规定了配偶的作证问题。在阅读旧判例(也不是特别旧，40 年前)时记住这一点很有必要，我们已习惯于视当事人为证人，而很容易忘记这只是现代法律的规定。反对利益相关者作证的规则像支配其他地方一样也支配了衡平法院，当事人不能提供有利于本方的证据，但被告仍须宣誓回答诉状中的问题，因此可能会被迫提供有利于原告的证据。这当然不能被视为“作证”*，

① 1898 年(61 and 62 Vict., c. 36，该法对证据法做出了修订)，任何被控犯罪者，其本人及其配偶已被允许在诉讼的任何阶段进行举证。

* 此处引号为译者所加。——译者注

而只是一个针对原告诉状之指控在宣誓后做出的回答（sworn answer，“answer”是其所用之术语）。因此，在衡平法院，你可以从原告*那里“获得对证据的披露”（obtain discovery）——使用他们的表述；用俚语表达就是，你可以“刮擦他的良心”（scrape his conscience）。由此我们可以知道，衡平法院为什么会逐渐被称为良心法院（court of conscience）；被告可以被强迫揭示其所知，即被要求进行宣誓忏悔或承认（sworn confession）。当然，几乎在每一点上衡平法院的诉讼程序都与普通法非常不同。有时看起来好像是，某规则在旧法庭占优的事实就足以构成另一规则在新法庭占优的理由。这并不只是幻觉。衡平法院一直被迫与其他法庭划清界限，任何对后者权力的公然僭夺都会遭到忌恨；如果真有可被称为权力僭夺的事情发生，它也被其术语之不同隐藏了。这两

种程序是如此的不同，以致律师很少能够对两者都很了解：但这 *539*
又强调和夸大了普通法和衡平法在作为实体规则时的差别。

衡平法在18世纪成为了一个庞大的规则体系，并对普通法起到了补充作用。它可以强制执行某些普通法不予执行的债务 471
关系，提供某些普通法法院不提供或不能提供的救济。纯粹衡平法债务关系的一个主要例证就是受托人（trustee）基于信托而为他人持有财产时的义务，普通法法院对任何此类债务关系都一无所知。

再者，衡平法院还为普通法权利提供了新的救济，如禁令（injunction）和针对合同的指定履行（specific performance）。你修

* 此处原文为“plaintiff”（原告），但依上下文似应为“被告”。——译者注

建墙壁挡住了我的左窗*：普通法法院只能给予我赔偿，而衡平法院则可以命令你拆毁该墙壁。你同意售于我土地却拒绝履行合同：普通法法院只能判令货币赔偿，衡平法院则可以下令履行合同，并在你不予履行时将你投入监狱。

这种双重法院体制会产生怎样的不便很容易看到，为了充分实现正义，我可能不得不跑两家法院。

19世纪引入了一些消除这种不便的措施，比如规定普通法法庭也可以发布禁令，衡平法院也可以判令赔偿损失。但最终还是决定取消这种双重体制。这由1875年生效的《司法法》（*Judicature Act*）落到了实处，它将所有的旧法院予以了合并，包括衡平法院、王座法庭、皇家民事法庭、财税法庭、海事法庭、遗嘱检验法庭、离婚法庭。

海事法庭有着自己漫长的历史，源自中世纪结束时。

遗嘱检验法庭和离婚法庭创设于1857年，过去教会法院有关遗嘱和婚姻案件的管辖权转移给了它们。此外它们还享有其他一些新权力，如彻底解除婚姻。

将这些旧法院取而代之的是高等法院和上诉法院。

高等法院是全英格兰所有民事诉讼的一审法院，并对此享有不受限制的司法管辖权，有权利也有义务在每个案件中既实施普通法也实施衡平法。

472 起初它有五个分庭——衡平分庭、王座分庭、皇家民事分庭、

* ancient lights，指修建至少20年以上的窗户，其采光权不得为新修之建筑物遮挡。——译者注

财税分庭和遗嘱检验、离婚及海事分庭。但 1880 年 12 月 16 日的一则枢密院君令将皇家民事分庭和财税分庭并入了王座分庭，因此现在我们就只有三个分庭了——衡平分庭、王座分庭和遗嘱检验、离婚与海事分庭*。

每个分庭都有专门的受案范围。原告经常可以进行选择，但有时就只有一个分庭可去。不过，这种业务在不同分庭之间的分配完全不同于过去普通法法院与衡平法院之间的区别。现在任何分庭都可以完全处理每一起案件，它可以管辖所有的权利——无论是普通法权利还是衡平法上的权利，它可以提供英格兰法（包括衡平法）为当事人提供的任何救济。当事人无须再在这些法庭之间转来转去，并被互相推诿。同样，这些也被认为完全是为了方便，并可在任何时候为法官所制定的规则所修改。其最主要的实际意义在于，对于专门分派到衡平分庭的那类案件，可以不经法院同意而不实行陪审。在其他案件中，对任何可能的事实问题双方当事人都可以坚持由陪审团来裁断。但实际上，民事审判中使用陪审已越来越不常见了。非常通行的是，双方当事人都愿意将所有问题——无论是事实问题还是法律问题——全部提交法官处置。

几乎所有的案件都可以从高等法院上诉至上诉法院，然后再 473
从后者上诉到上议院。所有的法律问题（经常也有事实问题）都可以被重新审查，上诉法院和上议院都没有陪审团。

法官的数目很少，高等法院和上诉法院总共才 29 人，这其中

* 这最后一个分庭在 1974 年更名为家事分庭（family division）。——译者注

还包括大法官自己。[1]除大法官外，所有的法官都由国王委任，其薪金从统一基金中予以支付，他们不能出席下议院，保持行为适当即可保有职位，但可被国王依上下两院之呈请而革职。

对上诉法院的判决或命令不服，几乎都可向上议院提出上诉。

我们已经看到，上议院在中世纪是如何成为一个可以纠正下级普通法法院之错误的法院的，又如何在17世纪成功地获得了听审来自于衡平法院之上诉案件的权利。

不过，我还要指出法律与实践之间的差距。18世纪形成了这样的惯例：贵族们会把司法事务留给其作为杰出法律家的同侪去处理。晚至1844年，在决定丹尼尔·奥康奈尔（Daniel O'Connell）一案中那些非常困难的法律问题时，一些“外行贵族”（lay lords）勉强被制止投票。只有法律贵族才可以在上议院听审上诉案件，这逐渐被认为形成了一条“宪法性”规则（依据1876年的一项制定法，必须有3名法律贵族出席听审），但这只是“宪法性”而非“法律”规则。当上议院进行的是立法事务时，每位贵族都有权出席并投票；当它作为上诉法院出现时，他们也有出席和投票的权利——尽管该权利并不行使。

1876年的这项制定法还引入了一种新的贵族：上议院常任上诉法官（lords of appeal in ordinary）。他们只要行为端正即可保有职位并领取薪俸，但可依两院之呈请而被解职，其职位也不可继承。目前有3位这样的贵族（此后将会有4位，与大法官一道），他们在其他法律贵族的协助下处理上议院的司法事务。

① 现在（1908年）为33人。

（二）刑事法院。

可被惩罚的犯罪分为两类：可公诉罪（indictable）和非可公诉罪（non-indictable）。

依制定法，大量的轻微犯罪（petty offences）可通过简易定罪（summary conviction）予以惩罚——这意味着是在2名法官（或1名治安法官）面前、在没有陪审团的情况下进行审判。

我们已经追溯过这一司法管辖权的历史。[①]它在18、19世纪得以迅速成长，一项接一项的制定法规定，这种或那种轻微犯罪可以由法官予以简易惩罚。最后在1848年通过了一项制定法， 474
对其程序做出了规范，行使这种管辖权的法院通常被称为小治安法庭（Petty Sessions）。

由这些法院所处以的刑罚很少能有超过3个月监禁的，大部分都是处数额不等的罚金。这种简易司法的管辖范围变化很大：在其一端是一般可被称之为轻微犯罪的情形——企图伤害罪（assaults）、小额盗窃（small thefts）、恶意损害财产（malicious injuries to property）；另一端则是对（为获取经济与社会良好发展而确立之）制定法规则的违反，涉及公共卫生、教育、童工福利，从货物税、关税及类似项目中获得的收入等；位于这两极之间的是对于良好秩序的违反，如妨害治安的醉酒（drunkenness）、各种形式的流浪、各种轻微的不诚实——通奸以及使用作假的衡器、虐待动物、某些选举中的不端行为及其他无法归类的细节。这种简易司法体制有多重要，可以从数字中得到最好的证明：1883年，

① 参见上文（边码）第232—236页。

被陪审团定罪的人不到 12 000 人，而同时有 8 万多人却被法官在不使用陪审团的情况下处以了监禁。[①]

一般但并非总是，对此简易定罪之判决不服可上诉至季审法庭（Quarter Sessions），法律问题可被提交至高等法院。

在某些大的镇区，这项工作现在是由有薪水的治安法官来完成的，他们被称为警务治安法官（police magistrates）或领薪治安法官（stipendiary magistrates）。这一制度自 1792 年始由制定法逐渐引入伦敦；从 1835 年开始，如果请求并愿意为之支付薪水，市政性质的自治市（municipal borough）也可以拥有一名领薪治安法官。这些法官由女王任命，并同其他治安法官一样依国王意志而保有职位。

更为严重的犯罪（重罪和轻罪〔felonies and misdemeanours〕）可依公诉而受到惩罚。如前所述，公诉在形式上仍是一种由大陪审团做出的控诉。公诉可以是刑事诉讼（prosecution）的第一步。事实上，大陪审团现在并不就其所知而主动开始该程序。一般会
475 有人提出一份申请公诉书（bill of indictment），大陪审团在听取控方（而不听取辩方）的证据后，决定是否有足够理由将被告人交付审判：如果理由充分，他们就签署“准予起诉”（a true bill）；不充分，则忽略之。大陪审团人数必须不少于 12 人，但不得多于 23 人。

“任何人都可以向大陪审团提出此种公诉申请，因任何犯罪

① 1905 年，总共有 61 463 人因公诉罪而受到审判，而被简易审判的人数就达到了 49 138 人。参见 *Judicial Statistics*, *England and Wales*, Pt. Ⅰ。

而指控任何人。”——这是一般性的规则，迄今为止几乎还没有任何例外。[①] 因此，任何人都可以针对女王的大臣提出公诉申请。

被提起公诉者将会受到审判，除非是他无法找到——在这种情况下，理论上他可以被逐于法外（be outlawed）。不过逐于法外之程序相当繁杂，由郡长予以主持；在重罪或叛逆的情况下，逐于法外就如同被告人已受到审判一样；即使是犯轻罪，其财产也会被没收充公。逐于法外现在已不使用——当然也不值得一用。

除公诉外，还有其他可将犯公诉罪者交付审判的方式，但其适用都有限制。

(1) 在杀人或谋杀案中，验尸官陪审团的裁断等同于公诉。

(2) 在轻罪案件中，由检察总长（Attorney-General）或王座法庭刑事部主事法官（Master of the Crown Office）提出的刑事指控（criminal information）也有同样的效果。

经过此种公诉、调查或刑事指控而被控诉者，由小陪审团予以审理。

刑事法院包括：(1) 季审法院；(2) 高等法院。

季审法院无权审理那些最严重的犯罪，如谋杀、叛逆及其他一些罪行（如伪证、伪造文书、诽谤等）。它们由治安法官组成（如同过去一样），它们只对法律问题做出判决，事实问题则交由陪审团裁断，季审法庭由选出的主席主持。[②]

自 1875 年起，所有审判公诉罪的其他法院理论上都成了高

---

① 皇家大律师 G. J. 托尔伯特（Mr. G. J. Talbot, K. C.）提醒我说，1859 年的《滥用公诉法》（*Vexatious Indictments Act*）对此旧原则做出了极大的修正。

② 在自治市的季审法庭上，主持者为一名记录法官（recorder）。

等法院的分支——这是一场高度技术性的改革。囚犯或者在伦敦的高等法院，或者在中央刑事法院（Central Criminal Court），或者在巡回审判专员（Commissioners of Assize）、重罪听审专员（Oyer et Terminer）和清监提审专员（Gaol Delivery）面前接受审判；尽管
476 这些专员并非在所有情况下都是高等法院的常任法官，但他们都在各郡之镇区主持高等法院的审判——而解释这一点又会让我们走得太远。

恰当地说，在这些刑事诉讼中不存在上诉。但(1)高等法院偶尔会在轻罪案件定罪之后准予重新审理：但这不适用于重罪或在轻罪中宣告无罪的情况。(2)有一种纠错令（Writ of Error）程序（要经检察总长同意），依此案件可转入上诉法院并由此转入上议院：但该程序只有在极少数情况下才能使用——仅在“案件记录中存在明显错误”时方可使用。不详细展开是很难说清哪些属于“记录中明显”的错误，哪些不是；但问题主要在于，法官在对陪审团做出指示时所犯的错误不能出现在记录中，这种错误甚至使得由此而导致的陪审团的背谬裁断无法得到更正。事实上，纠错令的使用极为罕见。[①](3)在确认犯罪（而不是宣告无罪）的情况下，如果法官认为合适，他可以将本案的法律问题而不是事实问题留给刑事案件再审法庭（Court for Crown Cases Reserved），后者由5名或更多的高等法院法官组成。最后，国王可以宽宥罪犯，无论是绝对宽宥还是附条件的；由内政部行使的这一权力，有时

① 纠错令依1907年的《刑事上诉法》（*Criminal Appeal Act*, 7 Edw. Ⅶ, c. 23, §20）已被废除。

被用以实际取消一项不满意的裁断（一种拙劣得不能再拙劣的工具）。[①]

应当注意的是，除作为上诉审法院外，上议院还有其他一些司法职能。这些职能如果要行使的话，我认为，即使在今天也应由上议院全体议员来行使，而不仅限于法律贵族。(1)很久以来，被控犯有重罪或叛逆的贵族必须由其同侪来审判，他甚至不能像 477 
平民那样选择陪审团审判。[②](2)可能还会有弹劾案——该程序我们前文已谈到过。[③]自威廉三世驾崩以来，弹劾案只出现过9次；19世纪只有一次，即1805年的梅尔维尔勋爵案；当然最著名的弹劾案还是对沃伦·黑斯廷斯（Warren Hastings）的审判，它因不定期的间断而拖延达7年之久。看来以下情况是不大可能了：除非在我们的面前有一段革命的时期，否则我们还得诉诸这一古老的工具。如果确有政治家犯了罪，那么他可以像任何其他罪犯一样接受审判：如果他有某种不属于犯罪的不当行为，更好的办法看来应当是将他无罪释放，而不是为此再创设新法，并组建关于政治家及其党徒们的专门法庭。今天，对这些不当行为来说，不光彩和解职已是足够的惩罚。最后，你很难让今天的下议院承认，为控制国王的大臣，上议院的帮助是必要的。不过，这一古老的

① 1907年的《刑事上诉法》建立了刑事上诉法院（Court of Crimnianl Appeal），被确认犯公诉书指控之罪行者可单独就其中的法律问题以任何理由提出上诉。若上诉事由只涉及事实问题或既涉及事实问题也涉及法律问题，则必须获得刑事上诉法院的允许或原审法官的确认。原刑事案件再审法庭的权力现在均转归刑事上诉法院，其旧的程序（由案件所显示出来的）在某些情况下仍可适用。

② 参见上文（边码）第169—171页。

③ 参见上文（边码）第317—318页。

武器仍然存在——由英格兰的下议院向上议院提出控诉。

我们已经说过，公诉可以是刑事诉讼的第一步，但实际上通常并非如此。一般而言，被控者在被提起公诉之前会被交由治安法官进行审查，并羁押入狱以期审判或予以保释。在菲利浦和玛丽时期的制定法中，我们已追溯过这种由治安法官进行审查的历史起源，不过它现在已变成了一种预审程序。[①] 控方和被控方均可提出证人——都有权强迫证人在此出庭。被控者不会受到讯问，亦无义务进行任何陈述，并要收到控方的“常规警示”（the usual caution）。该程序现由1848年的一项制定法予以规范（11 and 12 Vic., c. 42）。申请人身保护令是将任何有关此监禁之合法性的问题提交高等法院审查的方便途径。1816年的一项立法使得1679年的那项著名法律[*]更为有效。

有关刑事实体法，我们只能说一点点。上世纪初死罪之数目
478 相当大，1827—1861年间的一系列制定法已对此进行了削减，1861年时已减至叛逆、谋杀、以武力进行的海盗行为及向海军船坞和武器库纵火。有关叛逆的法律，其基础仍然是我们已经评论过的1352年的那项法律。[②] 对诸如“臆想国王之死”“对国王发动战争”之类弹性语汇的解释，在18世纪得到了延续。1795年通过（现在仍在生效）的一项制定法，赋予了法官就此旧法所做之解释以制定法的效力。18世纪末，所谓的推定叛逆激起了民众的强烈抗议，因为通过该理论法官们已将前述旧法之语词扩展到了其

① 参见上文（边码）第232页。

* 指《人身保护法》。——译者注

② 参见上文（边码）第226—228页、第319页。

自然语义之外。不过这些理论看起来仍有法律效力，尽管被它们宣布为叛逆的某些犯罪今天可依 1848 年的一项制定法以重罪论处，并可处终身劳役刑。

过去将公诉罪划分为叛逆、重罪和轻罪的做法仍然维持了下来，并且产生了某些程序法上的后果。重罪审判在某些方面不同于轻罪，但由于在所有案件（除极少数外）中都废除了死刑，这种区别现在已失去了其过去的大部分意义而近乎荒谬——轻罪现在经常要比重罪判得还要重。但对于所有这些情况，当你学刑法时会学到更多。不过作为一名宪法老师，我想现在应该讨论我们称之为“政府”与“司法”之间的关系了。

（三）政府与司法。

注意：1. 法官之独立。我们已经谈到过法官委任之条件：只要行为适当便可保有职位，但可依两院之呈请而被解职。而大法官则是此一般性规则的奇异例外。再者，因其薪水从统一基金中 479
支出，法官行为也并不每年都接受议会审查。再进一步说，法官对即将通过司法程序来到他面前的案件发表意见，现在将断然被认为是错误的。柯克在其《英格兰法总论》谴责了这一做法，尽管法官向国王提供自己的意见在过去很常见，而且他自己也曾这样做过。我们还曾听到柯克主张这样的理论：尽管国王是正义的源泉，但他不能作为法官判案。自星宫法庭衰落以来，再无国王试图这样做过。

2. 国王无权控制民事司法。高级法院的诉讼程序是以女王的名义展开的：“蒙上帝恩典，女王维多利亚命令被告出庭”（Victoria Dei Gratia etc. commands the defendant to appear）——

但获得此令状是原告当然的权利，女王自己并不能够阻止其签发。因此当原告已获判决时，强制执行便会随之而来，而且也是理所当然之事。比如，他会获得一则要求司法行政官变卖被告财产以偿还其债务的令状，该令状的签发是以女王的名义："蒙上帝恩典，女王维多利亚命令司法行政官予以执行"，但维多利亚女王却并不能阻止该令状的签发。即使司法行政官有从女王或国务大臣那里得到的、命令他停止执行的口谕或指令，他也应当执行。不从此令状之司法行政官，将不仅面临刑事诉讼（女王可制止此程序），而且还会有受害方对其提起民事控诉。

再者，国王的赦免权并不能延伸至民事诉讼。如果甲欠乙债，则女王也无权赦免此债。因此，如果甲对乙实施了人身攻击或诽谤，女王也无法宽宥于甲，或阻止乙对甲提起诉讼。当某不当行为既构成犯罪也构成民事侵权时也是这样，如在错误拘禁（既是犯罪又是民事侵权）的情况下，女王可以赦免犯罪，却不能赦免侵权。假定犯错误拘禁罪者为国务大臣，该原理之重要性即可清晰地显示出来，因为女王也无法阻止他被起诉。此前曾有国务大臣被判给予巨额赔偿——国王也不能保护其重臣。

480 3. 另一方面，国王依法对刑事诉讼拥有相当大的控制权。

（1）在定罪之前或之后，他可以赦免犯罪。该权力由一位国务大臣（内政大臣）为国王行使。甲可能犯有残忍的谋杀罪，但国王可以赦免他因而终止任何审判。对这种宽泛的法定权力可作如下解释。中世纪针对重罪有两种诉讼程序：重罪私诉，由因犯罪而受伤害者提起，如货物被盗者本人或被谋杀者之近亲属；公诉，这是由国王参与的诉讼。国王可以赦免那些被提起公诉者，但却不能赦免受私人控诉者。但重罪私诉久已不用并在1819年（59 Geo. Ⅲ, c. 44）被废除，因此国王便可以彻底赦免任何犯罪。1700年的《王位继承法》（*Act of Settlement*）对这种赦免的功效设置了一个限制，即在弹劾案中不能拿赦免作为理由进行诉答。在1678年的丹比案（Danby's case）中，弹劾程序能否为国王赦免所阻止的问题被提了出来。有人争辩说，弹劾程序应被类比为重罪私诉而不是国王参与的公诉。我想我们必须将此观点视为该案的结果，因为当时的法律规定，弹劾程序可以为国王的赦免所阻止——但《王位继承法》改变了这一法律。因此赦免不能阻止弹劾程序，它不能作为阻却弹劾的事由拿来进行诉答。但经弹劾被定罪和处刑之后，就没有什么能阻止国王对之进行赦免了：因1715年的叛乱而遭弹劾的苏格兰贵族们便得到了国王的赦免。

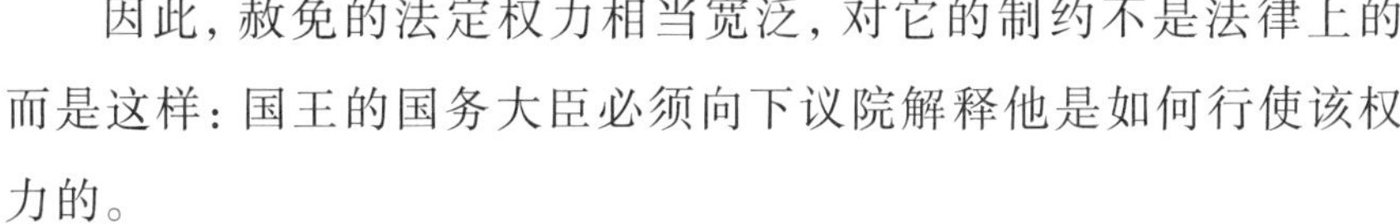

因此，赦免的法定权力相当宽泛，对它的制约不是法律上的而是这样：国王的国务大臣必须向下议院解释他是如何行使该权力的。

国王无权减刑。当我们听说刑罚被减轻了，实际上是做出了一项附条件的赦免：被判死刑之谋杀犯可被赦免，条件是他去服劳役刑。一个有趣的问题是，不知道他能否坚持接受绞刑。

（2）国王的检察总长有权在没有国王赦免的情况下停止任何 481
刑事诉讼。既然重罪私诉已经废除，那么所有依照法律进行的刑事诉讼就都是国王参与的诉讼——国王诉某某（*Rex v. A. B.*）。如果国王的检察总长说他不再对某人提出控诉（注明"撤诉"〔nolle prosequi〕），那么这一刑事诉讼程序就结束了，尽管其他程序还可能开始。这一权力很少行使，即使行使也是为了制止那些显然属于缠讼的案子。其保障措施则在于，检察总长应是下议院的成员，依惯例应是政府部门的成员——尽管未必是内阁成员，他对该权力的任何使用都可能因此而受到议会的质询：未经下议院同意，他不能将之用于政治目的。

总体而言，尽管国王因此而依法对刑事司法有了一个完全的掌控，但迄今为止对违法者的控诉很大程度上还是留给了公众自己。国王有负责将最为严重的刑事犯交付审判的法律官员，如检察总长、检察次长，但任何人都有权通过向大陪审团递交公诉申请而开始刑事诉讼；事实上直到相当晚近，将普通刑事犯交付审判的任务一般都留给了苦主。现在这项工作越来越多地落入了检察官（Director of Public Prosecutions）手中；该职位设立于1879年，但以下原则至今尚未受到重大侵蚀：任何人都可针对任何其他人提出公诉申请，以控诉他的任何犯罪。1881年的一项法律规定，在某些诽谤案中，上述公诉申请需征得检察官的同意，但我想这是迄今为止的唯一例外。该原则非常重要：如果我认为内政大臣犯有任何罪行，如贿赂罪或勒索罪，我就可以向大陪审团提出公诉申请——仅仅以公众成员的身份，尽管所控之犯罪也未对我个人造成伤害。要是检察总长想通过停止控诉来庇护其同僚，这将是一个非常严重的事件，除非该案明显属于微不足道，无事生非。法律原则并非因我们从未听说过而不重要，实际上我们可以说，

482 最有效的规则往往是那些我们听说最少的规则，它们是如此的有效以致从不会被打破。没有人能犯公诉罪而又不会冒被公众提出控诉之风险，哪怕他是国王的政府官员。

(3)现在来看一下有关针对国王的诉讼程序。这里我们碰到

了“国王不会为非”（the king can do no wrong）的格言。我们可将此格言作如下转译：“英国法并未提供任何措施和方法，借此国王能够被惩罚或被强迫做出任何补偿。”我想你们应该清楚地区别英格兰法的这一表述和某些法学著述者的下述理论：臣民对主权者不享有权利，主权者对臣民也不负法律义务。必须承认，该理论在我看来只是一些空洞的废话。举一个最简单的例子，假设一位绝对专制的君主其臣民可因他借钱不还而起诉他，那么我们就可以问，在此法律保持不变期间可否说它赋予了臣民们针对其君主的权利呢？我相信在美国，公民可以起诉作为主权者的全体民众。但无论如何我们都不能像布莱克斯通那样，将这种纯理论性的东西与我们英格兰的法律规则混为一谈。我们的国王并非法律家意义上的主权者，依据法律、权利和救济的性质，没有理由可以解释为什么我们的国王不应被起诉，甚至是被提起公诉。事实上，枢密院司法委员会最近就认为，依据在锡兰生效的法律，国王可以被起诉（9 Ap., Cas. 571）。据说苏格兰国王就曾被其臣民起诉过，有人说我们的亨利三世国王也曾被起诉过，但这非常可疑，除权利请愿和一些仅诉诸国王良心的程序外，我不认为我们的法律还有任何其他起诉国王的模式。

规范权利请愿程序的是1860年的一项法律（23 and 24 Vic., c. 34）。请愿呈送内政大臣（Secretary for the Home Department），并由他呈递女王。如果女王认为适当，就会发布谕令要求主持公 483
道，这样就会在请愿者（petitioner or suppliant）和检察总长之间开始一场诉讼。我们可视以下做法为宪法性惯例，但肯定不是法律规则：女王不应拒绝签发此谕令。这种权利请愿救济的范围在过

去看来限于以下情况：请愿人对为国王所占有的某些遗产*或某些特定的动产主张权利。如果判决支持了原告一方，那么国王就须放手，从而将这些占有物返还给请愿人。1874年，大概是第一次对该救济措施能否用于对违反合同的情形做出了决定。在托马斯诉国王（*Thomas v. Reg.*, L. R. 10, Q. B. 31）一案中，请愿人宣称他发明了一套重炮系统，为了换取他将其发明交由皇家军械部支配，战事国务大臣曾答应向他支付一笔报酬，具体数额将由军械委员会（Board of Ordnance）决定。他进而称，这一承诺未被遵守。检察总长在辩论中承认战事国务大臣有权代表女王签订这一合同；因此争论的法律要点便是，权利请愿能否用作对违反合同的救济。布莱克本（Blackburn）做出了一份极富学识的判决，他认为，尽管有关权利请愿的先例过去仅或几乎仅涉及地产（这显然过于狭窄），但它也可以用作对违反合同的救济，据此可以做出有利于请愿者的判决，以便他能获得一定数额的赔偿。今天，违约可能已成为了权利请愿最普通和最广泛应用的领域。女王及其官员们不能再习惯于以各种借口攫取土地，可凭借的托词几乎没有了，土地回复（escheat）已极为罕见，但与代表女王之王国高级官员签约的情形却并不少见，并且经常数额巨大。作为合同另一方
484 的臣民对此合同是有救济措施的，法庭只能宣布他有权得到这样或那样的救济，如赔偿损失一万英镑；但却不能向女王发出执行令。不过显然，女王的臣僚们因此会承担强大的道德压力，他们要是建议女王制止任何真正可争辩之事由进入法庭，那将会很不

* 主要是不动产。——译者注

得人心；但更不得人心的则是拒绝兑现法庭判决已赋予请愿者的救济。

(4)我们几乎不能过于强调以下原则：尽管国王不能被提起公诉或被起诉，但其大臣则可以，哪怕他们是奉国王之明确命令行事。我们经常说，在这个国家国王的豁免总是伴随着大臣的责任：但当说起大臣的责任时，我们经常想到的仅仅是所谓的对议会的责任。这是一个非常重要的事情，重要在我们的国王不可能将那些无法获得议会多数信任的人留在任上——到迫不得已之时，这种不可能性会通过拒绝拨款或拒绝更新《陆军法》而突显出来。但让我们仔细看一下这个问题。严格来说，大臣们并不对议会负责；上下两院各自或其一起均无任何法定权力罢免国王的任何一位大臣。但从严格意义上来说他们要对普通法法庭、普通的法院负责，在那里他们甚至要为最高层次的国家行为负责，他们可因这些行为而被起诉或被提起公诉，高等法院将必须决定他们违法与否。法律，尤其是现代的制定法，已授予了大臣许多大权，但他们是否超越了其权限的问题则可以提交法院裁决，“这是官方行为，这是国家行为”的答辩不起作用。当我们谈及英国的自由时，其含义很多就在这里。

七、警察制度 485

我们必须简单谈一下警察制度，看看秩序是如何维持的，嫌犯是如何交付司法审判的——尽管对这一已逐渐壮大的法律部门我们只能作浅显的讨论。

上文中我们已将郡长一职的衰落追溯到了17世纪。[①] 在我们目前谈论的这一段时期的全部，这一衰落过程仍在延续，郡长的职能在一项一项地旁落。我们知道，今天的郡长(High Sheriff)是一位乡间绅士，这样的高级职位他仅被授予了1年(这很可能是违背其意志的)，他承担的是一些奇异且毫无关联的义务，其权力极为分散，但在过去却相当巨大。他负责迎接女王的巡回法官，并且是本郡的议会选举监察官，他还要负责执行民事判决，并确保那些被下令处死者走上绞刑架。他几乎已没有了所有的其他义务。很久以前，治安法官的组建已逐渐剥夺了其所有的刑事管辖权；1887年，他曾于此行使刑事管辖权的治安巡视法庭(tourn)被正式取消(我想他早已停止主持该法庭达2个世纪之久了)；1846年，旧式郡法院的民事司法管辖权也转给了所谓的新郡法院；1865年，他无须再看押死刑犯之外的其他囚犯。我想我已描述过了他现在的主要义务，执行民事判决是其中最为重要的，即为落实法庭之民事判决而扣押和变卖义务人的土地和财产。他有一个副手来替他履行这一职责，但他要对其副手的错误负责。这一工作会有一些费用或提成，但郡长是没有薪水的，他总是一个因其职位而吃亏的人。他仍由国王予以委任；在由法官和政府官员出席的会议上先确定一个候选名单，然后由国王选择(圈选郡长)；如前所述，依旧的制定法，他只能保有其职位1年。[②]

① 参见上文(边码)第232—234页。

② See Maitland, *Justice and Police*.

我们已经看到，过去郡长的主要职责之一是追查和拘捕行为 486 不端者（malefactors），也已看到该职责是如何越来越落入治安法官的掌控之中的，拘捕实际上是由教区或镇区警察依法官签发的令状（warrants）予以完成的。旧的教区或镇区警察制度一直延续到了19世纪开始后的很长时间。18世纪，一些大的镇区获得了一项可凭以创设领薪警卫力量（force of watchmen）的特别制定法，伦敦在1792年开始有了领薪警察队，这种武装力量规模逐渐增大，并越来越处于了内政大臣的直接控制之下。但对整个英格兰而言，唯一的警察力量则是我们刚谈论过的、早期历史上旧式的教区或镇区警察队。晚至1842年终于做出了一项努力，要在该旧制度中注入新的活力。1842年的一项制定法（5 and 6 Vic., c. 109）确立了这样一条原则：居住于教区内的每一位体格健全之男性，年龄在25—55岁之间，核定应缴之济贫税在4英镑或更多，都有义务为本教区服警务役；但某些特定的阶层被予以特别豁免，其名单还很长。应服此义务者的名单被提交到法官面前，由他们从中为每一教区委任他们认为合适数目的警察。允许请人代替服役，已服役者或已请人代替服役者可免于再次服役，直至所有有此义务者都轮流了一遍。一般而言，他不会被要求在本教区外执勤，他有可能获得某些报酬，但此外并无薪水。30年后的1872年——在此期间已创设了新的警察部队，一项制定法规定，除非季审法庭法官认为必要，否则将来不得再委任教区警察。如有必要，1842年的那项法律仍可实施，未予特别豁免之体格健壮男性，有义务为其教区出任警察，或为此寻找替身；但实际上该法从未被付诸实施。接下来另一部1831年制定的，至今仍然有

效的法律规定，法官可在有发生暴乱或重罪之虞时强迫民众出任
487 特别警察。国务大臣甚至有更大的权力，他可以强迫豁免阶层出任特别警察：我们千万别以为该权力已遭废弃，在某些情况下，它毫无疑问会被运用起来。

但逐渐地，一个新的警察武装力量产生了。1829年，依罗伯特·皮尔爵士(Sir Robert Peel)提议通过的一项法律建立了都市警察部队(Metropolitan force)。1839年，伦敦市警察部队得以创建。1835年，借市政自治市大改革之机，人们坚持说这类自治市应有一支领薪的警察部队。1839年各郡被允许、1856年又被强迫建立了郡的警察部队。因此，到1857年初，整个英格兰已被纳入了一个新的体制之内。

英格兰作为一个整体并无一支统一的警察部队，而是众多不同的地方警察力量。其开销部分由国家予以支付(如果经检查被视为工作有效)，部分由郡和自治市支付。这些部队每年都会由皇家巡察官前来检查，并向内政大臣进行报告；只有在该报告对其有利时，国家才会支付其部分开销。在这些不同的地方警察部队中，存在着一些相当重要的不同。因此，在大都市地区，其集中化程度非常高，地方政府与之没有任何关系。有一名专员和两名助理专员负责对警察部队进行管理和发布命令，并可委任和辞退警官，但内政大臣保留了最高的监控权。此外这些专员依国王之意志保有职位。

再来看看郡警察部队的情况：内政大臣可以制定有关警察管理及警官薪金和服饰方面的一般规则；但经内政大臣同意，季审

法官可以决定该部队的人数，并委任和辞退警长。[1]依季审法庭法官之合法命令，警长对该警察部队行使总体上的指挥权，他还可以依自己的意志开除其下属。

那么接下来就让我们简单看一下警察的地位。他有特殊的 488
职责，享有特殊的权力，并受特别的纪律约束。先来看最后一点。约束警察的特别纪律几乎并不像军事法那样严格，我们也没有针对警察的军事法庭。郡警官可依其警长的意志而被撤职。如果警长认为其下属疏于职守，则可将其降级或罚其1周的薪俸。若经简易程序被认定疏于职守或违反职责，则他可被处以10英镑的罚款或被处服苦役1个月。但总体而言，警察的大部分行为还是受一般法律之调整，若犯有任何罪行则可被视为另一个罪犯。

现在来看看警察的权力和职责。首先我们发现，他在拘捕罪犯方面享有权力并负有职责。执行由法官签发的逮捕令是他的职责，这样做时他是受保护的。除非逮捕令存在明显违法，否则他应当遵守，且遵守的行为是安全的。接下来，在某些特定情况下，他可以无逮捕令而拘捕嫌犯。至于在什么情况下才可以这样做，你们在学习刑事诉讼程序时会了解到具体的内容。你会发现，在这方面，每一个人，每一个社会公众成员都有一定的权力，但警察则有更大的权力。重罪和轻罪之间的区别在此有着重大的意义。

---

① 依1888年的《地方管理法》(*Loeal Government Act*)，郡警察部队被置于了季审委员会和郡务委员会的常务联合委员会(Standing Joint Committee of Quarter Sessions and the County Council)的总体控制之下，但对单个警察的控制权还保留在季审法庭，甚至是单个法官手中。参见Jenks, *An Outline of English Local Government*, pp. 179—181。

比如，在很多轻罪中嫌犯即可在无逮捕令的情况下被逮捕——如果他在犯罪过程中被警察抓个正着的话；但非警察的一般民众逮捕他则并不安全。你必须记住这一点，并不是说因为我犯了罪，因此警察或任何人在无逮捕令的情况下就可以对我实行拘捕。如果我犯了谋杀罪，任何人都可以在没有法官签发之逮捕令的情况下对我实行拘捕。如果我只是酗酒和妨害治安，那么警察可对我实行无逮捕令的拘捕。如果我犯的是伪证罪或贿赂罪，无逮捕令对我实行拘捕则是非法的，逮捕我的人（无论是警察还是一般人）就违反了法律，侵犯了我的权益，他的行为也是相当危险的，因为我可以合法地反抗他，他的进攻是非法的，而我的抵抗则是合法的。

489 正是在逮捕这种特定的权力及对这种权力的行使义务问题上，我们发现了警察和普通人之间的主要区别：警察可以合法地实施普通人所不能合法实施的逮捕行为。但制定法已不断地在给警察增加其他的权利和义务，如授权他们可以进入酒馆（public-houses）以对违反《许可经营法》（*Licensing Acts*）的行为展开侦查。如果议会想起来说蒸汽脱粒机（steam thrashing-machines）是危险的东西因此应该圈起来使用，它就会通过一个法律说：“如果他有合理理由相信有此类脱粒机正在违反该法之规定而运行，那么任何警察在任何时候都可以进入任何生产经营场所，以对此机器进行检查。”这样的例子不胜枚举。

我们现在要来看一下，在极端的情况下为维持秩序我们的法律是怎样规定的。首先从这里开始：依普通法，所有人（无论警察与否）都有维护秩序的权利和义务，并依据其权利驱散（必要时拘捕）那些破坏秩序的人。从很早的时候起，就有制定法在这方面对普通法做出了补充。都铎王朝时期的制定法规定，经治安法官下令解散后，12人（或以上）仍聚众暴乱或闹事达1小时之久即构成重罪。但这些制定法只是临时性的，在伊丽莎白女王驾崩时就失效了；1714年，它们为著名的《暴乱治罪法》（*Riot Act*, 1 Geo. Ⅰ, st. 2, c. 5）所取代，后者至今仍在生效。它规定，在治安法官宣读下令其予以解散的公告后，12名暴乱者仍聚众闹事达1小时即可构成重罪。然后它要求治安法官拘捕所有这些持续聚众闹事者，并规定如果闹事者中有人碰巧在此解散及拘捕过程中被杀死、受重伤或受到一般性伤害，那么该治安法官和其命令的执行者将无罪。因此，该法赋予治安法官和那些其命令的执行者在暴乱者于解散公告宣读（通常但却是错误地被称为是宣读《暴乱治罪法》）后仍持续聚众闹事达1小时的情况下以特别保护，但它并未说同时也不意味着，不到那时就不能使用强制力（如有必要甚至是武装的强制力）。

在招募警员以镇压暴乱方面并无专门的制定法，这些都留给了普通法和《暴乱治罪法》。其中的一般性原则看来是这样：如同别的公民一样，警员有义务做他应该做的，即维持治安，如有必要还要镇压非法武装。首席法官廷德尔（Tindal）说：“与其普通臣民一样，国王的军事臣属不仅可以而且有义务尽其权威制止暴行的发生，镇压暴乱，维护民众的生命财产安全。”[①] 我们的法律甚至 490

① 1832年对布里斯托尔大陪审团的指示。参见 *State Trials*, N. S, vol. Ⅲ, p. 5, 也见 Dicey, *Law of the Constitution*, 6th ed., Note Ⅵ, pp. 460—462。

没有说，在没有民事治安法官命令的条件下军事官员一定不能采取行动。当然不这样做是明智的，但在极端紧急的情况下军事官员有权，不，是有义务（应该）以武力镇压非法武力。一个人可因未做他所能做来镇压暴乱而被提起公诉：因疏于履行其维护治安之责的治安法官可被并且已被提起过公诉。

与此主题相关，还应该再说一下军事管制法（martial law）。我们看到，依据每年都通过并生效的《陆军法》，我们中有很大一部分人都生活在一种特别法之下。该特别法部分要从《陆军法》本身去找，部分则来源于女王依《陆军法》之授权而不时制定的规章。看来很可能是，抛开《陆军法》不说，女王还享有一些为其所合法维持之任何部队制定《军法条例》的权力——尽管该权力并未得到很好的界定。这种适用于士兵的特别法由军事法庭负责实施，并经常被称为军事管制法；但在《陆军法》中它被称为“军法”（military law），看来我们很有必要采用后一术语而不是前者。因为时而会流行这样的观念，有一些其他的规则被称为军事管制法，国王或其官员在紧急情况下可将这些规则通过公告的方式付诸实施，并适用于那些不是士兵因而并不受我们刚才谈到的专门军法规范的人。

491 我想现在可以很自信地否认存在这样一个规则体系。首先，我们会想起《权利请愿书》。在陈述完最近已有盖国玺的委任状签发给某些人并要求他们“依军事管制法”展开工作后，请愿书宣布这些委任状为非法，并请求将来不应再签发类似的委任状。其次，将我们陆军予以合法化的年度制定法宣布，和平时期王国境内的任何臣民都不得依军事管制法被处身体刑、死刑或其他任

何刑罚。“和平时期”一词并未在最早的《军纪法》中出现，这看来好像明确意味着“人们”[*]可在战争时期受到军事管制法的惩罚。但我们还可以通过下面的说法为其找到足够的意义：在战时，“士兵”[**]会受到军事管制法的惩罚；这就是说，除《陆军法》外，为在战时维持军队纪律，国王有制定类似于我们现在军法之规章的权力。然而必须承认，1798年叛乱之后的一届爱尔兰议会确曾提到过军事管制法，就好像它是一套众所周知的规则体系一样，可以在非常紧急地情况下适用于不是士兵的人——也好像可以有宣告军事管制法这样一种事情。但如果我们要问，哪里才能找到这套规则体系？究竟什么是军事管制法？答案恐怕很难找到。当考虑这一问题之时，它看起来又转变为了下面的要点：协助镇压非法武装是每个臣民的权利和义务，尤其是治安法官和各级治安官员的权利和义务。普通法对以武力镇压武力及使用多少部队的情形加以了界定——尽管根据这些情况的性质这种界定并不很精确；在极其紧急的情况下，为镇压暴乱，甚至有必要置暴徒于死地（当然是经过慎重思考后施行之）。宣布军事管制法只能产生如下法律效果：这是由国王或从国王处保有职位的人做出的公告，它宣布现在存在这样一种情况，以致有必要以武力来抵御和压制武 492
力；它只是警告说，普通法中允准这种驱除和镇压行为的部分已开始发挥效用了。此后，普通法法庭，或者一个普通法院，就必须决定是否存在法定情形能够证成这些以和平和秩序为名而采

* 此处引号为译者所加。——译者注

** 此处引号为译者所加。——译者注

取的高压措施。但毫无疑问，它可以（在适当情形下是将会）考虑如下事实：那些被镇压者已充分注意到了官方将会采取这些高压措施。但假如有暴乱者被捕，除了国家的一般刑事法院之外别的法院都不能对之进行审判。在特殊情况下，为了防止其逃跑或被营救，可能有必要将其射杀；当然，毫无疑问，在这种情况下，如果时间允许，监管者最好能先确信他是一个暴徒。但他们进行的与此有关的任何询问或调查，都不可能具有像在一个有管辖权的法庭面前进行审判那样的效力：这将是一个明智的预防措施，但并非有相应效力的司法程序。实际上，他不会受到任何被称为军事管制法之规则的审判并因此而被定罪——我们不知道去哪里找这套规则；如果他被合法地处死，那也只能是依我们的普通法规则而被处死，而该规则又证成了以武力对非法武力的镇压。有关该问题的全部要点，请参看埃德温·詹姆士和菲茨詹姆士·斯蒂芬在总督艾尔（Governor Eyre）一案中的判决意见（Forsyth, *Cases and Opinions on Constitutional Law*, p. 551）[①]。

八、社会事务与地方治理

我们公法中有一大片领域我们应该简单浏览一下，至少我们应该知道它是存在的，知道其边界每年都在不断地得以扩展，知道它在不断地变得更为重要。我所选择的标题“社会事务与地方治理”恐怕不能十分令人满意，但随着时间的推移，你将会明白

---

① See also Dicey, *Law of the Constitution*, 6th ed., Note Ⅻ, pp. 502—519.

我的所指。

首先来看地方治理的各种机构。我们已经谈到过一些治安法官的历史，他们的组建始于爱德华三世，从那时起到现在其功能已变得越来越多。今天，季审法院是审理刑事案件的法院；两名法官即可组成一个拥有简易审判裁判权（summary jurisdiction）的法庭，并可对数千种轻微犯罪予以惩罚——这些犯罪现在无须陪审即可被惩罚。他们负责对那些被控犯有公诉罪的人进行预审，并可将之羁押入狱或取保候审。我们已经看到他们是怎样对警方实行控制的，以及他们又是如何负责维持治安和镇压暴乱的。他们的这些职能被放到了上文的司法与警察制度（The Administration of Justice and The Police System）部分。但他们还获得了其他多种多样的职能。早在伊丽莎白女王时代，朗巴德（Lambard）就写过一本有关治安法官之职责的杰出著作。当时他在书中表达了这样一种担忧：他们不堪工作之重负，但导致他们无法承受的不是“许多（loads）而是大量（stacks）的这类制定法”。[1]在我们今天看来，他当时所谓的“大量制定法”只不过是小菜一碟。在过去的两个世纪中，议会一直在增加治安法官的工作量。治安法官（Commission of the Peace）已成为了一个最有活力的地方机构。旧式的社区（郡和百户区）法庭已完全衰败，它们最多也不过是由副郡长（under-sheriff）主持的用于处理小额债务纠纷的法庭。这个由自由地产保有人组成的非代议制的大会已经过时，已很不适应时代的需要，也没有人试图在地方事务中引入 493

① Lambard, *Eirenarcha*, Book Ⅰ, c. 7.

代议制政府的机制。原来的市政共同体(municipal corporations)也正在变得完全不适合于任何管理工作。为了获得一个顺从的议会,都铎王朝和斯图亚特王朝的国王们已经毁掉了自治市的建构;连同议会选举权一道,他们用特许状将对地方的管理赋予了一个小的寡头团体。这个团体由市长、市政官和市政委员会委员(alderman and councillior)组成,他们有权填补其自身组织的空
494 缺。这些机构变得腐败起来,并令人失望:它们中有一些属于国王,并向议会提出政府部门的候选人;有的属于辉格党或托利党的大土地所有者,并会提出自己的候选人;还有的则不时在市场上公开叫卖其职位。相反,治安法官们是统治阶层颇具能力的成员,一个由自由地产保有人组成的议会(记住,18世纪的下议院议员必须是地产保有人)将各种与地方管理有关的职权委之于他们,便再自然不过了。这些权力中有一些是在治安法官们的季审法院行使,另一些则由一或两名治安法官在季审法院之外行使。

再来谈一下治安法官的委任与任职资格问题。他们过去并且至今仍然是由国王(实际上是由大法官)予以委任的——当然他通常会依从郡军事总长(Lord Lieutenant)的推荐。同样他们过去并且现在仍然是依国王之意愿保有职位。不过逐渐地,我们可以期望一名治安法官不会被轻易撤职,除非是行为失当。如果乔治三世当年因政治原因撤销治安法官的职务,我们今天则会回头视之为违宪行为。从很早的时候起,治安法官就一直被要求应在郡内拥有地产,1439年为其地产所设定的最低价值限额为每年20英镑(18 Hen. Ⅵ, c. Ⅱ)。18世纪时这一标准已变得非常低,1732年

又提高到每年 100 英镑，因为其中一项法律（5 Geo. Ⅱ, c. 18）说，“地产保有微不足道者被任命为治安法官极有可能会损害公共福祉”。这一点直到 1875 年（38 and 39 Vic., c. 54）才被放宽，当时占有一所年值为 100 英镑的居所也应被视为符合条件。[①] 在中世纪，如同议会议员一样，治安法官也是有薪俸的：如果在季审法庭工作，则有权获得每天 4 先令的报酬。但本已变得很少的这点报酬（如同议员的工资一样）也是不能索要的，因此实际上这一职位变成了荣誉性的。1855 年，其报酬被取消了。这样，英格兰的 495
地方治理就逐渐变成了郡绅士们的治理。但请注意，这其中并无任何封建或家长制因素。郡绅士并不以自己的名义或以领主的身份进行司法或治理本郡，他只是一名被委任来维持国王和平秩序的法官；他们会被要求遵循由国务大臣以国王名义发来的命令。而且对治安法庭这种简易裁判权从未友好过的普通法法庭，还随时准备受理针对治安法官不合规范之处提出的申诉。

逐渐地，郡治安法官的数目变得多起来。中世纪时的要求是，每郡大约有 6 名或 8 名法官。伊丽莎白当政时，这一数字已大大扩展了。我相信，今天兰开夏郡治安法官的数目已经超过了 800 人，即使是拉特兰郡也有 25 名法官，但其中有一半只是名义上的治安法官：他们并未进行必需的宣誓，因而并未成为真正的治安法官。

我们无法在此过多地谈论治安法官的管理权，当然后面还会

---

① 郡治安法官在财产方面的任职资格，现已被 1906 年的《治安法官法》（*Justice of the Peace Act* of 1906, 6 Ed. Ⅶ, c. 16）所取消。

重新讨论到他们。这期间我们必须注意到，在那一重要的《选举法修正案》进行期间，一股新的立法潮流开始涌入并自此流淌不断——地方代议制得以创建。

需要注意的第一项重大成果是1835年的市政改革。除伦敦和一些几乎不值得我们注意的小地方外，英格兰几乎所有的自治市都被依照一个统一的模式进行了改革和重组，女王及其枢密院有权要求那些尚未法团化的镇区采用同样的治理结构。我们现在大约有250个已法团化的自治市——“市政性的自治市”(municipal boroughs)。此前我曾提醒你们注意，议会选区、组织和市政性组织之间现在已泾渭分明了。中世纪后期，在镇区选派代表出席议会的做法开始后，每个自治市都要向议会选送2名自己的议员(burgesses)；你可能还记得发给郡长的指令是什么，他要从每个自治市选送2名议员代表。随着时间的推移，这

496 还的确成为了一个镇区是否构成自治市的检验标准：那些向议会选送代表的镇区才是自治市。今天，这二者已经非常不同了：一个为市政目的而充分建构起来的自治市可能不会向议会派出代表；再者，这种自治市在议会中的代表可以由一个不在任何市政法团组织管理下的地区选出。于是我们在“议员选举自治市”(parliamentary borough)和“市政自治市”(municipal borough)之间进行了区分。前者仅仅是一个选区而已，而后者才是我们要讨论的对象。我们将市政组织形式简述如下。市政组织由市长(mayor)、市政官(aldermen)和市政委员(burgesses)组成；因此就剑桥而言，其标准的市政组织形式是“剑桥的市长、市政官和市政委员”。就特别市(city，通常为一个市政自治市，同时也为主

教坐席所在地）而言，我们称其居民为市民（citizen）而不是自治市市民（burgesses）。占据一所房屋或其他建筑物并为此而交纳税金的任何人都有权成为自治市市民，在将其名字登录到自由民名册上后即可成为本自治市的市民。妇女也可以成为自治市的市民。自治市市民（自由民）的主要权利是选举镇区委员会（town council）。自治市的管理被赋予了市长、市政官和市政委员。市政委员数目的多少取决于自治市的组成。委员们由自由民选出，任职3年；从1872年起，该选举以无记名、秘密投票方式进行。市政官的人数为市政委员人数的1/3，并由市政委员会选举产生，任职6年。市长也由市政委员会选举产生，任职1年。这个由市长、市政官和市政委员组成的管理机构享有相当大的权力：它管理着自治市的财产（有时还相当可观）；它必须维持一支适中的警察队伍；必须负责镇区的道路建设和照明等；它还享有一定的立法权，因为为了实现对自治市的良好规制和管理，为了防止和压制各种妨害行为，它可以制定一些地方性规范。违反这些规范它所能处以的最重的惩罚是罚款5英镑。不过，女王及其枢密院有权部分或总体上否决任何这类地方性规范。

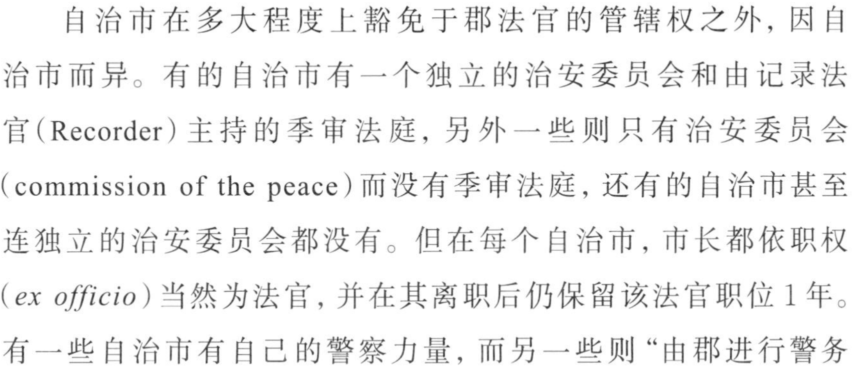

自治市在多大程度上豁免于郡法官的管辖权之外，因自 497
治市而异。有的自治市有一个独立的治安委员会和由记录法官（Recorder）主持的季审法庭，另外一些则只有治安委员会（commission of the peace）而没有季审法庭，还有的自治市甚至连独立的治安委员会都没有。但在每个自治市，市长都依职权（*ex officio*）当然为法官，并在其离职后仍保留该法官职位1年。有一些自治市有自己的警察力量，而另一些则“由郡进行警务

巡查”。我们肯定无法深入探究这些细节，我们所关心的是一个民主、代议制政府体制的成长。依1835年的那项法律，在除伦敦之外所有英格兰的大的镇区中，都建立了一个由纳税人或其代表所选举产生的人所组成的机构，这个机构被赋予了很多管理权。

一年前的1834年还采取了另外一项重大的措施。晚至此时，济贫法部分是由堂区官员（parochial officers）和济贫官，部分是由治安法官来实施的，很长时间以来这已变得很不明智和有些过度。如果英格兰要想不被其贫民拖垮的话，就必须进行彻底的改革。整个国家被划分为许多区，这些区由若干教区组成，后者为了济贫法的目的而联合在一起。这样的“济贫联合会”（Poor Law Unions）现今大约有650个左右，各联合会都有一个济贫管理人委员会（Board of Guardians of the Poor）。居住于该联合会区域内的治安法官依职权为当然的济贫管理人（*ex officio* guardians），此外还有一些选举产生的管理人，后者由纳税人通过多重投票体制（plural voting）选出。选举人依其财产资质可以有一至六个投票权：财产的纳税估价在50英镑以下者有1个投票权，100英镑2个投票权，依此类推，最高为6个投票权。[①] 因此这种管理人委
498 员会的组成并不像市政组织那样民主。在本济贫联合会所属区域内，该委员会在实施济贫方面拥有很大的权力。但你们需要注意的是，对地方管理的每一次改革迄今为止都意味着中央政府权力

① 根据1894年的《地方管理法》，依职权而当然出任济贫管理人的制度被取消，每位选举人只能对不超过可选数目的任何一个候选人投一票而不是更多。

的增加。1834年，一些济贫专员被授予了对整个济贫法律制度的掌控权，他们拥有广泛的权力：可以检查地方上济贫管理人的行为，甚至还可以立法——他们可以发布与济贫有关的规则、命令和条例。起初这些专员只在必要时才设立，但后来却不断更新，并首先发展成为了一个长期性的济贫委员会（permanent Poor Law Board），后又并入了现在的地方管理委员会（Local Government Board）。如我们所见，该委员会只是一个名义上的机构，因为其主席（一名内阁大臣）可以并且经常行使了其所有的各项权力。这两个进程是同时展开的：一方面我们在地方政府中有了新的机构，另一方面在中央政府中也有了新机构——这些机构由一些或其他王国高级官员（他们依宪法性惯例组成内阁）组成。

对于今天存在的完备的卫生法制度，我们却只能将其追溯至1848年。1848年、1858年、1875年的几项法律标示了其发展过程中的几个主要阶段，不过今天则主要体现在一个大部头的法典中，即1875年的《公共卫生法》（*Public Health Act*）。整个英格兰已经建立起了地方卫生管理部门，这在某些地方是市政组织的机构，在另外一些地方则又是济贫管理人机构，还有的地方则是由纳税人为此目的选出的卫生委员会（Boards of Health）。在中央，相应的管理机构则是地方管理委员会。接下来，1870年的一项法律又建立起了庞大的教育体系。它由纳税人选出的学校委员会（school boards）和学生就学委员会（school attendance committees）运行，并由教育部（Education Department）予以掌控。教育部是一个由内阁大臣组成的委员会，但其权力主要由枢密院院长（Lord President of the Council）和教育部副部长（Vice-President of the

499 Department)行使。[①] 此外，我们还选出了公路委员会(Highway Boards)和丧葬委员会(Burial Boards)。[②]

一个总的后果就是，这导致了一种几乎无法控制且在我们这样的基础性课程中很难轻易描述的混乱。有一点需要注意，我们刚才讨论过的每一种制度都有自身的区域范围。1834 年，当新的《济贫法》通过并且整个王国被划分成许多济贫联合会区时，就因为没有考虑到旧的地区划分(郡的边界)而犯下了致命的错误。现在我们的民事司法有自己的地理区划，刑事司法则又是另外一套，警察治安、济贫法、卫生法等又各有自己的一套。

可能我们已经熬到这种无序状态开始结束的时候了，我指的是 1888 年的那一部重要的《地方管理法》(*Local Government Act*, 51 and 52 Vic., cap. 41)。其结果是通过创设郡委员会(County Councils)而增加了地方治理的机构。自治市的建构为郡提供了模板。每郡都由纳税人选举产生一个委员会，然后又将治安法官之全部或大部分可在任何意义上称之为行政性的权力转交该委员会。对郡警察部队的管理权则授予该委员会和季审法庭联合行使，由它们组建一个联合委员会具体负责。总体上可以这样说，

---

① 1902 年的《教育法》取消了学校委员会，并将教育事务委托于“地方教育机构”，即郡或自治市委员会(Council of a County or County borough)，以及(仅出于初等教育之目的)自治市(居民不超过 1 万人)委员会和城区(居民超过 2 万人)委员会(Council of an Urhan District)。

② 1894 年的《地方管理法》创设了教区委员会(Parish Councils)和地区委员会(District Councils)。教区委员会被授权执行《丧葬法》(*Burial Acts*)，在丧葬委员会辖区与市郊郊区一致的情况下，丧葬委员会将并入教区委员会。地区委员会继承了原来公路委员会和卫生委员会的职能。经同意或经枢密院君令的批准，地区委员会也可以成为本区唯一的丧葬事务职能机构。

其意在使郡委员会成为郡的管理型会议组织，而治安法官（无论是在季审法庭还是在这之外）则保留所有可被称之为司法性的权力。不过我无须再次提醒诸位，这并非制定法中的用语；它深入 500
进了无尽的细节之中，在英格兰，经常很难用宽泛的原则来描述某种权力应被认为是行政性的或司法性的。但这绝非（尽管人们期望这样）郡委员会随着时间的推移所要给我们做的全部。看一看这个条款（sec. 10）——这是今天议会如何为我们立法的一个极好的例子："地方管理委员会可以不时地发布临时性命令，以将由任何制定法授予或在执行任何制定法时所授予女王及其枢密院、国务大臣、贸易委员会、地方管理委员会、教育部及其他政府部门的、显然与郡内事务有关且具有行政性质的权力、义务和责任，授予郡委员会。"这样的临时性命令需要议会的立法使之生效。我想这可能是希望采取一些去集权化的措施，但这一希望只有在郡委员会证明其能力和忠诚的条件下才能实现。而在当下，该法只能是在既有的混乱上火上浇油。我们有了一个新的"地方政府"，但旧的依然存在：济贫管理人、学校委员会、卫生机构、公路委员会，等等。可能将来有一天某位老师可以用简洁概括的语言勾勒出我们地方政府的框架，但这一天现在还没有到来。在郡和镇区或教区之间应当有某种中间性区划的想法反复出现在我们的立法或立法规划中：可以说是过去的百户区的想法。将来有一天老师可能可以这样说：英格兰被划分为若干郡，郡又分为百户区，百户区又分为镇区；每个镇区、百户区和郡都有且只有一个与之相应的地方政府机构。但这看起来仍是遥不可及。

你会说这是一门很糟糕的课程（这一点我不反对），但我的确认为现代宪法中有大片这样的领域值得我们注意，尽管我们现在
501 所能做的只能是指出其存在。我说的是宪法，因为在我看来，不将每一个政府机构（无论是中央还是地方，是最高的还是附属的）的组成和建构包括在内，是不可能如此来界定宪法的。它所涉及的不仅要有国王、议会、枢密院，也要有治安法官、济贫管理人、卫生委员会、学校委员会，还要有财政部、教育部及法院的构成等。我们主要关心这一主题中更高级别的部分是很自然的事，它们更为清楚也更为基本，但我们绝不能将部分视为整体，或因为我们还没有时间去全面研究后者而认为它们不重要。随着时间的推移，英格兰的地方政府变得越来越重要。1832 年的《选举法修正案》开始了新的运动，它已经在深化，并且肯定将继续深化。我们正在转变为一个被治理的国家，其治理由各种委员会和官员来实施，中央的、地方的，高级的、低级的，他们行使的是由现代制定法所授予的各种权力。

在这样的语境下再谈一下法律所加于英国普通民众的积极义务，也许会更有启发意义。之所以这样说，是因为其范围通常为法科学生所忽视。所谓积极义务，我指的是积极作为的义务而不是消极的不作为。一般而言，我们刑法中的大部分都是禁止性规定，加于消极的不作为义务，其用语多如：“你不可杀人”“你不可盗窃”，等等。它不说：“你应当解救你处于危难中的邻人”——没有将我的邻人拉出水我并不犯罪，尽管我可以连鞋子都不湿就能拯救他。再来看民事侵害方面的法律，我们称之为“侵权法”的部分也由禁止性规定组成——我不可攻击、侮辱或欺骗我的邻

人，侵占其土地或损坏其物品。创设某种积极的义务通常需要某种合同，或是某种特殊的关系，或依某种职责。在大部分情况下，502 当某人有积极作为的义务时，他有此义务是因为他同意受此种义务之拘束；在其他一些情况下，他应当这样积极地作为是因在他和从其行为中受益者之间存在某种长期或固定的关系，如父子关系；还有一些情况是因为保有公职。但在有些情况下，法律却并不考虑合同、特殊关系或公共职务等因素，而将积极作为的义务强加于个人。

首先存在的一种综合性义务或一类义务是纳税。考虑一下我们所承担的这一组义务有多大。如果想象不出来，就把自己看得年轻和快乐一些。大部分英国人必须支付议会直接征收的税金，然后还要应付议会授权地方委员会所收的税。19 世纪，地方税收体系已迅速成长起来，一个人可因许多不同的原因而被不同的机关课以税金，如为了济贫（这是个老话题了），维持警察部队，改善卫生条件，公共教育，修建市政大厅、公共浴室、图书馆，等等，不一而足。但我这里要说的不是这些通过支付金钱就能解除的义务，还有其他一些积极的义务：旧的、新的，普通法施加的、制定法施加的。

从兵役来看，我们实际上是免服兵役的。有关这一问题的历史我们早已追溯过。除非是依每年都会被中止效力的《民兵法》（*Militia Act*）之秘密投票条款（ballot clauses），否则没有任何权力可以强迫民众充当陆军士兵。当然存在一种为皇家海军强征海员的君主特权，但这已经很久没有行使过了。不过依制定法，英国人仍有义务充当教区警察或为此寻找替身——如果其处于 25—

55岁之间，并经评估应纳的济贫税为4英镑或更多，且不属于任何特别的豁免阶层的话。如果季审法庭法官认为合适，他们可以
503 运用这一强制民众出任教区警察的权力；但事实上，由于专业警察部队的建立，这已经变得没有必要了。但如果有特别情况出现，民众还是可以被强制出任特别警察的，内政大臣甚至可以下令那些豁免此义务者宣誓就职。这方面的事务现由1831年的一项制定法予以规范。

普通法还要求任何人都要积极协助教区警官拘捕嫌犯，近年来已有人因在警察请求协助时未予提供帮助而被提起了公诉并被确认有罪(*R. v. Sherlock*, C. C. R., 20)。[①] 所以，我们很可能可以确立这样一条普遍性规则：尽其所能抑制社会动乱是每一个臣民的法律义务，疏于履行此义务有可能被提起公诉。另外我们还可以泛泛地说，民众并无就其所知披露犯罪的法定义务——前提是他并未协助、教唆和藏匿罪犯，只要没有任何积极的作为即不构成犯罪。但法律著述中认为重叛逆罪(high treason)是一个例外：如果我知道有重叛逆罪发生且在合理时间内未提供与之有关的任何信息，我就犯了对叛逆行为的知情不报罪(misprison of treason)，并可能被判终身监禁。

再来看一下充当陪审员的义务。过去这是加于自由地产保有人的义务。依现代的制定法，那些所占有之房产达到一定价值或在某地产上享有之权益达到一定标准者，都有义务出任陪审员。

① 1865年7月2日，舍洛克(Sherlock)在刘易斯(Lewes)被季审法庭判处罚金5英镑，刑事案件再审法庭随后维持了这一判决。

泛而言之，有义务充当陪审员者，其所占有的房产必须达到20英镑，或依其性质在土地上的收益达到了10英镑或20英镑。但所有自治市市民都有义务充当自治市季审法庭的陪审员。

还有，我们法律强加于民众的另外一项公共义务是作证。一个人不仅可以被强迫在刑事或民事诉讼中作证，而且在许多调查（inquisitorial）而非司法（judicial）程序中也会被强迫作证。比如，一个人不仅可以被作为证人而被普通法院、教会法院和军事法院传唤作证，而且也会被议会任何一院或其成立的专门委员会传唤 504
作证。或者再拿一个正在变得普遍的例子，他可能会被传唤到由贸易委员会委任对铁路事故予以调查，或是由内政部委以调查某爆炸事件原因的专员面前进行作证。如果该被传唤者没有出席，他可能会因藐视被以简易方式加以惩罚。在民事诉讼中，除非证人得到了合理的开销补偿，否则他可以不出庭；但在刑事诉讼中则不必支付此费用。

此外，普通法还有一种非常宽泛（如果不是多少有些古老的话）的理论认为，民众有义务就任各种职位为国王服役。我们发现这主要是针对郡长而言的：在郡内拥有足够地产（其数目相当模糊）并因此有资格出任郡长一职者，如果被委任即应出任此职，若拒绝则会被处以罚款。我想这只是一条宽泛原则事实上存在（尽管很少付诸实施）的一个例证，某人是否会因拒绝就任财政大臣或国务大臣而受到惩罚呢？考虑这个问题是荒谬的，但我想他会的。在某些特殊情况下，制定法已介入并强制实施了这一理论：被推选为市政组织官员的适格者可因拒绝接受此职而被处罚款。因此，被选为市长可因拒受此职而被罚款100英镑。

现在来看一下现代制定法总体上施以了英国人哪些积极作为的义务。一个英国人有孩子出生，那么他必须在42天之内前往相应的机关对此出生进行登记(1874年一项法律的规定，37 and 38 Vic., c. 88)，不登记则可能会被处以罚款；3个月内他必须为其孩子进行疫苗接种，否则会被处以罚款(30 and 31 Vic., c. 84)。1876年的一项法律(39 and 40 Vic., c. 79)规定，“每个孩子的父母都有义务让孩子接受读、写和算术方面的基本指导；疏于履行此职，他将会收到依该法所发出的指令及受到该法所规定之惩罚”。

我拿这些积极作为的义务为例来说明，有些义务不是通过支
505 付金钱就可以免除的，因为命令一个人积极地去作为看来要比只是禁止他消极地不作为更强硬。我想提醒诸位的是，对现代英国法的领域不能采取过于狭窄的视野，这么说可以为你们学习一般法学理论有所帮助。不要认为英国法已经被你们在这里所学到的那些法律部门穷尽了——有关犯罪、财产、侵权、合同的法律，以及与国王和议会有关的宪法部分。不，除此之外还有大量其他的法律领域，其中有一些属于宪法，另外的则可被称为行政法。它们中的大部分都是制定法性质的，都是过去50年内新产生的，但重要性却相当显著。让我们从积极作为的义务转向消极不作为(仅容忍即可)的义务，来看一下我们是如何为禁止性规定所包围的：可由治安法官通过简易程序予以惩罚的犯罪就数量惊人。再者，如果某人要想从事某种业务或受雇做某种工作，如果他开始修建一座房屋或想开一家寄宿店，或想养一艘商船，或做一名面包师或是烟囱清扫工，他都会径直碰到许多制定法规则。如果他

遵守了所有这些制定法明确规定的规则，他仍然不保险，他还可能会碰到国务大臣、中央委员会被授权制定的规则、命令或规程，或者是市政自治市或地方卫生行政部门制定的地方性规范。于是你可能不得不考虑是否还要受这些规则或地方性规范的约束，因为你要记住，国务大臣或市政机构并非拥有不受限制的立法权。它们只是依授权而立法，如果其规范未得到授权机关的批准，违反之不会受到惩罚，法官也会说它们是无效的。如果查看王座分庭现在的法律报告，你会发现大约有一半被报告的案件与行政法规则有关，我指的是以下事务：地方税收、地方委员会的权力、为各种贸易及职业颁发许可、公共卫生法、教育法，等等。但这些
问题你在我的课堂上学不到，它们并非基础性的，而是由卷帙浩 506
繁的制定法予以规范的。但在你有关英国法是什么的总体概念中，千万不要忽略其存在。如果忽略了，你对我们宪法的认识将会是错误和陈旧的。今天，那个宪法不再仅仅包括国王和议会、枢密院、法院及某些服从其命令的纯粹行政性官员（如郡长），这一切自第一部《改革法》以来就被改变了。政府的行政权力和高级官员（如国务大臣、财政部、贸易委员会、地方管理委员会、季审法庭的法官、市政机构、济贫管理人、学校委员会、卫生委员会，等等）的附属立法权，已变得非常重要，将之忽略不计只会使这幅图画变成单色的，变得片面和过时。

九、教　　会

我们应该花一些时间来看一下教会的历史和现状，当然是从

法律的角度。我们说，教会是由法律所确立的。这一说法没错，但它仍然可能会传递给我们一种错误的历史观，它可能意味着在这个或那个时期，国家从众多相互竞争的信仰中选出了一种，确立并襄助了它。这当然并非事实：在尚无相互竞争的信仰并存之时，当选择一种宗教的观念会被认为是亵渎神灵的谬误之时，教会已经有了自己连续的历史。中世纪有关国家与教会关系的理论看来是这样的：它们是相互独立的机构，但却由同样的基本单元所组成。可以这样说，每个人既是国家的成员，又是教会的成员——当然犹太人除外。在被爱德华一世驱逐之前，犹太人在英格兰的地位总体上是很特殊的。他们不是教会的成员，但另一方面又很难在任何意义上说是这个国家的民众：他们生活在自己特殊的法律之下，因从财政上对国王有用而受到国王的保护，但却遭到民众的普遍憎恶。犹太人作为例外反证了上述基本规则。尽

507 管由同样的单元组成，教会与国家却并非一体，它们各有自己的法律、立法、法院和诉讼管辖范围。二者之间的这种关系构成了对今天已成为正统之主权至上理论的恒久否定。法科学生最好注意，这种否定并非意味着无政府的混乱状态。这两种权力之间不时地会发生争执，关于这一点我们只需要回忆一下亨利二世与托马斯·贝克特大主教之间的争论就够了。几个世纪以来，就各自管辖范围的边界问题世俗法院和教会法院之间不断发生冲突，但一般情况下，二者还是能和平共处的。

说这两个机构由同样的单元组成其实并非完全是事实，可能也正因为这并非完全属实，二者分立的情形才可能长期存在。英格兰教会只是罗马天主教会的一个成员或分支。就英格兰王

国而言，国王和议会可能是最高的；但教省教牧人员代表大会（provincial convocations）却并非英格兰教会的最高组织，它们认可教皇和基督教世界公会（general councils）的权威。英格兰的教会在很大程度上主张并事实上享有着我们可称之为“内部自治”的状态（Home Rule），几个世纪以来，它们在某些问题上与罗马教廷存在着争论。尤其是，教皇不断试图干涉其教职的任命问题，这遭到了英格兰僧俗两界的激烈反对。在亨利八世与教皇决裂之前的足足150年内，英格兰议会不断地在通过立法反对罗马教廷的这种僭越（对圣职推荐与任命的干涉），而这一切都未被怀疑为异端或宗教分裂。

让我们来简要叙述一下中世纪末期这两个机构之间的关系。首先我们注意到，教会的统治者在王国的最高机构中也占有一席之地。主教和修道院院长占据了贵族院的半壁江山，不过他们在其中的位置却多少有些模糊。如果他们是教会的高级教士，那么 508
同时也是国王的直属封臣，但许多修道院院长已通过声称他们并非直属封臣而摆脱了出席议会的义务。再者，低等级的教士则会通过禁投外条款（*praemunientes* clause）而被召集出席议会；但他们并不出席，他们会在两个主要的教牧代表大会上讨论自己纳税的问题，并通常按照平民在议会中确立的比例划拨预算。他们在这些大会上享有一定的制定教规和就宗教事务进行立法的权力，其中这些教规在教会法院可以像针对教士那样针对俗界人士强制施行。

教会法院的司法管辖权是多种多样的。首先是有关教士自身规训的事务，这是一块相当开阔的领地：不仅因为此乃纯粹的教会事务，理应归其管辖；而且我们还必须记住，被委以圣职者犯重罪、谋杀、抢劫等，只能由教会法院予以惩罚——当然，据说教士特权（benefit of clergy）并不扩及叛逆罪。再者，它们对于许多在我们看来宗教色彩并不浓厚的事务也拥有很大的管辖权：如所有的遗嘱继承事务（包括无遗嘱而亡时对动产的分配也在其管辖范围之内）和婚姻事务。而且它们并不满足于此，长期以来它们还一直在争取获得对于合同事务的一般管辖权，但失败了。世俗的法院已警告它们不要介入此领域，不过结果却是，前者不得不扩大自己有关合同法的概念。除所有这些之外，教会法院还对我们可称之为不道德的行为（immorality）行使了广泛的司法管辖权：这是一些世俗法院并不注意的社会不当行为，如私通（fornication）和乱伦（incest）。在中世纪法庭的法律中，我们并未发现口头诽谤（slander）和书面诽谤（libel）这样的条目，这些事务是由教会法院作为罪行（sins）加以处理的。

从理论上来说，教会法院强制实施其判决的方法是精神层次的。对于教士，它们有很大的权力，比如可将其降职；对于俗界人士，则通过悔罪（penance）和开除教籍（excommunication）来行
509 使其权威。不过在这最后一招上，世俗的权力会给予它协助。如果被开除教籍者顽固不化达40天之久，它将会向王室法院予以提示，后者便会发出令状指示郡长将其监禁，直至他满足教会的要求。开除教籍本身有非常严重的法律后果，因为被革除教籍者甚至不能在世俗法庭提起任何诉讼：对他说“你已被革除教籍”，就足以构成对他的充分答辩。从这个意义上说，被革除教籍者的状况不会比被逐于法外者好多少。

这些教会法院的存在导致了一个数目相当可观的教会法律家阶层的存在，他们熟悉这些法院的法律理论，而这一理论又与世俗法院截然不同。它包括体现在《格拉提安教令集》(*Decretum of Gratian*)及其后续增补的教会法规、更为晚近的基督教公会所制定的法规，以及英格兰大主教在其教省教牧代表大会上发布的法规。教会法在大学中被讲授，而普通法则不同。普通法的学生需要在伦敦、在律师公会这种普通法法律家的社团中习得普通法知识；后者已逐渐成长起来，并或多或少为法律教育有效地提供了一些东西。①

关于异端，很长时间以来我们在实际上是没有相关法律的，因为我们没有异端分子。当时的观点很可能是这样的：如果真的出现了异端分子，那他应该被处以火刑。1222 年，我们听说一名教堂执事(deacon)被处以了火刑，他因为爱上了一名犹太女子而转变成了犹太教徒。② 但直至 14 世纪末罗拉德教派(Lollardy)兴起以前，我们并没有也不需要针对异端的法律。1382 年，我们有了自己第一部针对异端的制定法：异端分子将被关押入狱，直至其满足教会的要求。1401 年的一项法律又将此推进了一步，拒绝宣誓放弃其信仰的异端分子将被公开处以火刑。1414 年通过的另一项法律则将异端规定为一种可被提起公诉的犯罪，但被控者要在主教法庭受审。正是依据这一法律，才有了 15、16 世纪大部分的死刑案件。

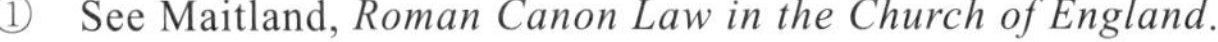

① See Maitland, *Roman Canon Law in the Church of England*.

② See Maitland's witty article, "The Deacon and the Jewess or Apostacy at Common Law", in the *Law Quarterly Review* for April 1886.

510 我们还必须考虑到教会是受捐赠的，但同时一定不能受这种表述引导而误入歧途。从未有过任何保有财产且由人构成的、被称为教会的组织。总而言之，教会从未成为过一个法人，并因此而持有或能够持有财产。“教会财产”（Church property，如果可以这么叫的话）过去和现在都是由大量不同的个人的各种财产构成的，比如像伊利主教这样的人拥有土地，像圣安尔班这样的修道院拥有土地，像图宾顿堂区长这样的人拥有土地。尽管从爱德华一世起《永久管业法》（*Statutes of Mortmain*）已制止了宗教组织所保有的土地在数量上的增长，但这个国家确有很大一部分土地是由它们保有的，属于这些宗教组织的任何土地都是它们的，而且只归它们。与土地一样，什一税也是这样的。在久远的过去，基督徒就有一种普遍的义务，即要将自己财产的1/10奉献给上帝，这就是什一税，后来它已确定为土地上的一种负担。这块土地要向这个堂区教会的牧师交纳什一税，或其什一税已被分配给某一隐修院，但并无任何团体或法人组织有权获得整个英格兰的什一税。

关于圣职推荐权我们必须记住，从很早时候起这已逐渐被视为了一种财产权。委任教堂牧师的权利，或者更准确地说是向主教推荐合适人选（然后由主教予以委任）的权利，即圣职推荐权（advowson of the church, *advocatio ecclesiae*），是可以自由买卖的；它通常属于庄园的领主，但又可独立于庄园而保有。王室法院对这种形式的财产权（我们必须这样称呼它）主张了司法管辖权，并早在12世纪已成功地论证了自己的这一主张。因此，宗教性的司法管辖权和教会司法管辖权（spiritual and the ecclesiastical）之

间的界线并未划定在我们所期望的那个地方：我们还可以视向堂区提供牧师为一种宗教信托。另一方面，我可能会认为遗嘱事务与宗教几乎无甚关联，但中世纪所有与遗嘱有关的诉讼都是基督教教会法院的事务，而王室法院则对圣职推荐权问题行使着排他性的司法管辖权。

以新教改革（Protestant Reformation）而知名的一系列重大 511
事件，深刻地改变了教会与国家之间的关系，但我们仍很容易夸大其中已明确发生之法律变革的程度。包括主教、教牧人员代表会议和教会法院在内的旧的教会法律组织，大部分都保留了下来——尽管被置于了国王和议会的掌握之中。我们只能非常简短地来看一下后来的历史，我将尽力用几个部分对之进行归纳。

首先，教会被置于了国家之下。1534 年，教士们被强迫因而是极不情愿地向国王亨利八世承诺：未经国王同意，他们将不得制定新的教规。这一规则得到了制定法（25 Hen. Ⅷ, c. 19）的确认。次年，又有制定法（26 Hen. Ⅷ, c. 1）宣布，我们至高无上的国王及其后继者，本王国的国王们，应被认为并被接受为英格兰教会（圣公会〔Church of England〕）在人世间的最高首脑。可以说，这些法律开启了教会被置于国家之下的新时代。同时，圣公会也与罗马教会分离开来。向教皇支付初年圣俸（annates and first-fruits，依习惯一直由教皇收取）已被视为非法，从教会法院向罗马教廷上诉已被禁止，主教将由英格兰的教士会从国王推荐的人中选出——如果不，国王将有权以开封令状（letters patent）的形式予以委任。小一些的修道院于 1536 年被解散，大一些的则在

1539 年遭遇同样的命运：所有这些措施对贵族院组成之影响我们已经注意到了。[1] 在教会理论遭到质疑的时代，这些措施的结果就是，1539 年议会发现自己在就宗教理论问题立法——此时是在一种保守的意义上立法。否认有关信仰方面的某些条款，尤其是否认神的真实存在，被《六章法》(*Act of Six Articles*)规定为应受严厉处罚。亨利的本意并不在通过其政治措施而废弃天主教的信
512 条或仪式，但改革派在爱德华六世时占了上风。1548 年，我们有了第一部《礼拜统一法》(*Act of Uniformity*)——一种统一的祈祷书已准备好，并将适用于所有的教会。不使用此祈祷书或使用任何其他形式祈祷书的牧师，将会在世俗法院受到惩罚——在第三次被定罪后他甚至会被处以终身监禁。其他祈祷书都将被销毁，教会中的所有偶像也将被摧毁，主教仅需开封令状即可被委任。宗教现在已成为了一种制定法的事务。但如这些改革者们在玛丽女王时期所经历的那样，颁布这些制定法的权力同样也可以废止它们。前两位国王[*]时期的立法被一扫而光，改革者变成了异端，并可依兰开斯特王朝的制定法而被起诉。但这些立法在伊丽莎白女王时代又被恢复，不过有两个例外：一是她的后继者们并未接受“教会首脑”的头衔；二是主教将依亨利八世时期的那项法律(保留了教士会选举〔capitular election〕之形式)产生，而不依取缔了该形式的爱德华六世时的法律。伊丽莎白女王的统治开始于《至尊法》(*Act of Supremacy*)和《礼拜统一法》。前者据称“是为了

① 参见上文(边码)第 238 页。

* 指爱德华六世及其父亨利八世。——译者注

恢复国王对于教会阶层的古老的管辖权”，其他方面还包括设立宗教事务高等委任法院，以及强迫所有教会人士宣誓承认女王的至高无上性并与所有的外国势力决裂。《礼拜统一法》则强制推行了一种统一的祈祷书——使用任何其他祈祷书都将受到严厉惩罚。从实质上看，1559 年这项法律所确立的规则一直从当时延续到了今天。不过今天的祈祷书是由 1662 年的一项制定法（复辟后通过的《礼拜统一法》）规定的——是以前祈祷书的一个修订版。因此你必须明白，圣公会教士在礼拜仪式诵读此祈祷书实际上是在履行一项制定法义务，而诵读其他祈祷书则是会受到惩罚的。1871 年时，人们认为礼拜仪式上的圣句集（lectionary）需要改动，于是新的圣句集便由当年的一项制定法（34 and 35 Vic., c. 37）予以引入——这构成了议会一项制定法的附件。依上述 1662 年那项法律的一个特别的但书条款，大学布道无须诵读前述统一的祈

祷书。我说这些是为了表明以下事实：教会的礼拜仪式是制定法 513
规定的，除国王和议会外，他人无权予以变更。

接下来这就引出了关于教牧人员代表大会的话题。亨利八世在位时，议会开始通过制定法来确认教士的拨款——即教士津贴。[1] 但教牧大会仍继续批准其针对教牧人员的税收直至内战爆发，并在复辟后又恢复了上述做法。1662 年，这一做法被静悄悄地废弃了，议会开始直接针对神职人员征税。威廉三世统治时期，坎特伯雷（Canterbury）教牧大会的上下两院之间爆发了一场争论。两院在教会政策问题上产生了分歧，但真正的焦点是大主

① 参见上文（边码）第 240 页。

教可否让上下两院休会的问题。这一争论一直持续到1717年；这一年，两院又在班戈（Bangorian）问题上发生了争论。1861年之前，它们便再未被召集讨论事务——尽管1717—1741年间曾举行过正式的会议。因此在整个一个世纪或更长的时间里，圣公会（如果能说有这样的团体存在的话）就没有自己的代表大会，没有为自己制定规则的权力。现在没有国王的召集令教牧大会不能开会，未经国王御准也不得制定教规。再者，自詹姆士一世时起，普通法法院便有这样的理论：即使已获国王御准，教规对世俗人士也没有拘束力。因此，教牧大会的法定权力是极其有限的，他们可以讨论和审议，但却几乎没有别的作为。

要审视教会在今天的地位，就有必要列出以下几点：一是主教（更准确地说是某些主教）在上议院拥有席位；二是教士不能在下议院拥有席位，但没有什么能阻止他参加议会选举。关于不具备当选资格的问题我们必须记住，教士仍可依禁投外条款而被召至议会。1801年，一位名叫霍恩·图克（Horne Tooke）的有圣职的书记官成功当选，为此还努力去搜集了一些先例，但这些例子被认为是模糊和不确定的；下议院拒绝宣布图克不能出席本
514 院，但却通过了一项法律（41 Geo. Ⅲ, c. 63）宣布教士将来不能当选。同时该法还宣布，苏格兰长老会（Scottish Church）的教士也不具备当选资格。当1829年的《天主教徒解禁法》（*Catholic Emancipation Act*, 10 Geo. Ⅳ, c. 7）* 承认世俗的天主教徒可以当选

* 1829年颁布的一部法律，确认了天主教徒享有除担任教职和某些高级公职权利以外的所有民事权利。参见《元照英美法词典》，法律出版社2003年版，第202页。——译者注

下议院议员时，罗马天主教的教士仍被明确排除在外。这些有关不能当选的规定并非前后一致，因为没有什么可以阻止一名新教不从国教派出身的大臣出席下议院。1870年的一项法律（33 and 34 Vic., c. 91）规定，国教会（established church）成员可以通过正式放弃其所持有的圣职而摆脱上述不能当选的资质限制。

我们现在要转向这一主题的另一部分。自宗教改革以来，官方一直致力于强迫民众接受由制定法所确立的与教会有关的理论和信仰。对这种努力的逐步放弃构成了宗教宽容的历史（history of toleration）。从伊丽莎白女王时期开始，我们发现了两套制定法体系，一套是针对天主教徒的，另一套针对的则是清教徒（Puritans）。1562年，下议院全体议员被要求进行有关君主至上内容的宣誓。该宣誓称，就僧俗两界的全部事务而言，女王是本王国境内唯一的最高的统治者。该宣誓还可能被提供给所有在大学中获得学位的人、所有的学校校长、所有出庭律师和来自于其他各阶层的人。拒绝这种宣誓第一次会招致投外罪（praemunire）的惩罚，第二次则构成重叛逆罪。1571年，新的叛逆罪被创设：如称女王为异端、公布任何教皇诏书、使女王的任何臣民复归罗马教会都构成叛逆罪。1580年，举行和参加弥撒均被视为犯罪，每个参加教会礼拜的人都要付出每个月被罚款20英镑的代价。1585年，耶稣会士（Jesuits）及其神学院传教士被驱逐：对他们来说，留在这儿本身就构成重叛逆罪。至于清教徒，宗教事务高等委任法院采取了极为严苛的措施将他们排除出了教会圣职之外；1593年又有一项直接针对他们的立法；经常出席非国教派的非常规集会者会被处以监禁，直至其服从。詹姆士

一世时期又出台了一项针对拒不从国教派之顽固分子(recusants)
515 的新立法,他们拒绝宣誓称詹姆士是合法的国王且教皇无权废黜他。这些人被剥夺了大部分民事权利,几乎等同于被逐出了法外。针对天主教徒的立法要远严酷于对清教徒的立法,但就依《统一礼拜法》(该法被严苛地予以执行)而被排除于教会圣职之外这一类而言,后者也有许多冤屈。接下来如我们所知,清教徒在一段时间内又占了上风,但在复辟之后又陷入低谷。接下来,又开始了针对新教中不从国教者的立法。不过,针对天主教徒的那些可怕的法典一直未被取消,尽管在查理二世和詹姆士二世时期国王默许了对这些法典的违反,并通过行使赦免权予以了认可。查理二世时期我们需要注意的重要法典有五部。1661年的《法人团体法》(*Corporation Act*),强迫所有在市政机构中保有职位的人要按照英格兰国教会的仪式接受圣礼。1664年的《秘密集会法》(*Conventicle Act*)规定,任何人参加秘密集会即应受到刑事处罚,这里的秘密集会是指除户主外任何有5人参加的宗教崇拜活动;对初犯的惩罚是3个月的监禁。1665年的《五英里法》(*Five Mile Act*)规定,任何不从国教者牧师进入一个法团性镇区5英里范围之内即为违法,并会被处罚款40英镑;任何不从国教者都不得在任何公立或私立学校任教。1673年的《忠诚宣誓法》(*Test Act*)则强迫所有保有任何信托职位者进行忠诚宣誓。1678年的《议会忠诚宣誓法》(*Parliamentary Test Act*)——针对罗马天主教徒制定——又强迫上下两院所有议员公开声称反对罗马天主教的圣餐变体说(transubstantiation),并因此首次将罗马天主教贵族逐出了上议院。

与此同时，过去有关对异端处以火刑的法律已经消失了。其历史特别的复杂和让人迷惑，这些都源于宗教改革时代宗教观念的剧烈变动。在伊丽莎白女王登基之时，亨利四世和五世时的旧的制定法被取消了；在她统治期间，一些再洗礼派（Anabaptists）被处以了火刑；在詹姆士一世当政的1612年，一名阿里乌派教徒（Arian）被处火刑。但这些程序是否合法值得怀疑，尤其是柯克反
对1612年的这次处刑。[①]其问题在于，在旧的制定法已被废止的 516
情况下，普通法是否有针对异端的任何程序。据信，1612年的这一案件是被以异端之名而处以死刑的最后一例。查理二世时的一项法律（29 Car. Ⅱ, c. 9, 1677）废除了任何可对异端处以火刑的权力。我们必须在以下两种情况之间作仔细的区别：一是一个人因异端邪说而受审；二是他依任何针对天主教徒的制定法而受审。在伊丽莎白和詹姆士一世时代因这种或那种原因而被处死刑的天主教徒，都是因制定法创设的犯罪而由普通法院审理的。

光荣革命一结束，原来针对新教持异议者的刑事法律就为1688年的《信仰自由法》（*Toleration Act*, 1 Will. and Mary, c. 18）所大大缓和。安妮女王时期有一种倾向于宗教迫害的轻微回潮，其结果是产生了1711年的反对间或遵奉国教（occasional conformity）的法律（10 Anne, c. 6）和1713年的《教会分裂法》（*Schism Act*, 13 Anne, c. 7），但后者在5年后的1718年又被取消了（5 Geo. Ⅰ, c. 4）。1728年，就在乔治二世即位后不久即开始了

① Coke, *Reports*, Ⅻ, 93。关于这一问题请参见 Stephen, *History of Criminal Law*, vol. Ⅱ, pp. 437—469。

这样一种做法：每年都要通过一项法律以赦免那些未进行必要宣誓(requisite oath)或接受圣礼(receive the sacrament)的公职持有者——一种奇怪的英国式做法。它等于是说："我们并不取消那项法律，但需要明白的是大家都不需要遵守它，因为每年都会通过法律来赦免那些未遵守上述法律的人。"

要阐明本主题中的这一部分，最好是参考布莱克斯通的著作(*Commentaries*, vol. Ⅳ, p. 53)。写作于18世纪中期的布莱克斯通，仍总体上将不从国教视为一种犯罪(他称之为不从国教罪)，接下来又描述了后来是如何将一些例外加于这一普遍原则之上的。例如，作为一项普遍的规则，依伊丽莎白和詹姆士时期的制定法，不去教堂仍属于制定法上的犯罪：每缺席一个礼拜日将罚款1先令，缺席一个月则罚款20英镑，但《信仰自由法》做出了有利于持异议者的例外规定，有以下情形他们可以缺席教堂礼
517 拜：(1)他们既非教皇至上主义者(Papists)，也非一位论派教徒(Unitarians)；(2)他们已进行过承认王权至上并效忠国王的宣誓，并签署了反对圣餐变体说的声明；(3)他们常去某些经登记过的礼拜场所。再者，不从国教的牧师也被豁免于那些禁止他们布道的法律之外，条件是他们已签署了《三十九条信纲》(*Thirty-nine Articles*)——尽管还保留了其中与教会管理及婴儿受洗有关的内容。他们还被1779年一项更新的法律所豁免：如果不签署上述信纲，那么他们要公开承认自己是基督徒和新教徒。对国教之外其他任何信仰的宽容仍是例外，而不是常规。不过到此时为止，更为正统的新教不从国教派已享有了崇拜和布道的自由。每年一度的《赦免法》也使得他们可以保有公职，我想也从未有过什么

东西将他们排除在议会选举或当选两院议员之外。

对天主教徒来说，情况又大为不同。天主教的教义不单单被视为宗教性错误，而且还被视为严重的政治危险；考虑到1715年和1745年的反抗运动，要指责对待天主教的这种态度可能还很难让我们信服。布莱克斯通的以下描述将会告诉我们这一法律有多么严厉：“天主教徒可被分为三类——承认罗马天主教教义的人、被认定为拒不信奉国教的罗马天主教顽固分子和天主教教士。(1)对承认罗马天主教教义的人来说，除先前因不经常参加其堂区教会活动而处以的刑罚外，他们在年满18岁之后也不能通过继承或买卖而获得土地——直至其修正其错误；年满21岁时，在获得土地之前必须进行登记，将来一切与此土地相关的转让和遗嘱也都要予以登记；他们不能进行任何圣职推荐（或不能将任何空缺之圣职授予任何其他人）；他们也不能开设任何学校或在学校任教，否则将会被处终身监禁；如果有意望弥撒或参加弥撒（say or hear mass），则前者会被罚款200马克，后者罚100马 518
克，并且都要被处一年监禁。这些人的情况我们就说这么多：他们已经认识到自己从婴孩时起就由于家庭偏见或其他方面的不幸而已与罗马天主教建立了一种令人遗憾的关联，并公开承认了错误。但如果有任何邪恶的行当将此种错误加诸他们身上，如果有人将他人送往国外接受罗马天主教的教育，或者为此目的居住于国外的任何宗教团体处，或者为其在那里的生计提供了帮助，派送者、被送者和帮助者都将失去提起普通法或衡平法诉讼的资格，且不能充当任何人的遗嘱执行人或遗产管理人，不能接受任何遗产或他人的无偿赠与，不能在王国内担任任何官职，而且还

会被没收其所有动产及所有的终身保有地产。这些错误还可能为叛教或对教义的曲解而加重，当有人与罗马教廷和解或招他人与罗马和解，就会构成重叛逆罪。(2)在普通法法庭被确认未参加圣公会礼拜仪式的拒不信奉国教的罗马天主教徒，其某些方面的资质会受到限制或被剥夺、财产会被没收，而且还会受到刑事惩罚——这些处罚会高于刚才描述的情况。他们会被视为被革除教籍者；他们不能保有公职或被雇佣；他们不被允许在其房屋内保留武器，否则会被治安法官所扣留；他们不得进入距离伦敦城10英里的范围之内，否则会被罚款100英镑；他们无权提起普通法或衡平法上的诉讼；未获许可他们不允许离开其住所5英里以外，否则会被没收全部动产；他们不得前往法庭，否则会被罚款100英镑……若此拒信国教之天主教徒为已婚女性，则其寡妇地产或未来寡妇地产(dower or jointure)之2/3会被没收；她不能担任其夫的遗嘱执行人或遗产管理人(executrix or administratrix)，也不能拥有其夫的任何动产；在其婚姻期间(coverture)她还可被关押入狱，直至其夫将其赎回，赎回的代价是每月10英镑或其夫全部地产的1/3。最后，作为已婚女性(feme-covert)的拒从国教之天主教徒还可被处以监禁；而所有其他此类人均必须在被确认为不从国教之天主教徒的3个月内，或者屈服且放弃其错误，或者宣誓与该王国脱离关系(abjure and renounce the realm)——如果4名法官认为有必要的话。如果拒绝离开或未获国王许可而返回，他们将被判犯有重罪，且不得享受教士特权并因此而会被处死……但(3)剩下的这一类或这个阶层，即天主教教士，则处于更
519 为危险的境地，因为依威廉三世时一项法律(11 and 12, Will. Ⅲ, c.

4)的规定,天主教主教或教士在英格兰(大使住所除外)主持弥撒(celebrating mass)或履行其任何职能,都将被判处终身监禁。依伊丽莎白时一项法律(27 Eliz., c. 2)的规定,凡在英格兰国王统辖范围内出生的任何天主教教士,若要从海外前来(除非因天气原因所迫且只停留合理时间),或将要在英格兰停留3天而不遵循且进行前述之宣誓,就将犯重叛逆罪;为其提供庇护者也将以重罪论,且不得享有教士特权。”

这就是18世纪中期针对天主教徒的法律及一系列相关法律(从伊丽莎白到乔治二世)所产生的后果。法律著述家们习惯于对针对不从国教之新教徒的法律高谈阔论——《法人团体法》《五英里法》《秘密集会法》,但与针对天主教徒的法律相比,它们就显得微不足道了。后者在布莱克斯通时代很少被付诸实施,但却仍然存在。

通过要求声明反对圣餐变体说的途径,天主教徒也被排除在了议会两院之外。

这部严苛的法典中的大部分于1791年(31 Geo. Ⅲ, c. 32)被取消了,或者更准确地说,所有天主教徒都可以通过作一个可以为他们所接受的宣誓而在以下问题上豁免于上述法律之外:摒弃教皇的世俗权力;摒弃以下两种教条,不必与异教徒守信,以及被教皇革除教籍之君主可以被废黜或谋杀。进行此种宣誓之天主教徒可免于被剥夺民事法律主体资格,可以以其自己的方式在经登记之地(但不能没有尖塔〔steeple〕和钟〔bell〕)进行崇拜活动,且不能因未参加圣公会的教会活动而被提起公诉。他还可以因每年的豁免法而保有大部分的官职。不过他仍然无法在议会两院拥有席位，因为所有议员都被要求声明反对圣餐变体说。严格地说依照法律他不能参加议会选举的投票，因为所有选举人都可能被要求进行如下宣誓：声明教皇在本王国范围内不享有宗教事务管辖权。该宣誓尽管并不像反对圣餐变体说之声明那样严格，但对一个真正的天主教徒也是很难接受的。不过实际上我怀疑天主教
520 徒是参加了议会选举的，因为该宣誓好像很少被正式要求过。由于宣誓的程序相当繁杂，1794 年的一项制定法就规定，只有候选人要求时才进行此种形式的宣誓，而且还要该候选人自己承担费用。天主教徒的解禁发生在 1829 年(10 Geo. Ⅳ, c. 7)：依此他们可以参加议会选举的投票，可以在议会两院拥有席位，也可以保有任何官职(摄政官、大法官和爱尔兰总督除外)，条件是要进行效忠宣誓——但这对其宗教信条并不构成冒犯。接下来的议会誓词史我们已经追溯过了。不过，如我已解释过的那样，上述 1791 年的那项法律并未取消那些旧的、针对天主教徒的法律，它只是将那些愿意进行某种宣誓的人豁免于了那些旧法的条款之外。直至 1846 年(9 and 10 Vic., c. 59)，这些旧法才被从制定法大全中清除了出去。

在此期间，不从国教之新教徒也已被给予了充分的救济。《忠诚宣誓法》和《法人团体法》中那些令他们不快的条款，也于 1828 年(9 Geo. Ⅳ, c. 17)被取消——尽管此项工作直至 1868 年(31 and 32 Vic., c. 72)才彻底完成：在 1828—1868 年之间，官职保有者们被要求进行如下宣誓，即他们不得运用其职权来损害或削弱圣公会。

有关民事主体资格被剥夺的处罚，其先是设立然后又被废除，这其中的立法非常复杂。但就目前而言我想我们可以说，宗教自由和宗教平等已经完全实现了。不过这都是些含混之词，我们应

该说得更精确些。因此上述说法具体是指：

(1)认可任何宗教或不认可任何宗教都不构成犯罪。不过，这要受制于我后文将不得不谈到的渎神罪和教会法院针对异端的程序等相关内容。

(2)每一种公共崇拜的形式都是被允许的。的确存在有关对崇拜场所进行登记的规定，但这几乎不会影响我们的上述说法。直到今天，仍有一些反对耶稣会士及罗马天主教其他宗教团体(要 521
求他们必须获得许可方能在联合王国居住)的生效的制定法条款，但它们是否得到了实际的施行则很难说。它们规定在了1829年的《天主教徒解禁法》(*Emancipation Act*)中，而且其严酷程度超过了大多数人的想象：未经国务大臣许可，耶稣会士进入本王国即构成轻罪。

(3)认可任何形式的宗教信仰并非享有或行使民事权利的前提。尽管无宗教信仰者可出庭作证是非常晚近的事情，我想我们仍然可以说总体上情况的确是这样的。晚至1869年，不进行宗教宣誓者不能作证，除非他是贵格会教徒(Quaker)——该派教徒很久以前即已不受此限制。正是在1869年，不进行宣誓的无宗教信仰者被允许以声明代替宣誓，且该声明要使法官相信宣誓对其良心没有拘束力。我们还要注意被剥夺推荐圣职权的问题。罗马天主教徒不能推荐某人出任英格兰国教圣公会的圣职。尽管很奇怪，但又几乎不能说是一个例外，因为一个无宗教信仰者看来是可以推荐的。

(4)认可任何形式之宗教信仰并非享有和行使政治权利的前提。这通常是事实，但也有例外，而且还存在一个非常重要的例外。国王成为罗马天主教徒或与罗马天主教徒结婚即会被剥夺王位，国王还被要求与国教结成一体。不过，看来国王不会因为成为浸礼会成员而被剥夺王位。

再者，还有两个职位看来也不能由罗马天主教徒把持，即英格兰大法官(Lord Chancellor of England)和爱尔兰总督(Lord-Lieutenant of Ireland)。1867年的一项制定法(30 and 31 Vic., c. 75)规定，爱尔兰的大法官可以为罗马天主教徒。

现在剩下的就是要修订我们在下述问题上的观点了：发布与宗教有关的观念是否合法?

1. 渎神属普通法上的轻罪。直至非常晚近的时候我们仍有充分的理由争辩说，如果任何言论公开否认基督教的主要理论，那
522 就构成了渎神罪。这在好几起案件中已得以体现。但现在看来这一观点必须通过补充以下内容加以修正：如果宣扬者意在传播与宗教主题相关的观点，且他善意地认为这些观点是真实的，只要其用语严肃、正当，即不构成渎神罪。

2. 依1698年的一项法律(9 and 10 Will. Ⅲ, c. 32)，任何曾经的基督徒通过书面写作、出版、讲授或故意宣扬等方式，否认基督教的真实性或否认《新约》《旧约》的神圣权威，即构成轻罪。初次被认定犯此罪行者会被剥夺保有官职或接受雇佣(无论是宗教的、民事的或军事的)之资格，第二次则必须处3年监禁。该法在制定法大全中一直处于休眠状态，曾经有一次力图激活之并使之适用于布拉德夫案，但却失败了。[①]

① *Reg. v. Bradlaugh and others*, 1883. Cox, *Criminal Law Cases*, vol. XV, p. 218ff.

3. 直到今天，单纯的异端或教派分裂很可能也是一种宗教犯罪，即一种要在教会法院受到惩罚的犯罪；为此，行为人可能会被处6个月的监禁。不过在过去的一个世纪里或更久以前，我并不清楚是否有世俗人士曾因异端罪而被起诉过。但这引出了我们所讨论话题的另一部分内容：教会法院的历史。

长期议会（Long Parliament）在废除宗教事务高等委任法院（Court of High Commission）的那一法律中使用了相当宽泛的术语说，如果它并未废除旧的教会法院的话，那它实际上也是剥夺了其权力。不过复辟时期又通过1661年的一项法律（13 Car. Ⅱ, c. 12）解释说，这并非它所要达到的目的：宗教事务高等委任法院将不会被重建，但旧的教会法院的司法管辖权将照旧予以行使。1677年又通过了一项法律（29 Car. Ⅱ, c. 9）禁止对异端处以火刑，但它又明确补充说，该法并不包含任何意在剥夺教会法官在如下问题上的司法管辖权：无神论、渎神、异端或教派分裂，或其他任何应受谴责之理论和观点。而是他们可以通过革除教籍、罢免圣 523
职（deprivation）、降级和其他宗教处罚措施对上述情形予以惩罚。

因此，当时还有教会法院存在。它们有着精致的体系和结构，并可由下而上提出上诉。每一个副主教辖区都有一个副主教法院，主教辖区有主教法院，教省有大主教法院；依据亨利八世1534年的一项法律（25 Hen. Ⅷ, c. 19），最终的上诉是要向国王提出，然后由国王任命法官——即“委任法官”（judges delegate）——予以听审。这一法院体系几乎未经变动，直到今天依然存在。最大的变化发生在1832年（2 and 3 Will. Ⅳ, c. 92），这些委任法官的司法管辖权转给了于次年成立的枢密院司法委

员会(Judicial Committee of the Privy Council)。根据1876年的一项法律,终审诉讼要在该委员会进行,其中某些主教会根据1876年确立的资历顺序,轮流出任法官的法庭顾问(assessors)。

不过,尽管这些教会法院依然存在,其权力已大大削弱了。现在让我们来挨个看看这些旧的教会司法管辖权的主要方面。

(1)首先,如通常所说,婚姻和遗嘱事务归它们管辖——这给它们带来了大量业务。每一件涉及动产的遗嘱都必须在主教或大主教法院得到验证,这一庞大的司法管辖权一直保持至1857年。这一年,该管辖权被赋予了两个新成立的法院:离婚与婚姻事务法院(Court for Divorce and Matrimonial Causes)和遗嘱检验法院(Court for Probate);1875年,这二者又并入了高等法院。

(2)在敌视宗教(irreligion)和不道德(immorality)的问题上,600 教会法院无论是对世俗人士还是教士,都曾享有并从理论上来说依然享有相当大的刑事司法管辖权:一种通过苦修(penance)和革除教籍对有罪之人予以矫正的权力。这一权力在整个中世纪被予以广泛运用,且从未被明确予以剥夺。不过,长期以来所确认的一条基本原则是,教会法院不能因世俗性犯罪(即那些应由王室法院惩罚的犯罪)而对民众进行审判。现在,许多曾经由教会法院审理的较为严重的犯罪,已通过制定法规定可由世俗的裁 524 判机构进行惩罚;通过这种方式,教会法院丧失了其司法管辖权。重婚罪(bigamy)即为这方面的一个例子。1603年之前,重婚只是一种违反教会法的犯罪,但在这一年,它被确定为重罪。直至1855年,教会法院还在惩罚诽谤性言语,但这一年的一项制定法(18 and 19 Vic., c.41)剥夺了其在这方面的司法管辖权。该法称之

为凶残和暴虐的，因此我想该权力是被教会法院行使过的。但它们很可能还在通奸（adultery）和私通（fornication）案件上享有权力，除此之外还必须加上异端和教派分裂。这一司法管辖权为废除镇压异端邪说者令（writ de haeretico comburendo）的那项制定法所明确保留；它虽未被行使，但看起来是存在的。至于教会法院所使用的武器，针对世俗人士的是苦修赎罪，最后一招则是革除教籍。如前所述，革除教籍将导致对许多民事权利的剥夺；如果被惩罚者拒绝服从，国王即会签发逮捕被革除教籍者之令状（*de excommunicato capiendo*），他将会被监禁，直至其满足教会的要求。1813年（53 Geo. Ⅲ，c. 127）对此规定做出了修改，革除教籍不再具有任何剥夺民事权利的效果，但宣布此惩罚的法院将有权对被惩罚者处以期限不超过6个月的监禁。这样，异端分子、教派分裂分子、私通者、通奸者或其他任何罪犯（我们无法确定与此有关的犯罪列表），看来都可以为教会法院所审判，并被革除教籍且处以6个月的监禁。

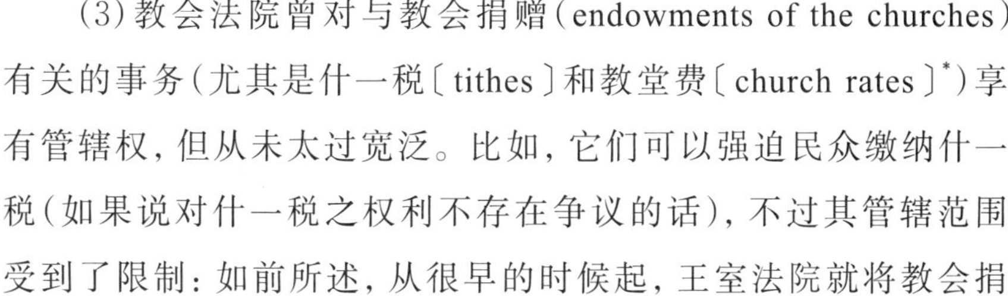

（3）教会法院曾对与教会捐赠（endowments of the churches）有关的事务（尤其是什一税〔tithes〕和教堂费〔church rates〕*）享有管辖权，但从未太过宽泛。比如，它们可以强迫民众缴纳什一税（如果说对什一税之权利不存在争议的话），不过其管辖范围受到了限制：如前所述，从很早的时候起，王室法院就将教会捐

*　为支付堂区教堂费用而由大多数堂区居民投票通过并同意缴纳的一种奉献的款项。它原来可以由两名法官组成的法庭或教会法院强制征收，1868年后改为自愿缴纳，个别情况除外。参见《元照英美法词典》，法律出版社2003年版，第226页。——译者注

赠和圣职推荐视为了自己的势力范围。实际上，教会法院的司法管辖权已变得非常有限，近代的一系列制定法已为什一税及地租(rent-charge，由什一税转化而来)的收取提供了简易救济程序。至于教堂费，1868年的一项法律(31 and 32 Vic., c. 109)已废除了
525 强制性的教堂费。还有许多与教会组织有关的细小的事务也是由教会法院处理的，但实际上很大一部分这类法院每年从头至尾都无所事事。

(4)但无论如何不能忘记的是，它们针对教士的权力是巨大且实际存在的。教会法院可以中止一名有圣职教士(a clerk in orders)的宗教活动(ministration)，如果有的话还可以剥夺其圣俸(benefice)。英格兰圣公会有圣职教士的法律地位与其他任何宗教之教士都极为不同。可以这样说，严格说来前者拥有某种法律身份(legal status)，而后者则没有。前者的义务是法律所直接施予的，如除统一公祷书授权的内容外，他不能公开做其他礼拜仪式。这不是一个合同或信托问题，而是一个法律身份所导致的义务问题；此外，还有专门的法院负责强制落实这些义务。但对天主教或卫斯理宗(Wesleyan)教士来说则不是这样，法律并未施予他们这类义务。如果他答应就这些理论进行布道或主持这些礼拜仪式而非其他，那么违反此协议就可能面临违约诉讼。如果小教堂的受托人或所有人与之达成协议来讲解某一套教义，则他利用该小教堂宣扬另外一套与之不相一致的教义则是不被允许的。以前大法官法庭曾不得不做出如下判决：一名新教的拒从国教者牧师无权使用某一小教堂，因为他答应要讲解有关人类堕落的理论，但实际上讲的却不是这些。因此，一家英格兰世俗法院可能

不得不决定一名罗马天主教教士是在传播正统教义还是非正统教义，即他是否在做因其所得而被要求做之事，或是否将某一特定场所予以了正当使用。但这一切都是合同或信托事务，是私法方面的事情，法庭将会收到有关何为罗马天主教正统教义或特殊浸礼宗（Particular Baptists）正统教义的证据。但对拥有圣公会圣职的教士们来说情况就不同了——无论有无合同、有无信托，他都有一些消积或积极的义务：他绝不能传播非正统教义，绝不能使用未经统一公祷书授权的礼拜仪式；如果他拥有一座教堂，他必须主持教堂的礼拜、婚丧嫁娶等仪式；法庭不会要求提供有关 526
其宣讲之教义或主持之仪式方面的证据——正统教义和正统仪式的标准是由法律所直接确立的。

我要再次提醒各位注意以下事实：除作为国家立法机关的国王和议会之外，任何其他人都无权修改上述标准。这一点赋予了英格兰圣公会一个非常特殊的地位。当然我并不认为我们就可以出于法律目的而将圣公会定义为一个由一群人组成或代表的机构。不，它还不是一个法人团体，不是一个实现了自治的、由人组成的机构，因此也无所谓享有权利和承担义务。如前面已解释过的那样，它没有财产：比如，没有属于英格兰圣公会的土地——当然存在属于这个或那个堂区教会的土地。再者，这个组织的利益也不限于任何确定的由人组成的团体：堂区居民享有参加其堂区教会礼拜仪式的法定权利，直到相对晚近这才成了他们的义务；即使是圣餐（Holy Communion），他也只能因法律所明确列举的几种理由而被排除在外，拒绝接受此堂区居民之教士必须证明有上述理由存在。如果愿意，我们可以将教会称为法律组织（legal organization），但绝不能认为它是一个法律上的人或是一个明确的、由人构成的机构。

十、宪法的定义

如何定义宪法？我们将通过提出这样一个问题来结束本课程。也许在你们看来，这一问题很早以前就应被提出并讨论，但我想还是把它放到这最后一刻最为合适，因为在我看来，在充分了解其内容之前，准确地界定一个部门法不大可能。我希望我没有低估你们对于一般法理学的学习——它在法学学位课考试中占据了首要的位置。再者，此时你们已经学了足够多的东西，因此

527 应当知道适合一个国家一个时代的一套法律规则未必就同样适合另一个国家或另一个时代。也许我们可以把这些规则强加于另外一个体系，但它将很不自然而且也很不方便。只有那些对英国法很了解的人，才真正有资格对这个为出于方便而被称为宪法的部门法的界限发表言论。

我的第一点意见是，总体而言，这必定只是一个出于方便才这样称呼的问题，而不必通过诉诸任何权威来解决。“宪法”（constitutional law）一词当然只是一个非常普通的词语，但却并非英国法中的专业术语。我并不清楚它是否曾在制定法中被使用过，或者有任何法官曾致力于对它做出界定。如果我们有一部被称为宪法的法典，那么其定义可能就是必须诉诸某种权威来确立的问题，将会有立法告诉我们什么是宪法。但我们并没有这样的法典，因此我们可以自由地讨论究竟什么样的定义比较方便且适

合我们对这一术语的日常使用。

“constitutional”一词有一种用法必须注意，这样在讨论完之后我们就可以将之暂搁一边。它有时与“legal”（合法的、法定的）相对应：例如，有人会说某位大臣的行为合法但不合宪。我们已经看到，以前所讨论过的与公共事务有关的法律规则，是与并非“法律”规则（仍与公共事务有关）的一些规则密切联系在一起的。这些规则有时被称为宪政道德（constitutional morality），或者宪法实践（constitutional practice）、宪法习惯（customs of the constitution）、宪法惯例（conventions of the constitution），或者还可以被称为宪法性共识（constitutional understandings）。当我们说某人的行为并不违法但却违宪时，我们指的就是违反了这一类规则，而非通常和严格意义上的法律规则。他并未违反法律规则，但却违反了某些属于宪法惯例性质的规则：不会有哪个法庭会因此而惩罚他，甚至是注意到他这种不“法”行为，但他仍然破坏了一种规则，而这一规则是得到普遍遵守的，而且在大众眼中它们也是不应该被违反的。但当我们的目标是确定究竟哪一部分法律可被称为宪法之时，这一术语的这种用法对我们几乎无所助益。它只是告诉我们，依据普遍的观念，有些 528
规则是宪法性的而非法律性的。

现在来看两个公认的有关宪法的定义或对宪法的描述：一个来自于奥斯丁（Austin），另一个来自于哈兰德教授（Prof. Holland）。奥斯丁的观点可以在其《法律学大纲》（*Outline of the Course of Lectures*）结尾处的一个注释中找到。[①] 在将“公法”

① *Jurisprudence*, ed. 1873, vol. Ⅰ, p. 73.

(public law)界定为与政治状况有关的法律后，他又将公法划分为“宪法”(constitutional law)和行政法(administrative law)。他这样写道：“在一个由君主统治的国家，宪法很简单：因为它只是限定行使主权的那个人。在一个由多数人统治的国家，其宪法则要复杂得多：因为它不仅要限定由什么人或哪个阶层的人来行使主权，还要限定这些人分享这些权力的方式。在君主统治的国家，宪法无非就是实在道德(positive morality)；而在多数人统治的国家，宪法可能会包括实在道德，或者说是实在道德和实在法的复合体。

> “行政法决定了主权行使的方式和它所要达到的目的：是由君主或作为主权的多数人直接行使，还是由隶属的高级政治官员行使——其权力由委任或授权而来。
>
> 因此，宪法、行政法这两个部门法，并不完全与关涉主权者及各种隶属的高级政治官员之地位的法律部门相一致。尽管后者的权利和义务是由行政法而非宪法加以规范的，但考虑到主权可能由君主或作为主权者的多数人直接行使的事实，行政法还是包含了主权者权力的内容。
>
> 在主权委任于隶属政治官员行使的情况下，行政法属于
> 529 实在法——无论该国是君主制还是多数人统治。而在主权由
> 主权者直接行使的情况下，行政法在君主制国家只是实在道德，在主权者为多数人的国家则可能由实在道德构成，或是实在道德和实在法的混合。”

让我们用实例来作更为清楚的阐释。在奥斯丁看来，宪法的目的在于限定主权者。在君主制国家，这是一个极其简单的问题，而且从严格意义上来说其规则也并非法律。因此在接下来的一页中他说，从黎塞留（Richelieu）时代到法国大革命，法国国王即为法国的主权者。[①]“但在同一国家、同一时期，还有一则为法庭所珍爱的传统格言——它同样扎根于广大民众的情感之中，正是该格言决定了法国王位的传承：当实际在位者驾崩后，王位由依萨利克法之继承规则当时恰为其继承人者继承。”在奥斯丁看来，这就是法国宪法的全部实质：圣路易的男性继承人将成为法国的主权者。严格来说，这并非法律规则，而只是实在道德的规则。如你可能所知，奥斯丁的观点是，在一个君主制国家，王位继承不能由法律或实在法加以确定：当国王驾崩时，法律亦随之而逝；主权并非法律问题，而是一个事实问题。人们在路易十四驾崩后平静地接受了路易十五，所遵守的并非法律；实际上，他们是又树立起了一个新的主权者。在接受先王之曾孙为王时，他们所遵守的并非法律规则；相反，如果他们接受了一个私生子、外国人或其他任何人为王，他们违反的可能也不是法律。在这种情况下，宪法只是由某种简单的规则构成，很可能是某种有关继承的规则——即便如此，它也不是严格意义上的法律。

至于在君主政体之下的行政法，它限定的是主权者及其隶 530
属政治官员们的权力。就调整主权者权力这一点而言，它并非严格意义上的法律：没有法律可以限制主权者的权力。如果法

① *Jurisprudence*, ed. 1873, vol. Ⅰ, p. 275.

国民众普遍期望路易十四仅以这些或那些方式来行使其权力，这种期望并不能构成法律规则，而最多只能产生实在道德。至于像各部大臣、省长（intendants）和法官这样的隶属性政治官员，当下限定其身份和权力的规则才是真正的法律规则（实在法规则），尽管它们可以为作为主权者的君主随时废除。这就是行政法的领域。

现在让我们从18世纪的法国转回今天的英格兰。宪法决定的是哪些人或哪些阶层的人将享有统治权；此外，它还决定了这些人分享统治权的方式。如我所猜想，你们一定知道奥斯丁就我们这个王国的主权问题有着一套奇怪的理论。他认为统治者不是由国王、贵族和参加议会的平民议员组成，而是由国王、贵族和选民组成：他视下议院议员为选民们的代表。这在我看来只是一个奇特但却无益的说法。假设现在的议会要制定一部有悖选民之强烈意愿和共同预期的法律，毫无疑问这将会是法律，法院也会视之为法律，并且一刻也不会允许这样的说法：议会通过背弃民众委以的信任而超越行使了其权力。关于这一点我只能粗略提及，但它现阶段对我们来说还不是特别重要；因为无论我们采取什么观点（无论是奥斯丁将主权归于国王、贵族和选民的观点，还是更为普遍也更为合理的将主权归于国王和议会的观点），由奥斯丁关于宪法之定义所涵盖的规则将大体相同。它将决定谁将享有主权及主权者分享权力的方式。因此，它首先必须决定的就是

531 谁来出任国王。将王位归于由女选侯索菲娅所出之新教徒继承人的法律，显然属于宪法的一部分；与天主教徒成婚之国王将被剥夺王位的规则显然也是宪法性规则；我们有关摄政的任何法律也

都将是宪法。接下来，所有与上议院组成有关之法律也将是宪法。还有，所有与选举人（选举下议院议员）资格有关的法律在任何情况下也必定属于宪法的范畴。如果采取通常的观点——即认为我们的主权者由国王和议会组成，所有与下议院议员资格有关的法律也将属于宪法。但我想奥斯丁可能很难将这包含在其定义中，因为在他看来，构成这一部分主权者的不是选出的代表而是选代表的人本身。这样，类似选民应选出多少代表、代表应符合什么资格等的规则，看来将不能构成限定主权者组成的法律。但无论如何你会发现，奥斯丁关于宪法的定义其实是非常狭窄的，它只包括决定主权者构成的那些规则，而所有与隶属于主权者之官员的委任和权力相关的规则则都被排除在外：它们被归入了行政法的范畴。因此，我认为，奥斯丁的宪法将不会讨论枢密院、财政署、国务大臣、法官等问题，更不会谈及治安法官、济贫法执行官、卫生委员会和警察：这些都不属于宪法而是行政法讨论的话题。甚至是主权机构自身的程序问题，也并非宪法的主题而属于行政法。

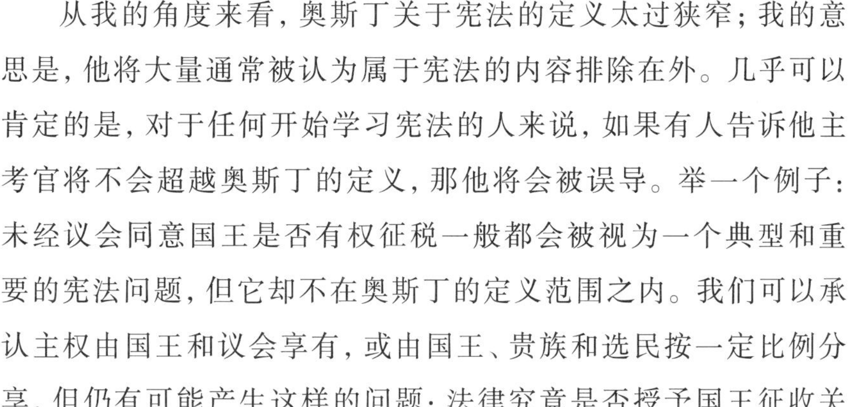

从我的角度来看，奥斯丁关于宪法的定义太过狭窄；我的意思是，他将大量通常被认为属于宪法的内容排除在外。几乎可以肯定的是，对于任何开始学习宪法的人来说，如果有人告诉他主考官将不会超越奥斯丁的定义，那他将会被误导。举一个例子：未经议会同意国王是否有权征税一般都会被视为一个典型和重要的宪法问题，但它却不在奥斯丁的定义范围之内。我们可以承 532
认主权由国王和议会享有，或由国王、贵族和选民按一定比例分享，但仍有可能产生这样的问题：法律究竟是否授予国王征收关

税的权力？

现在让我们来看哈兰德教授的观点。在将法律划分为公法和私法之后，他又进一步将公法划分为 6 个部门，第一个他称之为宪法，第二个称为行政法。在谈到宪法时他这样写道：[①]

“宪法的主要功能在于确定一个国家最重要的政治核心。它会告诉你到整个结构中的哪一部分去寻找其‘内在的主权’‘最高权力’（internal sovereignty, suprema potestas, ‘Staatsgewalt’, 或者亚里士多德所说的 τὸ κύριου τῆς πόλεως）。换言之，宪法决定了政府的组织形式。”“有关一个国家主权的定义必然会引导我们去思考这个国家的组成部分……它规定了王位的继承顺序，或在共和国中决定了总统选举产生的方式。它列举了国王或其他高级官员的特权。它规范着国务委员会（Council of State）及上下两院（如果议会作此划分的话）的组成方式；它还决定了上议院席位的取得方式（无论是通过继承、提名，还是保有职位）和下议院议员的选举方式；它决定了作为一个整体的议会及作为其成员的单个议员的权力和特权，以及法律制定的机制。他也对大臣们的职责和相应的权力范围做出了规定，同时还包括政府机构及其组织形式、国家武装力量及其控制和招募方式、国家与教会之间的关
533 系（如果有的话）、法官及其豁免权、宗主国与其殖民地和附属国之间的关系。它规定了一个国家主权所能扩及的地域范围，限定了究竟哪些公民应受其权威的支配。因此，宪法还包括了国籍确定和规范通过归化获得新国籍方面的规定，它还宣布了国家在强

① *Jurisprudence*, 10th ed., p. 359.

制服兵役、出任陪审员及其他方面对其臣民的权利……我可以通过一件立法草案来阐明宪法这一部门法的内容——该草案深入细节，其程度远远超过了通常。《纽约州政治法典草案》（*The draft Political Code of the State of New York*）意在分为四个部分：'第一部分宣布什么人可以构成本州的民众，以及隶属于其管辖的全体民众的政治权利和义务；第二部分确定了州的地域范围和行政区划；第三部分涉及的是州治理的一般事务，公共官员的职能、公共道路、警察和社会体制（civil polity）；第四部分规定的是郡、城市、镇区和村邑地方政府方面的内容。'"

但这几乎不能被称为是一个有关宪法的定义，而毋宁说是一系列具体东西的集合。不过，就赋予该术语较之奥斯丁要宽泛得多的含义这一点而言，我并不怀疑哈兰德教授（从他的立场上看）是在泛泛地使用该词。但他必须面对这样的难题，即他在宪法一词下包罗了如此多的东西，以至于好像并未给行政法留下什么内容。他用这样的语句笼统地表达了他的观念："宪法对于与主权相关之各机构的规定是静态的；但它们也应被视为动态的，其行为方式应被予以详细规定——完成这一任务的部门法被称为行政法，在'Verwaltungsrecht'（行政法）一词最广泛的意义上。"[①] 我想如果这样说我们就抓住了他的意思：宪法涉及的是结构问题，而行政法涉及的是功能问题。如果顺着这一观点往下走，那么宪法将会告诉我们一位国王是如何成为国王的、他将如何不再是国王，一个人如何才能成为王国的贵族，民众何时、何地及如何才

① *Jurisprudence*, 10th ed., p. 363.

534 能被选为下议院的议员，议会如何召集、休会、解散，如何成为枢密院成员、国务大臣、法官、治安法官、市政委员、济贫管理人——因为宪法所涉及的不仅仅是主权机关的机构问题，还会关注拥有中央或地方政府法定权力的下级机关的结构问题。但如果我们要问，这些机关和官员能做什么、其职能是什么，那么根据哈兰德教授上述笼统的观点，我们应该去找行政法；如果我们要问国王的君主特权是什么、下议院的特权是什么，国务大臣、治安法官、镇区市政委员又各有什么权力，我们就得去找行政法。但若依此观点力图去阐释英格兰的法律（或者，可以想象，任何其他国家的法律），我们很可能会发现自己将面临很多困难。例如，规定议会如何、何时及由谁来召集并宣布休会肯定是宪法的事，但在讨论这一问题时我们马上会发现自己实际上是在描述国王的君主特权。限定上议院的组成肯定也是宪法的事，但论及此我们又不得不涉及国王的另一项君主特权——创设贵族的权力。再者，如果描述政府的结构，我们又必须涉及国王委任和撤销大臣职务的职能。如果我们降至下一级的机构，如市政组织和济贫监管委员会，我们将必须谈及地方管理委员会和国务大臣的职能。简言之，讨论某些机构的结构而不顾及另外一些机构的职能是不可能的，因为正是某些机构（尤其是上层）最重要的职能决定了其他机构的结构。因此，如果认为宪法处理的是结构而非功能的问题，我们仍然无法在不描述那些最高机构之功能的前提下说清楚宪法。例如，我们必须讨论国王的许多特权，而这些都属于国王的功能范
535 畴。这样就产生了以下问题：将像国王君主特权这样重要的主题分成不同部分并分别放在宪法和行政法的标题下进行讨论从而

割裂该主题，是否合适。

哈兰德教授已经意识到了这种做法的不便。他明确地将许多有关国王君主特权的内容包括在了宪法中，同时还包括了有关议会特权的全部内容，我大胆地认为他这样做是完全正确的。我想，一本不包括国王君主特权和议会特权内容的宪法书，通常会被认为不只是不完美，而且是糟糕的。出于便利的考虑，他不得不放弃一开始所采取的立场：宪法处理的是结构性问题，而行政法处理的是功能问题。他最终的观点看来是，宪法涉及的不只是结构问题，此外还包括规范功能问题的宽泛规则；而有关功能问题的细节则留给了行政法去处理。

就我所知，这与通常的用法是一致的；尽管可以肯定的是，我们也是时而在更为宽泛的意义上时而又在较为狭窄的意义上使用“宪法”一词，而且我们也无法在正统的英国教科书中找到任何类似于行政法之类的术语。但我可以说明一下作这种便利划分的困难。有关议会选举的法律一般都会被认为是宪法中最为重要的一个部分，比如，郡选举权从拥有40先令财产的自由地产保有人扩展到许多其他阶层就构成了我们宪法的一个重大变化。还有，无记名投票制的引入也会被认为是另一个重大的变化——我认为，下议院议员由秘密投票选举产生显然是一条宪法规则。这样，我们的法律就会在这些方面有很多的细节，如涉及选民名册的组成与修改、选举的组织管理、选票的保管，等等。为了达到保密的目的，法律深入到了非常细致的程度。那么我们能将所有这些细小的规则都称为宪法规则吗？我们的宪法典要规定修订选举名单的律师和选举监管官的所有义务吗？我想这是一个便利 536

与否的问题，一个英格兰法的法典编纂者必须认真考虑的问题，但仍只是一个便利与否的问题，一个将由法律起草技术解决的问题。他所必须考虑的一个要点是如何避免重复，他很可能会发现以下做法将更加便利：将确认选民资格的宽泛规则放在宪法的条目下，而将有关选民名册之制作和修改的细节放到行政法的某些章节之下；将选举应通过秘密方式进行作为宪法原则加以阐述，而将对选举进程之规定、规范选举监管官行为之规则放到行政法中。

在我们这样一个国家，这样的问题之所以只是一个便利与否的问题，是因为我们的宪法并无特别的神圣性。但并非世界各国都是这样。在某些国家，一般的立法机关不能修改宪法。在这些国家，某一规则是否宪法性规则就当然成为了一个极为重要的问题：如果不是，它就能够为立法机关所取消；如果是，取消它则可能需要诉诸全民公决，或者也可能根本就没有取消它的明确方式。但在英格兰，被我们称之为宪法的那一部分法律并无特别的神圣性。举行选举的时间是由制定法确定的，王位继承也是由制定法决定的；这两者不能为制定法之外的其他东西所修改，但制定法却可以修改这两者，而且修改后者与修改前者一样简单。因此我再重复一遍，对宪法范围的界分对我们来说只是出于便利的考虑。我不认为我们有任何可称之为正统的有关宪法的理论。奥斯丁有关宪法的定义无疑过于狭窄，哈兰德教授的描述则更符合通常的用法，但宪法与行政法两个部门之间的界限的确很难划分。

537 宪法如此，宪政史亦如此。我相信，当哈兰（Hallam）选择“宪

政史”作为其伟大著述的标题之时，这是一个崭新的题目，也是一个很容易被误解的题目。到此时为止，它已很好地在我们的语言中扎了根，但就其含义好像并未有太多不同意见。不过我想我们可以（这在斯塔布斯的伟大著述中体现得非常明显）看到这样一种稳定的变化趋势：在某一方面是扩展了该术语的范围，在另一方面则限制了它。一方面，当宪法史学家告诉了我们有关国王和议会的情况时，我们不再认为他已很好地履行了自己的职责——就早期而言，我们至少还希望他能谈一下法院、郡长、地方政府、百户区法院和郡法院。另一方面，我们希望他所提供的是一部有关结果的历史，而非有关各种努力和设想的历史。如果去看梅（May）的书我们会发现，它在很大程度上是一部有关各种努力和设想的历史：其中充斥着有关修改法律的各种建议，还有关于辉格党和托利党之间斗争的内容——如双方就《选举法修正案》发生的斗争。有人可能认为，法案在其变成法律的一瞬间就失去了其全部的重要性，当这最后的差别发生时它就不再是宪法史（当然也不是任何其他历史）的主题了。但这肯定是一种不合情理的观点，我希望它会变成一种过时的观点：政治斗争很重要，但这主要是因为它们改变了法律。在我看来，宪法史不应是党派史而是制度史，不应是斗争（过程）史，而应是结果史。斗争是暂时性的，而结果则是长久的。我想这正是我们最为晚近和最为伟大的宪法史学家*所持有的观点，我希望这一天能够到来：有人能够继续斯塔布斯未竟的事业，将我们的宪法史作为一种制度的历史、

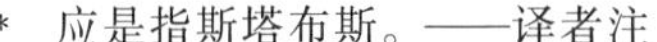

* 应是指斯塔布斯。——译者注

一个重要法律部门及其实际运作的历史，谱写至今日。

你们可能会想到我正在做一个致歉，因为我已说了很多有关现代制定法的东西，却没有提及辉格党和托利党、自由派和保守派一个字。我明白我可能有很多歉需要道，但我想不是因为这一
538 点。长期以来我力图做的是将你们从那些陈旧和不完备(在我看来)的有关宪法史的观念中引导出来，并要求你们面对正在升起的太阳。太阳将会升起，这一点毫无疑问。

这些评论的实际效用是显而易见的。着手学习英国宪法的学生要是聪明的话，会对其主题采取一个宽泛的视角。哪怕他唯一的目标只是在考试中拿个分数，他最好还是能认识到这样的事实：宪法的范围并无严格限定，他的考官可能并不愿意将之限制得太窄。当他被要求像学习宪法那样学习宪政史时，广泛阅读的好处就更加明显了。从历史的角度看我们可以这样说，几乎每一个部门法都在此时或彼时具有了宪法性质的重要性。让我们暂时返回中世纪一会儿。如果要学任何与宪法有关的东西，首先和最重要的就是土地法的知识。不讨论保有制，就很难在议会史方面取得任何进展；的确，我们的整个宪法时常会被认为只是不动产法的一个附录。因此，如果我告诉你不学土地法就可以学习宪法史，那将是灾难性的，同时也是愚蠢的建议——你们无法做到这一点，任何人都做不到。再转到17世纪来看看国王和议会之间的那场伟大的斗争。从严格意义上来说，这的确是一场宪法性斗争，是为争夺统治权进行的斗争，但如果不了解点刑法和刑事程序方面的知识，又怎能去了解这场斗争呢？全部英格兰的历史看来不止一次地诉诸了一个可被描述为刑事程序的细节，即“他

因国王之特别谕令（per speciale mandatum domini regis）而被拘押入狱”，能否成为回呈人身保护令的充分理由？如果不了解刑事程序的一般情况，我们又怎能对此形成任何结论？一个现代的法典编纂者很可能不会将《人身保护法》的条款放入法典中有关宪法的那一部分——他会将之放在刑事程序部分——但我们仍能看 539
到，该令状的历史的确是我们宪法史的一部分。如果国王曾能将一个人拘押入狱而不给出任何理由，那他可能已经掌握了控制议会的强有力的工具，并可能已成功地将自己变成了一个绝对的独裁者。

我有点担心我们称之为一般法理学（general jurisprudence）的东西可能会引导你对法律产生错误认识。一般法理学的著述者们主要关心的是对法律规则的分类，这是一项很重要的工作，我们也从其努力中获益良多。人们最为渴望的是，法律能够依照某种合理和符合逻辑的体系加以清晰地表述，但千万不要因此就认为法律是由一系列独立的部门组成的——这一部分被称为宪法，那一部分称为行政法、刑法、财产法；这样你就可以学习某一部分的内容而根本不需要了解其他部分。不，法律是一个整体，一个鲜活的整体，其中的每一部分都有赖于并与其他部分相关联。没有哪一门科学只处理脚或手或是心脏，科学是将人体作为一个整体加以研究的，是将每一部分与整体联系在一起的。在现阶段谁有权参加议会选举？开始回答这一问题之前，你需要讨论自由地产保有人、公簿地产保有人、租赁地产保有人；除非你了解某些不动产法的知识，否则你的讨论不会有太大价值。我知道人生如白驹过隙，但法律却很长很长，我们不能一下子什么都学；但拒

绝看到事实的真相却并无好处。这一真相就是，我们法律的各个部分都是相互联系在一起的，其联系是如此的紧密以致我们无法为自己的学习设置任何符合逻辑的界限。

附　录 540

1911 年的《议会法》（*Parliament Act*, 1 and 2 Geo. V, c. 13）规定：

1. 如果财税法案（*Money Bill*，在下文中被界定为“在下议院议长看来包含了仅涉及全部或下列事项之条款的公共法案〔Public Bill〕——以下为具体列表）至少在本次议会结束前一个月被送至上议院，且在送达后一个月内上议院在不经修改的情况下未予通过的话，该法案将上呈国王而成为国王御准签署的议会法律（Act of Parliament on the Royal Assent being signified）——除非下议院有相反表示——尽管上议院并未同意该法案。

2. 如果任何公共法案（财税法案及包括将议会最长任期扩至 5 年以上之条款的法案除外）为下议院在连续 3 次会议期间通过（无论是否同一届议会），并在每次会议结束前至少 1 个月已送至上议院，而上议院又在上述每次会议中拒绝通过，那么在上议院第三次拒绝之时，本法案将呈递国王并成为国王御准签署的议会法律（除非下议院有相反表示），条件是从下议院第一次会议二读审议该法案之日起到下议院第三次会议通过该法案时止已超过 2 年。

3. 以下情况视为上议院拒绝通过某一法案：该法案未在上议

541 院获得通过——而无论是未经修订，或者上议院虽有修订但此种修订须经两院都同意。

4. 下议院可在某法案在本院第二和第三次会议审议期间提出修订，但不将此修订插入该法案中。如果这些修订为上议院所同意，它们将被视为贵族院做出的修订并得到了下议院的同意。

5. 议会任期将从 7 年减至 5 年。

这些条款的总体效果表现在以下方面：(1) 总体上剥夺了上议院修订或拒绝财税法案的权力；(2) 限制了上议院对法案（财税法案及延长议会任期的法案除外）的搁置性否决，这样下议院即可在头两年经连续 3 次会议而通过其法案；(3) 使得国家能够依政府之行为尽快做出判断，而不顾上议院的反对使法案得以通过并变成法律。

索　引

（索引中的页码为原书页码，即本书边码）

A

Abbesses　女修道院院长，168

Abbots　修道院院长，82，166，238

Abjuration, Oath of　弃绝宣誓，365

Act of Settlement　王位继承法，286，288，292，313，318，343—345，365—366，367—368，390，427，480

Administrative Law　行政法，528，533

Admiralty　海军部，393

Agriculture，Board of　农业委员会，413

Aids　协助金，27，64，180

Alfred　阿尔弗雷德，2，148

Aliens　外国人，426—428

Ambassadors　大使、使节，426

Anderson, resolution in　安德森所描述的决定，274

Anglo-Saxon Law　盎格鲁－撒克逊法，1—6，8

Anne　安妮，285—286，331，348，395，423

Annual Indemnities　年度豁免，516

Annual Parliaments　年度议会、每年都召开的议会，177，182，248，250—251，293，295，373

Appeal, the　上诉；（重罪）私诉，109，128 129，213，230，400

Appeal, Court of　上诉法院，464—465，467

Appellate Jurisdiction Act　上诉管辖法，350

Appellate Jurisdiction of Council　咨议会（枢密院）的上诉管辖权，136，337，339—340，463，523

Appellate Jurisdiction of Lords　贵族院的上诉管辖权，136，214—215，316—317，335，350，467

Appropriation of Supplies　对经费的分拨，183—184，309—310，385，433，444—447

Arms, Assize of　武装法，162，276

Army　陆军，275—280，325—329，447—454

Army Act　陆军法，448—453，490

Army Council　陆军委员会，455

Array, Commissions of　征兵令，277

Arrest of the Five Members　对五名议员的逮捕，321—322

Articles of War　军法条例，449—451，457，490

Ashford v. Thornton　阿什法德诉桑顿，213

Assisa　会议；制定法、法律、立法；诉讼令；特别委任巡回审；陪审（团、制），126，130

Assise, Commission of　民事案件特别委任巡回审，138—139

Assizes of Henry Ⅱ　亨利二世的立法，12，13，109，111—113，124—126，127—129，138—139，162，276

Athelstan　艾塞尔斯坦，148

Attainder　褫夺法权，215—216，246，319

Attaint　调查小陪审团裁断是否虚假的程序，131，263，315—316

Austin, J.　奥斯丁，101，528—531，536

B

Bacon, Lord　培根勋爵，246

Bail　保释，315

Ballot Act　抽签法，370，496

Ballot (Militia)　抽签（民兵），456，458—460，502

Bangorian Controversy　班戈争论，311，513

Bank of England　英格兰银行，442

Baronage　贵族领地、贵族身份；直属封臣的领地或身份，64—66，78—84，166—172

Barones majores　贵族直属封臣，54—56，80

Bates's Case　贝特案，258—259

Battle, Trial by　决斗断讼，9，112，120，212—213

Becket　贝克特，10，11，67

Beneficium　国王的恩典；特恩制；特恩制封地，152，158—159

Benefit of Clergy　教士特权，229—230

Benevolences　恩税，181，260

Berkeley Peerage Case　伯克莱贵族爵位案，83

Bill of Rights　《权利法案》，284，288，296，303，305，306，309，312，315，321，328，373，388

Births, registration of　出生登记，504

Bishops　主教，171—172，238—239，347

Black Death　黑死病，208

Blackstone, Sir W.　布莱克斯通爵士，142—143，260，301，332，415—417，419，424—425，429，433，466，482，516—517

Blair，Sir A. 's case　布莱尔爵士案，317

Bland's case　布朗德案，244

Board of Trade　贸易委员会，412

Boards of Health　卫生委员会，498

Boroughs　自治市

definition of　定义，54；privileges of　特权，52—54；representation of　在议会中

的代表, 73, 88—90, 173—174, 239—240, 289—291; government of　其治理, 291, 495—497; franchise of　其治理, 355—357, 359—363; parliamentary and municipal　议会选举自治市和市政自治市, 495—496

Bracton　布拉克顿, 17, 18, 21, 22, 100, 102, 104, 129, 134, 156, 269

Bradlaugh cases　布拉德拉夫案, 367, 522

Bribery, electoral　贿选, 371

Britton　布利顿, 21—22

Burial Boards　丧葬委员会, 499

Burnell, R.　伯内尔, 221

Bushell's case　布什尔案, 316

C

Cabal　查理二世时的私密咨询团, 389

Cabinet　内阁

origin of　其起源, 389—395; characteristics of　特征, 395—400; constitution of　组成, 402—405

Canon Law　教会法, 11, 509

Canute　克努特, 3, 6, 40, 107, 148

Capitular Election　教士会选举, 63, 172, 239, 347

Carucage　卡鲁开(土地面积单位), 67

Catholic Relief Act　天主教助济法, 366, 519—520

Catholics　天主教徒, 365—367, 514, 515—521

Central Government　中央政府, 54—105

Chancellor, Lord　御前大臣; 大法官, 69, 91, 133—134, 202—203, 220, 221—226, 392—393, 413, 466—468

Chancellor of the Exchequer　财务大臣, 135, 392, 403

Chancery, Court of　衡平法院、大法官法院, 69, 114, 221—226, 270, 312, 316—317, 466—471

Channel Islands　海峡群岛, 337

Charles Ⅰ　查理一世, 282—283, 286—287, 289—290, 292—293, 307—308, 325—326

Charles Ⅱ　查理二世, 282—283, 286—287, 289, 291, 295—296, 309—310, 327—328, 389, 433, 438—439

Chiltern Hundreds　奇尔特恩百户区, 372

Church and State　教会与世俗国家, 101—102, 506—513

Church Courts　教会法院, 508—509, 522—526

Church, English　英格兰(国教)教会、圣公会, 506—526; Irish　爱尔兰国教, 336, 347; Scottish　苏格兰国教, 332

Church property　教会财产, 510

Civil List　王室年费, 435—438

Clarendon, Assize of　克拉伦登法, 46, 109, 127, 129; Constitutions of　克拉伦登宪章, 10

Clarendon, Lord　克拉伦登勋爵, 327

Clergy　教士
legal position of　其法律地位，525—526；taxation of　对其的征税，311；representation of　教士在议会中的代表，73—78，166，169，185—186，238—239，240，247，288—289，347，507—508
Clergyable Offences　可主张教士特权的犯罪，参见 Benefit of Clergy
Clericis laicos《教俗关系诏》，95
Clifton Barony　克利夫顿领地，83
Coinage, right of debasing　降低铸币成色的权利，260，419
Coke, Sir E.　柯克爵士，83，142，228，239，259，262—264，268—271，274，300—301，305，307，335，420，431，479，515
Colonies　殖民地，337—341
Comites of Tacitus　塔西佗所描述的日耳曼人的亲兵，56，146
Commander-in-Chief　总司令，454
Commendams　圣俸托管案，270—271
Commendation　委身制，149—150
Committee of privilege　特权委员会，79
Common Law　普通法，22，471
Common Pleas　民事诉讼，69，133，209—210
Commons, House of　平民院、下议院，85，175—176，182，239—240，247—248，289—292，351—380
Commune Consilium Regni　王国民众之同意，64
Commutation, power of　转化刑种的权利，480
Compurgation　宣誓助讼者，参见 Oath-helpers
Concilium Ordinarium, and *see* Privy Council　枢密院、咨议会，91
Confirmatio Cartarum《恩准宪章》，96，308
Consolidated Fund　统一基金，440—445，472
Constable, the　警务长；治安总长；警务总长，266
Constables　警察，46，233，235—236，276，486—489，502
Constitution, Legal theory of　关于宪法的法律理论，415—418
Constitutional Law　宪法，526—539
Contempt　藐视，323—324，377—378
Conventicle Act《秘密集会法》，515
Convention of 1689　1689 年的非常会议，283—284，296
Convention Parliament　非常议会，282—283，288—289，295
Conventions of the Constitution　宪法性惯例，342，398，527—528
Convocations　教牧人员代表大会，77—78，182，240，311，513
Copyhold　公簿保有产，49，50，204—205
Coronation Oaths　加冕宣誓，98—100，286—288，343—344

Coroners 验尸官，43—44，71
Corporation Act 法人团体法，515
Corporation，Idea of 关于法人的观念，54
Council of the North 北方委员会，263—264，311
Council of Wales 威尔士委员会，264，311
County Associations 郡联合会，459
County Councils 郡委员会，499—500
County Court 郡法院；郡法院，39—44，69，85—87，89，105—106，132，493
County Court (Modern) 现代的郡法院，429，463—465
County Franchise 郡选举议员的权利，85—88，353—358
Court Baron 封臣法庭，46—52，204
Court, Customary 习惯法庭，49，106，204—205
Court Leet 庄园刑事法庭，46，50
Court Martial 军事法庭，451—452
Court for Crown Cases reserved 刑事案件再审法庭，476
Court of High Commission 高等教务委任法庭，264—266，269，312
Courts, power of creating by prerogative 创设法院的君主特权，419—420
Craft Guild 手工业行会，53
Criminal Courts 刑事法院，473—477
Criminal Information 刑事起诉书，231，475
Criminal Justice 刑事司法，480—481
Criminal Law 刑法，226—232，477—478
Cromwell, Oliver 奥利弗·克伦威尔，294—295，334
Crown, The 王权；王位；国王；王冠，418，479—480
Curia Regis 御前会议，61—64，91，105—106，162

D

Danby's case 丹比案，310，318，328，480
Danegeld 丹麦金，58，68，92
Danelaw 丹麦法，3
Darnel case 达内尔案，307，313
Declaration of Rights 《权利宣言》，284，296，309，312，321
Delegated Powers 委任的权力，407
Demise of the Crown 王位更迭，297，374
Deposition, Power of 废黜的权力，103
Dialogus de Scaccario 《财政署对话录》，13
Dispensing Power 特免(执行某法律)权，188，302—305
Disqualification 不合格，351，363—364，367—368，513—514
Dissolution, Power of 解散议会的权力，374，422
Divisional Courts (高等法院的)分庭，472
Domesday Book 《末日审判书》，8，9，155
Domicile 住所，341
Duties (legal) (法律)义务，501—506

E

Eadric　伊德里克, 2

Ealdorman or eorl　方伯；伯爵, 39—40

Edgar　埃德加, 2

Edmund　埃德蒙, 2

Education Acts　教育法, 504, 505; Department　教育部, 413

Edward the Confessor　忏悔者爱德华, 3, 59, 97, 151

Edward the Elder　长者爱德华, 2

Edward Ⅰ　爱德华一世, 18—23, 73—78, 83—85, 91, 95—96, 99, 162, 179, 276, 330

Edward Ⅱ　爱德华二世, 99—100, 177, 179, 190, 277

Edward Ⅲ　爱德华三世, 166, 179, 181, 277

Edward Ⅳ　爱德华四世, 174, 178, 181, 194, 199, 221, 266

Edward Ⅵ　爱德华六世, 239, 249

Elections (Parliamentary)　(议会)选举, 173—174; Disputed　有争议的(议会选举), 247—248, 291, 370—372

Electoral districts　选区, 362—363

Eliot, Sir John　约翰·埃利奥特爵士, 231, 242, 314, 321

Elizabeth　伊丽莎白, 238—239, 242, 249, 256, 261, 263, 267, 325, 512

Enlistment　征兵, 452—453

Equity　衡平法, 221—226, 466—471

Escheats　财产复归, 29—30, 111

Estates of the Realm　王国各阶层, 74—90, 181—182

Ethelbert　艾塞尔伯特, 1, 2

Ethelred the Unready　无备者艾塞尔雷德, 98, 127

Evidence　证据, 469—470, 503

Exchequer　财政署, 13, 63, 68, 133, 135, 209—210

Excise　货物税, 434—437

Excommunication　革除教籍, 524

Executive and Legislative　行政与立法, 415—418, 430

Expulsion from House of Commons　逐出下议院, 372

Eyre, Articles of the　总巡回审审理条目, 总巡回审纲要, 127, 137—138

Eyre, Governor　总督艾尔, 492

F

Felony　重罪, 110—111, 229—230, 478

Fenwick, Sir J.　芬维克爵士, 319, 386

Ferrer's case　费雷尔案, 244

Feudal Courts　封建法院, 105—106, 151

Feudal Revenues　封建性收入, 433—434

Feudalism　封建主义, 23—24, 38—39, 57, 141—164

Finch, C. J.　芬奇, 299, 300

Finch, H., Lord Nottingham　诺丁汉勋爵芬

奇，312，466

Fines on alienation　封地易主费，29

Fitzharris case　菲茨哈里斯案，317

Fitzwalter Barony　菲茨沃尔特领地，82

Five Mile Act　五英里法，515

Flambard，R.　弗兰巴德，160

Floyd's case　弗洛伊德案，244，245

Folk-land　公社民众保有地、民有地，57，93，146—147，150，431

Forests　森林、狩猎场，13

Fortescue, Sir J.　福蒂斯丘爵士，193，198—199，211，213—214，221

Franchise, Parliamentary　议会选举权，85—90，173—175，240，290—291，352—363

Frankalmoign　自由教役保有，25，157

Freehold　自由保有地产(权)，35—38

Fyrd　怠于应征入伍，162

G

Gaol Delivery　清监提审，140

George Ⅰ　乔治一世，395，397

George Ⅱ　乔治二世，395，397

George Ⅲ　乔治三世，395，397，409，494

George Ⅳ　乔治四世，408—409

Gesith　(盎格鲁-撒克逊法中的)上层贵族，56，146

Glanvill　格兰维尔，7，13，18，22，97，103，111，115，124，156

Gloucester, Statute of　格洛斯特法，132，205

Grand Assize　(地权利诉讼中使用的)大陪审团；解决地权利问题的巡回审判诉讼令，112，124

Grand Jury, and see Jury　大陪审团，211—212，474—475

Grand Sergeanty　大侍君役保有，30

Great Officers of State　王国的高级官员，390—391，428—430

Guardians of the Poor　济贫执行官，497—498

H

Habeas Corpus Act　《人身保护令法》，314—315，477；writ　令状，271—275，313—314，324，378，538

Hale, Sir M.　黑尔爵士，19，260，419

Hall's case　豪案，244

Harold, Election of　选举哈罗德(为王)，59，60

Haxey's case　汉克西案，241

Henry Ⅰ　亨利一世，8，9，10，53，60，63，97，137，159—160

Henry Ⅱ　亨利二世，10—12，41，66—67，109，111—113，124，137，162—163，333

Henry Ⅲ　亨利三世，14—18，70—71，91，95，97，102—104，133，134，200，482

Henry Ⅳ　亨利四世，182，184，191—192，

217
Henry Ⅴ 亨利五世, 173, 178, 192, 201, 217, 278
Henry Ⅵ 亨利六世, 173—174, 178, 193—194, 200—201, 216
Henry Ⅶ 亨利七世, 178, 181, 183, 195, 200, 202, 219—220, 333
Henry Ⅷ 亨利八世, 227, 239, 248, 251—253, 256, 258, 263, 264—265, 286—287, 330, 334, 347, 511
Heresy 异端, 509, 515—516, 522
Heriot 临终贡奉, 148, 159—160
High Steward 王室管家, 参见 Lord High Steward
Highway Boards 公路委员会, 499
Hlothar 霍瑟尔, 2
Hobbes, T. 霍布斯, 297—298
Holland, T. H. 哈兰德, 528, 532—535
Homage 臣服, 26
Home Secretary 内政大臣, 410—411
Horne Tooke 霍恩·图克, 513
Hubert de Burgh 胡伯特·德·伯格, 133, 200
Hundred 百户区, 44, 493, 500
Hundred Court 百户区法院, 44—46, 105—106, 132
Hundred Rolls 百户区(法院)卷档, 88

I

Impeachment 弹劾, 215, 246, 317—318, 322, 327, 477, 480
Impositions 强征; 苛税, 258—259, 306—308
Impressment 强征, 280, 453, 461—462
Indemnity, Acts of 特免法, 386—387
India 印度, 411
Indictable Offences 可公诉罪、可被提起公诉的犯罪, 230—231
Indictment 控诉, 109—110, 128—131, 213, 474—475, 480
Ine 伊尼, 2
Infant and Incapable Kings 国王年幼及无能力, 344—346
Inquest of Sheriffs 对郡长的调查, 41
Inquest (Frankish) (法兰克的)调查制度, 7, 9, 121—122
Inquest (Norman) (诺曼的)调查制度, 122—124
Ireland, Parliament of 爱尔兰议会, 333—335; representation of 其代表, 290; Union of 其(与英格兰的)联合, 335—336, 349—351
Irish Peers 爱尔兰贵族, 350—351
Itinerant Justices 巡回法官, 43, 63, 69, 127—128, 137—141, 210

J

James Ⅰ 詹姆士一世, 238, 239, 243, 250, 253, 261—262, 268—271, 279, 331

James Ⅱ　詹姆士二世，283—285，287，291，304—306，312，328—329

Jews　犹太人，365—367，506

John　约翰王，68，93，97，103，134，333

Judges summoned to Parliament　法官被召至议会，84；independence of　法官的独立，312—313，478—479

Judicature Act of 1875　1875年的《司法法》，471

Juries, independence of　陪审员的独立，315—316

Jury　陪审团，7，13，71，112，115—131，211—213，219，230—231，468，472，474—475，503

Justice, Administration of　司法，105—141，162—163，204—226，311—320，462—484；High Court of　高等法院，464，471—472

Justices of the Peace　治安法官，206—209，218，231—233，235，486—489，493—499

Justiciar　摄政官、首席政法官，63，91，133

K

Keeper of the Privy Seal　王玺保管官，203

Kentish Laws　肯特法，1，2，6；Custom of Borough，English　幼子继承的习惯，37

Kingship　国王（王位）

origin of　其起源，55—60；hereditary character of　其世袭的特征，97—98；conception of　其概念，98—100；legal theory of　其法律理论，100—105；powers of　其权力，195—199；constitution of　其构成，281—288；after 1689　其在1689年后的状况，343—346；dependence on ministers　对其大臣的依附，392—399；new statutory powers of　制定法授予他的新权力，399；classification of powers　国王权力的分类，422—430

King's Bench　王座法庭，69，133—135，209—210

King's Court　王室法院，61—64，105—141

King's Peace　国王的和平与秩序，108—110，197

King's seals　王玺，202—203

Knights of the Shire　郡骑士，71—75，81，85—88，172—173，291—292

Knight's service　骑士役、军事役，25—30，157—158

L

Lambard, W.　朗巴德，232，236，493

Lancastrian view of the Constitution　兰开斯特党人对宪法的观点，198—199

Landrecht　（普通）土地法，156

Land-system　土地制度，23—39　参见 Feudalism

Laud, Archbishop　劳德大主教，286，319

Law Officers （国王的）司法官员，481；
sphere of 其权力范围，505—506
Leges Edwardi Confessoris 《忏悔者爱德华之法》，8，10，108
Leges Henrici Primi 《亨利一世之法》，8，10，70—71，107—108，110，169
Leges Willelmi Primi 《威廉一世之法》，8，10
Legislation 立法
source of 其源泉，96；development of 其发展，184—190；for dependencies 为属地的立法，337—338；change in character of 在性质上的变换，383—387；indistinct sphere of 边界不明确，196
Lehnrecht 封建法，156
Lex Salica 《萨利克法》，1，7，8
Life Peers 终身贵族，79，167—168，348
Local Government 地方治理，地方政府，39—54，204—211，232—236，492—506；Local Government Act 《地方管理法》，499—500
Local Government Board 地方管理委员会，384，412，498，500
Locke, John 约翰·洛克，290，291
London 伦敦，53，117，175，291，486—487
Long Parliament 长期议会，282，293—295，311—312
Lord High Admiral 海军事务大臣，393
Lord High Steward, Court of 王室总管法庭，170，214，318—319
Lord High Treasurer 财政大臣，135，220，392
Lord Lieutenant 郡军事总长，234—235，455—456，459
Lord President of the Council 咨议会主席、枢密院院长，392
Lords, House of 贵族院、上议院，78—79，136，169，213—215，238—239，245—246，248，288—289，310—311，316—317，335，347—351，473
Lords of Appeal 贵族院常任上诉法官，350—351，473

M

Magisterial Examination 治安法官的审查（预审），477
Magna Carta 《大宪章》，64，66，69，93，129，133，138，160，169，172，183，313，333
Man, Isle of 马恩岛，337
Manor 庄园，47—48，57
Manor Court 庄园法庭，48—52，133
Markham 马克姆，228
Marlborough，Statute of 《马桥法》，17，27，73
Marriage Law 《婚姻法》，11
Marriage, Right of （领主为其骑士役封臣未成年继承人指定）婚姻（的）权利，28
Marriage (Royal) Act 《王室婚姻法》，344

Marshall, The　王室典礼官；军事总长，266
Marshall, William　威廉·马歇尔，70，200
Martial Law　军事管制法，266—268，279，324—325，328，490—492
Mary　玛丽（女王），239，249，267
Melville's case　梅尔维尔案，477
Merchant Guild　商业行会，商人行会，53
Metropolitan Police　市政警察部队，487
Middlesex, Sheriffs of　米德尔塞克斯的郡长，375，378
Militia　民兵，162，234—235，276—279，325—326，455—459
Ministerial Responsibility　内阁的责任，203，393—394，396，484；system　内阁制度，368—369；offices　内阁官员，403
Ministry　政府，政府各部，380
Minorities　未成年，200—202
Misdemeanours　轻罪，230—231，478，488
Mompesson, Sir G.　蒙佩森爵士，246
Monasteries　修道院，511
Money-Bills　财税议案
origination of　其提出，182，247，310—311
Monopolies　垄断，260—261
Montfort　孟福尔，参见 Simon
Mundbryce　对国王之保护或特定秩序的破坏，108
Municipal Reform　市政改革，359—360，495—497；Corporations, Act of 1882《市政法人法》，413—414
Murdrum　杀人惩罚金，46
Mutiny Acts　军纪法，328—329，447—448

N

National Debt　国债，438—442
Nationality　国籍，341
Naturalization　归化，384，426—428
Navy　海军，460—462
Nisi Prius　除非……在之前，139—141
No*lle prosequi*　撤销诉因，303，481
Norman Conquest　诺曼征服，6—10，151—161
Norman Law　诺曼法，7
Northampton, Assize of《北安普顿法》，13，128—129
Nowell's case　诺埃尔案，247

O

Oath-helpers　宣誓助讼者，115—118，205
Oaths　宣誓、誓言、誓词，115—116；Parliamentary　议会宣誓，364—366；Privy Councillors　咨议员的宣誓，400
Offa　奥法，2
Ordeal　神明裁判，18，115，119—120，129—130
Orders in Council　枢密院君令，394—395，405—407，463，496

Ordinances 条例，187—188
Outlawry 被逐于法外，475
Oxford, Provisions of 《牛津条例》，73
Oyer and Terminer 刑事重罪听审令，140—141

P

Palatine Earldoms 巴拉丁伯爵领地，41；Counties 巴拉丁郡，90，163，289，465
Pardon, Right of 赦免权，476，479—480
Parliament 议会，16，20，21，64—96，163，166—190，238—255，288—297，337—340，347—387
Parry's case 帕里案，244
Party government 政党政府、党派政府，395—397
Pateshull, M. 佩特舒，21
Patey's case 佩蒂案，324
Patronage (royal) 王室的庇护、国王的（圣职）任命权，428—430；(ecclesiastical)（教会圣职的）任免权，510
Peacham's case 皮查姆案，270
Peerage 贵族（身份、爵位），167—172，288—289，348—351，377，476—477
Peerage Bills 贵族法案，348
Peers, Trial by 贵族的审判，169—171，214，318—319
Petition of Right 权利请愿，482—485
Petition of Right, The 《权利请愿书》，293，307，313，327，491
Petition, Right of 请愿的权利，323
Petty Jury, and see Jury 小陪审团；对地产占有巡回审诉讼中所使用的小陪审团，212—213
Petty Offences 轻微犯罪，231—232
Petty Sergeanty 小侍君役，30
Petty Sessions 小治安法庭，474
Pipe Roll （财政署的）卷筒卷宗，10
Placemen 禄虫，292，368
Placita Coronae 国王之诉，参见 Pleas ofthe Crown
Pleas of the Crown 国王之诉，107—111
Police System 警察制度，485—492，502—503
Poor Laws 济贫法，233，384，412，415，497—499
Posse Comitatus 民兵，参见 Militia
Possessory Assizes （为解决土地占有问题而签发的）占有诉讼令；为此进行的诉讼；为此召集的陪审团，124—125，138—139
Postmaster-General 邮政总长，413
Poynings' Law 《波伊宁斯法》，333—335
Praecipe, Writ 指令令状，100，112—113
Praemunientes Clause 禁投外条款，78，166，240—241
Praemunire, Statute of 《禁投外法》，218
Preliminary Examination 预审，232—233
Prerogative 君主特权，195—197，298—301，342—343，418—421，422—430

Prime Minister　首相；首席大臣，396，404—405
Primer Seisin　初次占有权，27—28
Primogeniture　长子继承制，37—38，157
Privilege, Parliamentary　议会的特权，240—245，320—324，374—380
Privy Council　枢密院，91，136，187—188，199—200，216—219，221—226，255—275，320，334，337，388—390，394—395，400，405—407；Judicial Committee of　其司法委员会，340，462—463
Probate and Divorce　遗嘱检验与离婚，11，464，471—472，523
Procedure, Chancery　衡平法院的程序，469—471
Procedure, Legal　法定程序；普通法程序，115—131
Procedure, Parliamentary　议会的（议事）程序，248
Proclamations　公告、诰示，256—258，302
Proclamations, Act of　具备法律效力的公告，253
Proctors　代表；代理人，73，77，166
Prohibitions　禁令，268—269
Prosecutions　控诉，481—482
Protestation of 1621　1621 年的抗议，243
Provisions of Oxford　《牛津条例》，73
Provisions, Papal　教皇的条例，172，507
Provisors, Statute of　《空缺圣职继任者法》，186，218
Proxies　代理人；代表，248
Public Health Act　《公共卫生法》，498
Purveyance　征发权，183，327

Q

Quakers　贵格会教徒，365，521
Qualification (parliament)　议员任职资格，291—292，369—370；(commission of the peace)（治安委员会的）任职资格，209
Quarter Sessions　季审法庭，206—209，231—233，474—475，486—487
Quia Emptores　《封地买卖法》，24，25，51，73，86

R

Raleigh, W.　罗利，21
Real and Personal Property　不动产与动产，37
Recorders　（季审法庭的）记录法官，497
Reeve　执行官，47
Reform, Parliamentary　议会改革，290，291，348，354—363
Reformation, Effects of　宗教改革的结果，238，511—513
Regency question　摄政问题，345—346
Registration system　登记制度，370
Reliefs　继承金，27，159—161
Religious disabilities　因宗教原因导致的丧

失资格或权利能力，364—367，514—521

Reporting (Parliamentary) （对议会议事的）报道，376

Representation 代表；代议制，47，64—68，71—72，264—266，362—363

Resumption, Acts of 《收回法》，431—432

Revenue 收入

royal and national 王室的和国家的，92—96，251，430—438

Revolution of 1688 1688年的光荣革命，284—286，388

Rex v. Broadfoot 国王诉布罗德富特，461—462

Richard Ⅱ 理查二世，103，167，187—188，191—192，197—198，241

Richard Ⅲ 理查三世，181

Riot Act 《暴乱治罪法》，489—490

Rolls, Master of 掌卷法官，393，467

Roman Law 罗马法，5，6，11，14，21，332

Royal Family 王室，346

S

Sac and Soc 领地司法权，9

Saladin Tithe 萨拉丁税，13，67

Salisbury, oath of 索尔兹伯里誓言，161

Sanitary Law 卫生法，498

Scotland 苏格兰

representation of （议会）代表，290；union with （与英格兰的）联合，331—332，349，351

Scottish Law 苏格兰法，332；peers 苏格兰贵族，349

Scutage 免服兵役税，13，64，158，179

Seals 印章，202—203，393—394

Secretaries of State 国务大臣，392，402—404，409—411，428，454，486—487

Seisin 占有，112，124—125

Septennial Act 七年任期法，296，374

Shaftesbury's case 莎夫茨伯里案，324

Sheriff 郡长，40—41，89，134，205，207，233—234，485，504

Sherlock's case 谢洛克案，503

Ship-money case 船费案，298—300，308

Shire, *see* County 郡

Shire Court, *see* County Court 郡法院

Shirley's case 舍利案，244

Shirley v. Fagg 舍利诉法格，317

Simon de Montfort 西门·德·孟福尔，72—73，85

Six Articles, Act of 《六章法》，511

Skinner v. East India Co. 斯金纳诉东印度公司，316

Slavery, Abolition of 废除奴隶制，339

Smalley's case 斯莫利案，244

Smith, Sir T. 史密斯爵士，255，298

Socage 农役保有，31—32，35，150

Sokemanni 农役保有人，48

Soldiers 士兵

legal position of 其法律地位，451，490

参见 Army
Somerset, Protector　护国公萨默塞特，253—254，256
Sovereignty, Theory of　与主权有关的理论，101—103，254—255，297—301，482
Special Reserve　特别预备役部队，459—460
Spelman, Sir H.　斯佩尔曼爵士，142—144
Star Chamber　星宫法庭，218—221，261—264，274—275，311，314，316
Statute　制定法
form of　其形式，184—186，381；evidence for　其证据，382；contrasted with Ordinance　与条例相对立，186—188；government by　依制定法而治，受制定法规制，382—387，405—409
Statute Law　制定法，189—190，253—254
Stephen　斯蒂芬，9，10，11，12，60
Steward's Court　王室总管法庭，参见 Lord High Steward
Stipendiaries　领薪的(治安法官)，474
Stockdale v. Hansard　斯托克代尔诉汉萨德，375—376
Storie's case　斯托里案，244
Stratford's case　斯特拉福德案，171
Strode's case　斯特罗德案，242，321
Succession to Crown　王位继承，59—60，97—100，190—195，252—253，281—286，343—346
Suit of Court　出席法庭的义务，48
Supremacy, Act of　《至尊法》，265，512；
oath of　关于此的宣誓，364，514
Suspending Power　国王中止执行某法律的特权，305—306

T

Tacking　附加，310—311，399
Tallage　苛税；税，94，96，179
Taxation　征税，64，66—68，92—96，174—176，179—184，247，306—311，430—437，502
Temple's scheme　泰普尔的方案，389
Tenths and Fifteenths　税率为 1/10 和 1/15，174，176
Tenure, idea of　关于保有的观念，153；
importance of　保有的重要性，538—539
Tenure in chief　直接(从国王处)保有，61，64，66，163
Termor　定期地产保有人，36
Territorial Army　地方部队，459—460
Test Act　忠诚宣誓法，515
Testament　遗嘱，参见 Wills
Test and Corporation Act, repeal of　对忠诚宣誓法和法人团体法的取缔，366，520
Thegns　塞恩；乡绅，56—57，146—147
Thegn-service　塞恩承担的义务，147—148
Thomas v. Reg.　托马斯诉国王，483
Thorpe's case　索普案，241

Toleration Act 《信仰自由法》, 516
Tonnage and Poundage 桶税和磅税, 178, 182—183, 251, 293, 307, 435
Torture 刑讯逼供, 131, 221
Tourn 郡长治安巡视法庭, 参见 Turn
Township 镇区, 47, 51—52
Treason 叛逆, 59, 148, 226—229, 319, 478, 503, 514
Treasurer 财政大臣, 参见 Lord High Treasurer
Treasury 财政部, 135, 407—409
Treaties 条约, 425—426
Triennial Acts 《三年期议会法》, 293, 295—296, 373—374
Trusts 信托, 223—224
Tudor Monarchy 都铎王朝时期的专制, 237—238
Turn, the Sheriff's 郡长治安巡视法庭, 46, 485

U

Uniformity, Acts of 《礼拜统一法》, 512, 515
Unions 济贫联合会, 参见 Poor Laws
Uses 用益权, 223—224

V

Vacarius 瓦卡里乌斯, 11, 12
Vaccination 疫苗接种, 504
Veto, Royal 国王的否决, 189, 423
Villata, *see* Township 村邑
Villeinage 农奴制; 农奴保有, 33—35, 204

W

Wages, attempt to fix rate of 力图确定工资的比率, 207—208
Wages (Justices) 法官的工资, 494
Wages, Parliamentary 议员的工资, 176, 371
Wales, representation of 威尔士的代表, 239, 330
Wapentake 英格兰西北部的百户区, 44—45
War and Peace 宣战与媾和, 423—424
Wardship 监护权, 28
Warren Hastings' case 瓦伦·黑斯廷斯案, 318, 477
Wason v. Walter 沃森诉沃尔特, 376
Ways and Means, Committee of 议会关于划拨经费之方法所成立的委员会, 447
Wensleydale case 温斯利代尔案, 79, 168, 348
Wentworth, Peter 彼得·温特沃思, 242
Westminster 威斯敏斯特
Parliament at 在此地的议会, 175; Provisions of 《威斯敏斯特条例》, 17; Courts at 在此地的法院, 69; Statutes of 《威斯敏斯特法》, 20, 27, 73—74, 139—140, 272—273, 315
Wihtraed 威特里德, 2, 6

Wilkes, John　约翰·威尔克斯, 372, 410
William Ⅰ　威廉一世, 7, 9, 60—61, 154—158, 161
William Ⅱ　威廉二世, 60, 159—160, 162
William Ⅲ　威廉三世, 283—287, 296—297, 334, 388, 395, 423, 432
Wills, Law of　遗嘱法, 30, 37—38
Winchester, Statute of 《温切斯特法》, 162, 276, 279
Witan　贤人、智者, 56, 58—59
Witnesses　证人, 118—119
Women, rights of　妇女的权利, 82, 364
Woodstock, Assize of 《伍德斯托克法》, 13
Wool, Customs on　对羊毛征收的关税, 180—181
Writ-making power　制作令状的权力, 104—105, 114, 222
Writ of Error　纠错令, 476
Writ of Inquisition　调查令, 123
Writ of Right　权利令状, 111—112
Writ of Subpoena　衡平法院的传唤令, 468—469
Writs of Summons　传唤令、传票, 76, 176—177
Writs of Trespass　侵害诉讼令, 114

Y

Year-Books　年鉴, 22, 210
York and Lancaster　约克和兰开斯特, 192—194

译 后 记

几年前我曾提到过，翻译梅特兰作品的决定不能过于轻率地做出。其中部分原因在于他的语言风格：如果没有足够好的中英文功底，很难将他的文字顺畅地转换过来。但今天，我自己却先(当然，截至2009年8月，关于梅特兰的作品已经有了一些或应该是不少的翻译)违背了自己的这一主张。这倒不是因为几年后我认为自己功力大增，足以堪当此任，而是一些其他原因促成了本书的翻译和出版。

翻译此书当然是因为它的价值。那么其价值究竟何在？首先让我们来重温本书编者在解释为什么要出版这一梅特兰自己并不准备出版的讲义时所提出的理由：首先是，“它们显示了梅特兰不仅是一位思想精深的法律大家，而且还能极其高明地使知识大众化”；其次，“这些讲义包含了一些梅特兰在其后来的作品中没有机会表述但却不能为我们所舍弃的、新的、原创性观点”；最后，本书为我们学习英格兰宪政史提供了一个极好的引导。

除菲舍尔教授提出的上述理由外，我还可以举出其他一些也许是带有“中国特色”的理由。

首先，今天我们的法学界对于英国法律、普通法、英美法的了解仍然有限，很多时候我们还需要启蒙、需要入门性的读物。而与戴雪的《英宪精义》相比，正如本书编者所言，这的确是一本极好的宪法入门书。说它好，主要是因为它为我们提供了很多历史背景性的知识（比如，它将今天英国政府的许多高级职位追溯到了过去王室的某些官员那里，议会两院、枢密院、内阁、首相也都各有所归），这为我们全面、深刻地把握英国宪法、宪政的特点提供了可能是《英宪精义》所没有提供的东西。换言之，如果说《英宪精义》为我们解释了英国宪政当中的基本原则、基本状况是什么的话，那么本书则为我们提供了这些原则、这些状况是如何发展而来的脉络。两者结合，对英国宪政的理解自然会更加准确、深刻！

当然，入门并不意味着没有真知灼见；事实上，本书中有很多地方都闪耀着思想的火花，显示出梅特兰不枉“思想精灵”之评价。如他提出，对于英国宪法、宪政的理解必须从不动产法开始，而且还要对刑事诉讼程序等部门法有足够的了解，因为英国宪政当中的很多问题都是从具体的法律问题开始的。如关于选举权的问题就跟过去的土地保有存在直接的联系，而 17 世纪初的激烈的政治斗争又是通过人身保护令这一细小的法律问题体现出来的。再如，他对于真正有效的规则往往是显而不露的观点也令人深思，因为体现了习惯的强大实效力……无须多述，相信读者在阅读本书时所能得到的不只是无数新鲜细节的发现，必定还有思想上的共鸣和震撼。

其次，本书还不止是一本宪法、法律史方面的教科书，在一定意义上它还是一本关于英国法的教科书。其篇幅宏大，内容丰富，涉及宪法、不动产法、封建主义、刑法、民事和刑事诉讼、司

法制度、教会、财政税收，等等。相信对上述内容感兴趣的读者都会在其中有所收获。

再次，本书对于研究和反思我们自己的法律建设也有帮助。中英两国同为历史悠久的国度，在各自的历史上（英国是在1688年光荣革命之前）都曾经历无数的战乱和动荡，都形成了各自独特的社会治理方式和理念，都曾为世界法律文明做出过不朽贡献。阅读本书，你也许会惊讶地发现，英国法律和社会发展史上的很多东西竟然和我们有着惊人的相似！比如，我们曾宣称过的对过去、对传统的尊重态度也同样为英国人所分享和实践；此外，对法律之外规则的尊重也是两个社会的一个共同点。阅读本书，相信你会惊叹于英国宪法和宪政的很大部分竟然是靠我们所津津乐道的“德”“良心”“自觉”“惯例”等来维持的！法律不是万能的，从一定意义上来说法律只是一个不可避免的恶；所谓“天网恢恢疏而不漏”之法是不可能存在的，在法律之外必定还需要而且也真真切切地存在着其他的规则，如同法律规则一样，这些规则也需要人们的遵守，需要人们对于规则遵守的基本意识……而英格兰的宪政史——梅特兰的《英格兰宪政史》——则为我们揭示了这一切是如何在英格兰发生、形成和演变的。了解这些，也许会对反思今天中国的法治建设有所启发。

基于上述这些原因，我翻译了此书，希望能为读者提供一些有用的东西。但需要提醒的是，梅特兰的这些讲义是19世纪末的，经过整整一个世纪的风雨变迁，即使英国这样不乐于改变的社会也在事实上有了很多的变化（比如英国法院体制的变化，2009年10月1日起，原来作为英国最高上诉机构的贵族院其

司法职能转归新建立的最高法院；再比如先令后来也为便士所取代），因此书中的有些内容和今天的英国社会现状并不完全符合，读者在阅读时需要做到心里有数。

最后，我要感谢陈戎女、车雷、张薇薇等几位博士，他们在涉及《三十九条信纲》的问题上给了我很大帮助；感谢我的家人与我在北京林业大学和华中科技大学的学生们，本书翻译过程中他/她们牺牲了自己宝贵的时间，在文稿的录入方面给予了我极大的帮助；还要感谢贺维彤、毕竟悦及出版社编辑的努力，没有他/她们的推动，梅特兰这部作品的中译本面世也不知道会在何时。

李红海

2010年7月1日

于华中科技大学法学院